उन्नीसवीं शताब्दी का हिन्दी साहित्य

उन्नीसवीं शताब्दी का हिन्दी साहित्य

गोपाल राय : सत्यकेतु सांकृत

वाणी
प्रकाशन

प्रकाशन के उत्कृष्टतम 62 वर्ष

सजिल्द पहला संस्करण : 2015
सजिल्द दूसरा संस्करण : 2025

vaniprakashan.com

वाणी प्रकाशन
4695, 21-ए, दरियागंज, नयी दिल्ली-110 002
फ़ोन : + 91 11 23273167, 23275710
शाखाएँ
अशोक राजपथ, पटना-800 004, बिहार
कॉफ़ी हाउस कैम्पस, महात्मा गांधी मार्ग, प्रयागराज-211 001, उत्तर प्रदेश
महात्मा गांधी अन्तरराष्ट्रीय हिन्दी विश्वविद्यालय, वर्धा-442 001, महाराष्ट्र
sales@vaniprakashan.in
vaniprakashan@gmail.com

UNNISAVIN SHATABDI KA HINDI SAHITYA
by Gopal Rai : Satyaketu Sankrit

ISBN : 978-93-5229-032-1
Criticism

मूल्य : ₹ 725

जी.एस. ऑफ़सेट, दिल्ली-110 095 में मुद्रित

वाणी प्रकाशन का लोगो मक़बूल फ़िदा हुसैन की कूची से

माँ और आजी को

प्राक्कथन

हिन्दी साहित्य का इतिहास–लेखन आज एक जटिल और दुस्साध्य समस्या बना हुआ है। इसका सबसे बड़ा प्रमाण यह है कि 1929 के बाद, जब हिन्दी साहित्य का पहला मुकम्मल इतिहास लिखा गया था, तबसे लेकर आजतक फिर कोई वैसा इतिहास नहीं लिखा गया। इसमें सन्देह नहीं कि अलग अलग कालों और विधाओं पर कुछ इतिहास लिखे गये हैं, पर समस्त हिन्दी का इतिहास लिखना अब असम्भप्राय माना जाने लगा है। कुछ विद्वानों ने तो मंचों पर और अन्यत्र इसकी सार्वजनिक घोषणा भी कर दी है। मैं इसे नहीं मानता। पर 'दुस्साध्य' तो मानता ही हूँ।

इस किताब को लिखने का एक इतिहास है। हिन्दी साहित्य का इतिहास लिखने में मेरी रुचि अपने विश्वविद्यालय में अध्यापन–काल से ही रही है। इस सन्दर्भ में कई संगोष्ठियाँ आयोजित करने के साथ साथ अन्यत्र आयोजित संगोष्ठियों में भी मैंने उत्साहपूर्वक भाग लिया। मुझे यह देखकर आश्चर्य हुआ कि हिन्दी के किसी भी विद्वान् ने संगोष्ठियों में बड़ी बड़ी बातें करने के सिवा साहित्य का इतिहास लिखने में कोई गम्भीर प्रयास नहीं किया। यदि किसी ने प्रयत्न किया भी तो साहित्यकारों पर साहित्यिक लेख लिखकर इतिहास के नाम पर उसका संकलन मात्र कर दिया। 1998 में पटना विश्वविद्यालय से अवकाश प्राप्त कर जब मैं दिल्ली पहुँचा तब राजकमल प्रकाशन ने मुझसे हिन्दी साहित्य का इतिहास लिखने का अनुरोध किया। पर जब मैंने इस काम में हाथ डाला तो पता चला कि यह कितनी बड़ी डगर है और इस पर चलना कितना कठिन है! तब मैंने तय किया, क्यों न पहले हिन्दी उपन्यास का इतिहास लिख लिया जाए, जो मेरा परिचित क्षेत्र है और जिस पर मेरे पास पर्याप्त सामग्री भी एकत्र है। 2 सितम्बर, 2001 को पुस्तक पूरी हो गयी और 2002 के आरम्भ में ही राजकमल प्रकाशन से प्रकाशित भी हो गयी। उसके बाद मैंने उपन्यास की संरचना शीर्षक पुस्तक लिखी, जो 21. 07. 2004 को सम्पन्न और प्रकाशित हुई। उसके बाद मैंने हिन्दी कहानी के इतिहास का पहला भाग (1900–1950) 28 अगस्त, 2007 को लिखना पूरा किया जो

2008 के आरम्भ में प्रकाशित हुआ। दूसरा भाग (1951–1975) लिखना आरम्भ कर दिया और जो 21 नवम्बर, 2010 को पूरा हुआ और 2011 के आरम्भ में प्रकाशित प्रकाशित होकर मेरे हाथों में पहुँच गया। हिन्दी कहानी के इतिहास का तीसरा भाग (1976–2000) 20 अप्रैल, 2013 को पूरा हुआ और 2014 के आरम्भ में प्रकाशित हुआ।

हिन्दी उपन्यास और कहानी का अलग अलग इतिहास लिखने के बाद मुझे लगा कि जो इतिहास मैं लिखना चाहता था, वह तो लिखा ही नहीं गया और लगभग 15 वर्ष मैं कहानी–उपन्यास के पचड़े में पड़ा रह गया। इधर मेरी उम्र भी 82 वर्ष को छूने जा रही थी। मैंने खुद से कहा कि आयु तो प्रभु के हाथ में है, पर कोशिश तो अपने हाथ में है। मैंने अगली किताब के लिए विषय का चुनाव कर लिया : 'उन्नीसवीं शताब्दी का हिन्दी साहित्य' और काम शुरू कर दिया : और इसके लिए लेखन–समय भी निर्धारित कर दिया : दो साल। फिर तो मेरा लपटप (मैं लैपटॉप को 'लपटप' ही कहता हूँ) मेरे सामने आ गया और मैंने लिखना आरम्भ कर दिया। एक साल तक मेरा पढ़ना और लिखना साथ साथ चलता रहा। पर लगभग एक साल बाद, अप्रील, 1914 में ही, मैं अस्वस्थ हो गया और मैंने अनुभव किया कि यह काम मैं अकेले पूरा नहीं कर सकता। मैंने अपने मध्यम पुत्र डॉ. सत्यकेतु सांकृत से अनुरोध किया कि वे मेरे इस ज्ञानयज्ञ को सम्पन्न करने में सहयोग करें। सत्यकेतु इस सहयोग के लिए तैयार हो गये। जो संप्रति अम्बेडकर विश्वविद्यालय दिल्ली में हिन्दी के एसोसिएट प्रोफ़ेसर हैं, तत्पश्चात् सहायक सामग्री जुटाने से लेकर कतिपय अंशों के लेखन और यथासमय मेरा डिक्टेशन लेने तक का काम भी उन्होंने सँभाल लिया और आज यह पुस्तक आपके सामने है। विषय–सूची और लेखकानुक्रमणिका तथा ग्रन्थानुक्रमणिका–जिनके बिना इतिहास की पुस्तक अधूरी होती है–तैयार करने–कराने का कार्य भी उन्होंने ही पूरा किया है।

यह पुस्तक वाणी प्रकाशन, दिल्ली से प्रकाशित होने जा रही है। पुस्तक–लेखन मेरी जीविका का साधन नहीं रहा है। पर इस अर्थप्रधान युग में उसकी उपेक्षा भी नहीं की जा सकती। मुझे विश्वास है कि वाणी प्रकाशन मेरी अपेक्षाओं पर खरा उतरेगा।

मैं वर्तनी और मुद्रण के फौंट के रूपाकार के प्रति बहुत सजग लेखक माना जाता रहा हूँ। उदाहरण के लिए मैं किताब में प्रसंगवश आये पुस्तकों के शीर्षकों को 'इटालिक्स' में मुद्रित कराने का आग्रही रहा हूँ। यों तो मैं सामान्यतः 14 प्वायंट के कृतिदेव फौंट का इस्तेमाल करता हूँ, पर बीच बीच में बड़े आकार के सामान्य/बोल्ड फौंटों का विकल्प भी रखता हूँ। प्रकाशक को इसका अनुपालन करने में विशेष कठिनाई इसलिए नहीं होगी क्योंकि पूरी

पुस्तक मेरे दिशा निर्देशन में ही सत्यकेतु सांकृत द्वारा इसी रूप में लैपटॉप पर मुद्रित की गयी है।

मैं वाणी प्रकाशन के स्वामी, श्री अरुण माहेश्वरी को इस बात के लिए विशेष धन्यवाद देता हूँ कि उन्होंने विशेष आग्रह के साथ यह पुस्तक प्रकाशनार्थ ली है। यह पूरी पुस्तक उन्हें लैपटॉप पर मुद्रित रूप में सौंपी जा रही है। मैं आशा करता हूँ कि इसका प्रकाशन भी अविलम्ब हो जाएगा। इस सब के लिए अग्रिम और हार्दिक धन्यवाद के साथ।

31 जुलाई, 2014 **गोपाल राय**

बी–54, शमा अपार्टमेन्ट, सेक्टर–10
द्वारका, नयी दिल्ली

भूमिका

जब भी इतिहास के पुनर्लेखन का प्रश्न सामने आता है वहाँ आचार्य रामचन्द्र शुक्ल एक ऐसे दुर्लंघ्य पहाड़ की तरह खड़े नजर आते हैं जिसपर प्रतिकूल टिप्पणी तो की जा सकती है, पर उसे लांघना असम्भवप्राय सा प्रतीत होता है। यही कारण है कि प्रो. नामवर सिंह का यह वक्तव्य कि ''शुक्ल जी के इतिहास की समीक्षा वह करे, जो दूसरा इतिहास लिखने का दावा करे, या कम से कम उसका संकल्प उसके मन में हो''[1] आज भी विद्वानों के समक्ष एक चुनौती के रूप में सीना ताने खड़ा है। इस चुनौती को करीब तीस वर्षों के बाद हम ने स्वीकारने का निर्णय किया है। ऐसा नहीं कि इसके पूर्व ऐसा दुस्साहस और किसी ने किया ही न हो पर हिन्दी जगत् ने उन्हें सहज ही औंधे मुँह गिरते भी देखा है। यह निश्चित ही तलवार की धार पर चलने जैसा है पर जहाँ शोध और इतिहास लेखन की दुनिया में अपने को झोंक देनेवाले वरिष्ठ आलोचक प्रो. गोपाल राय जैसे दिग्दर्शक हों तो ऐसे तथाकथित दुस्साहसिक कार्य को करने का जोखिम उठाया जा सकता है। वैसे इस तरह के दुस्साहस का साहस तो मैंने अपने पिता से संस्कार में ही पाया है। अपने आरम्भिक दिनों में बिना किसी बाह्य सहायता के समीक्षा जैसी अव्यवसायिक पत्रिका का आरम्भ कर लगभग 46 वर्षों तक उसका सफल संपादन से लेकर बारह खंडों में हिन्दी साहित्याब्दकोश के साथ–साथ हिन्दी उपन्यास कोश तदुपरान्त हिन्दी उपन्यास का इतिहास और फिर तीन खंडों में हिन्दी कहानी का इतिहास लेखन तो प्रथम दृष्ट्या दुस्साहसिकता की श्रेणी में ही माना गया होगा पर जिस प्रकार उन्होंने इसे साधा वह उनके वैज्ञानिक दृष्टिकोण का ही परिचायक है। इसी वैज्ञानिकता के तहत एक तगड़े हिन्दी साहित्य के इतिहास को लिखने की ललक मैंने बचपन से ही उनकी आँखों में देखी है। अपनी तमाम व्यस्तताओं के बावजूद सहित्येतिहास से संबंधित उनके लेख विभिन्न पत्र–पत्रिकाओं में निकलते रहे पर मुकम्मल लेखन का मुहुर्त नहीं बन पा रहा था। उस समय मैं भी ऐसी दुरावस्था में था कि चाहकर भी इस कार्य में उन्हें अपना सहयोग प्रदान नहीं कर पा रहा

था। जवाहरलाल नेहरू विश्वविद्यालय से स्नातकोत्तर की पढ़ाई पूर्ण करने के उपरान्त दैव योग से मध्यप्रदेश के सरकारी महाविद्यालयों के स्थानान्तरण के घनचक्करों में इस तरह पड़ा कि सब मटियामेट हो गया। वर्ष 2010 में मुझे वापस अपने पिता के पास दिल्ली आने का सौभाग्य प्राप्त हुआ। अब तक वे 80 वर्ष के हो चुके थे पर साहित्येतिहास वाले लेखन की ललक अभी भी उनमें जस के तस बनी हुई थी। अब वे कुछ अस्वस्थ भी रहने लगे थे। इसी बीच उन्होंने मेंरे पास अपने साहित्येतिहास लेखन को मिलकर लिखने का प्रस्ताव रखा जिसे मैंने सहर्ष स्वीकार कर लिया। उन्होंने मेरे इस सुझाव को भी मान लिया कि हमलोग आधुनिक साहित्य के इतिहास लेखन से इस दुस्साध्य को साधने का प्रयास करें।

हम अब तक हिन्दी साहित्य के इतिहास को आचार्य रामचन्द्र शुक्ल के नजरिये से देखते रहे हैं। वह नजरिया कालविभाजन की दृष्टि से प्रवृत्तिकेन्द्रित था। पर साहित्यिक इतिहास में प्रवृत्ति–निर्धारण कठिन ही नहीं, असम्भवप्राय भी होता है। प्रायः आलोचक इसमें भूल भी करते रहे हैं। स्वयं शुक्ल जी से भी यह भूल हुई है। 'वीरगाथा काल' के नामकरण में हुई इस भूल का निराकरण आचार्य हजारी प्रसाद द्विवेदी ने किया, जिसे स्वीकृति भी मिल चुकी है। 'रीति काल' के निर्धारण में भी यह भूल दिखायी पड़ती है। शुक्ल जी ने 1643–1843 (सं. 1700–1900) के काल को 'रीतिकाल'' की संज्ञा दी है, जिसका आधार इस काल में रीतिग्रन्थों की रचना की प्रवृत्ति है। निस्सन्देह इस काल के बहुत से कवियों ने रीतिग्रन्थों की रचना की थी, पर उनसे ज्यादा संख्या उन कवियों की है, जिन्होंने रीतिग्रन्थों की रचना नहीं की। पिछले 70–75 वर्षों की खोजों जो नये रचना–ग्रन्थ प्राप्त हुए हैं, वे हमें अपने निष्कर्षों में सुधार करने को बाध्य करते हैं। अनुभव और काव्यकला की दृष्टि से भी इन रचनाकारों को हीन नहीं कहा जा सकता। इसके साथ ही यदि हम ई. सन् 1843 को रीतिकाल की अन्तिम सीमा न मानें, जिसका कोई औचित्य भी नहीं है, तो समस्या और भी जटिल हो जाती है।

डॉ. बच्चन सिंह ने अपनी किताब 'आचार्य शुक्ल का इतिहास पढ़ते हुए' में लिखा है कि है कि "नये इतिहास के लिए शुक्ल जी का इतिहास एक चुनौती है।" और 'हिन्दी साहित्य का दूसरा इतिहास' में लिखा है कि उनसे बहुत कुछ सीखने के साथ उनके ऐतिहासिक पैटर्न को तोड़ना होगा।''[2] बच्चन सिंह ने वह पैटर्न इस रूप में तोड़ा है कि, पहले तो, उन्होंने वि. सं. के स्थान पर ई. सन् का उपयोग किया है; कोई कह सकता है कि इसमें कोई 'नयापन' नहीं है, क्योंकि वि. सं. से 57 वर्ष घटा देने पर ई. सन् निकल आता है। पर यह कहने वाले यह भूल जाते हैं कि इतिहास में 'शताब्दी' पद

का अक्सर प्रयोग होता है और दोनों संवतों में शताब्दियों का समय एक नहीं होता। मसलन विक्रम संवत् की उन्नीसवीं शताब्दी का काल (1801–1900) ई. सन् के गणनानुसार 1844 से आरम्भ होकर 1943 में समाप्त होता है। पर यह निश्चित नहीं होता कि पूस महीने की किस तिथि को जनबरी का आरम्भ होता है और चैत्र शुक्ल प्रथमा को (जिस तिथि को नये वि. सं. का आरम्भ होता है) अप्रैल की कौन सी तारीख होती है। इस कारण विकम शताब्दी और ई. सन् के समय में अन्तर आ जाता है, जो इतिहास–लेखन में दिक्कत पैदा करता है। बच्चन सिंह ने इस दिक्कत को समाप्त करने के लिए आधुनिक काल ई. सन् का ही उपयोग किया है, पर भक्तिकाल और रीतिकाल के प्रसंग में उन्होंने वि.सं. को नहीं छोड़ा है। हम ने इस किताब में आद्यंत ई.सन् की बानगी को ही बनाए रखने का निश्चय किया है ताकि किसी भी प्रकार के विभ्रम की स्थिति से बचा जा सके।

इतिहास के कालविभाजन में बच्चन सिंह ने रामचन्द्र शुक्ल के पैटर्न का ही उपयोग किया है। उन्होंने हिन्दी साहित्य के इतिहास को 'अपभ्रंश काल', 'भक्तिकाल', 'रीतिकाल' और 'आधुनिक काल' में विभाजित किया है जो शुक्ल जी के इतिहास का ही पैटर्न है। 'रीतिकाल' का समय उन्होंने 1650–1857 निर्धारित किया है। शुक्ल जी ने 'रीतिकाल' का समय 1643–1843 निर्धारित किया था। इस किताब के लिए ई. सन् की उन्नीसवीं शताब्दी का समय चुना गया है, इसलिए 1801 से इसका आरम्भ और 1900 में इसका अन्त माना है। इसका कारण भी यथास्थान बताया गया है। 1843 न तो राजनीतिक इतिहास की दृष्टि से और न हिन्दी साहित्य की दृष्टि से किसी विशेष महत्त्व का है। अतः इस काल को 1801–1870 और 1971–1900 में विभक्त किया गया है।

भाषावैज्ञानिकों ने 'हिन्दी' को 'पश्चिमी हिन्दी' और 'पूर्वी हिन्दी' में विभक्त करते हुए खड़ीबोली, ब्रजभाषा और बुन्देली को पश्चिमी हिन्दी के तथा अवधी, बघेली और छत्तीसगढ़ी को पूर्वी हिन्दी के अन्तर्गत शामिल किया है। बिहार के अन्तर्गत बोली जाने वाली भाषाओं को उन्होंने 'हिन्दी' से बाहर रखा है और उन्हें एक अलग संज्ञा 'बिहारी' दे डाली है। यद्यपि आज यह विभाजन अस्वीकृत हो गया है, पर शुक्ल जी ने इसे अस्वीकार नहीं किया था। पर अपने हिन्दी साहित्य के इतिहास में 'राजस्थानी' और 'मैथिली' को शामिल कर उन्होंने एक अजीब उलझन भी खड़ी कर दी है। इसके अतिरिक्त उन्होंने 'सधुक्कड़ी' नामक भाषा की परिकल्पना करके एक और मुश्किल पैदा कर दी है। यहाँ हम इस विभाजन पर कोई बहस करने की स्थिति में नहीं हैं पर हिन्दी साहित्य के इतिहास का नया पैटर्न अपनाते समय हमें इस पर थोड़ा

विचार तो करना ही होगा। मसलन शुक्ल जी ने 'खड़ीबोली' को उसकी समग्रता में हिन्दी साहित्य के अन्तर्गत नहीं रखा है। साहित्य की भाषा के रूप में खड़ीबोली का प्रारम्भिक रूप 'हिन्दवी/हिन्दी' है जो पन्द्रहवीं शताब्दी में ही दक्षिणी भारत में प्रचलित हुई थी। किन्तु शुक्ल जी ने अपने इतिहास में उसे छोड़ दिया। शुक्ल जी ने राजस्थानी, मैथिली, ब्रजभाषा और अवधी में रचित साहित्य को तो अपने इतिहास में लिया, पर खड़ीबोली को उसकी समग्रता में स्वीकार नहीं किया। उन्होंने उन्नीसवीं सदी में खड़ीबोली के साहित्य के विकास पर अलग से प्रकाश डाला पर उन्होंने उसकी परम्परा पर विचार नहीं किया। उसके उर्दू रूप को उन्होंने कोई महत्त्व नहीं दिया। खड़ीबोली का गद्य साहित्य तो अपने हिन्दी–उर्दू दोनों ही रूपों में 1870 के आसपास ही सामने आया और शुक्ल जी ने उसके हिन्दी रूप के विकास पर प्रकाश भी डाला पर उर्दू गद्य साहित्य को उन्होंने अपने विवेचन से बाहर ही रखा। जहाँ तक खड़ीबोली के पद्य साहित्य का प्रश्न है, शुक्ल जी ने उसकी परम्परा को नजरअन्दाज कर दिया। उन्होंने उन्नीसवीं शताब्दी के नवें दशक में नये सिरे से लिखे जाने वाले उस खड़ीबोली के साहित्य से हिन्दी कविता का आरम्भ माना जिसमें तत्सम शब्दों का प्रचुर प्रयोग किया जाता था और अरबी–फारसी शब्दों का यथासम्भव बहिष्कार किया जाता था।

आचार्य महावीर प्रसाद द्विवेदी से लेकर आजतक अधिकांश हिन्दी लेखकों ने उर्दू–हिन्दी के एक होने के तथ्य पर जोर दिया है, पर आश्चर्य की बात है कि आचार्य शुक्ल और उनके बाद के किसी भी साहित्य का इतिहास लिखने वाले ने उर्दू साहित्य को हिन्दी साहित्य के अन्तर्गत लाने का प्रयास नहीं किया। एक तरह से यह हिन्दी का पहला साहित्येतिहास है जिसमें हिन्दी के साथ उर्दू को भी स्थान दिया गया है। हमने इसमें उन्नीसवीं सदी के आरम्भ से नज़ीर अकबराबादी से लेकर दाग़ देहलवी आदि तक उर्दू कवियों के कविता साहित्य का विवेचन किया है और उसके गद्य साहित्य को भी हिन्दी गद्य के साथ विवेचित किया है। हमने 'रीतिकाल' और 'आधुनिक काल' विभाजन के स्थान पर 'खड़ीबोली काव्य' और 'ब्रजभाषा काव्य' शीर्षकों के अन्तर्गत इस सारे विवेचन को रखा है।

शुक्ल जी के इतिहास का प्रस्थान बिन्दु यह है कि 'प्रत्येक देश का साहित्य वहाँ की जनता की चित्तवृत्ति का संचित प्रतिबिम्ब होता है।' 'जनता की चित्तवृत्ति' को परिभाषित करना कठिन काम है और उसके निर्धारण में अक्सर भूल होने की सम्भावना होती है। यह भूल शुक्ल जी से भी हुई है। उन्होंने अपने हिन्दी साहित्य के इतिहास में रीतिकाल का समय वि. सं. 1700–1900 (ई सन् 1643–1843) माना है। यदि इसे हम 'पूर्व' और 'उत्तर' में विभाजित

करें तो इसका उत्तर खंड ई. सन् 1743–1843 में आता है। शुक्ल जी के इतिहास की एक उल्लेखनीय विसंगति यह भी है कि यद्यपि 1843 में रीतिकाल की समाप्ति मानी गयी है, पर इसके अन्तर्गत द्विजदेव को भी शामिल किया गया है, जिनका कविता–काल लगभग 1870 तक जाता है।

इस काल में 'जनता की चित्तवृत्ति' का स्वरूप जानने के लिए हमें तत्कालीन शासन–व्यवस्था, समाज–व्यवस्था और अर्थव्यवस्था पर दृष्टि डालनी होगी, क्योंकि चित्तवृत्ति का निर्माण इन्हीं से होता है। उस काल की 'जनता' का स्वरूप कैसा था, यह भी विचारणीय है। मोटामोटी रूप में उस काल की जनता दो वर्गों में विभाजित की जा सकती है : 1. शासक वर्ग, जिसमें सभी तरह के सामन्त शामिल थे; 2. आम जन, जिसमें किसान, विभिन्न प्रकार के कारीगर और अन्य लोग थे। रीतिकालीन साहित्य का कथ्य अधिकतर सामन्त वर्ग की चित्तवृत्ति से जुड़ा हुआ था। 1801–1870 में खड़ीबोली और ब्रजभाषा दोनों में कविताएँ लिखी जा रही थीं और दोनों प्रकार की कविताओं में सामन्त वर्ग की चित्तवृत्ति की प्रधानता थी। खड़ीबोली के कवियों में मिर्जा ग़लिब, मोमिन, ज़ौक, बहादुर शाह जफर, 'मुसहफ़ी, 'इंशा', 'जुरअत', 'रंगीन, नासिख, नातिश, वाजिद अली शाह 'अख़्तर', मिर्ज़ा शौक़, 'दबीर' आदि थे और सभी दिल्ली के शाही दरबार या लखनऊ के नवाबी दरबार के कमोबेश आश्रित थे। केवल नज़ीर अकबराबादी इसके अपवाद थे। ब्रजभाषा के कवियों में बेनी बन्दीजन, बेनी प्रवीन, पद्माकर, ठाकुर, चन्द्रशेखर, ग्वाल कवि, प्रताप साहि, पजनेस, द्विजदेव आदि भी किसी न किसी रूप में सामन्तों से जुड़े थे। इनमें नज़ीर अकबराबादी (1735–1830) अपवाद थे, जिन्होंने अपना सारा जीवन अकबराबाद (आगरा) में बिताया और जनजीवन से एकमेक होकर काव्यरचना की। अतः केवल नज़ीर के बारे में ही आश्वस्तिपूर्वक कहा जा सकता है कि उनका साहित्य समकालीन जनता की चित्तवृत्ति का संचित प्रतिबिम्ब था। समकालीन लोककाव्य में जनसंवेदना को अभिव्यक्ति मिली होगी, इसकी तो पूरी सम्भावना है, पर वह काव्य सुरक्षित नहीं है। यही कारण है कि 1857 के जनविद्रोह के समय का जनसाहित्य उपलब्ध नहीं है, जो इतिहास में भी आ सके। भारतेन्दुकालीन साहित्य में जहाँ तहाँ जनवाणी को अभिव्यक्ति मिली है, इसी कारण वह जनता के निकट पहुँचने में समर्थ हो सका है।

हम ने इस इतिहास में सन् 1800 से लेकर 1900 ई. तक के काल खंड पर विचार करने के तारतम्य में शुक्ल जी द्वारा 1843 ई. से आधुनिक काल की शुरुआत माने जाने वाले तर्क के अनौचित्य पर प्रकाश डालते हुए इसे तनिक पीछे खिसकाकर 1800ई. को आधुनिक काल का प्रस्थान बिन्दु मानने की स्वीकारोक्ति को पर्याप्त तर्क के साथ प्रस्तुत किया है। इसके साथ साथ

इस पुस्तक में और भी कई नये तथ्यों का अंवेषण कर उसे उजागर करने की कोशिश की गयी है। अब देखना है कि हिन्दी का आलोचना जगत् इसे किस रूप में स्वीकार करता है। वैसे जब ओखल में सिर दे ही दिया है तो उसके कुटने से क्या डरना!

सत्यकेतु सांकृत

अनुक्रम

आरम्भ

आचार्य रामचन्द्र शुक्ल ने हिन्दी साहित्य के इतिहास में आधुनिक काल का आरम्भ ई. सन् 1843 से माना है।[3] 1843 का वर्ष इतिहास में, चाहे वह राजनीति का इतिहास हो या साहित्य का, कोई विशेष महत्त्व नहीं रखता। चूँकि शुक्ल जी, अपने इतिहास में विक्रम संवत् का उपयोग कर रहे थे और संवत् 1900 गणना की दृष्टि से एक सुविधाजनक संख्या थी, अतः उन्होंने इसे रीतिकाल का अन्तिम या आधुनिक काल का पहला वर्ष स्वीकार कर लिया था। हम चूँकि अपने इतिहास में ईस्वी सन् का उपयोग कर रहे हैं, इसलिए ई. सन् 1843 (वि. सं. 1900 का समरूप), जो गणना की दृष्टि से भी सुविधाजनक नहीं कहा जा सकता, ग्रहणीय नहीं जान पड़ता। इसकी तुलना में मुझे ई. सन् 1801 का वर्ष अधिक ग्राह्य प्रतीत होता है, क्योंकि यह उन्नीसवीं शताब्दी का आरम्भ वर्ष भी है। इसके और भी कई आधार हैं। 1801 को हिन्दी साहित्य के आधुनिक काल का आरम्भ–बिन्दु मानने के पक्ष में एक तर्क यह भी दिया जा सकता है कि राजनीतिक और आर्थिक–सामाजिक–सांस्कृतिक आदि दृष्टियों से लगभग इसी समय 'मध्य काल' का अवसान होता दिखाई देता है। 1707 में औरंगजेब के निधन के बाद मुगल साम्राज्य का पतन शुरू हो गया और 1803 में वह नाम शेष मात्र रह गया। 1803 में अंग्रेज सेनापति जेनरल लेक ने आगरा पर जीत हासिल कर ईस्ट इंडिया कम्पनी को समस्त उत्तर भारत का (पश्चिमी पंजाब को छोड़कर) का स्वामी बना दिया। इसके बाद शाह आलम, अकबर शाह सानी (1806–37) और बहादुर शाह (1837–1857) यद्यपि बादशाह कहलाते थे, लेकिन इनका शासन–क्षेत्र लाल किले तक ही सीमित था। ये तथाकथित मुगल 'बादशाह' कम्पनी द्वारा दिए गये पेंशन पर जीवन–यापन करने वाले कठपुलती शासक थे।

इस समय नज़ीर अकबरावादी हिन्दी के कवि के रूप में अपने उत्कर्ष पर आसीन थे। नज़ीर का जन्म 1735 में, दिल्ली में, हुआ था।[4] जब वे लगभग चार वर्ष के थे, तभी दिल्ली पर नादिरशाह का आक्रमण हुआ। उसके लगभग दस वर्ष बाद अहमदशाह अब्दाली के आक्रमण आरम्भ हो गये। उसने

दस आक्रमण किये; पहला आक्रमण 1748 में और अन्तिम 1767 में। इन आक्रमणों ने दिल्ली को बरबाद कर दिया। अनेक लोग वहाँ से भागकर लखनऊ, आगरा, पटना आदि शहरों में चले गये। अब्दाली के तीसरे आक्रमण के समय, जबकि नज़ीर की उम्र लगभग बीस–बाईस वर्ष थी, वे माँ और नानी के साथ अपनी ननिहाल आगरा चले आये और शेष सारी उम्र वहीं बितायी। यदि हम उनकी काव्य–रचना का आरम्भ 1770 के आसपास मानें[5] तो 1800 के लगभग वे अपने काव्य–रचना के प्रकर्ष और मध्याह्न पर होंगे। उनका निधन 1830 में हुआ।[6]

यह एक रोचक तथ्य के रूप में स्वीकार किया जा सकता है कि जब मुगलों की अस्तप्राय राजधानी दिल्ली में खड़ीबोली कविता परवान चढ़ रही थी, ईस्ट इंडिया कम्पनी की राजधानी कलकत्ता में खड़ीबोली गद्य की नींव रखी जा रही थी। आधुनिक काल के आरम्भ के पक्ष में एक तर्क गद्य साहित्य के विकास को भी दिया जाता है। शुक्ल जी ने तो अपने इतिहास में 'आधुनिक काल' का आरम्भ ही गद्य के विकास से किया है। ई.सन् 1800 हिन्दी साहित्य के इतिहास में गद्य के विकास की दृष्टि से भी विशेष महत्त्व रखता है। यों तो हिन्दवी/हिन्दी में गद्य लेखन की परम्परा पन्द्रहवीं सदी के मध्य में ही आरम्भ हो गयी थी और मुल्ला वजही, मौलाना अब्दुल्ला, अदुस्समद, मीराँजी समद, शाह राजू, शाह आबिद, शाह बुरहानुद्दीन कादरी, मुहम्मद शरीफ, मीराँ याकूब, शाह वलीउल्लाह कादरी आदि ने गद्य में रचनाएँ की थीं, पर हिन्दवी/हिन्दी गद्य के विकास मे 1800 ई. में लॉर्ड वेलेज्ली के प्रयत्न से कोलकाता (तत्कालीन 'कलकत्ता) में स्थापित फोर्ट विलियम कॉलेज का विशेष महत्त्व है। इस कॉलेज की स्थापना का उद्देश्य इंगलैंड से भारत आने वाले युवा अंग्रेज प्रशासकों को भारतीय भाषाओं से परिचित कराना था। जॉन बॉथविक गिलक्राइस्ट, जो 1783 ई. में ही चिकित्सक की हैसियत से ईस्ट इंडिया कम्पनी के मुलाजिम होकर भारत आये थे, फोर्ट विलियम कॉलेज के 'हिन्दुस्तानी' विभाग के अध्यक्ष नियुक्त किये गये। उस समय तक उत्तर भारत में प्रचलित आम भाषा के लिए कोई शब्द प्रचलित नहीं हुआ था। वस्तुतः आम जनता तो दिल्ली से लेकर कलकत्ता तक ठेठ खड़ीबोली, ब्रज, अवधी, भोजपुरी, मैथिली, मगही आदि भाषाएँ ही बोलती थी। पर उत्तर भारत के दिल्ली, आगरा, लखनऊ, और बाद में इलाहाबाद, पटना, कलकत्ता आदि शहरों में तथाकथित शिष्ट समुदाय की परस्पर संवाद की भाषा खड़ीबोली, जिसमें अरबी–फारसी शब्दों की छौंक कुछ अधिक मात्रा में होती थी, हो चली थी। कम्पनी का उद्देश्य युवा अंग्रेज प्रशासकों को इसी भाषा से परिचित कराना था। गिलक्राइस्ट को समझ में नहीं आया कि इस भाषा को कौन

सा नाम दें। वे चाहते तो उसे 'उर्दू' नाम दे सकते थे, क्योंकि मुस्लिम शिष्ट समाज तो उसे उर्दू कहता ही था। पर गिलक्राइस्ट ने उसे 'हिन्दुस्तानी' नाम देना पसन्द किया। 'हिन्दवी' या 'हिन्दी' नाम को उन्होंने शायद इस कारण छोड़ दिया कि मुस्लिम शिष्ट समाज इन्हें त्याग चुका था। कम्पनी ने मुगल शासकों को पदच्युत करके शासन पर कब्जा किया था, पर निचले स्तर के अधिकांश पदाधिकारी और कर्मचारी, चाहे वे हिन्दू हों या मुसलमान, प्रशासनिक कार्यों में उर्दू का ही प्रयोग करते थे। अतः गिलक्राइस्ट की नीति शायद यह रही कि भाषा तो 'उर्दू' ही रहे पर कहा उसे 'हिन्दुस्तानी' जाए ताकि उसे स्वीकार करने में हिन्दू शिष्ट समाज को भी आपत्ति न हो। गिलक्राइस्ट ने उत्तर भारत के नगरों के शिष्ट समुदाय में प्रचलित सम्पर्क भाषा का भी अध्ययन किया था। यह शिष्ट समुदाय मुख्यतः मुस्लिम उच्च वर्ग, फारसी में शिक्षित मध्य वर्ग, हिन्दू राजकर्मचारियों तथा प्रशासन और मुस्लिम उच्च वर्ग से जुड़े हिन्दुओं का था, जिसकी सम्पर्क भाषा फारसी से रँगी हुई खड़ीबोली थी जिसे गिलक्राइस्ट ने 'हिन्दुस्तानी' कहना पसन्द किया। फोर्ट विलियम कॉलेज में 'हिन्दुस्तानी' के प्रोफेसर नियुक्त होने के बाद गिलक्राइस्ट के निर्देशन में 'हिन्दुस्तानी' में पाठ्यपुस्तकें तैयार करने के लिए मीर अम्मन, शेर अली अफसोस, मीर बहादुर अली हुसैनी, हैदर बख्श हैदरी, मीर काज़िम अली जवाँ, निहाल चन्द लाहौरी, मजहर अली खाँ विला आदि भाषामुंशी नियुक्त किये गये। डॉ. एजाज हुसेन ने उर्दू गद्य के विकास में फोर्ट विलियम कॉलेज के योगदान के प्रति अपनी 'सच्ची कृतज्ञता' व्यक्त की है।[7]

यह रोचक तथ्य है कि जिसे गिलक्राइस्ट ने 'हिन्दुस्तानी' कहा, उसका ही एजाज़ हुसेन ने 1957 में 'उर्दू' नाम से उल्लेख किया। वस्तुतः यह उस दृष्टि का परिचायक है, जो 1957 तक आते आते उर्दू–हिन्दी के सम्बन्ध में बन गयी थी। इसकी शुरुआत वस्तुतः गिलक्राइस्ट ने ही कर दी थी। सम्भवतः गिलक्राइस्ट को भी इस बात का आभास था कि 'हिन्दुस्तानी' उत्तर भारत की बहुसंख्यक जनता की, जिसमें हिन्दू और मुसलमान दोनों शामिल थे, सम्पर्क भाषा नहीं है। अतः जनता के बीच प्रचलित 'हिन्दवी' या 'हिन्दी' का नमूना पेश करने के लिए लल्लू जी 'लाल कवि' और सदल मिश्र की, 'भाषा' मुंशियों के रूप में, नियुक्ति हुई। लल्लू जी लाल कवि ने जॉन गिलकाइस्ट के आदेश पर, 1803 में, प्रेमसागर की रचना की जिसमें श्रीमद्भागवत् के दशम स्कन्ध की कथा वर्णित है। शुक्ल जी के अनुसार ''लल्लू लाल की भाषा कृष्णोपासक व्यासों की सी ब्रजरंजित खड़ीबोली है। 'सम्मुख जाय', 'सिर नाय', 'सोई', 'भई', 'कीजै', 'निरख', लीजौ' ऐसे शब्द बराबर प्रयुक्त हुए हैं। अकबर के समय में गंग कवि ने जैसी खड़ीबोली लिखी थी, वैसी

ही खड़ीबोली लल्लू लाल ने भी लिखी। दोनों की भाषाओं में अन्तर इतना ही है कि गंग ने इधर उधर फारसी के अप्रचलित शब्द भी रखे हैं पर लल्लू जी लाल ने ऐसे शब्द बचाये हैं। भाषा की सजावट भी प्रेम सागर में पूरी है। विरामों पर तुकबन्दी के अतिरिक्त वर्णनों में वाक्य भी बड़े बड़े आये हैं और अनुप्रास भी यत्र तत्र हैं। मुहावरों का प्रयोग कम है। सारांश यह है कि लल्लू लाल का काव्याभासी गद्य भक्तों की कथावार्ता के काम का ही अधिकतर है, न नित्य व्यवहार के अनुकूल है न सम्बद्ध विचारधारा के योग्य।"[8]

इससे अलग सदल मिश्र ने, शुक्ल जी के अनुसार, नासिकेतोपाख्यान (1803) में "व्यवहारोपयोगी भाषा लिखने का प्रयत्न किया है। लल्लू जी लाल के समान इनकी भाषा में न तो ब्रजभाषा के रूपों की वैसी भरमार है और न परम्परागत काव्यभाषा की पदावली का स्थान स्थान पर समावेश।[9]

प्रेमसागर और नासिकेतोपाख्यान से भिन्न गद्यभाषा का एक दूसरा नमूना बैताल पचीसी (1801) और सिंहासन बतीसी (1801) नामक पुस्तकों में मिलता है। बैताल पचीसी का अनुवाद लल्लू जी लाल कवि और काजिम अली जवाँ ने मिलकर किया था। उसमें किसकी भूमिका कितनी थी यह नहीं कहा जा सकता। इसकी भाषा को 'रेख्ता' कहा गया है। यह 'रेख्ता' गिलक्राइस्ट की 'हिन्दुस्तानी' ही है जिसमें बोलचाल के शब्दों के हिन्दुस्तानीकरण का प्रयास दिखायी देता है।[10] बैताल पचीसी में प्रयुक्त शब्दों, जैसे 'निगाह', 'हवेली', 'बालाखाना', 'दरख्त', 'ऐश', 'असबाब', 'जाहिर', 'महलूम' (मालूम), 'खूबसूरत' आदि इसके प्रमाण हैं। पर ये सारे शब्द उस समय के शिष्ट समाज की बोलचाल की भाषा के अंग बन चुके थे और 'बालाखाना' के अतिरिक्त शेष शब्द आज हिन्दी शब्दावली में शामिल हो चुके हैं। दूसरी तरफ इसमें 'कौतुक', 'जल', 'स्त्री', 'रूपवती त्रिया', 'भोग' आदि बोलचाल के तत्सम शब्दों के अलावा 'पलंग', 'गुफा', 'सिध' (सिद्ध), 'कूआ' (कुआँ), 'तोबा' (तूँबा), 'बंदरिया', 'चुल्लू', 'जोगी', 'पहाड़' आदि तद्भव शब्द सहज रूप में प्रयुक्त हुए हैं। यदि कोई खटकने वाली बात है तो वह शब्दों की वर्तनी, जैसे 'यिह', 'सिध' (सिद्ध), 'कूआ' (कुआँ), 'ऐक' (एक), 'तोंबा' (तूँबा), 'हूआ' (हुआ), 'दाहने' (दाहिने), 'वुह' (वह) आदि। इसका एक कारण यह भी हो सकता है कि काजिम अली जवाँ फारसी लिपि के अभ्यस्त थे। नागरी लिखते समय उन्होंने यदि वर्तनी की ये भूलें की हों तो कोई आश्चर्य नहीं। पर किसी भाषा के विकास के आरम्भिक चरण में वर्तनी की यह गड़बड़ी कोई असाधारण बात नहीं है। व्याकरण की दृष्टि से यह भाषा ठेठ खड़ीबोली है जिसमें केवल दो प्रयोग 'धरा' और 'खैंच' ब्रजभाषा के हैं और 'निगाह उसकी' पर फारसी वाक्य–विन्यास का प्रभाव है। इस गद्य को 'उर्दू' के खाते में डालकर बैताल पचीसी की उपेक्षा नहीं की जा

सकती।[11] यदि लल्लू जी ने इस भाषा को 'रेख्ता' की संज्ञा दी तो इसका एकमात्र कारण यही जान पड़ता है कि वे उस भाषा को 'हिन्दवी' (हिन्दी) समझते थे जिसमें संस्कृत शब्दों की बहुलता होती थी। साधारण बोलचाल की भाषा को जिसमें अरबी–फारसी शब्दों के प्रचलित रूप मिले रहते थे, उस समय 'हिन्दुस्तानी' या 'रेख्ता' ही कहा जाता था।

भाषा के बारे में जो बात बैताल पचीसी के सम्बन्ध में कही गयी है, वही सिंहासन बतीसी के सम्बन्ध में भी कही जा सकती है। सन् 1869 में सिंहासन बतीसी के 'नूतन संस्करण की भूमिका' में उसके सम्पादक सैयद अब्दुल्ला ने लिखा था, "जिस भाषा में 'सिंहासन बतीसी' लिखी गयी है वह हिन्दी, हिन्दुस्तानी, संस्कृत, फारसी और अरबी मिश्रित भाषा है, पर प्रधानता हिन्दी तत्त्व की है। इसमें वैसे अरबी–फारसी शब्द प्रयुक्त हुए हैं जो सामान्य व्यवहार में प्रचलित हैं और वस्तुतः घरेलू शब्द बन चुके हैं।[12]

इस प्रकार फोर्ट विलियम कॉलेज में अंग्रेज पदाधिकारियों को भाषा सिखाने के लिए जो पुस्तकें लिखी गयीं उनमें तीन गद्य शैलियाँ दिखायी देती हैं : (1) हिन्दुस्तानी या उर्दू शैली जिसका उदाहरण मीर अम्मन की बागोबहार है; (2) हिन्दी शैली, जिसका प्रतिनिधित्व प्रेमसागर और नासिकेतोपाख्यान जैसी पुस्तकें करती हैं; और (3) 'रेख्ता' शैली जिसका प्रतिनिधित्व बैताल पचीसी और सिंहासन बतीसी नामक पुस्तकों द्वारा होता है। इनमें से बागोबहार फारसी लिपि में प्रकाशित की गयी, जबकि प्रेमसागर और नासिकेतोपाख्यान तथा बैताल पचीसी की लिपि देवनागरी रखी गयी। यह कोई सोची समझी नीति थी या अनायास ऐसा हो गया था, कहना कठिन है। पर अधिकतर विद्वान् इसे 'कम्पनी' के निर्देश पर निर्धारित गिलक्राइस्ट की नीति ही मानते हैं। 'कम्पनी' ने मुगलों से भारतीय शासन हस्तगत किया था। इससे मुसलमान दुखी थे, पर हिन्दू प्रसन्न थे। गिलक्राइस्ट ने सम्भवतः सन्तुलन कायम रखने के लिए यह भाषानीति अपनायी थी। उन्होंने द ओरियंटल लिंगुइस्ट (कलकत्ता) में 1798 में एक लेख लिखा था जिसमें बताया था कि हिन्दुओं और मुसलमानों की दो भाषाशैलियाँ हैं। उन्होंने 'हिन्दवी' को शुद्ध हिन्दुओं की भाषा मानते हुए उसकी तत्समप्रधान शैली को 'ग्रामीण' या 'प्राचीन' शैली और अरबी–फारसी शब्दावली मिश्रित खड़ीबोली को मुसलमानों की भाषा बताते हुए उसे 'उच्च शैली' (कोर्ट ऑर हाई स्टाइल) घोषित किया।[13] इस प्रकार खड़ीबोली की शैलियों को 'हिन्दी' और 'हिन्दुस्तानी' (यानी उर्दू) नाम देकर अलग अलग करने का प्रमुख श्रेय जॉन गिलक्राइस्ट को है। इसके पहले शैलियों के एक से अधिक होने के पर भी भाषा का एक ही नाम था, 'हिन्दवी' या 'हिन्दी'। इस काल के प्रसिद्ध कवि मीर तकी मीर तक ने अपनी भाषा को 'हिन्दी'

ही कहा था। पर गिलक्राइस्ट ने 'हिन्दी' के व्यापक चलन को सीमित ही नहीं, समाप्त करने का प्रयत्न किया। यह जरूर है कि गिलक्राइस्ट ने दोनों के बीच की लोकप्रिय शैली को श्रेष्ठ माना, किन्तु परवर्ती लेखकों ने इस बीच की शैली को घटिया मानकर संस्कृतगर्भी हिन्दी और अरबी–फारसी गर्भित उर्दू का प्रचार किया। इस प्रकार हिन्दी को हिन्दुओं से और उर्दू को मुसलमानों से जोड़ने और भाषा के प्रश्न को साम्प्रदायिक रंग देने का श्रेय गिलक्राइस्ट को है। इसी दृष्टिकोण से प्रेमसागर की भाषा को हिन्दवी (हिन्दी) और बागोबहार की भाषा को हिन्दुस्तानी (उर्दू) माना गया।

इसी आधार पर हिन्दी भाषा के विकास का सम्बन्ध प्रेमसागर से जोड़ा जाता है और बागोबहार को इस विकास परम्परा से अलग रखा जाता है। डॉ रामविलास शर्मा ने इस नीति को सही नहीं माना है।[14] मीर अम्मन ने बागोबहार में दिल्ली की बोली को अपनी भाषा का आधार बताया है। सच पूछें तो प्रेमसागर की तुलना में बागोबहार की भाषा बोलचाल की हिन्दी के अधिक निकट है। उसमें 'कूँ' और 'कौ' या 'कौं' की जगह 'को' का प्रयोग किया गया है, पूर्वकालिक क्रिया–रूपों में य–कार(बुझाय, समझाय, नहलाय, आदि) नहीं हैं ; 'कर' या 'के' का प्रयोग सामान्यतः दुरुस्त है। क्रियाओं और मुहावरों के कुछ प्रयोग, जो सौदा, मीर या ग़ालिब की रचनाओं में मिलते हैं, यहाँ भी हैं। सामान्य बोलचाल के शब्दों के बीच बीच में कुछ कठिन अरबी–फारसी के शब्द आये हैं, पर कुल मिलाकर भाषा ऐसी है, जिसे दिल्ली–आगरा और उत्तरी भारत के दूसरे शहरों के हिन्दू–मुसलमान आसानी से समझ सकते हैं। डॉ. रामविलास शर्मा ने अठारहवीं सदी की हिन्दी–उर्दू, प्रेमसागर की हिन्दी, बैतालपचीसी की रेख्ता और बागोबहार की उर्दू का तुलनात्मक अध्ययन करके यह निष्कर्ष निकाला है कि उनमें कुछ बातें समान हैं।[15] मीर अम्मन लल्लू जी लाल की तरह 'तईं' का प्रयोग, जिसकी मिर्जा ग़ालिब ने हँसी उड़ाई थी, निधड़क करते हैं। वे जहाँ तहाँ लल्लू जी लाल की तरह 'व–कार' युक्त क्रियाओं का प्रयोग ('सेवता' आदि) करते हैं तथा 'जो' के साथ 'सो' और 'सिवा' की जगह 'सिवाय' लिखते हैं। सौदा और मीर की तरह 'टुक' और 'निपट' का भी प्रयोग करते हैं। 'तिस पर', 'उन्ने', 'लीजो', 'दीजो', 'तलक', 'किसू' आदि रूप उनके गद्य में वैसे ही मिलते हैं जैसे अठारहवीं सदी या उससे पहले की हिन्दी–उर्दू में। बैताल पचीसी के लेखक की तरह वे भी जहाँ तहाँ पूर्वकालिक क्रियारूपों में 'कर' छोड़ देते हैं। 'ने' का प्रयोग सही ढंग से करते हैं, पर सर्वत्र 'ने' का प्रयोग करना जरूरी नहीं समझते। बैताल पचीसी की तुलना में बागोबहार में संस्कृत के तत्सम शब्दों के बोलचाल वाले रूप कम हैं, फारसी–अरबी के ज्यादा, फिर भी मीर अम्मन की भाषा

न केवल बैताल पचीसी वरन् प्रेमसागर की भाषा से भी, व्याकरणिक संरचना की दृष्टि से, मिलती जुलती है। मीर अम्मन ने केवल उन्हीं अरबी–फारसी शब्दों का प्रयोग किया है जो उस काल के पढ़े–लिखे हिन्दू–मुसलमान आम तौर पर बोलते और समझते थे। वस्तुतः इंशा अल्ला खाँ और मीर अम्मन की भाषाएँ एक ही भाषा की दो शैलियाँ कही जा सकती हैं। अतः जैसे रानी केतकी की कहानी को हिन्दी की रचना माना जाता है वैसे ही बागोबहार को भी मानना चाहिए।

इसके बावजूद प्रेम सागर, बैताल पचीसी और बागोबहार की भाषाशैलियों को अलग अलग भाषाओं के नाम देकर हिन्दी को बाँटने और उनके बोलने वालों में साम्प्रदायिक भेदभाव बढ़ाने का प्रयत्न फोर्ट विलियम कॉलेज के नेतृत्व में शुरू हुआ जो पूरी उन्नीसवीं शताब्दी तक हिन्दी–उर्दू संघर्ष के रूप में छाया रहा।

1800 ई. के ठीक बाद वाले दशक में ही दो और गद्यलेखक, मुंशी सदासुखलाल 'नियाज' और इंशा अल्ला खाँ, आते हैं, जिनका फोर्ट विलियम कॉलेज से कोई सम्बन्ध नहीं था। मुंशी सदासुखलाल दिल्ली के रहनेवाले थे और 1793 के लगभग चुनार (जिला मिर्जापुर) में कम्पनी शासन में किसी अच्छे पद पर नियुक्त थे। 65 वर्ष की उम्र में ये नौकरी छोड़कर प्रयाग चले गये जहाँ 1824 में उनका निधन हुआ। शुक्ल जी के अनुसार उन्होंने विष्णु पुराण से कोई उपदेशात्मक प्रसंग लेकर एक पुस्तक लिखी थी, जो पूरी नहीं मिली है।[16] शुक्ल जी के अनुसार ''मुंशी जो ने यह गद्य न तो किसी अंग्रेज अधिकारी की प्रेरणा से और न दिए हुए नमूने पर लिखा...अपने समय में उन्होंने हिन्दुओं की बोलचाल की जो शिष्ट भाषा चारो ओर–पूरबी प्रान्तों में भी–पायी उसी में रचना की। यद्यपि वे खास दिल्ली के रहने वाले अहलेजबान थे पर उन्होंने अपने हिन्दी गद्य में कथावाचकों, पंडितों और साधुसन्तों के बीच दूर दूर तक प्रचलित खड़ीबोली का रूप रखा जिसमें संस्कृत शब्दों का पुट भी बराबर रहता था।[17] यहाँ यह बात भी जोड़ी जा सकती है कि यद्यपि सदासुखलाल 'दिल्ली के रहने वाले अहलेजबान' थे, पर उनकी जिन्दगी का बड़ा भाग चुनार–प्रयाग में बीता था, अतः उनकी भाषा स्वाभाविक हिन्दी हो गयी थी। डॉ शारदा वेदालंकार ने लाला भगवान दीन तथा रामदास गौड़ द्वारा सम्पादित हिन्दी भाषा सार नामक पुस्तक में संकलित मुंशी जी के 'सुरासुर निर्णय' नामक लेख (र. का. ल. 1782–83) का उल्लेख किया है जिसकी भाषा भी पूर्वोक्त पुस्तक के ही समान है।[18]

इंशा अल्ला खाँ अपने समय के प्रसिद्ध उर्दू शायर थे। पहले वे शाहआलम–द्वितीय के दरबार में रहते थे, पर बाद में दिल्ली की दुर्गति होने

पर वे लखनऊ चले आये थे। जब 1798 में नवाब सआदत अली खाँ गद्दी पर बैठे तब वे उनके दरबार में आने लगे, पर अपने फक्कड़ स्वभाव के कारण वे वहाँ जम नहीं पाये। 1818 में उनकी मृत्यु हुई।

इंशा ने 1798 और 1803 के बीच उदयभानचरित या रानी केतकी की कहानी लिखी। इंशा का उद्देश्य ऐसी 'ठेठ हिन्दी' लिखने का था जिसमें 'हिन्दी की छूट' और 'किसी बोली का पुट' न रहे। इंशा ने अपनी भाषा को तीन प्रकार के शब्दों से मुक्त रखने का संकल्प किया : (1) बाहर की बोली अर्थात् अरबी, फारसी, तुर्की; (2) गँवारी अर्थात् ब्रजभाषा, अवधी आदि और (3) भाखा अर्थात् संस्कृत। यद्यपि वाक्य–विन्यास और तुकान्तयुक्त वाक्यों के रूप में फारसी गद्य का प्रभाव इंशा के गद्य पर भी दिखाई देता है, पर वह बहुत कम मात्रा में है। इंशा का गद्य अधिकतर बोलचाल के शब्दों से निर्मित मुहावरेदार और स्वाभाविक लय–प्रवाह से युक्त है। लगभग इसी समय फोर्ट विलियम कॉलेज के भाषामुंशी मीर अम्मन ने किस्सः ए चहार दरवेश का बागोबहार शीर्षक से अनुवाद किया जो फारसी लिपि में प्रकाशित हुई। मीर अम्मन की भाषा को देखने से पता चलता है कि उन्होंने इंशा की तरह 'बाहर की बोली' अर्थात् अरबी–फारसी की शब्दावली के इस्तेमाल से परहेज नहीं किया है, पर यह भी स्पष्ट है कि उन्होंने केवल उन्हीं अरबी–फारसी शब्दों का प्रयोग किया है जो उस काल के पढ़े–लिखे हिन्दू–मुस्लिम शिष्ट समुदाय में आम तौर पर बोले और समझे जाते थे। अतः इंशा अल्ला खाँ और मीर अम्मन की भाषाएँ एक ही भाषा की दो शैलियाँ कही जा सकती हैं। उर्दू साहित्य के इतिहासकारों ने दोनों को 'उर्दू' कहा है। कोई कारण नहीं कि दोनों को 'हिन्दी' न माना जाए।

अब यह निर्धारित करना है कि आधुनिक काल का विस्तार कब से कब तक माना जाए। 'आधुनिक' की कोई काल–सीमा निधारित हो सकती है, यह सम्भव नहीं लगता। अतः आधुनिक काल के प्रथम चरण के रूप में हम 1801–1900 की अवधि को स्वीकार कर रहे हैं। अध्ययन की सुविधा और प्रवृत्तियों के निर्धारण की दृष्टि से इस काल को भी दो हिस्सों में विभक्त करना तर्कसंगत प्रतीत होता है। इनमें से प्रथम कालखंड 1801–1870 और द्वितीय कालखंड 1871–1900 निर्धारित किया जा सकता है।

1801–1870 काव्यधारा (क) हिन्दी / हिन्दवी

1801–1870 की अवधि में कविता की भाषा मुख्यतः हिन्दवी / हिन्दी (जो 'उर्दू' के नाम से भी जानी जाती थी) और ब्रजी (जो बाद में 'ब्रजभाषा' के नाम से जानी गयी), थीं। इस काल के हिन्दवी / हिन्दी के प्रथम कवि नज़ीर

अकबराबादी थे जिनका कविता–काल लगभग 1770–1830 माना जा सकता है। नज़ीर के पूर्ववर्ती महान कवि मीर तकी मीर (1724–1810) भी अपने को 'हिन्दी' कवि ही मानते थे जो उनके इस शेर से स्पष्ट है :

क्या जानूँ लोग कहते हैं किसको सरूरे कल्ब
आया नहीं है लफ़्ज ये हिन्दी जबाँ के बीच।

फ़िराक़ गोरखपुरी के अनुसार व्याकरण सम्बन्धी नियमों की दृष्टि से 'नज़ीर की भाषा मीर और सौदा के जमाने की उर्दू है, जिसमें आज जैसी व्याकरण की कठोरता नहीं है।'[19] दरअसल उस समय वह 'हिन्दी' नाम से ही जानी भी जाती थी। यद्यपि 'हिन्दी/हिन्दवी' में अरबी–फारसी शब्दों का प्रयोग पहले ही आरम्भ हो गया था, पर उसका 'उर्दू' नाम मीर के बाद ही अधिक प्रचलित हुआ। अठारहवीं शताब्दी के उत्तरार्ध में भी अनेक मुसलमान लेखकों ने अपनी काव्यभाषा को 'हिन्दी' या 'हिन्दवी' कहा। इनमें से सैयद इंशा अल्ला खाँ का नाम विशेष रूप से उल्लेखनीय है। वे फारसी में लिखित अपने प्रसिद्ध व्याकरण ग्रन्थ 'दरयाय लताफत' (1808) में 'हिन्दी' शब्द का प्रयोग लगभग 40 बार करते हैं। डॉ धीरेन्द्र वर्मा के अनुसार इंशा फारसी, अरबी आदि बाहरी भाषाओं के सन्दर्भ में 'हिन्दी' शब्द का प्रयोग अधिकांशतः सामान्य अर्थ में 'मध्यदेश की भाषा' के लिए करते हैं। पर धीरे धीरे मुसलमान लेखक अपनी काव्यभाषा को अरबी–फारसी प्रभाव से अधिकाधिक युक्त करते गये और उसके लिए 'हिन्दी' शब्द का प्रयोग छोड़ 'उर्दू' शब्द का प्रयोग करने लगे।

नज़ीर अकबराबादी आधुनिक काल के प्रथम हिन्दी/हिन्दवी कवि माने जा सकते हैं। सन् 1800 ई. में उनकी कविता अपनी प्रौढ़ता पर पहुँच चुकी थी। नज़ीर अपने ढंग के अकेले कवि थे। उनके समय के अधिकतर कवि जीविका के लिए राजदरबारों की शरण में जाया करते थे। नज़ीर ने कभी किसी दरबार का आश्रय ग्रहण नहीं किया। इस दृष्टि से वे भक्तिकाल के कबीर, जायसी, सूर, तुलसी आदि की श्रेणी में आते हैं। वे बच्चों को पढ़ाकर अपनी जीविका चलाते थे। कविता उनके लिए स्वान्तःसुखाय थी। उनकी कविता दरबारों की रुचि का नहीं, बल्कि आम आदमी और समाज की रुचि का अनुसरण करती थी।

जिस समय नज़ीर ने कविता–लेखन आरम्भ किया (1770 के लगभग) उस समय हिन्दी/हिन्दवी में मीर तकी मीर (1724–1810) काव्य–रचना कर रहे थे। मीर दरबारों के कवि थे। फ़िराक़ गोरखपुरी के अनुसार वे पहले नवाब बहादुर, दीवान महानारायण, अमीर खाँ अंजाम, राजाजुगल किशोर, राजा नागरमल, सूरजमल जाट आदि छोटे नवाबों और राजाओं के साथ तथा बाद में तत्कालीन मुगल सम्राट् आलमगीर द्वितीय, अवध के नवाब आसिफुद्दौला, नवाब सआदत

अली खाँ आदि के दरबारों में रहे और काव्य–रचना की। नवाब सआदत अली खाँ ने नज़ीर को भी लखनऊ बुलाया लेकिन उन्होंने जाने से इनकार कर दिया। भरतपुर के नवाब का न्योता भी उन्होंने ठुकरा दिया। इसके स्थान पर उन्होंने कुछ दिन मथुरा में अध्यापन–कार्य किया और उसके बाद आगरा में लाला रामविलास के लड़कों को पढ़ाने का काम किया।[20] इससे मीर और नज़ीर के स्वभाव और चरित्र के अन्तर को समझा जा सकता है।

मीर दरबारी संस्कृति के और नज़ीर जन संस्कृति के कवि माने जा सकते हैं। मीर को समकालीन समाज में घटित हलचलों से कोई मतलब नहीं था। यद्यपि समकालीन राजनीतिक घटनाओं ने उन्हें जीविका के लिए भटकने के लिए बाध्य किया था, पर उन्होंने उसे अपनी कविता का विषय नहीं बनाया। उनके स्वभाव में वैयक्तिकता, स्वाभिमान और परिष्कृत साहित्यिक और सांस्कृतिक रुचि का अभाव नहीं था। पर सामान्य जनजीवन में उनकी कोई रुचि न थी। दूसरी ओर नज़ीर अपने समय और आसपास की आम जिन्दगी से घनिष्ठ रूप से जुड़े हुए थे। यह समय घोर अव्यवस्था का समय था। 1748, 1751 और 1756 में अहमदशाह की लूट और नृशंसता को नज़ीर ने देखा था। 1761 में पानीपत की तीसरी लड़ाई भी अहमदशाह अब्दाली और मराठों के बीच हो चुकी थी, जिसमें मराठों की हार हुई थी और अब्दाली को लूट और नरसंहार का जबरदस्त मौका मिल गया था। 1764 में बक्सर की लड़ाई में शाह आलम की घोर पराजय हुई थी और ईस्ट कम्पनी का इलाहाबाद तक अधिकार हो गया था। शाह आलम की रही सही सत्ता भी धराशायी हो गयी थी। नज़ीर की उम्र उस समय लगभग 30 वर्ष थी। कविता–लेखन का आरम्भ भी उन्होंने कर दिया था। 1764–1803 का समय भी लूट, और मारकाट की दृष्टि से गर्म ही था। पानीपत की लड़ाई में मात खाकर मराठे भी लूटमार पर उतर आये थे। मुहम्मद मुजीब के अनुसार पर्रों नाम का फ्रांसीसी दौलत राव सिंधिया की शाही फौज का सिपहसालार था। उसने दिल्ली को घेरकर उस पर विजय प्राप्त कर ली और अपने एक कमांडर, ले मारशाँ को शहर का गवर्नर और शाहआलम का मुहाफिज (संरक्षक) नियुक्त कर दिया। उसके बाद उसने आगरा पर कब्जा कर लिया। अब पश्चिमी भारत पर उसका अधिकार हो गया और उसकी हुकूमत एक ऐसे इलाके पर हो गयी जिसकी सालाना मालगुजारी दस लाख से ज्यादा थी। वह अलीगढ़ के करीब एक महल में राजसी ठाटबाट से रहता था और यहीं से राजाओं और नवाबों के नाम फरमान जारी करता था और बिना किसी हस्तक्षेप के चम्बल से शतलज तक अपना हुक्म चलाता था। जब 15 सितम्बर, 1803 को जेनरल लेक सिन्धिया के एक सरदार बोर्गी ई

को पराजित कर विजयी अन्दाज में दिल्ली में दाखिल हुआ तो पहले उसने दिल्ली को मन भर लूटा और शाह आलम की खिदमत में हाजिर होकर बड़ी बड़ी उपाधियाँ प्राप्त करने के बाद शाह आलम और उसके उत्तराधिकारियों को ईस्ट इंडिया कम्पनी का 'वजीफा ख्वार' बना दिया।[21]

यह समय नज़ीर की कविता का उत्थान काल था। हिन्दी के दूसरे कवियों की तरह नज़ीर ने अपने समय की राजनीतिक हालत को नजरअन्दाज नहीं किया। यद्यपि उन्होंने ईस्ट इन्डिया कम्पनी की बढ़ती ताकत के खतरों को नहीं देखा, पर दिल्ली–आगरा के इर्दगिर्द की राजनीतिक स्थिति से उत्पन्न अव्यवस्था की अनदेखी नहीं की। उनके समय में ही फर्रुखसियर के संकेत पर योग्य सरदार जुल्फिकार अली खाँ का वध किया गया था। नज़ीर ने इस सम्बन्ध में लिखा था :

कहता था कोई घोड़ा है नामदार खाँ का
ये पालकी यह हाथी है जुल्फिकार खाँ का
आया कदम अजल के जब तीसमार खाँ का
ख़र भी कहीं न देखा फिर शह सवार खाँ का
झप्पान मेग, डंबर दर पर हुआ, तो फिर क्या! [22]

मुगल दरबार में ईरानी, तूरानी और हिन्दुस्तानी नवाबों के षड्यन्त्रों, उत्तराधिकार के लिए शाहजादों के इन षड्यन्त्रों में कठपुतली की भूमिका निभाने, अहमद शाह अब्दाली के लगातार होने वाले आक्रमणों और जाटों, सिखों, मराठों, रोहिल्लों आदि की लूटपाट से उत्पन्न अशान्ति और असुरक्षा को नज़ीर ने अपनी आँखों से देखा और सुना था और अपने दर्द को अपनी कविता में वाणी दी थी:

होती है ज़र के वास्ते हरज़ा चढ़ाइयाँ।
कटते हैं हाथ पाँव गले और कलाइयाँ।
बन्दूकें और हैं कहीं तोपें लगाइयाँ।
कुल ज़र की हो रही है जहाँ में लड़ाइयाँ।[23]

जो है सो हो रहा है सदा मुब्तिलाए ज़र।
हर इक यही पुकारे है दिन रात हाय! ज़र॥

सिखों की लूटपाट के सम्बन्ध में नज़ीर ने लिखा था :

जो जो नजील कुट्टन, ज़र छोड़कर मरेगा।
या खाएगा जमाई, या खालसा लगेगा॥

आगरा, जहाँ नज़ीर रहते थे, 1761 में भरतपुर के जाट राजा सूरजमल के अधिकार में था। 1785 से 1803 तक उस पर मराठों का कब्जा रहा। मराठा शासन में रिश्वतखोरी बढ़ जाने के कारण आर्थिक शोषण में भी वृद्धि हो गयी। उन्होंने अपने अधीन क्षेत्रों में भूमि–कर बढ़ा दिया। कारीगरों और कलाकारों का भी अत्यधिक शोषण होने लगा। चारो तरफ शोषण, लूटपाट और अत्याचार का बोलबाला था। सामन्तों का शोषण श्रमिकों, कृषकों, कारीगरों को किसी प्रकार जिन्दा रहने की मुहलत देता था। अंग्रेजों के शासन में देश की आर्थिक स्थिति और भी दयनीय हो गयी। नज़ीर ने इस पर टिप्पणी की :

मारे हैं हाथ हाथ पै सब याँ के दस्तकार।
और जितने पेशेवर हैं सो रोते हैं ज़ार ज़ार।
कुछ एक दो के काम का रोना नहीं है यार।
छत्तीस पेशे वालों के हैं कारोबार बन्द।

नज़ीर के सामने ही अनेक बार लुट जाने के कारण आगरा श्रीहीन हो गया था। नज़ीर लिखते हैं :

अब आगरे में जितने भी हैं सब लोग तबाह।
आता नज़र किसी का नहीं एकदम निबाह।

भिखारियों को भीख मिलना भी कठिन हो गया था। नज़ीर ने इसका चित्रण इन शब्दों में किया है :

इस शहर में फकीर भिखारी जो हैं तबाह।
जिस घर में जा सवाल वह करते हैं ख्वाम ख्वाह।
'भूखे हैं, कुछ भेजाइयो बाबा खुदा की राह।'
वाँ से सदा यह आती है 'फिर माँगो' जब तो आह।
करते हैं होठ अपने वह शर्मसार बन्द।[24]

इसे पढ़कर गोस्वामी तुलसीदास की पंक्तियाँ याद आती हैं, जिनमें उन्होंने अपने समय (1620–22) में व्याप्त देश की सामाजिक और आर्थिक स्थिति का चित्रण किया है :

खेती न किसान को भिखारी को न भीख बलि
बनिक को बनिज न चाकर को चाकरी।
जीविका विहीन लोग सीद्यमान सोचबस
कहैं एक एकन सो कहाँ जाई का करी।

बेद हू पुरान कही लोकहू बिलोकियत
साँकरे सबै पै राम रावरे कृपा करी।
दारिद दसानन दबाई दुनी दीनबन्धु
दुरित दहनं देखि तुलसी हहा करी॥[25]

सर्वत्र बेरोजगारी, दरिद्रता और दीनता का बोलबाला था। इन स्थितियों का नज़ीर ने अपनी 'कोड़ी मुफ्लिसी', 'पेट', 'रोटियाँ', 'ज़र', 'आटे दाल का भाव' आदि कविताओं में किया है। 'मुफ्लिसी' का वर्णन करते हुए वे कहते हैं :

मुफ्लिस की कुछ नजर रहती है आन पर।
देता है अपनी जान वह इक एक नान पर।
हर आन टूट पड़ता है रोटी के ख़्वान पर।
जिस तरह कुत्ते लड़ते हैं इक इस्तख़्वान पर।
वैसा ही मुफ्लिसों को लड़ाती है मुफ्लिसी।

भुखमरी में रोटी के महत्त्व का वर्णन नज़ीर इन शब्दों में करते हैं :

पूछा किसी ने एक किसी कामिल फकीर से।
वह महरोमाह हक़ ने बनाये हैं किसलिए।
वह सुन के बोला 'बाबा तुझको खुदा खैर दे।'
हम तो न चाँद समझे न सूरज जानते।
बाबा हमें तो सब नज़र आती हैं रोटियाँ।

ऐसी कविता धुर आधुनिक काल में नागार्जुन ही लिख सकते थे।

नज़ीर का स्वभाव अपने समय के कवियों से नितान्त भिन्न था। उस समय का समाज मुख्यतः दो वर्गों में विभक्त था। एक वर्ग में बादशाह, मनसबदार, जागीरदार, सेना के बड़े कर्मचारी और दरबार से सम्बन्ध रखने वाले उच्च वर्ग के व्यक्ति थे और दूसरे वर्ग में किसान और नीची श्रेणी के धन्धे करने वाले साधारण लोग। जबकि उस समय के अन्य कवि उच्च वर्ग या दरबारों से अपना सम्बन्ध जोड़ते थे, नज़ीर का लगाव निहायत निम्न वर्ग या निम्न मध्य वर्ग से था। उनके स्वभाव की सरलता के बारे में नज़ीर मुहम्मद लिखते हैं : "जब वे घर से निकलते तो अक्सर लोग रास्ता रोककर खड़े हो जाते और कविता सुनाने का अनुरोध करते।...नज़ीर वहीं बैठकर कविता बनाते और घंटों सुनाते। फेरी लगाकर माल बेचने वाले उनसे कविताएँ लिखवा ले जाते और उन्हें गली कूँचों में गा—गाकर अपना माल बेचा करते। ककड़ी बेचने वाले के आग्रह पर उन्होंने 'आगरे की ककड़ी' नामक कविता लिखी।

कविता की आरम्भिक पंक्तियाँ हैं :

क्या खूब नर्मोनाजुक इस आगरे की ककड़ी।
और जिसमें खास कर फिर इस्कंद की ककड़ी।

किसी भिखारी के निवेदन पर उन्होंने 'कन्हैया का बालपन' नामक कविता लिख दी जो उसकी जीविका का साधन बन गयी। उन्होंने तिल के लड्डू, रोटी, पेट, पैसा, कौड़ीनामा, बंजारानामा, आदमीनामा जैसे साधारण विषयों पर कविताएँ लिखीं जो दरबारी संस्कृति से जुड़े नफासत पसन्द कवियों को अच्छी नहीं लगीं। इसी कारण उर्दू वालों ने नज़ीर की कविता को महत्त्व नहीं दिया और लगभग डेढ़ सौ वर्षों तक वे उर्दू साहित्य में उपेक्षित ही रहे। दुर्भाग्यवश हिन्दी साहित्य में भी उन्हें स्थान नहीं मिला, जिसका कारण शुक्ल जी द्वारा उन्हें अपने इतिहास में वह स्थान न देना भी है। जिसके वे हकदार थे।

नज़ीर की कुछ और कविताओं के उदाहरण, जो सिद्ध करते हैं कि वे कबीर, जायसी, सूर, नन्ददास, रसखान, रहीम आदि कवियों की परम्परा के कवि थे :

तू सबका खुदा, सब तुझ पै फिदा, अल्लाहोग़नी, अल्लाहोग़नी।
ऐ किशन कन्हैया, नन्दलला, अल्लाहोग़नी, अल्लाहोग़नी।
सूरत में नबी, सीरत में खुदा, ऐ सल्ले अलाह अल्लाहोग़नी, अल्लाहोग़नी।
तालिब है तेरी रहमत का, बन्दा ये नाचीज 'नज़ीर' तेरा।
तू बहरे करम है नन्दलला, अल्लाहोग़नी, अल्लाहोग़नी।[26]

तारीफ करूँ अब मैं क्या क्या उस मुरली अधर बजैया की।
नित सेवा कुंज फिरैया की और बन बन गऊ चरैया की।
गोपाल, बिहारी, बनवारी, दुख हरना, मेहर करैया की।
गिरधारी, सुन्दर, स्याम बरन और हलधर जू के भैया की।
यह लीला है उस नन्द ललन, मनमोहन, जसुमति छैया की।
रख ध्यान सुनो दंडौत करो जै बोलो किसन कन्हैया की।[27]

इन पंक्तियों को पढ़ते हुए बरबस कबीर याद आते हैं। अठारहवीं–उन्नीसवी शताब्दी में, जबकि साम्प्रदायिक भावना में पहले वाली उदारता नहीं रह गयी थी, इस प्रकार की कविता लिखना आग पर चलने के समान था। नज़ीर ने यह खतरा मोल लिया था। और कमाल यह कि किसी ने इस पर आपत्ति नहीं की थी। इसका कारण यह जान पड़ता है कि साधारण जनता में साम्प्रदायिकता का भाव न के बराबर था। साम्प्रदायिकता उच्च वर्ग में ही

सीमित थी। नज़ीर को इसका इतना ही दंड मिला था कि उर्दू समाज ने उन्हें अपनी जमात से बाहर कर दिया था। पर नज़ीर को इसकी फिक्र ही कहाँ थी! डॉ. नज़ीर मुहम्मद के अनुसार वे हिन्दू जन–जीवन और संस्कारों, देवी–देवताओं आदि के सम्बन्ध में 'अत्यन्त भावावेग के साथ काव्य–रचना करते हैं।' हिन्दू धर्मग्रन्थों से सम्बन्धित अन्तर्कथाओं, प्रतीकों और बिम्बों का उपयोग करके चकित कर देते हैं। 'गणेश जी की स्तुति', 'कृष्ण कन्हैया की तारीफ', 'दुर्गा जी के दर्शन', 'जन्म कन्हैया जी', 'कन्हैया जी की रास', 'सुदामा चरित' आदि इसके सुन्दर उदाहरण हैं।[28]

प्रकृति सम्बन्धी कविताओं में नज़ीर का उल्लास देखने योग्य है। यों तो संस्कृत और हिन्दी काव्य में षट्ऋतु–वर्णन की परम्परा रही है, पर नज़ीर वर्षा ऋतु और वसन्त ऋतु के दीवाने हैं। बरसात पर नज़ीर ने छह कविताएँ लिखी हैं, जिनमें 'बरसात का तमाशा' और 'बरसात की बहारें' तो पर्याप्त लम्बी हैं। इनमें कवि का सूक्ष्म अवलोकन देखते ही बनता है। नज़ीर की कविताएँ आम जिन्दगी के बीच से उठा ली गयी कविताएँ हैं। नज़ीर सजे सजाए कमरों में भोग–विलास की बहुलता के बीच कविता नहीं रचते थे। वे जिन्दगी को भरपूर जीते हुए काव्य–रचना करते थे। वे बरसात में लोगों को भींगते और गिरते–पड़ते देखते हैं, पसीने से लथपथ और मच्छरों–मक्खियों से होने वाली परेशानी का अनुभव करते हैं, बिच्छुओं और कनखजूरों से बचकर चलते हैं, लोगों के शरीर पर फोड़े–फुंसी, दाने और 'ददोड़े' देखते हैं, पूरी खाकर पेट में उठने वाले मरोड़ों आदि की चर्चा करते हैं। कुछ उदाहरण देखे जा सकते हैं :

हैं इस हवा में क्या क्या बरसात की बहारें।
सब्जों की लहलहाहट, बाग़ात की बहारें।
बूँदों की झमझमाहट, क़तरात की बहारें।
हर बात के तमाशे, हर घात की बहारें।
क्या क्या मची है यारो बरसात की बहारें।[29]

बरसात का जहान में लश्कर फिसल पड़ा।
बादल भी हर तरफ से हवा पर फिसल पड़ा।
झड़ियों का मेह भी आके सरासर फिसल पड़ा।
छज्जा किसी का शोर मचाकर फिसल पड़ा।
कोठा झुका, अटारी गिरी, दर फिसल पड़ा।....[30]

तुम दर को झींकते मेरा घर फिसल पड़ा।....
पाखे पछीत सो गये छप्पर फिसल पड़ा।

कितने तो कीचड़ो की दलदल में फँस रहे हैं।
कपड़े तमाम गन्दे दलदल में बस रहे हैं।
कितने उठे हैं मर मर कितने उकस रहे हैं।
वह दुख में फँस रहे हैं, और लोग हँस रहे हैं।
क्या क्या मची है यारो बरसात की बहारें।[31]

फुंसी किसी के तन में सर पर किसी के फोड़े।
छाती पै गर्मी दाने और पीठ में ददोड़े।
खा पूरियाँ किसी को हैं लग रहे मरोड़े।
आते दस्त हैं जैसे दौड़े इराकी घोड़े।
क्या क्या मची है यारो बरसात की बहारें।।[32]

इधर तो पसीनों से पड़ी भींगे हैं खाटें।
गर्मी से उधर मैल की कुछ च्यूटियाँ काटें।।
कपड़ा जो पहनिये तो पसीने उसे आटें।
नंगा जो बदन रखिए, तो फिर मक्खियाँ चाटें।।
बरसात के मौसम में निकट जहर है ऊमस।
सब चीज तो अच्छी है पर एक क़हर है ऊमस।।[33]

बादल हवा के ऊपर हो मस्त छा रहे हैं।
झाड़ियों की मस्तियों से धूमें मचा रहे हैं।
पड़ते हैं पानी हरजा, जल थल बना रहे हैं।
गुलज़ार भींगते हैं सब्ज़ नहा रहे हैं।
क्या क्या मची है यारो बरसात की बहारें।।[34]

मारे है मौज डाबर दरिया उमड़ रहे हैं।
मोरो पपीहे कोयल, क्या क्या उमड़ रहे हैं।
झड़ कर रही हैं झड़ियाँ नाले उमड़ रहे हैं।
बरसे हैं मेह झड़ाझड़, बादल घुमड़ रहे हैं।
क्या क्या मची है यारो बरसात की बहारें।।[35]

सब्जों पर बीर बहूटी, टीलों ऊपर घतूरे।
पिस्सू से मच्छरों से रोये कोई बिसूरे।
बिच्छू किसी को काटे, कीड़ा किसी को घूरे।
आँगन में कनसलाई, कोनों में कनखजूरे।
क्या क्या मची है यारो बरसात की बहारें।।[36]

जो इस हवा में यारो दौलत में कुछ बड़े हैं।
है उनके सर पर छतरी, हाथी ऊपर चढ़े हैं।
हमसे गरीब गुरबा कीचड़ में गिर पड़े हैं।
हाथों में जूतियाँ हैं और पांयचे चढ़े हैं।
क्या क्या मची है यारो बरसात की बहारें।।[37]

इस प्रकार कविता में नज़ीर ऐसी बातों का उल्लेख करते हैं जो समकालीन काव्य में तुच्छ और उपेक्षा की दृष्टि से देखी जाती थीं। यह काल सामन्तों का था, जहाँ बरसात भी विलास का एक उपादान मात्र थी। उसका जनजीवन के दुख–सुख से कुछ लेना देना न था। नज़ीर ने इस मानसिकता को झकझोरने का प्रयत्न किया था।

वसन्त ऋतु पर नज़ीर ने 11 कविताएँ लिखी हैं। यदि इनके साथ होली पर लिखी 21 कविताएँ जोड़ दें तो यह संख्या 32 हो जाएगी। इतनी बड़ी संख्या में किसी और कवि ने वसन्त ऋतु और होली पर कविताएँ नहीं लिखी हैं। यह केवल कवि का प्रकृति के प्रति प्रेम ही नहीं दर्शाता, बल्कि साम्प्रदायिक सौहार्द और सहजीवन का भी परिचय देता है। इस काल के कवि अपने जीवन में प्रकृति से इतने दूर हो गये थे कि आलम्बन या स्वतन्त्र रूप में प्रकृति–वर्णन उनके लिए सम्भव ही नहीं था। ब्रजभाषा के कवि छोटे छोटे हिन्दू राजाओं के और हिन्दी/हिन्दवी के शायर दिल्ली, लखनऊ, हैदराबाद या रामपुर के दरबारों में जीविका के लिए आश्रय लेकर काव्य–रचना कर रहे थे। इन कवियों का सारा ध्यान मुगल बादशाह, नवाबों और राजाओं की खुशामद और मनोरंजन पर रहता था। यदि कभी उनके जमीर पर आघात लगता भी था तो वे रूठी हुई नायिकाओं की तरह आसानी से मान भी जाते थे। राज–दरबार उनकी नियति थे। वे नज़ीर की तरह नवाबों और राजाओं के राजाश्रय को ठुकराने की हिम्मत नहीं रखते थे। राजदरबार उनके सोने के पिंजरे थे : प्रकृति का विशाल आँगन उनके विचरण का क्षेत्र नहीं था। इसके विपरीत नज़ीर का जीवन जनता और प्रकृति के बीच बीतता था। इसलिए उनकी कविता में जनजीवन और प्रकृति दोनों का बाहुल्य दिखायी पड़ता है।

नज़ीर वसन्त ऋतु का वर्णन करते समय उल्लास से भर उठते हैं। 'वसन्त' सम्बन्धी दूसरी कविता में उनका उल्लास इस रूप में दिखायी देता है :

जब फूल का सरसों के हुआ आके खिलन्ता।
और ऐश की नजरों से निगाहों का लड़न्ता।
हमने भी दिल अपने के तईं करके पुखन्ता।
और हँस के कहा यार से ऐ लकड़ भवन्ता।
सबकी तो बसन्तें हैं पै यारों का बसन्ता।।[38]

फिर–

जब खेत पे सरसों के दिया जाके कदम गाड़।
सब खेत उठा सर के ऊपर रख लिया झंखाड़।
महबूब रँगीलों की भी एक साथ लगी झाड़।
हर झाड़ से सरसों के भी कहती थी अभी झाड़।
सबकी तो बसन्तें हैं पै यारों का बसन्ता।। [39]

'बसन्त' शीर्षक छठी कविता में नज़ीर की प्रसन्नता का आलम यह है :

जहाँ में आयी बहार और खिज़ा के दिन भूले।
चमन में गुल खिले और वन में राय वन फूले।
गुलों ने डालियों के डाले बाग में झूले।
समाते फूल नहीं पैरहन में अब फूले।
दिखा रही है अजब तरह की बहार बसन्ता।। [40]

उल्लास के साथ जन के प्रति कवि की संलग्नता भी देखने योग्य है :

कहीं दुकान सुनहरी लगा के बैठे हैं।
वसन्ती जोड़े पहन और पहना के बैठे हैं।
गरीब खेत में सरसों के जाके बैठे हैं।
चमन में बाग में मजलिस बनाके बैठे हैं।
पुकारते हैं अहा! हा!री ज़र निगार वसन्ता।। [41]

वसन्त के आगमन की आहट पाने के साथ ही कवि दूसरों को भी अपने साथ आने का निमन्त्रण देता है। दरबार की संस्कृति और प्रकृति की संस्कृति में यही अन्तर होता है। दरबारी संस्कृति संकीर्ण होती है, जबकि प्रकृति की संस्कृति में खुलापन और सहजता होती है :

आने की आज धूम इधर है वसन्त की।
कुछ तुमको मेरी जान खबर है वसन्त की।।
होते हैं जिससे ज़र्द ज़मीं ओ ज़मां तमाम।
ऐ महर तलअतो वह सहर है वसन्त की।। [42]

होली सम्बन्धी कविताओं में नज़ीर की मस्ती, खुलापन आदि और भी रंग लाते हैं। 'होली–1' में वे होली की धूम का वर्णन करते हैं :

गली में कूचे में गुल शोर हो रहे अक्सर।

छिड़कने रंग लगे यार हर घड़ी भर भर।
बदन में भींगे हैं कपड़े, गुलाल चेहरों पर।
मची यह धूम तो अपने घरों से खुश होकर।
तमाशा देखने निकले निगार होली का।।[43]

सामान्य रूप में आज हमारी धारणा बन गयी है कि मुसलमान होली में रंग खेलना पसन्द नहीं करते। पर नज़ीर के जमाने में हिन्दू–मुसलमान साथ मिलकर होली मनाने में परहेज नहीं करते थे। उन्होंने इसका वर्णन 'होली (1)' में किया है। साम्प्रदायिक सद्भाव का यह अद्भुत नजारा है–

उधर से रंग लिये आओ तुम इधर से हम।
गुलाल अबीर मलें मुंह पे होके खुश हर दम।
खुशी से बोलें हँसें होली खेलकर बाहम।
बहुत दिनों से हमें तो तुम्हारे सर की कसम।
इसी उम्मीद में था इन्तिजार होली का [44]

होली की मस्ती का बहुत जोरदार वर्णन 'होली (3)' में किया गया है :

इस रुत में चमन पर भी अजब रंग चढ़ा है।
और जंगलो बन पर भी अजब रंग चढ़ा है।
हर शोख के तन पर भी अजब रंग चढ़ा है।
आशिक के बदन पर भी अजब रंग चढ़ा है।

और पूरा आगरा शहर इस रंग में सराबोर है–

घुंघरू की पड़ी आन के फिर कान में झंकार।
सारंगी हुई बीन तंबूरों की मददगार।
तबलों के ठुके तबल यह साजों के बजे तार।
रागों के कहीं गुल कहीं नाचों के बँधे तार।
ढोलक कहीं झनकारे हैं मरदंग जमी पर।
होली ने मचाया है अजब रग जमी पर।[45]

आगरा शहर की यह तसवीर अनोखी है। लोग किस तरह होली खेल रहे हैं, इसकी एक तसवीर यह है :

भागे हैं कहीं रंग किसी पर जो कोई डाल।
वह पोटली मारे है उसे दौड़ के फिलहाल।
यह टाँग घसीटे है तो वह खींचे पकड़ बाल।

वह हाथ मरोड़े तो यह तोड़े है खड़ा बाल।
इस ढब के हर इक जा पे मचे ज़मीं पर।
होली ने मचाया है अजब रग जमी पर।।[46]

पद्माकर ने, जो नज़ीर के समकालीन थे, होली का वर्णन निम्नलिखित सवैये में किया है :

फागु की भीर, अभीरिन में गहि गोविंद लै गयी भीतर गोरी।
भाई करी मन की पदमाकर, ऊपर नाई अबीर की झोरी।
छीनि पितंबर कम्मर तें सु बिदा दई मीड़ि कपोलन रोरी।
नैन नचाय कही मुसकाय, लला फिर आइयो खेलन होरी।।[47]

यद्यपि पद्माकर के वर्णन में नाटकीयता और बिम्बधर्मिता अधिक है, पर नज़ीर के वर्णन में अनुभव की ताजगी और उत्सवधर्मिता अपने चरम पर है।

बरसात और वसन्त के अतिरिक्त नज़ीर ने 'रात', 'चाँदनी', 'अँधेरी रात', 'आँधी' आदि पर भी कई कविताएँ लिखी हैं। यथार्थ–वर्णन की दृष्टि से ये कविताएँ बेजोड़ हैं। आँधी का वर्णन देखिए :

किसी ने भागकर जल्दी से, जा घर का लिया आँगन।
गिरा कोई गढ़े में और कोई भागा कहीं दुश्मन।
किसी के छिन गये कपड़े, उचक्कों की गयी वां बन।
किसी की उड़ गयी पगड़ी किसी का फट गया दामन।
गयी ढाल और किसी की गिर पड़ी शमशीर आंधी में।।[48]

इन कविताओं में नज़ीर की रसिकता भी अपने उभार पर दिखाई देती है :

चांदनी वाह चांदनी, करती थी क्या झलक झलक।
चहक रही थीं बुलबुलें, बाग रहा था सब महक।
जाम के लब से हर घड़ी, निकले थी मै छलक छलक।
यार बगल में गुंचा लब, बोसों की सू लपक झपक।।[49]

आम जन की जिन्दगी का उल्लास उसके त्योहारों, मेलों और तमाशों में दिखाई देता है। नज़ीर की नज़रों से समकालीन जीवन का यह पक्ष कैसे ओझल रहता। उन्होंने हिन्दुओं और मुसलमानों, दोनों के पर्वों, त्योहारों और मेलो–तमाशों का खुले दिल से वर्णन किया है। मुस्लिम त्योहारों में उन्होंने 'शब्बरात', 'ईद', 'इदुलफ़ित्र' और 'ईदगाह' अकबराबाद का अपनी आँखों

देखा और अनुभव किया हुआ वर्णन किया है।

'शब्बरात–1' शीर्षक कविता में वे लिखते हैं :

क्योंकर करे न अपनी नमूदारी शब्बरात।
चल्पक, चपाती, हलवे से है भारी शब्बरात।
जिन्दों की है जुवां की मज़ेदारी शब्बरात।
मुर्दों कह रूह की है मददगारी शब्बरात।
लगती है सबके दिल को गरज प्यारी शब्बरात।। [50]

पर इस हँसीखुशी के त्योहार में गरीबों की क्या स्थिति है, नज़ीर इसे भी नज़रअन्दाज़ नहीं करते। इसका उल्लेख वे इन शब्दों में करते हैं :

ठिलिया, चपाती हलवे की तो सबमें चाल है।
अदना ग़रीब के तईं यह भी मुहाल है।
काले से गुड़ की लपटी कढ़ी की मिसाल है।
पानी की हांड़ी, गेहूँ की रोटी भी लाल है।
करती है ऐसी दुखिया पिसनहारी शब्बरात।। [51]

प्रायः सभी धर्मों में मुल्ला और पुरोहित किस्म के लोग अपने लोभ और संकीर्णता का परिचय देते हैं। ऐसे मुल्लों की खबर लेने से नज़ीर बाज नहीं आते। वे बिल्कुल कबीर की शैली में व्यंग्य करते हैं :

मुल्ला जो देने फ़ातिहा घर घर में जाते हैं।
हलवा कहीं, कहीं वह चपाती उड़ाते हैं।
मुफ्लिस कोई बुलावे तो मुंह को छुपाते हैं।
शक्कर का हलवा सुनते ही बस दौड़े आते हैं।
कहते हुए यह दिल में अहा! हा! री शब्बरात।। [52]

'शब–बरात(2)' शीर्षक कविता में भी नज़ीर इन्ही बातों को दुहराते हैं :

आयी शब–बरात खिला दिल का गुलझड़ा।
हलवे चपातियों का हर इक घर में फुलझड़ा।
हथफूल और अनार की झड़ियों से गुलझड़ा।
तोड़े के आशिकों के यहीं आके फुलझड़ा।
क्या छूटता है देखिए ! यारों का फुलझड़ा।।

यहाँ भी नज़ीर गरीबों, बेसहारों और बेरोजगारों को नहीं भूलते :

बे रोजगारियों से सभों के हैं दिल बुझे।
इस वक्त में जरा कोई ज़र्की तो छोड़ते।
सौ आफरी हमें हैं कि सौ क़र्ज दाम ले।
छोटा सा इक अदद तो बनाके हैं छोड़ते।
क्या छूटता है देखिए ! यारों का फुलझड़ा।।[53]

ईद पर भी नज़ीर की तीन कविताएँ हैं : दो 'ईद' और एक 'ईदुलफ़ित्र' शीर्षक से। 'ईद' शीर्षक पहली कविता में नज़ीर ईद के इन्तजार की घड़ियों का वर्णन करते हैं :

होंठ जब होते थे लाल, अब आँखें हो जाती हैं सुर्ख।
याद आता है जो हमको पान खाना ईद का।

दिल के हो जाते हैं टुकड़े जिस घड़ी आता है याद।
ईदगाह तक दिलवरों के साथ जाना ईद का।

नींद आती थी न हरगिज, भूक लगती थी ज़रा।
यह खुशी होती थी जब होता था आना ईद का ।[54]

'ईदुलफ़ित्र' में नज़ीर ईदगाह जाने की तैयारियों का वर्णन करते हैं :

पिछले पहर से उठके नहाने की घूम है।
शीरो–शकर सिवैयां पकाने की घूम है।
पीरो–जवां को नेअमते खाने की घूम है।
लड़कों को ईदगाह के जाने की घूम है।
ऐसी न शबबरात न बक़रीद की खुशी।
जैसी हर एक दिल में है इस ईद की खुशी।।[55]

मुस्लिम त्योहारों का ऐसा यथार्थ और सजीव वर्णन किसी और हिन्दी कवि ने किया है, यह मैं नहीं जानता। यहाँ प्रेमचन्द की कहानी 'ईदगाह' सहज ही याद आती है जो अकेले इस अभाव की पूर्ति करती है।

नज़ीर ने हिन्दू त्योहारों का वर्णन इससे भी ज्यादा उत्साह और संलग्नता के साथ किया है, जिसमें होली प्रमुख है। वसन्त–वर्णन के साथ होली के वर्णन के उदाहरण दिये जा चुके हैं। यहाँ एक वर्णन का उद्धरण देने का लोभ संवरण नहीं कर पा रहा हूँ :

हिन्द के गुलशन में जब आती है होली की बहार।
जांफिशानी चाही कर जाती है होली की बहार।।

एक तरफ से रंग पड़ता, इक तरफ उड़ता गुलाल।
ज़िन्दगी की लज्ज़तें लाती हैं, होली की बहार।[56]

'होली–16' में नज़ीर का उल्लास इन शब्दों में प्रकट होता है–

बजा लो तब्लो तरब इस्तमाल होली का।
हुआ नुमूद में रंगो जमाल होली का।
भरा सदाओं में, रागो ख़याल होली का।
बढ़ा खुशी के चमन में निहाल होली का।
अज़ब बहार में आया, जमाल होली का।

कहीं तो रंग छिड़क कर कहें कि होली है।
कोई खुशी से ललक कर कहें कि होली है।
अबीर फेंके हैं तक कर कहें कि होली है।
गुलाल मलके लपक कर कहें कि होली है।
हरेक तरफ से है यह कुछ इत्तिमाल होली का॥[57]

'होली–17' में नज़ीर कहते हैं–

ज़रा तू घर से निकल देख कुदरते अल्लाह।
कि रंग में भींग रहे हैं तमाम माहियों माह॥
खड़े हैं पीरो जवां तिफ्ल नाजनीं सरे राह।
किसी की सुर्ख पगड़ी किसी की ज़र्द कुलाह।।
खुशी से मस्त है यक्सर जहान होली में॥

कोई किसी के ऊपर ला घड़ा छुड़ाता है।
कोई गुलाल किसी के मुंह पे फेंक जाता है॥
कोई किसी के तईं गालियां सुनाता है।
मुआफ़िक अपने हरेक होली को मनाता है।
गरज़ की दोनों ही की है आन बान होली में॥[58]

एक दूसरा दृश्य है–

होती हैं चुहलें क्या क्या नाज़ो अदा की भींगें
मुंह पर गुलाल, भौहें उस आश्ना की भींगें।
जुल्फें भी रंग से हैं हर दिलरुबा की भींगें।
पोशाकें बदन में हर दिलरुबा की भींगें।[59]

नज़ीर इस होली में राधा–कृष्ण को भी नहीं भूलते–

जब होली खेली नन्द ललन हँस हँस नंदगाँव बसैयन में।
नर नारी को आनन्द हुए खुशवक्ती छोरी छैयन में
कुछ भीड़ हुई उन गलियों में कुछ लोग ठट्ठ अटैयन में।
खुशहाली झमकी चार तरफ कुछ घर घर कुछ चौपय्यन में।

घनश्याम इधर से जब आये वां होरी की कर तैयारी।
और आयी उधर से रंग लिए खुश होती वां राधा प्यारी॥
जब श्याम ने राधा गोरी के इक भर कर मारी पिचकारी।
तब मुख पर छींटे आन पड़ीं और भींज गयी तन कीसारी॥ [60]

नज़ीर के होली–वर्णन से गुजरते समय पद्‌माकर के उस होली–वर्णन की याद आये बिना नहीं रहती, जिसे पहले उद्धृत किया जा चुका है।

होली के साथ साथ नज़ीर ने दिवाली और राखी का भी वर्णन किया है। 'दिवाली' पर उनकी तीन कविताएँ हैं। कविता सं. 2 की शुरुआत वे इन पंक्तियों से करते हैं :

हर इक मकां में जला फिर दिया दिवाली का।
हर इक तरफ को उजाला हुआ दिवाली का।
सभी के दिल में समां भा गया दिवाली का।
किसी के दिल को मज़ा खुश लगा दिवाली का।
अजब बहार का है दिन बना दिवाली का।[61]

नज़ीर का 'जनकवि' का रूप, चाहे होली का वर्णन हो या दिवाली का, बरसात का वर्णन हो या वसन्त का, अपने को जाहिर किए बिना नहीं रहता। इस कविता में वे दिवाली के जन–रूप को उजागर करते हुए लिखते हैं :

जहाँ में यारो अजब तरह का है यह त्योहार।
किसी ने नक़द लिया और कोई करे है उधार।
खिलौने खीलों बताशों का गरम है बाजार।
हर एक दुकां में चिरागों की हो रही है बहार।
सभों को फ़िक्र है अब जा बजा दिवाली का॥

इस कविता में दिवाली पर होने वाली जुएबाजी का भी यथार्थ वर्णन किया गया है। जुए में लोग ज़र–जमीन, रुपये–पैसे, औरतों की 'नथ और 'इज़ार' की तो कौन कहे, जोरू को भी दांव पर लगा देते हैं। पर नज़ीर को दिवाली का उल्लास, जगमगाहट और साफ–सफाई रूप ही प्रिय है और वे उसका यही यथार्थ चित्र प्रस्तुत करते हैं :

अटारी, छज्जे दरो बाम पर बहाली है।
दिवाल एक नहीं लीपने से खाली है।
जिधर को देखो उधर रोशनी उजाली है।
गरज़ मैं क्या कहूँ ईंट ईंट पर दिवाली है।[62]

आगरा में उस समय 'हज़रत सलीम चिश्ती का उर्स', 'बलदेव जी का मेला', 'कंस का मेला', 'लल्लू जगधर का मेला' आदि मेले लगते थे। उल्लेखनीय यह है कि ये सारे मेले आम जनता से सम्बन्ध रखते थे। हज़रत सलीम चिश्ती प्रसिद्ध सूफी सन्त थे जिनके उर्स पर सभी धर्मों और सम्प्रदायों के लोग, बच्चे, बूढ़े, जवान, घनी और गरीब, मीर और वज़ीर, पीर और फ़कीर जुटते थे–

भीड़, अम्बोह खल्क की तकसीर।
बादशाहो गदाओ मीरो वज़ीर।
तिफ्लो पीरो जवां गरीबो, फ़कीर।
पर सभी की जुबां पे यह तकरीर
रश्क है गुलशने बहिश्ती का।
उर्स हज़रत सलीम चिश्ती का।[63]

'बल्देव जी का मेला',[64] 'कंस का मेला'[65] और 'लल्लू जगधर का मेला'[66] नज़ीर के समय के आगरा की विशेष पहचान थे। कृष्ण के नाम पर आयोजित मेलों और त्योहारों से तो सभी परिचित हैं, पर बलदेव और कंस के नाम पर आयोजित मेले केवल आगरा में ही सुने जाते हैं। लल्लू–जगधर के मेले का तो नाम भी बहुत कम लोगों ने सुना होगा। नज़ीर ने इन अल्पज्ञात ऐतिहासिक मेलों को अपनी कविताओं द्वारा अमर कर दिया है। 'बल्देव जी का मेला' काफी लम्बी (10–10 पंक्तियों के 26 पद) कविता है, जिसमें नज़ीर का हिन्दू देवताओं के प्रति श्रद्धा भाव और सामान्य जन के प्रति लगाव व्यक्त हुआ है।

है कहीं राम, और कहीं लक्ष्मन।
कहीं कछमछ है और कहीं रावन।
कहीं बाराह, कहीं मदन मोहन।
कहीं बल्देव और कहीं श्रीकिसन।
सब सरूपों में हैं उसी के जतन।
कहीं नरसिंह है वह नारायन।
कहीं निकला है सैर को बनबन।

कहीं कहता फिरे है यूं बन बन।
रंग है, रूप है झमेला है।
जोर बल्देव जी का मेला है।[67]

नज़ीर इस मेले की रंगत का वर्णन करते हैं :

लोग चारों तरफ के आते हैं।
आके ऐशो तरब मनाते हैं।
दिल से सब दर्शनों को जाते हैं।
अपने दिल की मुराद पाते हैं।
झांझ, मरदंग, दफ़ बजाते हैं।
रास मंडल भजन सुनाते हैं।
दिल में फूले नहीं समाते हैं।
सब यह हँस हँस के कहते जाते हैं।
रंग है, रूप है, झमेला है।
जोर बल्देव जी का मेला है।। [68]

आगरा के कंस के मेले को, नज़ीर, होली के बाद का महत्त्वपूर्ण मेला बताते हैं। कबीर की तरह वे कृष्ण को उनके अनेक नामों से पुकारते हुए अपनी श्रद्धा व्यक्त करते हैं।

निकले हैं आके जिमदम श्रीकिशन मुकुटधारी।
मोहन, गुपाल, नन्दन, प्रभु नवल बिहारी।
जाती है झांकियों में जब उसकी छवि निहारी।
जै हर कदम पे क्या क्या बोले हैं बारी बारी।
होली के बाद ठहरा यह मेला कंस का है।
एक पहर भर की यह ही मेले की वाह वाह है।।[69]

आगरा के मेलों में लालू जगधर के मेले का विशेष महत्त्व है। यों तो सभी मेलों का सम्बन्ध आम जनता से ही होता है, किन्तु अधिकतर मेलों के केन्द्र में कोई देवी–देवता या सन्त–महात्मा होता है। पर इस मेले का केन्द्रीय पात्र एक ऐसा ऐतिहासिक व्यक्ति है, जिसका किसी इतिहास की किताब में उल्लेख नहीं मिलता। दूसरी बात यह कि अन्य मेलों का केन्द्रीय पात्र जनता की आस्था और श्रद्धा का पात्र होता है, जबकि इस मेले का पात्र सामूहिक जनाक्रोश और घृणा का आलम्बन है। नज़ीर इस मेले का वर्णन निम्न पंक्तियों में करते हैं :

होता है बरसवें दिन यह आगरे में मेला।
मुद्दत से लल्लू जगधर है नाम उनका ठहरा।
सौ भीड़ और भड़के अम्बोह और तमाशा।
हरदम 'नज़ीर' भी अब कहता है यों अहा! हा!
टुक देख रोशनी को अब ताजगंज अन्दर।
घी का टना भरावे लल्लू का बाप जगधर।।[70]

आगरा के मेलों के साथ साथ नज़ीर ने वहाँ की तैराकी, कनकौए और पतंगबाजी, कबूतर बाजी, बुलबुलों की लड़ाई, बया, गिलहरी और रीछ के बच्चे आदि का भी, जो समकालीन जनजीवन का चित्र प्रस्तुत करते हैं, रोचक वर्णन किया है। 'आगरे की तैराकी' के वर्णन में कवि की संलग्नता, उल्लास और अपनापन देखते ही बनते हैं :

क्या क्या 'नज़ीर' यां के हैं पैरने के बानी।
हैं जिनके पैरने की मुल्कों में आन मानी।
उस्ताद और ख़लीफा शागिर्द यार जानी।
सब खुश रहें, है जब तक जमुना के बीच पानी'।
क्या क्या हँसी–खुशी से हर बार पैरते हैं।
इस आगरे में क्या क्या ऐ यार पैरते हैं।।[71]

'कनकौऐ और पतंग' शीर्षक कविता में नज़ीर किसी पतंग के कटने पर बनने वाले दृश्य का वर्णन इन शब्दों में करते हैं जो प्रेमचन्द की कहानी 'बड़े भाई साहब' की याद दिलाता है :

कटता है जो पतंग तो फिर लूटने उसे।
दो दो हजार दौडते हैं, छोटे और बड़े।
कागज़ ज़रा सा मिलता है या टुकड़े कांप के।
जब इस तरह की सैर भला आन कर पड़े।
फिर सोचिये तो क्या है ठिकाना पतंग का।[72]

'कबूतरबाज़ी', 'बुलबुलों की लड़ाई', 'बया', 'गिलहरी', 'रीछ' और 'अज़दहे के बच्चे' पर लिखी कविताएँ आगरा की तत्कालीन संस्कृति का परिचय देती हैं।

नज़ीर एक बेहद दर्जे के आस्थावान मुसलमान हैं, जिसका परिचय उनकी 'हम्द', 'ऐ बरतर अज़ ख़्यालो क़यासो गुमाने सा', 'मुसद्दस करीमा दर मुनाजात बारीएतआला', 'इश्क अल्लाह', 'खुदा की तारीफ', 'नात. ह. मुहम्मदररसूलुल्लाह',

'दरसनाए पैगम्बरे खुदा', 'नात हज़रत मुहम्मद', मोजिज़ा हजरत अली अलैहिस्सलाम', मन्क़बत हज़रत अली', मन्क़बत अमीरुलमोमिनीन', 'मन्क़बत दरशाने अमीरुलमोमिनीन हज़रत अली', 'ज़ोरे बाजूए अली', 'ख़ैबर की लड़ाई', 'मौजिजा हज़रत अब्बास बिन अली करमुल्लाह वजह', 'तारीफ़ पंजतन पाक', 'मदह हज़रत सलीम चिश्ती', तारीफ़ गुरू गंजबख़्श की' कविताओं से मिलता है। इन कविताओं की भाषा भी अरबी–फारसी शब्दों से लबरेज है। पर यदि हम प्रियप्रवास की संस्कृत तत्सम पदावली युक्त भाषा को हिन्दी मानते हैं तो नज़ीर की अरबी–फारसी से युक्त हिन्दी को भी 'हिन्दी' न मानने का कोई औचित्य नहीं है। और नज़ीर सर्वत्र अरबी–फारसी से लबरेज हिन्दी का ही प्रयोग नहीं करते। वे ऐसी हिन्दी भी लिखते हैं, जिसमें अरबी–फारसी के सरल रूपों का प्रयोग होता है। उदाहरण के रूप में ये पंक्तियाँ देखी जा सकती हैं:

तेरा शुक्रो एहसां हो किससे अदा।
हमें मेहर से तूने पैदा किया।
किये और अल्ताफ़ बे इन्तिहा।
'नज़ीर' इस सिवा क्या कहे सर झुका।
यह सब तेरे इकराम हैं या करीम।।[73]

नज़ीर आस्थावान मुसलमान होते हुए भी कबीर की परम्परा में आते हैं। इसका बोध उनकी इन पंक्तियों से होता है :

फुलवाड़ी, बाड़ी, बाग, चमन है सबको याद तेरी ही भली।
तू माली, वाली, रखवाली क्या बिरछ फली क्या पेड़ बली।
कोई माला फेरे, कोई सुमिरन है सबके दिल में याद घुली।
क्या चोटी, जड़, क्या फल, कोपल, क्या टहनी पत्ता कली कली।
कुल आलम तेरी याद करे तू साहब सबका सच्चा है।।[74]

जहाँ तक भाषा का सवाल है, कबीर और नज़ीर में अन्तर यह है कि कबीर अरबी–फारसी शब्दों का इस्तेमाल कम मात्रा में करते हैं, जबकि नज़ीर कथ्य अनुसार अरबी–फारसी शब्दों के प्रयोग में कमी–बेसी करते रहते हैं। उदाहरण के लिए इसी कविता में नज़ीर फरमाते हैं :

हुशियारो दाना मस्त सटर अग़यार नजर, नाक़िस क़ामिल।
सरदार ग़रीब अदना आला ज़ीरक सियाना नादां ग़ाफ़िल।
रम्माल नजूमी घड़ियाली मुल्ला ब्राह्मन पंडित आक़िल।
क्या बंद महनदस अब्जद दां, क्या आलिम फ़ाज़िल क्या जाहिल।

कुल आलम तेरी याद करे तू साहब सबका सच्चा है।।[75]

इस चरण में फारसी शब्दों का प्रयोग अधिक मात्रा में हुआ है, पर इसी कारण इसे 'हिन्दी' न मानना हिमाकत है। एक और बात उल्लेखनीय है। नज़ीर के पूर्ववर्ती और समकालीन खड़ीबोली के कवि अपनी कविताओं में भारतीय परिवेश, प्रकृति, फल, पशु–पक्षी आदि के स्थान पर फारसी परिवेश का अधिकाधिक प्रयोग करने लगे थे। नज़ीर ने ऐसा नहीं किया है। उदाहरण के लिए इसी कविता का यह चरण देखा जा सकता है :

गज, गेंडा, अरना, शेर पिलंग, आहू हिरनी रोबः गीदड़!
सीपी, न्योला, सांड़ा, बिच्छू, अफ़ई, चीतल, चित्ती अज़दर।
कज, कूही, पाढ़ा, गर्ग चरख़, गिरगिट चलपा सेब मूशोदिगर।
क्या जल मानस, क्या बन मानस, क्या हाथी, घोड़ा पील शुतर।
कुल आलम तेरी याद करे तू साहब सबका सच्चा है।

यद्यपि इस पद में कई पशुओं के नाम अरबी–फारसी में हैं, पर सारे पशु भारतीय हैं। स्थानों, पेड़–पौधों, फूलों, फलों, पक्षियों आदि के नाम भी भारतीय हैं।

नज़ीर ने इस्लाम से जुड़े फकीरों और सन्तों के साथ साथ हिन्दू देवताओं, हरि, कृष्ण, भैरों, दुर्गा, गुरु नानक शाह आदि की प्रशंसा में गहरी निश्ठा के साथ कविताएँ लिखी हैं। 'गणेश जी की स्तुति' का एक चरण है:

इक दन्त को जो देखा किया ख़ूब है बहार।
इस पै हजार चन्द की शोभा को डालूँ वार।
इनके गुणानुवाद का है कुछ नहीं शुमार।
हर वक्त दिल में आता है अपने यही विचार।
हर आन ध्यान कीजिए सुमिरन गनेश जी।
देवेंगे रिद्धि सिद्धि औ अन–धन गनेश जी।।[76]

'कृष्ण कन्हैया' की प्रशंसा में जो कविताएँ लिखी गयी हैं वे तो रसखान की याद दिलाती हैं। हृदय की यह उदारता आश्चर्यजनक है :

सितो सना में सृश्टि रचैया की क्या लिखूँ।
औसाफी खूबी ब्रज के बसैया की क्या लिखूँ।

. . . .

कहता नज़ीर तेरे जो दासों का दास है।
दिन रात उसको तेरे ही चरनों की आस है।[77]

भैरों और दुर्गा सम्बन्धी कविताओं में भी इसी आस्था के दर्शन होते हैं। आस्था के साथ साथ नीति, धर्म और आध्यात्मिक विचारों की भी झड़ियाँ नज़ीर की कविताओं में देखने को मिलती हैं। 'इश्क की मस्ती', 'दुनिया बदले की जगह है', 'दुनिया धोके की टट्टी है', 'दुनिया भी क्या तमाशा है', 'खुदा की बातें खुदा ही जाने', 'तवक्कुल', 'ग़फ़लत का ख़्वाब', 'तंबीहुल गाफ़िलीन', 'खुदा की दी हुई नेमतें', 'फ़ना', 'मौत का धड़का', 'मौत की फ़िलासफ़ी', 'मौत', 'दुनियाँ में', 'दुनिया के मरातिब क़ाबिले ऐतबार नहीं' आदि में कवि का अपना अध्ययन, दीर्घ जीवनानुभव और सोच का तर्क भी शामिल हो गया है। इनमें ढेर सारे चरण उद्धरणीय हैं। पर स्थानाभाव के कारण हम कुछ ही चरणों को उद्धृत कर रहे हैं।

क्या हिन्दू, क्या मुसलमां, क्या रिंदो गवरो काफ़िर।
नक़्क़ास क्या मुसव्विर क्या खुश नवीस शायिर।
जितने 'नज़ीर' हैं, यां, एक दम के हैं मुसाफिर।
रहना नहीं किसी को चलना है सबको आख़िर।
दो चार दिन की ख़ातिर, यां घर हुआ तो फिर क्या?[78]

यां का यही मजा है, खाना व या खिलाना।
भूखे को आज रोटी, नंगे को कुछ उढ़ाना।
सब इस घड़ी उड़ा ले, जो तुझको हो उड़ाना।
ग़ाफिल फिर इस गली में, तुझको नहीं है आना।
दिल की खुशी की ख़ातिर, चख डाल माल धन को।
गर मर्द है तो आशिक, कौड़ी न रख क़फन को।[79]

सर कांपा, चांदी बाल हुए, मुंह पोला पलकें अपन झुकीं।
कद टेढ़ा, कान हुए बहरे और आँखें भी चुंधियाय गयीं।
सुख नींद गयीं और भूख घटी, दिल सुस्त हुआ आवाज महीं।
जो होनी थी सो हो गुजरीं, अब चलने में कुछ जोर नहीं।
तन सूखा कुबड़ी पीठ हुई, घोड़े पर जीन धरो बाबा।
अब मौत नकारा बाज चुका, चलने की फ़िक्र करोबाबा॥ [80]

'बंजारा नामा'' नज़ीर की एक प्रसिद्ध कविता है, जिसमें जिन्दगी की नश्वरता और अन्तिम त्रासद नियति का वर्णन किया गया है। इसका एक उद्धरणीय चरण है :

गर तू है लक्खी बंजारा और खेप भी तेरी भारी है।

ऐ ग़ाफिल, तुझसे भी चढ़ता एक और बड़ा व्यापारी है।
क्या शक्कर मिश्री क़ंद गरी क्या सांभर मीठा खारी है।
क्या दाख, मुनक्का सोंठ, मिरच, क्या केसर लौंग सुपारी है।
सब ठाट पड़ा रह जावेगा जब लाद चलेगा बंजारा।।[81]

'आखिर वही अल्लाह का एक नाम रहेगा', 'तन का झोंपड़ा', 'तवक्कुलो तर्को', 'बम शंकर बोलो हरी हरी', 'पूरे हैं वही मर्द, जो हर हाल में खुश हैं', 'दम का तमाशा', 'अजल का प्याम', 'दम ग़नामत है', 'वज़्द–व–हाल' भी लगभग इसी भावबोध की कविताएँ हैं।

'रोटियां' नामक कविता में नज़ीर ने रोटी के प्रति अपने ज़ज़्बात व्यक्त किये हैं। नज़ीर के जमाने में शराब, साक़ी और मयखाने पर कविता लिखी जा सकती थी, रोटी, रोटी खाने वालों और तन्दूर पर नहीं। नज़ीर ने इस परम्परा को तब तोड़ने की हिम्मत दिखायी थी जबकि वातावरण उसके अनुकूल नहीं था। दरअसल शराब उच्च वर्ग का प्रतिनिधित्व करती थी रोटी आम जनता का। रोटी के प्रति इतनी गहरी आत्मीयता और प्यार आधुनिक कवियों में केवल नागार्जुन की कविता में दिखायी पड़ता है। नज़ीर लिखते हैं :

जब आदमी के पेट में आती हैं रोटियाँ।
फूली नहीं बदन में समाती हैं रोटियाँ।
आँखें परीरुखों से लड़ाती हैं रोटियाँ।
सीने ऊपर भी हाथ चलाती हैं रोटियाँ।
जितने मजे हैं सब दिखाती हैं रोटियाँ।

रोटी न पेट में हो तो फिर कुछ जतन न हो।
मेले की सैर ख्वाहिशे बागो चमन न हो।
भूके ग़रीब दिल की ख़ुदा से लगन न हो।
सच है कहा किसी ने कि भूके भजन न हो।
अल्लाह की भी याद दिलाती हैं रोटियाँ।

रोटी का अब अज़ल से हमारा तो है खमीर।
रूखी भी है रोटी हक़ में हमारे है शहदो शीर।
या पतली होवे मोटी ख़मीरी हो या फ़तीर।
गेहूं, ज्वार, बाजरे की जैसी भी हो 'नज़ीर'।
हमको तो सब तरह की ख़ुश आती हैं रोटियां।।[82]

रोटी को 'परीरुख' (परियों जैसी शक्ल सूरत वाली) कहना नज़ीर जैसे फक्कड़

और मस्त कवि के लिए ही सम्भव था। रोटी पर इस तरह की कविता या तो कबीर लिख सकता था या नागार्जुन। 'चपाती', 'पेट की फ़िलासफ़ी', 'पेट' आदि नज़्मों में भी ऐसे ही भाव व्यक्त हुए हैं।

नज़ीर की एक प्रसिद्ध कविता है 'आदमी नामा' जिसमें मनुष्य के जीवन के अन्तर्विरोधों आदि पर गहरा और चुटीला व्यंग्य किया गया है। इसके दो चरण देखें :

मस्जिद भी आदमी ने बनायी है यां मियां।
बनते हैं आदमी ही इमाम और खुतबाख़्वां॥
पढ़ते हैं आदमी ही कुरान और नमाज यां।
और आदमी ही उनकी चुराते हैं जूतियां॥
जो उनको ताड़ता है सो है वह भी आदमी॥

यां आदमी पे जान को वारे है आदमी।
और आदमी पे तेग को मारे है आदमी॥
पगड़ी भी आदमी की उतारे है आदमी।
चिल्ला के आदमी को पुकारे है आदमी।।
और सुन के दौड़ता है सो है वह भी आदमी॥[83]

'कौड़ी' शीर्षक नज़्म में धन का महत्त्व समझाया गया है :

कांधे पे तेग धरते हैं कौड़ी के वास्ते।
आपस में खून करते हैं कौड़ी के वास्ते॥
यां तक तो लोग मरते हैं कौड़ी के वास्ते।
जो जान दे गुजरते हैं कौड़ी के वास्ते।
कौड़ी के सब जहान में नक्शो नगीन हैं।
कौड़ी न हो तो कौड़ी के फिर तीन तीन हैं।[84]

'पैसा'(1,2), 'रुपये की फिलासफी', और 'ज़र' कविताओं के भी यही भाव हैं।

नज़ीर ने गरीबी देखी थी। यद्यपि वे लड़कों को पढ़ाकर अपनी जीविका चला लेते थे, पर उनके आसपास मुलिसी का ही माहौल था। 'मुलिसी', 'इलास का नक्शा', आटे दाल का भाव'(1, 2) आदि कविताओं में गरीबी का अनुभव सजीव रूप में देखा जा सकता है :

आटा मिला तो ईंधन, चूल्हा, तवा नदारद।
रोटी पकावे किस पर घर में तवा नदारद।
गर ठीकरे पे थोपे, तो फिर मजा नदारद।

नौ छेद पेंदी गायब, जिस पर गला नदारद।
पानी का गर्मियों में, झज्जर मिला तो ऐसा।[85]

नज़ीर को सूफी विचारधारा का कवि माना जा सकता है। वे प्रेमोपासना मार्ग के कवि हैं। 'भजन–1' में वे लिखते हैं :

ढोल गले में चाहत का है जिसने डाला।
टेक उसी की चाली और जो राग निकाला।
तू भी जब मद पेम का ऐ मन पीकर प्याला।
कहना मान नज़ीर का अब होकर मतवाला।[86]

'भजन' 2 और 3 में भी ऐसे ही भाव व्यक्त हुए हैं।

नज़ीर ने 'बचपन' पर दो, 'जवानी' पर तीन और 'बुढ़ापे' पर पाँच कविताएँ लिखी हैं। हम जानते हैं कि नज़ीर ने पंचानवे वर्ष की लम्बी उम्र पायी थी और बचपन, जवानी और बुढ़ापे का अनुभव प्राप्त किया था। इन अनुभवों को उन्होंने अपनी 'बुढ़ापा', 'बुढ़ापे की तअल्लियां', 'बुढ़ापे की आशिक़ी', 'जवानी बुढ़ापे की लड़ाई', 'मवाज़नए ज़ोरो कमज़ोरी' आदि कविताओं में उतार दिया है। विशेषकर बुढ़ापे के अनुभवों को उन्होंने अपनी जिन्दादिली और चुहलगिरी से अविस्मरणीय बना दिया है।

क्या क़हर है यारो जिसे आ जाये बुढ़ापा।
और ऐश जवानी के तईं खाये बुढ़ापा।
इश्रत को मिला ख़ाक में ग़म लाये बुढ़ापा।
हर काम को हर बात को तरसाये बुढ़ापा।
सब चीज़ को होता है बुरा हाय बुढ़ापा।
आशिक को तो अल्लाह! न दिखलाए बुढ़ापा।[87]

अपने निजी दर्द का, जिसमें खुद पर हँसने का भाव भी व्यक्त हुआ है, बयान नज़ीर निम्न शब्दों में करते हैं :

क्या यारो, उलट हाय गया हमसे ज़माना।
जो शोख कि थे अपनी निगाहों के निशाना।
छेड़े है कोई डाल के दादा का बहाना।
हँसकर कोई कहता है, 'कहाँ जाते हो नाना।'
सब चीज का होता है बुरा! हाय जमाना।
आशिक को तो अल्लाह! न दिखलाए बुढ़ापा।

बुढ़ापे के इस हाल का वर्णन केशवदास ने भी अपने इस प्रसिद्ध दोहे में किया था :

केशव केसनि अस करी जस अरिहू न कराहिं।
चन्द्रबदनि मृगलोचनी बाबा कहि कहि जाहिं॥

नज़ीर पंचानवे साल की उम्र में दिवंगत हुए थे। इस उम्र में भी वे खुद पर हँसना नहीं भूले थे :

ऐ यार! सौ बरस की हुई अपनी उम्र आकर।
और झुर्रियां पड़ी हैं सारे बदन के ऊपर।
दिखलाते जिस घड़ी हैं मैदाँ में जोर जाकर।
रुस्तम को भी समझते अपने नहीं बराबर।
अब भी हमारे आगे यारो! जवान क्या हैं॥ [88]

'बुढ़ापे की आशिकी' में तो नज़ीर की मस्ती और भी परवान चढ़ जाती है :

जिन दिलवरों से यारो हम अब दिल लगाते है।
वह सब तरस हमारे बुढ़ापे पे खाते हैं।
बोसा भी हमको देते हैं मै भी पिलाते हैं।
और राह मुंसिफ़ी से यह कहते भी जाते हैं।
पीरी के दम ज़े इश्क ज़िनद बस ग़नीमत अस्त।
अज़ शाख़े कोहना मेवए नौ रस ग़नीमत अस्त॥ [89]

ख़ुद पर हँसने का आलम यह है कि–

ताक़त बदन में कहिए तो अब नाम को नहीं।
होता है अब भी सैरो तमाशा अगर कहीं।
जाते हैं लाठी टेक के दिलशाद हम वहीं।
जो हमको देखता है वह कहता है आफ़री।
पीरी के दम ज़े इश्क ज़िनद बस ग़नीमत अस्त।
अज़ शाख़े कोहना मेवए नौ रस ग़नीमत अस्त॥ [90]

नज़ीर वस्तुवर्णन के सिद्ध कवि हैं। उनकी एक विशेषता यह भी है कि वे क़ाल्पनिक वस्तुओं का नहीं, बल्कि अनुभवसिद्ध वस्तुओं का वर्णन करते हैं। वस्तुओं के बारे में उनका सूक्ष्म निरीक्षण और उनके प्रति लगाव अद्भुत है। 'शहर अकबराबाद', 'ताजगंज का रोजा', 'शहर आगरा', 'शहरे आशोब', भूचालनामा' आदि नज़्मों में नज़ीर का आगरा के प्रति लगाव देखते ही बनता है। नज़ीर

आगरा के ताजगंज मुहल्ले में रहते थे। भला वे उसे कैसे भूलते। प्रथम तीनो कविताओं में उन्होंने आगरा शहर की खूबियों का, उसकी सुन्दरता का, बाजारों और गलियों का, यमुना की नहर और उसमें तैराकी का, ताजगंज की खूबसूरती का, उसकी मस्जिद और मीनारों का, ताजमहल का वर्णन करते हैं, पर उसकी वर्तमान बदहाली का उल्लेख करने से भी नहीं चूकते–

तोड़े कोई क़िले को कोई लूटे शहर को।
अब किस से अपनी माँगे भला दाद आगरा।।
अब तो ज़रा सा गाँव है, बेटी न दे इसे।
लगता था बर्ना चीन का दामाद आगरा।। [91]

'शहरे आशोब' में, जो 38 चरणों की लम्बी कविता है, आगरा की बरबादी, आर्थिक दुर्दशा, मुलिसी, बेरोजगारी, अव्यवस्था आदि का, जो मराठों, जाटों, रुहेलों, अंग्रेजों की लूट का परिणाम था, वर्णन किया गया है। कुछ उद्धरणीय अंश हैं :

अब आगरे में जितने हैं सब लोग हैं तबाह।
आता नज़र किसी का नहीं एक दम निबाह।
मांगो अज़ीजो ऐसे बुरे वक्त से पनाह।
वह लोग एक कौड़ी के मोहताज अब हैं आह।
कस्बो हुनर के याद हैं जिनको हजार बन्द।। [92]

सौदागरों को सूद न व्यौपारी को फ़लाह।
वज्जाज को है नफा न पनसारी को फ़लाह।
दल्लाल को है या यात, न बाज़ारी को फ़लाह।
दुखिया को फायदा न पिसनहारी को फ़लाह।
यां तक हुआ है आन के लोगों का कारबार।।

मारे हैं हाथ हाथ पे सब यां के दस्तकार।
और जितने पेशावर हैं सो रोते हैं ज़ार ज़ार।
कूटे है तन लोहार तो पीटे है तन सुनार।
कुछ एक दो के काम का रोना नहीं है यार।
छत्तीस पेशे वालों के हैं कारोबार बन्द।। [93]

यह कविता समकालीन आगरा की आर्थिक और सामाजिक स्थिति का श्वेतपत्र है। गोस्वामी तुलसीदास ने 'कवितावली' में अपने समय की काशी का, जहाँ वे अपनी वृद्धावस्था में रहते थे, ऐसा ही वर्णन किया है। (पूर्वोद्धृत)

'भूचालनामा' नामक 25 चरणों की लम्बी कविता में नज़ीर ने 25 अगस्त, 1803 को आगरा में आये भूचाल का जीवन्त वर्णन किया है। स्मरणीय है कि 1803 में ही ईस्ट इंडिया कम्पनी के जेनरल लेक ने आगरा पर कब्जा करके मुगल साम्राज्य का एक तरह से खात्मा कर दिया था। यद्यपि नज़ीर ने अपनी कविता में इस राजनीतिक हादसे का उल्लेख नहीं किया है, पर यदि उसकी पृश्ठभूमि में यह हादसा रहा हो तो कोई आश्चर्य नहीं।

'सच्चे नस कुश हीजड़े' में हिजड़ों का वर्णन किया गया है। कहा जाता है कि नज़ीर मोती बाई नामक वेश्या से प्रेम करते थे, सो उस पर भी दो कविताएँ हैं। 'आरसी', 'पहुंची', 'बाला', अंगिया', 'इज़ार बंद', 'बटुआ', 'ताबीज', 'ख़त', 'मेंहदी', 'कोरा बर्तन', 'पान', 'हुक्का', 'पंखा', 'पंखिया', 'आईना', 'तरबूज', 'संतरा', 'खरबूजे', 'नारंगी', 'जलेबियाँ', 'कोठा'(1,2), 'कोठे पर', 'मक्खियां' जैसी साधारण चीजों का भी वर्णन नज़ीर ने अद्‌भुत संलग्नता के साथ किया है। पर 'आगरे की ककड़ी' को तो नज़ीर ने अपनी इसी शीर्षक कविता में अमर ही कर दिया है–

क्या प्यारी प्यारी मीठी और पतली पतलियां हैं।
गन्ने की पोरियां हैं, रेशम की तकलियां हैं।
फ़रहाद की निगाहें, शीरीं की हसलियां हैं।
मजनू की सर्द आहें, लैला की उंगलियां हैं।
क्या खूब नर्मो नाज़ुक इस आगरे की ककड़ी।
और जिसमें ख़ासकाफिर इस्कन्दरे की ककड़ी॥ [94]

कहते हैं नज़ीर ने यह कविता नज़ीर ने किसी ककड़ी बेचने वाले के अनुरोध पर बनायी थी। ककड़ी के लिए 'गन्ने की पोरी', 'रेशम की तकली', 'फ़रहाद की निगाहें', 'शीरीं की हसलियां', 'मजनू की सर्द आहें', 'लैला की उंगलियां' आदि के जो उपमान चुने गये हैं, वे बेजोड़ हैं और नज़ीर की मौलिक सोच और चुलबुले मिज़ाज़ के द्योतक हैं।

वस्तु–वर्णन के साथ साथ नज़ीर ने कथा–वर्णन में भी रुचि दिखायी है। 'जनम कन्हैया जी', 'बालपन–बाँसुरी बजैया का', 'खेल कूद कन्हैया जी का', 'कन्हैया जी की रास', ब्याह कन्हैया का', 'दसम कथा'', 'हरि की तारीफ़', 'श्रीकृष्ण व नरसी मेहता', 'सुदामा चरित', 'महादेव जी का ब्याह', 'हंसनामा', 'किस्सा लैला मजनूं', 'पोदने और गढ़ पंख की लड़ाई' आदि कथा–वर्णन के बेहतरीन नमूने हैं। इनमें उत्सुकता पैदा करने और उसे बनाए रखने की क्षमता भरपूर मात्रा में है, जो कथा की विशेषता है। वह विशेषता नज़ीर के कथा–वर्णन में पर्याप्त मात्रा में है। इसके साथ ही कथा–नायक के प्रति

भरपूर आस्था भी कवि में है। कृष्ण के प्रति उसकी आस्था उसे सूर आदि भक्त कवियों की पंक्ति में ला खड़ा करती है :

फिर आया वाँ एक वक़्त ऐसा जो आये गर्भ में मनमोहन।
गोपाल, मनोहर, मुरलीधर, श्रीकिशन, किशोर न, कंवल नयन।
घनश्याम, मुरारी, बनवारी, गिरधारी, सुन्दर श्याम बरन।
प्रभुनाथ बिहारी कान्ह लला, सुखदायी, जग के दुखभंजन।
जब सायत परगट होने की, वां आयी मुकुट धरैया की।
अब आगे बात जनम की है, जै बोलो किशन कन्हैयाकी॥[95]

'बालपन–बाँसुरी बजैया का', 'बाँसरी', 'खेल कूद कन्हैया जी का', 'कन्हैया जी की रास', ब्याह कन्हैया का' आदि में भी हिन्दुओं के भगवान कृष्ण के प्रति नज़ीर की आस्था देखने योग्य है, जो उन्हें रसखान और रहीम की परम्परा में ला खड़ा करती है। 'क़िस्सा लैला मजनूं' में, जो 410 पंक्तियों की लम्बी कविता है, लैला–मजनूँ के प्रेम का विस्तार और गहरी संलग्नता से वर्णन किया गया है।

यद्यपि नज़ीर अकबराबादी के रूप में हिन्दी का पहला आधुनिक कवि उन्नीसवीं शताब्दी के आरम्भ में ही अपनी कविता के उत्कर्ष पर पहुँच चुका था, पर उसे वह मान्यता नहीं मिल सकी जिसका वह अधिकारी था। उर्दू के प्रसिद्ध कवि और आलोचक फ़िराक़ गोरखपुरी ने स्वीकार किया है कि ''नज़ीर अकबराबादी उर्दू के ऐसे निराले कवि हैं जो वास्तव में अपने समय के बहुत पहले पैदा हो गये या यूँ कह लीजिए कि उन्होंने इस ढंग से कविता की जिसका मूल्यांकन डेढ़–दो सौ वर्ष के बाद ही किया जा सका। इसीलिए वे उर्दू काव्य के विकास की शृंखला की कोई कड़ी नहीं बनाते बल्कि दूरस्थ नक्षत्र की भाँति सबसे अलग जा पड़े हैं और घोर अँधेरे में अपनी टिमटिमाहट से हमेशा उजाला करते रहते हैं।''[96] वस्तुतः उस हर महान कवि की, जो किसी बड़े शासक या धर्म–व्यवस्था से नहीं जुड़ा होता, यही नियति होती है। नज़ीर एक साधारण आदमी थे और न तो उन्होंने अपने समकालीन किसी शासक का आश्रय स्वीकार किया था, न ही वे किसी धर्म–संस्थान से सम्बद्ध थे। वे सीधे सीधे जनता से जुड़े थे। इसलिए जैसे उस काल की जनता उपेक्षित थी, वैसे ही नज़ीर का भी उपेक्षा का शिकार होना स्वाभाविक ही था। फलतः उन्नीसवीं शताब्दी के आलोचकों ने या तो उनकी पूर्णतः उपेक्षा ही कर दी या उन्हें याद भी किया तो निन्दा करते हुए।[97] उनका जीवनवृत्त भी प्रो. ग़फ़ूर 'शहबाज़' के प्रयत्नों के फलस्वरूप पहले पहल 1900 ई. में प्रकाश में आया।[98] फ़िराक़ साहब के अनुसार ''नज़ीर अपने जमाने में और उसके

बहुत दिनों बाद भी जन–साधारण में तो प्रिय रहे किन्तु उन्नीसवीं शताब्दी भर में साहित्यिक मान्यता प्राप्त नहीं कर सके। तत्कालीन समालोचकों ने या तो उनकी पूरी उपेक्षा कर दी या फिर उन्हें याद भी किया तो निकृष्ट बाजारू कवि के रूप में, जो बहुधा अश्लील काव्य–रचना करता है। किन्तु बीसवीं शताब्दी के दूसरे चतुर्थ में नज़ीर की गिनती महाकवियों में होने लगी।...नज़ीर की चेतना अपने समय से बहुत आगे बढ़ी हुई थी, जिसे उनके समकालीनों ने बहुत पीछे की चीज समझा और उसको कोई महत्त्व नहीं दिया। नज़ीर के समय का भारत सामन्तवादी भारत था, जिसमें या तो धर्म और दर्शन के आधार पर साहित्य–सर्जन किया जाता था या फिर सौन्दर्य के बोध का ऐसा आधार ढूँढ़ा जाता था, जो सामन्त वर्ग के जीवन में मिल सके। इसके विरुद्ध नज़ीर बिल्कुल जन–साधारण के कवि थे जो सारे जीवन को जनसाधारण की दृष्टि से देखा करते थे। उन्होंने जीवन की प्रत्येक अनुभूति का चित्रण किया है किन्तु उनकी चेतना जन–साधारण के जीवन के परिप्रेक्ष्य में ही देखी जा सकती है। वे प्रेम की बातें करेंगे तो भी उसमें राजकुमारों और राजकुमारियों के विरहाग्नि में जलने का वर्णन न होगा बल्कि साधारण जन का तूफानी प्रेम होगा, भक्ति की बातें करेंगे तो भी उस साधारण जन की भावना का चित्रण करेंगे जो कृष्ण और मुहम्मद दोनों के आगे नतमस्तक हो जाता है। महलों और दरबारों की सजावट की चकाचौंध और शाही सवारियों या शिकार के वर्णन की बजाय उनके यहाँ तैराकी, बलदेव जी का मेला, आगरे की ककड़ी, ताजमहल और रीछ का तमाशा खिाई देगा। इसके अलावा वे कुछ ऐसी बातें भी कह जाएँगे जो सामन्ती युग के सभ्य समाज में वर्जित थीं–जैसे ग़रीबी का रोना, मौत का डर और रोटियों का महत्त्व। स्पष्ट है कि साधारण किन्तु सम्पूर्ण जीवन के ऐसे यथार्थवादी कवि को सँभालना उस समय की सामन्ती दरबारी चेतना के वश की बात नहीं थी। इसलिए तत्कालीन आलोचकों ने बाजारूपन के नाम पर उनकी लोकप्रियता से छुट्टी पा ली।''[99]

फ़िराक़ गोरखपुरी के अनुसार ''उर्दू में फारसी के प्रभाव से सूफी दर्शन में प्रयुक्त कुछ प्रेमविषयक रूपक बहुत दिनों से प्रयुक्त होते आ रहे थे, किन्तु नज़ीर ने इसका काफी विस्तार किया है। 'हंसनामा', 'बंजारानामा' आदि इसके उदाहरण हैं, जिनमें मनुष्य के क्षणभंगुर जीवन को हंस बंजारा आदि के रूप में प्रस्तुत किया गया है। यह प्रभाव उनमें फ़कीरों की संगत से आया है और तत्सम्बन्धी उनकी कविताओं में इस शैली का प्रयोग अधिकाधिक हुआ है।''[100]

फ़िराक़ गोरखपुरी के अनुसार '' 'नज़ीर की कला में टेढ़ी–मेढ़ी नदी का बहाव है, बाग़ की नहरों की रवानी नहीं। 'नज़ीर' ने काव्य–नियमों की अक्सर उपेक्षा कर दी है फिर भी उनकी कविताओं में अजीब ताज़गी है।

उनका ध्वनि–सौन्दर्य स्पष्टतः रबाब की कोमल तानों का नहीं है, लेकिन खुले मैदान में गूँजती हुई वंशी की ध्वनि का ज़रूर है।''[101]

उन्नीसवीं शताब्दी में 'हिन्दी' आलोचना अविकसित अवस्था में थी। बीसवीं शताब्दी के प्रथम चरण में 'हिन्दी' और 'उर्दू' का आपसी विवाद कटुता के जिस बिन्दु पर पहुँचा हुआ था उसमें हिन्दी आलोचकों का ध्यान नज़ीर की ओर न जाना स्वाभाविक ही माना जा सकता है। इसी समय हिन्दी आलोचना में रामचन्द्र शुक्ल का आगमन हुआ था। उन्होंने मलिक मुहम्मद जायसी, सूरदास और तुलसीदास पर तो आलोचनाएँ लिखीं पर नज़ीर पर नहीं। अपने 1929 में लिखे हिन्दी साहित्य का इतिहास में भी उन्होंने नज़ीर का उल्लेख चलते रूप में ही किया। शुक्ल जी बाद के आलोचकों और इतिहासकारों ने भी नज़ीर के प्रति उपेक्षा की दृष्टि ही अपनायी। इस प्रकार नज़ीर अकबराबादी उर्दू और हिन्दी आलोचना, दोनों में ही उपेक्षित रह गये।

नज़ीर ने अपनी कविताओं में अपना जीवन ही उँड़ेल दिया है। उनकी कविता में जिन्दगी का सैलाव है जिसमें जीवनदायी जल के साथ साथ खर–पतवार और गन्दगी भी है। इसके विपरीत ग़लिब की कविता छाना हुआ पानी है जिसमें दर्द और उससे उत्पन्न बेचैनी है, जो करुणा की संवेदना से पाठक को सराबोर कर देता है।

उन्नीसवीं शताब्दी में, जिसमें नज़ीर काव्य–रचना कर रहे थे और जनता के बीच लोकप्रिय भी थे, खड़ीबोली कविता के दो मुख्य केन्द्र थे। पहला केन्द्र था दिल्ली का मुगल शाही दरबार, जो शासन की दृष्टि से तो लाल किले तक ही सीमित रह गया था, पर काव्य–रचना की दृष्टि से अभी जीवित था। मुगल साम्राज्य के अन्तिम तीनो तथाकथित बादशाह–शाह आलम, अकबर शाह (द्वितीय) और बहादुर शाह (द्वितीय)–न केवल कविता–रचना को प्रोत्साहन देते थे, वरन स्वयं भी काव्य–रचना करते थे। बहादुर शाह द्वितीय को अपनी नौजवानी से ही शायरी का अत्यधिक शौक था। फ़िराक़ गोरखपुरी के अनुसार ''बहादुर शाह 'ज़फ़र तो उर्दू कविता के लिए भी उतने ही प्रसिद्ध हैं, जितने अपने ऐतिहासिक शासन काल और उसके दुःखान्त नाटकीय अन्त के लिए।''[102]

नादिरशाह और अहमदशाह अब्दाली के आक्रमणों, नरसंहार और लूट से बरबाद हुई दिल्ली से उठकर उस समय के बड़े बड़े कवि अवध को चले गये थे लेकिन, फ़िराक़ गोखपुरी के अनुसार, दिल्ली की भूमि की उर्वराशक्ति समाप्त न हुई। कुछ ही समय में वहाँ से ऐसे ऐसे महाकवि उठे, जिनका डंका उर्दू संसार में अब तक बजता है।[103] फ़िराक़ साहब ने दिल्ली के बादशाह की विवशता को साहित्य के नशे में डुबोने की कोशिश माना है, और लाल

किला की अपने मुशायरों के लिए प्रसिद्धि का कारण भी।[104]

खड़ीबोली कविता का दूसरा केन्द्र लखनऊ था, जहाँ के नवाब पहले ही दिल्ली के मुगल शासन से स्वतन्त्र हो चुके थे। पर उन्नीसवीं शताब्दी के पूर्वार्द्ध में उनकी स्थिति भी डाँवाडोल ही थी। ईस्ट इंडिया कम्पनी की तलवार उनके सिर पर भी लटक रही थी। फ़िराक़ साहब के अनुसार "दरअस्ल उन्नीसवीं शताब्दी के पूर्वार्द्ध में दिल्ली और लखनऊ दोनों में साहित्य का ज़ोर होने का एक कारण यह भी मालूम होता है कि ये राज्य वस्तुतः कम्पनी के अधीन हो चुके थे और यहाँ के शासकों और सामन्तों को राजनीति के क्षेत्र में व्यस्त होने का अवसर न था, न उनके सामने लड़ाई–भिड़ाई की समस्या थी। इसलिए इनका अधिकतर समय साहित्य–सर्जन में ही बीतता था।"[105] ऐसे ही विचार रामचन्द्र शुक्ल ने 'रीति कालीन' कविता के सम्बन्ध में भी व्यक्त किये थे। यद्यपि साहित्य–रचना के कारणों में तत्कालीन शासन–व्यवस्था को इतना अधिक महत्त्व देना संगत प्रतीत नहीं होता, क्योंकि इतिहास में ऐसे समय भी देखे जा सकते हैं, जब सुदृढ और सम्पन्न शासन–व्यवस्था में कविता और कला अपने उत्कर्ष पर होती है और कमजोर और गिरी हुई शासन–स्थिति में भी कविता जीवित रहती है। इसके एक बड़े उदाहरण नज़ीर अकबराबादी माने जा सकते हैं जिन्होंने मुहम्मद शाह से शाह आलम तक की गिरती शासन–व्यवस्था में उत्कृष्ट काव्य–रचना की थी। इतना जरूर कहा जा सकता है कि विवशता की स्थिति में लिखी जाने वाली कविता उत्सवधर्मी कविता नहीं हो सकती।

फ़िराक़ गोरखपुरी के अनुसार "दिल्ली और लखनऊ के सामन्तों में एक मौलिक अन्तर यह था कि दिल्ली के अमीर पहले समृद्धि का काल देख चुके थे ; यह उनकी बरबादी का ज़माना था और उन्हें अवकाश के समय में, जिसकी उन्हें कोई कमी नहीं थी, अवसाद की भावनाएँ धर दबाती थीं। दिल्ली में सूफी सन्तों की परम्परा भी आरम्भ से ही चली आ रही थी। इस अवसाद काल में सूफी दर्शन उनके लिए सहारा था। अवध में इसके विपरीत नया राज्य था, वहाँ सत्ता न सही किन्तु समृद्धि अवश्य थी। दिल्ली के विध्वंस के विपरीत अवध के सामन्तों ने केवल निर्माण का उल्लास देखा था। इसलिए उन्हें अपनी राजनीतिक परवशता खटकती नहीं थी और उनका जीवन उल्लास और आनन्द से भरा था। साथ ही कोई आध्यात्मिक या बौद्धिक परम्परा उनके पीछे नहीं थी। इसीलिए उनके जीवन में उल्लास ही नहीं, विलास का भी बोलबाला होना कोई आश्चर्य की बात नहीं है।"[106]

फ़िराक़ साहब ने इसी आधार पर दिल्ली और लखनऊ का कविता के स्वर में भी अन्तर आने का उल्लेख किया है। उनके अनुसार दिल्ली की

कविता में भावों की प्रखरता और आध्यात्मिकता का पुट इतना स्पष्ट दिखाई देता है कि उन कवियों की एक अलग ही शैली दिखाई देती है। इस शैली के प्रमुख कवियों में मिर्जा ग़ालिब, ज़ौक, मोमिन, बहादुर शाह जफ़र तथा प्रथम तीन कवियों के शिष्यगण आते हैं।[107]

मिर्ज़ा ग़ालिब का पूरा नाम मिर्ज़ा असदुल्लाह खाँ 'ग़ालिब' था। उनका जन्म 1796 में, आगरा में, एक सम्मानित रईस परिवार में, जिसकी परम्परा तूरानी बादशाह से जुड़ती थी, हुआ था। उनकी शिक्षादीक्षा अब्दुस्समद नामक पारसी धर्मग्रन्थों के प्रकांड पंडित के निर्देशन में हुई थी, जो काव्यशास्त्र तथा फारसी भाषा के प्रसिद्ध विद्वान थे। फ़िराक़ गोरखपुरी के अनुसार "चूँकि स्वयं भी वंश–परम्परा की दृष्टि से वे ईरानी ही थे, इसलिए अपने गुरु के प्रभाव से वे पूर्णतः ईरानी रंग में रँग गये, भाषा और विचारों में ही नहीं, खान–पान, पहनने–ओढ़ने आदि में भी उनमें ईरानीपन की काफी झलक मिलने लगी।

मिर्जा ग़ालिब छोटी उम्र से ही कविता लिखने लगे। लेकिन पहले फारसी में लिखना शुरू किया। पहले 'असद' तख़ल्लुस करते थे, बाद में 'ग़ालिब' कर लिया। मिर्जा आरम्भ से ही आर्थिक कठिनाइयों के बीच जिन्दगी व्यतीत करते रहे। अपनी आर्थिक हालत की बेहतरी के लिए वे गवर्नर जेनरल से मिलने के लिए कलकत्ता गये, लखनऊ में नवाब नसीरुद्दीन हैदर की प्रशंसा में कविता लिखी, नवाब वाजिद अली की कृपा भी थोड़े दिनों के लिए हासिल की, बहादुर शाह 'ज़फ़र' की फरमाइश पर तैमूरी वंश का इतिहास फारसी में लिखा, बादशाह के काव्यगुरु नियुक्त हुए, रामपुर के नवाब यूसुफ़ अली खाँ के भी उस्ताद बने, पर उनकी मुलिसी ज्यों की त्यों बनी रही। बहादुर शाह के गद्दी से हटाये जाने के बाद तो उन्हें जहाँ तहाँ से कर्ज लेकर समय काटना पड़ा। थोड़े दिनों बाद स्थिति में कुछ सुधार हुआ, पर जीवन के अन्तिम समय में उन्हें बहुत शारीरिक कष्ट झेलने पड़े। फ़िराक़ साहब के अनुसार उन्हें दिखाई–सुनाई बहुत कम देने लगा, अपाहिज की तरह पलंग पर पड़े रहते और नाम के लिए कुछ खा लेते थे। इसी स्थिति में 15 फरवरी, 1869 को उनका इन्तकाल हो गया।[108]

ग़ालिब ने अपने बारे में एक शेर में लिखा था : 'आज़ाद रौ हूँ और मेरा मसलक है सुलहे–कुल / हरगिज़ कभी किसी से अदावत नहीं मुझे।' फ़िराक़ गोरखपुरी के अनुसार उनकी 'आज़ाद रौ' का हाल यह था कि "उन्होंने धार्मिक कर्मकांड को तिलांजलि दे रखी थी। शराब पीते तो मामूली तौर से थे लेकिन उसका ढिंढोरा बहुत पीट रखा था। रोजा, नमाज आदि से कोई सरोकार न था। इस स्वतन्त्र प्रवृत्ति के साथ ही वे विद्रोही भावना से भी दूर थे। उनके हृदय में सिया–सुन्नी, हिन्दू–मुसलमान किसी प्रकार का भेदभाव

नहीं था, मित्रों को अपने घर वालों की भाँति सम्बोधित करते थे और उनके साथ वैसा ही व्यवहार रखते थे। राजनीति में भी उन्हें किसी से विरोध न था। वे बहादुर शाह और वाजिद अली शाह के साथ ही अंग्रेज हाकिमों की प्रशंसा में भी कसीदे कहते थे और अपने इस कृतित्व को उन्होंने कभी छुपाया नहीं।''[109] सामान्य तौर पर इसे 'व्यावहारिक' चरित्र ही माना जाएगा, जिसे किसी भी प्रकार का समझौता करने में कोई हिचक नहीं होती। फ़िराक़ साहब ग़ालिब का बचाव इस रूप में करते हैं कि 'उनका मानसिक संसार सबसे अलग था, जहाँ किसी प्रकार के सामाजिक सिद्धान्त लागू नहीं किये जा सकते।''[110] मेरा अपना निष्कर्ष यह है कि ग़ालिब घोर व्यक्तिवादी थे, जिन्हें अपने सिवा दुनिया से कोई मतलब नहीं था। इस दृष्टि से वे नज़ीर अकबराबादी के विलोम थे, जिन्होंने अपने व्यक्तित्व को जनता से एकाकार कर दिया था। ऐसा कवि महान नहीं हो सकता। फिर भी ग़ालिब एक महान कवि के रूप में जाने जाते हैं। इसका कारण है, अपनी निजी पीड़ा को साधारणीकृत कर देने की असाधारण क्षमता, अपनी पीड़ा की अनुभूति को विश्वमानव की पीड़ा में बदल देने की दुर्लभ संवेदना और कौशल। इसके साथ ही उनकी विनोदप्रियता, खुद पर भी व्यंग्य कर सकने की क्षमता और चीजों को असाधारण साहस के साथ प्रस्तुत करने का ऐसा कौशल जो सुनने वाले को तिलमिलाकर रख दे। इसके उदाहरण के रूप में यह शेर प्रस्तुत किया जा सकता है :

कर्ज़ की पीते थे लेकिन समझते थे कि हाँ
रंग लाएगी हमारी फ़ाक़ामस्ती एक दिन!

यहाँ फ़ाक़ाकशी में भी खुद पर हँसने का फक्कड़पन और उसके भीतर से झाँकता हुआ दर्द अपनी अभिव्यक्ति में बेजोड़ है।

ग़ालिब की शायरी के कई दौर हैं। पहले दौर में वे लगभग पूरे तौर पर फारसी के शायर हैं। फ़िराक़ साहब के अनुसार 'आरम्भ में जो कविता उन्होंने उर्दू में की, वह भी मालूम होता है कि मुँह का स्वाद बदलने के लिए।' उसमें 'शाब्दिक पच्चीकारी' की प्रचुरता थी। फारसी शब्दों के आधार पर बनाई गयी 'अर्थात्मक भूलभुलैया' की भरमार भी उसमें खूब थी। फ़िराक़ साहब का तो यहाँ तक कहना है कि 'उनकी प्रारम्भिक उर्दू कविताओं में अगर क्रिया भी उर्दू की बजाय फारसी की कर दी जाए तो पूरे के पूरे शेर फारसी के हो जाएँ। ऊपर से उनकी अर्थात्मक जटिलता। इसीलिए इन शेरों को लोगों ने निरर्थक कहना शुरू कर दिया और उनका मज़ाक भी उड़ाया जाने लगा।[111] उदाहरणार्थ ये शेर देखे जा सकते हैं :

नक़्श फ़रियादी है किसकी शाखीए तहरीर का।
काग़ज़ी है पैरहन हर पैकरे तस्वीर का।।
आगही दामे–शुनीदन जिस क़दर चाहे बिछाय।
मुद्दआ अनका है अपने आलमे तक़रीर का।।
न होगा यक बयाबां मांदगी से शौक़ कम मेरा।
हबाबे–मौजए रतार है, नक़्शे कदम मेरा।।
सरापा रहने इश्को नागुज़ीरे–उलफ़ते–हस्ती।
इबादत बर्क़ की करता हूं और अफ़सोस साहिल का।।[112]

कालक्रम में ग़ालिब का फारसी के प्रति मोह समाप्त हो गया और, फ़िराक़ साहब के अनुसार 'उन्होंने क्लिश्टता को छोड़कर केवल कल्पना की उड़ान को उन्मुक्त किया और अपनी प्रतिभा का पूरा ज़ोर दिखा दिया। इसी काल की कविता के बल पर ग़ालिब को देश में ही नहीं, देश के बाहर ख्याति मिली है।'[113]

कुछ लोग ग़ालिब को दार्शनिक कवि मानते हैं। पर फ़िराक़ साहब इसे एक भ्रम मानते हैं। उनके अनुसार "दर्शन या फिलासफी एक व्यवस्थित चिन्तन को कहते हैं। प्रत्येक दर्शन में सारी चीजों को एक विशेष दृष्टिकोण से देखा जाता है, उसमें प्रत्येक अवलोकन का एक दूसरे से पूर्ण समन्वय होता है। ग़ालिब के यहाँ कोई व्यवस्थित चिन्तन नहीं मिलता, हाँ व्यवस्थित चिन्तन के प्रति विद्रोह जरूर मिलता है। ग़ालिब की चेतना इतनी विस्तृत थी कि उसने प्रत्येक व्यवस्था के बन्धन तोड़ दिये थे। सामाजिक और धार्मिक व्यवस्थाओं का तो ज़िक्र ही क्या है, उन्होंने सूफीवाद जैसी व्यक्तिवादी विचारधारा को जगह जगह टक्कर मारकर तोड़फोड़ डाला है। दरअस्ल ग़ालिब किसी प्रकार की भी व्यवस्था के विरोधी हैं। उनका व्यक्तिवाद सबसे बढ़ाचढ़ा है।"[114]

फ़िराक़ साहब से मतभेद इस आधार पर हो सकता है कि कोई भी कवि व्यवस्थित चिन्तन वाला निखालिस दार्शनिक नहीं होता। वह किसी दर्शन विशेष से या तो प्रभाव ग्रहण करता है या उससे अपना विरोध प्रकट करता है। ग़ालिब किसी या किन्हीं दर्शन विशेष के अनुयायी नहीं थे ; वे इस दृष्टि से एक विद्रोही थे। उन्हें न धर्म की परवा है, न परम्परा की। वे कहते हैं :

वफ़ा कैसी कहाँ का इश्क जब सर फोड़ना ठहरा।
तो फिर ऐ संग दिल, तेरा ही संगे–आस्ता क्यों हो।।
ख़्वाहिश को अहमक़ों ने परस्तिश दिया क़रार।
क्या पूजता हूँ उस बुते–बेदादगर को मैं।।[115]

वे दुनिया को अपनी आँखों से, बिल्कुल नवीन रूप में देखते हैं :

बाजीचए अत्फ़ाल है दुनिया मेरे आगे।
होता है शबो–रोज तमाशा मेरे आगे॥
ईमां मुझे रोके है तो खैंचे है मुझे कुफ्र।
काबा मेरे पीछे है कलीसा मेरे आगे॥[116]

ये पंक्तियाँ कोई साधारण कवि नहीं लिख सकता था। इसके पीछे जो विचारों की तड़प है, वह ग़ालिब को किसी दार्शनिक कवि से कमतर नहीं होने देती।

दोस्त ग़मख़्वारी में मेरी सई फ़रमाएँगे क्या।
जख़्म के भरने तलक नाखून न बढ़ जाएंगे क्या।
बे–नियाजी हद से गुजरी बन्दा–परवर कब तलक–
हम कहेंगे हाले दिल और आप फ़रमाएंगे 'क्या?''
गर किया नासिह ने हमको कैद, अच्छा यूं सही।
यह जुनूने इश्क के अंदाज छुट जाएंगे क्या।
है अब इस मामूरे में कहते–ग़मे–उलफ़त 'असद'।
हमनें यह माना कि दिल्ली में रहें खाएँगे क्या॥

इशरते–कतरा है दरिया में फ़ना हो जाना।
दर्द का हद से गुज़रना है दवा हो जाना॥
है मुझे अब्रे बहारी का बरस कर खुलना।
रोते रोते ग़मे–फ़ुरक़त में फ़ना हो जाना॥

आह को चाहिए इक उम्र असर होने तक।
कौन जीता है तेरी जुल्फ़ के सर होने तक॥
दामे–हर–मौज में है हल्क़ए सद–कामे निहंग।
देखें क्या गुजरे है क़तरे पे गुहर होने तक॥
हमने माना कि तग़ाफ़ुल न करोगे लेकिन।
खाक हो जाएंगे हम तुमको खबर होने तक॥
ग़मे–हस्ती का 'असद' किससे हो जुज़ मर्ग इलाज।
शमा हर रंग में जलती है सहर होने तक॥[117]

फ़िराक़ साहब के अनुसार 'ग़ालिब की कविता का तीसरा युग उनका अन्तिम काल है, जब उनकी शक्तियाँ जवाब दे रही थीं। इस काल की कविता में नयी राहें निकालने का आग्रह नहीं है किन्तु निराशा की भावना ने शब्दों तथा वर्णन के ढंग में सादगी पैदा कर दी है और करुणा बड़े प्रभावोत्पादक ढंग

से उभरकर सामने आयी है।"[118] उदाहरण के लिए ये शेर उद्धृत हैं:

कोई दिन गर जिन्दगानी और है।
अपने जी में हमने ठानी और है।।
बारहा देखी हैं उनकी रंजिशें।
पर कुछ अबके सरगरानी और है।

कोई उम्मीद बर नहीं आती
कोई सूरत नज़र नहीं आती।।
आगे आती थी हाले–दिल पे हँसी
अब किसी बात पर नहीं आती।।
मौत का एक दिन मुअय्यन है।
नींद क्यों रात भर नहीं आती।।

दिले नादां तुझे हुआ क्या है।
आखिर इस दर्द की दवा क्या है।।
हम है मुस्ताक़ और वह बेज़ार।
या इलाही ये माजरा क्या है।।
हमको उनसे वफ़ा की है उम्मीद।
जो नहीं जानते वफ़ा क्या है।।
मैंने माना कि कुछ नहीं 'गालिब'।
मुफ़्त हाथ आये तो बुरा क्या है।।[119]

फ़िराक़ गोरखपुरी के अनुसार हकीम मोमिन खाँ 'मोमिन' का जन्म 1800 में और निधन 1851 में हुआ था। उन्होंने उनकी सात रचनाओं के नाम गिनाये हैं, पर साहित्येतिहास की दृष्टि से उनमें उर्दू कुल्लियात, जिसमें ग़ज़लों का एक दीवान, छह मसनवियाँ, बहुत से क़सीदे, तारीखें और विविध कविताएँ हैं, ही उल्लेखनीय है।[120] फ़िराक साहब के अनुसार " 'मोमिन' अपने अधिकतर समकालीनों की भाँति बेतरह वर्णन क्षेत्र में बाल की खाल निकालने के पक्षपाती नहीं थे। उनका वर्ण्य विषय अत्यन्त सीमित है–भौतिक प्रेम से आगे की बात वे नहीं करते। ...वे सूफी आध्यात्मिकता का सहारा लिए बिना ही ठेठ भौतिक प्रेम की बातें इतने चमत्कारपूर्ण प्रभाव के साथ करते थे कि उनके शेर अभी तक रसज्ञों के कानों में गूँजते हैं और उर्दू साहित्य में मुहावरों और कहावतों का रूप धारण कर चुके हैं।"[121] फ़िराक़ साहब के अनुसार वर्णन के क्षेत्र मे भी मोमिन की रचनाएँ कमजोर नहीं हैं। "उनके काव्य में न कहीं शैथिल्य है, न कहीं काव्य–नियमों का उल्लंघन। वे 'नासिख' की तरह बाल की

खाल नहीं निकालते थे, न ग़ालिब की तरह विचारों और कल्पना की उड़ान में काव्योद्यान के नाजुक फूलों और बेलों को कुचलते चले जाते थे किन्तु वर्णन–सौन्दर्य और भावोत्कर्ष के इन दोनों चरम बिन्दुओं के बीच उन्होंने ऐसा सम्यक् मार्ग निकाला था कि रसज्ञों को अब तक उनकी काव्यकला की सराहना करनी पड़ती है।...अपनी प्रकृतिप्रदत्त प्रतिभा के बल पर उन्होंने एक ऐसी सहजतापूर्ण वर्णन–शैली निकाली थी, जो प्रभाव से ओतप्रोत थी और यही मोमिन की स्थाई सफलता का रहस्य है।''[122]

मोमिन अपनी शायरी में अरबी–फारसी शब्दों का प्रयोग अत्यधिक मात्रा में करते हैं। मोमिन ने फ़ारसी के शब्द ही नहीं, काव्य–विन्यास का भी बहुत प्रयोग किया है। फ़िराक़ साहब के अनुसार ''कभी कभी वे फ़ारसी के प्रसिद्ध मिसरों को, जो कहावतें बन गये हैं, या फ़ारसी कहावतों को भी उर्दू में अनूदित–सा कर देते हैं।...उनके शेरों का पूरा आनन्द लेने के लिए फ़ारसी का भी अच्छा ज्ञान आवश्यक है।''[123]

पर मोमिन ने ऐसे भी बहुत से शेर लिखे हैं, जिनके लिए फ़ारसी जानने की जरूरत नहीं है और जिनकी सादगी दिल को छू लेती है ; 'तुम हमारे किसी तरह न हुए/वरना दुनियां में क्या नहीं होता।' या 'हम समझते हैं आज़माने को/उज़्र कुछ चाहिए सताने को/ कोई दिन हम जहां में बैठे हैं/ आसमा के सितम उठाने को।' मोमिन ने इस प्रकार के बहुत से शेर लिखे हैं, अतः यह कहने का कोई औचित्य नहीं है कि उनकी कविता फ़ारसी के ज्ञान के बगैर आनन्द नहीं दे सकती।

मोमिन ने मसनवियाँ भी लिखी हैं जो अपने ढंग की अनोखी हैं। ज़बान की सफाई और सरलता उनमें कूट–कूटकर भरी है। फ़िराक़ साहब के अनुसार 'उनमें विषय की उच्चता जैसी कोई चीज नहीं है जिसके बल पर मसनवी मसनवी होती है। इनका कथ्य है, विरह–काल में प्रिय–मिलन के क्षणों को याद करके आँसू बहाना। अनुभूति की तीव्रता और वर्णन के प्रभावशाली होने के कारण इन मसनवियों में थोड़ी जान आ गयी है। फ़िराक़ साहब के अनुसार ''मोमिन अपने प्रिय–मिलन के क्षणों का वर्णन करने में इतने डूब जाते हैं कि अश्लीलता की सीमा के अन्दर भी जा पड़ते हैं। नैतिकता की दृष्टि से इन मसनवियों पर आपत्ति की जा सकती है लेकिन शुद्ध कलात्मक दृष्टि से देखने पर ऐसे वर्णन भी अत्यन्त उत्कृष्ट दिखाई देते हैं और उनमें खजुराहो के मन्दिरों की कला के दर्शन होते हैं।''[124] इन शेरों की तुलना समकालीन ब्रजभाषा कवि पद्माकर के श्रृंगारपरक कवित्तों और सवैयों से की जा सकती है।

मोमिन ने क़सीदे भी लिखे है, पर फ़िराक साहब के अनुसार, वे विशेष

उल्लेखनीय नहीं हैं। सांसारिक व्यक्तियों की प्रशंसा में उन्होंने दो ही क़सीदे लिखे है, शेष धार्मिक महापुरुषों की प्रशंसा में हैं। उनके क़सीदों में काव्य–नियमों का पूरा पालन है किन्तु उनमें प्राणों की कमी मालूम होती है।[125]

मोमिन के शेरों के कुछ उदाहरण दृष्टव्य है :[126]

असर उसको ज़रा नहीं होता।
रंज राहत फ़जा नहीं होता।।
उसने क्या जाने क्या किया लेकर।
दिल किसी काम का नहीं होता।।
तुम मेरे पास होते हो गोया।
जब कोई दूसरा नहीं होता।।
क्यों सुने अर्ज़े–मुज़तरिब 'मोमिन'।
सनम आखिर खुदा नहीं होता।।

आँखों से हया टपके है अन्दाज़ तो देखो।
है बुलहविसों पर भी सितम, नाज़ तो देखो।
उस ग़ैरते–नाहीद की हर तान है दीपक।
शोला सा लपक जाये है आवाज तो देखो।
जन्नत में भी 'मोमिन' न मिला हाय बुतों से।
जौरे अजले तफ़रीक़–परवाज़ तो देखो।

तू कहाँ जायेगी कुछ अपना ठिकाना कर ले।
हम तो कल ख़्वाबे–अदम में शबे–हिजरां होंगे।
मिन्नतें – हज़रते ईसा न उठायंगे कभी।
ज़िन्दगी के लिए शरमिन्दए–एहसां होंगे।
उम्र तो सारी कटी इश्के–बुतां में 'मोमिन'।
आखिरी वक़्त में क्या ख़ाक मुसलमां होंगे।

दिल्ली काव्य–परम्परा के कवियों में ग़ालिब और मोमिन के बाद शेख इब्राहीम 'ज़ौक़' का नाम लिया जाता है। ज़ौक़ का जन्म दिल्ली के एक गरीब सिपाही के पुत्र के रूप में 1789 में हुआ था। उनका बचपन और किशोरावस्था आर्थिक तंगी के बीच गुजरी थी और उन्होंने शुद्ध जन्मजात प्रतिभा और अध्ययन के बल पर काव्यक्षेत्र में अपनी जगह बनायी थी। बहुत संघर्ष के बाद युवक बहादुर शाह 'ज़फ़र' ने उन्हें अपने उस्ताद के रूप में स्वीकार किया था और चार रुपया महीना वेतन मुकर्रर किया था। 1838 में बहादुर शाह के बादशाह

बनने पर इनकी आर्थिक स्थिति में सुधार हुआ, पर 1954 में सत्रह दिन की बीमारी के बाद इनका देहान्त हो गया। कहा जाता है कि मृत्यु के तीन घंटे पूर्व उन्होंने अपने बारे में यह शेर कहा था :

> कहते हैं 'ज़ौक़' आज यहाँ से गुज़र गया।
> क्या खूब आदमी था ख़ुदा मग़फ़रत करे।[127]

फ़िराक़ साहब के अनुसार 'ज़ौक़' को दिनरात कविता के अतिरिक्त कुछ नहीं सूझता था। उनका मकान बहुत ही छोटा था, जिसके छोटे–से आँगन में खुर्री चारपाई पर बैठे रहते थे, हुक्का मुँह से लगा रहता था, लिखते जाते थे या कुछ पढ़ते रहते थे।[128]

फ़िराक़ साहब के अनुसार 'जौक' की लगभग सभी रचनाएँ 1857 के विद्रोह के दौरान नष्ट हो गयीं। कुछ ग़जलें और क़सीदे मौलाना मुहम्मद हुसैन आज़ाद ने बचा लिये, कुछ ग़ज़लें ज़ौक़ के अन्धे शिष्य हाफ़िज़ वीरान के याद थीं। इन्हीं को जमा करके अब कुल एक दीवान मिलता है, जिसमें 167 ग़ज़लें, 24 क़सीदे और फुटकर कविताएँ हैं। 'आज़ाद' के अनुसार ज़ौक़ की एक अपूर्ण मसनवी भी थी, जिसमें 500 शेर थे, जो ग़दर में अन्य काव्य के साथ नष्ट हो गयी।[129]

फ़िराक़ साहब के अनुसार ज़ौक़ रूपवादी कवि हैं। ''उनके यहाँ इसका महत्त्व कम है कि क्या कहा जाता है और वह संवेदना को किस प्रकार आलोड़ित करता है, इसका महत्त्व अधिक है कि वर्णन–सौन्दर्य कितना है और सौन्दर्य–बोध की तुष्टि किस सीमा तक होती है। इसीलिए ज़ौक़ के काव्य में शब्दों के चयन, मुहावरों के प्रयोग और मुश्किल रदीफ़ क़ाफ़ियों में प्रवहमान कविता करने की कला पूरी तरह उभरकर आयी है और इसी क्षेत्र में नूतनता और मौलिकता के प्रदर्शन का आग्रह मिलता है। ज़ौक़ ने अपने पूर्ववर्ती सभी उस्तादों–'मीर', 'सौदा', 'जुरअत' आदि–के रंग में शेर कहे। फिर भी नयी नयी तराश–ख़राश के शब्दों और वाक्य–विन्यास के आधार पर वर्णन–सौन्दर्य पैदा करने की स्वाभाविक प्रवृत्ति के आधार पर उन्हें 'सौदा' का अनुयायी कहना अधिक उचित है। क़सीदों में भी वे 'सौदा' का अनुसरण करते हैं और निस्सन्देह –सौदा' के बाद क़सीदे के क्षेत्र में 'ज़ौक़' से बड़ा कोई कवि नहीं हुआ।''[130]

फ़िराक़ साहब के अनुसार ''भाषा में उनके यहाँ फारसीपन आज की दृष्टि से भी अधिक नहीं है। उन्नीसवीं शताब्दी के मध्यकाल में तो ऐसी सुगम और सुबोध भाषा का प्रयोग निस्सन्देह कला का चमत्कार कहा जाना चाहिए। इसका बहुत कुछ श्रेय 'ज़फ़र' को मिलना चाहिए जो सरल और

प्रभावशाली शब्दावली और वाक्यावली में विश्वास करते थे और स्वयं भी इन्हीं का प्रयोग करते थे।''[131]

'ज़ौक' के शेरों के कुछ उदाहरण निम्नलिखित हैं :

उसे हमने बहुत ढूंढ़ा, न पाया।
अगर पाया तो खोज अपना न पाया।।
जिस इंसां को सगे–दुनिया ने पाया।
फ़रिश्ता उसका हम पाया न पाया।।
चरागे़ दाग़ लेकर दिल में ढूंढ़ा।
निशां पर सब्रो–ताक़त का न पाया।।
नज़ीर उसका कहाँ आलम में ऐ 'ज़ौक'।
कहीं ऐसा न पायेगा न पाया।।

अब तो घबरा के ये कहते हैं कि मर जायेंगे।
मर के भी चैन न पाया तो किधर जाएंगे।
आग दोज़ख की भी हो जायेगी पानी पानी।
जब ये आसी अरके–शर्म से तर जायेंगे।।
'जौक' जो मदरसे के बिगड़े हुए हैं मुल्ला।
उनको मैख़ाने में ले आओ, संवर जायेंगे।

बहादुर शाह 'ज़फ़र' का जन्म 1775 में अपने पितामह शाह आलम द्वितीय के शासनकाल में हुआ था। इनका बचपन का नाम मिर्ज़ा अबूज़फ़र था। फ़िराक़ गोरखपुरी के अनुसार शाह आलम अपनी राजनीतिक–भौतिक पराजयो को आत्मिक आनन्द में भुलाना चाहते थे, अतः उन्होंने सूफी दर्शन और शायरी की शरण ले ली थी। वे 'आफ़ताब' तखल्लुस से कविता भी करते थे। लाल किला शेरो शायरी से गूँजता रहता था। इस प्रकार मिर्ज़ा अबूज़फ़र को बचपन से ही शायरी का चस्का लग गया। आरम्भ से ही 'ज़फ़र' को परवशता का वातावरण मिला था। शाह आलम 1864 से ही मराठों पर आश्रित था। 1980 में जब माधव जी सिन्धिया राजपूतों के साथ संघर्ष में व्यस्त था, गुलाम क़ादिर रुहेला ने दिल्ली पर कब्जा कर लिया। उसने राजपरिवार पर तरह तरह के जुल्म ढाये, यहाँ तक कि शाह आलम को दरबार में ही पटककर उसकी आँखें निकाल लीं। चार दिन बाद माधव जी सिन्धिया ने आकर गुलाम क़ादिर को हराया और उसे मारकर शाह आलम को गद्दी पर बिठा दिया। किन्तु अब शासन–प्रबन्ध मराठों ने अपने अधिकार में कर लिया और बादशाह के लिए नौ लाख रुपया वार्षिक वज़ीफ़ा तय कर दिया। इस प्रकार 1780

में ही शाह आलम नाममात्र को बादशाह रह गये। 1803 में जनरल ऑक्टर लोनी ने दिल्ली पर अधिकार कर लिया और दिल्ली की वास्तविक शासक मराठों के स्थान पर ईस्ट इंडिया कम्पनी हो गयी। 1806 में 'ज़फ़र' के पिता अकबर शाह द्वितीय गद्दी पर बैठे और अपनी बीवी मुमताज़ महल के बहकावे में आकर उन्हें राज्याधिकार से वंचित करने का प्रयास किया। पर मिर्ज़ा अबूज़फ़र बच गये। 1837 में अकबर शाह की मृत्यु के बाद अबूज़फ़र गद्दी पर बैठे और बहादुर शाह द्वितीय के नाम से प्रसिद्ध हुए। पर कम्पनी ने एक प्रकार से उनका जीना मुहाल कर रखा था और 1857 के विद्रोह के बाद तो उन्हें निर्वासन की सजा देकर रंगून में नज़रबन्द कर दिया गया।

फ़िराक़ साहब के अनुसार 'ज़फ़र के स्वभाव में परवश राजवैभव, विलासप्रियता और सूफियों के आध्यात्मिक प्रभाव का मिश्रण मिलता है।' राजनीति के इतिहास में वे अन्तिम मुगल सम्राट् (कहने के लिए ही सही) के रूप में जाने जाते हैं, पर उनके उपलब्ध चार दीवान साहित्य के इतिहास में उन्हें अमरत्व प्रदान करते हैं। फ़िराक़ गोरखपुरी के अनुसार उनका सौन्दर्य–बोध बहुत निखरा हुआ है, साथ ही प्रेम और सौहार्द की भावनाएँ उनमें प्रचुर मात्रा में हैं। काव्य के क्षेत्र में ज़फ़र की रुचि अत्यन्त परिष्कृत थी और उन्हें अपने जमाने के चोटी के उस्ताद शाह 'नसीर' से काव्य–दीक्षा ली और उनके बाद 'ज़ौक' जैसे विद्वान् तथा अधिकारी कवि को अपना गुरु बनाया। 'ज़ौक' की मृत्यु के बाद चार–पाँच वर्षों तक वे ग़ालिब से भी इस्लाह लेते रहे।

'ज़फ़र' की काव्योपलब्धियों के बारे में उर्दू के आलोचक एकमत नहीं हैं। यहाँ तक कि मौलाना मुहम्मद हुसैन तथा कुछ अन्य आलोचकों ने 'ज़फ़र' को कवि मानने से ही इनकार कर दिया है। 'आज़ाद' का तो मानना है कि उनके चार दीवानों में से पहले का आधा भाग शाह 'नसीर' द्वारा और शेश साढ़े तीन दीवान 'ज़ौक़' द्वारा संशोधित ही नहीं, लगभग रचित हैं। 'ज़फ़र के समर्थक इसे गलत मानते हैं। फ़िराक़ गोरखपुरी का कहना है कि '' 'ज़फ़र' के चारों दीवानों में एक रंग की कविता मिलती है और यदि किसी और ने स्वयं ही किसी कारण उन्हें अपनी कविता अर्पित कर दी हो तो हमें उन कविताओं को 'ज़फ़र' की रचना मानने में कोई हिचक न होनी चाहिए, विशेषतः जबकि ऐसा कोई स्पष्ट सबूत हमारे पास न हो जिससे यह कविताएँ 'ज़फ़र' के अतिरिक्त अन्य किसी कवि की रचनाएँ प्रमाणित हो सकें।''[132]

फ़िराक साहब ने 'ज़फ़र' की कविताओं की तीन स्पष्ट विशेषताएँ गिनायी हैं। 1. करुण प्रभाव, 2. सरलता और स्पष्टता और 3. माधुर्य तथा गीतात्मकता। उन्होंने 'ज़फ़र' की शायरी की एक विशेषता यह भी बतायी है कि उन्होंने ''लखनवी शैली के उच्छृंखल और विलासपूर्ण बहाव के जोर को खत्म करके

उसे ऐसे मार्ग पर चला दिया जहाँ से आगे आने वाली पीढ़ियों को अपनी नयी चेतना के प्रकाशन के लिए उर्दू कविता बिल्कुल अनुपयुक्त न मालूम हो। बाद में चलकर विषय के क्षेत्र में 'हाली' और 'आज़ाद' तथा भाषा और अभिव्यक्ति के क्षेत्र में 'दाग' ने जो नयी राहें खोलीं, उनके लिए पृष्ठभूमि तैयार करने का श्रेय 'ज़फ़र' के प्रभाव को मिलना चाहिए।" जहाँ तक करुणा और माधुर्य का प्रश्न है, 'ज़फ़र' की कविता किसी को निराश नहीं करती। फ़िराक़ साहब के अनुसार "उनके शेरों में ऐसी व्यथा दिखायी देती है जो सुनने वालों का कलेजा काट लेती है।"[133] इसका कारण 'ज़फ़र' का, अपने जीवन में, पीड़ा के हद से गुजरना है, जिसका कोई इलाज नहीं होता। इसके अतिरिक्त सूफीवाद की जो परम्परा उन्नीसवीं शताब्दी में अपेक्षाकृत कमजोर पड़ गयी थी, उसे भी 'ज़फ़र' ने कविता में पुनःप्रतिष्ठित कर दिया। उन्होंने भाव के अनुरूप ही सरल, सादी और चोट करने वाली शब्दावली भी चुनी है। अरबी और फारसी के कठिन शब्दों का प्रयोग उन्होंने बहुत कम किया है। मुहावरों के प्रयोग ने इस वर्णन–शैली को और भी मधुर तथा प्रभावी बना दिया है। 'ज़फ़र' की रचनाओं के कुछ नमूने, जो आम जनता की जबान पर भी चढ़ चुके हैं, निम्नलिखित हैं :

पसे–मर्ग मेरे मज़ार पर जो दिया किसी ने जला दिया।
उसे आह! दामने–बाद ने सरे–शाम ही से बुझा दिया।।
मैंने दिल दिया मैंने जान दी मगर आह तूने क़द्र न की।
किसी बात को जो कभी कहा उसे चुटकियों में उड़ा दिया।।

लगता नहीं है जी मेरा उजड़े दयार में।
किसकी बनी है आलमे–नापायदार में।।
उम्रे–दराज़ मांग के लाये थे चार दिन।
दो आरज़ू में कट गये दो इन्तज़ार में।।
कितना है बदनसीब 'ज़फ़र' दफ़्न के लिए।
दो गज़ ज़मीं भी न मिली कूए–यार में।।

न किसी की आँख का नूर हूँ न किसी के दिल का क़रार हूँ।
जो किसी के काम न आ सके मैं वो एक मुश्ते–गुबार हूँ।।
मेरा रंग रूप बिगड़ गया मेरा यार मुझसे बिछड़ गया।
जो चमन खिज़ां से उजड़ गया मैं उसी की फ़स्ले–बहार हूँ।।

खड़ीबोली पर आधारित हिन्दी कविता का दूसरा केन्द्र लखनऊ था जो मुहम्मद शाह के जमाने में नादिर शाह और अब्दाली के दिल्ली पर आक्रमण, रक्तपात

और लूटमार के परिणामस्वरूप शायरों के दिल्ली से लखनऊ के नवाब के संरक्षण में आने से निर्मित हुआ था। पहली लहर में वे कवि प्रमुख हुए जो दिल्ली से आये थे। उनके बाद आने वाले कवियों में, फ़िराक़ गोरखपुरी के अनुसार, ''वे थे जो मूल रूप से दिल्ली या उसके आसपास के निवासी थे और अपनी जवानी की आँखें लखनऊ में खोली थीं, जहाँ के दरबार में उस समय हँसने–हँसाने और विलासप्रियता के अतिरिक्त अन्य कोई वातावरण नहीं था। इसलिए इन बाद वाले कवियों में गम्भीरता के तत्त्व गायब हो गये और उच्छश्रृंखल तथा सतही प्रेम के आधार पर कविता की जाने लगी।''[134] फ़िराक़ साहब के अनुसार भाषा और अभिव्यक्ति–शैली के क्षेत्र में इस काल में अवश्य पहले से विकास हुआ और दिल्ली के कवियों द्वारा पहले से चले आते बहुत से शब्द तथा वाक्य–विन्यास छोड़ दिये गये। इस युगके प्रमुख कवियों में 'मुसहफ़ी, 'इंशा', 'जुरअत' तथा 'रंगीन का नाम लिया जा सकता है।[135]

'मुसहफ़ी' का पूरा नाम शेख़ गुलाम हमदानी 'मुसहफ़ी' था जो 1750 में एक कुलीन वंश में पैदा हुए थे। मीर हसन के तजकिरे के अनुसार उनकी शायरी की प्रसिद्धि 1781 ई. के आसपास हुई। 1824 में उनका निधन हुआ। इस दृष्टि से वे नज़ीर अकबराबादी के समकालीन माने जा सकते हैं।

'मुसहफ़ी' ने प्रचुर मात्रा में शायरी की है। उनमें फ़ारसी का एक दीवान और उर्दू के आठ दीवान हैं जिनमें हजारों ग़ज़लें, क़सीदे, तारीखें तथा रूबाइयाँ आदि हैं। उनकी एक महत्त्वपूर्ण रचना लगभग साढ़े तीन सौ उर्दू कवियों का जीवन–वृत्त है जो 'मुसहफ़ी' का 'तज़किरा' कहलाता है।

फ़िराक़ साहब के अनुसार 'मुसहफ़ी' बड़े प्रतिभाशाली कवि थे और बड़ी तेजी से कविता करते थे। दुर्भाग्य से ऐसा प्रतिभाशाली कवि ऐसे ज़माने में पैदा हुआ, जिसने उनकी क़द्रदानी नहीं की और उनकी रचनाओं को इस तरह बिखरा देने के लिए मजबूर कर दिया कि बाद वालों के लिए भी उनकी कविता का मूल्यांकन करना कठिन ही नही, असम्भव हो गया। उनकी ग़जलों के शेरों में कहीं मीर की करुणा है, कहीं सौदा का ओज, कहीं 'सोज़' की सी सरलता, कहीं 'जुरअत' जैसी उच्छश्रृंखलता और कहीं इंशा जैसा फक्कड़पन। उनकी ग़ज़लों की भाँति उनके क़सीदों में भी काव्यशास्त्र के नियमों का निर्वाह पूरी तरह से किया गया है। उनकी भाषा 'मीर' और 'सौदा' के अधिक निकट है बजाय अपने जमाने के कवियों, 'जुरअत' और 'इंशा' के।

'मुसहफ़ी की कविता का नमूना निम्नलिखित है :

निगाहे–लुत्फ़ के करते ही रंगे–अंजुमन बिगड़ा।

मुहब्बत में तेरी हमसे हर एक अहले–वतन बिगड़ा।।
जिसे सब बांके और टेढ़े करें थे दूर से गुजरा।
वही रस्ते में आख़िर करके हमसे बाँकपन बिगड़ा।

'इंशा' का पूरा नाम सैयद इंशा अल्ला खाँ 'इंशा' था, जो 'मुसहफ़ी' की भाँति उच्चवंशीय थे। हिन्दी के छात्र और विद्वान इन्हें 'रानी केतकी की कहानी' के लेखक के रूप में ही जानते हैं, पर वे शायरी में भी प्रवीण थे। अपनी काव्य–प्रतिभा तथा विनोदप्रियता के कारण वे शाह आलम के दरबार में प्रवेश पा गये थे। बाद में वे नवाब आसिफुद्दौला का नाम सुनकर लखनऊ आ गये और मिर्ज़ा सुलेमान शिकोह के दरबार में पहुँच गये। वहाँ 'मुसहफ़ी' पहले से विद्यमान थे, पर इंशा के आते ही उनका रंग उखड़ गया और दोनों में तनातनी हो गयी। नौबत यहाँ तक पहुँच गयी कि दोनों एक दूसरे के विरुद्ध स्वांग बना बनाकर जुलूस तक निकालने लगे। 1817 में उनका देहान्त हो गया।

इंशा की रचनाओं की संख्या बहुत अधिक है। इनमें से प्रमुख हैं : 1. उर्दू का दीवान, 2. उर्दू के क़सीदे, 3. उर्दू की मसनवी 'शिकारनामा' और 'शिकायते–जमाना, 3. 'रानी केतकी की कहानी', 4. दरियाए–लताफ़त' तथा फ़ारसी का दीवान, क़सीदे, मसनवियाँ आदि।

फ़िराक़ गोरखपुरी के अनुसार इंशा की रचनाओं में प्रवाह, सरलता और ओज तो दिखाई देता है, पर गम्भीरता बहुत कम मिलती है। फिर भी उन्होंने कुछ ऐसे शेर लिखे हैं जो आज भी लोगों की जुबान पर जमे हुए हैं। जैसे यह शेर :

कमर बाँधे हुए चलने को याँ सब यार बैठे हैं।
बहुत आगे गये, बाकी जो हैं तैयार बैठे हैं।।

एक शाश्वत सच्चाई को सजीव बिम्ब का रूप देकर इंशा ने इस शेर को अमर बना दिया है।

'इंशा' की अन्य ग़ज़लों के नमूने :

क़दम को हाथ लगाता हूँ उठ कहीं घर चल।
खुदा के वास्ते इतने तो पाँव मत फैला।।

नज़ाकत उस गुले–रअना की देखियो 'इंशा'।
नसीमे–सुब्ह जो छू जाय रंग हो मैला।।

यह जो महंत बैठे हैं राधा के कुंड पर।
अवतार बन के गिरते हैं परियों के झुंड पर।।

शिव के गले से पारवती जी लिपट गयीं।
क्या ही बहार आज है ब्रह्मा के रुंड पर॥

शेख़ क़लन्दर बख़्श 'जुरअत' के, जिनका असली नाम यहिया अमान था, जन्मकाल का पता नहीं। जहाँ तहाँ भटकने के बाद 1800 ई. में वे लखनऊ आ गये। वहीं 1810 में उनका देहान्त हो गया। 'जुरअत' युवावस्था में अन्धे हो गये थे। रचना के नाम पर उनका एक दीवान है, जिसमें ग़ज़लें, छिटफुट शेर, रुबाई, मुखम्मस तथा अन्य काव्यरूप हैं। इनकी दो मसनवियाँ भी हैं, जिनमें से एक में बरसात की निन्दा है और दूसरी में लखनऊ की एक वेश्या के प्रेम का वृत्तान्त है।

फ़िराक़ गोरखपुरी के अनुसार 'जुरअत' पूर्णतः उच्छश्रृंखलतावादी कवि हैं। उन्होंने क़सीदा या गम्भीर काव्य–रचना नहीं की। दो मरसिये इसके अपवाद माने जा सकते हैं। वे वेश्याओं के साथ होने वाले प्रेमालापों के कवि थे और इसी लिहाज़ से उनकी कविता में प्रतिद्वन्दियों के साथ होने वाली नोकझोंक के वर्णन मिलते हैं और शराब–कबाब की बातें भी खूब होती हैं। वे अमीरों के मनबहलाव के लिए हल्की–फुल्की चीजें लिखते थे। डॉ. रामबाबू सक्सेना ने उन्हें 'द्वितीय कोटि का कवि' बताया है। पर संयोग श्रृंगार के जैसे सजीव चित्रण 'जुरअत' ने किये हैं वे 'दाग़ के अलावा और कहीं नहीं मिलते। भाषा का प्रवाह और शब्दों का गठन उन्हें ऊँचे दरजे का कवि सिद्ध करती है। भाषा के विकास में उनकी वही देन है जो 'इंशा' की, यानी बहुत से पुराने शब्द छोड़कर उन्होंने भाषा को परिमार्जित किया है। 'जुरअत' के नमूने के शेर निम्नलिखित हैं :

लग जा गले से, ताब अब ऐ नाजनीं नहीं।
है है, खुदा के वास्ते मत कर 'नहीं' नहीं॥

उस दिन जहान कुछ नजर आता है और ही।
गोया वो आसमां नहीं वह जमीं नहीं॥

क्या जाने क्या वो उसमें लोटे है जिस पे दिल।
यूं और क्या जहान में कोई हसीं नहीं॥[136]

सआदत यार खाँ 'रगीन', फ़िराक़ साहब के अनुसार, 'इंशा के रंग में करने वाले शायर थे, जिनका इतिहास में स्थान इनके नये आविष्कार रेख्ती (स्त्रियों की बोलचाल की भाषा) में कविता के आधार पर बना है। 'रेख़्ती' को बाद के कवियों ने सँभाला किन्तु 'रंगीन' ने इसमें कामुकता के प्रदर्शन के सिवा और

कुछ नहीं किया। उनकी मृत्यु 77 वर्ष की अवस्था में 1834 में हुई।

फ़िराक़ साहब के अनुसार "रेख़्ती जैसी चीज अठारहवीं शताब्दी के परदे में जकड़े हुए उत्तर भारतीय सभ्य मुस्लिम समाज के अतिरिक्त और कहीं नहीं मिल सकती। सामाजिक विलगता के कारण यहाँ स्त्रियों और पुरुषों की भाषा में काफी अन्तर हो गया। यह भी ध्यान में रखना चाहिए कि उस पतनोन्मुख सामन्ती व्यवस्था में स्त्री–पुरुष सभी का ध्यान कामुकता तथा मनोरंजन पर ही केन्द्रित था, इसलिए मियां 'रंगीन' की नयी ईज़ाद को हाथोहाथ लिया गया और बाद में भी कुछ दिनों तक उसकी परम्परा चली।"[137]

'रंगीन' ने 'नौरतन', जिसमें चार दीवान हैं, 'दिलपिज़ीर', 'ईजादे रंगी' आदि कुछ मसनवियों, क़सीदों आदि की रचना की थी। 'दिलपिज़ीर' एक प्रेमकथा है जिसमें लगभग दो हजार शेर हैं।

फ़िराक़ साहब के अनुसार 'मुसहफ़ी', 'इंशा' और 'जुरअत' उच्छश्रृंखल प्रेम की उल्लासवादी परम्परा के कवि थे, जिन्होंने कविता के विषय की अपेक्षा उसके कहने के ढंग, शब्दों के गठन, भाषा की साज–सँवार और अलंकारों के प्रयोग में अधिक रुचि दिखायी। तत्कालीन लखनवी वातावरण के प्रभाव से नखशिख वर्णन आदि भी होने लगे, यहाँ तक कि अश्लील तत्त्व भी कविता में आ गये और कविता में ऐसे स्पष्ट संकेत मिलने लगे वर्णित प्रियतमाएँ रूप हाट में बैठने वाली सुन्दरियाँ हैं।

शेख इमाम बख़्श 'नासिख' और 'आतश' इसी काल के कवि हैं जो अपने अपने कारणों से प्रसिद्ध हैं। 'नासिख' के जन्मकाल का पता नहीं, पर कई शहरों में भटकने के बाद वे लखनऊ आ गये थे, जहाँ 1838 में उनका देहान्त हुआ था। 'नासिख' अपनी पहलवानी और अत्यधिक खाने के लिए भी प्रसिद्ध थे।

'नासिख' के दो दीवान मिलते हैं। 'नज़्में सिराज' नामक मसनवी भी इन्होंने लिखी थी। फ़िराक़ साहब के अनुसार 'नासिख़' की ग़ज़लों का कलापक्ष बड़ा प्रबल है। उनकी प्रवृत्ति बात में बात पैदा करने की है और हर शेर में विचारों की बाल की खाल निकाली गयी है। उपमाएँ वे नयी नयी प्रयोग करते हैं और विचारों की सूक्ष्मता (या विचारों के साथ शब्दों की आँखमिचौनी) बहुत अधिक है। जहाँ तक भाव पक्ष का सम्बन्ध है, नासिक एक असफल कवि रहे हैं। उनके शेरों में न तो प्रवाह है न वास्तविकता। काव्य–चेतना का उनके यहाँ अभाव दिखाई देता है। वे आध्यात्मिक प्रवृत्ति के न थे, सूफीवादी प्रतीक उनके यहाँ नहीं मिलते। शाब्दिक संकेत उनके यहाँ वही अंगिया–चोली के हैं, लेकिन प्रभाव का इतना अभाव है कि वे कामुकता की भावना भी पैदा नहीं करते। शाब्दिक खिलवाड़ के कारण उनके शेर कभी कभी नीरस ही नहीं, निरर्थक भी हो जाते हैं। 'नासिख' की रचना का एक

उदाहरण निम्नलिखित है :

खाक में मिल जाइए ऐसा अखाड़ा चाहिए।
लड़के कुश्ती देवे–हस्ती को पछाड़ा चाहिए॥
और तख़्तों की हमारी क़ब्र में हाज़त नहीं।
ख़ानए–महबूब का कोई किवाड़ा चाहिए।।
इन्तहाए लागरी से जब नज़र आया न मैं।
हँस के वह कहने लगे 'बिस्तर को झाड़ा चाहिए' ॥

इनमें से अन्तिम शेर का उल्लेख रामचन्द्र शुक्ल ने अपने 'इतिहास' में ऊहात्मक उक्तियों के प्रति रीतिकालीन कवियों के आकर्षण की चर्चा के प्रसंग में किया है।

'नासिख' उर्दू साहित्य में अपने 'मतरूक़ात' आन्दोलन के लिए विशेष प्रसिद्ध हैं, जिसे उन्होंने 'हिन्दी / हिन्दवी' के शुद्धीकरण के लिए चलाया था। इस आन्दोलन के तहत हिन्दी / हिन्दवी में परम्परा से प्रयुक्त होते आने वाले शब्दों और मुहावरों के स्थान पर अरबी–फारसी के शब्दों–मुहावरों के प्रयोग पर बल दिया गया। फ़िराक़ साहब ने इस बात पर बल दिया है कि 'उन्होंने बुज़ुर्गों की परम्परा छोड़कर उर्दू में अरबी–फ़ारसी शब्दों और शब्द–विन्यासों की बहुतायत कर दी और परिष्कार के नाम पर हिन्दी के बहुत से मधुर शब्द भी वर्जित कर दिये।'[138] 'मतरूक़ात' के इस आन्दोलन ने 'हिन्दी' और 'उर्दू' में वह फर्क़ डाल दिया जो क्रिया–प्रतिक्रिया के कारण आज तक बढ़ता ही गया है और दोनों भाषाएँ एक दूसरे से भिन्न मानी जाने लगी हैं। वैसे यह भी सच है कि 'नासिख' से लेकर आज तक उर्दू–हिन्दी में ऐसे लेखक और कवि हो गये हैं जिन्होंने 'नासिख' की सीख को पूर्णतः स्वीकार नहीं किया है और अरबी–फ़ारसी के अप्रचलित शब्दों का प्रयोग छोड़कर बोलचाल के हिन्दी और अरबी–फारसी शब्दों के प्रयोग को प्राथमिकता दी है।

ख़्वाजा हैदर अली 'नातिश' के जन्मकाल का पता नहीं। उनकी मृत्यु 1846 में हुई थी। उनकी शिक्षा–दीक्षा ढंग की न हुई थी, पर काव्य–रचना ध्यान देने लायक है। इन्होंने केवल ग़ज़लें कही हैं, जिनके दो दीवान उपलब्ध हैं। फ़िराक़ साहब के अनुसार ''आतिश की रचनाओं में 'नासिख़' की भाँति शब्द–व्यंजना का सौन्दर्य नहीं है। 'आतिश' के यहाँ दर्शन या चिन्तन के क्षेत्र में कल्पना की बेतुकी उड़ान नहीं दिखाई देती, पर लखनवी शैली के मानदंडों के विपरीत उन्होंने सूफ़ीवादी प्रतीकों को बहुत जगह दी है। उनकी चेतना एक ओर तो गीतोन्मुख है और दूसरी ओर स्वच्छ विचारों को अधिकाधिक आकर्षक रूप में देने का आग्रह करती है।

'आतिश' की भाषा पर 'नासिख़' द्वारा प्रतिपादित मानदंडों का असर दिखाई पड़ता है। वे अपने पूर्ववर्ती कवियों की अपेक्षा अरबी–फारसीमय भाषा का अधिक प्रयोग करते हैं। साथ ही उनकी शब्द–व्यंजना चमत्कारी न होते हुए भी परिष्कृत है। इनकी कविता का उदाहरण निम्न–

लिखित है :

हुस्न किस रोज़ हमसे साफ़ हुआ।
गुनाहे इश्क कब मुआफ़ हुआ।।
फ़ातहे को जो वह परी आया।
संगे–क़ब्र अपना कोहे–क़ाफ़ हुआ।।
रिन्द मग़रब हूं मुझ को क्या होवे।
मज़हबों में जो इख़्तलाफ़ हुआ।।

पं. दयाशंकर 'नसीब' समकालीन उर्दू कवियों में प्रथम हिन्दू कवि हैं, जिनकी मसनवी 'गुलज़ारे–नसीम' ने उन्हें अमर कर दिया है। इनका जन्म 1811 में और निधन 1843 में हुआ था। उन्होंने बचपन में तत्कालीन पद्धति के अनुसार अरबी और फ़ारसी की शिक्षा प्राप्त की तथा काव्य–रचना में प्रवृत्त हुए। उनकी रचनाओं में मसनवी 'गुलज़ारे–नसीम' और एक छोटा सा दीवान है, जिसमें ग़ज़लों के अतिरिक्त तरजीबन्द, तरकीबबन्द आदि अन्य काव्यरूप भी हैं।

'नसीब' का ठेठ लखनवीपन उनकी मसनवी में खूब उभरकर आया है। फ़िराक़ साहब के अनुसार वर्णन–सौन्दर्य, शाब्दिक अनुरूपता और मुहावरों के उचित प्रयोग ने इसमें बहुत ताज़गी और आकर्षण पैदा कर दिया है।[139] नसीब के शेरों के कुछ उदाहरण देखे जा सकते हैं :

बोली वो सुनो तो बन्दा–परवर–गुलज़ारे हरम है परियों का घर।
इन्सानो परी का सामना क्या–मुट्ठी में हवा का थामना क्या।
शहज़ादा हँसा, कहा कि दिलवर–कुछ बात नहीं जो रखिए दिल पर।
इन्सान की अक़्ल अगर न हो गुम–है चश्मे–परी में जाये–मर्दुम।।

दिल्ली के अन्तिम बादशाह बहादुर शाह 'जफ़र' की भाँति लखनऊ के अन्तिम नवाब वाजिद अली शाह भी 'अख़्तर' उपनाम से कविता करते थे। उनकी कुल रचनाओं की संख्या 40 बतायी जाती है। उन्होंने कुछ ठुमरियाँ भी अवधी भाषा में लिखी थीं जो उनके काल में बहुत लोकप्रिय हुई थीं। उनकी 'हुज़्ने अख़्तर' नामक मसनवी निजी अनुभव के दर्द पर आधारित होने के कारण बहुत प्रभावी है।

फ़िराक़ साहब ने लखनवी काव्य–परम्परा में मिर्जा 'शौक़' का भी नाम

गिनाया है और इनकी मसनवियों 'जहरे इश्क़', 'फ़रेबे इश्क़' आदि को भावों की तीव्रता, भाषा की सरलता और प्रवाह की दृष्टि से उल्लेखनीय बताया है। इनमें तत्कालीन लखनऊ के विलासी जीवन का सच्चा चित्रण किया गया है। उर्दू में यथार्थवादी कविता इन मसनवियों में ही पहले पहल दिखाई देती है।[140]

मरसिया एक ऐसा काव्यरूप है, जिसकी परम्परा अरबी, फ़ारसी से लेकर हिन्दवी/हिन्दी तक में मिलती है। पर दिल्ली और लखनऊ शाही दरबारों में इसकी अधिक अहमीयत नहीं थी। उन्नीसवीं शताब्दी में अनीस और दबीर के नाम प्रमुख मरसिया-लेखकों में लिये जाते हैं। 'अनीस' का पूरा नाम मीर बबर अली 'अनीस' था, जिनका जन्म 1802 में और निधन 1874 में हुआ था। फ़िराक़ गोरखपुरी के अनुसार अनीस ने कई हजार मरसिये, सलाम, रुबाइयाँ और क़िते लिखे हैं। अनीस जहाँ भी जाते थे, उनके मरसिये की मजलिस में हजारों की भीड़ इकट्ठी हो जाती थी। 'दबीर' का पूरा नाम मिर्ज़ा सलामत अली 'दबीर' था जो 'अनीस' के समकालीन, उनके प्रतिद्वन्द्वी और उनकी टक्कर के कवि थे। उनका जन्म 1803 में और निधन 1875 में हुआ। फ़िराक़ साहब के अनुसार उन्होंने तीन हजार मरसिये लिखे हैं। 'अनीस' और 'दबीर' की तुलना उर्दू काव्यालोचना में सुज्ञात है। स्वयं उनके काल में तो हाल यह था कि मरसियों के शौक़ीन दो गिरोहों में बँट गये थे। फ़िराक़ साहब के अनुसार अनीस हृदय को भावनिमग्न कर देने में कमाल करते हैं, दबीर नये नये जगमगाते शब्दों के प्रयोग और अतिशयोक्ति तथा कल्पना की उड़ान में विश्वास करते हैं। 'अनीस' में 'आह' तत्त्व की प्रधानता है, दबीर में 'वाह' तत्त्व की। उर्दू आलोचकों का मत है कि अनीस के यहाँ करुणा तो अधिक प्रभावोत्पादक है, किन्तु युद्ध-वर्णन दबीर जैसा नहीं है।

अनीस-दबीर के समकालीन और परवर्ती मरसिया-लेखकों में अफ़सुर्दा, नाज़िम, गदा, अहसन, ' आरिफ़, मिर्ज़ा उन्स, प्यारे साहब रशीद के नाम लिये जाते हैं।

1801-1870 काव्यधारा (ख) ब्रजभाषा कविता

जिस समय हिन्दी साहित्य के आधुनिक काल का आरम्भ होता है (सन् 1800 के आसपास) उस समय खड़ीबोली के साथ साथ ब्रजभाषा में भी कविता लिखी जा रही थी। रामचन्द्र शुक्ल ने अपने हिन्दी साहित्य का इतिहास में इस काल के बेनी बन्दीजन (र. का. 1792-1833), बेनी प्रवीन (र. का. 1817 के आसपास), जसवन्त सिंह द्वितीय (र. का. 1799 के आसपास), यशोदानन्द (ज. 1871), करन कवि (र. का. 1803), गुरदीन पांडे (र. का. 1803),

ब्रह्मदत्त (र. का. 1803, 1805), पद्माकर भट्ट (1753–1833), ग्वाल कवि (र. का. 1822–1861), प्रताप साहि (र. का. 1823–1843), रसिक गोविन्द (र. का. 1793–1833), गणेश (1793–1853), सम्मन (र. का. 1803–1823), ठाकुर (र. का. 1793–1823), ललकदास(र. का. 1803–1823), खुमान (र. का. 1773–1823), नवलदास कायस्थ (र. का. 1816–1868), रामसहाय दास (र. का. 1803–1823), चन्द्रशेखर (1798–1875), बाबा दीनदयाल गिरि (र. का. 1812–1855), पजनेस (र. का. 1843 के आसपास), गिरिधरदास (1834–1860), द्विजदेव (1820–1861) आदि लगभग 24 ब्रजभाषा कवियों के नाम दिये हैं। इनमें इतिहास की दृष्टि से बेनी बन्दीजन, बेनी प्रवीन, पद्माकर, ठाकुर (बुन्देलखंड वाले), ग्वाल कवि, प्रताप साहि, चन्द्रशेखर, पजनेस, द्विजदेव आदि ही उल्लेखनीय माने जा सकते हैं।

बेनी बन्दीजन (र. का. 1792–1833) नज़ीर अकबराबादी, ग़ालिब, मुसहफ़ी (र. का. 1781–1840), इंशा आदि के समकालीन थे। उस समय खड़ीबोली के कवियों में निन्दा–काव्य (हज्व) का बड़ा प्रचलन था। 'सौदा' (1711–81) हज्वों के सबसे बड़े कवि माने जाते हैं। मुसहफ़ी और इंशा ने अपनी कविताओं में एक–दूसरे की निन्दा की, दोनों तरफ से स्वांग और जुलूस निकाले गये, जिसमें पलरा इंशा का ही भारी रहा। मुसहफ़ी ने अपने एक शेर में लिखा था :

> हमेशा शेर कहना काम था वाला–नज़ादों का।
> सफ़ीहों ने दिया है दख़्ल जब से बस ये फ़न बिगड़ा॥
> नहीं तक़्सीर कुछ दरज़ी की इसमें 'मुसहफी' हरगिज
> हमारी ना–दुरुस्ती से बदन का पैरहन बिगड़ा॥

यह अपने समय के किसी शायर, शायद इंशा, पर चोट थी।

बेनी बन्दीजन अपनी निन्दा काव्य रचना (हज्व) के लिए प्रसिद्ध हैं। उन्होंने भी मुसहफ़ी और इंशा के अन्दाज में ललक दास महन्त पर, जिन्होंने एक ग्रन्थ 'सत्योपाख्यान' में रामकथा का वर्णन विस्तार के साथ किया है, छींटाकशी की है : 'बाजे बाजे ऐसे डलमऊ में बसंत, जैसे मऊ के जुलाहे, लखनऊ के ललकदास।' फारसी और उर्दू शायरी में हज्वों का विशेष स्थान है। 'सौदा' हज्व और क़सीदे के प्रमुख कवि माने जाते हैं। आचार्य शुक्ल के अनुसार उन्होंने किसी अमीर के दिए घोड़े की इतनी हँसी की है कि सुनने वाले लोटपोट हो जाते हैं।[141] सम्भव है, बेनी बन्दीजन ने सौदा से यह प्रभाव ग्रहण किया हो। बेनी बन्दीजन भी अपने हज्वों के लिए, जिन्हें अपने काल में 'भड़ौवा' कहा जाता था, प्रसिद्ध हैं। इनके निन्दाकाव्य का एक संग्रह

'भड़ौवासंग्रह' नाम से भारत जीवन प्रेस, काशी से प्रकाशित हुआ था। शुक्ल जी के अनुसार 'बेनी जी ने कहीं बुरी रजाई पायी तो उसकी निन्दा की, कहीं छोटे आम पाये तो उसकी निन्दा जी खोलकर की।' उदाहरण के लिए :

चींटी को चलावै को? मसा के मुख आपु जाय,
स्वास की पवन लागे कोसन भगत है।
ऐनक लगाये मरु–मरु के निहारे जात,
अनु परमानु की समानता खगत है।
बेनी कवि कहै हाल कहाँ लौं बखान करौं,
मेरी जान ब्रह्म को बिचारिबो सुगत है।
ऐसे आम दीन्हें दयाराम मनमोद करि,
जाके आगे सरसों सुमेरु–सी लगत है।

बेनी बन्दीजन अवध के नवाब आसफुद्दौला (1775–97) के प्रसिद्ध वजीर महाराज टिकैत राय के आश्रित कवि थे। उनके नाम पर उन्होंने 1792 में 'टिकैतरायप्रकाश' नामक अलंकार ग्रन्थ बनाया था। 1817 में उन्होंने रस–निरूपण के लिए 'रसविलास' नामक ग्रन्थ की रचना की थी। पर रीति–ग्रन्थ के रूप में इन रचनाओं का विशेष महत्त्व नहीं है। उनकी काव्य–रचना का एक उदाहरण निम्नलिखित है :

घर–घर घाट–घाट बाट–बाट ठाट ठटे,
बेला औ कुबेला फिरैं चेला लिये आसपास।
कबिन सों बाद करैं, भेद बिन नाद करैं,
महा उनमाद करैं, धरम–करम नास।
बेनी कवि कहैं बिभिचारिन को बादसाह,
अतन प्रकासत न सतन सरम तास।
ललना अलक, नैन मैन की झलक,
हँसि हेरत अलक रद खलक ललकदास।।[142]

आचार्य शुक्ल के अनुसार बेनी प्रवीन लखनऊ के नवाब ग़ाजीउद्दीन हैदर के दीवान राजा दयाकृष्ण कायस्थ के पुत्र नवलकृष्ण उर्फ ललन जी के आश्रय में रहते थे, जिनकी आज्ञा से 1817 में 'नवरसतरंग' नामक ग्रन्थ बनाया था। इसके पहले इन्होंने 'श्रृंगारभूषण' और 'नानारावप्रकाश' नामक रीतिग्रन्थों की रचना की थी। पर इनका कोई भी ग्रन्थ प्रकाशित रूप में उपलब्ध नहीं है। इनके कुछ फुटकल कवित्त इधर उधर संगृहीत और उद्धृत मिलते हैं।

शुक्ल जी के अनुसार इनका 'नवरसतरंग' बहुत ही मनोहर ग्रन्थ है।

उसमें नायिकाभेद के उपरान्त रसभेद और भावभेद का संक्षेप में निरूपण हुआ है। उदाहरण और रसों के भी दिये गये हैं, पर रीतिकाल के रससम्बन्धी अन्य ग्रन्थों के समान यह भी श्रृंगार रस का ही ग्रन्थ है। इसमें नायिकाभेद के अन्तर्गत प्रेमक्रीड़ा की बहुत ही सुन्दर कल्पनाएँ भरी पड़ी हैं। ऋतुओं के वर्णन भी उद्दीपन की दृष्टि से जहाँ तक रमणीय हो सकते हैं, किये गये हैं, जिनमें प्रथानुसार भोग–विलास की सामग्री भी बहुत कुछ आ गयी है। अभिसारिका आदि कुछ नायिकाओं के वर्णन बड़े सरस हैं। शुक्ल जी ने इन्हें मतिराम और पदमाकर के समक्ष स्थान दिया है।[143] एक उदाहरण दृष्टव्य है :

भोर ही न्योति गयी ती तुम्हें वह गोकुल गाँव की ग्वालिनि गोरी।
आधिक राति लौं बेनी प्रवीन कहा ढिग राखि करी बरजोरी।।
आवै हँसी मोंहि देखत लालन, भाल में दीन्हीं महावर घोरी।
एते बड़े ब्रजमंडल में न मिली कहुँ माँगेहु रंचक रोरी।।

इस सवैया का सौन्दर्य इस बात में है कि नायक रात में परकीया नायिका के साथ रँगरेलियाँ करने के बाद सुबह में अपनी पत्नी के पास लौटा है और अपने रात में न लौटने का कोई बहाना बना रहा है। पर उसके ललाट में लगा महावर उसकी सारी कलई खोल देता है। पत्नी के उपालम्भ में गजब की मार्मिकता है। प्रकृति–वर्णन का भी एक उदाहरण देखने लायक है, जिसमें आलम्बन से ज्यादा उद्दीपन तत्त्व की प्रधानता है :

सोभा पाई कुंज भौन जहाँ जहाँ कीन्हों गौन,
सरस सुगन्ध पौन पाई मधुपनि है।
बीथिनि बिथीरे मुकताहल मराल पाए,
आली दुसाल साल पाए अनगनि हैं।।
रैन पाई चाँदनी फटक–सी चटक रुख,
सुख पायो पीतम प्रबीन बेनी धनि है।
बैन पाई सारिका, पढ़न लागी कारिका,
सो आयी अभिसारिका कि चारु चिंतामनि है।।

18वीं शताब्दी के ब्रजभाषा कवियों में पदमाकर भट्ट काव्यसामर्थ्य की दृष्टि से प्रथम स्थान पर रखे जाते हैं। शुक्ल जी के अनुसार 'ऐसा सर्वप्रिय कवि' इस काल के भीतर बिहारी को छोड़ दूसरा नहीं हुआ है। इस सर्वप्रियता का कारण इनकी 'रचना की रमणीयता' है।[144]

पद्माकर का जन्म 1753 में और निधन 1833 में हुआ था। आनन्द प्रकाश दीक्षित के अनुसार पद्माकर अनेक दरबारों में रहे और इनका वैभव–विलास

किसी राजा से कम नहीं था। इनको नागपुर के महाराज रघुनाथराव अप्पा साहब, पन्ना के महाराज हिन्दूपति, जयपुर नरेश महाराज प्रताप सिंह, सुगरा के नोने अर्जुन सिंह, गोसाईं अनूपगिरि उपनाम हिम्मत बहादुर, उदयपुर के महाराणा भीम सिंह, ग्वालियर के महाराज दौलत राव सिन्धिया तथा बूँदी दरबार की ओर से बहुत सम्मान, दान आदि मिला और ये पन्ना के महाराज तथा नोने अर्जुन सिंह के गुरु रहे। सितारे के महाराज रघुनाथराव ने भी इन्हें एक हाथी, एक लाख रुपये तथा दस गाँव पुरस्कारस्वरूप दिये थे।[145] इससे इनके वैभव–विलास का अनुमान किया जा सकता है। इनका रचनाकाल 1790–1833 के लगभग माना जा सकता है। इनके नाम से हिम्मत बहादुर विरुदावली, पद्माभरण, जगद्विनोद, प्रबोध पचासा, गंगा लहरी, रामरसायन, भाषा हितोपदेश, ईश्वर पचीसी, आलीजाह प्रकाश तथा प्रताप सिंह विरुदावली नामक ग्रन्थ उपलब्ध होते हैं।[146] प्रताप सिंह विरुदावली में सवाई महाराज प्रताप सिंह के यश का वर्णन किया गया है। इन ग्रन्थों के शीर्षको से ही अनुमान किया जा सकता है कि इन्होंने अधिकतर रचनाएँ अपने आश्रयदाताओं को प्रसन्न करने के लिए लिखी थीं।

काव्य–रचना की दृष्टि से पदमाकर ब्रजभाषा के दूसरे प्रसिद्ध कवि ठाकुर (बुंदेलखंड वाले) और खड़ी बोली के मीर, नज़ीर अकबराबादी, ग़ालिब आदि के समकालीन थे। उनके समय लखनऊ के नवाब तो आसफुद्दौला थे, पर पद्माकर अनेक हिन्दू राजाओं द्वारा पुरस्कृत हुए और उनकी प्रशंसा में 'क़सीदे' के तौर पर प्रशंसात्मक पद कहे। 1792 में ये अच्छे योद्धा के रूप में प्रसिद्ध हिम्मत बहादुर के यहाँ गये, जो पहले बाँदा के नवाब के यहाँ थे और बाद में अवध के नवाब के यहाँ सेना के बड़े अधिकारी हुए थे। उनके क़सीदे के रूप में उन्होंने हिम्मतबहादुर विरुदावली नामक वीर रस का काव्य लिखा। इसमें उन्होंने हिम्मत बहादुर की वीरता के बारे में लिखा :

तीखे तेगवाही जे सिलाही चढ़ै घोड़न पै,
स्याही चढ़ै अमित अरिंदन की ऐल पै।
कहै पदमाकर निसान चढ़ै हाथिन पै,
धूरि धार चढ़ै पाकसासन के सैल पै।
साजि चतुरंग चमू चंग जीतिबे के हेतु,
हिम्मत बहादुर चढ़त कर फैल पै।
लाली चढ़ै मुख पै, बहाली चढ़ै बाहन पै,
काली चढ़ै सिंह पै, कपाली चढ़ै बैल पै।

इतिहास में हिम्मत बहादुर अपनी स्वतन्त्रता या जातीय अस्मिता के लिए चन्द

बरदाई या शिवाजी की तरह संघर्ष करने वाले वीर के रूप में नहीं जाने जाते। वे बाँदा और अवध के नवाबों के मुसाहिब मात्र थे। पद्माकर उनकी वीरता के भी प्रत्यक्ष साक्षी नहीं थे। उन्होंने उनकी प्रशसा वीरकाव्य की रूढ़ियों के अनुसार अपने आश्रयदाता को खुश करने और पुरस्कार आदि के लिए की थी। इसी प्रकार 1803 के लगभग उन्होंने ग्वालियर के महाराज दौलतराव सिन्धिया के दरबार में उन्हें प्रसन्न करने के लिए यह कवित्त पढ़ाः

मीनागढ़ बंबई सुमंद मंदराज बंग,
बंदर को बंद करि बंदर बसावैगो।
कहै पदमाकर कसकि कासमीर हू को,
पिंजर सों घेरि के कलिंजर छुड़ावैगो।
बाँका नृप दौलत अलीजा महाराज कबौं,
साजि दल पकरि फिरंगिन दबावैगो।
दिल्ली दहपट्टि, पटना हू को झपट्ट करि,
कबहूँक लत्ता कलकत्ता को उड़ावैगो।

इतिहास के विद्यार्थी जानते हैं कि 1803 में ईस्ट कम्पनी के जेनरल लेक ने दौलतराव सिन्धिया को हराकर उससे आगरा और दिल्ली छीन ली थी, अतः पद्माकर द्वारा सिन्धिया की प्रशंसा चाटुकारिता से अधिक कुछ नहीं है और ऐसी कविता केवल अनुप्रास, तुकबन्दी और ओजपूर्ण शब्दावली के बल पर बड़ी कविता नहीं हो सकती। इसे शुक्ल जी ने स्वयं भी अन्यत्र स्वीकार किया है। दौलत राव सिन्धिया के नाम पर ही 1821 में आलीजाह प्रकाश अथवा आलीजाह सागर की रचना की गयी थी।[147] ये सारे स्तुतिकाव्य हैं और इनके लिए पद्माकर की प्रशंसा नहीं की जा सकती। शुक्ल जी के अनुसार अपनी आयु के पिछले दिनों में वे रोगग्रस्त रहा करते थे, जिसके शमन के लिए उन्होंने परम्परानुसार 'प्रबोधसार' नामक विराग और भक्तिरस से पूर्ण ग्रन्थ बनाया था। उनकी अन्तिम रचना 'गंगा लहरी' थी, जिसकी रचना उन्होंने कानपुर में सात वर्षों के गंगावास–काल के दौरान की थी।

आचार्य शुक्ल के अनुसार 'जगद्विनोद' पद्माकर का सबसे प्रसिद्ध काव्यग्रन्थ है, जो रस–विवेचन का ग्रन्थ है। इसकी रचना उन्होंने जयपुर के महाराज जगतसिंह के नाम पर की थी। जयपुर में ही उन्होंने सम्भवतः अपना अलंकारग्रन्थ 'पद्माभरण' भी बनाया जो दोहों में है। शुक्ल जी ने इसे मतिराम के 'रसराज' के समकक्ष, 'रसिकों और अभ्यासियों का कंठहार' तथा 'शृंगार रस का सारग्रन्थ' बताया है।

पर पद्माकर का मूल्यांकन केवल उनके लक्षणग्रन्थों और स्तुति काव्यों

के आधार पर नहीं किया जा सकता। उनके रस और अलंकार ग्रन्थों में उदाहरणों के रूप में जो छन्द उपलब्ध हैं वे ही उनकी काव्यरचना की श्रेष्ठता के निर्धारण का आधार बन सकते हैं। शुक्ल जी के शब्दों में "पद्माकर की मधुर कल्पना ऐसी स्वाभाविक और हावभावपूर्ण मूर्तिविधान करती है कि पाठक मानो प्रत्यक्ष अनुभूति में मग्न हो जाता है। ऐसी सजीव मूर्तिविधान करने वाली कल्पना बिहारी को छोड़कर और किसी कवि में नहीं पायी जाती।"[148] इसके समर्थन में उन्होंने कई सवैये उद्धृत किये हैं।[149]

डॉ. नन्दकिशोर नवल ने हाल में प्रकाशित अपनी नयी किताब रीतिकाव्य में पद्माकर की कविता की उत्कृष्टता का उद्घाटन बड़ी विदग्धता से किया है। सबसे पहले उन्होंने पद्माकर के प्रकृति–वर्णन पर हमारा ध्यान आकृष्ट किया है। आलोचकों ने इस आधार पर रीतिकवियों की आलोचना की है कि उन्होंने प्रकृति का चित्रण प्रत्यक्ष अनुभव के आधार पर आलम्बन के रूप में न करके उद्दीपन के रूप में किया है। डॉ. नवल ने पद्माकर का निम्नलिखित कवित्त विचारार्थ प्रस्तुत किया है :

कूलन में केलि में कछारन में कुंजन में क्यारिन में कलिन–कलीन किलकन्त हैं।
कहै पदमाकर परागन में पौन हू में पानन में पिक में पलासन पगंत है।
द्वार में दिसान में दुनी में देस–देसन में देखौ दीप–दीपन में दीपत दिगन्त है।
बीथिन में ब्रज में नबेलिन में बेलिन में बनन में बागन में बगरो बसंत है।

यद्यपि इस प्रकृति वर्णन में तुकों की आवृत्ति हुई है, पर वह प्रत्यक्ष अनुभव के आधार पर नहीं है, यह मानना संगत नहीं है। तुकों की बहार कवि के उल्लास के फलस्वरूप ही हुई है। इसमें वसन्त की व्यापकता का वर्णन हुआ है। डॉ. नवल के अनुसार इसमें 'अनुप्रास' का उत्कट संगीत' छिपा हुआ है। उनके एक अन्य छन्द में भी तुकों के बहुल प्रयोग तथा 'और' शब्द के बार बार प्रयोग से प्रकृति के सौन्दर्य को उद्घाटित किया गया है :

और भाँति कुंजन में गुंजरत भौंर–भीर और डौर झौंरन में बौरन के ह्वै गये।
कहै पदमाकर सु औरै भाँति गलियान छलिया छबीले छैल औरै छवि छ्वै गये।
और भाँति विहँग–समाज में आवाज होति ऐसे ऋतुराज के न आज दिन द्वै गये।
औरे रस औरे रीति औरे राग औरे रंग औरे तन औरे मन औरे बन ह्वै गये।
डॉ. नवल ने इसमें उचित ही 'शब्द और अर्थ में परस्पर स्पर्द्धा का सौन्दर्य देखा है।

रामचन्द्र शुक्ल ने भी पदमाकर के आलम्बन रूप में प्रकृति–वर्णन के छन्द उद्धृत किये हैं, जो दृष्टव्य हैं :

चालो सुनि चन्दमुखी चित में सुचैन करि
तित बिन बागन घनेरे अलि घूमि रहे।
कहैं पदमाकर मयूर मंजु नाचत हैं,
चाय सों चकोरनी चकोर चूमि–चूमि रहे।
कदम, अनार, आम, अगर, असोक थोक,
लतनि समेत लोने लोने लगि भूमि रहे।
फूलि रहे, फलि रहे, फबि रहे, फैलि रहे,
झपि रहे, झलि रहे, झुकि रहे, झूमि रहे।

इसमें शुक्ल जी ने अभिधा शक्ति का सौन्दर्य देखा है

पद्माकर ने उद्दीपन के रूप में भी प्रकृति का वर्णन किया है जिसके उदाहरण के तौर पर डॉ. नवल ने दो छन्द उद्धृत किये हैं।[150]

इस काल के कवियों ने होली का खूब वर्णन किया है। नज़ीर अकबराबादी तो अपने होली वर्णन के लिए प्रसिद्ध ही हैं, बुन्देली के प्रसिद्ध कवि ईसुरी भी अपने 'फाग'–वर्णन के लिए ख्यात हैं। पद्माकर भी इसमें पीछे नहीं हैं। नन्दकिशोर नवल ने उनके होली–वर्णन के कई उदाहरण प्रस्तुत किये हैं।[151] उनमें एक उदाहरण तो रामचन्द्र शुक्ल से लेकर अन्य कवियों द्वारा भी बार बार उद्धृत हुआ है। वह सवैया छन्द में है :

फागु की भीर, अभीरिन में गहि गोविंद लै गयी भीतर गोरी।
भाई करी मन की पदमाकर, ऊपर नाई अबीर की झोरी।
छीनि पितंबर कम्मर तें सु बिदा दई मीड़ि कपोलन रोरी।
नैन नचाय कही मुसकाय, लला फिर आइयो खेलन होरी।।[152]

एक और छन्द, जो प्रभाव की दृष्टि से बेजोड़ है, निम्नलिखित है :

एक संग धाये नंदलाल और गुलाल दोऊ,
दृगनि गये जु भरि आनँद मढ़ै नहीं।
धोइ–धोइ हारी पदमाकर तिहारी सौंह,
अब तो उपाय एकौ चित्त पै चढ़ै नहीं।
कैसी करौं, कहाँ जाउँ, का सौं कहूँ, कौन सुनै,
कोऊ तौ निकासौ जा सों दरद बढ़ै नहीं।
ए री मेरी बीर जैसे तैसे इन आँखिन तें,
कढ़ि गो अबीर पै अहीर तो कढ़ै नहीं।[153]

सूरदास ने अनेक पदों में कृष्ण की मुरली की महिमा का वर्णन किया है।

पदमाकर ने अपने एक छन्द में उस प्रभाव को केन्द्रीभूत कर दिया है :

आई संग आलिन के ननद पठाई नीठि
सोहति सोहाई सीस ईंगुरी सुपट की।
कहै पदमाकर गँभीर जमुना के तीर,
लागी घट भरन नवेली नेह अँटकी।
ताही समै मोहन सु बाँसुरी बजाई,
ता में, मधुर मलार गाई ओर बंसीबट की।
तान लगे, लट की, रही न सुधि घूँघट की,
घाट की, न औघट की बाट की, न घट की।[154]

एक कवित्त में पदमाकर ने कृष्ण के प्रति गोपियों के प्रेम का वर्णन किया है:

गोकुल के, कुल के, गली के गोप गाँवन के,
जौ लगि कछू को कछू भाखत भनै नहीं।
कहै पदमाकर परोस पिछवारन के,
द्वारन के दौरे गुन–औगुन गनै नहीं।
तौ लौं चलि चातुर सहेली! याही कोद कहूँ
नीकै के निहारै ताहि, भरत मनै नहीं।
हौं तो स्याम रंग में चोराई चित चोराचोरी
बोरत तौ बोर्‌यो, पै निचोरत बनै नहीं।[155]

एक कवित्त में उन्होंने रतिक्रिया के बाद लौटी नायिका की दशा, मुग्धता और असमंजस की स्थिति का बहुत यथार्थ चित्रण किया है।

आरस सो आरत, सँभारत न सीस पट,
गजब गुजारति गरीबन की धार पर।
कहैं पदमाकर सुरा सों सरसार तैसे,
बिथुरि बिराजै बार हीरन के हार पर।
छाजत छबीले छिति छहरि छरा के छोर,
भोर उठि आयी केलि मंदिर के द्वार पर।
एक पग भीतर औ एक देहरी पै धरे,
एक कर कंज, एक कर है किवार पर।[156]

इस कवित्त की अन्तिम पंक्तियों में नायिका का जो चित्र सामने आता है, वह सूक्ष्म निरीक्षण और शब्दचयन की दृष्टि से बेजोड़ है।

पद्माकर के विरह–वर्णन की विशेषता है उसकी स्वाभाविकता। एक कबित्त में विरहिनी नायिका बड़ी मासूमियत से 'दैव' से शिकायत करती है: यदि दैव ने विरही व्यक्ति का कहना मान लिया होता तो वे दयासागर कहलाते। उन्होंने यदि वर्षा ऋतु बनायी तो विरह नहीं बनाना चाहिए था और यदि विरह बनाया तो वर्षा ऋतु नहीं बनानी चाहिए थी–

साँझ के सलोने घन सबुज सुंरगन सो
कैसे कै अनंग अंग–अंगनि सताउतौ।
कहै पदमाकर झकोर झिल्ली–सोरन को,
मोरन को महत न कोऊ मन ल्याउतौ।।
काहू बिरही की कही मानि लेतौ जो पै दई,
जग में दई तौ विद्यासागर कहाउतौ।
पावस बनायो तौ न बिरह बनाउतौ,
जौ बिरह बनायो तौ न पावस बनाउतौ।[157]

एक कवित्त में नायिका की विरह–व्याकुलता और दयनीय स्थिति का अंकन निम्न रूप में किया गया है।

एहो नंदलाल! ऐसी व्याकुल परी है बाल,
हाल ही चलौ तौ चलौ, जोरे जुरि जायगी।
कहै पदमाकर नहीं तौ ये झकोरे लगै,
ओरे लौं अचाका बिन घोरे घुरि जायगी।
सीरे उपचारन घनेरे घनसारन सों,
देखत ही देखौ, दामिनी लौं दुरि जायगी।
तौ ही लागि चैन जौं लौं चेतिहै न चंदमुखी,
चेतैगी कहूँ तो चाँदनी में चुरि जायगी।[158]

डॉ. नवल ने कई उदाहरणों द्वारा पद्माकर के विरह–वर्णन का सौन्दर्य उद्घाटित किया है।[159]

यद्यपि इन उदाहरणो में रीतिकाव्य की परम्पराओं के भरपूर लक्षण प्राप्त होते हैं, पर पद्माकर की रसज्ञता और सहृदयता का उद्घाटन भी कम नहीं होता।

उन्नीसवीं शताब्दी के ब्रजभाषा कवियों मे बुन्देलखंड वाले ठाकुर का अपना विशेष स्थान है, जो प्राय इतिहासकारों द्वारा उपेक्षित रह गया है। रामचन्द्र शुक्ल के अनुसार ठाकुर नाम के तीन कवि हो गये हैं, जिनमें दो असनी के निवासी थे। परवर्ती शोध से यह तथ्य सामने आया है कि असनी

वाले दोनों ठाकुर एक ही थे।[160] नन्दकिशोर नवल के अनुसार ये रीतिबद्ध कवि थे, पर शुक्ल जी ने इसकी पुष्टि नहीं की है। शुक्ल जी के अनुसार इन्होंने 1804 में बिहारी सतसई की एक टीका लिखी थी जिससे इनका कविता काल इसी के आसपास अनुमित किया जा सकता है। शुक्ल जी के अनुसार इनकी कविता 'सरस' होती थी और इनके पद्यों में भाव या दृश्य का निर्वाह अबाध रूप से पाया जाता है। शुक्ल जी ने अपने कथ्य के समर्थन में इनके दो छन्द उद्धृत किये हैं।[161]

शुक्ल जी के अनुसार दूसरे ठाकुर बुन्देलखंड के निवासी थे और उनका जन्म 1766 में हुआ था। शुक्ल जी ने उनका कविता–काल 1793–1823 निर्धारित किया है।[162] डॉ. नन्दकिशोर नवल के अनुसार ठाकुर ग्रन्थावली में इनके कुल 219 छन्द संकलित हैं, जिनमें लगभग 30 छन्द अधिकतर धार्मिक विषयों से सम्बद्ध हैं।[163] यह कोई विशेष बात नहीं है, क्योंकि इस काल के अधिकतर प्रेम और शृंगार के कवि भक्ति कविताएँ भी लिखते थे। पद्माकर के बरक्स ठाकुर स्वच्छन्द कवि थे, जिन्होंने रीति लक्षणों के बन्धनों में बँधकर कविता नहीं लिखी। इन्होंने पद्माकर की तरह अपने आश्रयदाताओं की झूठी प्रशंसा में भी कविता नहीं की। उन्होंने अपने परिचय में कहा है कि वे सच्चे हृदय के प्रेमियों के कवि हैं। उनकी 'ठसक' प्रसिद्ध है। लाला भगवानदीन जी ने उनकी कविताओं का जो संग्रह निकाला था उसका शीर्षक ही ठाकुर ठसक रखा था। उनकी भाषा चलती ब्रजभाषा है, जिसमें बुंदेलखंड की लोकोक्तियाँ जड़ी हुई मिलती हैं।[164]

ठाकुर अपने समय की कविता की रूढ़िवादिता से बहुत असन्तुष्ट थे। उन्होंने लिखा है :

सीख लीन्हों मीन मृगखंजन कमल नैन सीख लीन्हों जस औ प्रताप को कहानी है।
सीख लीन्हों कल्पबृक्ष कामधेनु चिंतामनि सीख लीन्हों मेर औ कुबेर गिरआनो है।
ठाकुर कहत याकी बड़ी है कठिन बात वाकों नहीं भूलि कहूँ बाँधियत बानी है।
डेल सों बनाय आय मेलत सभा के बीच लोगन कवित्त कीबो खेल कर जानो है।[165]

उन्होंने न तो पद्माकर की तरह जगत्विनोद जैसा रीतिग्रन्थ लिखा न ही हिम्मत विरुदावली जैसा स्तुतिकाव्य। शुक्ल जी ने बताया है कि ठाकुर बाँदा के नवाब के यहाँ सेना के अधिकारी हिम्मत बहादुर गोसाई के दरबार से जुड़े हुए थे, पर उन्होंने उनकी प्रशंसा में कविता नहीं लिखी। उन्होंने उनकी क्षुद्रता पर खिन्न और क्रुद्ध होकर लिखा था :

सेवक सिपाही हम उन रजपूतन के,

दान जुद्ध जुरिबे में नेकु जे न मुरके।
नीत देनवारे हैं मही के महीपालन को,
हिए के बिसुद्ध हैं, सनेही साँचे उर के।
ठाकुर कहत हम बैरी बेवकूफन के,
जालिम दमाद हैं अदानियाँ ससुर के।
चोजिन के चोजी महा, मौजिन के महाराज,
हम कविराज हैं, पै चाकर चतुर के।।[166]

हिम्मत बहादुर कभी अपनी सेना के साथ अंग्रेजों का कार्यसाधन करते थे और कभी लखनऊ के नवाब के पक्ष में लड़ते। उनकी प्रशंसा में कविता न लिखकर ठाकुर ने अपनी स्वच्छन्दता का परिचय दिया। यद्यपि उन्होंने भी कथ्य की दृष्टि से प्रेम और श्रृंगार को ही अपनाया पर उन्होंने विषयों की गहराई में जाकर मार्मिक छन्दों की रचना की है। डॉ. नवल ने उनके कतिपय 'मनोहर' छन्दों के उद्धरण ही नहीं दिये हैं, उनकी व्याख्या भी की है। इनमें से एक उद्धरण निम्नलिखित है :

काम कै तीर सी प्रेम गभीर सी दाहन भीर सी जोति जगै है।
पानिय बूड़ी सी जालिम जूड़ी सी कौन की देखे न देह डगै है।
ठाकुर धन्य वा मोहन माई री कुज से कोमल अंग अँगैहै।
तीछी तिरीछी बिलोकनि रावरी बीछी के डंक ते बंक लगै है।

इनमें से अन्तिम पंक्ति की मार्मिकता सहृदयसंवेद्य है।

होली के सम्बन्ध में अनेक रीतिकालीन कवियों ने श्रृंगारपरक छन्द लिखे हैं। ठाकुर भी पीछे नहीं हैं। इसी प्रकार ठाकुर ने प्रकृतिचित्रण सम्बन्धी मनोहर छन्दों की रचना की है।

आचार्य रामचन्द्र शुक्ल के अनुसार "ठाकुर सच्चे, उदार, भावुक और हृदय के पारखी कवि थे इसीसे इनकी कविताएँ विशेषतः सवैये इतने लोकप्रिय हुए।"[167] ऐसा स्वच्छन्द कवि, उनके विचार से, 'किसी क्रम से बद्ध होकर कविता करना पसन्द नहीं करता। फलस्वरूप उन्होंने जिस विषय पर भी, जब जी आया है, लिखा है। वे मुख्यतः प्रेमनिरूपक कवि होने पर भी लोक व्यवहार के अनेकांगदर्शी कवि थे। इसी से प्रेम भाव की अपनी स्वाभाविक तन्मयता के अतिरिक्त कभी तो वे अखती, फाग, बसन्त, होली, हिंडोरा आदि उत्सवों में मग्न दिखाई पड़ते हैं, कभी लोगों की क्षुद्रता, कुटिलता आदि पर क्षोभ प्रकट करते पाये जाते हैं और कभी काल की गति पर खिन्न और उदास देखे जाते हैं।' इस दृष्टि से वे अपने समकालीन कवि नज़ीर अकबरबादी के

समान हैं। इनका एक कवित्त है :

दस बार, बीस बार, बरजि दई है जाहि,
एतै पै न मानै जौ तौ जरन बरन देव।
कैसी कहा कीजै कछु आपनो करो न होय,
जाके जैसे दिन ताहि तैसेई भरन देव।
ठाकुर कहत मन आपनो मगन राखो,
प्रेम निहसंक रसरंग बिहरन देव।
बिधि के बनाए जीव जेते हैं जहाँ के तहाँ,
खेलत फिरत तिन्हैं खेलन फिरन देव।

पर जैसा शुक्ल जी का मत है, ठाकुर मुख्यतः 'प्रेमनिरूपक' कवि हैं। इसके प्रमाण स्वरूप ये सवैये उद्धृत किये जा सकते हैं :

अपने अपने सुठि गेहन में चढ़े दोऊ सनेह की नाव पै री।
अँगनान में भींजत प्रेम भरे, समयो लखि मैं बलि जाउँ पै री।
कहै ठाकुर दोउन की रुचि सो रंग ह्वै उमड़े तोउ ठाँव पै री।
सखी, कारी घटा बरसे बरसाने पै, गोरी घटा नंदगाँव पै री।।

... ...

वा निरमोहिनि रूप की रासि जऊ उर हेतु न ठानति ह्वै है।
बारहि बार बिलोकि घरी घरी सूरति तौं पहिचानति ह्वै है।
ठाकुर या मन की परतीति है, जो पै सनेह न मानति ह्वै है।
आवत हैं नित मेरे लिए, इतनी तो विशेष के जानति ह्वै है।।

... ...

यह चारहु ओर उदौ मुखचंद की चांदनी चारु निहार ले री।
बलि जो पै अधीन भयो पिय, प्यारी! तौ ऐतो बिचार बिचारि लै री।
कवि ठाकुर चूकि गयो जो गोपाल तौ तैं बिगरी को सँभारि लै री।
अब रैहें न रैहें यहै समयो, बहती नदी पाँय पखार लै री।।

डॉ. नन्दकिशोर नवल ने उनके एक ऐसे सवैये का उद्धरण दिया है जो शोखी से भरे होने का आनन्द देता है और 'प्रेमी जनों का हृदय चुरा लेता है' :

ऐसे कहौं कहा कारज होत है जो मग माँझ कबों दरसाने।
ये दिन ऐसे ही बीतत हैं हमहूँ तरसीं तुम हूँ तरसाने।
ठाकुर और बिचार कछू नहिं ये अभिलाश हिये सरसाने।
कै हमहीं बसियै नंदगाँव की आपही आय बसौ बरसाने।[168]

डॉ. नवल ने ठाकुर का यह मार्मिक सवैया भी उद्धृत किया है :

यह को है कहाँ को न जानिये चीन्हिये नित्तहि मो मग घेरत है।
ब्रज में यह रीति कुरीति चली यह न्याउ न कोऊ निबेरत है।
नख से सिख लौं तन ताकि रहै एजू ऐसे कहा कोऊ हेरत है।
मुरली में ह्वै नाम सुनाय सखी मोंहि राधिका राधिका टेरत है।

इस सवैये की तीसरी पंक्ति में आया 'ताकि रहै एजू ऐसे कहा कोऊ हेरत है' जुमला तो शब्द–चयन की दृष्टि से अतुलनीय है। चौथी पंक्ति में राधा की विह्वलता और प्रेम का गर्व भी देखते ही बनता है। कृष्ण के बावरेपन के व्याज से ठाकुर ने अपने 'बावरेपन' का भी उल्लेख कर ही दिया है–

'ठाकुर ठाकुर की का कहौं सदा ठाकुर बाबरे होतहि आये।'

ठाकुर के जो सवैये उपलब्ध हैं उन्हें देखते हुए पद्माकर उनके सामने टिकते प्रतीत नहीं होते। उदाहरण के रूप में कुछ सवैये देखे जा सकते हैं–[169]

गति मेरी यही निसबासर है चित तेरी गलीन के गाहने है।
चित कीन्हों कठोर कहा इतनो अरी तोहि नहीं यह चाहने है।
कवि ठाकुर नेक नहीं दरसी कपटीन कों काह सराहने है।
मन भावै सुजान सोई करियौ हमैं नेह को नातो निबाहने है।

काम के तीर सी प्रेम गभीर सी दाहन भीर सी जोति जगै है।
पानिय बूड़ी सी जालिम जूड़ी सी कौन की देखे न देह डगै है।
ठाकुर धन्य वा मोहन माई री कंज से कोमल अंग अँगै है।
तीखी तिरीछी बिलोकनि रावरी बीछी के डंक ते बंक लगै है।

एक कवित्त में ठाकुर ने प्रकृति के मादक परिवेश का चित्रण किया है जिसमें कवि नायक कृष्ण से किसी कारण उदासीन हुई युवती को सलाह देता है कि वह उन्हें तरसाए नहीं, क्योंकि ऐसे सुहावने रात–दिन गँवाने योग्य नहीं हैं। कवित्त यों है:

पत्र बन बेलिन के किसलै कुसुम देख
बन बन बाग ये छबीले छवि छावने।
कोकिला की कूक सुनि हूक होत कैसी देख
ऐसे निसि बासर सु कैसे कै गँवावने।
ठाकुर कहत हिये बिसद विचारु देख
ऐसे समै स्याम हू कौं नाहिं तरसावने।

आम पर मौर देख मौर पर झौंर देख
झौंरन पै भौंर देख गुजन सुहावने।

यद्यपि इस कवित्त में भी रीतिकालीन काव्य के उपकरणों का प्रयोग हुआ है, पर ठाकुर का अपना निरीक्षण और उद्‌भावना भी कम नहीं है। विशेषकर 'देख' शब्द की आवृत्ति ने अभिव्यक्ति में एक नया सौन्दर्य पैदा कर दिया है।[170]

ठाकुर के बारे में यह निश्चित तौर पर कहा जा सकता है कि यदि वे सामन्ती वातावरण से लबरेज नहीं होते, तो ब्रजभाषा कविता को नये विषयों से जोड़ने का श्रेय उन्हें ही मिलता। जैसा शुक्ल जी ने बताया है वे न केवल पारिवारिक दृष्टि से एक सामन्त परिवार से सम्बद्ध थे, वरन् जैतपुर नरेश पारीछत के सभारत्न भी थे। उनकी स्वामिभक्ति भी बेजोड़ थी। बाँदा राज के सेनापति हिम्मतबहादुर ने जब उनके आश्रयदाता राजा पारीछत के लिए कटु वचन कहे तो उन्होंने म्यान से तलवार निकाल ली और यह कवित्त कहा–

सेवक सिपाही हम उन रजपूतन के दान जुद्ध जुरिबे में नेकु जे न मुरके।
नीत देनवारे हैं मही के महीपालन को हिए के बिसुद्ध हैं सनेही साँचे उरके।
ठाकुर कहत हम बैरी बेवकूफन के जालिम दमाद हैं अदानियाँ ससुर के।
चोजिन के चोजी महा मौजनि के महाराज हम कविराज हैं चाकर चतुर के।[171]

आचार्य शुक्ल के अनुसार "ठाकुर बहुत ही सच्ची उमंग के कवि थे। इनमें कृत्रिमता का लेश नहीं। न कहीं व्यर्थ का शब्दाडंबर है, न कल्पना की झूठी उड़ान और न अनुभूति के विरुद्ध भावों का उत्कर्श। जैसे भावों का जिस ढंग से मनुष्य मात्र अनुभव करते हैं वैसे भावों को उसी ढंग से यह कवि अपनी स्वाभाविक भाषा में उतार देता है। बोलचाल की चलती भाषा में भाव को ज्यों का त्यों सामने रख देना इस कवि का लक्ष्य रहा है। ब्रजभाषा की शृंगारी कविताएँ प्रायः स्त्री पात्रों के ही मुख की वाणी होती हैं अतः स्थान स्थान पर लोकोक्तियों का जो मनोहर विधान इस कवि ने किया उनसे उक्तियों में और भी स्वाभाविकता आ गयी है।....लोकोक्तियों का जैसा मधुर उपयोग ठाकुर ने किया है वैसा और किसी कवि ने नहीं। इन कहावतों में कुछ तो सर्वत्र प्रचलित हैं और कुछ खास बुन्देलखंड की हैं।"[172]

चन्द्रशेखर (1798–1875) दरभंगा, जोधपुर, पटियाला आदि राज्यों के दरबारों द्वारा सम्मानित कवि थे और पटियाला के महाराज नरेन्द्र सिंह के आदेश से इन्होने प्रसिद्ध वीरकाव्य 'हम्मीरहठ' की रचना की थी। इसके अतिरिक्त इन्होंने 'विवेक विलास', 'रसिक विनोद', 'हरिभक्तिविलास', 'नखशिख', 'वृन्दावनशतक' आदि ग्रन्थ भी रचे थे।

चन्द्रशेखर श्रृंगार रस के भी अच्छे कवि थे, पर इनकी प्रसिद्धि हम्मीरहठ के रचयिता के रूप में है, जो एक वीरकाव्य है। इनकी श्रृंगार रस की कविता का उदाहरण निम्नलिखित है :

थोरी थोरी बैसवारी नवल किसोरी सबै,
भोरी भोरी बातन बिहँसि मुख मोरतीं।
बसन बिभूशन बिराजत बिमल बर,
मदन मरोरनि तरकि तन तोरतीं।
प्यारे पातसाह के परम अनुराग रँगी,
चाय भरी चायल चपल दृग जोरतीं।
कामअबला सी, कलाधर की कला सी,
चारु चंपक लता सी चपला सी चित चोरतीं ॥[173]

वीर रस में उत्साह मूल भाव होता है। शुक्ल जी के अनुसार "उत्साह की, उमंग की व्यंजना जैसी चलती स्वाभाविक और जोरदार भाषा में इन्होंने की है वैसे ढंग से करने में बहुत ही कम कवि समर्थ हुए हैं। वीर रस के वर्णन में इस कवि ने बहुत ही सुन्दर साहित्यिक विवेक का परिचय दिया है। सूदन आदि के समान शब्दों की तड़ातड़ और भड़ाभड़ के फेर में न पड. कर उग्रोत्साह व्यंजक उक्तियों का ही अधिक सहारा इस कवि ने लिया है, जो वीररस की जान है। दूसरी बात ध्यान देने की यह है कि वर्णनों के अनावश्यक विस्तार को, जिसमें वस्तुओं की बड़ी लम्बी चौड़ी सूची दी जाती है, स्थान नहीं दिया गया है। सारांश यह कि वीररस वर्णन की अत्यन्त श्रेष्ठ प्रणाली का अनुकरण चन्द्रशेखर जी ने किया है।"[174]

प्रसंग–विधान में चन्द्रशेखर ने नयी उद्‌भावनाएँ न करके पूर्ववर्ती कवियों का ही अनुसरण किया है। इस दृष्टि से इसका कोई विशेष महत्त्व नहीं है। एक रूपवती और निपुण स्त्री के साथ महिमा मंगोल का अलाउद्दीन के दरबार से भागना, अलाउद्दीन का उसे हम्मीर से वापस माँगना, हम्मीर का उसे अपनी शरण में लेने के कारण उपेक्षापूर्ण इनकार करना, यह सब बातें जोधराज ही नही, उसके पूर्ववर्ती अपभ्रंश कवियों की ही कल्पना है। वस्तुतः वीर काव्य की रचना के लिए यह काल उपयुक्त था भी नहीं। 1803 ई. तक पूरा भारत अंग्रेजों के अधिकार में आ चुका था और ऐसा कोई राज्य नहीं बचा था, जिसका राजा अपनी वीरता के लिए ख्यात हो। अतः चन्द्रशेखर को अपने नायक के रूप में अलाउद्दीनकालीन हम्मीर को चुनना पड़ा।

आचार्य शुक्ल के अनुसार चन्द्रशेखर का साहित्यिक भाषा पर भरपूर अधिकार था। अनुप्रास की योजना प्रचुर होने पर भी भद्दी कहीं नहीं हुई,

सर्वत्र रस में सहायक ही है। युद्ध, मृगया आदि के वर्णन तथा संवाद आदि सब बड़ी मर्मज्ञता से रखे गये हैं। जिस रस का वर्णन है ठीक उसके अनुकूल पदविन्यास है।

चन्द्रशेखर की कविता के कुछ उदाहरण निम्नलिखित हैं :

आलम नेवाज सिरताज पातसाहन के,
गाज ते दराज कोव नजर तिहारी है।
जाके डर डिगत अडोर गढ़धारी डग–
मगत पहार औ डुलति महि भारी है।
रंक जैसो रहत ससंकित सुरेस भयौ,
देस देसपति में अतंक अति भारी है।
भारी गढ़धारी, सदा जंग की तयारी,
धाक मानै ना तिहारी या हमीर हठधारी है।
... ...
भागे मीरजादे पीरजादे औ अमीरजादे,
भागे ख़ानजादे प्रान मरत बचाय कै।
भागे गज बाजि रथ पथ न सँभारे परै,
गोलन पै गोल, सूर सहमि सकाय कै।
भाग्यो सुलतान जान बचत न जानि बेगि,
बलित बितुंड पै विराजि बिलखाय कै।
जैसे लगे जंगल में ग्रीशम की आगि,
चलै भागि मृग महिश बराह बिललाय कै।

आचार्य शुक्ल ने बाबा दीनदयाल गिरि (र. का. 1822–1855) को 'अत्यन्त सहृदय और भावुक कवि' मानते हुए कहा है कि 'इनकी सी अन्योक्तियाँ हिन्दी के और किसी कवि की नहीं हुईं। इनका भाषा पर बहुत ही अच्छा अधिकार था। इनकी सी परिष्कृत, स्वच्छ और सुव्यवस्थित भाषा बहुत थोड़े कवियों की है। शुक्ल जी के ही अनुसार इनका कोमल पदव्यंजक विन्यास पर जैसा अधिकार था वैसा ही शब्द चमत्कार आदि के विधान पर भी। यमक और श्लेशमयी रचना भी इन्होंने बहुत सी की है। जिस प्रकार ये अपनी भावुकता हमारे सामने रखते हैं उसी प्रकार चमत्कार–कौशल दिखाने में भी नहीं चूकते हैं।...बड़ी अच्छी बात इनमें यह है कि इन्होंने दोनों को प्रायः अलग अलग रखा है। अपनी मार्मिक रचनाओं के बीच इन्होंने चमत्कार प्रवृत्ति का प्रवेश प्रायः नहीं होने दिया है। इनकी रचनाएँ निम्नलिखित हैं : विश्वनाथ नवरत्न और दृष्टान्त तरंगिणी'(1822), अनुराग बाग (1831), वैराग्य दिनेश' (1849)

और अन्योक्तिकल्पद्रुम (1855)।

शुक्ल जी के अनुसार 'अनुराग बाग' में श्रीकृष्ण की विविध लीलाओं का बड़े ही ललित कवित्तों में वर्णन हुआ है। 'दृष्टान्त तरंगिणी' में नीति सम्बन्धी दोहे हैं। विश्वनाथ नवरत्न शिव की स्तुति है। वैराग्य दिनेश में एक ओर तो ऋतुओं आदि की शोभा का वर्णन है और दूसरी ओर ज्ञान, वैराग्य आदि का। अन्योक्तिकल्पद्रुम अन्योक्तियों का संग्रह है, जिनके बारे में शुक्ल जी का कथन है कि यद्यपि इन अन्योक्तियों के भाव अधिकांश संस्कृत से लिए हुए हैं पर भाषाशैली की सरसता और पदविन्यास की मनोहरता के विचार से ये स्वतन्त्र काव्य के रूप में हैं। लौकिक विषयों पर तो इन्होंने सरल अन्योक्तियाँ कही ही हैं अध्यात्मपक्ष में भी दो–एक रहस्यमयी उक्तियाँ इनकी हैं।'[175] एक उदाहरण देखें:

चल चकई तेहि सर विशै, जहँ नहिं रैन बिछोह।
रहत एक रस दिवस ही, सुहृद हंस संदोह।।
सुहृद हंस संदोह कोह अरु द्रोह न जाको।
भोगत सुख–अंबोह, मोह दुख होय न ताको।।
बरनै दीनदयाल भाग गिन जाय न सकई।
पिय मिलाप नित रहै, ताहि सर तू चल चकई।।

इनकी कविता के कुछ नमूने निम्नलिखित हैं :

केतो सोम कला करौ, करौ सुधा को दान।
नहीं चंद्रमणि जो द्रवै यह तेलिया पखान।।
यह तेलिया पखान, बड़ी कठिनाई जाकी।
टूटी याके सीस बीस बहु बाँकी टाँकी।।
बरनै दीनदयाल, चंद! तुमही चित चेतौ।
कूर न कोमल होहिं कला जो कीजे केतौ।।
बरखै कहा पयोद इत मानि मोद मन माहिं।
यह तौ ऊसर भूमि है अंकुर जमिहैं नाहिं।।
अंकुर जमिहैं नाहिं बरश सत जो जल दैहे।
गरजै तरजै कहा ? बृथा तेरो श्रम जैहो।।
बरनै दीनदयाल न ठौर कुठौरहि परखै।
नाहक गाहक बिना, बलाहक! ह्याँ तू बरसै।।
... ...
बहु छुद्रन के मिलन तें, हानि बली की नाहिं।

जूथ जंबुकन तें नहीं, केहरि कहुँ नमि जाहिं।।
पराधीनता दुख महा, सुखी जगत स्वाधीन।
सुखी रमत सुक बन विशै कनक पींजरे दीन।।

कथ्य की दृष्टि से ये पद, जीवनानुभव से जुड़े होने के कारण, खड़ीबोली के कवि नज़ीर अकबराबादी के 'आदमीनामा', 'बंजारानामा' आदि के समान हैं, पर अन्योक्ति–विधान के कारण इनमें अधिक वक्रता आ गयी है।

ग्वाल कवि (र. का. 1822–1861) लखनऊ के तीन नवाबों, मुहम्मद अली, अजमद अली और वाजिद अली शाह के समकालीन थे, पर उनका लखनऊ दरबार से किसी प्रकार का भी सम्बन्ध न था। शुक्ल जी ने इनके परिचय में इतना ही लिखा है कि 'ये मथुरा के रहने वाले बंदीजन सेवाराम के पुत्र थे।' इन्होंने 'यमुना लहरी' (1822) और 'भक्तभावन'(1852) नामक काव्यग्रन्थ रचे थे। 'रसिकानन्द', 'रसरंग', 'कृष्णजू को नखशिख' और 'दूषणदर्पण' नामक रीतिग्रन्थों के अतिरिक्त 'हम्मीर हठ' और 'गोपीपच्चीसी' नामक ग्रंथों की रचना भी उन्होंने इस बीच की थी। 'कविहृदयविनोद' इनकी बहुत सी रचनाओं का संग्रह है।[176]

शुक्ल जी की इनके काव्य के मूल्यांकन के सम्बन्ध में मिश्रित प्रतिक्रिया है। उनके अनुसार इनमें 'रीतिकाल की ऐसी सनक' थी कि इन्हें 'यमुना लहरी' नामक देवस्तुति में भी नवरस और षट्ऋतु के दर्शन होते हैं। पर इनकी भाषा को उन्होंने 'चलती', 'व्यवस्थित' और 'वाग्विदग्धता' से सम्पन्न बताया है। इन्होंने ठेठ पूरबी हिन्दी, गुजराती और पंजाबी भाषा में भी कुछ कवित्त, सवैया आदि लिखे हैं। मेरा विचार है कि इनकी 'ठेठ पूरबी हिन्दी' में लिखित रचनाओं का भाषा की दृष्टि से अध्ययन होना चाहिए।

ग्वाल कवि प्रकृति–वर्णन की दृष्टि से एक उल्लेखनीय कवि माने जा सकते हैं। इन्होंने आलम्बन के रूप में प्रकृति का अच्छा वर्णन किया है, जो अठारहवीं–उन्नीसवीं शताब्दी के खड़ीबोली कवि नज़ीर अकबराबादी की याद दिलाता है :

ग्रीष्म की गजब धुकी है घूप घाम घाम,
गरमी झुकी है जाम जाम अति तापिनी।
भीजे खसबीजन झलेहु ना सुखात स्वेद,
गात न सुहात, बात दावा सी डरापिनी।
ग्वाल कवि कहैं कोरे कुंभन तें कूपन तें,
लै लै जलधार बार बार मुख थापिनी।
अब पियो तब पियो, अब पियो फेर अब,

पीवत हूँ पीवत मिटै न प्यास पापिनी।[177]

नज़ीर की तरह ही ग्वाल कवि ने अपने 'जीवन' सम्बन्धी अनुभवों को अपने कवित्तों में व्यक्त किया है। उदाहरण के लिए निम्नलिखित कवित्त देखा जा सकता है :

दिया है खुदा ने खूब खुशी करो ग्वाल कवि,
खाव पियो, लेब देब, यहीं रह जाना है।
राजा राव उमराव केते बादशाह भए,
कहाँ ते कहाँ को गयो, लग्यो न ठिकाना है।
ऐसी जिन्दगानी के भरोसे पै गुमान ऐसे,
देस देस घूमि घूमि मन बहलाना है।
आये परवाना पर चलै न बहाना, यहाँ,
नेकी कर जाना, फेर आना है न जाना है।।[178]

यह कवित्त नज़ीर कवि के 'बंजारानामा' की तरह है और उस काल के सन्त और सूफी कवि भी जीवन सम्बन्धी ऐसे ही उपदेश दिया करते थे। ग्वाल कवि ने अपने जीवन में प्राप्त अनुभव के आधार पर इसका साधारणीकरण कर दिया है।

इस काल के एक एक अन्य महत्त्वपूर्ण कवि प्रतापसाहि हैं, जो चरखारी (बुन्देलखंड) के महाराज विक्रमसाहि के यहाँ रहते थे। इनका कविता–काल 1823–1843 है। प्रतापसाहि ग्वाल के समकलीन थे। इन्होंने 1825 में 'व्यंग्यार्थ कौमुदी' और 1829 में काव्यविलास नामक रीतिग्रन्थों की रचना की जो बड़े प्रसिद्ध हुए। इसके अतिरिक्त इनके जयसिंहप्रकाश, शृंगारमंजरी, शृंगार शिरोमणि, अलंकार चिन्तामणि', काव्यविनोद, रसराज की टीका', रत्नचन्द्रिका (सतसई की टीका), जुगल नखशिख, सीताराम का नखशिख वर्णन) आदि ग्रन्थ मिलते हैं।

ग्रन्थों के नाम से ही स्पष्ट है कि प्रतापसाहि रीतिग्रन्थकार कवि हैं। आचार्य रामचन्द्र शुक्ल के अनुसार आचार्यत्व में इनका नाम मतिराम, श्रीपति और दास के साथ आता है और एक दृष्टि से इन्होंने उनके चलाए हुए कार्य को पूर्णता पर पहुँचाया। लक्षणा–व्यंजना के उदाहरणों की एक अलग पुस्तक ही 'व्यंग्यार्थ कौमुदी' के नाम से रची, जिसमें कवित्त, दोहे, सवैये मिलाकर 130 पद्य हैं जो सब व्यंजना या ध्वनि के उदाहरण हैं। ये उदाहरण अधिकतर 'वस्तुव्यंजना' के हैं, जिसमें व्यंग्यार्थ तक पहुँच केवल साहित्यिक रूढ़ि के अभ्यास पर अवलम्बित रहती है।[179] उदाहरण के लिए 'व्यंग्यार्थ कौमुदी' का

यह सवैया देखा जा सकता है :

सीख सिखाई न मानति है, बर ही बस संग सखीन के आवै।
खेलत खेल नये जल में, बिन काम बृथा कत जाम बितावै।
छोड़ि कै साथ सहेलिन को, रहि कै कहि कौन सवादहि पावै।
कौन परी यह बानि, अरी! नित नीरभरी गगरी ढरकावै।

सामान्य दृष्टि में यह वयःसन्धि की मधुर क्रीड़ावृत्ति का एक मनोहर दृश्य है। पर आचार्य शुक्ल के अनुसार 'फन में उस्ताद लोगों की आँखें एक और ही ओर पहुँचती हैं। वे इसमें यह व्यंग्यार्थ निकालते हैं कि घड़े के पानी में अपने नेत्र का प्रतिबिम्ब देख नायिका को मछलियों का भ्रम होता है। इस प्रकार का भ्रम एक अलंकार है। अतः भ्रम या भ्रान्ति अलंकार यही व्यंग्य हुआ। और चलिए। 'भ्रम' अलंकार में 'सादृश्य' व्यंग्य रहा करता है, अतः अब इस व्यंग्यार्थ पर पहुँचे कि 'नेत्र मीन के समान हैं।' अब अलंकार का पीछा छोड़िए, नायिका–भेद की तरफ आइए। वैसा भ्रम जैसा ऊपर कहा गया है, 'अज्ञात यौवना' को हुआ करता है। अतः यह सवैया अज्ञातयौवना का उदाहरण हुआ। यह इतनी बड़ी अर्थयात्रा रूढ़ि के ही सहारे हुई है। जब तक यह ज्ञात न हो कि कविपरम्परा में आँख की उपमा मछली से दिया करते हैं, तब तक यह अर्थ स्फुट नहीं हो सकता।'[180]

पर मेरी दृष्टि में इतनी बड़ी अर्थयात्रा की कोई उपयोगिता नहीं है : यदि है भी तो उन लोगों के लिए जो कविता को पहेली मानकर उसका आनन्द लेते हैं और 19वीं शताब्दी में ऐसे काव्यरसिकों का अभाव नहीं था। सहृदय पाठकों के लिए इसका वयःसन्धि प्राप्त नायिका की क्रीड़ा वृत्ति वाला सहज अर्थ ही पर्याप्त है।

शुक्ल जी के अनुसार प्रतापसाहि का यह कौशल अपूर्व है कि उन्होंने एक ग्रन्थ के अनुरूप नायिकाभेद के क्रम से सब पद्य रखे हैं जिससे उनके ग्रन्थ को जी चाहे तो नायिकाभेद का एक अत्यन्त सरस और मधुर ग्रन्थ भी कह सकते हैं। शुक्ल जी प्रतापसाहि को आचार्यत्व और कवित्व के संयोग की दृष्टि से मतिराम, श्रीपति और दास से श्रेष्ठता में 'कुछ बीस' ही मानते हैं। 'इधर भाषा की स्निग्ध सुख सरल गति, कल्पना की मूर्तिमत्ता और हृदय की द्रवशीलता मतिराम, श्रीपति और बेनी प्रवीन के मेल में आती है[181] तो उधर आचार्यत्व इन तीनों में भी और दास से भी कुछ आगे दिखाई पड़ता है। इनकी प्रखर प्रतिभा ने मानो पद्‌माकर की प्रतिभा के साथ रीतिबद्ध काव्यकला को पूर्णता पर पहुँचाकर छोड़ दिया। पद्‌माकर की अनुप्रासयोजना कभी कभी रुचिकर सीमा के बाहर जा पड़ी है, पर इस भावुक और प्रवीण की वाणी में

यह दोष नहीं आने पाया है। इनकी भाषा में बड़ा भारी गुण यह है कि यह बराबर एक समान चलती है—उसमें न कहीं कृत्रिम आडंबर का अड़ंगा है, न गति का शैथिल्य और न शब्दों की तोड़मरोड़। इन बातों के विचार से हम प्रताप जी को पद्माकर जी के समकक्ष ही बहुत बड़ा कवि मानते हैं।'[182]

प्रतापसाहि की शृंगारिक कविता के कुछ उदाहरण निम्नलिखित हैं :

चंचलता अपनी तजि कै रस ही रस सों रस सुन्दर पीजियो।
कोऊ कितेक कहै तुमसों तिनकी कही बातन को न पतीजियो।
चोज चवाइन के सुनियो न यही इक मेरी कही नित कीजियो
मंजुल मंजरी पै हौ, मलिन्द! विचारि के भार सँभारि कै दीजियो।

... ...

कानि करै गुरु लोगनि की, न सखीन की सीखन ही मन लावति।
ऐंड़ भरी अँगराति खरी, कत घूँघट में नये नैन नचावति।
मंजन कै दृग अंजन आँजति, अंग, अनंग, उमंग बढ़ावति।
कौन सुभाव री तेरो पर्‌यो, खिन आँगन में खिन पौरि में आवति।[183]

... ...

तड़पै तड़िता चहुँ ओरन तें छिति छाई समीरन की लहरैं।
मदमाते महा गिरिशृंगन पै गन मंजु मयूरन के कहरें।
इनकी करनी बरनी न परै, मगरूर गुमानन सों गहरै।
घन ये नभमंडल में छहरैं, घहरैं कहुँ जाय, कहूँ ठहरैं।

... ...

चंचल चपला चारु चमकत चारो ओर,
झूमि झूमि धुरवा धरनि परसत है।
सीतल समीर लगै दुखद वियोगिन्ह,
सँयोगिन्ह समाज सुखसाज, सरसत है।
कहैं परताप अति निबिड़ अँधेरी माँह,
मारग चलत नाहि नेकु दरसत है।
झुमड़ि झलानि चहुँ कोद तें उमड़ि आज,
धाराधर धारन अपार बरसत है।

नज़ीर अकबराबादी को छोड़ दें तो खड़ीबोली के कवियों ने तो प्रकृति—वर्णन न ही के बराबर किया है, ब्रजभाषा के कवियों ने भी अधिकतर उद्दीपन के रूप में ही प्राकृतिक उपादानों का उपयोग किया है। प्रतापसाहि उन थोड़े से कवियों में हैं जिन्होंने प्रकृति का वर्णन आलंबन के रूप में भी किया है। नज़ीर से प्रतापसाहि का फर्क यह है कि नज़ीर ने प्रकृति—वर्णन

में नक्काशी का मार्ग नहीं अपनाया है, जबकि प्रतापसाहि ने अपने वर्णन को कल्पना की उड़ान से चमकाने का प्रयास किया है।

आश्रयदाता की स्तुति या क़सीदे की परम्परा खड़ीबोली और ब्रजभाषा के कवियों में समान रूप से पायी जाती है। कारण स्पष्ट है। आश्रय, पुरस्कार और सम्मान के लिए कवियों का ऐसा करना जरूरी था। अन्तर यह था कि सामान्य कवि अपने आश्रयदाताओं की झूठी प्रशंसा करने में भी संकोच नहीं करते थे जबकि श्रेष्ठ और स्वाभिमानी कवि अन्योक्ति और अन्य अलंकारों का प्रयोग करके स्तुति को भी स्पृहणीय बना देते थे। प्रतापसाहि ऐसे ही कवि थे। 'महाराज रामराज' की स्तुति के व्याज से वे अपने आश्रयदाता की भी स्तुति कर रहे हैं, इसका बोध सहृदय पाठक को ही हो सकता है :

महाराज रामराज रावरो सजत दल,
होत मुख अमल अनंदित महेस के।
सेवत दरीन केते गब्बर गनीम रहैं,
पन्नग पताल त्योंही डरन खगेस के।
कहै परताप धरा धँसत त्रसत,
कसमसत कमठ पीठि कठिन कलेस के।
कहरत कोल, दहरत हैं दिगीस दल,
लहरत सिन्धु, थहरत फन सेस के।। [184]

अनुप्रास और ओजपूर्ण शब्दों के चयन ने भी इसे महज प्रशंसा से ऊपर की उक्ति बना दिया है।

शुक्ल जी के अनुसार पजनेस का, जो ब्रजभाषा के विशेष कवियों में से हैं, विशेष परिचय अनुपलब्ध है, पर र. का. 1843 के आसपास माना जा सकता है। ये पन्ना के रहने वाले थे। इनकी कोई कविता पुस्तक भी नहीं मिलती, पर इनकी बहुत सी फुटकल कविता संग्रहालयों में मिलती और लोगों के मुख से सुनी जाती है। भारतजीवन प्रेस, काशी ने इनकी फुटकल कविताओं का एक संग्रह 'पजनेस प्रकाश' के नाम से प्रकाशित किया था, जिसमे 127 सवैये हैं। इनकी रचना शृंगार रस की है। पदविन्यास इनका अच्छा है। इनके फुटकल कवित्त अधिकतर अंगवर्णन के मिलते हैं जिससे अनुमान होता है कि इन्होंने कोई नखशिख लिखा होगा। शब्द चमत्कार पर इनका ध्यान विशेष रहता था। उदाहरण के लिए यह कवित्त देखा जा सकता है :

छहौ छबीली छटा छूटि छितिमंडल पै,
उमग उजेरो महाओज उजबक सी।
कवि पजनेस कंज मंजुल मुखी के गात,

उपमाधिकाति कल कुंदन तबक सी।
फैली दीप दीप दीप दीपति दीपति जाकी,
दीपमालिका की रही दीपति दबक सी।
परत न ताव लखि मुख माहताब जब,
निकसी सिताब आफताब की भभक सी।।

यद्यपि शुक्ल जी ने रीतिकाल का अन्त 1843 में मान लिया है, पर वे गिरिधरदास को, जो 1860 तक और द्विजदेव को, जो 1870 तक विद्यमान थे, नहीं छोड़ सके हैं। गिरिधरदास को (मूल नाम बाबू गोपालचन्द्र), जो 'गिरिधरदास', 'गिरिधर' या 'गिरिधारन' उपनाम से कविता करते थे, आचार्य शुक्ल ने 'ब्रजभाषा का बहुत ही प्रौढ़ कवि' माना है। इनका जन्म 1832 में और निधन 1860 में हुआ था।

हरिश्चन्द्र ने इनके लिखे 40 ग्रंथों का उल्लेख किया है, पर उनमें केवल 21 के ही नाम ज्ञात हैं। इनकी रचनाएँ दो तरह की हैं। गर्ग संहिता आदि भक्तिमार्ग की कथाएँ तो सरल और साधारण पद्यों में कही गयी हैं, पर काव्यकौशल की दृष्टि से जो रचनाएँ की हैं, जैसे जरासन्धवध, भारतीभूशण, रागरत्नाकर, ग्रीष्मवर्णन आदि, वे यमक और अनुप्रास आदि से इतनी लदी हुई हैं कि बहुत से स्थलों पर दुरूह हो गयी हैं। 'जरासन्धवध' केवल 11 सर्गों तक लिखा गया है, पर अनुप्रास और यमक का जैसा विधान इसमें मिलता है, वह अन्यत्र दुर्लभ है। लगता है कि इनका झुकाव चमत्कार की ओर अधिक था। रसात्मकता इनकी रचनाओं में कम पायी जाती है। ग्रीष्म–वर्णन का एक उदाहरण दृष्टव्य है :

जगह जड़ाऊ जामे जड़े हैं जवाहिरात,
जगमग जोति जाकी जग में जमति है।
जामे जदुजानि जान प्यारी जातरूप ऐसी,
जगमुख ज्वाल ऐसी जोन्ह सी जगति है।
'गिरिधरदास' जोर जबर जवानी को है,
जोहि जोहि जलजा हूँ जीव में जकति है।
जगत के जीवन के जिय को चुराए जोय,
जोए जोशिता को जेठ जरनि जरति है।[185]

द्विजदेव (अयोध्या के तालुकेदार महाराज मानसिंह) 1970 तक विद्यमान थे और आचार्य शुक्ल के अनुसार 'बड़ी ही सरस कविता करते थे।' इनके ऋतुओं के वर्णन बहुत ही मनोहर हैं। इनके श्रृंगारबत्तीसी और श्रृंगारलतिका नामक दो ग्रन्थ

बताये जाते हैं। शृंगारलतिका का एक बहुत ही बड़ा और सटीक संस्करण शुक्ल जी के समय में ही प्रकाशित हुआ था। उनके अनुसार 'द्विजदेव के कवित्त काव्यप्रेमियों में वैसे ही प्रसिद्ध हैं जैसे पद्माकर के।' शुक्ल जी के अनुसार द्विजदेव शृंगारी कवियों की परम्परा में अन्तिम प्रसिद्ध कवि हैं।

शुक्ल जी के अनुसार 'ऋतुवर्णनों में इनके हृदय का उल्लास उमड़ पड़ता है।...इनके चकोरों की चहक के भीतर इनके मन की चहक भी साफ झलकती है। एक ऋतु के उपरांत दूसरी ऋतु के आगमन पर इनका हृदय अगवानी के लिए मानो अपने आप आगे बढ़ता था।[186] उदाहरण के लिए इनके प्रकृति–वर्णन के कुछ उदाहरण देखे जा सकते हैं :

मिलि माधवी आदिक फूल के ब्याज विनोदलवा बरसायो करैं।
रचि नाच लतागन तानि बितान सबै विधि चित्त चुरायो करैं।
द्विजदेव जू देखि अनोखी प्रभा अलिचारन कीरति गायो करैं।
चिरजीवो, बसंत! सदा द्विजदेव प्रसूनन को भरि लायो करैं।

... ...

सुर ही के भार सूधे सबद सुकीरन के,
मंदिरन त्यागि कर अनत कहूँ न गौन।
द्विजदेव त्यौं ही मधुभारन अपारन सों,
नेकु झूकि झूमि रहै मोगरे मरुअ दौन।
खोलि इन नैनन निहारौं तौ निहारौं कहा?
सुशमा अभूत छाय रही प्रति भौन भौन।
चाँदनी के भारन दिखात उनयो सो चंद,
गंध ही के भारन बहत मंद मंद पौन॥

यद्यपि इन प्रकृति–वर्णनों में सहजता कम और कल्पना की उड़ान ज्यादा है, पर इनमें कवि का उल्लास तो व्यंजित होता ही है।

नायिका–वर्णन का यह कवित्त कितना मार्मिक है, कहने की जरूरत नहीं:

बोलि हारे कोकिल, बुलाय हारे केकीगन,
सिखै हारी सखी, सब जुगुति नई नई।
द्विजदेव की सौं लाज बैरिन कुसंग इन,
अंगन हू आपने अनीति इतनी ठई।
हाय इन कुंजन तें पलटि पधारे स्याम,
देखन न पाई वह सूरति सुधामई।

आवन समैं में दुखदाइनि भई री लाज,
चलत समैं में चल पलन दगा दई।

एक सवैया भी देखा जा सकता है :

आजु सुभायन ही गयी बाग, बिलोकि प्रसून की पाँति रही पगि।
ताहि समय तहँ आये गोपाल, तिन्हें लखि औरो गयो हियरो ठगि।
पै द्विजदेव न जानि पर्‌यो धौं कहा तेहि काल परे अँसुवा जगि।

तू जो कही, सखि ! लोनो सरूसाथ प्रेम और श्रृंगार की कविताएँ भी लिखी जाती रहीं। पर काव्य की दृष्टि से प्रेम और श्रृंगार की कविताएँ ही उल्लेखनीय हैं। रस और अलंकार के लक्षण–निरूपण की दृष्टि से इनका महत्त्व अधिक नहीं है। 1870 के बाद ब्रजभाषा कविता का रूप बदल गया। काव्य लक्षण निरूपण की परम्परा तो लगभग समाप्त ही हो गयी। भारतेन्दु हरिश्चन्द्र ने कथ्य की दृष्टि से भी ब्रजभाषा कविता का रूप बदल दिया।

रीतिग्रन्थकार कवियों में करन कवि, गुरदीन पांडे, ब्रह्मदत्त, पद्‌माकर, प्रतापसाहि, रसिक गोविन्द आदि केवल सात कवि ही उल्लेखनीय हैं। रीतिमुक्त कवियों में ठाकुर, ललकदास, खुमान, नवलदास कायस्थ, रामसहाय दास, चन्द्रशेखर, बाबा दीनदयाल गिरि, पजनेस, गिरिधरदास, द्विजदेव आदि हैं।

1801–1870 : गद्य : भाषा और साहित्य

जैसे जैसे समाज–व्यवस्था जटिल होती जाती है, गद्य की भूमिका भी बढ़ती जाती है। भारत में जब तक सामन्ती व्यवस्था थी यहाँ की भाषाओं में गद्य का स्थान सीमित था और कविता का वर्चस्व था। मुगल काल में शासन और उत्पादकों का सम्बन्ध बहुत सरल था। अंग्रेजों के आने पर यह सम्बन्ध अपेक्षाकृत जटिल हो गया और दिनोदिन यह जटिलता बढ़ती ही गयी। ईस्ट इंडिया कम्पनी का बंगाल में प्रवेश एक व्यापारिक कम्पनी के रूप में हुआ था, पर परिस्थितियों ने कुछ ऐसा रूप लिया कि 1757 में प्लासी की लड़ाई में जीत हासिल कर वह शासक बनने की प्रक्रिया में आ गयी और केवल सात वर्ष के भीतर, 1764 की बक्सर की लड़ाई में विजयी होकर 1765 में वह बंगाल, बिहार और उड़ीसा की दीवानी प्राप्त करने के साथ साथ वहाँ की वास्तविक शासक बन भी गयी। यहाँ आकर ईस्ट इंडिया कम्पनी के चरित्र में भारी बदलाव आ गया। व्यवसाय उसका प्रमुख उद्देश्य तो बना ही

रहा, पर शासक बनकर उसे उन लोगों का, जो उसके शासन–क्षेत्र के मूल उत्पादक, किसान और कारीगर थे, शोषण और दमन करने की भी सुविधा प्राप्त हो गयी।

1771 में वारेन हेस्टिंग्स कलकत्ता का गवर्नर नियुक्त हुआ। 1773 में उसकी प्रोन्नति बंगाल के प्रथम गवर्नर जनरल के रूप में की गयी। यह पद बिल्कुल नया था और तब तक प्रशासन का ब्रिटिश तन्त्र निर्मित नहीं हुआ था। कम्पनी के वरिष्ठ प्रशासक अनुभव कर रहे थे कि भारतीय समाज पर शासन करने के लिए जरूरी है कि वे इसके विविध धार्मिक, सामाजिक और विधिविधान को समझें। हेस्टिंग्स को इस प्रकार की जानकारी के महत्त्व का बोध था। 1784 मे उसने इस सम्बन्ध में अपने विचार व्यक्त भी किये थे। हेस्टिंग्स को हिन्दू धर्म के पुराने ग्रन्थों के प्रति बहुत आदर भाव था और उसने यथासम्भव ब्रिटिश प्रशासन के निर्माण में भारत की पुरानी परम्पराओं का ध्यान भी रखा था। उसने न्यायप्रक्रिया के निर्माण में ब्राह्मण पंडितों को सहायक भी बनाया था।

प्रशासन में भाषा की भी महत्त्वपूर्ण भूमिका होती है। शासक और शासित के बीच सम्पर्क का माध्यम भाषा ही बनती है। ईस्ट इंडिया कम्पनी के साथ जो लोग आये थे उनकी भाषा अंग्रेजी थी। शुरू में उसके साथ केवल 90 कर्मचारी आये थे, पर जैसे जैसे उसका व्यापार और फिर प्रशासन–कार्य बढ़ता गया ब्रिटेन से भारत आने वाले अंग्रेजों की संख्या भी बढ़ती गयी। 1757 के पहले भी उनके पास निजी सेना थी, जिसके सैनिक और अफसर अंग्रेज ही थे। यह सेना बाद में बढ़ती ही गयी और काफी दिनो तक इसमें अंग्रेजों की ही अधिकता रही। बाद में सेना में भारतीय सैनिकों को भी स्थान मिलने लगा, पर उनका स्थान अंग्रेज सैनिकों की तुलना में हीन ही होता था। सेना के साथ साथ प्रशासन से सम्बन्धित अन्य विभागों में भी अंग्रेज कर्मचारियों का ही वर्चस्व था। पर कर्मचारियों के परस्पर और भारतीय कर्मचारियों और उनके अंग्रेज अफसरों के बीच सम्पर्क के लिए कोई भाषा–माध्यम अनिवार्य था। इसका अनुभव कम्पनी–प्रशासन भी कर रहा था, जिसे 1800 ई. में, गवर्नर जनरल मार्क्विस वेलेज्ली के आदेश से कलकत्ता में स्थापित फोर्ट विलियम कॉलेज के रूप में अभिव्यक्ति मिली। 1801 में जॉन बाथविक गिलक्रिस्ट कॉलेज का प्रिंसिपल और फारसी तथा हिन्दुस्तानी का प्रोफेसर नामित हुआ।

गिलक्रिस्ट मूलतः चिकित्सक था जिसे ईस्ट इंडिया कम्पनी ने 1782 में वेतनभोगी डॉक्टर के रूप में बम्बई भेजा था। वह कुछ दिनों तक कम्पनी की सेना के साथ रहा। उसने भारतीय सैनिकों या सिपाहियों के साथ सम्पर्क के लिए हिन्दुस्तानी सीखी। यह 'हिन्दुस्तानी' फारसी प्रधान खड़ीबोली थी,

जिसे उर्दू भी कहा जाने लगा था। 1786 में जॉन गिलक्रिस्ट ने 'अ डिक्शनरी इंग्लिश एंड हिन्दुस्तानी' की रचना की जिसकी भूमिका के रूप में हिन्दुस्तानी भाषा का व्याकरण भी शामिल किया गया। इसमें फारसी लिपि के साथ पहली बार देवनागरी लिपि का प्रयोग किया गया था।

1787 में गिलक्रिस्ट को मेडिकल सेवा से मुक्ति मिल गयी और उसने 12 वर्षों तक पटना, फैजाबाद, लखनऊ, दिल्ली, गाजीपुर और अन्य शहरों में रहकर अपने भाषाज्ञान की वृद्धि की। अंग्रेजों को 'हिन्दुस्तानी' की जानकारी देने के विचार से उसने लगभग 15 पुस्तकें भी लिखीं। फोर्ट विलियम कॉलेज का प्रिंसिपल और हिन्दुस्तानी का प्रोफसर नामित होने के बाद गिलक्रिस्ट ने भाषामुंशियों की नियुक्ति कर उनसे अंग्रेज अफसरों को भाषा सिखाने के लिए पुस्तकें लिखायीं। इनमें मीर अम्मन, सैयद हैदरबख्श 'हैदरी', मीर शेर अली 'अफसोस', मिर्जा काजिम अली 'जवाँ', मीर बहादुर अली हुसैनी, मजहर अली 'विला', खलील अली खाँ 'अश्क' आदि प्रमुख थे। इनके अतिरिक्त, फ़िराक़ साहब के अनुसार, मिर्ज़ा अली लुत्फ़, मौलवी अमानुल्ला, मिर्जा जान 'तपिश', मीर अब्दुल्ला 'मिस्की', मिर्जा मुहम्मद 'फ़ितरत', मौलवी इक़राम अली, मीर मुहीउद्दीन 'फ़ैज़, सैयद हमीमुद्दीन बिहारी आदि भी फोर्ट विलियम कॉलेज के लेखकों में थे।[187]

उल्लेखनीय है कि ये सारे लेखक मूलतः कवि थे और दिल्ली, लखनऊ आदि से विस्थापित होकर फोर्टविलियम कॉलेज में गद्यलेखक की हैसियत से पहुँचे थे। 1739 में नादिरशाह ने मुगल साम्राज्य की कमर तोड़ दी थी। उसके बाद 1750 से 1803 के बीच अहमदशाह अब्दाली के दिल्ली पर हुए आक्रमणों, पानीपत और बक्सर की लड़ाइयों, मराठों, जाटों और रूहेलखंड के शासकों की लूटपाट और अन्ततः 1803 में ईस्ट इंडिया कम्पनी द्वारा मराठों को पराजित कर दिल्ली पर अन्तिम कब्जे ने दिल्ली को जीविका और रिहाइश की दृष्टि से नितान्त असुरक्षित जगह बना दिया था। इसके परिणामस्वरूप लाल किले से शायरों का पलायन पूरब के शहरों की ओर शुरू हुआ और फोर्ट विलियम कॉलेज के अधिकतर लेखक इसी दुर्दिन की मार से फोर्ट विलियम कॉलेज पहुँचे थे। पर फोर्ट विलियम को शायरों की नहीं, गद्यलेखकों की जरूरत थी। अतः ये सारे कवि गद्यलेखक में तब्दील हो गये। मीर अम्मन इन्हीं परिस्थितियों में फोर्ट विलियम कॉलेज पहुँचे थे। वहाँ गिलक्रिस्ट ने उनसे फारसी कथापुस्तक किस्सए चहार दरवेश का 'हिन्दुस्तानी' में अनुवाद कराया, जो बागो बहार शीर्षक से प्रकाशित हुआ। इसके अलावा मीर अम्मन ने मुल्ला हुसैन वाइज काशिफ़ी की फारसी रचना अखलाक़े– मुहसिनी का अनुवाद भी गंजीनये–खूबी शीर्षक से किया। फ़िराक़

साहब के अनुसार इन्हीं दो पुस्तकों ने उर्दू गद्य में मीर अम्मन का नाम सदा के लिए सुरक्षित कर दिया।[188]

मीर अम्मन की भाषा का नमूना, जो बाग़ो बहार से उद्धृत है, निम्नलिखित है :

"....एक दिन वह बहन जो बजाय वालिदा के मेरी खातिर करती थी, कहने लगी, 'ऐ बहन तू मेरी आँखों की पुतली और माँ–बाप की मुई मिट्टी की निशानी है। तेरे आने से मेरा कलेजा ठंडा हुआ। जब तुझे देखती हूँ खुश होती हूँ, तूने मुझे निहाल किया। लेकिन मर्दों को खुदा ने कमाने के लिए पैदा किया है, घर में बैठा रहना उनको लाज़िम नहीं। जो मर्द निखट्टू होकर घर में बैठा रहता है, लोग उसको ताना देते हैं। खसूसन इस शहर के आदमी छोटे–बड़े तुम्हारे बेसबब बैठे रहने पर कहेंगे कि माँ–बाप का माल खोकर बहनोई के टुकड़ों पर आ पड़ा। निहायत बेइज्जती और मेरी तुम्हारी हँसाई और माँ–बाप के नाम को लाज लगने का सबब है, नहीं तो मैं अपने चमड़े की जूतियाँ बनाकर तुम्हें पिन्हाती और कलेजे में बिठाती। अब सलाह यह है कि सफ़र करो। खुदा चाहे दिन फिरें और हैरानी परेशानी व मुफ़लिसी के बदले दिलजमई और खुशी हासिल हो।' यह बात सुनकर मुझे भी ग़ैरत आयी। उसकी नसीहत पसंद करके जवाब दिया, 'अच्छा अब तुम माँ की जगह हो, जो कहो सो करूँ।' मेरी मरजी पाकर घर से पचास तोड़े अशरफ़ियों के असील व लौंडियों के हाथ लिवाकर मेरे आगे रखे और बोली, 'सौदागरों का एक काफ़िला दमिश्क को जाता है। तुम इन रुपयों से जिन्से तिजारत की खरीद करके एक ताजिरे–ईमानदार के हवाले करके दस्तावेज़ लिखवा लो और आप भी दमिश्क़ का क़स्द करो। जब वहाँ खैरियत से जा पहुँचो अपना माल मए–मुनाफ़ा समझ–बूझ लो।'......[189]

सैयद हैदरबख़्श 'हैदरी' मूलतः दिल्ली के निवासी थे। जब फोर्ट विलियम कॉलेज में लेखकों की भर्ती होने लगी तो इन्होंने 'किस्सए मह्रो माह' नामक एक पुस्तक लिखकर जॉन गिलक्रिस्ट के पास भेजी, जिन्होंने पसन्द कर लिया और हैदरी को फोर्टविलियम कॉलेज में भाषा मुंशी के रूप में नियुक्त कर लिया। कलकत्ता में हैदरी ने किस्सए लैला मजनू (अमीर खुसरो की मसनवी का अनुवाद), तोता कहानी (संस्कृत कथापुस्तक शुकसप्तति की बावन कहानियों का अनुवाद), आराइशे–महफ़िल (हातिमताई की कहानी का अनुवाद), तारीखे नादिरी (मिर्जा मेंहदी द्वारा फारसी में लिखित नादिरनामा का अनुवाद), गुले–मग़फ़रत (मुल्ला काशिफ़ी की फारसी पुस्तक रौज़तुश्शुहदा के अनुवाद का संक्षिप्त रूप), गुलज़ारे–दानिश (शेख इनायतुल्ला के फारसी बहारे दानिश का अनुवाद) आदि नौ पुस्तकें लिखीं। हैदरी की भाषा का

नमूना यह है :

"जब सूरज छुपा और चाँद निकला, खुजिस्ता बा–सनीए–पुरसोज़ व चश्में गिरियाँ आहें भरती हुई तोते के पास गयी और कहने लगी, 'ऐ सब्ज़पोश तोते ! मैं इश्क के ग़म में मुई जाती हूँ और हरएक शब मेरी नसीहत और गुतगू में खो देता है। नसीहत की बातें मुझको न सुना। मैं आशिक हूँ, मुझको नसीहत से क्या?' तोता कहने लगा, ऐ खुजिस्ता, यह क्या कहती है? दोस्तों की बात मानना चाहिए क्योंकि जो कहना दोस्तों का नहीं मानता खराब होता है और परेशानी खैंचता है।"(तोता कहानी)

"किताब ऐवानुर्रज़ा में यूँ लिखा है कि ऐ अहले–बैते–रिसालत के हवाख़्वाहो व ऐ आले–अबा के मातमदारो ! माहे मुहर्रम में गिरिया–ओ–ज़ारी करो, खुशी व खुर्रमी को अपने दिल में राह न दो। हक़े–तआला इस रोने और ग़म करने का अज्रे–अज़ीम देगा, बिहिश्ते–बरीं सा मकान अता फ़रमाएगा।"(गुले मग़फ़रत)

मीर शेर अली 'अफसोस' (1738–1809) 1801 में फोर्ट विलियम कॉलेज में आये और आराइशे महफिल की रचना कर प्रसिद्धि प्राप्त की। इसकी भाषा का नमूना निम्नलिखित है :

"जब से यह मरकज़े–खाक़ी आरामगाहे–हैवानात हुआ, सैकड़ों लाखों शहर क़स्बे बसे और बसते जाते हैं। कोई अदना कोई आला, लेकिन हिन्दुस्तान की सर–जमीन का आलम सबसे निराला है। कोई विलायत इसकी वुसअत को नहीं पहुँचती और किसी मुमलिकत की आबादी इसको नहीं लगती।"(आराइशे–महफ़िल)

मिर्जा क़ज़िम अली 'जवाँ' भी दिल्ली की तबाही के बाद लखनऊ और 1800 ई. में फोर्ट विलियम कॉलेज, कलकत्ता पहुँचे थे। इनकी सबसे प्रसिद्ध अनुवाद पुस्तक शकुन्तला नाटक है, जो कालिदास के अभिज्ञान शाकुन्तल के कवीश्वर नवाज़ कृत ब्रजभाषा अनुवाद का खड़ीबोली में किया गया अनुवाद है। फ़िराक़ गोरखपुरी के अनुसार डॉ. गिलक्रिस्ट के आदेशानुसार फोर्ट विलियम कॉलेज के हिन्दी भाषामुंशी लल्लू जी लाल ने इसके अनुवाद में सहायता की थी।[190] 'जवाँ' ने तारीखे–फरिश्ता नाम से बहमनी बादशाहों का इतिहास भी लिखा था। इन्होंने सिंहासन बत्तीसी के अनुवाद में भी लल्लू जी लाल की सहायता की थी।

मीर बहादुर अली ने, जिनका जीवन–वृत्तान्त नहीं मिलता, संस्कृत हितोपदेश के मुती ताजुद्दीन कृत फारसी रूपान्तर 'मुफ़र्रहुल–कुलूब का हिन्दुस्तानी में इख़लाक़े–हिन्दी शीर्षक अनुवाद किया। इसके अलावा हुसैनी ने मीर हसन की मसनवी सहरुलबयान का गद्य रूपान्तर नस्रे–बेनज़ीर, डॉ.

गिलक्रिस्ट के व्याकरण का संक्षेप रिसालए–गिलक्रिस्ट, शहाबुद्दीन ताबिश की फारसी तारीख़े आसाम का इसी शीर्षक से अनुवाद आदि भी किये थे।

मजहर अली 'विला' के जीवन–वृत्तान्त के बारे में इतना ही ज्ञात है कि वे भी दिल्ली के बादशाह के दरबारी शायरों में से थे, पर समय की मार ने उन्हें फोर्ट विलियम कॉलेज पहुँचा दिया था। उन्होंने बैताल पच्चीसी का अनुवाद किया था। इसके अलावा उन्होंने माधोनल और कामकन्दला, बिलग्रामी की हृतगुलशन और तारीखे शेरशाही के अनुवाद भी किये थे।

खलील अली खाँ 'अश्क', जिनका जीवन–वृत्तान्त अज्ञात है, अपनी अनुवाद पुस्तक अमीर हमजा के लिए जाने जाते हैं। इसके अलावा उन्होंने अबुलफ़ज़ल कृत अकबरनामा का वाक़ियाते–अक़बर शीर्षक से और चीन की एक प्रेमकथा का फारसी से किस्सए–गुलज़ार–चीन शीर्षक से उर्दू अनुवाद भी किये थे।

फ़िराक़ गोरखपुरी के अनुसार फोर्ट विलियम कॉलेज के उर्दू (हिन्दुस्तानी) लेखकों में गुलशने–हिन्द के लेखक मिर्जा अली लुत्फ़, कई धार्मिक पुस्तकों तथा कुरआन के अनुवादक मौलवी अमानुल्ला, बहारदानिश और यूसुफ जुलेखा के अनुवादक मिर्जा जान 'तपिश', बाइबिल के न्यू टेस्टामेन्ट के अहदनामा–ए–जदीद शीर्षक से अनुवादक मिर्जा मुहम्मद फ़ितरत, अरबी की प्रसिद्ध पुस्तक अखवानुस्सफ़ा के अनुवादक मौलवी इकराम अली, फारसी की प्रसिद्ध कहानी ताजुलमुलूक और बकावली के मजहबे इश्क शीर्षक से अनुवाद करने वाले निहालचन्द लाहौरी आदि शामिल हैं।[191]

फोर्ट विलियम कॉलेज के प्रिंसिपल और हिन्दुस्तानी के प्रोफेसर के रूप में जॉन गिलक्रिस्ट केवल तीन वर्ष ही रहे ; 1804 में वे स्वास्थ्य की खराबी के कारण स्कॉटलैंड लौट गये।

फ़िराक़ साहब के अनुसार फोर्ट विलियम कॉलेज के बाहर के गद्यलेखकों में शाह वली उल्ला, मौलवी मुहम्मद इस्माइल देहलवी, नवाब फ़क़ीर मुहम्मद खाँ 'गोया', मिर्जा रजब अली बेग 'सुरूर' आदि उल्लेखनीय हैं। इनमें से प्रथम दो ने धार्मिक, बल्कि इस्लामिक कर्मकांड के प्रतिपादन के लिए, पुस्तकें लिखीं और उनका साहित्यिक महत्त्व न के बराबर है। 'गोया' ने गद्य में फ़ारसी की प्रसिद्ध पुस्तक अनवारे–सुहेली का अनुवाद बुस्ताने–हिकमत के नाम से किया। यह पुराने ढंग की 'लच्छेदार उर्दू' में लिखी गयी है। 'सुरूर' ने 1847 में शमशीरे–खानी का अनुवाद सुरूरे–सुलतानी के नाम से किया। 1847 से 1851 के बीच इन्होंने शिगूफ़ए–मुहब्बत, गुलज़ारे–सुरूर, शबिस्ताने–सुरूर आदि कथाएँ भी लिखीं। इनके पत्रों का संग्रह इंशाए–सुरूर नाम से, 1868 से पूर्व प्रकाशित हुआ।

फ़िराक़ साहब के अनुसार इनकी लेखनशैली पुराने जमाने की है, जिसमें अरबी–फारसी शब्दों और वाक्य–विन्यास की भरमार तो है ही, अनुप्रास युक्त शब्दों और उपमानों की भी प्रचुरता है। 'सुरूर' की सफलता इस बात में है कि इतनी बोझिल शैली के बावजूद इन्होंने प्रवाह को हाथ से नहीं जाने दिया है। 'सुरूर' का फसानये–अजायब, जो मीर अम्मन के बाग़ोबहार के जवाब में लिखा गया था, उर्दू की एक उल्लेखनीय रचना है, जिसका मुख्य आकर्षण उसके वस्तुवर्णन की सफलता है। फ़िराक़ साहब के अनुसार वे किसी वस्तु का वर्णन करते हैं तो उसका पूर्ण चित्र खींच देते हैं, जिसमें रेखाओं तथा रंगों का पूर्ण सामंजस्य होता है।[192] इनकी भाषा का नमूना निम्नलिखित है :

"फिर मशविरा हुआ कि यह जंगल सुनसान हू का मकान है। यहाँ दरिन्दा व ग़ज़िन्दा साँप, बिच्छू, शेर, भेड़िये, के सिवा परिन्दा दविन्दा नज़र नहीं आता। जो हम तुम दोनों सो रहें, ख़ुदा जाने क्या हो! तीन पहर रात बाक़ी है, डेढ़ पहर रात हम जागें, फिर तुम होशियार रहो। यह सलाह पसन्दे–ख़ातिरे–तरफ़ैन हुई। पहले बड़े भाई ने आराम किया, छोटे ने जागने का सरंजाम किया। तीरो–कमान हाथ में उठा टहलने लगा। जब जुल्फ़े–लैलाए–शब कमर तक आयी, उसी दरख़्त पर दो जानवर अपनी अपनी तौसीफ़ो–तारीफ़ जबाने–बेज़बानी में करने लगे। और यह शख़्स बहुत जानवरों की बोली समझता था, आवाज़ पर कान लगाये। एक बोला मेरे गोश्त में यह तासीर है जो खाये एक लाल तो पहले दोपहर के बाद उगले, फिर हर महीने मुँह से निकले। दूसरा बोला जो शख़्स गोश्त खाए, उसी रोज बादशाह हो जाए। वह ये बातें समझ दिल में निहायत खुश हुआ। तीरो–कमान तो मौजूद था, 'इल्ललाह' कहकर तीर बेताम्मुल चिल्ले से जोड़कर खेंचा। लबे–सूफ़ार कान के पास आबवादा–ए–निशानासरगोशी करके रवाना हुआ। क़ज़ा ने हरचन्द उनके सर पर ख़बरदार पुकारा, कमान बड़कड़ाकर चिल्लाई कि वह मारा। रात का तीर सरसरी ओटक्कर लेस, मगर मर्ग जो दरपे हो गयी जान न बची। पैकान से ता–सूफ़ार दोसार हो जमीन पर छिदकर दोनों एक तीर में गिर पड़े। उसने तकबीर कहकर ज़ब्ह किया, तायरे–रूह उनका उड़ गया। दिन की लकड़ियाँ बची सुलगा कबाब लगाये। जिसके गोश्त में सलतनत का जायक़ा समझा था उसे खाया। दूसरा भाई के वास्ते उठाकर रखा और ऐसा खुश हुआ कि तमाम शब आप पासबानी की, बड़े भाई को तकलीफ़ न दी। मगर मुआमिलाते क़ज़ा–ओ क़द्र से मजबूर बशर है, इंसान के क़ब्जए–कुदरत में नफ़ा है न ज़रर है।"[193]

यह भाषा सरसरी तौर पर पढ़ने पर उसी की समझ में आ सकती है, जिसने फारसी भी पढ़ी हो। 'सुरूर' और मीर अम्मन की भाषा के नमूनों की

तुलना से यह जाहिर है कि फोर्ट विलियम कॉलेज में जिस 'हिन्दुस्तानी' भाषा की दागबेल रखी गयी थी, वह 1850 तक आते आते नासिख के 'मकरूकात' की शिकार हो गयी थी।

यद्यपि फोर्ट विलियम कॉलेज ने खड़ीबोली गद्य के विकास में उल्लेखनीय योगदान किया, पर लगभग 1870 तक वह आरम्भिक अवस्था में ही रहा। यह भी स्वीकार किया जा सकता है कि परिस्थितियाँ 'हिन्दुस्तानी'(उर्दू) के विकास के अधिक अनुकूल थीं, पर उसकी दूसरी धारा भी, जो 'हिन्दी' के नाम से जानी जाने लगी थी, बहुसंख्यक जनता की भाषा होने के कारण विकास के पथ पर अग्रसर हो रही थी। फोर्ट विलियम कॉलेज के प्रिंसिपल और 'हिन्दुस्तानी' के प्रोफेसर गिलक्रिस्ट यद्यपि 'हिन्दुस्तानी' (फारसी लिपि में लिखी जाने वाली अरबी–फारसी के बोलचाल में प्रचलित शब्दों की बहुलता वाली खड़ीबोली) की ओर अधिक आकृष्ट थे, पर उन्हें इस बात का बोध था कि भारत में उस खड़ीबोली (हिन्दी/हिन्दवी) को समझने वाले लोग बहुसंख्यक हैं, जिसमें संस्कृत के सरल तत्सम और तद्भव शब्दों की बहुलता होती है। इसलिए जहाँ उन्होंने 'हिन्दुस्तानी' में एक दर्जन से ऊपर भाषामुंशी नियुक्त किये, वहीं हिन्दी/हिन्दवी के भी दो भाषामुंशी, लल्लू जी 'लाल'(जो 'लल्लू लाल' के नाम से अधिक जाने गये) और सदल मिश्र, नियुक्त किये।

लल्लू जी लाल (1763–1825) ने 1803 में जॉन गिलक्रिस्ट के आदेश से खड़ीबोली गद्य में प्रेमसागर नामक ग्रन्थ की रचना की जिसमें श्रीमदभागवत पुराण के दशम स्कन्ध की कथा वर्णित है। लल्लू जी लाल की भाषा ब्रजरंजित खड़ीबोली है, जिसमें 'सम्मुख जाय', 'सिर नाय', 'सोई', 'भई', 'कीजै', 'निरख', 'लीजौ' जैसे प्रयोग प्रायः मिलते हैं।[194] आचार्य शुक्ल ने इनकी भाषा को गंग कवि की भाषा के समतुल्य बताया है। पर ''दोनों की भाषाओं में अन्तर इतना ही है कि गंग ने इधर उधर फारसी अरबी के प्रचलित शब्द भी रखे हैं पर लल्लू लाल जी ने ऐसे शब्द बचाये हैं। भाषा की सजावट भी प्रेमसागर में पूरी है। विरामों पर तुकबन्दी के अतिरिक्त वाक्य भी बड़े बड़े आये हैं और अनुप्रास भी यत्रतत्र हैं। मुहावरों का प्रयोग कम है। सारांश यह कि लल्लूलाल का काव्यभाषागद्य भक्तों की कथावार्ता के काम का ही अधिकतर है न नित्य व्यवहार के अनुकूल है, न सम्बद्ध विचारधारा के योग्य।''[195] प्रेमसागर की भाषा के नमूने इसकी पुष्टि करते हैं :

'श्री शुकदेव मुनि बोले—महाराज! ग्रीष्म की अति अनीति देख, नृप पावस प्रचंड पशु पक्षी जंतुओं की दशा बिचार चारों ओर से दल बादल से लड़ने को चढ़ आया। तिस समय घन जो गरजता था सोई तौ धौंसा बजता था और वर्ण वर्ण की घटा जो घिर आयी थी सोई शूरबीर रावत थे, तिनके बीच

बिजली की दमक शस्त्र की सी चमक थी बगपाँत ठौर ठौर ध्वजा सी फहराय रही थी, दादुर, मोर कड़खैतों की सी भाँति यश बखानते थे और बड़ी बड़ी बूँदों की झड़ी बाणों की सी झड़ी लगी थी।''

... ...

''जिस काल ऊशा बारह वर्ष की हुई तो उसके मुखचन्द्र को ज्योति देख पूर्णमासी का चन्द्रमा छविहीन हुआ, बालों की श्यामता के आगे अमावस्या की अँधेरी फीकी लगने लगी। उसकी चोटी सटकाई लख नागिन अपनी केंचुली छोड़ सटक गयी। भौंह की बँकाई निरख धनुश धकधकाने लगा; आँखें की बड़ाई चंचलाई पेख मृग मीन खंजन खिसियाय रहे।''

शुक्ल जी के अनुसार 'लल्लूलाल ने उर्दू, खड़ीबोली और ब्रजभाषा तीनों में गद्य की पुस्तकें लिखीं।'[196] इन्होंने प्रेमसागर के अतिरिक्त सिंहासन बत्तीसी, बैताल पचीसी, शकुन्तला नाटक और माधोनल की रचना की, जिनमें से अन्तिम चार की भाषा को शुक्ल जी ने 'बिल्कुल उर्दू' कहा है। स्पष्ट है कि 'उर्दू' के सम्बन्ध में शुक्ल जी की धारणा संगत नहीं है। सिंहासन बत्तीसी और बैताल पचीसी को 'बिल्कुल उर्दू' तो क्या, 'उर्दू' भी नहीं कहा जा सकता। स्वयं लल्लू जी लाल अपनी 'आत्मकथा' में इसकी भाषा को 'रेखते की बोली' कहते हैं।[197] उस समय अरबी–फारसी शब्दावली प्रधान खड़ीबोली का एक नाम 'रेख्ता' भी चल रहा था जो बाद में प्रचलन से बाहर हो गया। शुक्ल जी ने इसी कारण इसे 'उर्दू' कहा। 1805 में हिन्दुस्तानी प्रेस, कलकत्ता से छपी बैताल पचीसी की भाषा का उदाहरण निम्निलिखित है :

''राजा यिह कौतुक छिपा हुआ देख रहा था–इतने में निगाह उसकी ऊपर गयी। क्या देखता है कि उस हवेली के ऊपर एक बालाखाना है। जब दरख्त पर चढ़ गया तो देखा कि वहाँ एक पलंग बिछा है और सब ऐश का असबाब धरा है तब मन में कहा अभी जाहिर होना अच्छा नहीं–पहले यहाँ महलूम करूँ कि कौन आता है और कौन जाता है।....जब ठीक दोपहर हुई–एक सिध वहाँ आया–बाईं तरफ जो कूआ था उसमें से उसने ऐक तोंबा जल निकाला कि बंदरिया उतर आई। सिध ने एक चुल्लू पानी उस पर डाल दिया वह खूबसुरत स्त्री हो गयी और उस रूपवती त्रिया से योगी ने भोग किया। जब तीसरा पहर हूआ–जोगी ने दाहने कूए से पानी खैंच उस पर छींटा मारा फिर वुह बंदरी की बंदरी बन गयी और दरख्त पर चढ़ी–जोगी भी पहाड़ की गुफा में जा बैठा और अपना जोग करने लगा।

यह भाषा 'उर्दू' नहीं कही जा सकती। लल्लू जी लाल ने इस भाषा को 'रेख्ता' और गिलक्रिस्ट ने 'हिन्दुस्तानी' कहा[198] तो इसका एकमात्र कारण यही जान पड़ता है कि वे उस भाषा को 'हिंदवी' (हिन्दी) समझते थे, जिसमें

संस्कृत शब्दों की बहुलता होती थी। साधारण बोलचाल की भाषा को, जिसमें अरबी–फारसी के शब्द मिले रहते थे उस समय 'हिंदुस्तानी' या 'रेख्ता' ही कहा जाता था। बैताल पचीसी की भाषा को उर्दू कहने के लिए इससे बड़ा कोई आधार नहीं। बाद में चलकर (1951 में) बाबू शिव प्रसाद ने इसी भाषा को 'हिन्दी' के नमूने के रूप में स्वीकार किया।

1869 में सिंहासन बतीसी के 'नूतन संस्करण की भूमिका में उसके सम्पादक सैयद अब्दुल्ला ने इसकी भाषा के सम्बन्ध में लिखा था : ''जिस भाषा में 'सिंहासन बत्तीसी' लिखी गयी है वह हिन्दी, हिन्दुस्तानी, संस्कृत, फारसी और अरबी मिश्रित भाषा है, पर प्रधानता हिन्दी तत्त्व की है। इसमें वैसे अरबी फारसी शब्द प्रयुक्त हुए हैं जो सामान्य व्यवहार में प्रचलित हैं और जो वस्तुतः घरेलू शब्द बन चुके हैं।''

उर्दू की एक बड़ी पहचान उसका फारसी लिपि में लिखा जाना भी होता है। पर सिंहासन बत्तीसी और बैताल पचीसी दोनों ही देवनागरी में प्रकाशित हुई थीं। इससे गिलक्रिस्ट की भाषानीति पर भी थोड़ा प्रकाश पड़ता है। सिंहासन बत्तीसी और बैताल पचीसी के नागरी लिपि में मुद्रण का अर्थ है, अंग्रेज अफसरों को नागरी लिपि से भी परिचित कराना जो इस समय आम बहुसंख्यक जनता की लिपि थी। 1812 में लल्लू जी लाल ने राजनीति के नाम से हितोपदेश की कहानियाँ ब्रजभाषा गद्य में लिखीं।

हिन्दी के दूसरे भाषामुंशी सदल मिश्र ने भी जॉन गिलक्रिस्ट की प्रेरणा से 1803 में ही, जो प्रेमसागर का भी रचनाकाल है, नासिकेतोपाख्यान नामक पुस्तक की रचना की। नासिकेतोपाख्यान की भाषा की तुलना प्रेमसागर से करते हुए शुक्ल जी ने लिखा है : ''लल्लूलाल के समान इनकी भाषा में न तो ब्रजभाषा के रूपों की वैसी भरमार है और परम्पागत काव्यभाषा की पदावली का स्थान स्थान पर समावेश। इन्होंने व्यवहारोपयोगी भाषा लिखने का प्रयत्न किया है और जहाँ तक हो सकता है खड़ीबोली का ही व्यवहार किया है। पर इनकी भाषा भी साफसुथरी नहीं। ब्रजभाषा के कुछ रूप हैं और पूरबी बोली के शब्द तो स्थान स्थान पर मिलते हैं। 'फूलन्ह के बिछौने', 'चहुँदिस', 'सुनि', 'सोनन्ह के थंभ', आदि प्रयोग ब्रजभाषा के हैं, 'इहाँ', 'मतारी', 'बरते थे', 'जड़ाई', 'बाजने', 'लगा', 'जौन' आदि पूरबी शब्द हैं।''[199] शुक्ल जी के 'साफ सुथरी' पद का तात्पर्य स्पष्ट नहीं है, क्योंकि यदि यह मूल खड़ीबोली का द्योतक है तो वह शायद कहीं नहीं मिलता। खड़ीबोली का मूल रूप इंशा अल्ला खाँ, सदासुख लाल और मीर अम्मन के गद्य में ही मिल सकता है, जो कदाचित् शुक्ल जी को भी अभिप्रेत हो। शुक्ल जी ने सदल मिश्र की भाषा के उदाहरण के रूप में निम्नलिखित पंक्तियाँ उद्धृत की हैं :

''...इस प्रकार से नासिकेत मुनि यम की पुरी सहित नरक का वर्णन कर फिर जौन जौन कर्म किए से जो भोग होता है सो सब ऋशियों को सुनाने लगे कि गौ, ब्राह्मण, मातापिता, मित्र, बालक, स्त्री, स्वामी, वृद्ध गुरु इनका जो वध करते हैं सो झूठी साक्षी भरते, झूठ ही कर्म में दिनरात लगे रहते हैं, अपनी भार्या को त्याग दूसरे की स्त्री को ब्याहते औरों की पीड़ा देख प्रसन्न होते हैं और वे अपने धर्म से हीन पाप ही में पड़े रहते हैं वो मातापिता की हित की बातको नहीं सुनते, सबसे बैर करते हैं, ऐसे जो पापी जन हैं सो महा डेरावनी दक्षिण द्वार से जा नरकों में पड़ते हैं।'' (हिन्दी साहित्य का इतिहास, पृ. 231)

लल्लू जी लाल और सदल मिश्र के अलावा खड़ीबोली गद्य के दो और लेखक, जो फोर्ट विलियम कॉलेज के बाहर लेखनकार्य कर रहे थे, सैयद इंशा अल्ला खाँ और मुंशी सदासुखलाल 'नियाज' थे। इंशा अल्ला खाँ मुर्शिदाबाद से दिल्ली और फिर लखनऊ पहुँचे थे (1798) और वहीं 1818 में मुफलिसी में उनका देहान्त हुआ था। शुक्ल जी के अनुसार इंशा ने 1798 और 1803 के बीच उदयभानचरित या रानी केतकी की कहानी लिखी थी जो हिन्दी साहित्य की एक अमर रचना है। इस 'कहानी' के लिखने की प्रेरणा इंशा साहब लिखते हैं :

''एक दिन बैठे बैठे यह बात अपने ध्यान में चढ़ी कि कोई कहानी ऐसी कहिए कि जिसमें हिंदवी छुट और किसी बोली का पुट न मिले, तब जाके मेरा जी फूल की कली के रूप में खिले। बाहर की बोली और गँवारी कुछ उसके बीच में न हो।...अपने मिलने वालों में से एक कोई बड़े पढ़ेलिखे, पुराने धुराने डाँग, बूढ़े घाग यह खटराग लाए....और कहने लगे, यह बात होते दिखाई नहीं देती। हिंदवीपन भी न निकले और भाखापन भी न हो। बस, जैसे भले लोग–अच्छों से अच्छे–आपस में बोलते चालते हैं ज्यों का त्यों वही सब डौल रहे और छाँव किसी की न हो। यह नहीं होने का।''

शुक्ल जी इस उद्धरण की व्याख्या करते हुए लिखते हैं : ''इंशा का उद्देश्य ठेठ हिन्दी लिखने का था जिसमें हिन्दी को छोड़कर और किसी बोली का पुट न रहे। उद्धृत अंश में 'भाखापन' शब्द ध्यान देने योग्य है। मुसलमान लोग भाषा शब्द का व्यवहार साहित्यिक हिन्दी भाषा के लिए करते थे जिसमें आवश्यकतानुसार संस्कृत के शब्द आते थे–चाहे वह ब्रजभाषा हो चाहे खड़ीबोली।...जिस प्रकार वे अपनी अरबी–फारसी मिली हिन्दी को 'उर्दू' कहते थे उसी प्रकार संस्कृत मिली हिन्दी को 'भाखा'।''...इंशा ने अपनी भाषा को तीन प्रकार के शब्दों से मुक्त रखने की प्रतिज्ञा की है–बाहर की बोली, अर्थात् अरबी, फारसी, तुर्की। गँवारी, अर्थात् ब्रजभाषा, अवधी आदि। भाखापन,

अर्थात् संस्कृत के शब्दों का मेल।'' शुक्ल जी ने यह व्याख्या 1929 के लगभग की थी, जबकि इंशा का लेखनकाल 1800 ई. के आसपास का है। 1800 ई. के आसपास भाषा के अर्थ में 'उर्दू' शब्द उतना प्रचलित नहीं हुआ था। मीर अपनी भाषा को 'हिन्दी' कहते थे और ग़ालिब 'रेख़्ता'। मुसलमानों द्वारा 'अरबी–फारसी मिली हिन्दी' को 'उर्दू कहने का रिवाज उन्नीसवीं शताब्दी के चौथे–पाँचवे में हुआ। 'साहित्यिक हिन्दी भाषा' की शुक्ल जी की परिकल्पना भी भ्रामक है, क्योंकि अवधी, ब्रजभाषा और खड़ीबोली (अथवा हिन्दी/हिन्दवी, अपने अरबी–फारसी मिश्रित रूप में) तीनो ही, 1800 ई. तक, 'साहित्यिक भाषा' के रूप ले चुकी थीं।

शुक्ल जी ने आगे स्पष्ट किया है कि ''इंशा ने 'भाखापन' और 'मुअल्लापन' दोनों को दूर रखने का प्रयत्न किया, पर दूसरी बला किसी न किसी सूरत में कुछ लगी ही रह गयी। फारसी के ढंग का वाक्यविन्यास कहीं कहीं, विशेषतः बड़े वाक्यों में आ ही गया है, पर बहुत कम। उदाहरण के लिए यह वाक्य–

''सिर झुकाकर नाक रगड़ता हूँ अपने बनानेवाले के सामने जिसने हम सबको बनाया। इस सिर झुकाने के साथ ही दिनरात जपता हूँ उस अपने दाता के भेजे हुए प्यारे को। यह चिट्ठी जो पीक भरी कुँवर तक जा पहुँची।'' सानुप्रास विराम भी इंशा के गद्य में बहुत स्थलों पर मिलते हैं–जैसे ''जब दोनों महाराजों में लड़ाई होने लगी, रानी केतकी सावन भादों के रूप में रोने लगी और दोनों के जी में यह आ गयी–यह कैसी चाहत जिसमें लहू बरसने लगा और अच्छी बातों को जी तरसने लगा।''(हिन्दी साहित्य का इतिहास, सं. 1990, पृ. 229)

शुक्ल जी के अनुसार 'कुछ विचित्रताओं के रहते हुए भी इंशा ने जगह जगह बड़ी प्यारी घरेलू भाषा का व्यवहार किया है और वर्णन भी सर्वथा भारतीय रखे हैं।' इसके उदाहरण के रूप में शुक्ल जी ने निम्न उद्धरण पेश किया है–

''इस बात पर पानी डाल दो नहीं तो पछताओगी और अपना किया पाओगी। मुझसे कुछ न हो सकेगा। तुम्हारी जो कुछ अच्छी बात होती तो मेरे मुंह से जीते जी न निकलती, पर यह बात मेरे पेट नहीं पच सकती। तुम अभी अल्हड़ हो, तुमने अभी कुछ देखा नहीं। जो ऐसी बात पर सचमुच ढलाव देखूँगी तो तुम्हारे बाप से कहकर वह भभतू जो मुआ निगोड़ा भूत, मुछंदर का पूत अवधूत दे गया है, हाथ मुरकवाकर छिनवा लूँगी।''(उपरिवत्, पृ. 230)
मुंशी सदासुखलाल 'नियाज'(1746–1824) 1793 के लगभग ईस्ट इंडिया कम्पनी शासन में किसी पद पर मिर्जापुर में नियुक्त थे। इन्होंने विष्णु पुराण

से उपदेशात्मक प्रसंग लेकर एक पुस्तक लिखी थी, जो पूरी नहीं मिली है। इसकी भाषा का नमूना निम्नखित है :

"इससे जाना गया कि संस्कार का भी प्रमाण नहीं ; आरोपित उपाधि है। जो क्रिया उत्तम हुई तो सौ वर्ष में चांडाल से ब्राह्मण हुए और जो क्रिया भ्रष्ट हुई तो वह तुरंत ही ब्राह्मण से चांडाल होता है। यद्यपि ऐसे विचार से लोग हमें नास्तिक कहेंगे, हमें इस बात का डर नहीं। जो बात सत्य होय उसे कहना चाहिए कोई बुरा माने कि भला। विद्या इस हेतु पढ़ते हैं कि तात्पर्य इसका (जो) सतोवृत्ति है वह प्राप्त हो और उससे निज स्वरूपों में लय हूजिए। इस हेतु नहीं पढ़ते हैं कि चतुराई की बात कहके लोगों को बहकाइए और फुसलाइए और सत्य छिपाइए, व्यभिचार कीजिए और सुरापान कीजिए और धन–द्रव्य इकठौर कीजिए और मन को, कि तमोवृत्ति से भर रहा है निर्मल न कीजिए। तोता है सो नारायण का नाम लेता है, परंतु उसे ज्ञान तो नहीं है।"

डॉ. शारदा वेदालंकार ने लाला भगवान दीन तथा रामदास गौड़ द्वारा सम्पादित हिन्दी भाषा सार नामक पुस्तक में संकलित मुंशी जी के 'सुरासुर निर्णय' नामक लेख (र. का. ल. 1782–83) का उल्लेख किया है जिसकी भाषा भी उनकी पूर्वोक्त पुस्तक के ही समान है।[200]

शुक्ल जी के अनुसार "मुंशी जी ने यह गद्य न तो किसी अंग्रेज अधिकारी की प्रेरणा से और न किसी दिए हुए नमूने पर लिखा। वे एक भगवद्भक्त आदमी थे। अपने समय में उन्होंने हिंदुओं की बोलचाल की जो शिष्ट भाषा चारो ओर–पूर्वी प्रान्तों मे भी–पाई उसी में रचना की। स्थान स्थान पर शुद्ध तत्सम शब्दों का प्रयोग करके उन्होंने उसके भावी साहित्यिक रूप का पूर्ण आभास दिया। यद्यपि वे खास दिल्ली के रहनेवाले अह्लेजबान थे, पर उन्होंने अपने हिन्दी गद्य में कथावाचकों, पंडितों और साधु संतो के बीच दूर दूर तक प्रचलित खड़ीबोली का रूप रखा, जिसमें संस्कृत शब्दों का पुट भी बराबर रहता था।...सारांश यह कि मुंशी जी ने हिन्दुओं की शिष्ट बोलचाल की भाषा ग्रहण की, उर्दू से अपनी भाषा नहीं ली।"[201]

आचार्य शुक्ल के समान आदर्श गद्यभाषा के स्वरूप पर कोई टिप्पणी न कर यह कहना समीचीन होगा कि 1801–10 के बीच खड़ीबोली गद्य की तीन शैलियों का विकास आरम्भ हुआ था। उसकी एक शैली 'हिन्दुस्तानी' की थी, जिसमें अरबी–फारसी के शब्दों का प्रयोग बहुलता के साथ होता था और उसकी लिपि फारसी थी। उसके साथ दुर्घटना यह हुई कि उसमें अरबी–फारसी के शब्दों का प्रयोग निरन्तर बढ़ता गया और वह आम बोलचाल की भाषा से दिनोदिन दूर होती गयी। मीर अम्मन की भाषा आम बोलचाल

की भाषा के निकट थी पर बाद के लेखकों ने उसमें अरबी–फारसी शब्दों का अधिक मिश्रण करना आरम्भ कर दिया। दूसरी शैली लल्लू जी लाल, सदल मिश्र और मुंशी सदासुखलाल की थी जिसमें संस्कृत शब्दों का धड़ल्ले के साथ प्रयोग होता था। तीसरी शैली इंशा अल्ला खाँ की भी थी, जिसमें संस्कृत, अरबी और फारसी तीनो भाषाओं के शब्दों से परहेज था। यद्यपि उसकी लिपि फारसी थी, पर उससे कोई फर्क नहीं पड़ता था। बैताल पचीसी और सिंहासन बत्तीसी की भाषा भी बोलचाल की भाषा के निकट थी और वह देवनागरी लिपि में लिखी भी गयी थी। इन्हीं तीनो शैलियों के घातप्रतिघात और मिश्रण से भावी हिन्दी गद्यशैली का विकास माना जा सकता है।

यह ध्यान देने की बात है कि अठारहवीं सदी के सातवें दशक तक हिन्दी गद्य का विकास प्रयोजनमूलक भाषा के रूप में ही होता रहा। इनमें से साहित्यक कृति के रूप में रानी केतकी की कहानी ही एकमात्र ऐसी रचना है, जो मौलिक है। यह हिन्दी की पहली मौलिक कथापुस्तक है। इसके बाद लगभग 70 वर्ष तक खड़ीबोली में कोई मौलिक कथापुस्तक नहीं लिखी गयी। 1869 में नज़ीर अहमद ने मिरातुल उरूस और 1870 में गौरीदत्त ने देवरानी जेठानी की कहानी लिखकर इस गतिरोध को तोड़ा और खड़ीबोली में उपन्यास–लेखन की नींव डाली।

यों तो फोर्ट विलियम कॉलेज के तत्त्वावधान में रचित खड़ीबोली गद्य भी प्रयोजनमूलक ही था, पर परवर्ती छह दशकों में (1811–1870) में प्रयोजनमूलक हिन्दी गद्य का विकास विशेषकर दो क्षेत्रों में हुआ। इनमें से प्रथम क्षेत्र ईसाई धर्म का प्रचार था। भारत में अंग्रेजों का शासन स्थापित होने के बाद ईसाई धर्म के प्रचार के लिए अनेक धर्मप्रचारक भारत आये और उन्होंने अपने 'मिशन' स्थापित किये। इनमें से एक थे विलियम कैरे, जिन्होंने फोर्ट विलियम कॉलेज के भाषामुंशियों की सहायता से न्यू टेस्टामेन्ट का हिन्दी में अनुवाद किया। कैरे की अध्यक्षता में 1813–18 में ओल्ड टेस्टामेन्ट का अनुवाद अलग अलग हिस्सों में प्रकाशित हुआ।[202] फोर्ट विलियम कॉलेज के प्रभाव से इन धर्मप्रचारकों में यह धारणा बनी कि अरबी–फारसी शब्दावली प्रधान भाषा ही हिन्दुस्तान की आम बोलचाल की भाषा है। इसलिए इस समय बाइबिल के जो भी अनुवाद किये गये उनमें अरबी–फारसी शब्दों का मिश्रण अधिक था। पर जल्द ही यह भ्रम दूर हो गया। 1811 ई. में जब पादरी चैम्बरलेन और पिकॉप अपने परिवारों के साथ आगरा के मिशन में पहुँचे तो उन्होंने पाया कि वहाँ के लोगों की भाषा 'शुद्ध हिन्दुई' है और वे बोलचाल वाली 'हिन्दुस्तानी' समझते हैं। चेम्बरलेन ने ब्रिस्टल एकेडेमी के प्रिंसिपल डॉ. राइलैंड को अपने एक पत्र में लिखा–"....जिस भाषा को यूरोपवासी हिन्दुस्तानी कहते हैं और

जो भाषा हिन्दुओं की है, ये दोनों भिन्न हैं। 'हिन्दुस्तानी' में हिन्दी, फारसी और अरबी शब्दों का मिश्रण है। यह (अर्थात् हिन्दी या हिन्दवी) बोलचाल की भाषा है और इसका प्रयोग सभी असैनिक और सैनिक सेवाओं में होता है। यदि हम अपनी धर्मपुस्तकों का प्रचार सार्वजनिक रूप से करना चाहते हैं तो ये उनकी देशी भाषाओं में ही लिखी जानी चाहिए और उनके माध्यम से हमें धर्मोपदेश देना चाहिए।[203] इस उद्देश्य को पूरा करने के लिए चेम्बरलेन ने एक पंडित नियुक्त किया जिसने सन्त मैथ्यू के दूसरे और तीसरे अध्याय का अनुवाद तैयार किया। अपने गाजीपुर और पटना प्रवास में भी चैम्बरलेन ने यही अनुभव किया कि गिलक्राइस्टी हिन्दुस्तानी हिन्दुस्तान की आम जनता की भाषा नहीं है।

इससे स्पष्ट है कि उन्नीसवीं शताब्दी के पूर्वार्द्ध में अधिकांश हिन्दू जनता जो जनसंख्या की दृष्टि से बहुमत में थी, ऐसी हिन्दी समझती थी जिसमें अरबी–फारसी के शब्द कम होते थे। इसे ध्यान में रखते हुए ईसाई धर्मप्रचारकों ने खड़ीबोली की उस शैली को अपनाया जिसमें तत्सम और तद्भव शब्दों का अधिक प्रयोग होता था। धीरे धीरे यह भाषा 'हिन्दी' नाम से जानी जाने लगी। चेम्बरलेन ने देवनागरी लिपि में लिखी जाने वाली इसी भाषा को सिखाने की व्यवस्था अपने द्वारा स्थापित स्कूलों में की। अपने अनुभव के आधार पर उन्होंने देवनागरी का ही अधिक से अधिक प्रचार करना आवश्यक समझा।[204] इसी बात को ध्यान में रखते हुए बहुत सी धर्मपुस्तिकाएँ, जो दूसरी भाषाओं और लिपियों में प्रकाशित हुई थीं, उन्हें हिन्दी और देवनागरी लिपि में प्रकाशित किया गया। अप्रैल, 1818 में चेम्बरलेन ने न्यू टेस्टामेंट का हिन्दी में अनुवाद किया। इससे पूर्व उसने मैथ्यू और मार्क के धार्मिक उपदेशों का 'हिन्दुई' में संशोधन किया था। श्रीरामपुर मिशन ने भी चैम्बरलेन द्वारा किए गये अनुवाद को ही छापने का निश्चय किया।

इस प्रकार हिन्दी गद्यशैली के विकास में चैम्बरलेन का योगदान बहुत महत्त्वपूर्ण है। उन्होंने अपनी छोटी छोटी धर्मपुस्तिकाओं की रचना द्वारा हिन्दी गद्यशैली को सरलता और स्वाभाविकता से युक्त किया। चैम्बरलेन के अतिरिक्त आदम, पियर्स, मैकिन्तोश और थॉम्पसन आदि भी उत्तर भारत के हिन्दी क्षेत्र में धर्म प्रचार तथा धर्मपुस्तिकाओं की रचना में लगे हुए थे।

हिन्दी गद्य के विकास में ईसाई मिशनरियों का एक महत्त्वपूर्ण योगदान पाठ्य पुस्तकों का प्रकाशन भी है। जबकि ईस्ट इंडिया कम्पनी जनता की शिक्षा के प्रति उदासीन रवैया अपनाए हुई थी, मिशनरियों ने अपने मिशनों और अनाथालयों के लिए ही नहीं, स्त्रियों की शिक्षा के लिए भी, स्कूल खोले जिनके लिए प्रचुर संख्या में पाठ्यपुस्तकें प्रकाशित की गयीं।[205] इन

मिशनरियों ने धार्मिक पुस्तकों के साथ साथ स्कूली शिक्षा की पाठ्यपुस्तकों के लिए अनेक 'सोसाइटियाँ' कायम कीं। सन् 1823 में 'कैलकटा ट्रैक्ट ऐंड बुक सोसाइटी' की स्थापना हुई, जहाँ से सन् 1841 ई. तक 41 धर्मपुस्तिकाएँ प्रकाशित हुईं जिनमें जीवन–चरित, उपदेश, संस्मरण और यात्राविषयक वर्णन सम्मिलित थे।[206] आदम ने उपदेश कथा, भूगोल सार, गणितांक आदि पुस्तकें भी लिखीं। धीरे धीरे सोसाइटी का ध्यान पाठ्यपुस्तकों के स्तरीय अनुवादों की ओर गया। बाद में कैलकटा ट्रैक्ट सोसाइटी की शाखाएँ आगरा, चुनार, बनारस आदि शहरों में भी स्थापित हुईं जहाँ से पुस्तकों के प्रकाशन का क्रम जारी रहा। 1848 ई. में आगरा ट्रैक्ट सोसाइटी की स्थापना के पूर्व लगभग 750 पुस्तकें प्रकाशित हो चुकी थीं।[207] उसके बाद 'द नॉर्थ इंडिया ट्रैक्ट ऐंड बुक सोसाइटी, 'बॉम्बे ट्रैक्ट सोसाइटी', आदि ने भी अनेक हिन्दी पुस्तकें प्रकाशित कीं।

जहाँ तक इन पुस्तकों की भाषा का प्रश्न है, उसमें अनघड़पन के साथ साथ विरामचिह्नों की अव्यवस्था भरी पड़ी है और 'पीछे', 'विख्यात रूप से प्रसिद्ध', 'प्रधान करिके', 'कहाते हैं' जैसे प्रयोग पुरानी गद्यशैली का आभास देते हैं। पर उसमें अरबी–फारसी शब्दों से बचने की प्रवृत्ति साफ तौर पर दिखायी देती है और सभी ईसाई धर्मप्रचारकों की भाषा अनघड़ नहीं होती थी। उदाहरण के लिए विलियम याट्स की भाषा, जिसका एक उद्धरण डॉ. शारदा वेदालंकार ने अपनी पुस्तक में दिया है, पर्याप्त व्यवस्थित और विरामचिन्हों से युक्त है।[208]

लगभग 1850 ई. तक स्कूली शिक्षा के विकास और हिन्दी पाठ्यपुस्तकों के निर्माण में ईसाई मिशनरियों की तुलना में ईस्ट इंडिया कम्पनी सरकार की भूमिका नगण्य थी। फोर्ट विलियम कॉलेज के आरम्भिक दिनों में हिन्दुस्तानी या उर्दू के सामने, हिन्दी उपेक्षित थी। 1815 ई. के बाद विलियम प्राइस ने कॉलेज के पाठ्यक्रम में हिन्दी को स्थान दिलाने का सफल प्रयास किया। 24 दिसम्बर, 1924 को रडैल ने जेनरल विभाग के एक मंत्री, सी. लासिंगटन को एक पत्र लिखकर बताया कि हिन्दुस्तानी, जिस रूप में यह पढ़ायी जाती है और जिसे उर्दू, दिल्ली जबान या दिल्ली दरबार की भाषा के नाम से भी पुकारा जाता है, उत्तरी भारत की आम भाषा नहीं है।[209] इसके बाद फोर्ट विलियम कॉलेज में हिन्दी की पढ़ाई शुरू हुई। पर दुर्भाग्य वश जब फोर्ट विलियम कॉलेज के पाठ्यक्रम में हिन्दी को स्थान मिला तभी कॉलेज का अस्तित्व संकटग्रस्त हो गया और हिन्दी गद्य को उसका कोई विशेष लाभ नहीं हुआ।

ईस्ट इंडिया कम्पनी भारतीयों को शिक्षित करने के पक्ष में नहीं थी।

कम्पनी शासन की दृढ़ धारणा थी कि आधुनिक शिक्षा राष्ट्रीयता के भाव को जन्म देगी जो उसके लिए अहितकर होगी। इसके बावजूद बंगाल और महाराष्ट्र में शिक्षा का विकास इसलिए सम्भव हुआ कि वहाँ ऐसे व्यक्ति पैदा हुए जिन्होंने शिक्षा के विकास के लिए व्यक्तिगत स्तर पर प्रयत्न किये। हिन्दी क्षेत्र में ऐसे प्रबुद्ध व्यक्तियों का अभाव रहा। इस क्षेत्र में शिक्षा का विकास सरकार पर निर्भर था। और सरकार इसके प्रति शुरू से ही उदासीन थी। सन् 1835–38 में विलियम ऐडम नामक पादरी ने सरकारी आदेश से बंगाल में उपलब्ध देशी पद्धति की शिक्षण संस्थाओं के सम्बन्ध में जाँच–पड़ताल की। विलियम ऐडम के प्रतिवेदनों से हिन्दी का घनिष्ठ सम्बन्ध है, क्योंकि उस समय बंगाल और बिहार एक ही प्रेसिडेन्सी के अन्तर्गत थे। ऐडम ने आधुनिक बिहार के कतिपय जिलों का भी शैक्षणिक सर्वेक्षण किया था। उसके 1835 में किए गये प्रथम सर्वेक्षण के प्रतिवेदन से ज्ञात होता है कि कम्पनी–शासन के आरम्भ में बंगाल और बिहार में एक लाख प्राथमिक देशी स्कूल थे।[210] कुछ फारसी अभिलेखों के साक्ष्य पर विलियम ऐडम इस निष्कर्ष पर पहुँचे थे कि स्कूल जाने योग्य आयु (5–6 और 10–11 वर्ष के बीच) के भारतीय बच्चों की संख्या कुल आबादी की 16 प्रतिशत थी। उनका दूसरा निष्कर्ष था कि 400 लोगों पर स्कूल जाने वाले उम्र के बालकों की संख्या 64 अवश्य थी। इससे स्पष्ट है कि अंग्रेजों द्वारा शिक्षा–विकास सम्बन्धी प्रयत्न आरम्भ किए जाने से पूर्व बंगाल–बिहार में शिक्षा का अभाव न था।

ऐडम द्वारा उपलब्ध कराए गये आँकड़ों से स्पष्ट है कि उन्नीसवीं शताब्दी के प्रथम चरण में बंगाल और बिहार में शिक्षा की सुविधाएँ, देशी पद्धति के स्कूलों के माध्यम से, प्रचुर मात्रा में उपलब्ध थी। माक्समूएलर, लुडलो, वार्ड, मैलकॉम आदि शिक्षाशास्त्रियों और इतिहासकारों द्वारा प्रस्तुत साक्ष्यों से भी इसकी पुष्टि होती है। जहाँ तक भाषा का सम्बन्ध है, बिहार के जिलों में हिन्दी और फारसी की शिक्षा देने वाले स्कूलों की अधिकता थी।[210]

18वीं सदी के प्रायः अन्त में कुछ अंग्रेज विद्वान यह अनुभव करने लगे थे कि कम्पनी शासन को भारतीयों को शिक्षित करने का उत्तरदायित्व लेना चाहिए। उनके प्रयत्न से कम्पनी के 1793 के चार्टर ऐक्ट में यह 'क्लॉज' सम्मिलित कराने का प्रयास किया गया कि कम्पनी भारतीयों की शिक्षा के लिए प्रयत्न करे। पर कम्पनी के निदेशकों ने इसका दृढ़ विरोध किया। पर 1813 में कम्पनी के चार्टर के नवीनीकरण के समय उसमें भारतीय शिक्षा के विकास के लिए एक लाख रुपयों की मंजूरी दी गयी। पर 1823 ई. तक शिक्षा के विकास के सम्बन्ध में कोई ठोस काम नहीं हुआ।

यह स्मरण रखने की बात है कि ईस्ट इंडिया कंपनी की भाषा–नीति

स्थानीय भाषाओं के विकास के प्रतिकूल थी। इस अवधि में सरकार ने प्राथमिक शिक्षा या समूह शिक्षा के विकास की दिशा में कोई प्रयत्न नहीं किया। वे भारतीयों को शिक्षित बनाने के पक्ष में भी नहीं थे। बंगाल में भी शिक्षा का विकास वहाँ के प्रबुद्ध जनों के प्रयासों से, जिनमें राममोहन राय प्रमुख थे, हुआ था। आरम्भ से ही अंग्रेज पदाधिकारियों की धारणा थी कि यदि देशी भाषाओं को बढ़ावा दिया जाएगा तो राष्ट्रीय भावना की वृद्धि होगी जो बिटिश राज के लिए घातक होगा। उनकी यह धारणा अन्त तक बनी रही।

1813–33 की अवधि में कम्पनी शासन की तुलना में ईसाई मिशनरियों ने शिक्षा के विकास की दिशा में अधिक महत्त्वपूर्ण काम किया। इन्होंने आगरा (1813), मेरठ (1815), बनारस (1817), आजमगढ़ और जौनपुर (1831) में अपने केन्द्र स्थापित किये और इन स्थानों पर स्कूलों की स्थापना की।[212] इन मिशनरियों ने आधुनिक भारतीय भाषाओं को महत्त्व दिया, क्योंकि यहाँ के आम निवासी अपनी मातृभाषा के अतिरिक्त और किसी भाषा से परिचित नहीं थे। अतः यहाँ स्थापित मिशनरी स्कूलों में क्षेत्रीय भाषाओं के माध्यम से शिक्षा दी जाती थी।[213]

1833 के चार्टर ऐक्ट से भारतीय शिक्षा के इतिहास में एक नये अध्याय का आरम्भ हुआ। 2 फरवरी, 1835 को मेकॉले ने अपना प्रसिद्ध टिप्पण प्रस्तुत किया, जिसमें उसने देशी भाषाओं के माध्यम से शिक्षा प्रदान करने वाली संस्थाओं को बन्द करने या उन्हें सरकारी अनुदान न देने का सुझाव दिया। 7 मार्च, 1835 के संकल्प में विलियम बेंटिंक ने मेकॉले के सभी सुझाओं को मान लिया और इस प्रकार क्षेत्रीय भाषाओं के विकास का मार्ग अनिश्चित काल के लिए अवरुद्ध हो गया। उक्त संकल्प में यह घोषित किया गया कि सरकार भारतीयों में अंग्रेजी भाषा के माध्यम से यूरोपीय साहित्य और विज्ञान की शिक्षा का प्रसार करेगी और शिक्षा के लिए निर्धारित समस्त निधि केवल अंग्रेजी शिक्षा पर खर्च की जाएगी।[214]

उल्लेखनीय है कि 1835 के सरकारी संकल्प के पीछे केवल मेकॉले के तर्क ही नहीं थे, वरन् बेंटिंक के पूर्वग्रह भी थे। छह वर्ष पहले ही उसने अंग्रेजी को न्यायालयों की भाषा बनाने की बात सोची थी और इस सम्बन्ध में उसने 1830 में कंपनी के निदेशकों को पत्र लिखा था। निदेशकों के उत्तर से पता चलता है कि वे थोड़े से अंग्रेजों की सुविधा के लिए अधिक चिन्तित थे, भारतीयों की शिक्षा के लिए कम।[215]

इसके साथ ही निचली अदालतों और सरकारी दफ्तरों में भी फारसी लिपि में लिखित 'हिन्दुस्तानी' (जिसे अब 'उर्दू' कहा जाने लगा था) का बोलबाला हो गया। 1837 में अदालती भाषा सम्बन्धी अधिनियम के स्वीकृत होने के बाद

अदालतों में उर्दू का एकाधिपत्य स्थापित हो गया। अब प्रबुद्ध पढ़ालिखा वर्ग, जिसमें मुस्लिम समुदाय की प्रमुखता थी, इस प्रयत्न में लग गया कि शैक्षिक पाठ्यक्रम में भी हिन्दी को स्थान न मिले। अतः जब सर्वसाधारण की शिक्षा के लिए सरकार की तरफ से जगह जगह स्कूल खोलने की बात उठी और सरकार यह विचारने लगी कि हिन्दी पढ़ना सारे विद्यार्थियों के लिए आवश्यक रखा जाए तब प्रभावशाली मुसलमानों द्वारा इसका कड़ा विरोध हुआ। उस समय तक (1838) सैयद अहमद सरकारी नौकरी में 'सरिश्तेदार' के रूप में प्रवेश कर चुके थे और 1846 में सदर अमीन (सिविल जज) के पद पर पहुँच चुके थे। कोई आश्चर्य नहीं कि उन्होंने इस अभियान में महत्त्वपूर्ण भूमिका अपनायी हो। यहाँ तक कि अन्त में सरकार को अपना विचार छोड़ना पड़ा और 1848 में निम्नलिखित सूचना निकाली गयी : "ऐसी भाषा का जानना और सब विद्यार्थियों के लिए आवश्यक ठहराना जो मुल्क की सरकारी और दफ्तरी जबान नहीं है, हमारी राय में ठीक नहीं है। इसके सिवाय मुसलमान विद्यार्थी जिनकी संख्या देहली कॉलेज में बड़ी है, इसे अच्छी नजर से नहीं देखेंगे।"[216]

अनेक दिशाओं से मेकॉले के संकल्प का विरोध हुआ, पर उसका कोई विशेष परिणाम नहीं निकला। बेंटिंक के परवर्ती गवर्नर जेनरल ऑकलैंड ने अंग्रेजी भाषा के माध्यम से यूरोपीय साहित्य, दर्शन और विज्ञान की शिक्षा के प्रसार की सरकारी नीति का ही समर्थन किया। उसने समाज के केवल उच्चवर्ग को ही शिक्षा देने की नीति का समर्थन किया और इसकी पुष्टि में कहा उच्चवर्ग की शिक्षा और संस्कृति छनछनकर जनसमूह में फैल जाएगी। यहाँ से 'छनछनकर नीचे पहुँचने वाला' यह सिद्धान्त सरकारी नीति में परिणत हो गया और लगभग 1870 तक सरकार द्वारा किए जाने वाले प्रयत्नों पर हावी रहा।[217] आकलैंड ने विलियम ऐडम के उन सुझावों को भी खारिज कर दिया जिनमें सरकार से देशी पद्धति के स्कूलों को प्रोत्साहन देने की माँग की गयी थी।

'जन शिक्षा की सामान्य समिति' ने अंग्रेजी शिक्षा के प्रसार का कार्य 1835 में ही फोर्ट विलियम और आगरा में अंग्रेजी के माध्यम से शिक्षा देने वाले स्कूल खोलकर आरम्भ किया। मेकॉले के निर्देशन में अंग्रेजी शिक्षा के प्रसार का कार्य तेजी से बढ़ा। 1835 में समिति के नियन्त्रण में केवल 14 संस्थाएँ थीं, जबकि 1837 में इनकी संख्या 48 हो गयी।

उल्लेखनीय है कि 'जनशिक्षा की सामान्य समिति' द्वारा स्थापित अंग्रेजी स्कूलों में भी देशी भाषाओं की शिक्षा की व्यवस्था की गयी थी, किन्तु उनका स्थान गौण था और उनके लिए कम वेतन पर अति साधारण योग्यता वाले

शिक्षक नियुक्त किये जाते थे। सामान्य समिति देशी भाषाओं का विकास नहीं चाहती थी, इसका एक प्रमाण यह है कि जब फर्रुखाबाद स्कूल ने देशी भाषा के माध्यम से विज्ञान की शिक्षा देनी चाही तो 'सामान्य समिति' ने उसकी अनुमति नहीं दी।[218]

1842 में 'जन शिक्षा की सामान्य समिति'' के स्थान पर एक 'शिक्षा परिषद' (कौंसिल ऑफ एजुकेशन) की स्थापना हुई। 1844 में सरकार ने शिक्षित भारतीयों को सरकारी सेवाओं में नियुक्ति की नीति घोषित की।[219] अंग्रेजी शिक्षा के विकास को इस घोषणा से बहुत प्रोत्साहन मिला। सरकारी सेवा में प्रवेश के लोभ ने उच्चस्तरीय समाज के लोगों ने, विशेषकर बंगाल में, अंग्रेजी शिक्षा को अपना समर्थन दिया। 1854 तक शिक्षा परिषद 151 शिक्षण संस्थाएँ स्थापित कर चुकी थी, 13163 विद्यार्थी पढ़ते थे।

1854 के 'ऊड्स डिस्पैच' के अनुसार 1853 तक बंगाल अंग्रेजी शिक्षा की दिशा में अन्य सभी प्रान्तों में आगे था। पर उस समय तक बंगाल में भी जनसमूह की शिक्षा के लिए बहुत कम प्रयत्न किया गया था। 1844 में सरकार द्वारा कुछ वर्नाक्यूलर स्कूल स्थापित किये गये थे जिनमें से केवल 33 स्कूल 1953 तक चल रहे थे। इनमें 1400 छात्र शिक्षा प्राप्त कर रहे थे, पर इनकी भी हालत अच्छी न थी।

1840 में आगरा, बनारस और दिल्ली में तीन कॉलेज थे तथा सरकार की तरफ से 9 ऐंग्लोवर्नाक्यूलर स्कूल स्थापित किये गये थे। 1840 में पश्चिमोत्तर प्रान्त की शिक्षण संस्थाओं का नियंत्रण प्रान्तीय सरकार को सौंपा गया। प्रान्तीय सरकार ने मातृभाषा के माध्यम से शिक्षा के विस्तार और विकास के लिए एक योजना तैयार की जो 'थॉमसन योजना' के नाम से प्रसिद्ध है। इस योजना के अनुसार यह निश्चित किया गया कि प्रत्येक तहसीलदारी में एक सरकारी ग्रामीण स्कूल होगा। इन स्कूलों के पाठ्यक्रम में क्षेत्रीय भाषाओं (उर्दू और हिन्दी) का लिखना–पढ़ना तथा इनके माध्यम से गणित, क्षेत्रमिति, इतिहास, भूगोल आदि की पढ़ाई शामिल की गयी। इस बात की भी व्यवस्था की गयी कि सरकारी स्कूल देशी स्कूलों के लिए बाधक न बनें। कम्पनी के निदेशकों ने 31 जिलों में से केवल 8 जिलों के लिए इस योजना की स्वीकृति दी।

अपनी जनशिक्षाविरोधी नीति के बावजूद कम्पनी सरकार नये खुलने वाले स्कूलों में देशी भाषाओं की शिक्षा की बिल्कुल उपेक्षा नहीं कर सकती थी। इसका कारण कम्पनी शासन की अपनी मजबूरी भी थी। उसे छोटे अदालती और प्रशासनिक कर्मचारियों के लिए देशी भाषाओं के जानकार युवकों की जरूरत भी थी। पर इसके लिए 'हिन्दुस्तानी' (उर्दू) को प्राथमिकता दी गयी। एक वर्गविशेष, जिसमें हिन्दू–मुसलमान दोनों थे, इस प्रयास में भी लग

गया कि नये खुलने वाले स्कूलों में इसी 'हिन्दुस्तानी' की पढ़ाई हो। इसका सबसे बुरा असर फारसी लिपि और 'हिन्दुस्तानी' न जानने वाले बहुसंख्यक जनसमुदाय पर पड़ा।

उसी समय बाबू शिवप्रसाद नागरी लिपि और बोलचाल की हिन्दी के समर्थक के रूप में सामने आये। स्मरणीय है कि 1838 से ही सैयद अहमद फारसी लिपि और उर्दू भाषा के पक्ष में अभियान छेड़े हुए थे। 1841 में शिव प्रसाद भरतपुर राज्य के वकील और 1848 में शिमला में मीरमुंशी बने। 1852 में वे बनारस में 'मीरमुंशी' के पद पर कार्यरत हुए। सम्भव है, यद्यपि इसका कोई लिखित प्रमाण नहीं, उन्होंने सैयद अहमद के उर्दू अभियान के जवाब में हिन्दी का पक्ष लिया हो। उनकी विशेष रुचि शिक्षा के क्षेत्र में थी। सम्भव है, वे बंगाल की शिक्षा–क्षेत्र में उन्नति से प्रभावित भी रहे हों। उस समय हिन्दी क्षेत्र शिक्षा की दृष्टि से बहुत पिछड़ा हुआ था। 'हिन्दुस्तानी' या उर्दू के प्रति सरकारी पक्षपात से केवल देवनागरी और बोलचाल की हिन्दी जानने वाले बहुसंख्यक दिनोदिन और भी अशिक्षित होते जा रहे थे। इस माहौल में बाबू शिवप्रसाद का, जो सरकारी कर्मचारी थे, हिन्दी के समर्थन में सामने आना एक ऐतिहासिक परिघटना है। उस समय हिन्दी और देवनागरी लिपि में शिक्षासम्बन्धी किताबें न के बराबर थीं। इसे देखते हुए उन्होंने भूगोल हस्तामलक नाम की किताब लिखी जो 1851 में कलकत्ता संस्कृत प्रेस से प्रकाशित हुई। इसका दूसरा संस्करण 1859 में और लघु संस्करण 1888 में प्रकाशित हुआ।[220] इसके 'उपोद्घात' में बाबू शिवप्रसाद ने लिखा था : ''....संकल्प था कि एक छोटी सी पुस्तक ऐसी रचें जिससे बालकों को यह सारा भूगोल हस्तामलक हो जाए; पर होते होते विस्तार बहुत बढ़ गया...यदि शरीर वर्तमान है और ईश्वरेच्छा अनुकूल, तो दूसरा भाग भी शीघ्र बनकर छप जाएगा....यदि बालक भिन्न युवा और वृद्ध भी इस ग्रन्थ को पढ़ेंगे तो निश्चय ही उनका परिश्रम व्यर्थ न जाएगा; वरन् हमारे देश के राजा बाबू और महाजनों को, जो हिन्दी छोड़कर और कुछ भी नहीं जानते, और न उनकी ऐसी अवस्था है कि पाठशाला में जाके अब अंग्रेजी और फारसी सीखें, यह ग्रंथ बड़ा ही उपकारी होगा।'' इसकी भाषा के बारे में बाबू शिवप्रसाद ने लिखा : ''कितने मित्रों की सम्मति थी कि यह पुस्तक छुट हिन्दी बोली में लिखी जावे, फारसी का कुछ भी पुट न आने पावे, परन्तु हमसे जहाँ तक बन पड़ा बैताल पचीसी की चाल पर रखा और इसमें यह लाभ देखा कि फारसी शब्दों के जानने से लड़कों की बोलचाल सुधर जावेगी और उर्दू भी, जो अब इस देश की मुख्य भाषा है, सीखनी सुगम पड़ेगी।''221

इस 'उपोद्घात' से जाहिर है कि बाबू शिव प्रसाद सरकार की शिक्षानीति

को देखते हुए बहुत सावधानी से हिन्दी शिक्षा के प्रसार की बात कर रहे थे। यह मानने में कोई आपत्ति नहीं होनी चाहिए कि शिक्षाप्रसार के क्षेत्र में बाबू शिवप्रसाद का यह प्रयास बहुत महत्त्वपूर्ण था, क्योंकि पुस्तकों के बिना शिक्षा नहीं दी जा सकती। फिर उन्होंने भूगोल हस्तामलक की रचना केवल पाठ्यपुस्तक के रूप में नहीं, बल्कि कम शिक्षित प्रौढ़ पाठकों को भी ध्यान में रखकर की थी।[222]

कदाचित् शिक्षा में बाबू शिवप्रसाद की रुचि देखकर ही सरकार ने उन्हें 1856 में 'ज्वायंट इन्स्पेक्टर ऑफ स्कूल्स' नियुक्त कर दिया। 1857 के विद्रोह में उन्होंने सैयद अहमद की तरह ही सरकार की बहुत मदद की थी, अतः सरकार के प्रियपात्र भी थे। 1860 में वे इन्स्पेक्टर ऑफ स्कूल्स के पद पर पहुँच गये। इन पदों पर आने के बाद उन्होंने और भी अधिक उत्साह के साथ हिन्दी को एक सक्षम भाषा के रूप में विकसित करने का बीड़ा उठाया। 1857 में उन्होंने मानवधर्मसार पुस्तक लिखी। इसकी 'भूमिका' में उन्होंने लिखा : "मनुस्मृति हिंदुओं का मुख्य धर्मशास्त्र है। उसको कोई भी हिंदू अप्रामाणिक नहीं कह सकता। वेद में लिखा है कि मनु जी ने जो कुछ कहा उसे जीव के लिए औषध समझना....और वृहस्पति लिखते हैं कि धर्मशास्त्र रचकों में मनुजी सबमें प्रधान और अतिमान्य हैं क्योंकि उन्होंने अपने धर्मशास्त्र में सम्पूर्ण वेदों का तात्पर्य लिया है ; जो उनके धर्मशास्त्र से विरुद्ध हो, उसे कदापि न मानना।....यवन, मलेच्छ और इंगलैंडीय सुविचक्षण पंडित भी मानव धर्मशास्त्र को वेद छोड़कर संसार के सारे ग्रंथों से प्राचीन मानते हैं और सर विलियम जोन्स साहिब, जो सुप्रीम कोर्ट के प्रख्यात जज थे, इसे किसी समय में यूनान और मिसिर देश तक प्रचलित जानते हैं। खेद की बात है कि हमारे देशवासीहिंदू कहलाके अपने मानव धर्मशास्त्र को न जानें और सारे काम उसके विरुद्ध करें।"

इस 'भूमिका' में दो बातें बहुत साफ हैं : शिव प्रसाद का खाँटी हिन्दू होना और अपनी भाषा को शुद्ध 'हिन्दी' रखना, अर्थात् अरबी–फारसी शब्दों से बचना और संस्कृत के तत्सम शब्दों का प्रयोग करना। पुस्तक से जो उद्ध रण दिये गये हैं, वे भी इसकी पुष्टि करते हैं।[223]

1864 में शिव प्रसाद का इतिहास तिमिरनाशक (खंड 1, 2) प्रकाशित हुआ। यह उन्हीं की अंग्रेजी पुस्तक का अनुवाद था। 1 जनवरी, 1864 को लिखित इसकी 'भूमिका' में उन्होंने स्पष्ट किया था : "जब मैंने देहाती स्कूलों के लिए हिंदी और उर्दू में हिंदोस्तान का एक छोटा सा इतिहास तैयार करने का वादा किया, तब मुझे इस काम की मुश्किलों का अंदाजा नहीं था। मैं यह तो जानता था कि देशी भाषाओं में अब तक लिखे गये तथाकथित

इतिहास ग्रंथ कितने अधूरे और गलतियों से भरे हुए हैं, लेकिन मुझे इसका गुमान नहीं था कि एलेफिन्स्टन जैसा सजग लेखक भी ऐसी गलतियाँ कर सकता है।''[225]

भाषा के बारे में उन्होंने लिखा कि ''यहाँ मैं उनलोगों के बारे में कुछ शब्द कहने के लिए क्षमा चाहता हूँ जो हिंदी किताबों से फारसी शब्दों को निकाल बाहर करने की हमेशा मांग करते हैं, यहाँ तक कि उन शब्दों को भी जो घर–घर में बोले जाते हैं और उनकी जगह प्रचलन से उठ चुके अनुपयुक्त संस्कृत शब्दों को या सिर्फ गंवारों के बीच समझी जाने वाली अनगढ़ अभिव्यक्तियों को ठूंसना चाहते हैं। दूसरे प्रांत वालों को हमलोगों से हमदर्दी होगी जब वे इस पर गौर करेंगे कि उनकी तरह हमें कचहरी और समाज में एक भाषा और एक ही लिपि का वरदान नहीं मिला है। हमारी अदालती भाषा उर्दू है और अदालती भाषा को सभी राष्ट्रों द्वारा अपने समय की सबसे प्रचलित और सुरुचिपूर्ण भाषा माना जाता है। उर्दू अब हमारी मातृभाषा होती जा रही है और पश्चिमोत्तर प्रांतों में कम या ज्यादा, अच्छी या बुरी, सबके द्वारा बोली जाती है। अगर हम अदालती लिपि को, जो बदकिस्मती से फारसी है, बदलकर सिर्फ देवनागरी नहीं कर पाते तो क्या यह जरूरी है कि हम खामखां एक नयी भाषा पैदा करने की कोशिश करें? ....मेरे ख्याल से अदालती भाषा से लोगों का परिचय बढ़ाने में मदद करना बेहतर होगा। जिले की कचहरियों में बुद्धू बनने और भद्रवर्ग के लोगों से बातें करते समय शर्माने के बजाय पचीसी की भाषा का अनुसरण किया है।''[226]

इस उद्धरण से यह तो स्पष्ट है कि शिवप्रसाद का झुकाव उर्दू की ओर कुछ अधिक हो चला था, पर नागरी लिपि को फारसी लिपि से मुक्त करने का उनका निश्चय बना हुआ था। आचार्य शुक्ल ने भी इस ओर हमारा घ्यान आकृष्ट किया है। पर शुक्ल जी का यह मानना सही नहीं प्रतीत होता कि 1860 के बाद लिखित उनका इतिहास, भूगोल आदि की सारी पुस्तकें 'बिल्कुल उर्दूपन लिए हुई थीं'।[227] इतिहासतिमिरनाशक की भाषा 'हिन्दी' से इतनी दूर नहीं हुई थी कि उसे खामखां उर्दू मान लिया जाए। इतिहासतिमिरनाशक शीर्षक इस बात का द्योतक है कि उन्हें संस्कृत पदों से परहेज नहीं था। इतिहासतिमिरनाशक में प्रयुक्त भाषा का उदाहरण निम्नलिखित है :

''शाहजहां उस अर्से में सख्त बीमार हो गया, उमेद बचने की न थी। दाराशिकोह ने बहुतेरा चाहा कि खबर न फैले, डाक बंद कर दी, मुसाफिरों को चलने से रोका, लेकिन यह न सोचा कि भला हिन्दुस्तान में भी कभी ऐसा हो सकता है कि भेद न खुलने पावे। शुजा बंगाले का सूबेदार और मुराद गुजरात का सूबेदार, दोनों अपनी अपनी फौजें लेकर दिल्ली को रवाना हुए।

औरंगजेब दक्खन का सूबेदार था, मुराद को लिख भेजा कि तख्त आपको मुबारक हो मैं मक्के जाने की बिल्कुल तैयारी कर चुका हूं लेकिन दीन का काम समझकर जब तक कि इस काफिर दारा के कुछ बन्दोबस्त न हो जावे मैं भी तुम्हारा मददगार हूं।''[228]

आचार्य शुक्ल ने इस भाषा में 'उर्दूपन' देखा है।[229] उन्होंने 1868 में प्रकाशित राजा शिव प्रसाद सितारेहिन्द[230] के लेख 'भाषा का इतिहास' से एक उद्धरण देकर यह सिद्ध करने का प्रयास किया है कि उस समय तक उनकी भाषा उर्दू की ओर बढ़ती जा रही थी। उद्धरण यों है :

''हम लोगों को जहाँ तक बन पड़े चुनने में उन शब्दों को लेना चाहिए जो आमफहम और खासपसंद हों अर्थात् जिनको जियादा आदमी समझ सकते हैं और जो यहाँ के पढ़ेलिखे, आलिमफाजिल, पंडित, विद्वान् की बोलचाल में छोड़े नहीं गये हैं और जहाँ तक बन पड़े हमलोगों को हर्गिज गैरमुल्क के शब्द काम में न लाने चाहिए और न संस्कृत की टकसाल कायम करके नये नये ऊपरी शब्दों के सिक्के जारी करने चाहिए; जब तक कि हमलोगों को उसके जारी करने की जरूरत न साबित हो जाय अर्थात् यह कि उस अर्थ का कोई शब्द हमारी जबान में नहीं है, या जो है, अच्छा नहीं है, या कविताई की जरूरत या इल्मी जरूरत या कोई और खास जरूरत साबित हो जाय।''

शुक्ल जी ने इस उद्धरण में आये 'आमफहम', 'खासपसंद', 'इल्मी जरूरत' आदि शब्दों के आधार पर इसे 'हिन्दी' मानने से अस्वीकार किया है।[231] पर इस भाषा के आधार पर यह नहीं कहा जा सकता कि शिवप्रसाद की भाषा 1960 के बाद 'पढ़ेलिखे आलिम फाजिल लोगों की भाषा' बन गयी। जिस समय बाबू शिवप्रसाद ने भाषा का यह उदाहरण प्रस्तुत किया था, उस समय 'युक्त प्रान्त' (जो पहले आगरा, कानपुर, इलाहाबाद और बनारस को मिलाकर 'पश्चिमोत्तर प्रांत' कहलाता था, उसमें अवध प्रांत को मिलाकर यह नाम पड़ा था) और बिहार की छोटी अदालतों और कार्यालयों में फारसी लिपि में लिखित अरबी–फारसी प्रधान खड़ीबोली (जिसे उर्दू कहा जाने लगा था) का बोलबाला था। इस क्षेत्र के शिक्षाविभागों में ज्यादातर अफसर मुसलमान थे और वे सारे के सारे हिन्दी के विरोधी थे। इस परिवेश में बाबू शिवप्रसाद का हिन्दी के लिए किया गया संघर्ष और समझौता बहुत आश्चर्यजनक नहीं कहा जा सकता।

बाबू शिव प्रसाद पहले व्यक्ति थे जिन्होंने सरकारी कामकाज और अदालतों की भाषा के लिए प्रचलित फारसी लिपि के स्थान पर नागरी लिपि के प्रयोग के लिए आन्दोलन आरम्भ किया। 1868 में उन्होंने सरकार को एक मेमोरेंडम

दिया जिसमें यह माँग की गयी थी। यद्यपि उनकी यह माँग स्वीकृत नहीं हुई, पर उसके बाद वाले दशक में नागरी के पक्ष में जो आन्दोलन आगे बढ़ा उसने 1881 में बिहार में और 1900 में युक्त प्रान्त की अदालतों में नागरी लिपि को प्रतिष्ठित कर दिया।

उन्नीसवीं शताब्दी के दूसरे दशक में कम्पनी शासन की ओर से 'कैलकटा स्कूल बुक सोसाइटी' की स्थापना हुई और उसमें एक हिन्दुस्तानी विभाग कायम किया गया जो बाद में हिन्दी विभाग के रूप में मान्य हुआ। सोसाइटी ने हिन्दी में विभिन्न विषयों की लगभग एक दर्जन पुस्तकें प्रकाशित कीं[232] जो बनारस तथा उत्तरी पश्चिमी प्रान्तों में पाठ्य पुस्तकों के रूप में निर्धारित की गयीं। 1817 से 1832 तक इस सोसाइटी ने साठ पुस्तकें प्रकाशित कीं। यद्यपि 1836 में मेकॉले ने अंग्रेजी माध्यम से ही शिक्षा देने की नीति का समर्थन किया पर साथ ही यह भी सुझाव दिया कि सरकार को प्रचलित देशी भाषाओं में साहित्य के निर्माण की ओर पूर्णतया सचेष्ट होना चाहिए। 1843 ई. में संयुक्त प्रान्त (अब उत्तर प्रदेश) के गवर्नर थॉमसन ने अपने प्रान्त की शिक्षा के लिए एक योजना प्रस्तुत की जिसमें देशी स्कूलों के विकास पर बल दिया। इस योजना के तहत खोले गये स्कूलों के पाठ्यक्रम में हिन्दी और उर्दू दोनों को स्थान मिला।[233]

पर ईस्ट इंडिया कम्पनी की भाषा नीति हिन्दी के अनुकूल नहीं थी। हिन्दी बहुसंख्यक जनसामान्य की भाषा थी जबकि उर्दू सामन्त वर्ग, अभिजात समाज और नौकरी पेशा वर्ग की भाषा थी। कम्पनी सरकार को इस दूसरे वर्ग को अपनी भाषानीति के द्वारा अपने अनुकूल बनाए रखना था। इसीलिए अपने शासनकाल के आरम्भ में कम्पनी सरकार ने फारसी को सरकारी भाषा के रूप में बनाए रखा, यद्यपि सरकार में सारे उच्च पदाधिकारी अंग्रेज ही होते थे और वे अंग्रेजी में ही सरकारी कामों का निष्पादन करते थे। 1803 में प्रत्येक जिले के कलक्टर तथा जज को आदेश दिया गया कि वे नये कानूनों को फारसी और नागरी दोनों लिपियों में विज्ञापित करें।[234]

इसकी भाषा निम्नलिखित रूप में थी :

''किसी को इस बात का उजूर नहीं होए कि ऊपर के दफे का लिखा हुकुम सभसे वाकीफ नहीं है, हरी एक जिले के कलीक्टर साहीब को लाजीम है कि इस आईन के पावने पर एक केता इस्तहारनामा निचे के सरह से फारसी व नागरी भाषा वो अच्छर में लिखाय के ....कचहरी लटकावही।.... अदालतों में जजसाहेब लोग के कचहरी में भी तमामी आदमी के बुझने के वास्ते लटकावही।'' (अंगरेजी सन् 1803 साल, 31 आईन दफा)

इस आदेश के कथ्य में कोई अस्पष्टता नहीं है। तत्कालीन आम जनता को,

जो मुख्यतः हिन्दी समझती थी, और नागरी लिपि से भी परिचित थी, सरकारी कानून से अवगत कराने के लिए भाषा और लिपि के उपयोग का इसमें स्पष्ट निर्देश है। पर उस समय निचले दफ्तरों और अदालतों में अधिकतर उर्दू–फारसी भाषा और फारसी लिपि का ही प्रयोग होता था, अतः इस आदेश का ईमानदारी से पालन नहीं हो सका और सरकार की भी इसका पालन कराने में विशेष रुचि नहीं थी। 1830 में कम्पनी के कोर्ट ऑफ डाइरेक्टर्स ने आदेश दिया कि न्यायालयों की समस्त कार्रवाई उस स्थान की भाषा में ही हो।[235] पुनः 1836 ई. में सरकार ने 'इश्तहारनामे' निकाले कि सारे अदालती काम देश की प्रचलित भाषाओं में हुआ करें। वह 'इश्तहारनामा' यों था :

"इश्तहारनामा : बोर्ड सदर

पच्छाँह के सदर बोर्ड के साहबों ने यह ध्यान किया है कि कचहरी के सब काम फारसी जबान में लिखा पढ़ा होने से सब लोगों का बहुत हर्ज पड़ता है और बहुत कलप होता है, जब कोई अपनी अर्जी अपनी भाषा में लिखके सरकार में दाखिल करने पावे तो बड़ी बात होगी। सबको चैन आराम होगा। इसलिए हुक्म दिया गया है कि 1244 की कुवार बदी प्रथम से जिसका जो मामला सदर व बोर्ड में हो सो अपना अपना सवाल अपनी हिन्दी की बोली में और फारसी के नागरी अच्छरन में लिखे दाखिल करे कि डाक पर भेजे और सवाल जौन अच्छरन में लिखा हो तौने अच्छरन में और बोली में उस पर हुक्म लिखा जाएगा। मिति 29 जुलाई सन 1836 ई."[236]

इस इश्तहारनामे में, जैसा शुक्ल जी ने भी बताया है, स्पष्ट कहा गया है कि बोली हिन्दी ही हो, अक्षर नागरी के स्थान पर फारसी भी हो सकते हैं। शुक्ल जी के अनुसार "खेद की बात है कि उचित व्यवस्था चलने न पायी। मुसलमानों की ओर से इस बात का घोर प्रयत्न हुआ कि दफ्तरों में हिन्दी रहने न पाए, पर उर्दू चलायी जाए। 1837 के अदालती भाषा से सम्बद्ध अधिनियम के अनुसार हिन्दी हिन्दी–क्षेत्र की अदालती भाषा स्वीकार की गयी पर मुस्लिम उच्च वर्ग तथा हिन्दू वकीलों और मुंशियों के षड्यन्त्र और सरकार की उदासीनता के कारण ऊपरी प्रान्तों (अपर प्राविंसेज) की अदालतों में उर्दू का प्रवेश हो गया। धीरे धीरे अदालतों में हिन्दी के स्थान पर अरबी–फारसी शब्दों, वाक्यांशों और मुहावरों से लदी उर्दू भाषा तथा फारसी लिपि का प्रचार हो गया।[237] फारसी शब्दावली और मुहावरों की प्रवृत्ति को रोकने के लिए सरकार की तरफ से आदेश निकलते रहते थे, पर कर्मचारियों और अमलों की मिलीभगत से उनका कार्यान्वयन नहीं हो पाता था। यही कारण है कि 1837 के बाद 'हिन्दुस्तानी' का जो रूप विकसित हुआ वह हिन्दी से दूर, फारसी के रंग में बिल्कुल रँगा हुआ और क्लिष्ट

था। 1837 के पूर्व 'हिन्दुस्तानी' के लिए नागरी लिपि का प्रयोग भी होता था, पर उसके बाद फारसी लिपि में लिखित 'हिन्दुस्तानी' का प्रचार अधिकाधिक होने लगा। 1850 के लगभग 'हिन्दुस्तानी' केवल फारसी लिपि में लिखी जाने लगी।[238] इस प्रकार खड़ीबोली का अरबी–फारसी प्रधान रूप अदालती भाषा बनकर सबके सामने आ गया और जीविका तथा सम्मान के लिए उर्दू भाषा और फारसी लिपि का ज्ञान प्राप्त करना सबके लिए जरूरी हो गया। देशभाषा के नाम पर लड़कों को उर्दू ही सिखायी जाने लगी। उर्दू पढ़ेलिखे लोग ही शिक्षित कहलाने लगे।''[239] शुक्ल जी ने अपने मत के समर्थन में बाबू बालमुकुन्द गुप्त का यह विचार भी उद्धृत किया है :

''जो लोग नागरी सीखते थे फारसी अक्षर सीखने पर विवश हुए और हिन्दी भाषा हिन्दी न रहकर उर्दू बन गयी।....हिन्दी उस भाषा का नाम रहा जो टूटी फूटी चाल पर देवनागरी अक्षरों में लिखी जाती थी।''[240]

इतिहास किस तरह अपने को दुहराता है, उसकी पुष्टि आज (2014) हिन्दी के साथ हो रहे बर्ताव से हो रही है। भारतीय संविधान ने हिन्दी को राजभाषा का स्थान दे रखा है, पर अंग्रेजी ने उसे किस तरह हाशिये पर डाल रखा है, इसकी गवाही भविष्य का इतिहास देगा ही।

राजा शिवप्रसाद का भाषा सम्बन्धी दृष्टिकोण अपने समय की उपज है। शुक्ल जी के समय में 'हिन्दी' का संस्कृतीकरण अपने चरम पर था ; आज 84 वर्ष बाद हमारी भाषासम्बन्धी दृष्टि बदल गयी है और हम राजा शिवप्रसाद की भाषादृष्टि के प्रति सहानुभूतिशील होने को बाध्य हैं। यह आज के समय की माँग है।

शुक्ल जी ने राजा शिवप्रसाद की भाषा को 'आदर्श हिन्दी' नहीं माना और राजा लक्ष्मण सिंह की भाषा को 'असली हिन्दी' स्वीकार किया। राजा लक्ष्मण सिंह ने 1861 में आगरा से प्रजाहितैषी नामक पत्र निकाला जिसकी भाषा राजा शिवप्रसाद की भाषा से अलग थी। इसके वर्ष भर बाद ही, 1963 में, उन्होंने अभिज्ञान शाकुन्तलम् का शकुन्तला नाटक शीर्षक से अनुवाद प्रस्तुत किया जिसे शुक्ल जी ने 'सरस और विशुद्ध हिन्दी' का नमूना बताया।[241] इस भाषा का स्वरूप निम्न पंक्तियों में देखा जा सकता है :

''अनुसूया–(हौले प्रियंवदा से) सखी! मैं भी इसी सोच विचार में हूँ। अब इससे कुछ पुछूँगी। (प्रगट) महात्मा ! तुम्हारे मधुर वचनों के विश्वास में आकर मेरा जी यह पूछने को चाहता है कि तुम किस राजवंश के भूषण हो और किस देश की प्रजा को विरह में व्याकुल छोड़ यहाँ पधारे हो? क्या कारण है? जिससे तुमने अपने कोमल गात को कठिन तपोवन में आकर पीड़ित किया है?''

शुक्ल जी के अनुसार यह भाषा ठेठ और सरल होते हुए भी साहित्य

में चिरकाल से व्यवहृत संस्कृत के कुछ रसिक शब्द लिए हुए है। 'साहित्य में चिरकाल से व्यवहृत संस्कृत के कुछ रसिक शब्द' पदबन्ध का अभिप्राय अस्पष्ट है। मैं विश्वास के साथ कह सकता हूँ कि आज (2014) का अनुवादक इस भाषा को ज्यों का त्यों स्वीकार नहीं करेगा। भले ही वह काल को ध्यान में रखते हुए अरबी–फारसी शब्दों को इसमें स्थान न दे, पर भाषा तो बदल ही जाएगी।

अपने रघुवंश के गद्यानुवाद के (1877) 'प्राक्कथन' में राजा लक्ष्मण सिंह ने भाषा के सम्बन्ध में अपना मत इस प्रकार व्यक्त किया है :

"हमारे मत में हिन्दी और उर्दू दो बोली न्यारी न्यारी हैं। हिन्दी इस देश के हिन्दू बोलते हैं और उर्दू यहाँ के मुसलमान और फारसी पढ़े हुए हिन्दुओं की बोलचाल है। हिन्दी में संस्कृत के पद बहुत आते हैं और उर्दू में अरबी फारसी के। परंतु कुछ अवश्य नहीं है कि अरबी फारसी के शब्दों के बिना हिंदी न बोली जाय और न हम उस भाषा को हिन्दी कहते हैं जिसमें अरबी, फारसी के शब्द भरे हों।"

मेरी दृष्टि में भाषा के प्रति राजा लक्ष्मण सिंह का यह दृष्टिकोण संगत नहीं था। इसके बाद 'हिन्दी' और 'उर्दू' एक ही खड़ीबोली की दो शैलियाँ होने के बावजूद दो भिन्न भिन्न भाषाओं के रूप में आमने सामने खड़ी हो गयीं। यदि उस समय राजा शिवप्रसाद का भाषा सम्बन्धी दृष्टिकोण अपना लिया गया होता तो हिन्दी का रूप व्यापक और शायद सर्वग्राह्य हो जाता।

राजा लक्ष्मण सिंह की भाषा की एक उल्लेखनीय विशेषता उसका लोकभाषा के निकट होना है। वे आगरा क्षेत्र के निवासी थे, अतः उनकी खड़ीबोली पर वहाँ की लोकभाषा (ब्रज) का प्रभाव दिखाई पड़ता है। 'कण्व' के स्थान पर 'कन्व', आश्चर्य के स्थान पर 'अचरज', 'गुण' के स्थान पर 'गुन', 'पश्चाताप' के स्थान पर 'पछताव', 'पर' के स्थान पर 'पै' तथा 'गतारी', 'गंडा', 'डिब्बा', 'दीठ', 'राँड़', 'उनहार', 'आरबल', 'टहलुआ' जैसे ठेठ बोलचाल के शब्दों का प्रयोग इसका प्रमाण है। 'पूछा चाहती हूँ', 'जाने को कहा है' जैसे क्रियापदों पर भी स्थानीय प्रभाव स्पष्ट है। यह बात राजा शिवप्रसाद के गद्य में नहीं दिखाई देती।

उन्नीसवीं शताब्दी में हिन्दी गद्य को पत्रकारिता ने भी प्रभावित किया था। यों तो हिन्दी का पहला समाचारपत्र उदन्त मार्तण्ड (1826) माना जाता है, पर दिसम्बर, 1819 में बँगला और अंग्रेजी में प्रकाशित द्विभाषी पत्र द गोस्पेल मैगजिन में कभी कभी कुछ अंश 'हिन्दुई' में प्रकाशित किये जाते थे।[242] इसके कुछ उद्धरण उपलब्ध हैं जिनकी भाषा लल्लू जी लाल और सदल मिश्र की भाषा से मिलती जुलती है।[243] उदन्त मार्तण्ड 30 मई, 1826

को कानपुर के निवासी पं. जुगल किशोर शुक्ल के सम्पादकत्व में कलकत्ता से निकलना आरम्भ हुआ जो लगभग डेढ़ साल चलकर 11 दिसम्बर, 1827 को बन्द हो गया। यह साप्ताहिक पत्र था जिसकी भाषा का एक उदाहरण निम्नलिखित है:

"जावा की चिट्ठी से समझ पड़ा कि पिछले फरवरी महीने में वहाँ छोटा सा एक जहाज पर लंका से तीन हजार दालचीनी का पौधा लाया गया है और वहाँ के बड़े साहिब की इच्छा है कि जैसी सरस दालचीनी लंका में होती है वैसे ही जावा में भी होय। उस दालचीनी का पेड़ लंका से बाहिर निकालने का हुकुम नहीं है इसलिए वे सब इस प्रकार से उन पौधों को वहाँ से उड़ाय लाये हैं।"[244]

यह भाषा भी लल्लू जी लाल, सदल मिश्र, मुंशी सदासुख लाल और हिन्दी क्षेत्रों में धर्मप्रचार करने वाले ईसाई मिशनरियों की भाषा से मिलती जुलती है।

10 मई, 1829 को, कलकत्ता से ही, बंगदूत नामक त्रैभाषिक साप्ताहिक पत्र प्रकाशित होना शुरू हुआ। इस पत्र द्वारा राजा राममोहन राय अपने दार्शनिक विचारों का प्रचार करते थे। उनकी भाषा भी लल्लू जी लाल का ही अनुसरण करती है, पर उसमें बँगलापन, जैसे 'वेदाध्ययनहीन मनुष्य को स्वर्ग और मोक्षहोने शक्ता नहीं' जैसे प्रयोग भी मिले हुए होते थे। यह पत्र भी लगभग एक वर्ष चलकर बन्द हो गया।

बंगदूत के बाद लगभग 16 वर्षों तक हिन्दी में कोई दूसरा पत्र नहीं निकला। 1845 में बाबू शिवप्रसाद के संरक्षण में बनारस से बनारस अखबार नामक साप्ताहिक समाचारपत्र प्रकाशित होना शुरू हुआ।[245] यह पत्र नागरी अक्षरों में प्रकाशित होता था, पर इसकी भाषा उर्दू के अधिक निकट थी। 11 जून, 1846 को कलकत्ता के इंडियन सन प्रेस से मार्तण्ड या इंडियन सन नाम का साप्ताहिक पत्र पाँच भाषाओं में, जिनमें एक हिन्दी भी थी, प्रकाशित हुआ। इसी वर्ष ज्ञानदीप नाम का एक पत्र भी हिन्दी में निकला। 1848 में इन्दौर से पं. प्रेमनारायण ने मालवा अखबार नाम का पत्र निकाला, जो हिन्दी और उर्दू दोनों में प्रकाशित होता था। 1849 में कलकत्ता से बँगला और हिन्दी में जगद्दीपक भास्कर नामक पत्र प्रकाशित हुआ।[246]

उन्नीसवीं शताब्दी के पूर्वार्द्ध में प्रकाशित समाचारपत्रों के सिंहावलोकन से यह तथ्य सामने आता है कि बंगाल में बँगला और अंग्रेजी पत्रों का तथा पश्चिमोत्तर प्रान्त में उर्दू पत्रों का बोलबाला था। इसके कई कारण थे। इस समय सरकारी कार्यालयों और अदालतों में फारसी और उर्दू का बोलबाला था। स्कूलों में भी हिन्दी की अपेक्षा उर्दू को अधिक महत्त्वपूर्ण स्थान प्राप्त था। अधिकतर पढ़ेलिखे लोग, जो सरकारी पदों पर आसीन थे, उर्दू–फारसी

के जानकार और उसके हिमायती थे। हिन्दी जनसाधारण की भाषा थी, जो अखबार पढ़ने की योग्यता से रहित थी। यही कारण है कि केवल हिन्दी में पत्र निकालने में सम्पादकों को हिचक होती थी। हिन्दुओं में भी उर्दू पढ़ने वालों की अधिकता थी। अतः कुछ पत्र नागरी अक्षरों में निकले पर उनकी भाषा उर्दू ही रही। इस कारण 1850 के पूर्व हिन्दी गद्यशैली के विकास में हिन्दी समाचारपत्रों की भूमिका नगण्य ही मानी जाएगी।

सन् 1850–67 की अवधि में भी लगभग यही स्थिति बनी रही। इस अवधि में हिन्दी में तीन प्रकार के पत्र दिखाई पड़ते हैं। कुछ थोड़े से पत्र, जिनमें सामदण्ड मार्तण्ड (1850), प्रजाहितैशी (1855), धर्मप्रकाश (1859), तत्त्वबोधिनी पत्रिका (1865), सत्यदीपक (1866) आदि केवल हिन्दी में प्रकाशित होते थे। इन पत्रों में से अधिकांश के सम्बन्ध में बहुत कम सूचनाएँ प्राप्त होती हैं और इनकी भाषा के उदाहरण भी उपलब्ध नहीं हैं दूसरे प्रकार के पत्र वे थे, जो छपते तो थे नागरी अक्षरों में, पर जिनकी भाषा उर्दू होती थी। कुछ हिन्दी पत्र उर्दू पत्रों के अनुवाद मात्र होते थे। ऐसे पत्रों में सुधाकर (1850), बुद्धि प्रकाश (1852), पयामे आजादी (1857), लोकमित्र (1867) आदि थे। इनकी भाषा के उदाहरण भी आज उपलब्ध नहीं हैं। पर इस अवधि में भी द्विभाषी पत्रों की, विशेषकर उर्दू–हिन्दी पत्रों की अधिकता थी। मजहरुल सरूर (1852), ग्वालियर गजेट (1853), सर्वहितकारक (1855), सूरज प्रकाश और जगतलाभ चिन्तक (1861), भारत खण्डामृत (1864), ज्ञानप्रदायिनी पत्रिका (1866), रतन प्रकाश (1867), विद्याविलास आदि ऐसे ही द्विभाषी पत्र थे। समाचार सुधा वर्षण भी, जिसे हिन्दी का पहला दैनिक पत्र होने का गौरव प्राप्त है, द्विभाशी पत्र था, जो हिन्दी और बँगला में, 1854 में, कलकत्ता से प्रकाशित हुआ था।[247]

1850–67 के हिन्दी पत्रों के अवलोकन से यह तथ्य भी सामने आता है कि इस अवधि में कई पत्र पहले दो भाषाओं में एक साथ प्रकाशित होने शुरू हुए, पर थोड़े ही दिनों के बाद वे हिन्दी में स्वतंत्र रूप से प्रकाशित होने लगे। उदाहरण के लिए सुधाकर (1850) बँगला और हिन्दी में प्रकाशित होना शुरू हुआ था, पर तीन वर्ष बाद, 1853 में वह केवल हिन्दी में छपने लगा।[248] सुधाकर के बारे में आचार्य शुक्ल ने लिखा है कि "इस पत्र की भाषा कुछ सुधरी हुई तथा ठीक थी, पर यह पत्र कुछ दिन चला नहीं।"[249] पयामे आजादी पहले उर्दू में प्रकाशित होता था, पर बाद में हिन्दी में निकलने लगा। आगरा से मुफीद उल खलाइक अथवा सर्वोपकारक नामक द्विभाषीपत्र निकला था, पर 1865 में सर्वोपकारक स्वतंत्र रूप से प्रकाशित होने लगा। अजमेर से सोहनलाल के सम्पादकत्व में पहले खैरखाहे खलाइक नामक पत्र

निकलता था, जिसका हिन्दी रूप जगलाभ चिन्तक प्रकाशित हुआ।[250] डॉ. रामरतन भटनागर के अनुसार 1857 के विद्रोह के बाद हिन्दी पत्र उर्दू पत्रों को दबाकर आगे बढ़ने लगे थे।[251] फिर भी इस अवधि में हिन्दी गद्यशैली के विकास में हिन्दी पत्रों का योगदान नगण्य रहा।

शिवप्रसाद, लक्ष्मण सिंह, पत्रकारिता और छिटपुट कथालेखन के माध्यम से विकसित होता रहा खड़ीबोली गद्य 1970 के आसपास एक मंजिल तक पहुँचा।

इन पूरे सात दशकों में अनुवादों, धर्मपुस्तकों, स्कूली पाठ्यपुस्तकों और संग्रहों का ही बोलबाला रहा। मौलिक पुस्तकें तीन–चार से ज्यादा नहीं लिखी गयीं। हिन्दी की पहली मौलिक गद्यकथा 1800 के आसपास लिखित इंशा अल्ला खाँ की रानी केतकी की कहानी अथवा उदयभान चरित है। बहुत से लोगों ने इसे 'उपन्यास' मानने का भी आग्रह किया है पर वह संगत नहीं है। इसमें उपन्यास की चार विशेषताएँ–यानी गद्य में लिखित कथा, मौलिक और कल्पनाप्रसूत होना–तो हैं, पर पाँचवीं विशेषता यानी यथार्थ के प्रति संलग्नता का अभाव है। रानी केतकी की कहानी सूफी प्रेमाख्यानों की पद्धति पर रचित गद्यकथा है, जिसमें अतिलौकिक तत्त्वों, फारसी कथानकरूढ़ियों तथा अतिशयोक्ति पूर्ण वर्णनों से भरी एक प्रेमकहानी है। कथा के बीच बीच में सूफी प्रेमाख्यानों की शैली पर नायिका के नखशिख सौन्दर्य तथा वैवाहिक तैयारियों का अतिशयोक्तिपूर्ण और वस्तुपरिगणनात्मक वर्णन मिलता है। समकालीन ज़ीवन के यथार्थ से, जो उपन्यास की पहली पहचान है, इसका कोई सम्बन्ध नहीं है।

इसके लगभग सात दशकों के बाद ही खड़ीबोली में किसी मौलिक कथा की रचना हुई : 1869 में नज़ीर अहमद का मिरातुल उरूस और 1870 में गौरीदत्त की देवरानी जेठानी की कहानी। सामान्य पाठकों के लिए अनूदित कथापुस्तकों के प्रकाशन का प्रचलन भी 1840 के लगभग आरम्भ हुआ। 1838–59 की अवधि में किस्सा हातिमताई (1838), कथासार (1839), मनोरंजन इतिहास (1946), किस्सा चहार दरवेश (1847), 'सूरजपुर की कहानी' (1853), 'धर्मसिंह का वृत्तान्त' (1853), 'वीरसिंह का वृत्तान्त (1855), वामा मनरंजन (1856), शुकबहत्तरी (1859), लड़कों की कहानी (1861, द्वि. सं.) आदि कथापुस्तकें प्रकाशित हुईं और पाठकों में लोकप्रिय हुईं। 1860 ई. में डेनियल डीफो कृत राबिंसन क्रूसो का पं. बदरीलाल कृत अनुवाद राबिंसन क्रूसो का इतिहास प्रकाशित हुआ जो हिन्दी का पहला अनूदित उपन्यास कहा जा सकता है। यह अनुवाद सीधे अंग्रेजी से नहीं बल्कि उसके बँगला अनुवाद से किया गया था और हिन्दी पाठकों के बीच पर्याप्त लोकप्रिय भी

हुआ था। 1867 ई. में जॉन बन्यन कृत पिलग्रिम्स प्रोग्रेस का यात्रा स्वप्नोदय शीर्षक अनुवाद प्रकाशित हुआ। यह उपन्यास ईसाई पादरियों द्वारा धर्मप्रचारार्थ प्रस्तुत किया गया था और इसके कई संस्करण हुए थे। 1868 में उर्दू से गुलबकावली का अनुवाद प्रकाशित हुआ, जो बाद में, हिन्दी पाठकों में बहुत लोकप्रिय हुआ।[252]

1861–70 के दशक में नल प्रसंग, नया काशीखंड, राजपूतों की कथा, फूलमणि और करुणा का वृत्तान्त, शनैश्चर जी की कथा, सिकंदरशाह पातशाह के शहजादे रमनशाह का किस्सा, प्रह्लाद चरित, बुद्धि फलोदय, कृष्ण जन्म खंड, रामाश्वमेध, तीन देवों की कहानी आदि अनूदित कथापुस्तकें प्रकाशित हुईं।

1869 में खड़ीबोली की अरबी–फारसी शैली में, जिसका 'उर्दू' नाम तब तक प्रचलित हो चुका था, नज़ीर अहमद ने, जो 1857 के विद्रोह के बाद 'डिपुटी इन्सपेक्टर ऑफ स्कूल्स' नियुक्त हो चुके थे, मिरातुल उरूस नामक गद्यकथा लिखी जिसे उर्दू आलोचकों ने उर्दू का प्रथम उपन्यास कहा है। उर्दू साहित्य के प्रसिद्ध इतिहासकार सैयद एहतेशाम हुसैन के अनुसार यह कथा उन्होंने अपनी बेटी की शिक्षा के लिए पाठ्यपुस्तक के रूप में लिखी थी, जो संयोगवश एक अंग्रेज कलक्टर के हाथ लग गयी, जिसे उसने प्रकाशित करने पर जोर दिया और उन्हें एक पुरस्कार भी दिलाया। फिर तो यह सिलसिला चल निकला और नज़ीर साहब ने सात उपन्यास लिखे, जिनमें से कई पर उन्हें पुरस्कार भी मिलें।[253] मिरातुल उरूस और बेनातुन नाश दोनों में लड़कियों को सुघड़ बनाने, शिक्षा प्राप्त करने और ससुराल में जीवन बिताने के सिद्धान्त बताये गये हैं। एहतेशाम हुसैन के अनुसार नज़ीर अहमद के उपन्यासों का दोष यह है कि उनके पात्र बीच बीच में धर्म और नीति पर भाषण देने लगते हैं। नज़ीर साहब के तीसरे उपन्यास तौबतुन नुसूह (1877) में दिल्ली के मिटते हुए घरानों के चित्र सामने आते हैं और नज़ीर साहब का यह विचार भी कि सच्ची धार्मिकता के बिना जीवन सफल नहीं हो सकता। उनके इब्नुलवक्त में भारतीयों के बिना सोचे समझे अंग्रेजी रहन–सहन और आहार–व्यवहार ग्रहण करने की निन्दा की गयी है।[254]

नज़ीर अहमद के मिरातुल उरूस के ठीक एक वर्ष बाद, 1870 में, पं गौरीदत्त की देवरानी जेठानी की कहानी प्रकाशित हुई, जो 1966 तक गुमनामी झेलने के बाद प्रस्तुत पंक्तियों के लेखक द्वारा ही सम्पादित प्रकाशित होकर हिन्दी के प्रथम उपन्यास के रूप में प्रतिष्ठित हुई। एहतेशाम हुसैन के अनुसार नज़ीर अहमद के प्रत्येक उपन्यास के 'असंख्य' संस्करण निकल चुके हैं और बहुत सी भाषाओं में अनुवाद भी हो चुके हैं। इनकी तुलना में

देवरानी जेठानी की कहानी की गुमनामी हिन्दी आलोचना की स्थिति को ही अधिक दर्शाती है। 1929 तक रामचन्द्र शुक्ल तक को इस उपन्यास के बारे में कोई जानकारी नहीं थी जिसके फलस्वरूप यह हिन्दी के प्रथम उपन्यास के रूप में नामांकित होने से रह गया।

देवरानी जेठानी की कहानी की रचना उपन्यास के रूप में नहीं, बल्कि बालिकाओं के लिए उपयोगी पाठ्य़पुस्तक के रूप में हुई थी। मिरातुल उरूस से इसका एक अन्तर यह माना जा सकता है कि इसका कथ्य उसकी तुलना में व्यापक और अपने समय के यथार्थ से जुड़ा होने के कारण 'उपन्यास' के अधिक निकट है। इसकी प्रमुख विशेषता यह है कि इसमें पहली बार परम्परा से हटकर कथा कहने का प्रयास किया गया है। कथाकार ने पुराने आख्यान लेखकों की तरह किसी राजा सेठ, सामन्त या शूरवीर की कथा न कहकर साधारण मध्यवर्गीय वैश्य परिवार की देवरानी–जेठानी की कहानी लिखी है। रानी केतकी की कहानी से इसका अन्तर यह है कि प्रथम में राजमहलों में निवास करने वाली एक रानी की कहानी है और दूसरे में एक साधारण परिवार की बहुओं, सुखदेई और ज्ञानो की। राजप्रासाद से सामान्य गृहस्थ के आँगन की यह छलांग अभूतपूर्व कही जा सकती है।

देवरानी जेठानी की कहानी यद्यपि स्त्रियों के पढ़ने–पढ़ाने तथा उन्हें गृहस्थ धर्म का उपदेश देने के लिए लिखी गयी थी, पर लेखक अपनी कथा की नवीनता और परम्पराच्युति के प्रति सजग है। उसने 'भूमिका' में लिखा है, ''मैंने इस कहानी को नये रंगढंग से लिखा है।'' यह 'नया रंगढंग' कहानी की विषयवस्तु और भाषा दोनों में दिखाई देता है। मिरातुल उरूस में भी विषय का नयापन है, पर उसकी भाषा बिल्कुल टकसाली है। गौरीदत्त का यथार्थ के प्रति आग्रह स्पष्ट है। वह अपनी कथा को अधिक से अधिक विश्वसनीय और प्रामाणिक बनाना चाहता है। उसके ही शब्दों में ''इस पुस्तक में स्त्रियों की ही बोलचाल और वही शब्द जहाँ जैसा आशय है लिखे हैं और यह वह बोली है जो इस जिले के कुटुंब में स्त्री–पुरुष व लड़के बाले बोलते हैं....इस पुस्तक में यह भी दरसा दिया है कि इस देश के बनिये जन्म, मरण, विवाह आदि में क्या क्या करते हैं पढ़ी और बेपढ़ी स्त्रियों में क्या क्या अंतर है, बालकों का पालन और पोषण किस प्रकार होता है और किस प्रकार होना चाहिए.....इस पुस्तक में ठीक ठीक वही लिखा है जो आजकल बनियों के घरों में हो रहा है बाल बराबर भी अंतर नहीं है।''(प्र. सं., भूमिका)

इस उद्धरण की अन्तिम पंक्ति यथार्थवाद के उस आग्रह से युक्त है जो उपन्यास की पहचान है। इस यथार्थवादी आग्रह का निर्वाह कथा के कलेवर में भी हुआ है। तत्कालीन बनिया समाज की सांस्कृतिक और पारिवारिक

स्थिति–उसके आचार–विचार, पर्व–त्योहार, रीतिरिवाज, जन्म, विवाह और मृत्यु सम्बन्धित संस्कार तथा घरेलू जीवनचर्या–का इस कथा में प्रामाणिक विवरण मिलता है।

देवरानी जेठानी की कहानी में कथा को विश्वसनीय और यथार्थवादी बनाने के लिए उस प्रणाली का प्रयोग किया गया है जो हिन्दी में सर्वथा नयी थी। कथा में जिन स्थानों और पात्रों का चित्रण किया गया है, विशिष्ट और यथार्थ हैं, पुरानी कथाओं की तरह कल्पित नहीं। मेरठ, दिल्ली, हापुड़, खुर्जा, गुड़गाँव आदि जिन स्थानों के नाम, कथा में आये हैं, वे आज भी विद्यमान हैं। पात्रों के नाम भी–पार्वती, सुखदेई, दौलतराम, छोटे आदि–वास्तविक व्यक्तियों के नाम हैं, जो तत्कालीन मध्यवर्गीय परिवारों में सामान्य रूप से प्रचलित थे। देवरानी जेठानी की कहानी केवल स्त्रीशिक्षा की कहानी नहीं है, वरन् यह उन्नीसवीं शताब्दी के मध्यवर्गीय समाज के जीवन का यथार्थ चित्र भी है। यह चित्रण किसी इतिहास से अधिक प्रामाणिक है, क्योंकि कथाकार ने इसे अपने प्रत्यक्ष अनुभव के आधार पर लिखा है। इसमें मध्यवर्ग की आर्थिक अवस्था, रीतिरिवाज, जन्म से लेकर मृत्यु तक के संस्कार, पुरानी और नयी सोच, सामाजिक और धार्मिक विश्वास, नैतिक मूल्य, समाज में फैली अशिक्षा, अन्धविश्वास, रूढ़िवादिता, अपव्यय, बालविवाह, विधवाओं की दशा आदि का चित्रण किया गया है। कथाकार स्त्रीशिक्षा और विधवा–विवाह का भी समर्थन करता है, यद्यपि विधवा–विवाह का समर्थन वह दबी जबान से ही करता है। इसका कारण यह हो सकता है कि उस समय हिन्दू समाज में विधवा–विवाह को व्यापक समर्थन प्राप्त नहीं था।

बदलते हुए जमाने की झलक देवरानी जेठानी की कहानी में अच्छी तरह देखी जा सकती है। इस सदी का बंगाल से चला नवजागरण का आन्दोलन हिन्दी क्षेत्र में भी प्रवेश कर चुका था। लोग शिक्षा का महत्त्व समझने लगे थे। प्रबुद्ध लोगों का ध्यान लड़कियों की शिक्षा की ओर जाने लगा था। सरकार भी इस दिशा में कुछ प्रोत्साहन देने लगी थी। देवरानी जेठानी की कहानी की रचना में सरकार द्वारा प्रदत्त प्रोत्साहन का भी योग था। इसकी 'भूमिका' में इस बात का स्पष्ट उल्लेख है कि युक्त प्रान्त के अंग्रेज जनशिक्षा निदेशक एन. केमशन की 'आज्ञा' से इसका प्रकाशन हुआ और सरकार ने न केवल दो सौ प्रतियाँ खरीदीं वरन् लेखक को एक सौ रुपये का पुरस्कार भी दिया। पर देवरानी जेठानी की कहानी की रचना के पीछे 'देशोन्नति' का भाव भी कम नहीं था। वस्तुतः 'देशोन्नति' का भाव उस समय के प्रबुद्ध जनमानस को मथ रहा था। इसके लिए शिक्षा, अपनी लिपि, वाणिज्य व्यवसाय आदि की उन्नति तथा पतन की ओर ले जाने वाली सामाजिक रूढ़ियों, अपव्यय,

आलस्य, अन्धविश्वास आदि से मुक्ति की आवश्यकता महसूस की जाने लगी थी। 'देशोन्नति' के लिए अंग्रेजी पढ़ना जरूरी था, और देवरानी जेठानी की कहानी में इसकी वकालत भी की गयी है, पर नागरी या हिन्दी पढ़ने पर लेखक का अधिक जोर है।

तत्कालीन समाज में आ रहे बदलाव का भी देवरानी जेठानी की कहानी में संकेत मिलता है। युवक अंग्रेजी पढ़कर सरकारी नौकरियाँ करने लगे थे। वकालत आदि की शिक्षा प्राप्त करने के लिए युवक छोटे शहरों से बड़े शहरों में जाने लगे थे। सरकारी नौकरी करने वालों की समाज में प्रतिष्ठा बढ़ने लगी थी। वकीलों और इंजीनियरों को सम्मान की दृष्टि से देखा जाने लगा था। रेल चालू हो जाने से यद्यपि दूरस्थ स्थानों के लिए आवागमन सम्भव हो गया था, पर अभी सामाजिक क्षेत्र में गतिशीलता का अभाव था। वैवाहिक सम्बन्ध आसपास में ही होते थे। बैलगाड़ी, पालकी और बहली आवागमन के प्रमुख साधन थे। पुराने जमाने से चले आते अन्धविश्वास और अनेक प्रकार की कुप्रथाएँ समाज में व्याप्त थीं। बीमारी दूर करने के लिए झाड़फूँक, टोनाटोटका आदि की सहायता ली जाती थी। शीतला माँ के नाराज होने के डर से लोग बच्चों को चेचक का टीका तक नहीं लगवाते थे। अनपढ़ स्त्रियाँ बच्चों को सुलाने के लिए अफीम का सेवन कराती थीं। छोटी उम्र में ही लड़कों–लड़कियों का विवाह कर दिया जाता था। धीरे–धीरे इन कुरीतियों के प्रति लोगों की सोच में बदलाव आने लगा था, जिसका चित्रण देवरानी जेठानी की कहानी में किया गया है। इस प्रकार गौरीदत्त ने ही, पहली बार, समकालीन जीवन को कथा का विषय बनाने का मौलिक प्रयोग किया। इसके साथ ही कथाकार ने स्त्री–जीवन को बेहतर रूप की जो कल्पना की वह उस समय को देखते हुए बहुत प्रगतिशील थी।

इस प्रकार कथ्य की दृष्टि देवरानी जेठानी की कहानी उपन्यास की आरम्भिक शर्तों को पूरा करती है, पर 'विज़न', चरित्रांकन, शिल्प, संवेदनशीलता, मनोवैज्ञानिक दृष्टि, चिन्तन–क्षमता और भाषिक सर्जनशीलता आदि दृष्टियों से अनेक लोगों को इसे 'उपन्यास' मानने में कठिनाई भी हो सकती है। पर किसी भाषा की पहली ही पुस्तक 'उपन्यास' के सभी गुणों से सम्पन्न हो ही जाए, यह आवश्यक नहीं है। देवरानी जेठानी की कहानी नवजागरण की चेतना से सीधे जुड़ी हुई रचना थी। इसमें कथा के माध्यम से समकालीन स्त्री की सामाजिक–पारिवारिक स्थिति का अंकन ही लेखक का प्रमुख उद्देश्य है, अतः यह अनायास ही 'उपन्यास' के बहुत निकट पहुँच गयी है, यद्यपि 'उपन्यास' पद हिन्दी में 'नॉवेल' के अर्थ में अप्रचलित था। अतः विवेकसम्मत रूप में देवरानी जेठानी की कहानी को हिन्दी उपन्यास का प्रस्थानबिन्दु

मानना समीचीन है।

1801–1870 : नवजागरण (पहला चरण) और हिन्दी साहित्य

उन्नीसवीं शताब्दी की एक उल्लेखनीय परिघटना 'नवजागरण' आन्दोलन है, जिसने सभी भारतीय भाषाओं के साहित्य को कमोवेश प्रभावित किया।[255] इसके केन्द्र में राममोहन राय थे, जो आधुनिक भारत के पहले महान् नेता माने जाते हैं। उन्होंने देश के सामाजिक, धार्मिक, बौद्धिक और राजनीतिक पुनर्जागरण के लिए अपना सारा जीवन लगा दिया। वे समकालीन भारतीय समाज की जड़ता और पतन से बहुत दुखी थे, जो उस समय जाति और रूढ़ियों ग्रस्त था। धर्म अन्धविश्वासों से जकड़ा हुआ था और जनसमाज मूर्ख और भ्रष्ट पुरोहितों और ओझाओं द्वारा शोषित हो रहा था। उच्चवर्ग के लोग अपने स्वार्थों से ग्रस्त थे और अपने लाभ के लिए अक्सर सामाजिक हितों को किनारे कर देते थे। राममोहन राय को अपने देश की परम्परागत दार्शनिक व्यवस्थाओं के प्रति प्रेम और आदर का भाव था, पर साथ ही वे इस बात में भी विश्वास करते थे कि केवल पश्चिमी सभ्यता ही भारतीय समाज के पुनर्जागरण में सहायक हो सकती है। विशेष रूप से वे चाहते थे कि भारतवासी मानवीय सम्मान और स्त्री–पुरुष के प्रति तर्कसंगत और वैज्ञानिक दृष्टिकोण से काम लें।

राममोहन राय ने अपनी युवावस्था में संस्कृत साहित्य, हिन्दू दर्शन और कुरान तथा अरबी साहित्य का अध्ययन किया था। उन्होंने जैन धर्म तथा भारत के अन्य धर्मों का भी अध्ययन किया था। बाद में उन्होंने बाइबिल का गम्भीर मनन किया। 1814 में वे कलकत्ता में बस गये और कुछ युवकों के सहयोग से उन्होंने 'आत्मीय सभा' की स्थापना की। इसके बाद उन्होंने बंगाल के हिन्दुओं मे व्याप्त धार्मिक और सामाजिक बुराइयों के विरुद्ध युद्ध छेड़ दिया। विशेष रूप से उन्होंने मूर्तिपूजा, जातिवाद और अर्थहीन धार्मिक कर्मकांडों का जमकर विरोध किया। उन्होंने इन आचरणों के प्रचार और रक्षण के लिए पुरोहित वर्ग की आलोचना की। उन्होंने यह मत व्यक्त किया कि हिन्दुओं के सभी धर्मग्रन्थ एकेश्वरवादी या एक ईश्वर की आराधना का उपदेश करने वाले हैं। अपने विचार की पुष्टि के लिए उन्होंने वेदों और पाँच प्रमुख उपनिषदों का बँगला में अनुवाद किया। एकेश्वरवाद के समर्थन में प्रचारपत्र तथा पुस्तिकाएँ भी लिखीं।

अपने दार्शनिक विचारों की पुष्टि के लिए राममोहन राय ने मानवीय विवेकशक्ति को सर्वोपरि महत्त्व दिया, जो उनकी दृष्टि में किसी भी सिद्धान्त

की सचाई की अन्तिम कसौटी होता है। उनका विश्वास था कि वेदान्त–दर्शन विवेक के इसी सिद्धान्त पर आधारित है। किसी भी स्थिति में हमें धर्मग्रन्थों और उन परम्पराओं से मतभेद रखने में नहीं हिचकना चाहिए, यदि ये समाज के लिए हानिकारक सिद्ध हो रही हों। उन्होंने भारतीय धर्मों और परम्पराओं पर ही नहीं, बल्कि ईसाई धर्म पर भी अपने विवेक–सिद्धान्त को लागू करने का प्रस्ताव किया। 1820 में उन्होंने 'प्रिसेप्ट्स ऑफ जीसस' नामक किताब लिखी, जिसमें उन्होंने न्यू टेस्टामेंट के दार्शनिक और नैतिक सन्देशों को एक दूसरे से अलगाने का प्रयास किया।

इस तरह राममोहन राय न तो भारतीय अतीत और न ही विदेश विचारों की अन्धी नकल करने मे विश्वास करते थे। इसके विपरीत वे विवेक द्वारा निर्देशित उस समस्त विचारधारा को अंगीकार करने के आग्रही थे जो पूर्व और पश्चिम दोनों का सर्वश्रेष्ठ था। उन्होंने मिशनरियों द्वारा हिन्दू धर्म और दर्शन पर किये जा रहे अज्ञानतापूर्ण आक्रमणों का विरोध किया। साथ ही वे अन्य धर्मों के प्रति अत्यन्त उदार भी थे।

1829 में उन्होंने 'ब्रह्मो सभा' नामक सोसाइटी की स्थापना की जो बाद में 'ब्रह्मो समाज' नाम से ख्यात हुई। इसका उद्देश्य हिन्दू धर्म को सुधारना और एकेश्वरवाद का प्रचार करना था। विवेक और वेद तथा उपनिषद इस 'समाज' के दो स्तम्भ थे। 'ब्रह्मो समाज' ने मानवीय सम्मान पर बल दिया, मूर्तिपूजा का विरोध किया और सती प्रथा जैसी सामाजिक कुरीतियों को समाप्त करने का आन्दोलन छेड़ा।

राममोहन राय महान् चिन्तक ही नहीं, सक्रिय कार्यकर्ता भी थे। राष्ट्रनिर्माण का कोई भी पक्ष हो, उन्होंने उसकी उपेक्षा नहीं की। वस्तुतः जैसे ही उन्होंने हिन्दू धर्म का वैचारिक स्तर पर सुधार करना आरम्भ किया उसके साथ ही उन्होंने भारतीय समाज को सुधारने की नींव भी रख दी। सामाजिक बुराइयों के विरुद्ध उनके सबसे बड़े आन्दोलनों में सती प्रथा के विरुद्ध जारी किया गया ऐतिहासिक आन्दोलन है। 1818 से ही उन्होंने इस प्रश्न पर जनमत तैयार करना आरम्भ कर दिया। उन्होंने प्राचीन धर्मग्रन्थों से उन प्रमाणों को लोगों के सामने रखा जो सती प्रथा का समर्थन नहीं करते थे। इसके साथ ही वे अपने सहकर्मियों के साथ कलकत्ता के श्मशानघाटों पर जाकर सम्बद्ध विधवा के सम्बन्धियों को उसे पति के साथ सती न होने देने की अपील करते थे। जब पुराणपंथी हिन्दुओं ने विलियम बेंटिक द्वारा सतीप्रथा के विरुद्ध पास किए कानून को रोकने के विरुद्ध पार्लियामेंट में आवेदन किया तो उन्होंने प्रबुद्ध हिन्दुओं द्वारा बेंटिक के कार्य के पक्ष में प्रति–आवेदनपत्र दिलाया। वे स्त्रियों के अधिकारों के दृढ़ समर्थक थे। उन्होंने स्त्रियों की गुलामी की निन्दा

की और इस प्रचलित विचार का विरोध किया कि स्त्रियाँ बुद्धि और नैतिक बोध की दृष्टि से पुरुषों से हीन होती हैं। उन्होंने बहुविवाह का विरोध किया और इस बात का समर्थन किया कि स्त्रियों को भी उत्तराधिकार और सम्पत्ति में अधिकार मिलना चाहिए।

राममोहन राय आधुनिक शिक्षा के प्रारम्भिक समर्थकों में से हैं। वे इसे आधुनिक विचारों के प्रसार का मुख्य जरिया मानते थे। 1817 में डेविड हेयर ने, जिन्होंने इस देश में आधुनिक शिक्षा के प्रसार के लिए अपना सारा जीवन लगा दिया, प्रसिद्ध हिन्दू कॉलेज की स्थापना की। राममोहन राय ने इस कार्य में हेयर की पूरी सहायता की। इसके साथ ही उन्होंने 1817 से अपने खर्च से कलकत्ता में एक इंग्लिश स्कूल चलाया जिसमें अन्य विषयों के साथ–साथ यान्त्रिकी और वॉल्टेयर का दर्शन भी पढ़ाए जाते थे। 1825 में उन्होंने वेदान्त कॉलेज की स्थापना की जिसके पाठ्यक्रम में भारतीय विद्या और पश्चिमी सामाजिक और भैतिक विज्ञान शामिल थे।

राममोहन राय बंगाल में बंगला को बौद्धिक विचारविमर्श का वाहन बनाने के लिए भी प्रयत्न शील हुए। उन्होंने बँगला व्याकरण का सम्पादन किया। अपने अनुवादों, प्रचारपत्रों और पत्रिकाओं द्वारा उन्होंने बँगला में आधुनिक और ललित गद्यशैली के विकास में योग दिया।

यद्यपि राममोहन राय ने विदेशी शासन से मुक्ति के लिए कोई सीधा संघर्ष नहीं किया, पर कुछ विद्वानों के अनुसार, उन्होंने भारत में राष्ट्रीय चेतना की पहली झलक का प्रतिनिधित्व जरूर किया।[256] एक स्वतंत्र और उगते भारत का विज़न उनके विचारों और कार्यों का प्रेरक था। उनका विश्वास था कि भारतीय धर्मों और समाज से भ्रष्ट तत्त्वों को निकालकर तथा एक ईश्वर की आराधना के वैदिक सन्देश का प्रचार करके वे भारतीय समाज की एकता की नींव डाल रहे हैं, जो विविध खंडों में विभक्त है। विशेष रूप से उन्होंने जातिप्रथा की कठोरता का विरोध किया, जो हमारे देश को विभाजित करती है। उनका विश्वास था कि यह दोहरी बुराई है : यह एक तरफ तो असमानता पैदा करती है और लोगों को बाँटती है और उन्हें देशभक्ति की भावना से दूर करती है। अतः उनके अनुसार धार्मिक सुधार का एक लक्ष्य राजनीतिक उत्थान है।

राममोहन राय भारतीय पत्रकारिता के जन्मदाता भी हैं। उन्होंने समकालीन समस्याओं पर वैज्ञानिक, साहित्यिक और राजनीतिक ज्ञान का प्रसार करने के लिए तथा सरकार के सामने जनता की माँगों को रखने के लिए बँगला, फारसी, हिन्दी और अंग्रेजी में पत्र निकाले।

राममोहन राय देश में राजनीतिक सवालों पर जन आन्दोलन के आरम्भकर्ता

भी थे। उन्होंने बंगाल के जमीन्दारों के किसानों पर अत्याचार और दमन की निन्दा की। उन्होंने माँग की कि खेती करने वाले किसानों द्वारा दिए जाने वाले लगान को स्थायी तौर पर तय कर दिया जाए जिससे वे 1773 के परमानेन्ट सेटलमेन्ट के लाभों को प्राप्त कर सकें। उन्होंने लगानमुक्त जमीन पर कर लगाने के प्रयास का भी विरोध किया। उन्होंने कम्पनी के व्यापारिक अधिकारों को समाप्त करने और भारतीय वस्तुओं पर भारी निर्यात कर को समाप्त करने की भी माँग की। उन्होंने उच्चतम सेवाओं के भारतीयकरण, कार्यपालिका और न्यायपालिका के पृथक्करण, जूरी द्वारा ट्रायल और भारतीयों और यूरोपवासियों के बीच न्यायिक समानता की माँग भी उठाई।

राममोहन राय अपने इस अभियान में अकेले नहीं थे। शिक्षा के क्षेत्र में डेविड हेयर और स्कॉट धर्मप्रचारक अलेक्जेंडर डफ ने उनकी बहुत सहायता की थी। उनके भारतीय सहयोगियों में द्वारकानाथ टैगोर सर्वोपरि थे। उनके अन्य प्रमुख अनुगामियों में प्रसन्न कुमार टैगोर, चन्द्रशेखर देव और ताराचन्द चक्रवर्ती (ब्रह्म सभा के प्रथम सचिव), हेनरी विवियन डोरेजिओ आदि थे।

1820 के दशक के अन्त और 1830 के दशक में बंगाली बुद्धिजीवियों में एक रेडिकल प्रवृत्ति उभरी। यह प्रवृत्ति राममोहन राय से भी ज्यादा आधुनिक थी। यह 'युवा बंगाल आन्दोलन' के नाम से जानी जाती है। इसके नेता और प्रेरक एंग्लो इंडियन हेनरी विवियन डोरेजिओ थे जो 1809 में पैदा हुए थे और जिन्होंने हिन्दू कॉलेज में 1826 से 1831 तक अध्यापन किया था। डोरेजिओ महान् फ्राँसीसी क्रान्ति से प्रेरित अपने समय के घोर रेडिकल विचारों को मानने वाला था। उसके साथ उसके बहुत से योग्य शिष्य थे, जिन्हें उसने बौद्धिक और मुक्त रूप से सोचने, सभी ऑथेरिटी पर प्रश्नचिह्न लगाने, लिबर्टी, समानता और स्वतंत्रता को प्यार करने और सत्य की पूजा करने के लिए प्रेरित किया था। डेरोजिओ और उसके प्रसिद्ध अनुयायी, जो 'डेरोजियन और युवा बंगाल' कहलाते थे, आग उगलने वाले देशभक्त थे। 1831 में डेरोजिओ अपने रेडिकल विचारों के लिए हिन्दू कॉलेज से हटा दिये गये और केवल 22 वर्ष की उम्र में हैजा से उनकी मृत्यु हो गयी। डेरोजियनों ने पुराने और डिकेडेंट रीतिरिवाजों, कर्मकांडों और परम्पराओं पर प्रहार किया। वे स्त्रियों के अधिकारों के घोर समर्थक थे और उनके लिए शिक्षा की माँग की। पर वे उनके लिए कोई आन्दोलन नहीं खड़ा कर पाये, क्योंकि उनके विचारों के अनुरूप सामाजिक स्थितियाँ परिपक्व नहीं हो पायी थीं। साथ ही वे भारतीय यथार्थ को पकड़ने में समर्थ नहीं हो सके। इसके बावजूद उन्होंने समात्रार पत्रों, प्रचार–पुस्तिकाओं और जनसभाओं द्वारा जनता को सामाजिक, आर्थिक और राजनीतिक सवालों पर प्रशिक्षित करने की राममोहन राय की परम्परा

को जीवित रखा। उन्होंने कम्पनी चार्टर के सुधार, प्रेस की आजादी, देश के बाहर के ब्रिटिश उपनिवेशों में भारतीय श्रमिकों के प्रति बेहतर व्यवहार, जूरी द्वारा ट्रायल, अत्याचारी जमीन्दारों से रैयतों की रक्षा तथा सरकार की उच्चतर सेवाओं में भारतीयों की नियुक्ति के लिए जन आन्दोलन जारी रखा। राष्ट्रीय आन्दोलन के प्रमुख नेता सुरेन्द्रनाथ बनर्जी ने डेरोजियनों को 'बंगाल की आधुनिक सभ्यता का निर्माता' कहा था।

ब्रह्मो समाज इस बीच, कुछ दिनों तक, निष्क्रियप्राय रहा, जिसे पुनर्जीवित करने का श्रेय देबेन्द्रनाथ टैगोर को है। 1939 में उन्होंने राममोहन राय के विचारों को आगे बढ़ाने के लिए 'तत्त्वबोधिनी सभा' की स्थापना की। थोड़े ही समय में इसमें राममोहन राय और डेरोजिओ के मुख्य अनुयायी तथा ईश्वर चन्द्र विद्यासागर और अक्षय कुमार दत्त जैसे स्वतंत्र चिन्तक शामिल हो गये। तत्त्वबोधिनी सभा और उसके मुखपत्र तत्त्वबाधिनी पत्रिका ने बँगला भाषा में भारत के अतीत के क्रमबद्ध अध्ययन को आगे बढ़ाया। इसने बंगाल के बुद्धि जीवियों में बौद्धिक दृष्टिकोण का भी प्रसार किया। 1843 में देबेन्द्रनाथ टैगोर ने ब्रह्मो समाज का पुनर्गठन किया और इसमें नया रक्तसंचार किया। समाज ने विधवा विवाह के आन्दोलन, बहुविवाह के बहिष्कार, स्त्री–शिक्षा, रैयतों की दशा में सुधार आदि का भी सक्रिय समर्थन किया।

भारतीय परिदृश्य पर उभरने वाले दूसरे शिखर व्यक्तित्व पं. ईश्वर चन्द्र विद्यासागर थे। उन्होंने अपना पूरा जीवन सामाजिक सुधार को समर्पित कर दिया। वे 1820 में एक गरीब परिवार में पैदा हुए थे और संघर्षो के बीच अपनी शिक्षा को आगे बढ़ाते हुए 1851 में संस्कृत कॉलेज के प्रिंसिपल के पद पर पहुँचे थे। वे भारतीय और पाश्चात्य संस्कृति के अद्‌भुत मिश्रण थे। उन्होंने सरकारी सेवा से इसलिए त्यागपत्र दे दिया कि अनावश्यक सरकारी हस्तक्षेप बर्दाश्त करना उनके लिए सम्भव नहीं था।

आधुनिक भारत के निर्माण में विद्यासागर का योगदान बहुमुखी है। उन्होंने संस्कृत के अध्यापन की नयी तकनीक विकसित की। अपने लेखों के द्वारा उन्होंने बँगला में आधुनिक गद्यशैली के निर्माण में योग दिया। उन्होंने गैरब्राह्मण विद्यार्थियों के लिए भी संस्कृत कॉलेज के द्वार खोल दिये। उन्होंने संस्कृत कॉलेज में पश्चिमी विचारों का अध्ययन आरम्भ किया। उन्होंने एक कॉलेज की स्थापना में भी सहायता की जो आज उन्हीं के नाम पर चलता है।

पर विद्यासागर जिस बात के लिए सबसे अधिक याद किये जाएँगे वह स्त्रियों का उत्थान है। उन्होंने विधवा पुनर्विवाह के लिए लम्बा संघर्ष चलाया। हिन्दू विधवाओं की पीड़ा को उन्होंने सर्वोपरि महत्त्व दिया। उन्होंने उनकी दशा सुधारने के लिए अपना सबकुछ दाँव पर लगा दिया। 1855 में उन्होंने

विधवा पुनर्विवाह के पक्ष में परम्परागत शास्त्र से प्रमाण दिया। थोड़े दिनों में ही विधवा पुनर्विवाह के पक्ष में जोरदार आन्दोलन शुरू हो गया, जो आज भी जारी है। 1855 के ही अन्तिम दिनों में बंगाल, मद्रास, बंबई, नागपुर और भारत के अन्य शहरों से सरकार के पास विधवाओं के पुनर्विवाह के लिए कानून बनाने हेतु बड़ी संख्या में आवेदन पहुँचे। यह आन्दोलन सफल हुआ और इस प्रकार का एक कानून पास हो गया। हमारे देश में उच्च जातियों में इस प्रकार का पहला कानूनी विधवा पुनर्विवाह 7 दिसम्बर, 1856 को कलकत्ता में विद्यासागर की प्रेरणा और निर्देशन में सम्पन्न हुआ। देश के विभिन्न भागों में अन्य जातियों की विधवाएँ परम्परा से ही इस अधिकार से युक्त थीं। विधवा–विवाह के समर्थन के लिए विद्यासगर को परम्परावादी हिन्दुओं का बहुत विरोध झेलना पड़ा। कभी कभी तो उनका जीवन भी खतरे में पड़ गया। पर वे अपने चुने हुए मार्ग से डिगे नहीं। उनके प्रयास से 1855 और 1860 के बीच 25 विधवा पुनर्विवाह सम्पन्न हुए।

1850 में विद्यासागर ने बाल–विवाह के विरुद्ध आवाज उठाई। बहुविवाह के खिलाफ तो उन्होंने सारा जीवन संघर्ष किया। वे स्त्रियों की शिक्षा से भी गहराई से जुड़े रहे। गवर्नमेंट इन्स्पेक्टर ऑफ स्कूल्स के रूप में उन्होंने 35 लड़कियों के स्कूल खोले जिनमें से अनेक उनके निजी खर्च से चलते थे। बेथून स्कूल के सचिव के रूप में वे लड़कियों की उच्च शिक्षा के पायोनियर माने जाते हैं।

1849 में उन्होंने कलकत्ता में बेथून स्कूल की स्थापना की जो 1840 और 1950 के बीच शुरू होने वाले स्त्रीशिक्षा के शक्तिशाली आन्दोलन का पहला परिणाम माना जाता है। 1821 में लड़कियों को आधुनिक शिक्षा का देने का पहला कदम ईसाई धर्मप्रचारकों ने उठाया था, पर ईसाई धर्म की शिक्षा पर जोर देने के कारण उनके प्रयत्न विफल हो गये। बेथून स्कूल को भी छात्रों को प्राप्त करने में बड़ी दिक्कत हुई। छात्राओं पर फब्तियाँ कसी जाती थीं, उन्हें धमकाया जाता था और गालियाँ दी जाती थीं। यहाँ तक कि उनके माता–पिता का भी सामाजिक बहिष्कार किया जाता था।

पश्चिमी भारत की तुलना में बंगाल में पश्चिमी विचारों का असर बहुत पहले पहुँचा। प्रभावी रूप में पश्चिमी भारत ब्रिटिश नियंत्रण में लगभग 1818 में आया। महाराष्ट्र में, 1849 में, परमहंस मंडली की स्थापना हुई। इसके स्थापक एक ईश्वर में विश्वास करते थे और मुख्यतः जातिविषयक नियमों को तोड़ना चाहते थे। अपनी बैठकों में इसके सदस्य निम्न जातियों द्वारा पकाए गये खाना खाते थे। 1848 में कतिपय शिक्षित युवकों ने छात्र साहित्यिक और वैज्ञानिक समिति की स्थापना की जिनकी दो शाखाएँ थीं : गुजराती और

मराठी ध्यान प्रसारक मंडलियाँ। समिति, विज्ञान और सामाजिक सवालों पर व्याख्यान आयोजित करती थी। समिति का एक उद्देश्य स्त्रियों की शिक्षा के लिए स्कूल खोलना था। 1951 में ज्योतिबा फुले और उनकी पत्नी ने पूना में लड़कियों के लिए स्कूल खोले और शीघ्र ही बहुत सारे स्कूल खुल गये। इन स्कूलों के सक्रिय समर्थक जगन्नाथ शंकर सेठ और भाऊ दा जी थे। फुले महाराष्ट्र में विधवा पुनर्विववाह के पथप्रदर्शक भी थे। विष्णु शास्त्री पंडित ने 1850 में 'विडो रीमैरेज एसोसिएशन' की स्थापना की। इस क्षेत्र के दूसरे प्रमुख कार्यकर्ता कर्सनदास मूलजी थे जिन्होंने 1852 में विधवा पुनर्विवाह को बढ़ावा देने के लिए गुजराती में सत्य प्रकाश का आरम्भ किया।[257]

महाराष्ट्र में नयी शिक्षा और सामाजिक सुधार के एक उल्लेखनीय चैम्पियन गोपाल हरि देशमुख थे जो 'लोकहितवादी' उपनाम से प्रसिद्ध हुए। उन्होंने रैशनल सिद्धान्तों और आधुनिक तथा धर्मनिरपेक्ष मूल्यों पर भारतीय समाज के पुनर्गठन की वकालत की। ज्योतिबा फुले भी महाराष्ट्र में गैरब्राह्मणों और दलितों की निम्न सामाजिक स्थिति से भलीभाँति परिचित थे। उन्होंने अपना सारा जीवन उच्चवर्ग के प्रभुत्व और ब्राह्मण श्रेष्ठता के खिलाफ आन्दोलन में लगाया।

दादाभाई नौरोजी बंबई के दूसरे प्रमुख सामाजिक सुधारक थे। वे पारसी धर्म के सुधार के निमित्त एक एसोसिएशन और पारसी लॉ एसोसिएशन की नींव डालने वालों में से थे जिसने पारसी स्त्रियों के उत्तराधिकार और विवाह के कानूनी हक के लिए आन्दोलन किया।[258]

अठारहवीं शताब्दी के उत्तरार्द्ध में, जबकि बंगाल में, और कुछ बाद महाराष्ट्र में भी, धार्मिक–सामाजिक नवजागरण की लहर चल रही थी, 'मध्यदेश' में, यानी बिहार,[259] युक्त प्रान्त,[260] सेन्ट्रल प्रॉविन्सेज,[261] राजस्थान आदि में नवजागरण की कोई झलक भी नहीं दिखायी पड़ती थी। इसका सबसे बड़ा कारण यह था कि इन क्षेत्रों में शिक्षा का वैसा प्रसार नहीं हुआ था, जैसा बंगाल और महाराष्ट्र में।

हिन्दी नवजागरण का आरम्भ

बंगाल का नवजागरण केवल वहाँ के शिक्षित वर्ग तक सीमित था। बिहार और उड़ीसा बंगाल प्रेसिडेंसी के अंग होते हुए भी इस आन्दोलन से अछूते थे। युक्त प्रान्त जो उत्तर भारत का बहुत बड़ा हिस्सा था, वह भी इस नवजागरण के घेरे में नहीं था। पर बिहार, बंगाल, उत्तर प्रदेश और बुन्देलखंड में एक दूसरे तरह का राजनीतिक जागरण जन्म ले रहा था। यह नवजागरण औपनिवेशक गुलामी के विरुद्ध था। यद्यपि उस समय इस आन्दोलन का रूप और दिशा

स्पष्ट न थी, पर इसके मूल में जो असन्तोष था, वह राजनीतिक स्वतन्त्रता की दिशा में ही जाता था। आसमान में निराशा, असन्तोष और बेचैनी के बादल जमा हो रहे थे, जो 1857 में जनविद्रोह के रूप में उमड़ पड़े और उत्तर और मध्य भारत में ब्रिटिश शासन को लगभग बहा ले गये। यह विद्रोह ईस्ट इंडिया कंपनी के भारतीय सैनिकों से आरम्भ हुआ लेकिन जल्द ही बड़े क्षेत्र और जनसमूह में फैल गया। लाखों किसान, शिल्पकार और सैनिक इसमें शामिल हो गये और लगभग साल भर तक बहादुरी के साथ लड़ते रहे और अपने साहस और बलिदान से भारतीय जनता के इतिहास में एक नया अध्याय जोड़ गये।

1857 का विद्रोह मात्र सैनिकों के असन्तोष का परिणाम नहीं था। वास्तव में यह कम्पनी शासन के विरुद्ध जनता के संचित असन्तोष और विदेशी शासन के प्रति उनके मन में जमा आक्रोश का परिणाम था। लगभग एक शताब्दी से, ज्यों ज्यों अंग्रेज एक–एक कर देश पर कब्जा करते आ रहे थे, भारतीय समाज के विभिन्न हिस्सों में विदेशी शासन के प्रति असन्तोष और घृणा का भाव बढ़ता जा रहा था। यही असन्तोष 1857 के प्रबल जनविद्रोह के रूप में फूट पड़ा था।

सम्भवतः इस जन असन्तोष का सर्वाधिक महत्त्वपूर्ण कारण अंग्रेजों द्वारा देश का आर्थिक शोषण और इसकी परम्परागत आर्थिक संरचना का पूर्ण विनाश था। उन्होंने बहुसंख्यक किसानों, दस्तकारों और शिल्पकारों को, साथ ही बड़ी संख्या में परम्परागत जमींदारों और प्रमुखों को भी, बेसहारा बना दिया। अन्य सामान्य कारण ब्रिटिश भूमि और भूमिकर सम्बन्धी नीतियाँ तथा कानून और व्यवस्था सम्बन्धी व्यवस्थाएँ थीं। विशेष रूप से अनेक भूस्वामी व्यापारियों और सूदखोरों के हाथ अपनी जमीन खो बैठे और भयंकर कर्ज में डूब गये। इसके साथ ही प्रशासन के निचले स्तर पर भ्रष्टाचार की व्याप्ति से सामान्य आदमी बेहद प्रभावित हुए थे। छोटे पदाधिकारी रैयतों और जमींदारों को दबाकर खुद को समृद्ध बनाने का कोई अवसर नहीं छोड़ते थे। जटिल न्याय–व्यवस्था धनवानों को गरीबों के दमन में सहायता करती थी। इस प्रकार लोगों की बढ़ती गरीबी उन्हें हताश करती थी और अपनी स्थिति को सुधारने की उम्मीद में वे व्यापक विद्रोह में शामिल होते थे।

भारतीय समाज के मध्य और उच्च वर्ग के लोग, विशेषकर उत्तर भारत में, प्रशासन में अच्छे वेतन वाले पदों से वंचित रह जाने के कारण दुखी थे। देशी राज्यों की निरन्तर समाप्ति से जो भारतीय वहाँ ऊँचे प्रशासनिक और न्यायिक पदों पर नियुक्त थे, जीविकारहित हो गये। जो लोग सांस्कृतिक गतिविधियों में लगे थे ब्रिटिश आधिपत्य ने उन्हें भी नष्ट कर दिया। भारतीय

शासक कला और साहित्य के संरक्षक थे और धर्म प्रचारकों और सन्तों का सम्मान करते थे। ईस्ट इंडिया कंपनी द्वारा इन राजाओं की समाप्ति ने उन्हें संरक्षणहीन और असहाय बना दिया। धर्मप्रचारक भी, चाहें वे पंडित हों या मौलवी, जो यह सोचने लगे थे कि उनका भविष्य भी अन्धकारमय हो गया, विदेशी शासन के प्रति घृणा फैलाने में सहायक हुए।

विदेशी होना भी ब्रिटिश शासन की अलोकप्रियता का अपने में ही एक बड़ा कारण था। अंग्रेज इस देश में हमेशा विदेशी रहे और अपने को विदेशी दिखाते भी रहे। वे नस्लवाद की मानसिकता से ग्रस्त थे। इस कारण उनमें और भारतीयों में कोई सामाजिक सम्बन्ध या संवाद नहीं स्थापित हो सका। सबसे बड़ी बात यह थी कि अंग्रेज भारत में बसने नहीं, उसे लूटने आये थे। भारत के लोग नये शासकों के मूलभूत विदेशी चरित्र को पहचानते थे। वे अंग्रेजों को अपना उपकारकर्ता नहीं मानते थे और उनके प्रत्येक कार्य को सन्देह की नजर से देखते थे। इस प्रकार उनके मन में एक अस्पष्ट प्रकार की ब्रिटिश विरोधी भावना थी जो विद्रोह के पहले भी अंग्रेजों के विरुद्ध अनेक जनविरोधों में व्यक्त हो चुकी थी।

लोगों के मन में असन्तोष के इस जमे हुए भाव ने कुछ घटनाओं से मिल कर ब्रिटिश सैन्य शक्ति की अदमनीयता से विश्वास डिगा दिया और उनमें यह विश्वास पैदा कर दिया कि ब्रिटिश शासन के दिन लद गये हैं। प्रथम अफगान युद्ध (1838–42) और पंजाब की लड़ाइयों (1845–49) तथा क्रीमियन वार (1854–56) में ब्रिटिश फौजों को भारी हार का सामना करना पड़ा। इसके साथ ही ब्रिटिश शासन के प्रति जन–असन्तोष भी बढ़ता जा रहा था। इसे अनेक सूक्ष्मदर्शी अधिकारियों ने अनुभव किया था और गम्भीर चेतावनी दी थी। 1757 में ब्रिटिश सत्ता की स्थापना के साथ ही उसके विरुद्ध विद्रोह होने भी आरम्भ हो गये थे। सम्भवतः इनमें से सबसे प्रसिद्ध कच्छ विद्रोह, 1831 में हुआ कोल आन्दोलन और 1855 में हुआ सन्ताल विद्रोह था। कच्छ विद्रोह किसी न किसी रूप में 1816 से 1832 तक चलता रहा। छोटानागपुर के कोल आदिवासी अपने ऊपर बाहरी लोगों के जमीन्दारों और सूदखोरों के रूप में थोपने के लिए अंग्रेजों के विरुद्ध उठ खड़े हुए। सन्तालों के विद्रोह का कारण मुख्यतः आर्थिक था जो उन सूदखोरों के खिलाफ था, जिन्हें अंग्रेजों का संरक्षण प्राप्त था। इसके विरोध में हजारों की संख्या में भागलपुर और राजमहल के सन्ताल कुल्हाड़ियों और तीर–धनुष से लैश होकर उठ खड़े हुए और उन्होंने 1855–56 में कुछ दिनों के लिए उस क्षेत्र से ब्रिटिश शासन को समाप्त कर यह सिद्ध कर दिया कि जनविद्रोह की सम्भावनाएँ हैं। अन्ततः 1856 में इस विद्रोह का दमन हुआ।

1856 में डलहौजी द्वारा अवध के ब्रिटिश शासन में मिला लिए जाने का सामान्य रूप से सारे देश में और विशेष रूप से अवध में व्यापक विरोध हुआ। विशेष बात यह हुई कि इससे अवध में और कम्पनी की फौज में विद्रोह का वातावरण बन गया। डलहौजी की इस हरकत ने कम्पनियों के सिपाहियों को, जो मुख्यतः अवध के निवासी थे, क्रुद्ध कर दिया। वे नहीं चाहते थे कि उनकी जमीन विदेशियों के कब्जे में चली जाए। अवध के ब्रिटिश राज में मिला लेने से उनकी आय भी कम हो गयी, क्योंकि अब उनके परिवार को अपनी जमीन पर अधिक कर देना पड़ने लगा।

डलहौजी ने अवध को कम्पनी–शासन में मिलाने के लिए यह तर्क दिया था कि वह लोगों को नवाब और ताल्लुकेदारों के दमन से मुक्त करना चाहता है। पर वास्तव में लोगों को कोई राहत नहीं मिली। इसके विपरीत अब सामान्य आदमी को ज्यादा लगान तथा भोजन, मकान, नाव द्वारा नदी पार करने, अफीम और न्याय पर अधिक कर देने को बाध्य होना पड़ा। इसके साथ ही, भारत के अन्य भागों की तरह, अवध के किसान और जमीन्दार नये जमीन्दारों और सूदखोरों को अपनी जमीन बेचने को बाध्य होने लगे। नवाब के प्रशासन और फौज के समाप्त हो जाने से हजारों रईसों, उच्चवर्गीय लोगों और पदाधिकारियों की जीविका छिन गयी और उनके साथ काम करने वाले भी हजारों की संख्या में उजड़ गये।

इतिहासकारों ने 1857 के विद्रोह के और भी अनेक कारण बताये हैं,[262] पर उन सबका सम्बन्ध नवजागरण से नहीं जोड़ा जा सकता। पर भारतीय सैनिकों में असन्तोष की शुरुआत कम्पनी की फौज में उनकी भर्ती के साथ हो गयी थी। बंगाल में भारतीय सैनिकों की, जिन्हें 'सिपॉय' या सिपाही कहा जाता था, बगावत 1764 में ही हो चुकी थी।[263] सेना के अधिकारियों ने 30 सैनिकों को तोप से उड़ाकर इसे शान्त किया था। 1806 में वेलोर में सैनिकों ने विद्रोह का झंडा उठाया पर उन्हें मौत के घाट उतारकर उसे शान्त कर दिया गया। 1824 में बैरकपुर के सैनिकों की 47वीं रेजिमेंट ने समुद्र के रास्ते से बर्मा जाने से इनकार कर दिया। यह रेजिमेंन्ट तोड़ दी गयी और सैनिकों को गोली मार दी गयी और उनके नेताओं को फाँसी पर लटका दिया गया। 1844 में सात बटालियनों ने वेतन और भत्ता के प्रश्न पर विद्रोह कर दिया। इस प्रकार कम्पनी फौज के भारतीय सिपाही निरन्तर अपना असन्तोष प्रकट करते रहे थे, जिसे क्रूरतापूर्वक दबा दिया जाता था।

इस प्रकार कम्पनी की फौज में भारतीय लोगों और सैनिकों का विदेशी शासन के विरुद्ध व्यापक असन्तोष, यहाँ तक कि घृणा भाव जमा होता जा रहा था। इसकी अभिव्यक्ति दिल्ली में विद्रोहियों के घोषणापत्र तक में हुई

थी।[264] 1857 का विद्रोह ब्रिटिश नीतियों और साम्राज्यवादी शोषण के विरुद्ध जन असन्तोष का परिणाम था।

1857 तक जनविद्रोह के लिए सामग्री तैयार थी, इसे प्रज्वलित करने के लिए एक चिनगारी भर की जरूरत थी। उसी समय सेना में एक नया एनफील्ड राइफल शामिल किया गया था, जिसकी कारतूसों पर एक चिकनाई लगा कागज का ढक्कन चढ़ा हुआ था जिसे कारतूस को राइफल में डालने के पहले दाँत से काटना पड़ता था। यह चिकनाई कभी कभी गाय और सूअर की चर्बी से बनी होती थी, जिसे दाँत से काटना हिन्दू और मुसलमान दोनों के लिए धर्मविरुद्ध था। इससे विद्रोह की आग भड़क उठी।

यह बात अभी स्पष्ट नहीं हो सकी है कि 1857 का विद्रोह स्वतःउद्भूत और अनायोजित था या किसी सुचिन्तित और सतर्क संगठन का परिणाम। 1857 के विद्रोह के अध्ययन का दुर्बल पक्ष यह है कि इसके लिए ब्रिटिश अभिलेखों पर निर्भर रहना पड़ता है जो प्रायः सावधानी के साथ नष्ट कर दिये गये हैं। इसके साथ ही विद्रोह के बाद वर्षों तक ब्रिटिश प्रशासन किसी भी रूप में विद्रोह के उल्लेख तक को दबाता रहा और यदि कोई इस सम्बन्ध में कुछ कहने का साहस करता था तो उसके खिलाफ कठोर कार्रवाई की जाती थी।

कुछ इतिहासकारों और लेखकों ने जोर दिया है कि विद्रोह एक व्यापक और सुनियोजित षड्यन्त्र का परिणाम था। वे घूमन्तू संन्यासियों, फकीरों और मदारियों द्वारा चपातियों और लाल गुलाब के वितरण के माध्यम से प्रचार का उल्लेख करते हैं। उनका कहना है कि अनेक भारतीय सैनिक रेजिमेंट एक गुप्त संगठन से जुड़े हुए थे जिसने 31 मई, 1857 को विद्रोह करने का समय नियत किया था। यह भी कहा जाता है कि नाना साहब और फैजाबाद के मौलवी अहमद शाह इस संघर्ष में मुख्य भूमिका निभा रहे थे।

यह विद्रोह 10 मई, 1857 को मेरठ से आरम्भ हुआ और बड़ी तेजी से उत्तर में पंजाब और दक्षिण में नर्मदा से पूर्व में बिहार और पश्चिम में राजस्थान तक के विशाल क्षेत्र में फैल गया। इसके पहले बैरकपुर में मंगल पांडेय अपने अकेले विद्रोह करके शहीद हो चुके थे। ये और इस प्रकार की अनेक अन्य घटनाएँ इस बात की प्रमाण हैं कि सैनिकों में असन्तोष और विद्रोह का भाव फैल रहा था। उसके बाद मेरठ का विस्फोट हुआ। वहाँ दिल्ली पहुँचकर इन विद्रोही सैनिकों ने बूढ़े और शक्तिहीन बहादुर शाह को भारत का शहंशाह घोषित कर दिया। अब दिल्ली इस महान विद्रोह का केन्द्र और बहादुर शाह प्रतीक बन गया। अन्तिम मुगल बादशाह के हाथ में स्वतः देश का नेतृत्व सौंपने का यह अर्थ था कि वह भारतीय राजनीतिक एकता का प्रतीक बन

गया। सैनिकों के इस एकमात्र कार्य ने उनके विद्रोह को क्रान्तिकारी युद्ध में परिणत कर दिया। यही कारण है कि सारे देश के विद्रोही सिपाही स्वतः प्रेरित होकर दिल्ली की ओर चल पड़े और जिन भारतीय राजाओं ने विद्रोह में भाग लिया सभी ने मुगल बादशाह के प्रति अपनी निष्ठा व्यक्त की। बहादुर शाह ने भी सैनिकों के अनुरोध, बल्कि दबाव में आकर सभी देशी राजाओं और सरदारों को पत्र लिखा कि वे भारतीय राज्यों का संगठन बनाएँ और ब्रिटिश शासन को समाप्त कर दें।

इसके बाद तो पूरी बंगाल आर्मी विद्रोह में उठ खड़ी हुई और अवध, रोहिलखंड, दोआब, बुन्देलखंड, मध्य भारत, बिहार के बड़े हिस्से और पूर्वी पंजाब ब्रिटिश आधिपत्य से मुक्त हो गये। अनेक देशी रियासतों के राजा तो ब्रिटिश शासन के प्रति निष्ठावान रहे पर वहाँ के सैनिक विद्रोह के कगार पर खड़े थे। इन्दौर की सेना के अनेक सैनिक विद्रोही सैनिकों से मिल गये। इसी प्रकार ग्वालियर की सेना के 20000 से भी अधिक सैनिक ताँत्या टोपे और झाँसी की रानी के साथ चले गये। राजस्थान और महाराष्ट्र के अनेक छोटे राजा जनता के समर्थन से, जो अंग्रेजों के विरोधी थे, विद्रोह पर उतर आये। हैदराबाद और बंगाल में स्थानीय विद्रोह भी घटित हुए।

विद्रोह की असाधारण व्यापकता अपनी तीव्रता में भी बेजोड़ थी। उत्तरी और मध्य भारत में, सर्वत्र, सैनिकों के साथ आम नागरिक भी विद्रोह में शामिल हो गये। सैनिकों द्वारा ब्रिटिश आधिपत्य की समाप्ति के बाद उस क्षेत्र के आम जन भी भालों और कुल्हाड़ियों, तीर और धनुष, लाठियों और हँसियों और भोंथरे मस्केट जैसे हथियारों से लैस होकर उठ खड़े हुए। अनेक स्थानों पर तो उत्तेजित जन विद्रोही सैनिकों के आने के पहले ही विद्रोह कर बैठे। किसानों और कारीगरों के विद्रोह में शामिल होने से ही इस विद्रोह को वास्तविक शक्ति मिली और इसका चरित्र, विशेष रूप से उत्तरप्रदेश और बिहार में, जनविद्रोह का बना। यहाँ के किसानों और जमीन्दारों ने सूदखोर महाजनों और नये जमीन्दारों के प्रति, जिन्होंने उन्हें जमीन से बेदखल किया था, अपने असन्तोष का खुलकर परिचय दिया। उन्होंने विद्रोह का लाभ उठाकर महाजनों के बहीखातों और कर्ज के सारे दस्तावेज नष्ट कर दिये। उन्होंने अंग्रेजों द्वारा स्थापित अदालतों, तहसीलों, लगान दस्तावेज रखने के स्थानों और थानों पर भी हमला कर दिया। यह भी नोट करने की बात है कि अनेक लड़ाइयों में संख्या की दृष्टि से सामान्य जन विद्रोहियों की तुलना में अधिक थे। एक अनुमान के अनुसार अवध में अंग्रेजों से लड़ते हुए मारे गये 150000 लोगों में से 100000 से अधिक आम नागरिक थे।

यह बात भी ध्यान देने योग्य है कि जो लोग विद्रोह में सीधे शामिल

नहीं हुए उनकी भी विद्रोहियों के प्रति गहरी सहानुभूति थी। उन्हें विद्रोहियों की सफलता पर खुशी होती थी और जो सिपाही अंग्रेजों के प्रति निष्ठावान बने रहे, उनका सामाजिक बहिष्कार किया जाता था। उन्होंने ब्रिटिश फौजों के प्रति सक्रिय विरोध प्रदर्शित किया, उनकी सहायता करने या सूचना देने से इनकार किया और अक्सर उन्हें गलत सूचना देकर भटकाया भी। डब्ल्यू. एच. रसेल ने, जिसने 1858 और 1859 में लंदन टाइम्स के संवाददाता के रूप में भारत की यात्रा की थी, इसकी पुष्टि की है।[265] जिन लोगों ने, जिनमें राजा शिवप्रसाद 'सितारेहिन्द' जैसे लोग भी हैं, अंग्रेजों का किसी भी रूप में समर्थन किया, उन्हें जनता क्षमा नहीं कर सकी।

1857 के विद्रोह का लोकप्रिय चरित्र तब भी सामने आया जब अंग्रेजों ने इसका दमन करने का निश्चय किया। उन्हें न केवल विद्रोही सैनिकों को दबाने के लिए युद्ध छेड़ना पड़ा, वरन् दिल्ली, अवध, उत्तर–पश्चिम प्रान्त और आगरा, मध्य भारत तथा पश्चिमी बिहार के लोगों को भयाक्रान्त करने के लिए, गाँव के गाँव जलाकर, गाँववालों और नगरवासियों का सामूहिक नरसंहार कर उन्हें बिना मुकदमे के खुलेआम सामूहिक फाँसी देकर, भयानक और क्रूर अभियान छेड़ना पड़ा। इससे पता चलता है कि इन क्षेत्रों में विद्रोह की आग कितनी तीव्र थी। इतिहासकारों के अनुसार विद्रोही सैनिकों और जनता ने अन्त तक बहादुरी के साथ ब्रिटिश सेना का सामना किया।[266] यद्यपि वे हार गये, पर हार नहीं माने। जैसा कि रेव. डफ ने लिखा है, ''यह सैनिक विद्रोह नहीं, बल्कि जनविद्रोह या क्रान्ति थी, जिसे बुझाने में आज भी बहुत कम सफलता मिली है।'' इसी प्रकार लंदन टाइम्स के संवाददाता ने उसी समय टिप्पणी की थी कि अंग्रेजों की यह वास्तव में दूसरी भारत विजय थी।[267]

1857 के विद्रोह की सर्वाधिक शक्ति हिन्दू–मुस्लिम एकता में निहित है। जिस प्रकार सैनिकों और जनता तथा नेताओं में पूरा सहयोग था उसी प्रकार हिन्दुओं और मुसलमानों के बीच भी। सभी विद्रोहियों ने बहादुर शाह को, जो मुसलमान था, अपने शहंशाह के रूप में स्वीकार किया था। सभी हिन्दू और मुस्लिम विद्रोही और सैनिक एक दूसरे की भावनाओं का सम्मान करते थे। उदाहरण के लिए जहाँ भी विद्रोह सफल होता था, सबसे पहले हिन्दू भावनाओं को देखते हुए गोहत्या पर रोक लगाने का आदेश दिया जाता था। विशेष यह कि नेतृत्व के सभी स्तरों पर हिन्दुओं और मुसलमानों का समान रूप से प्रतिनिधित्व होता था। विद्रोह में हिन्दू–मुस्लिम एकता की झलक एक वरिष्ठ ब्रिटिश अधिकारी एचिसिन (Atchisin) की इस स्वीकारोक्ति से मिलती है कि ''इस बार हम मुसलमानों को हिन्दुओं के खिलाफ ले जाने में

सफल नहीं हुए।'' इससे स्पष्ट है कि मध्यकाल में और 1858 के पूर्व भारत की जनता और राजनीति मूलतः साम्प्रदायिक नहीं थी।[268]

1857 के विद्रोह की सबसे बड़ी उपलब्धि यह है कि इसने भारतीय जनता को एक मंच पर लाने और उसमें एक देश का निवासी होने की चेतना पैदा करने में सफलता प्राप्त की।

1859 के अन्त तक भारत पर ब्रिटिश सरकार का आधिपत्य पूरी तरह पुनःस्थापित हो गया, पर '57 का विद्रोह बेकार नहीं गया। बिपन चन्द्रा का यह कथन मुझे बिल्कुल सही प्रतीत होता है कि ''यह हमारे इतिहास का एक गौरवशाली पृष्ठ है। यद्यपि यह भारत की रक्षा का पुराने ढंग से और परम्परागत नेतृत्व में किया गया दुस्साहसी प्रयास था, पर यह भारतीय जनता का ब्रिटिश साम्राज्यवाद से मुक्त होने का पहला महान् संघर्ष था। इसने आधुनिक राष्ट्रीय आन्दोलन के उदय का मार्ग साफ कर दिया। 1857 का वीरता और देशप्रेमपूर्ण संघर्ष भारतीय जनता के मन पर एक अविस्मरणीय छाप छोड़ने में सफल रहा और उनके परवर्ती स्वाधीनता आन्दोलन में प्रेरणा का अजस्र स्रोत बना। इस विद्रोह के नायक शीघ्र ही देश के नित्यस्मरणीय नाम बन गये, यद्यपि उनके नाम का उल्लेखमात्र भी शासकों की नजर में अपराध था।

1857 के विद्रोह के समय हिन्दुओं और मुसलमानों ने जो एकता दिखायी थी, उसने विदेशी शासकों को बेचैन कर दिया था। वे इस एकता को तोड़ने के लिए कटिबद्ध थे, जिससे कि उदीयमान राष्ट्रीय आन्दोलन कमजोर हो जाए। वस्तुतः उन्होंने ऐसा करने का एक भी मौका नहीं छोड़ा। 1858 के बाद उन्होंने राजाओं को जनता के खिलाफ, प्रान्त को प्रान्त के खिलाफ, जाति को जाति के खिलाफ, एक समुदाय को दूसरे के खिलाफ, और सर्वोपरि हिन्दुओं को मुसलमानों के खिलाफ करके, इस 'बाँटो और शासन करो' की नीति का, अनुगमन किया। विद्रोह के तुरन्त बाद उन्होंने मुसलमानों का दमन किया, उनकी जमीन–जायदाद बड़े पैमाने पर जब्त कर ली गयी और हिन्दुओं को अपना कृपापात्र घोषित कर दिया। 1870 के बाद यह नीति उलट दी गयी और उच्चवर्ग और मध्यवर्ग के मुसलमानों को राष्ट्रीय आन्दोलन के विरुद्ध करने का प्रयास किया गया।

राजनीतिक नवजागरण की यह प्रक्रिया 1870 के बाद भी जारी रही। इस बीच बंगाल से उठा और 1950 तक अन्तर्धारा के रूप में प्रवहमान सामाजिक–धार्मिक नवजागरण बिहार और युक्त प्रान्त की ओर भी बढ़ा। दुर्भाग्यवश 1870 के पूर्व बिहार और युक्त प्रान्त में राजा राममोहन राय, ईश्वरचन्द्र विद्यासागर आदि जैसे समाजसुधारक पैदा नहीं हुए, इस कारण

नवजागरण आन्दोलन यहाँ नहीं उभरा। बंगाल के नवजागरण का माध्यम अंग्रेजी और बँगला भाषाएँ थीं। बिहार और युक्त प्रान्त दोनों ही अंग्रेजी शिक्षा के प्रसार की दृष्टि से पिछड़े हुए थे। इस कारण भी इस आन्दोलन को इन क्षेत्रों में प्रचलित होने में देर लगी।

लगभग 1840 से 1900 तक का इतिहास हिन्दी के फारसी की जकड़बन्दी से निकलने का है। हिन्दी को उर्दू के वर्चस्व से मुक्त करने वालों में पहला नाम बाबू शिवप्रसाद (1824–1895) का लिया जा सकता है।[269] यद्यपि 1845 में वे शिक्षा विभाग में नहीं आये थे, पर हिन्दी की स्थिति उनके लिए चिन्ता का विषय थी। इसी वर्ष उन्होंने काशी से 'बनारस अखबार' का प्रकाशन शुरू किया, जिसकी भाषा तो अरबी–फारसी प्रधान खड़ीबोली थी, पर लिपि देवनागरी थी। इस पत्र की भाषा का अनुमान नीचे उद्धृत अंश से लगाया जा सकता है :

''यहाँ जो नया पाठशाला कई साल से जनाब कप्तान किट साहब बहादुर के इहतिमाम और धर्मात्माओं के मदद से बनता है उसका हाल कई दफा जाहिर हो चुका है।.....देखकर लोग उस पाठशाला के किते के मकानों की खूबियाँ अक्सर बयान करते हैं और उनके बनने के खर्च की तजबीज करते हैं कि जमा से जियादा लगा होगा और हर तरह से लायक तारीफ के है। सो यह सब दानाई साहब ममदूह की है।''

शुक्ल जी ने सवाल किया है कि इस भाषा को लोग हिन्दी कैसे समझ सकते थे?[270] इस उद्धरण में 'इहतिमाम', 'दानाई' और 'ममदूह' ही ऐसे शब्द हैं जिन्हें समझने में फारसी से अपरिचित लोगों को मुश्किल हो सकती है। पर इस समय का जो शिक्षित समाज था, वह इन शब्दों से अनभिज्ञ होगा यह नहीं कहा जा सकता। दरअसल राजा शिवप्रसाद बहुत सावधानी से 'हिन्दी' को फारसी के चंगुल से छुड़ाना चाहना चाहते थे, इसलिए उन्होंने पहले उसे फारसी लिपि से मुक्त करने का प्रयास किया। शुक्ल जी ने इसकी तुलना में 1850 में काशी से ही निकलने वाले सुधाकर और आगरा से 'किसी मुंशी सदासुखलाल के प्रबन्ध और सम्पादन में प्रकाशित बुद्धिप्रकाश' की भाषा को 'कुछ सुधरी हुई तथा ठीक हिन्दी' तथा 'उस समय को देखते हुए बहुत अच्छी' माना है। बुद्धिप्रकाश की भाषा का नमूना निम्मिलिखित है :

''इस पश्चिमीय देश में बहुतों को प्रकट है कि बंगाले की रीति के अनुसार उस देश के लोग आसन्नमृत्यु रोगी को गंगातट पर ले जाते हैं और यह तो नहीं करते कि उस रोगी के अच्छे होने के लिए उपाय करने में काम करें और उसे यत्न से रक्षा में रक्खें वरन् उसके विपरीत रोगी को जल के तट पर ले जाकर पानी में गोत देते हैं और 'हरी बोल', 'हरी बोल' कहकर

उसका जीव ले लेते हैं।''

''...स्त्रियों में संतोष और नम्रता और प्रीत यह सब गुण कर्ता ने उत्पन्न किये हैं, केवल विद्या की न्यूनता है, जो यह भी हो तो स्त्रियाँ अपने सारे ऋण से चुक सकती हैं और लड़कों को सिखाना पढ़ाना जैसा उनसे बन सकता है वैसा दूसरों से नहीं। यह काम उन्हीं का है कि शिक्षा के कारण बाल्यावस्था में लड़कों को भूलचूक से बचावें और सरल सरल विद्या उन्हें सिखायें।''[271]

इन उद्धरणों में एक भी अरबी–फारसी शब्द नहीं है। प्रमुखता तद्भव शब्दों की है और संस्कृत के तत्सम शब्द यथानुसार प्रयुक्त हुए हैं। शुक्ल जी इसी प्रकार की भाषा को 'हिन्दी' कहते हैं जबकि राजा शिवप्रसाद 'हिन्दी' में अरबी–फारसी शब्दों का मिश्रण भी आवश्यक समझते थे। इस आधार पर शुक्ल जी ने यह निष्कर्ष निकाला है कि ''अदालती भाषा उर्दू बनाई जाने पर भी विक्रम की 20वीं शताब्दी के आरम्भ के पहले से ही (ईस्वी की 19वीं शताब्दी के मध्य) हिन्दी खड़ीबोली गद्य की परम्परा हिन्दी साहित्य में अच्छी तरह चल पड़ी, उसमें पुस्तकें छपने लगीं, अखबार निकलने लगे।...अब अंग्रेज सरकार का ध्यान देशी भाषाओं की शिक्षा की ओर गया और उसकी व्यवस्था की बात सोची जाने लगी। हिन्दी को अदालतों से निकलवाने में मुसलमानों को सफलता मिल चुकी थी। अब वे इस प्रयत्न में लगे कि हिन्दी को शिक्षाक्रम में भी स्थान न मिले, उसकी पढ़ाई का भी प्रयत्न न होने पाए। अतः सर्वसाधारण की शिक्षा के लिए जब जगह–जगह मदरसे खुलने की बात उठी और सरकार यह विचारने लगी कि हिन्दी का पढ़ना सब विद्यार्थियों के लिए आवश्यक रखा जाए तब प्रभावशाली मुसलमानों की ओर से गहरा विरोध खड़ा किया गया...और सरकार ने 1848 में यह सूचना निकाली कि ''ऐसी भाषा का जानना सब विद्यार्थियों के लिए आवश्यक ठहराना जो मुल्क की सरकारी और दफ्तरी जबान नहीं है, हमारी राय में ठीक नहीं है। इसके सिवाय मुसलमान विद्यार्थी, जिनकी संख्या देहली कालेज में बड़ी है, इसे अच्छी नजर से नहीं देखेंगे।''

शुक्ल जी के अनुसार ''हिन्दी के विरोध की यह चेष्टा बराबर बढ़ती गयी। संवत् 1911 (ई. 1854) के पीछे जब शिक्षा का पक्का प्रबन्ध होने लगा तब यहाँ तक कोशिश की गयी कि वर्नाक्यूलर स्कूलों में हिन्दी की शिक्षा जारी ही न होने पाए। विरोध के नेता थे सर सैयद अहमद साहब जिनका अंग्रेजों के बीच बड़ा मान था। वे हिन्दी को एक गँवारी बोली बताकर अंग्रेजों को उर्दू की ओर झुकाने की लगातार चेष्टा करते आ रहे थे।''[272] सैयद अहमद 1854 के आसपास सदर अमीन (सिविल जज) थे और गाजीपुर या बनारस में पदस्थापित थे। उस समय उनके समकालीन बाबू शिव प्रसाद भी मीरमुंशी के

पद पर बनारस में कार्यरत थे। वे 1850 के आसपास से ही स्कूलों में हिन्दी की शिक्षा को सम्भव बनाने के लिए नागरी लिपि और हिन्दी भाषा में पुस्तकें लिखने लगे थे। सम्भव है, 1838 में 'सरिश्तेदार' की नौकरी में आते ही सैयद अहमद ने उर्दू के पक्ष में काम करना शुरू कर दिया हो, जिससे प्रेरित होकर शिव प्रसाद ने भी नागरी लिपि और हिन्दी के पक्ष में काम करना आरम्भ कर दिया हो। पर इस कथन के पक्ष में कोई ठोस प्रमाण उपलब्ध नहीं है। शुक्ल जी ने भी अपने कथन के पक्ष में कोई प्रमाण नहीं दिया है। उनकी यह सूचना तो अप्रामाणिक है कि बाबू शिव प्रसाद 1854 के 'पीछे' सरकारी सेवा में प्रविष्ट हुए थे और उसके बाद हिन्दी में पुस्तकें लिखने–लिखाने का काम आरम्भ किया था। वस्तुतः उन्होंने 1850 के आसपास ही हिन्दी में पुस्तक (भूगोल हस्तामलक) लिखने की शुरुआत कर दी थी। उस समय साहित्य के पाठ्यक्रम के लिए हिन्दी में पुस्तकें नहीं थीं। बाबू शिवप्रसाद स्वयं तो पुस्तकें तैयार करने में लग ही गये उन्होंने पं. श्रीलाल और पं वंशीधर आदि अपने कई मित्रों को भी पुस्तकें लिखने में लगाया। उन्होंने पाठ्यक्रम के लिए 'राजा भोज का सपना', 'वीरसिंह का वृत्तान्त', 'आलसियों का कोड़ा' आदि छोटी छोटी कथाएँ भी लिखीं,[273] जिनमें से 'राजा भोज का सपना' और 'वीरसिंह का वृत्तान्त' 1867 में शिवप्रसाद के गुटके में भी संकलित हुए थे।[274] इसके अतिरिक्त पं श्रीलाल कृत पत्रमालिका (1855),[275] वंशीधर लिखित पुष्पवाटिका (गुलिस्ताँ के एक अंश का अनुवाद, 1855), भारतवर्षीय इतिहास (1855), जीवन परिपाटी (अर्थशास्त्र की पुस्तक, 1855), जगत् वृत्तान्त (1858), बिहारीलाल कृत गुलिस्ताँ के आठवें अध्याय का अनुवाद (1862), पं बद्रीलाल द्वारा हितोपदेश का संक्षिप्त अनुवाद (1862) आदि पुस्तकें भी प्रकाशित हुईं। शुक्ल जी ने बताया है कि प्रारम्भ में राजा शिवप्रसाद ने जो पुस्तकें लिखीं वे बहुत ही चलती सरल हिन्दी में थीं। उदाहरण के लिए 'राजा भोज का सपना' का एक अंश देखा जा सकता है :

"वह कौन सा मनुष्य है जिसने महाप्रतापी महाराज भोज का नाम न सुना हो। उसकी महिमा और कीर्ति तो सारे जगत् में व्याप्त रही है। बड़े–बड़े महिपाल उसका नाम सुनते ही काँप उठते और बड़े बड़े भूपति उसके पाँव पर अपना सिर नवाते। सेना उसकी समुद्र के तरंगों का नमूना और खजाना उसका सोने चाँदी और रत्नों की खान से भी दूना। उसके दान ने राजा कर्ण को लोगों के जी से भुलाया और उसके न्याय ने विक्रम को भी लजाया।"

यदि यही भाषा पाठ्यपुस्तकों के लिए उपयुक्त मानी गयी होती और इसी का अनुकरण किया गया होता तो उर्दू–हिन्दी का विवाद बाद में तेज न हुआ होता और भारत की भाषानीति का रूप ही कुछ दूसरा होता। राजा

शिवप्रसाद प्रारम्भ काल से ही ऐसी चलती ठेठ हिन्दी के पक्षपाती थे जिसमें सर्वसाधारण के बीच प्रचलित अरबी–फारसी शब्दों का भी स्वच्छन्द प्रयोग हो। अतः शुरू में उन्होंने जो पुस्तकें लिखीं उनकी भाषा सरल बोलचाल की भाषा है। उसमें अरबी–फारसी के केवल वही शब्द आये हैं जो बोलचाल में घुलमिल गये हैं। वामा मनरंजन (1856) की भाषा ऐसी ही है।[276] अपने गुटका में, जो साहित्य की पाठ्यपुस्तक थी उन्होंने थोड़ी संस्कृत मिली ठेठ और सरल भाषा का ही आदर्श बनाये रखा, पर, शुक्ल जी के अनुसार, सं 1917 (ई. सन् 1860) के पीछे उनका झुकाव उर्दू की ओर होने लगा जो बराबर बना रहा, कुछ न कुछ बढ़ता ही गया।[277] इसके पहले उन्होंने अपने मानवधर्मसार (1957) में संस्कृतगर्भित भाषा का प्रयोग किया था, जिसका उदाहरण निम्नलिखित है :

''मनुस्मृति हिन्दुओं का मुख्य धर्मशास्त्र है। उसको कोई भी हिन्दू अप्रामाणिक नहीं कह सकता। वेद में लिखा है कि मनु जी ने जो कुछ कहा है उसे जीव के लिए औषधि समझना ; और बृहस्पति लिखते हैं कि धर्म शास्त्राचार्यों में मनु जी सबसे प्रधान और अति मान्य हैं क्योंकि उन्होंने अपने धर्मशास्त्र में सम्पूर्ण वेदों का तात्पर्य लिखा है।...खेद की बात है कि हमारे देशवासी हिन्दू कहलाके अपने मानवधर्मशास्त्र को न जानें और सारे कार्य उसके विरुद्ध करें।''[278]

बाबू शिवप्रसाद ने 1851 में भूगोल हस्तामलक नामक पुस्तक लिखी थी जिसका दूसरा संस्करण 1859 में प्रकाशित हुआ। इसके 'उपोद्घात' में उन्होंने लिखा था कि उनकी भाषा का आदर्श लल्लू जी लाल और क़ाज़िम अली जवाँ लिखित बैतालपचीसी की भाषा है। पर इसकी भाषा हरगिज 'उर्दू' नहीं है। डॉ. रामविलास शर्मा ने भूगोलहस्तामलक की भाषा को 'बोलचाल की हिन्दी' कहा है।[279] वीरभारत तलवार ने भी भूगोल हस्तामलक का जो उद्धरण दिया है, उससे शुक्ल जी के कथन की पुष्टि नहीं होती। वह उद्धरण यों है :

''जानना चाहिए कि यह भूगोल जो नारंगी सा गोल है और बिना किसी आधार के अधर में सूर्य के गिर्द घूमता है, दो तिहाई से अधिक 1000 में 734 हिस्से पानी से ढँका हुआ है। अनाड़ियों को इस बात के सुनने से बड़ा आश्चर्य होगा कि पृथ्वी बिना किसी आधार के अधर में किस तरह रह सकती है, उनको इस बात पर अच्छी तरह ध्यान रखना चाहिए कि जो वे किसी चीज को पृथ्वी का आधार मानेंगे तो फिर उस आधार के ठहराव के लिए भी कोई दूसरा आधार अवश्य मानना होगा, और फिर इसी तरह एक के लिए दूसरे का आधार बराबर ठहराते चला जाना होगा, यहाँ तक कि आखिर थककर यहीं कहेंगे कि सबसे पिछले आधार का कोई भी दूसरा आधार नहीं है, वह

ईश्वर की शक्ति से आप हर अधर में ठहर रहा है।''[280]

वस्तुतः भूगोल हस्तामलक की रचना 1851 में हुई थी और उसका दूसरा संस्करण 1859 में निकला था। अपनी विद्यांकुर (1876) नामक पुस्तक की अंग्रेजी भूमिका में उन्होंने लिखा कि ''राज्य के लिए ऐसी राजभाषा चाहिए जिसे ज्यादा से ज्यादा लोग समझते हों, पर वह ऐसी न हो कि शरीफ आदमी उसे सुनकर हँसें। बहुत ललित (एलिगेंट) न हो तो उसमें ग्राम्य जीवन (वल्गर लाइफ) का खुरदरापन भी न हो।''[281] इस विचार के तहत उन्होंने 'तत्त्व' के लिए 'उन्सुर', 'जरायुज', 'पिंडज', 'अंडज' आदि के लिए 'हैवानात', 'वनस्पति' के लिए 'नवानात', 'आमाशय' के लिए 'मेदअ', 'पशुबुद्धि' के लिए 'हैवानी अक्ल', 'राजधानी' के लिए 'दारुस्सल्तनत', 'परलोक' के लिए 'आक़ीबत' आदि लगभग 64 शब्दों का प्रयोग विद्यांकुर में किया है, जो उस काल के उर्दू जानने वाले शरीफों की भाषा थी। 'शरीफ लोगों' का यह दृष्टिकोण राजा शिवप्रसाद पर इतना हावी हो गया कि उनकी भाषा को आम बोलचाल की भाषा से निरन्तर अलग करता गया और उनकी इतिहासतिमिरनाशक, सिखों का उदय और अस्त तथा कुछ बयान अपनी ज़बान[282] आदि की भाषा 'पढ़े लिखे आलिम फाजिल' लोगों की भाषा बन गयी।

हिन्दी भाषा की यह पिछड़ी हुई स्थिति भी हिन्दी क्षेत्र में नवजागरण के प्रसार में बाधक रही।

नवजागरण : दूसरा चरण (1857–1900) और हिन्दी साहित्य

भौगोलिक दृष्टि से बंगाल से जुड़े होने पर भी[283] हिन्दी क्षेत्र में बंगाल से उठी सामाजिक नवजागरण की लहर उन्नीसवीं सदी के पूर्वार्द्ध तक नहीं पहुँची। सामाजिक नवजागरण आन्दोलन के बिहार, युक्त प्रान्त और उसके आसपास के हिन्दी क्षेत्र में न फैलने का एक कारण इस क्षेत्र में राजा राममोहन राय, डेविड हेयर, अलेक्जेंडर डफ, द्वारकानाथ टैगोर, ईश्वरचन्द्र विद्यासागर, अक्षयकुमार दत्त जैसे शिक्षाशास्त्रियों और समाजसुधारकों का न होना भी है। जहाँ तक शिक्षा के प्रचार–प्रसार की बात है, ईस्ट इंडिया कम्पनी की भारतीयों को आधुनिक ज्ञानविज्ञान प्रदान करने में कोई रुचि नहीं थी। बंगाल में, और विशेषकर कलकत्ता में, शिक्षा का प्रचारप्रसार वहाँ के समाजसुधारकों के उत्साह का परिणाम था। जहाँ तक कम्पनी शासन की बात है, 1802 में आगरा में कम्पनी की सहायता से एक कॉलेज खुला था। जुलाई, 1818 में जयनारायण घोषाल के प्रयत्न से बनारस में एक स्कूल खोला गया जिसमें अंग्रेजी, फारसी, हिन्दुस्तानी और बँगला भाषाएँ पढ़ायी जाती थीं। ध्यातव्य है

कि उस समय 'हिन्दुस्तानी' का मतलब 'हिन्दी' नहीं, बल्कि 'उर्दू' था।

उसी के साथ साथ अन्तर्धारा के रूप में अग्रसर होती राजनीतिक नवजागरण की लहर भी, 1857 के सैनिक और जनविद्रोह का उग्र रूप धारण करने के बावजूद, 1860 तक लगभग शान्त हो गयी। 1861–75 का डेढ़ दशक इस धारा के शीतनिद्रा में चले जाने का काल कहा जा सकता है।

इस बीच स्वामी दयानन्द सरस्वती (1824–1883) द्वारा शुरू किए गये आर्य समाज आन्दोलन (अप्रैल, 1875) से, उत्तर भारत में भी, बंगाल के नवजागरण की तरह धार्मिक–सामाजिक नवजागरण का आरम्भ हुआ। उस समय हिन्दू धर्म अनेक दार्शनिक और साम्प्रदायिक धड़ों में बँटा हुआ था, अतः दयानन्द वेदों की ओर मुड़े जिन्हें वे ज्ञान और सत्य का भंडार और ब्रह्मवाक्य मानते थे। स्वामी दयानन्द का मानना था कि स्वार्थी और अज्ञानी पुरोहितों ने पुराणों की सहायता से, जो उनके अनुसार झूठे उपदेशों से भरे हुए हैं, हिन्दू धर्म को भ्रष्ट कर दिया है। उन्होंने सभी परवर्ती धार्मिक मान्यताओं को, जो वेदों से मेल नहीं खाते, अस्वीकार किया। उन्होंने माना कि हर आदमी ईश्वर को सीधे प्राप्त कर सकता है। उन्होंने हिन्दू पुराणपंथीपन को अस्वीकार करते हुए उस पर चौतरफा आक्रमण किया और उसके खिलाफ विद्रोह किया। उन्होंने वेदों की व्याख्या द्वारा जिन धार्मिक और सामाजिक सुधारों का प्रस्ताव किया वे आश्चर्यजनक रूप से अन्य भारतीय सुधारकों द्वारा प्रस्तावित सुधारों से अभिन्न थे। उन्होंने जीवनभर उन हिन्दू रीतिरिवाजों और परम्पराओं का, जो अर्थहीन हो चुके थे और दमनकारी भी थे, जैसे मूर्तिपूजा, बहुदेववाद, कर्मकांड और पुरोहितवाद, विशेषकर जातिवाद, छुआछूत, बालविवाह, जबरदस्ती लादे गये वैधव्य और ब्राह्मणवाद द्वारा प्रचारित प्रचलित हिन्दुत्व का विरोध किया। उन्होंने लोगों को, स्वर्ग–नरक वाले मानवेतर संसार के परम्परागत विश्वास को त्यागकर वे जिस वास्तविक संसार में रहते हैं, उसकी ओर ध्यान देने को कहा। उन्होंने पश्चिमी विज्ञान के अध्ययन का भी समर्थन किया। सत्यप्रकाश (1875) के माध्यम से उन्होंने बताया कि वे विश्लेषणात्मक चिन्तन द्वारा परम सत्य की स्वीकृति और मिथ्या के त्याग का समर्थन करते हैं। यह गौर करने की बात है कि स्वामी दयानन्द केशवचन्द्र सेन, विद्यासागर, जस्टिस रानाडे, गोपाल हरि देशमुख और अन्य आधुनिक धार्मिक और सामाजिक सुधारकों के सम्पर्क में भी आये थे और उनसे विचारविमर्श किया था। वस्तुतः आर्यसमाज की रविवारीय बैठकों में व्यक्त विचार ब्रह्मो समाज और प्रार्थना समाज के आचरणों से मिलते जुलते हैं।

जिस प्रकार बंगाल के नवजागरण का वहाँ के सनातन धर्मावलम्बी हिन्दुओं ने विरोध किया था उसी प्रकार उत्तर भारत में स्वामी दयानन्द का

भी विरोध हुआ; यहाँ तक कि कई बार उनकी जान लेने की भी कोशिश की गयी। पर वे अपने मार्ग से विचलित नहीं हुए।

आर्य समाज के अनुयायी सामाजिक सुधार के पक्के समर्थक थे और उन्होंने स्त्रियों की दशा सुधारने और उनमें शिक्षा का प्रसार करने का प्रबल प्रयास किया। उन्होंने अस्पृश्यता और वंशानुगत जातिप्रथा की कठोरता के विरुद्ध संघर्ष किया। इस प्रकार वे सामाजिक समानता के समर्थक थे और उन्होंने सामाजिक भाईचारा और संगठन को बढ़ावा दिया। इसके साथ ही उन्होंने लोगों में आत्मसम्मान और आत्मनिर्भरता का भाव भी पैदा किया।

आर्य समाज की स्थापना के बाद स्वामी दयानन्द केवल आठ वर्ष जीवित रहे, पर इस छोटी अवधि में ही उन्होंने हिन्दू समाज में हलचल मचा दी। पुराणपन्थी हिन्दुओं ने आर्य समाज के विचारों का जबरदस्त विरोध किया, पर बीसवीं शताब्दी के प्रथम चरण में इसकी प्रगतिशील भूमिका ने इसे विश्वव्यापी स्वीकृति प्रदान की।

हिन्दी क्षेत्र पर आर्य समाज के प्रभाव का एक कारण उसके मूल ग्रन्थ 'सत्यार्थ प्रकाश' की हिन्दी में रचना और आर्य समाज की गतिविधियों का हिन्दी में संचालन भी था।

बाद में स्वामी दयानन्द के कुछ अनुयायियों ने देश में पश्चिमी ढंग की शिक्षा लागू करने के लिए स्कूलों और कॉलेजों की श्रृंखला कायम की। इस प्रयास में लाला हंसराज ने अग्रणी भूमिका पूरी की।

यह एक उल्लेखनीय तथ्य है कि बंगाल और महाराष्ट्र का नवजागरण केवल हिन्दू समाज से जुड़ा हुआ था; मुस्लिम समाज उससे अछूता रहा। उन्नीसवीं सदी के उत्तरार्द्ध में मुसलमानों के नेता के रूप में सैयद अहमद खान सामने आये। यह तथ्य भी उल्लेखनीय है कि उन्नीसवीं सदी के आरम्भ से ही कम्पनी शासन की नीति हिन्दुओं और मुसलमानों को एक दूसरे से अलग करने की थी। भाषा इसका मुख्य आधार बनी। इस सदी के आरम्भ में खड़ीबोली या हिन्दी/हिन्दवी के प्रसिद्ध कवि मीर, आबरू, सौदा सोज़, इंशा और नज़ीर अकबराबादी आदि की कविताओं में अरबी–फारसी शब्दों की वैसी बहुलता नहीं थी, जैसी नासिख (कविता–काल उन्नीसवीं सदी का पूर्वार्द्ध ; ल. 1811–1838) के 'मतरुक़ात' आन्दोलन के बाद आयी। फोर्ट विलियम कॉलेज की टकसाल में 'हिन्दुस्तानी' नाम से उर्दू और 'हिन्दी' के सिक्के घड़े गये। चौथे दशक में नासिख ने हिन्दी/हिन्दवी से बोलचाल के शब्दों के बहिष्कार और अरबी–फारसी शब्दों के बहुल प्रयोग के आन्दोलन ने 'उर्दू' को अन्तिम रूप से 'हिन्दी' से अलग कर दिया।

सैयद अहमद इसी समय (1838) सरकारी नौकरी में आये थे, पर शुरू

में उनका एकमात्र लक्ष्य उर्दू को बढ़ावा देना था ताकि अधिक से अधिक मुसलमान सरकारी नौकरियों में प्रवेश पा सकें। पर उन्हें इस बात का बोध नहीं था कि कम्पनी शासन किसी भी भारतीय को, वह चाहे हिन्दू हो या मुसलमान, ऊँची नौकरियाँ देने के पक्ष में नहीं था। इसी उद्देश्य से अंग्रेजी को 'कोर्ट लैंग्वेज' घोषित भी किया गया था। अदालतों और कार्यालयों में छोटे पदों पर नियुक्ति का कारण भी यह था कि उन पदों पर अंग्रेजों को बहाल करना बहुत खर्चीला था। इसलिए स्कूलों में अंग्रेजी की शिक्षा को महत्त्व भी दिया गया। थोड़ी बहुत अंग्रेजी सीखकर अदालतों और सरकारी कार्यालयों में भारतीय, जिन्हें 'नेटिव' कहा जाता था, अंग्रेज अफसरों और जनता के बीच सम्पर्क बनाने में सहायक हो सकते थे। शिक्षित मुसलमानों और हिन्दू समाज के एक वर्गविशेष का मुगल शासन काल से ही सरकारी नौकरियों का अनुभव था और वे अदालतों तथा कार्यालयों में प्रयुक्त होने वाली फारसी पदावली से परिचित हो चुके थे। अतः उनके लिए अंग्रेजी भाषा का थोड़ा सा भी ज्ञान प्राप्त कर कम्पनी शासन की छोटी नौकरियाँ प्राप्त करना आसान था। स्वयं सैयद अहमद भी 1938 में आगरा की अदालत में 'सरिस्तेदार' पद पर ही, जिसका काम दस्तावेजों की देखरेख करना था, बहाल हुए थे। 1840 में उनकी पदोन्नति 'मुंशी' पद पर हुई और 1858 में वे मुरादाबाद की अदालत में ऊँचे पद (जूरिस्ट) पर बहाल किये गये।

वे ब्रिटिश राज में हाईकोर्ट जज के रूप में नियुक्त होने वाले पहले मुसलमान थे। भारतीय विद्रोह के आरम्भ में, 10 मई, 1857 को, वे बिजनौर की अदालत में 'चीफ एसेसमेंट ऑफिसर' के पद पर कार्यरत थे। सैयद अहमद पहले से ही कम्पनी शासन के प्रियपात्र थे, 1857 के विद्रोह में अनेक अंग्रेजों की जान बचाकर वे शासन के और भी निकट आ गये। उन्होंने अशब–ए–बगावत–ए–हिंद (भारतीय बगावत के कारण) नामक पुस्तिका भी लिखी जिसमें उन्होंने इस प्रचलित धारणा का खंडन किया कि बगावत का षड्यन्त्र मुस्लिम अभिजात वर्ग द्वारा किया गया था। उन्होंने मुसलमानों को उससे अलग बताते हुए कम्पनी शासन की नीतियों को ही उसका जिम्मेदार ठहराया था और सलाह दी थी कि प्रशासन में सहायता के लिए मुसलमानों को ही नियुक्त किया जाए। पर सरकार ने उसको कोई तवज्जो नहीं दी। सैयद अहमद का दिनोंदिन यह विश्वास बढ़ता गया कि मुसलमानों के रूढ़िवादी परंपरागत विचारों के कारण उनका भविष्य खतरे में है, अतः उन्होंने आधुनिक प्रकार के स्कूलों और पत्रों की स्थापना कर पश्चिमी ढंग की वैज्ञानिक शिक्षा को प्रोत्साहन देना आरम्भ किया। पक्का धार्मिक मुसलमान होने के बावजूद उन्होंने उन धार्मिक मताग्रहों और कट्टरता की आलोचना

की, जिन्होंने मुस्लिम समाज के प्रति ब्रिटिश सरकार को सन्देहशील बना दिया था। 1857 के विद्रोह के पहले और बाद की घटनाओं ने मुसलमानों के हाशिये पर चले जाने का खतरा मँड़राने लगा था। सैयद अहमद के लिए यह चिन्ता का विषय था। पूरे 1851 के दशक में उन्होंने मुसलमानों की शिक्षा के विकास के प्रति लगाव व्यक्त किया। सबसे पहले उन्होंने 1859 में मुरादाबाद में एक आधुनिक मदरसा की स्थापना की, जो वैज्ञानिक शिक्षा प्रदान करने वाला पहला धार्मिक स्कूल था। 1863 में उन्होंने गाजीपुर में दूसरा आधुनिक शिक्षा देने वाला मदरसा कायम किया। 1864 में अलीगढ़ में तबादला होने पर उन्होंने 'रॉयल सोसाइटी' और 'रॉयल एसियाटिक सोसाइटी' की तर्ज पर 'साइंटिफिक सोसाइटी ऑफ अलीगढ़' की स्थापना की जो भारत में अपने ढंग की पहली वैज्ञानिक संस्था थी। 1867 में उनका तबादला बनारस में हुआ, जब शिव प्रसाद फारसी लिपि के स्थान पर नागरी लिपि को प्रतिष्ठापित करने का आन्दोलन कर रहे थे। सैयद अहमद अपने ढंग से इसका विरोध करने में लग गये और उन्होंने नागरी लिपि आन्दोलन को विफल कर दिया। तत्पश्चात् 1869–70 में वे इंगलैंड–यात्रा पर गये जहाँ उन्हें 'मुस्लिम कैंब्रिज' की स्थापना की प्रेरणा मिली और वापस आते ही इसके लिए प्रयासरत हो गये। उन्होंने मुसलमानों की उन्नति और सुधार के लिए तहज़ीब–अल–अख़लाक नामक पत्र निकाला। मई 1875 में उन्होंने अलीगढ़ में एक मुस्लिम स्कूल की स्थापना की और 1876 में सरकारी नौकरी से अवकाश ग्रहण करने के बाद उसे कॉलेज का रूप देने में लग गये। 1877 में 'मोहम्मडन ऐंग्लो–ओरिएंटल कॉलेज' की स्थापना हो गयी और सैयद अहमद की शैक्षणिक योजनाओं के विरोध के बावजूद उसकी तेजी से उन्नति होती चली गयी। 1886 में सैयद अहमद ने मुस्लिम शिक्षा को आगे बढ़ाने तथा मुसलमानों को सार्वजनिक मंच उपलब्ध कराने के उद्देश्य से 'ऑल इंडिया मुहम्मडन एजुकेशनल कॉनफ्रेंस' की स्थापना की जिसके अधिवेशन प्रतिवर्ष भिन्न भिन्न स्थानों पर होते थे। सैयद अहमद ने मुसलमानों को सक्रिय राजनीति में भाग लेने से मना किया और उन्हें केवल शिक्षा पर ध्यान देने की सलाह दी। मुसलमानों ने सामान्यतः उनकी सलाह मानी और अपने को राजनीति से दूर रखा।

सैयद अहमद ने आजीवन ब्रिटिश शासन से सहयोग करते हुए भारतीय मुसलमानों के बौद्धिक और सामाजिक परिवर्तन के लिए प्रयास किया। सबसे पहले उन्होंने मुस्लिम धार्मिक विचारधारा की तर्कसंगत व्याख्या की जिससे कि वह परम्परा और पश्चिमी शिक्षा और विज्ञान के साथ तालमेल कायम कर सके। रूढ़िवादी धर्मिक मुल्ला–मौलवियों के विरोध के बावजूद सैयद अहमद को अपने अभियान में बहुत दूर तक सफलता प्राप्त हुई और एक हद तक

मुस्लिम नवजागरण को भी बल मिला।

यहाँ मैं यह टिप्पणी करना चाहूँगा कि यदि सैयद अहमद ने केवल मुसलमानों की सामाजिक और आर्थिक उन्नति की चिन्ता न कर सारे भारत को अपनी चिन्ता का विषय बना लिया होता तो वे एक राष्ट्रीय नेता होते। पर दुर्भाग्यवश उनके मन में ऐसा विचार नहीं आया और वे एक वर्गविशेष के नेता बनकर रह गये ; साथ ही उन्होंने हिन्दुओं और मुसलमानों के एक राष्ट्र की सम्भावना को तो समाप्त कर ही दिया। वे भारतीय स्वाधीनता आन्दोलन के पक्ष में नहीं थे। उन्होंने मुसलमानों को पूर्ण निष्ठा के साथ ब्रिटिश राज का साथ देने का आह्वान किया। उन्होंने भारतीय राष्ट्रीय कांग्रेस जैसी राष्ट्रीय संस्थाओं की भर्त्सना की और मुस्लिम एकता और ब्रिटिश समर्थक विचारों और कार्यक्रमों को बढ़ावा देने वाली संस्थाओं की स्थापना में योग दिया। आज सैयद अहमद द्विराष्ट्रीय सिद्धान्त के जनक और अल्लामा इकबाल और मुहम्मद अली जिन्ना के साथ पाकिस्तान के जन्मदाता माने जाते हैं।

जैसा हमने आरम्भ में ही उल्लेख किया है, 1860 के बाद राजनीतिक नवजागरण समाप्त तो नहीं हुआ, पर शीतनिद्रा में अवश्य चला गया। सरकार ने चतुराईपूर्वक शिक्षित भारतीयों को धार्मिक आधार पर एक दूसरे के विरुद्ध करने के लिए आकर्षक सरकारी नौकरियों का उपयोग किया। औद्योगिक और व्यावसायिक पिछड़ेपन तथा सोशल सर्विसेज के बिल्कुल अभाव के कारण, शिक्षित भारतीय प्रायः पूर्ण रूप से सरकारी नौकरियों पर निर्भर हो गये थे। उनके लिए और सारे दरवाजे लगभग बन्द थे। इस कारण उपलब्ध सरकारी पदों के लिए उनमें घोर प्रतियोगिता थी। सरकार ने इस प्रतियोगिता का क्षेत्रीय और साम्प्रदायिक प्रतिस्पर्धा और घृणा को पनपाने के लिए उपयोग किया। उसने साम्प्रदायिक आधार पर, सरकार के प्रति निष्ठा के बदले में, सरकारी अनुकम्पा का आश्वासन देकर शिक्षित हिन्दुओं को अपने पक्ष में करने का प्रयास किया।

यद्यपि 1857 का विद्रोह दबा दिया गया, पर इसने उन्नीसवीं शताब्दी के उत्तरार्ध में राष्ट्रीय राजनीतिक चेतना और संगठित राष्ट्रीय आन्दोलन को जन्म तो दे ही दिया। 1870 तक आते आते भारतीय राष्ट्रवाद ने, चुपचाप, राजनीतिक परिदृश्य पर एक प्रमुख शक्ति के रूप में पर्याप्त शक्ति और गति प्राप्त कर ली थी। अब इसे एक ऐसे उत्तेजक वातावरण की अपेक्षा थी, जो इसे सतह पर ला दे। वाइसराय लिटन (1876–80) के प्रतिक्रियावादी शासन ने और वाइसराय रिपन के (1880–84) शासन में सुधार के रूप में लाए गये इलबर्ट बिल को लेकर पैदा हुए विवाद ने इसे सुलभ भी करा दिया।

1876 में वाइसराय लिटन ने खुले रूप में घोषित किया कि इंगलैंड के

शासन को अब से शक्तिशाली नेटिव अभिजात वर्ग की आशाओं, आकांक्षाओं, सहानुभूति और हितों के साथ अपने को जोड़ना होगा। जमीन्दारों और भूस्वामियों ने भी बदले में माना कि उनकी स्थिति घनिष्ठ रूप से ब्रिटिश शासन के साथ जुड़ी हुई है और वे उसके दृढ़ समर्थक बन गये।

रूढ़िवादी वर्गों के साथ जुड़ाव की नीति के तहत सरकार ने सामाजिक सुधारकों की सहायता की नीति का त्याग कर दिया। उनका विश्वास था कि उनके सामाजिक सुधार, जैसे सती प्रथा की समाप्ति और विधवाओं के पुनर्विवाह की अनुमति, 1857 के विद्रोह के प्रमुख कारण थे। इस कारण वे धीरे धीरे रूढ़िवादी विचारों का समर्थन करने लगे और सुधारकों को समर्थन देना बन्द कर दिया।

1876–80 के लिटन के शासन के दौरान ब्रिटेन के वस्त्रनिर्माताओं को खुश करने के लिए ब्रिटिश वस्त्र आयात के अधिकतर आयात कर समाप्त कर दिये गये। भारतीय व्यवसायियों ने इसे भारत में छोटे पर विकासमान वस्त्र उद्योग को नष्ट करने का जरिया माना। इसने देश में एक असन्तोष की लहर का रूप ले लिया और व्यापक राष्ट्रीय आन्दोलन को जन्म दिया। अफगानिस्तान के खिलाफ दूसरे युद्ध ने इस साम्राज्यवादी युद्ध में हुए भारी खर्च के विरोध में, जिसे भारतीय खजाने को उठाना पड़ा, उग्र विरोध पैदा किया। 1877 में, जिस समय देश भयानक अकाल का सामना कर रहा था, दिल्ली में इम्पीरियल दरबार का आयोजन लोगों को यह मानने पर विवश किया कि उनके शासक उनकी, यहाँ तक कि उनके मरने जीने की भी, चिन्ता नहीं करते।[284] 1978 के आर्म्स एक्ट ने, जिसने लोगों को निःशस्त्र बना दिया, उनमें यह भाव पैदा किया कि यह पूरे राष्ट्र को शक्तिहीन बनाने का प्रयास है। 1878 के 'वर्नाक्यूलर प्रेस एक्ट' को राजनीतिक दृष्टि से सचेत भारतीयों ने विदेशी शासन की बढ़ती आलोचना को दबाने के प्रयास के रूप में लिया। 1878 में ही सरकार ने नये रेगुलेशन की घोषणा के तहत भारतीय सिविल सर्विस परीक्षा में बैठने की अधिकतम उम्र 21 वर्ष से घटाकर 19 वर्ष कर दी, जिससे भारतीय छात्र सिविल सर्विसेज में प्रवेश न कर सकें।

इस प्रकार लिटन की नीतियों ने विदेशी शासन के प्रति असन्तोष को बढ़ाने में योग दिया, जिसमें आग लगाने का काम इलबर्ट बिल ने किया। 1883 में वाइसराय रिपन ने एक कानून पास करने की कोशिश की जिसमें भारतीय जिला मजिस्ट्रेटों और सेशन जजों को आपराधिक मामलों में यूरोपीय अपराधियों के मुकदमे देखने का प्रावधान किया। यह 'रेसियल डिस्क्रिमिनेशन' के ज्वलन्त हिस्से को हटाने का बहुत हल्का सा प्रयास था। इस बिल के खिलाफ, जो लॉ मेम्बर इलबर्ट के नाम पर प्रसिद्ध हुआ, भारत में रहने वाले यूरोपवासियों

ने उग्र आन्दोलन आरम्भ किया। उन्होंने भारतीयों, उनकी संस्कृति और चरित्र के विरुद्ध अपशब्दों की वर्षा की। उन्होंने घोषणा की कि अति उच्चशिक्षित भारतीय भी किसी यूरोपवासी के विरुद्ध फैसला देने की क्षमता नहीं रखते। यहाँ तक कि कुछ लोगों ने वाइसराय का अपहरण कर उसे इंगलैंड वापस भेजने का भी षड्यन्त्र रचा। अन्ततः भारत सरकार यूरोपीयों के सामने झुक गयी और उन्हें सन्तुष्ट करने के लिए बिल में संशोधन कर दिया।

बिल के आलोचकों द्वारा प्रदर्शित प्रजातिवादी विरोध ने भारतवासियों को चकित–भयभीत कर दिया। वे इस बात के प्रति भी अत्यधिक सचेत हो गये कि विदेशी शासन ने उन्हें कितना नीचे गिरा दिया है। उन्होंने बिल के पक्ष में अखिलभारतीय आन्दोलन (कैम्पेन) आयोजित किया। उन्होंने यह भी महसूस किया कि सरकार द्वारा अपनी माँगों को मनवाने के लिए उन्हें भी राष्ट्रीय स्तर पर स्वयं को संगठित करना चाहिए और लगातार मिलकर आन्दोलन करना चाहिए। दिसंबर, 1885 में इंडियन नेशनल कांग्रेस की स्थापना हुई जिसके नेतृत्व में विदेशी शासन से मुक्ति के लिए एक लम्बा और साहस भरा संघर्ष आरम्भ हुआ जो अन्ततः 15 अगस्त, 1947 को पूरा हुआ।

भारतीय राष्ट्रीय आन्दोलन का आधार इस तथ्य में निहित था कि ब्रिटिश शासन लगातार भारत के आर्थिक पिछड़ेपन का प्रमुख कारण बना रहा। यह भारत के आगे आने वाले आर्थिक, सामाजिक, सांस्कृतिक, बौद्धिक और राजनीतिक विकास की प्रमुख रुकावट बना रहा। इससे भी बड़ी बात यह हुई कि लगातार अधिकाधिक भारतीयों ने इसे महसूस करना आरम्भ किया। प्रत्येक वर्ग, भारतीय समाज के प्रत्येक हिस्से ने यह अनुभव करना आरम्भ किया कि विदेशी शासकों के हाथों उनके हितों का नुकसान हो रहा है। किसानों ने देखा कि सरकार उनकी पैदावार का बड़ा भाग लगान के रूप में ले लेती है ; सरकार और उसका तन्त्र–पुलिस, कचहरी और कर्मचारी–उनका भारी लगान–शोषण करने वाले जमीन्दारों और भूमिधारकों, महाजनों और सूदखोरों के प्रति, जो नाना प्रकार से उन्हें ठगते तथा उनका शोषण करते हैं, और उनकी जमीनों का हरण कर लेते हैं, के प्रति पक्षपात करते और संरक्षण प्रदान करते है। जब कभी किसान जमीन्दारों और साहूकारों के शोषण के खिलाफ आवाज उठाते उन्हें कानून और व्यवस्था के नाम पर पुलिस और सेना दबा देती है। कारीगर और हस्तशिल्पी देख रहे थे कि विदेशी शासन ने उन्हें नष्ट करने के लिए विदेशी प्रतियोगिता को प्रोत्साहन दिया है और उनके पुनर्वास के लिए कुछ भी नहीं किया है।

भारतीय समाज के ये दोनों वर्ग, किसान और दस्तकार, जो भारतीय आबादी का बृहत् बहुसंख्यक समाज था, यह अनुभव करने लगे थे कि उन्हें

कोई राजनीतिक अधिकार या शक्ति प्राप्त नहीं है और उनके बौद्धिक और सांस्कृतिक विकास के लिए प्रायः कुछ भी नहीं हो रहा है। शिक्षा छनकर उनके पास नहीं पहुँचती। गाँवों में मुश्किल से स्कूल थे और जो थे भी उनकी हालत बहुत खराब थी। व्यावहारिक रूप से उच्चतर शिक्षा के दरवाजे उनके लिए बन्द थे। छोटी जातियों के किसान मजदूर तो उच्चवर्ग के सामाजिक और आर्थिक शोषण–दमन के भी शिकार थे।

भारतीय समाज के दूसरे हिस्से भी कम असन्तुष्ट न थे। शिक्षित भारतीय देश की दुखद आर्थिक और राजनीतिक हालत को समझने के लिए अपने नये ज्ञान का इस्तेमाल कर रहे थे। जिन लोगों ने पहले, जैसे 1857 में, ब्रिटिश शासन का समर्थन इस उम्मीद में किया था कि शासन विदेशी होने पर भी देश का आधुनिकीकरण और औद्योगीकरण करेगा, अब निराश होने लगे थे। आर्थिक दृष्टि से उन्होंने उम्मीद की थी कि ब्रिटिश पूँजीवाद भारतीय उत्पादक शक्तियों का उसी प्रकार विकास करेगा जिस प्रकार उसने अपने देश में किया है। इसके स्थान पर उन्होंने पाया कि भारत की ब्रिटिश नीतियाँ, ब्रिटिश पूँजीपतियों द्वारा निर्देशित होकर देश का अर्थिक विकास अवरुद्ध कर रही हैं और इसकी उत्पादक शक्तियों को कमजोर कर रही हैं। वास्तव में ब्रिटेन का आर्थिक शोषण भारतीय निर्धनता को बढ़ाता जा रहा था। वे भारतीय प्रशासन पर होने वाले अतिव्यय, किसानों पर कराधान के भारी बोझ, भारत के देशी औद्योगीकरण के विनाश, ब्रिटिश–अनुकूल शुल्क नीति द्वारा आधुनिक उद्योग के विकास में रुकावट के सरकारी प्रयत्न, शिक्षा, सिंचाई, सफाई और स्वास्थ्य सेवाओं जैसे राष्ट्रनिर्माण और कल्याणकारी कार्यक्रमों की उपेक्षा आदि के प्रति असन्तोष व्यक्त करने लगे थे। संक्षेप में वे देख रहे थे कि ब्रिटेन भारत को आर्थिक उपनिवेश में बदल रहा है जो ब्रिटिश उद्योगों के लिए कच्चे माल का स्रोत तथा ब्रिटिश उत्पादनों के लिए बाजार और ब्रिटिश पूँजी के निवेश का क्षेत्र बनकर रह जाएगा। अन्ततः वे यह महसूस करने लगे कि जबतक भारतीय अर्थव्यवस्था पर साम्राज्यवादी नियंत्रण रहेगा, उसे विकसित करना सम्भव नहीं होगा।

राजनीतिक दृष्टि से शिक्षित भारतीयों ने देखा कि ब्रिटिश सरकार ने भारत को स्व–शासन की ओर अग्रसर करने वाले पूर्ववर्ती बहानों का भी त्याग कर दिया है। अधिकतर ब्रिटिश पदाधिकारियों और राजनीतिक नेताओं ने खुलेआम कहना आरम्भ किया कि अंग्रेज भारत से जाने वाले नहीं। इसके अलावा अभिव्यक्ति की आजादी तथा प्रेस और व्यक्ति की स्वतंत्रता में वृद्धि करने के स्थान पर सरकार लगातार उन पर रोक लगाती गयी। ब्रिटिश पदाधिकारियों और लेखकों ने भारतीयों को प्रजातंत्र और स्व–शासन के

लिए अयोग्य घोषित करना आरम्भ कर दिया। सांस्कृतिक क्षेत्र में शासक लगातार उच्चतर शिक्षा और आधुनिक विचारों के प्रसार के प्रति नकारात्मक और विरोधी रुख अपनाने लगे।

इसके साथ ही भारतीय पढ़ेलिखे लोग बढ़ती हुई बेकारी से परेशान होने लगे। जो थोड़े से पढ़ेलिखे लोग थे उन्हें रोजगार नहीं मिल रहा था और जिन्हें सरकारी नौकरी प्राप्त भी हुई थी, उन्होंने देखा कि अधिकांश अच्छे वेतन वाले पद अंग्रेज मध्य और उच्च वर्ग के लिए सुरक्षित हैं, जो भारत को अपने बेटों के लिए विशेष चारागाह के रूप में देखते थे। अतः शिक्षित भारतीयों ने अनुभव किया कि देश का आर्थिक और सांस्कृतिक विकास और विदेशी नियंत्रण से इसकी मुक्ति ही रोजगार के बेहतर मौके दे सकते हैं।

बढ़ता भारतीय पूँजीवादी वर्ग राष्ट्रीय राजनीतिक चेतना के विकास में शिथिल रहा। 1900 के पहले तक तो यह राजनीतिक चेतना से उदासीन ही रहा। पर धीरे धीरे इसने भी अनुभव किया कि वह भी साम्राज्यवाद के हाथों नुकसान उठा रहा है। उसका विकास सरकार की सरकारी व्यापार, शुल्क, कर और यातायात नीतियों के कारण बाधित हो रहा है। उसकी इच्छा थी कि सरकार उसकी सहायता करे। पर सरकार ने उसकी यह अपेक्षा पूरी न की। बाद में उन्होंने भी अनुभव किया कि केवल राष्ट्रीय सरकार ही भारतीय व्यापार और उद्योग के द्रुत विकास के लिए परिस्थितियों का निर्माण कर सकती है।

भारतीय समाज का जमीन्दार, भूमिपति और देशी राजाओं का वर्ग, जिसके हित विदेशी शासकों से जुड़े हुए थे, अन्त अन्त तक विदेशी शासन का समर्थन करते रहे। पर इस वर्ग के भी अनेक व्यक्तियों ने राष्ट्रीय आन्दोलन का साथ दिया। समकालीन मानसिकता पर हावी राष्ट्रीय वातावरण ने बहुतों को अपनी ओर खींचा। इसके साथ ही प्रजातीय प्रभुत्व और भेदभाव ने प्रत्येक प्रबुद्ध और स्वाभिमानी व्यक्ति को, चाहे वह जिस वर्ग का हो, आतंकित और सजग कर दिया। ब्रिटिश शासन के विदेशी चरित्र ने स्वाभाविक रूप से एक राष्ट्रीय प्रतिक्रिया पैदा की।

संक्षेप में विदेशी साम्राज्यवाद के आन्तरिक चरित्र और भारतीय जनता के जीवन पर पड़ने वाले उसके अनिष्टकारी प्रभाव के परिणाम स्वरूप एक शक्तिशाली साम्राज्यवादविरोधी आन्दोलन उभरा और विकसित हुआ। राष्ट्रवादी राजनीतिक कार्यकताओं का एक अखिलभारतीय संगठन बनाने की योजना अनेक भारतीयों के मन में उठ रही थी। पर इसकी सफलता का श्रेय एक अवकाशप्राप्त अंग्रेज सिविल पदाधिकारी ए. ओ. ह्यूम को मिला। उसने प्रमुख भारतीय नेताओं से सम्पर्क स्थापित किया और उनके सहयोग से इंडियन नेशनल कांग्रेस के पहले अधिवेशन का आयोजन दिसंबर, 1885 में बम्बई

में किया। इसकी अध्यक्षता डब्ल्यू. सी. बनर्जी ने की और 72 प्रतिनिधियों ने इसमें शिरकत की। राष्ट्रीय कांग्रेस के उद्देश्य देश के विभिन्न भागों के राष्ट्रीय राजनीतिक कर्मियों और राष्ट्रीय कांग्रेस के बीच मैत्रीपूर्ण सम्बन्ध बढ़ाना, जाति, धर्म या प्रान्त पर ध्यान दिए बिना राष्ट्रीय एकता की भावना का विकास और दृढ़ीकरण, सार्वजनिक माँगों का सूत्रीकरण और उनकी सरकार के सामने प्रस्तुति, और इनमें सबसे महत्त्वपूर्ण देश में जनमत का प्रशिक्षण और संगठन, घोषित किये गये।

राष्ट्रीय कांग्रेस की स्थापना के ह्यूम के प्रमुख उद्देश्यों में से एक ब्रिटिश शासन के खिलाफ बढ़ते जनअसन्तोष के निकास–एक सुरक्षा वाल्व–का मार्ग प्रदान करना था। इसके पहले ही 1879 में वासुदेव बलवन्त फडके ने रमोशी किसानों को इकट्ठा करके महाराष्ट्र में सशस्त्र विद्रोह आरम्भ किया था। यद्यपि यह विद्रोह आसानी से दबा दिया गया था पर यह आने वाली घटनाओं का संकेत तो था ही। ह्यूम और अन्य अंग्रेज अधिकारी इस बात से आशंकित थे कि शिक्षित भारतीय, जनसमूह को, नेतृत्व प्रदान कर सकते हैं और विदेशी सरकार के विरुद्ध शक्तिशाली विद्रोह संगठित कर सकते हैं। ह्यूम का विश्वास था कि राष्ट्रीय कांग्रेस शिक्षित भारतीयों में एक शान्तिपूर्ण और संवैधानिक निकास प्रदान कर सकती है और सार्वजनिक विद्रोह से बचने में सहायता कर सकती है।[285]

डॉ. विपिन चन्द्रा के अनुसार 'निकास वाल्व' का सिद्धान्त सत्य का एक बहुत छोटा हिस्सा है। सबसे बड़ी बात यह है कि राष्ट्रीय कांग्रेस राजनीतिक दृष्टि से सजग भारतीयों के अपने राजनीतिक और आर्थिक विकास के लिए एक राष्ट्रीय संगठन की इच्छा की परिणाम थी। स्वयं ह्यूम भी 'निकास वाल्व' से ऊपर के अभिप्राय से प्रेरित था। उसके मन में भारत और उसके गरीब किसानों के प्रति गहरा लगाव था। जो भी हो, भारतीय नेता, जिन्होंने ह्यूम के साथ सहयोग किया, ऊँचे चरित्र वाले देशभक्त थे, जिन्होंने ह्यूम की सहायता इसलिए स्वीकार की कि वे राजनीतिक कार्यक्रम की शुरुआत में ही सरकार का विरोध नहीं करना चाहते थे।

इस प्रकार 1885 में राष्ट्रीय कांग्रेस की स्थापना के साथ ही विदेशी शासन से भारत की मुक्ति का संघर्ष, एक छोटे पर संगठित रूप में, शुरू हो गया।

सुरेन्द्रनाथ बनर्जी और बंगाल के अनेक नेता राष्ट्रीय कांग्रेस के प्रथम अधिवेशन में शामिल नहीं हुए थे, क्योंकि वे उस समय कलकत्ता में हो रहे राष्ट्रीय कांग्रेस के द्वितीय अधिवेशन में व्यस्त थे। 1886 में उन्होंने राष्ट्रीय कांग्रेस में, जिसका दूसरा अधिवेशन दिसम्बर, 1886 में कलकत्ता में दादा भाई

नौरोजी की अध्यक्षता में हुआ, अपनी शक्तियों को भी शामिल कर दिया। इस सत्र के बाद नेशनल कांग्रेस सारे देश की कांग्रेस हो गयी। इसके प्रतिनिधि, जिनकी संख्या 436 थी, विभिन्न स्थानीय संस्थाओं और समूहों द्वारा चुने गये थे। इन प्रतिनिधियों की संख्या हर वर्ष बढ़ती गयी जो हजारों तक जा पहुँची। इन प्रतिनिधियों में अधिकतर वकील, पत्रकार, व्यापारी, उद्योगपति, शिक्षक और जमींदार थे। 1890 में कलकत्ता विश्वविद्यालय की प्रथम महिला स्नातक कादम्बिनी गांगुली ने कांग्रेस सत्र को सम्बोधित किया था। यह इस तथ्य का प्रतीक था कि भारत की आजादी का संघर्ष स्त्रियों को समाज में प्रतिष्ठा प्रदान करेगा।

भारतीय राष्ट्रीय कांग्रेस के साथ साथ प्रान्तीय सम्मेलन, प्रान्तीय और स्थानीय संस्थाएँ और राष्ट्रीय समाचारपत्र भी बढ़ते राष्ट्रीय आन्दोलन के मुख्य वाहक थे। विशेष कर प्रेस राष्ट्रीय विचारों और राष्ट्रीय आन्दोलन के विकास का सशक्त माध्यम था। राष्ट्रीय कांग्रेस के आरम्भिक दिनों में उसके कुछ महान् अध्यक्ष, दादाभाई नौरोजी, बद्रुद्दीन तैयबजी, फिरोजशाह मेहता, पी. आनन्द चार्लू, सुरेन्द्रनाथ बनर्जी, रमेशचन्द्र दत्त, आनन्दमोहन बोस और गोपाल कृष्ण गोखले आदि थे। इस काल के कांग्रेस और राष्ट्रीय आन्दोलन के अन्य मुख्य नेता महादेव गोविन्द रानाडे, बाल गंगाधर तिलक, शिशिर कुमार और मोतीलाल घोष बन्धु, मदनमोहन मालवीय, जी. सुब्रह्मण्य अय्यर, सी. विजयराघवचारियर और दिनशा ई. वाचा थे। भारतीय राष्ट्रीय आन्दोलन के आरम्भिक चरण (1885–1905) के कार्यक्रम संवैधानिक सुधार, आर्थिक सुधार, प्रशासनिक और अन्य सुधार, नागरिक अधिकारों की सुरक्षा, राजनीतिक कार्य प्रविधि, सरकार के नजरिये आदि के रूप में लक्षित किये जा सकते हैं।

प्रारम्भिक राष्ट्रवादी अपने देश के प्रशासन में अधिक हिस्सेदारी चाहते थे और उन्होंने प्रजातन्त्र के सिद्धान्तों की गुहार की। पर उन्होंने अपने लक्ष्य की तत्काल प्राप्ति की माँग नहीं की। उनकी तात्कालिक माँगें अत्यन्त सीमित थीं। वे धीरे धीरे आजादी पाने की ओर बढ़ना चाहते थे। वे इस बात के प्रति भी अतिशय सावधान थे कि कहीं सरकार उनके प्रयत्नों को कुचल न दे। अतः 1885 से 1892 तक वे लेजिस्लेटिव कौंसिलों के विस्तार और सुधार की माँग करते रहे। वे कौंसिलों में लोगों द्वारा चुने हुए प्रतिनिधियों की सदस्यता तथा कौंसिलों के अधिकारों में वृद्धि पर जोर देते थे।

1892 में उनके आन्दोलन ने ब्रिटिश सरकार को '1892 का भारतीय कौंसिल ऐक्ट' पास करने को बाध्य किया। इस कानून के तहत इंपीरीयल लेजिस्लेटिव कौंसिल तथा प्रान्तीय कौंसिलों के सदस्यों की संख्या में वृद्धि हुई। इनमें से कुछ सदस्यों का चुनाव अप्रत्यक्षतः भारतीयों द्वारा करने की

व्यवस्था भी की गयी पर सरकारी बहुमत ज्यों का त्यों रहा। कौंसिलों को वार्षिक बजट सम्बन्धी बहस में हिस्सा लेने का अधिकार भी दिया गया, पर उन्हें उनमें मतदान का अधिकार नही दिया गया।

राष्ट्रवादी 1892 के कानून से पूर्णतः असन्तुष्ट रहे और इसे एक मजाक (होक्स) बताया। वे कौंसिलों में भारतीयों की इससे अधिक हिस्सेदारी तथा व्यापक अधिकार चाहते थे। विशेष रूप से वे सार्वजनिक धन पर भारतीयों के अधिक नियंत्रण की माँग कर रहे थे और 'प्रतिनिधित्व नहीं तो टैक्शन नहीं' पर जोर दे रहे थे।

बीसवीं सदी के आरम्भ होने के पहले ही राष्ट्रीय नेताओं ने आस्ट्रेलिया और कनाडा की स्वशासित कालोनियों के नमूने पर ब्रिटिश साम्राज्य के अन्तर्गत 'स्वराज्य' या स्वशासन के अधिकार की माँग आरम्भ की। यह माँग 1905 में गोखले द्वारा और 1906 में दादाभाई नौरोजी द्वारा कांग्रेस के मंच से की गयी।

आर्थिक क्षेत्र में शुरू के राष्ट्रवादियों ने भारत की बढ़ती गरीबी और आर्थिक पिछड़ेपन तथा आधुनिक उद्योगधन्धों और कृषि के विकास न होने की शिकायत की ; और इसका कारण ब्रिटिश शासकों की नीतियों को बताया। 1881 में ही दादाभाई नौरोजी ने घोषित किया था कि 'ब्रिटिश शासन कभी न समाप्त होने वाला, निरन्तर वर्द्धमान और प्रतिदिन बढ़ने वाला विदेशी आक्रमण है' जो लगातार देश को बरबाद कर रहा है। राष्ट्रवादियों ने अंग्रेजों को भारतीय देशी उद्योगों के विनाश का कारण बताया। भारत की गरीबी को दूर करने का मुख्य समाधान उन्होंने आधुनिक उद्योगों के त्वरित विकास में देखा। वे चाहते थे कि सरकार आधुनिक उद्योगों को टैरिफ सुरक्षा और सीधी सरकारी सहायता द्वारा आगे बढ़ाए। उन्होंने भारतीय उद्योगों को आगे बढ़ाने के लिए 'स्वदेशी' या भारतीय वस्तुओं के उपयोग और ब्रिटिश वस्तुओं के बहिष्कार के विचार का प्रचार किया। 1896 में छात्रों ने स्वदेशी अभियान के तहत पूना और महाराष्ट्र के दूसरे शहरों में विदेशी वस्त्रों की सामूहिक होली जलाई।

राष्ट्रवादियों ने शिकायत की कि भारत का धन इंगलैंड में बहा जाता है और मांग की कि यह बन्द होना चाहिए। वे किसानों पर कराधान के बोझ को हल्का करने के लिए भूमि–लगान में कमी के लिए लगातार आन्दोलन कर रहे थे। उन्होंने नमक कानून की समाप्ति और भूमि–लगान में कमी की माँग की।

जहाँ तक इस समय भारतीयों द्वारा सबसे महत्त्वपूर्ण प्रशासनिक सुधार की चाहत थी, वह थी प्रशासनिक सेवाओं के उच्चतर पदों पर भारतीयों की नियुक्ति। उन्होंने यह माँग आर्थिक, राजनीतिक और नैतिक आधारों पर

की। उन्होंने पहला तर्क यह सामने रखा कि यूरोपीयों को बहुत अधिक वेतन दिया जाता है, जिससे भारतीय प्रशासन बहुत मँहगा हो जाता है। वैसी ही योग्यताओं के लिए कम वेतन पर भारतीयों को नियुक्त किया जा सकता है। दूसरा तर्क यह था कि इन सेवाओं के भारतीयकरण से प्रशासन भारतीय आवश्यकताओं के प्रति अधिक संवेदनशील होगा। इस प्रश्न के नैतिक पक्ष की ओर गोपालकृष्ण गोखले ने 1897 में ध्यान आकृष्ट किया था कि वर्तमान व्यवस्था से भारतीय प्रजाति लगातार बौनी होती जा रही है। हम अपनी सारी जिन्दगी हीनता ग्रन्थि के वातावरण में व्यतीत करने को बाध्य होते हैं।

राष्ट्रवादियों ने न्यायिक शक्ति को कार्यपालिका शक्ति से अलग करने की भी माँग की। उन्होंने जजों की शक्तियों में कटौती का विरोध किया, भारतीयों को निःशस्त्र बनाने की सरकारी नीति की आलोचना की और सरकार को उन पर विश्वास करने और हथियार रखने की अनुमति देने की अनुशंसा की।

उन्होंने सरकार से अनुरोध किया कि वह राज्य की कल्याणकारी गतिविधियों को आगे बढ़ाने की शुरुआत करे, प्राथमिक शिक्षा के प्रसार पर बल दे, तकनीकी और उच्चतर शिक्षा की बेहतर सुविधाएँ प्रदान करे। उन्होंने किसानों को महाजनों के चंगुल से मुक्त करने के लिए कृषि–बैंकों के विकास पर जोर दिया और कृषि के विकास तथा देश को अकालों से बचाने के लिए बड़े पैमाने पर सिंचाई के विस्तार का कार्यक्रम शुरू करने को कहा। उन्होंने चिकित्सा और स्वास्थ्य सुविधाओं के विस्तार तथा पुलिस व्यवस्था को ईमानदार, कुशल और लोकप्रिय बनाने के लिए उसमें सुधार लाने की माँग की।

आरम्भिक राष्ट्रवादी अभिव्यक्ति और प्रेस की स्वतन्त्रता के महत्त्व को समझते थे और इसमें कटौती करने के सारे प्रयासों का विरोध करते थे। वस्तुतः इन स्वतन्त्रताओं के लिए संघर्ष राष्ट्रवादियों के राष्ट्रीय संघर्ष का अभिन्न हिस्सा बन गया। 1897 में बंबई सरकार ने बाल गंगाधर तिलक और कतिपय अन्य नेताओं को गिरतार कर लिया और उन्हें अपने भाषणों और लेखों द्वारा सरकार के खिलाफ असन्तोष फैलाने के जुर्म में लम्बी सजाएँ दे दीं। इसके साथ ही पूना के दो नेताओं, नातू बन्धुओं, को बिना मुकदमा चलाए ही देशनिका ने की सजा दे दी। सारा देश इसके खिलाफ विरोध में खड़ा हो गया। तिलक, जो अब तक केवल महाराष्ट्र में ही जाने जाते थे, रातोरात अखिलभारतीय नेता बन गये। तिलक की गिरफ्तारी ने, वास्तव में, देश को जगा दिया और राष्ट्रीय आन्दोलन के एक नये दौर की शुरुआत कर दी।

1905 तक भारतीय राष्ट्रीय आन्दोलन में जो नेता शीर्ष पर थे, उन्हें

'नरमपन्थी' कहा गया। नरमपन्थियों की राजनीतिक प्रकिया, संक्षेप में, ब्रिटिश कानून की सीमाओं के भीतर संवैधानिक आन्दोलन कही जा सकती है। उनका विश्वास था कि यदि जनमत तैयार किया जाए और आवेदनों, सभाओं, प्रस्ताओं और व्याख्यानों द्वारा अधिकारियों तक जनता की माँगों को पहुँचाया जाए तो वे धीरे धीरे, क्रम क्रम से, इन माँगों को मान लेंगे।

एतदर्थ उन्होंने, पहले, लोगों में राजनीतिक चेतना और राष्ट्रीय भावना जगाने के लिए भारत में एक मजबूत जनमत तैयार करने और उन्हें राजनीतिक प्रश्नों पर एकमत होने के लिए प्रेरित करने का प्रयास किया। दूसरी तरफ उन्होंने राष्ट्रवादियों द्वारा प्रस्तावित सुधारों के अनुरूप परिवर्तन के लिए सरकार को राजी करने का लक्ष्य सामने रखा। नरमपंथी राष्ट्रवादियों का विश्वास था कि ब्रिटिश जनता और वहाँ की संसद् भारत के प्रति न्याय करेगी, पर वे वहाँ की सही स्थिति से परिचित नहीं थे। इसलिए नरमपंथी राष्ट्रवादी भारतीय जनमत के निर्माण के साथ साथ ब्रिटिश जनमत को भी अनुकूल बनाने में लगे हुए थे। इसके लिए उन्होंने ब्रिटेन में सक्रिय प्रचार का अभियान चलाया। भारतीय दृष्टिकोण को सामने रखने के लिए प्रमुख भारतीयों के प्रतिनिधि–मंडल भेजे गये। 1889 में भारतीय राष्ट्रीय कांग्रेस की एक ब्रिटिश कमिटी बनायी गयी, जिसने 1890 में इंडिया नामक पत्रिका शुरू की। दादाभाई नौरोजी ने इंगलैंड में अपने जीवन और आय का बड़ा भाग वहाँ के लोगों में भारत का पक्ष रखने में लगा दिया।

पर नरमपंथियों का यह प्रयास कमजोर पक्षियों द्वारा बाज–समुदाय से दया की भीख माँगने जैसा था। प्रारम्भ से ही ब्रिटिश अधिकारियों का बढ़ते हुए राष्ट्रीय आन्दोलन और राष्ट्रीय कांग्रेस के प्रति रुख आक्रामक था। डफरिन से लेकर बाद के सारे ब्रिटिश पदाधिकारी राष्ट्रीय नेताओं को 'डिसलॉयल बाबू', 'सेडिशस ब्राह्मिन' और 'वॉयलेन्ट विलेन' कहते थे। पर आरम्भ में यह विरोध मुखर नहीं था। सम्भवतः यह समझा जाता था कि ह्यूम का नेतृत्व राष्ट्रीय कांग्रेस को ब्रिटिश शासन का विरोधी नहीं होने देगा। दिसम्बर, 1886 में वाइसराय ने राष्ट्रीय कांग्रेस के प्रतिनिधियों को एक गार्डेन पार्टी में निमंत्रित किया। पर यह जल्दी ही स्पष्ट हो गया कि राष्ट्रीय कांग्रेस अधिकारियों के हाथों का खिलौना नहीं बन सकती और यह भारतीय राष्ट्रवाद की, शनैः शनैः, प्रवक्ता बनती जाएगी। इसके बाद ब्रिटिश पदाधिकारी राष्ट्रीय कांग्रेस और अन्य राष्ट्रवादी प्रवक्ताओं की खुलेआम आलोचना और निन्दा करने लगे। 1887 में डफरिन ने एक सार्वजनिक भाषण में राष्ट्रीय कांग्रेस पर आक्रमण किया और इसे 'जनता के बहुत छोटे वर्ग का प्रतिनिधि' बताते हुए कहा कि यह लड़खड़ा रही है और जबतक भारत में रहूँगा मेरी एक

बड़ी महत्त्वाकांक्षा इसकी शान्तिपूर्ण समाप्ति में सहायता करने की होगी।'[286] ब्रिटिश अधिकारियों ने 'बाँटो और शासन करो' की नीति को और भी आगे बढ़ाया। उन्होंने सैयद अहमद खान, राजा शिवप्रसाद सितारेहिन्द और अन्य ब्रिटिश समर्थक व्यक्तियों को एक कांग्रेस विरोधी आन्दोलन शुरू करने के लिए उकसाया। बिपिन चन्द्रा के अनुसार ब्रिटिश अधिकारियों ने 1900 के लगभग 'बाँटो और राज करो' की नीति को बढ़ावा दिया।[287]

इस प्रकार यह आन्दोलन एक व्यापक राष्ट्रीय जागरण के निर्माण में सहायक हुआ। इसने एक सामान्य राजनीतिक और आर्थिक कार्यक्रम विकसित किया जिसके चारो ओर भारतीय जनता एकत्र हो सकती थी और बाद में राजनीतिक संघर्ष आरम्भ कर सकती थी। इसने इस राजनीतिक सत्य को पुष्ट कर दिया कि भारत का प्रशासन भारतीय हित में होना चाहिए। इसने राष्ट्रवाद के प्रश्न को भारतीय जीवन में प्रथम स्थान पर पहुँचा दिया। इसकी उपलब्धियों ने बाद के वर्षों में शक्तिशाली राष्ट्रीय आन्दोलन को आधार प्रदान किया।

इस नवजागरण की अभिव्यक्ति हिन्दी साहित्य में स्वाभाविक थी। इस काल में हिन्दी साहित्य की रचना खड़ीबोली और ब्रजभाषा दोनों में हुई। यह ध्यान देने की बात है कि हिन्दी के इन दोनों रूपों में नवजागरण की अभिव्यक्ति अलग अलग रूपों में हुई।

1871–1900 हिन्दी/खड़ीबोली काव्यधारा

जैसा कहा जा चुका है, 1857 के विद्रोह के बाद भारत में ईस्ट इंडिया कम्पनी का शासन समाप्त हो गया और उसका स्थान लंदन स्थित ब्रिटेन की सरकार ने ले लिया। उस समय विक्टोरिया ब्रिटेन साम्राज्य की महारानी और कैनिंग भारत का गवर्नर जनरल (1856–58) था। रानी विक्टोरिया के शासन के अन्तर्गत आने के बाद कैनिंग ही पहला वाइसराय बना और 1862 तक इस पद पर रहा। उसने असाधारण क्रूरता के साथ विद्रोह को दबाया, पर वाइसराय बनने के बाद उसने भारतीयों के प्रति विवेकहीन प्रतिशोध का भाव नहीं रखा, जिसके कारण उसे 'क्लिमेंसी कैनिंग' की उपाधि दी गयी। इस काल में हिन्दी में (खड़ीबोली और ब्रजभाषा दोनों में) जो कविताएँ लिखी जा रही थी, उनसे ब्रिटिश शासन को कोई खतरा नहीं था, क्योंकि ये व्यक्तिगत जीवन की निराशा और शृंगार की कविताएँ थीं ; इनका आसपास की जिन्दगी से कुछ लेनादेना नहीं था। विद्रोह के बाद खड़ीबोली कविता के दिल्ली और लखनऊ के केन्द्र समाप्त हो गये और उनका स्थान रामपुर स्टेट ने ले लिया, जहाँ का नवाब अंग्रेजों का समर्थक था और विद्रोह को

दबाने में भी जिसने मदद की थी। रामपुर का नवाब यूसुफ़ अली खाँ और बाद में उनका पुत्र नवाब क़ल्बे अली खाँ स्वयं भी कवि थे और कवियों के गुणग्राहक भी। कल्बे खाँ जबतक जीवित रहे (1887) खड़ीबोली की उर्दू शैली के कवियों को उनका संरक्षण प्राप्त होता रहा। उधर अयोध्या के राजा (तालुकेदार) मानसिंह ब्रजभाषा में 'द्विजदेव' उपनाम से कविता करते थे और 1970 तक कविता करते रहे। वे भी अंग्रेजों के समर्थक थे। इस बात के प्रमाण मिलते हैं कि अवध के लोककवियों ने विद्रोह के समर्थन में कविताएँ लिखी थीं, पर विद्रोह के दमन के साथ उनमें से भी अधिकांश का अस्तित्व समाप्त हो गया।

सन् 1871 उन्नीसवीं शताब्दी की हिन्दी कविता का दूसरा पड़ाव माना जा सकता है। इस समय तक मुगल शासन की समाप्ति हो चुकी थी और उसके साथ ही दिल्ली के लालकिले की शायरी का आशियाना भी उजड़ चुका था। उसके कुछ पहले ही, वाजिदअली शाह के मटियाबुर्ज (कलकत्ता) में नजरबन्द कर दिए जाने के बाद, लखनऊ की शायरी का माहौल भी समाप्त हो गया था। चूँकि सत्तावन के विद्रोह में अंग्रेजों का समर्थन करने के कारण रामपुर की नवाबी महफूज रह गयी थी, इसलिए बहुत से खड़ीबोली के कवि वहाँ के दरबार में चले गये थे। दिल्ली दरबार के विस्थापित कवियों में मिर्जा ग़ालिब प्रमुख थे, जो ब्रिटिश शासन के कोपभाजन नहीं बने थे और अंग्रेजी शासन से ही मिलने वाली पेंशन पर दिल्ली के वल्लीमारान मुहल्ले में रहकर काव्य–रचना कर रहे थे। फ़िराक़ साहब के अनुसार बहादुर शाह के गद्दी से हटाये जाने के बाद तो उन्हें जहाँ तहाँ से कर्ज लेकर समय काटना पड़ा। थोड़े दिनों बाद स्थिति में कुछ सुधार हुआ, पर जीवन के अन्तिम समय में उन्हें बहुत शारीरिक कष्ट झेलने पड़े। उन्हें दिखाई–सुनाई बहुत कम देने लगा, अपाहिज की तरह पलंग पर पड़े रहते और नाम के लिए कुछ खा लेते थे। इसी स्थिति में 15 फरवरी, 1869 को उनका इन्तकाल हो गया।

रामपुर दरबार के कवियों में प्रमुख नवाब मिर्ज़ा खाँ 'दाग़' देहलवी, मुंशी अमीर अहमद 'अमीर' मीनाई, हकीम ज़ामिन अली 'जलाल', 'तसलीम', 'रियाज खैराबादी' आदि हैं। यद्यपि रियाज खैराबादी को छोड़कर इनमें से शेष शायरों का जन्म 1820–35 की अवधि में ही हो चुका था, पर इनका कविता–काल मुख्यतः 1871 के बाद ही आरम्भ हुआ था।

नवाब मिर्ज़ा खाँ 'दाग़' देहलवी (1831–1905) 1857 के विद्रोह के बाद रामपुर के दरबार में चले गये और और वहाँ सम्मानपूर्ण जिन्दगी व्यतीत की। 1886 में नवाब क़ल्बे अली खाँ की मृत्यु के बाद दाग़ दिल्ली आ गये और फिर वे हैदराबाद चले गये और वहीं उनका देहान्त हुआ। दाग़ की रचनाओं के

चार दीवान हैं : 1. गुलज़ारे–दाग ; 2. माहताबे–दाग़ ; 3. आफ़ताबे–दाग़ और यादग़ारे–दाग़। इनके अतिरिक्त उनकी फ़रियादे–दाग़ नामक एक मसनवी भी है। उनके पहले दो दीवान रामपुर के आवास के समय ही प्रकाशित हुए।

फ़िराक़ साहब का मानना है कि 'दाग़' के जमाने में अभिजात वर्ग अपने लुटे हुए वैभव की याद भुलाने के लिए विलास और वासना में डूबा हुआ था। इसके पहले उर्दू कविता में दिल्ली केन्द्र और लखनऊ केन्द्र की शैलियाँ प्रचलित हो चुकी थीं। 'दाग़' ने इन दोनों का सम्मिश्रण करके एक नयी शैली की स्थापना की। भाषा का माधुर्य उन्होंने लखनवी शैली से लिया किन्तु शाब्दिक खिलवाड़ को दूर करके उसमें दिल्ली शैली की सरलता और सादगी प्रतिष्ठापित कर दी। काव्य–विषय के क्षेत्र में उन्होंने कल्पना के बजाय अनुभूति का आधार लिया।[288] दाग़ की शैली को 'आकर्षक' और 'उर्दू में सर्वश्रेष्ठ' बताते हुए फ़िराक़ साहब कहते हैं कि "उनके शेरों में रवानी और चुश्ती, जो प्रत्येक सत्काव्य के अनिवार्य गुण होते हैं, तो अत्यधिक है ही, साथ ही भाषा की सरलता, माधुर्य और गीतात्मकता ने मिलकर उनमें ऐसा लालित्य पैदा कर दिया है जो अन्यत्र मुश्किल से दिखायी देता है। उनकी सबसे बड़ी सफलता मुहावरों का उचित प्रयोग है। उर्दू को टकसाली बनाने में 'नासिख' के बाद 'दाग़' का ही नाम आता है। उन्होंने ऐसे प्रवाहयुक्त, चुस्त और मार्मिक शेर लिखे हैं जो स्वयं ही उर्दू के मुहावरे बन गये हैं। भाषा की साज–सँवार करके उसे फ़ारसी से अलग करके अपने पैरों पर खड़ा करने और उसमें असीमित माधुर्य और सौष्ठव पैदा करने में 'दाग़' की देन बहुत महत्त्वपूर्ण है"। पर नवजागरण की चेतना की अभिव्यक्ति उनकी शायरी में न के बराबर है।

दाग़ के शेरों के नमूने निम्नलिखित हैं :

ग़ज़ब किया तेरे वादे पे एतबार किया।
तमाम रात क़यामत का इन्तज़ार किया।।

तड़प फिर ऐ दिले–नादां कि ग़ैर कहते हैं।
अख़ीर कुछ न बनी सब इख़्तियार किया।।

भुला भुला के जताया है उनको राज़े निहां।
छुपा छुपा के मुहब्बत को आश्कार किया।।

मुंशी अमीर अहमद 'अमीर' मीनाई (1829–1900) भी रामपुर के शायरों में थे। 'अमीर' की रचनाओं की सूची लम्बी है, जिनमें दो दीवान ('मिरातुल ग़ैब' और 'सनम खानए–इश्क़), दो मसनवियाँ ('नूरे–तजल्ली' और 'अब्रे–करम') और

चार मुसद्दस ('सुब्हे–अज़ल', 'शामे–अबद', 'लेलतुलक़द्र' और 'शाहे–अम्बिया') विशेष रूप से उल्लेखनीय हैं। 'मिरातुलग़ैब' लखनऊ जमाने की रचना है।

फ़िराक़ गोरखपुरी के अनुसार 'अमीर' ने अपने काव्य में दो रंग पकड़े। पहले वे ठेठ लखनवी ढंग की कविता करते थे, जिसमें एक ओर तो शाब्दिक खिलवाड़ होता था और दूसरी ओर स्त्रियों के हावभाव, कंघी– चोटी, अँगिया–चोली का वर्णन, जो अश्लील तो है ही, अकलात्मक भी है। इसका उदाहरण उनका पहला दीवान 'मिरातुल ग़ैब' है। किन्तु रामपुर आने के बाद (1860 के आसपास) उन्होंने 'दाग़' के रंग पर काव्य–रचना आरम्भ कर दी। इस शैली की विशेषता यह है कि इसमें भाषा सरल, चुस्त, प्रवाहयुक्त और मुहावरेदार होती है और नाटकीयता तथा प्रभाव पैदा करने की क्षमता अधिक होती है। इससे प्रेमभावना की तीव्रता में जान पड़ जाती है। यह कविता न तो कल्पना की उड़ान पर आधृत होती है और न सूक्तियों के समावेश और शाब्दिक अनुरूपता की माथापच्ची पर। इसका आधार प्रेम की तीव्र अनुभूति और भाषा पर असाधारण अधिकार होता है। फ़िराक़ गोरखपुरी के अनुसार अमीर ने दाग़ के रंग में जो कुछ कहा है, उसमें दाग़ जैसी सजीवता और तड़प तो नहीं है, पर उसकी अपनी विशेषताएँ हैं। उनकी कविताओं में थोड़ा–बहुत सूफीवादी रंग पाया जाता है, जिससे उनके समकालीन बिल्कुल रहित हैं। इसके साथ उनकी प्रेम की बातों में अपेक्षाकृत गम्भीरता होती है। फ़िराक़ के अनुसार उनकी मसनवियों और मुसद्दसों में, जहाँ उन्होंने प्रचलित फैशन के अनुसार नहीं बल्कि हृदय से कविता की है, उनकी कविता निर्दोष है।[289] अमीर के कलाम का नमूना निम्नलिखित है :

उलफ़त में बराबर है दफ़ा हो कि जफ़ा हो।
हर बात में लज़्जत है अगर दिल में मज़ा हो।।
आये जो मेरी लाश पे वह तंज़ से बोले।
अब हम हैं ख़फ़ा तुमसे कि तुम हमसे ख़फ़ा हो।।

... ...

खुदी से बेखुदी आ जो शौक़े–हक़परस्ती है।
जिसे तू नेस्ती समझा है, ऐ ग़ाफ़िल! वो हस्ती है।
बढ़ ऐ आहे रसा अब कंगुरे पर अर्स के पहुँची।
बलन्दी को बलन्दी जानना हिम्मत की पश्ती है।
न घबरा ऐ दिले वामान्दा अब मंज़िल क़रीब आई।
इसी बस्ती के आगे और इक आबाद बस्ती है।
न शाहे गुल ही ऊँची है न दीवारे चमन बुलबुल।

तेरी हिम्मत की कोताही तेरी क़िस्मत की पश्ती है।

हकीम ज़ामिन अली 'जलाल' (1835–1900) को 1857 के विद्रोह और शायरी की पुरानी महफिलों के उजड़ जाने के बाद रामपुर के तत्कालीन नवाब यूसुफ़ अली खाँ ने रामपुर बुला लिया और 1865 में उनकी मृत्यु के बाद उनके पुत्र नवाब कल्ब अली खाँ ने भी उन्हें बीस वर्ष तक आदर के साथ अपने दरबार में रखा। जलाल की रचनाओं में, शायरी की दृष्टि से, चार दीवान उल्लेखनीय हैं। फ़िराक़ साहब के अनुसार 'ज़लाल' लखनवी शायरी की आखिरी यादगार थे। शब्द–व्यंजना का जादू उन पर से कभी नहीं उतरा और उनकी शैली में कभी परिवर्तन नहीं हुआ। पुराने लखनवी कवियों से उनमें एक फर्क़ यह है कि वे कंघी, चोटी, अँगिया, चोली का वर्णन नहीं करते थे, साथ ही उनकी भाषा में बनावट भी अपेक्षाकृत कम है। इनकी रचना का उदाहरण निम्नलिखित है :

जो वादिए–इश्क के हैं ज़ादे, किधर है उनका ज़रा पता दे।
मुझे भी ऐ बेखुदी बता दे, इरादा रखती है तू कहाँ का॥
जो दे गया दाग़ मुझको अपना निशां तो कुछ उसका मैं न दूँगा।
मगर कहूँगा ज़रूर इतना ये काम है एक मेह्रवां का।

रामपुर दरबार के चौथे प्रतिष्ठित कवि मुंशी अमीरुल्ला 'तसलीम' (1820–1910) थे। 1856 में अवध की नवाबी जब्त होने के बाद वे रामपुर चले गये थे। थोड़े दिन पापड़ बेलने के बाद 1865 में कल्बे अली खाँ के नवाब बनने पर उन्हें रामपुर के दरबार में संरक्षण प्राप्त हुआ। वे 'मोमिन' के प्रमुख शिष्य 'नसीम' देहलवी के शागिर्द थे। फ़िराक़ साहब के अनुसार उनके यहाँ 'मोमिन' की अनुभूति की तीव्रता और कल्पना की मनोहर उड़ान देखने को मिलती है। 'तसलीम' की ख्याति ग़ज़लों के अतिरिक्त मसनवी के क्षेत्र में भी है। उनकी मसनवियों में सरलता, ओज, प्रवाह और प्रभाव सबकुछ मिलता है।

'तसलीम' की ग़ज़लों के तीन दीवान मिलते हैं–नज़्मे अर्जुमन्द, नज़्मे–दिल अफ़रोज़ और दतरे–ख़्याल। उनकी मसनवियों में 'नालए–तसलीम', 'शामे–ग़रीबाँ', 'सुब्हे–खन्दाँ', 'दिलोजान' आदि प्रसिद्ध हैं। उनकी कविता का नमूना निम्नलिखित है :

कुछ कह दो झूठसच कि तवक़्क़ो बँधी रहे।
तोड़ो न आसरा दिले–उम्मीदवार का॥
'तसलीम' किसके वास्ते बैठे हो, घर चलो।
क्या एतबार वादए–बे–एतबार का॥

'रियाज़ खैराबादी' (1853–1934) मुख्यतः पत्रकार थे। उन्होंने ने 1872 ई. में गोरखपुर से 'रियाजुल अख़बार' और बाद में 'तारबक़ी' नामक दैनिक निकाला। 1879 में उन्होंने साहित्यिक पत्रिका गुलकदए रियाज़ निकालना आरम्भ किया। 'रियाज़' की कविता में, फ़िराक़ साहब के अनुसार, लखनवी की बजाय 'दाग़' का रंग ज्यादा शोख होकर उभरा है। उन्होंने सबसे अधिक मद्यपान सम्बन्धी कविता की, किन्तु तारीफ़ यह कि एक बूँद शराब नहीं पी। पर इस घिसेपिटे विषय को भी उन्होंने आकर्षक बना दिया है। 'रियाज़' के यहाँ 'दाग़' की तीव्रता और तड़प तो नहीं मिलती, पर जिन्दादिल प्रेमी का चुलबुलापन जरूर मिलता है। इतनी शोखी के बावजूद उनके शेरों में भद्दापन या छिछोरापन नहीं है। 'रियाज़' ने ग़ज़लों के अलावा क़सीदे, मसनवी, नात, नौहे आदि भी लिखे, पर उनकी प्रसिद्धि ग़ज़लों के ही कारण है। उनका एक ही संग्रह रियाजे–रिज़वाँ है। नमूने के तौर पर उनके निम्नलिखित शेर देखे जा सकते हैं :

चले न काम खुमे–मै अगर न साथ चले।
हरम की राह में कोसों कुआँ नहीं मिलता॥
'रियाज़' को हरमो–मैकदा बराबर हैं।
पिए शराब वो शब को कहाँ नहीं मिलता॥

यह कविता सामन्ती समाज की चित्तवृत्ति से तो जुड़ी हुई थी, पर आम जनता की चित्तवृत्ति से इसका कोई लेनादेना नहीं था। इस कविता में जनता की चित्तवृत्ति की कोई झलक भी नहीं मिलती।

खड़ीबोली की उर्दू शैली को प्रोत्साहन देने वाले दिल्ली, लखनऊ और रामपुर दरबारों के चुक जाने के बाद इस काव्यधारा ने एक नया मोड़ लिया। भारत में ईस्ट इंडिया कम्पनी के शासन की समाप्ति और उसके ब्रिटिश सामाज्य का अंग बन जाने के बाद उर्दू का झुकाव ब्रिटिश सरकार की ओर हो गया। इसका प्रमुख कारण सरकार की भेद–नीति थी, जो हिन्दुओं और मुसलमानों को एक दूसरे से अलग कर रही थी। भाषा और साहित्य की दृष्टि से सर सैयद अहमद खाँ इस भेद–नीति के प्रमुख वाहक थे। उन्होंने उर्दू साहित्य को ब्रिटिश शासन के समर्थन में ला खड़ा किया। अब तक उर्दू में पत्र–पत्रिकाएँ भी निकलने लगी थीं। 'रियाज' भी मुख्यतः पत्रकार ही थे। उनका सारा जीवन उर्दू पत्रकारिता के विकास और आर्थिक कठिनाइयों में ही बीता, पर कभी उनके माथे पर बल नहीं आया। पत्र–पत्रिकाओं के निकलने से पाठक भी तैयार होने लगे थे। ये पाठक नये जमाने की कविता के संरक्षक थे।

उर्दू शायरी में आधुनिकता का प्रवेश मौलाना मुहम्मद हुसेन 'आज़ाद' (ज. 19वीं सदी का तीसरा दशक : मृत्यु 1910) और ख़्वाजा अलताफ़ हुसेन 'हाली (1837–1914) से माना जा सकता है। 'आज़ाद' मुख्यतः गद्यलेखक थे। नज़्मे–आज़ाद में उनकी छिटपुट कविताएँ हैं, जो उन्होंने नये प्रकार की कविता का नमूना दिखाने के लिए लिखी हैं। ये अधिकतर छोटी–छोटी और सरल भाषा में लिखी हुई नज़्में हैं, जिनमें पुराने अलंकारों आदि को छोड़ दिया गया है और विषय भी साधारण जीवन से लिये गये हैं। फ़िराक़ साहब के अनुसार 'इन नज़्मों का ऐतिहासिक मूल्य तो है, पर साहित्यिक मूल्य उतना नहीं।'[290]

'हाली' ने गद्य और पद्य दोनों में रचनाएँ की हैं, पर मुख्यतः वे कवि ही हैं।[291] पद्य के क्षेत्र में 'हाली' का योगदान है, नये विषयों पर छोटी छोटी नज़्में लिखना। दरअसल इसकी शुरुआत मौलाना मुहम्मद हुसेन 'आज़ाद' द्व ारा नये ढंग की कविता का नमूना दिखाने के लिए की गयी थी। इन सीधी और सरल भाषा में लिखी नज़्मों में पुराने अलंकारों आदि को छोड़ दिया गया है और विषय भी साधारण जीवन से लिये गये हैं। अलताफ़ हुसेन 'हाली' ने इसी पद्धति पर अपनी मसनवियाँ लिखी थीं। इन मसनवियों में सादगी के साथ प्रवाह और चुस्ती आदि के ऐसे गुण हैं, जिसके कारण साहित्यिक रुचि के लोगों का इस नयी शैली की ओर झुकाव हुआ। फ़िराक़ साहब के अनुसार 'हाली' जैसा प्रतिभाशाली कवि न होता तो नवीन स्वाभाविकतावादी आन्दोलन कभी सफल नहीं होता। 'हाली' की विशेषता यह है कि उन्होंने ग़ज़ल जैसे क्षेत्र में अतिशयोक्ति और अन्य अलंकारों से बिल्कुल पीछा छुड़ाकर सीधी सादी बातों में भी आकर्षण पैदा कर दिया है। उदाहरण के लिए यह शेर देखा जा सकता है :

वह बात और ही है कि हम जिस पे मरते हैं।
दुनियां में लाख तुझसे सही, तू मगर कहाँ।।

'हाली' की सबसे प्रसिद्ध रचना मद्दो जज़रे इस्लाम (1879) है, जो 'मुसद्दस' छन्द या काव्यरूप में रचित होने के कारण अधिकतर मुसद्दसे हाली से जानी जाती है। इसमें 'हाली' ने मुसलमानों के भव्य अतीत की याद दिलाकर उसकी तुलना उनकी तत्कालीन दुर्दशा से की और मुसलमानों को झटके के साथ जगाया। इसमें 'हाली' की कविता के स्वाभाविक गुणों, सरलता और प्रवाह के साथ ही उनकी तीव्र संवेदना भी शामिल थी, जिसमें इस लम्बी कविता में बिजली का प्रभाव भर दिया। इसके दो बन्द उदाहरणार्थ दर्शनीय हैं :

करो क़द्र इस अम्नो–आज़ादगी की।
कि है साफ़ हर सम्त राहे–तरक्की॥
हर इक राह रौ का जमाना है साथी।
ये हर सू से आवाज़े–पैहम है आती।।
न दुश्मन का ख़तरा न रहज़न का डर है।
निकल जाओ रास्ता अभी बे–ख़तर है॥
बहुत क़ाफ़िले देर से आ रहे हैं।
बहुत बोझ बार अपने लदवा रहे हैं॥
बहुत चल–चलाओ में घबरा रहे हैं।
बहुत से न चलने से पछता रहे हैं।।
मगर इक तुम्ही हो कि सोते हो ग़ाफ़िल।
मुबादा कि ग़फ़लत में खो दी हो मंज़िल॥

आज़ाद और हाली, दोनों, मुस्लिम नवजागरण के प्रवक्ता माने जाते हैं। आश्चर्य की बात है कि जब हाली मुसलमानों के 'भव्य अतीत' का बात करते हैं, तब वे भारत में मुस्लिम शासन की बात नहीं करते, बल्कि दसवीं सदी के पूर्व मुसलमानों के मध्य एशिया और यूरोप में प्रभुत्व की बात करते हैं। वे यह भी भूल जाते हैं कि थोड़े वर्ष ही पहले अंग्रेजों ने भारत में मुस्लिम वर्चस्व को नेस्तनाबूद कर दिया था। मजे की बात यह है कि उनके पथप्रदर्शक सर सैयद अहमद ने भी इस ऐतिहासिक तथ्य को नज़रअन्दाज कर दिया और हिन्दुओं को अपना प्रतिस्पर्धी मान लिया।

1887 में क़ल्बे अली खाँ के मरने के बाद, राजनीतिक परिस्थितियों के कारण, लखनऊ और दिल्ली के कवि रामपुर से हैदराबाद जाने को विवश हो गये।[292] उन्नीसवीं शताब्दी के अन्तिम दशक में हैदराबाद में कवियों का जमाव हो गया और हैदराबाद प्रमुख साहित्यिक केन्द्रों में हो गया।[293] फ़िराक़ साहब के अनुसार 'आज़ाद' और 'हाली' द्वारा कविता में नये युग की स्थापना और साहित्यिक पत्र–पत्रिकाओं के निकलने के कारण नयी कविता दरबारों की मुखापेक्षी न रह गयी। इसलिए जो कवि इस नये युग के प्रवाह में न आये और ग़ज़ल, क़सीदा आदि पुराने काव्यरूपों को ही अपनाए रहे उन्हें शुरू में रामपुर के और बाद में हैदराबाद के राजदरबारों में आश्रय मिला।[294]

इस काल के दूसरे कवि मुंशी दुर्गा सहाय 'सुरूर' हैं (1873–1910) जिन पर 'आज़ाद' और 'हाली' के चलाये हुए आन्दोलन का प्रभाव पड़ा था और उन्होंने अधिकतर नज़्में नये रंग में लिखी हैं। 1899 ई. से इनकी रचनाएँ साहित्यिक पत्र–पत्रिकाओं में निकलने लगी थीं। फ़िराक़ साहब के

अनुसार उनकी ग़ज़लें आदि उच्च कोटि की हैं। उनकी सबसे बड़ी विशेषता भाव–चित्रण, करुणा और प्रभाव है जो उनकी प्रत्येक पंक्ति में दिखाई देती है। दूसरी विशेषता उनका देशप्रेम है। 'सुरूर' भाव–चित्रण के साथ ही ऐतिहासिक और धार्मिक क्षेत्र में भी सफलतापूर्वक आगे बढ़ते हैं। उनकी 'जमुना' और 'गंगा' कविताएँ अत्यन्त प्रसिद्ध हैं। उनके दो काव्य–संग्रह प्रकाशित हैं–ख़मख़ान–ए संरूर' और 'जामे सुरूर'। 'सुरूर' की भाषा परिष्कृत तथा प्रवाह और सौष्ठव से तो सम्पन्न है ही, उनकी एक उल्लेखनीय बात यह भी है कि उन्होंने नये–नये हिन्दी शब्दों का समावेश इस खूबसूरती से किया है कि अगर उनकी जगह अरबी–फारसी शब्दों का प्रयोग किया जाए तो शेरों का माधुर्य ही नष्ट हो जाए।[295]

फ़िराक़ साहब के अनुसार नये ढंग की कविता लिखने वालों में सूरज नरायन 'मेह्र, मुंशी नौबत राय 'नज़र' लखनवी, मुंशी द्वारका प्रसाद 'उफ़ुफ़' और मुंशी गोरख प्रसाद 'इब्रत' के नाम भी उल्लेखनीय हैं।[296]

इस काल के दो कवि, 'शाद' अजीमाबादी और 'आसी' ग़ाज़ीपुरी भी उल्लेखनीय हैं। 'शाद' अजीमाबादी, जिनका पूरा नाम खान बहादुर नवाब अली खाँ था, 1846 में पटना में पैदा हुए थे। इनके काव्यगुरु सैयद शाह उलफ़त हुसेन 'फरियाद' थे, जो स्वयं ख्वाजा मीर 'दर्द' के शिष्य थे, जिनके असर से 'शाद' ने सूफ़ीवादी परम्परा को अपनी कविता में आगे बढ़ाया। 1927 में उनका देहान्त हुआ।

फ़िराक़ साहब के अनुसार 'शाद' को धर्म और दर्शन से विशेष दिलचस्पी थी। इस्लाम के साथ साथ उन्होंने ईसाई, पारसी तथा हिन्दू धर्मग्रन्थों का भी गम्भीरतापूर्वक अध्ययन किया था। 'शाद' के काव्य पर, फ़िराक़ साहब के अनुसार, ख़्वाजा मीर 'दर्द' के सूफ़ीवादी प्रेम मार्ग का पूरा प्रभाव था, पर भाषा और शैली की दृष्टि से वे 'अनीस' के अनुयायी थे। भाषा की सादगी, सफाई, मुहावराबन्दी, रोजमर्रा की भाषा और अभिव्यक्ति की स्थानीयता आदि 'अनीस' की विशेषताओं को 'शाद' ने अपनी ग़ज़लों में जगह दी जो उनकी उर्दू कविता को ऐसी देन है, जिसके चलते वे बीसवीं शताब्दी की ग़ज़लगोई के पथप्रदर्शक माने जाते हैं। 'शाद' पर अनीस का प्रभाव उनकी ग़ज़लों तक ही सीमित नहीं है। उन्होंने 'अनीस' के रंग में जोरदार मरसिये भी कहे हैं, पर मरसिया–लेखन में उन्हें उतना यश नहीं मिला जितना ग़ज़लों में। ग़ज़लों में उन्होंने जो नयी राह निकाली और 'दर्द' की भावनात्मक श्रेष्ठता को 'अनीस' के भाषासौष्ठव के साथ जोड़ दिया वह अद्वितीय है। फ़िराक़ साहब के अनुसार 'शाद' अजीमाबादी उन्नीसवीं और बीसवीं शताब्दी की

ग़ज़लगोई को जोड़ने वाली कड़ी का काम करते हैं।[297] 'शाद' के कुछ शेर देखे जा सकते हैं:

बुलाया कोह पर शीरीं को ऐ फ़रहाद क्या कहना!
बड़े पत्थर को पानी कर दिया, उस्ताद क्या कहना!
तेरी मजमूँ–निगारी, नुक्ता–संजी 'शाद' क्या कहना!
बनाये सैकड़ों उस्ताद, ऐ उस्ताद, क्या कहना!

नज़र मिलाई नज़र से कि दिल पे आयी चोट।
दिखाई तूने किधर और किधर लगाई चोट।
दिल अपना सीने में रह रह के गुदगुदाने लगा।
किसी ख़याल से हमने अगर छुपाई चोट।

असीरे–जिस्म हूँ, मेयादे–कैद ला–मालूम।
ये किस गुनाह की पादाश है खुदा मालूम।
सफ़र ज़रूर है और उज्र की मजाल नहीं।
मज़ा तो यह है कि मंजिल न रास्ता मालूम।
सुनी हिकायते–हस्ती तो दरमियाँ से सुनी।
न इब्तिदा की खबर है न इन्तिहा मालूम।
तलब करें भी तो क्या शै तलब करें ऐ 'शाद'।
हमें तो आप नहीं अपना मुद्दआ मालूम।

'आसी' ग़ाज़ीपुरी (शाह अब्दुल अलीम) एक सूफी फ़कीर थे। इनके जन्मकाल का पता नहीं, पर इनका निधन 1917 में हुआ था। फ़िराक़ गोरखपुरी के अनुसार इनके काव्य में सूफ़ी चेतना पूरी तरह से उभरी है। फिर भी 'शाद' की शैली भिन्न है। 'शाद' के शेर दर्द में डूबे होते हैं, 'आसी' मस्ती में 'नारे मारते हैं।' वे लखनऊ के नासिख स्कूल के अनुयायी थे, इसलिए उन्होंने शुद्ध आध्यात्मिक अनुभूतियाँ भी इस तरह भौतिक प्रेम के प्रतीकों में व्यक्त की हैं कि कभी कभी उनमें अश्लीलत्व दोष भी आ जाता है। प्रियतम का नख–शिख वर्णन भी वे कर दिया करते हैं। भाषा के बारे में उनमें और 'शाद' में कोई विशेष अन्तर नहीं मालूम होता, सिवाय इसके कि 'आसी' पूर्णतः लखनवी भाषा बोलते हैं और 'शाद' लखनऊ या दिल्ली कहीं की भाषा से बँधे नहीं दिखाई देते। 'आसी के कुछ शेर देखे जा सकते हैं :

कोई तो पी के निकलेगा, उड़ेगी कुछ तो बदबू मुँह से।
दरे–पीरे–मुग़ाँ, पर मै–परस्तो! चलके बिस्तर हो।

किसी के दर पे 'आसी' रात यह रो रो के कहता था।
कि आखिर मैं तुम्हारा बन्दा हूँ तुम बन्दा–परवर हो।

जो रही और कोई दम यही हालत दिल की।
आज है पहलुए–ग़मनाक से रुख़सत दिल की।
घर छूटा शहर छूटा, कूचए–दिलदार छूटा।
कोहो–सहरा में लिये फिरती है वहशत दिल की।

उन्नीसवीं सदी के नवें दशक में, जबकि हिन्दी के कवि ब्रजभाषा में कविता लिखने के अभ्यस्त थे, अनुभव किया जाने लगा कि हिन्दी कवियों को खड़ीबोली में काव्य–रचना करनी चाहिए। इसका मुख्य कारण यह था कि खड़ीबोली में नाटक, उपन्यास, निबन्ध, आलोचना आदि गद्यविधाओं में लेखन आरम्भ हो चुका था। गद्यविधाओं की रचना खड़ीबोली में और कविता– लेखन ब्रजभाषा में, यह एक ऐसा अन्तर्विरोध था, जिसकी उपेक्षा नहीं की जा सकती थी। ब्रजभाषा की तरह खड़ीबोली भी हिन्दी की सवाँग (समांग) भाषा थी और भारत के भविष्य से इसके जुड़ाव की अनदेखी नहीं की जा सकती थी। इस नयी सोच ने भारतेन्दु हरिश्चन्द्र को खड़ीबोली में काव्यरचना सम्बन्धी प्रयोग के लिए प्रेरित किया और उन्होने कुछ कविताएँ खड़ीबोली में कीं भी। पर उनकी काव्यभाषा ब्रजभाषा ही बनी रही। लगभग इसी समय, भारतेन्दु के निधन के एक वर्ष बाद, 1886 में, श्रीधर पाठक ने 'एकान्तवासी योगी' के साथ खड़ीबोली कविता के क्षेत्र में पदार्पण किया। इसकी भाषा बोलचाल की और सरल खड़ीबोली थी :

आज रात इससे परदेशी चल कीजे विश्राम यहीं।
जो कुछ वस्तु कुटी में मेरे करो ग्रहण, संकोच नहीं।।
तृण शय्या औ अल्प रसोई पाओ स्वल्प प्रसाद।
पैर पसार चलो निद्रा लो मेरा आसिर्वाद।।
... ...
प्रानपियारे की गुनगाथा, साधु ! कहाँ तक गाऊँ।
गाते गाते चुके नहीं वह चाहे मैं ही चुक जाऊँ।।

यद्यपि यह एक सपाट वर्णन मात्र है और अब तक खड़ीबोली की कविता, उर्दू के रूप में, बहुत आगे निकल चुकी थी, पर ब्रजभाषा के कवियों के लिए यह एक शुरुआत थी। ध्यान देने की बात है कि इसकी नवीनता अरबी–फारसी के अप्रचलित ही नहीं, बोलचाल के शब्दों के भी बहिष्कार में है। यह स्वाभाविक खड़ीबोली नहीं थी, जिसे मीर, नज़ीर अकबराबादी,

ग़ालिब आदि ने कविता में सँवारा था। इसमें खड़ीबोली का वह रूप भी नहीं है, जिसे भारतेन्दु ने गद्य में विकसित किया था। यह खड़ीबोली को पद्यरूप प्रदान करने का आरम्भिक प्रयास था। इसमें प्रमुखता तद्भव शब्दों की है और दैनंदिन प्रयोग में आने वाले संस्कृत के तत्सम शब्द भी प्रयोग में लाए गये हैं। 'कीजे', 'औ', 'पियारे' आदि ब्रजभाषा के कुछ शब्द भी आ गये हैं। 'विश्राम', 'ग्रहण', 'संकोच', 'तृणशय्या', 'अल्प', 'स्वल्प', 'प्रसाद' आदि शब्द उस समय भी साधारण बोलचाल के शब्द नहीं थे।

पर यह प्रयास खड़ीबोली कविता के आन्दोलन का आगाज था। लगभग इसी समय बिहार के मुजफ्फरपुर के बाबू अयोध्याप्रसाद खत्री खड़ीबोली का झंडा लेकर उठे। उन्होंने 1888 में 'खड़ीबोली आन्दोलन' की एक पुस्तक प्रकाशित की जिसमें उन्होंने बड़े ज़ोर शोर से यह राय जाहिर की कि अब तक जो कविता हुई, वह तो ब्रजभाषा की थी, हिन्दी की नहीं। शुक्ल जी ने ठीक ही लिखा है कि 'वे भाषातत्त्व के जानकार न थे। उनकी समझ में खड़ीबोली ही हिन्दी थी।'[298] पर शुक्ल जी को यह ख्याल न रहा कि 'खड़ीबोली' को हिन्दी न मानकर वे स्वयं भी भाषावैज्ञानिक भूल ही करते आ रहे थे। पूरे मध्यकाल में 'हिन्दवी/हिन्दी' कविता को मान्यता न देकर उन्होंने वही भूल की थी, जो अयोध्याप्रसाद खत्री उन्नीसवीं शताब्दी के आठवें दशक में कर रहे थे। वास्तविकता यह है कि जिस प्रकार ब्रजी, अवधी, राजस्थानी, मैथिली आदि हिन्दी थीं, उसी प्रकार हिन्दी/हिन्दवी या खड़ीबोली भी। शुक्ल जी ने इसे स्वीकार न करके हिन्दी साहित्य के इतिहास में ऐसी समस्या खड़ी कर दी, जो दिनोदिन असमाधेय होती जा रही है।

जहाँ तक अयोध्या प्रसाद खत्री की बात है, बिहार के मिथिला क्षेत्र, मुजफ्फरपुर के निवासी होकर भी उन्हें खड़ीबोली को कविता की भाषा बनाने की प्रेरणा कहाँ से मिली, यह खोज का विषय है। शुक्ल जी ने ही एक स्थान पर लिखा है, "जिस प्रकार उजड़ती हुई दिल्ली को छोड़कर मीर, इंशा आदि अनेक उर्दू शायर पूरब की ओर आने लगे उसी प्रकार दिल्ली के आसपास के प्रदेशों की हिन्दू व्यापारी जातियाँ (अगरवाले, खत्री आदि) जीविका के लिए लखनऊ, फैजाबाद, प्रयाग, काशी, पटना आदि पूर्वी शहरों में फैलने लगीं। उनके साथ साथ उनकी बोलचाल की भाषा खड़ीबोली भी लगी चलती थी।"[299] अयोध्या प्रसाद खत्री के पूर्वजों का मुजफ्फरपुर में आना भी इसी क्रम में हुआ था। हमें यह भी नहीं भूलना चाहिए कि 'चन्द्रकान्ता' के प्रसिद्ध लेखक देवकीनन्दन खत्री का जन्म और पालनपोषण मुजफ्फरपुर में ही हुआ था। अतः यदि अयोध्या प्रसाद खत्री का भाषाप्रेम खड़ीबोली कविता के आन्दोलन के मूल में रहा हो, तो वह आश्चर्य का विषय नहीं है।

जो हो, अयोध्या प्रसाद खत्री ने खड़ीबोली कविता का आन्दोलन आरम्भ किया और एक 'पोथी' तैयार की, जिसमें अनेक पद्यों के साथ श्रीधर पाठक का 'एकान्त योगी' भी भी दर्ज हुआ। उन्होंने और कई लोगों से अनुरोध करके भी खड़ीबोली की कविताएँ लिखाईं। शुक्ल जी की दी हुई सूचना के अनुसार उन्होंने चम्पारन के प्रसिद्ध विद्वान् और वैद्य पं. चन्द्रशेखर मिश्र से, जो संस्कृत के अतिरिक्त हिन्दी में भी बड़ी सुन्दर और आशु कविता करते थे, खड़ीबोली में कविता लिखाकर अपनी 'पोथी' में शामिल किया था। इसी प्रकार खड़ीबोली के पक्ष में जो राय मिलती, वह भी उसी पोथी में दर्ज होती जा रही थी।[300] 'सरस्वती', मार्च, 1905 में प्रकाशित 'अयोध्या प्रसाद खत्री' शीर्षक लेख में पुरुषोत्तम प्रसाद शर्मा ने लिखा था कि खड़ीबोली का प्रचार करने के लिए उन्होंने इतना द्रव्य खर्च किया कि राजा–महाराजा भी कम करते हैं।[301] उन्होंने अपनी पोथी में खड़ीबोली पद्य की चार स्टाइलें कायम की थीं–'मौलवी स्टाइल', 'मुंशी स्टाइल', पंडित स्टाइल', 'मास्टर स्टाइल'। 'मौलवी स्टाइल' से सम्भवतः उनका तात्पर्य 'उर्दू' से था। 1887–89 में उन्होंने 'खड़ीबोली का पद्य' नामक संग्रह दो भागों में प्रस्तुत किया जिसमें विभिन्न 'स्टाइलों' की रचनाएँ संकलित की गयीं। 1888 में उन्होंने 'खड़ीबोली का आन्दोलन' नामक पुस्तिका प्रकाशित करायी।

खड़ीबोली में काव्यरचना के विधिवत् आरम्भ का श्रेय श्रीधर पाठक (1859–1928) को दिया जा सकता है। यों वे ब्रजभाषा के श्रेष्ठ कवि थे, पर खड़ीबोली में कविता–लेखन कर उन्होंने हिन्दी साहित्य के इतिहास में अपना स्थान अमर कर लिया। उनकी खड़ीबोली की कविताओं से ही आधुनिक हिन्दी कविता का आरम्भ होता है। इनके पूरे कृतित्व को दो हिस्सों में बाँटा जा सकता है। एक के अन्तर्गत इनकी अनूदित रचनाएँ रखी जा सकती हैं। सर्वप्रथम इन्होंने अंग्रेजी के प्रसिद्ध कवि और नाटककार गोल्डस्मिथ की तीन पुस्तकों के–हरमिट, ट्रैवेलर और डेजर्टेड विलेज–काव्यानुवाद प्रस्तुत किये। हरमिट का अनुवाद 1886 में एकान्तवासी योगी शीर्षक से हुआ और ट्रैवेलर का श्रान्त पथिक नाम से। इन दोनों अनुवादों की भाषा खड़ीबोली है। एकान्तवासी योगी में लावनी पद्धति के छन्दों का और श्रान्त पथिक में रोला छन्द का इस्तेमाल हुआ। अब तक की खड़ीबोली कविता में फारसी छन्दों का प्रयोग होता था, जिनके स्थान पर हिन्दी छन्दों का प्रयोगकर श्रीधर पाठक ने खड़ीबोली कविता की एक नयी शैली का आरम्भ किया। बाद में आधुनिक हिन्दी कविता ने इसी शैली को अपनाया। ब्रजभाषा में पाठक जी ने गोल्डस्मिथ के डेजर्टेड विलेज का स्वच्छन्द अनुवाद ऊजड़ ग्राम शीर्षक से और कालिदास के ऋतुसंहार का अनुवाद इसी शीर्षक से सवैया छन्दों में किया।

'जगत सचाई सार' पाठक जी की, और खड़ीबोली की नयी शैली की, पहली मौलिक रचना है, जो 1887 में प्रकाशित हुई थी। इसकी भावभूमि दार्शनिक या वैचारिक प्रकृति की है जिसके प्रथम दर्शन हमें नज़ीर की कविता में हुए थे। 1904 में पाठक जी की प्रसिद्ध काव्यकृति कश्मीर सुषमा प्रकाशित हुई, जिसमें, कुछ आलोचकों के अनुसार 'प्रकृति को देखने की एक नूतन दृष्टि' का परिचय मिलता है।[302]

एकान्तवासी योगी के सम्बन्ध में शुक्ल जी की टिप्पणी है कि "उसकी सीधीसादी खड़ीबोली और जनता के बीच प्रचलित लय ही ध्यान देने योग्य नहीं है, किन्तु उसकी कथा की सार्वभौम मार्मिकता भी ध्यान देने योग्य है। किसी के प्रेम में योगी होना और प्रकृति के निर्जन क्षेत्र में कुटी छाकर रहना एक ऐसी भावना है जो समान रूप में सब देशों के और सब श्रेणियों के स्त्री पुरुषों के मर्म का स्पर्श स्वभावतः करती आ रही है। सीधीसादी खड़ीबोली में अनुवाद करने के लिए ऐसी प्रेमकहानी चुनना जिसकी मार्मिकता अपढ़ स्त्रियों तक के गीतों की मार्मिकता के मेल में हो, पंडितों की बँधी हुई रूढ़ि से बाहर निकलकर अनुभूति के स्वतन्त्र क्षेत्र में आने की प्रवृत्ति का द्योतक है।...जब पंडितों की काव्यभाषा स्थिर होकर उत्तरोत्तर आगे बढ़ती हुई लोकभाषा से दूर पड़ जाती है और जनता के हृदय पर प्रभाव डालने की उसकी शक्ति क्षीण होने लगती है तब शिष्ट समुदाय लोकभाषा का सहारा लेकर अपनी काव्य–परम्परा में नया जीवन डालता है।...यह भावधारा अपने साथ हमारे चिरपरिचित पशुपक्षियों, पेड़पौधों, जंगल–मैदानों आदि को भी समेटे चलती है। देश के स्वरूप के साथ यह सम्बद्ध चलती है।...इस भावधारा की अभिव्यंजन–प्रणालियाँ वे ही होती हैं जिन पर जनता का हृदय इस जीवन में अपने भाव स्वभावतः ढालता आता है। हमारी भावप्रवर्तिनी शक्ति का असली भंडार इसी स्वाभाविक भावधारा के भीतर निहित समझना चाहिए। जब पंडितों की काव्यधारा इस स्वाभाविक भावधारा से विच्छिन्न पड़कर रूढ़ हो जाती है तब वह कृत्रिम होने लगती है और उसकी शक्ति भी क्षीण होने लगती है। ऐसी परिस्थिति में इसी भावधारा की ओर दृष्टि ले जाने की आवश्यकता होती है। दृष्टि ले जाने का अभिप्राय है उस स्वाभाविक भावधारा के ढलाव की नाना अन्तर्भूमियों को परखकर शिष्ट काव्य के स्वरूप का पुनर्विधान करना। यह पुनर्विधान सामंजस्य के रूप में हो, अन्धप्रतिक्रिया के रूप में नहीं, जो विपरीतता की हद तक जा पहुँचती है। इस प्रकार के परिवर्तन को ही अनुभूति की सच्ची नैसर्गिक (ट्रू रोमांटिसिज्म) कहना चाहिए, क्योंकि मूल प्राकृतिक आधार पर होता है।"[303]

इस सैद्धान्तिक परिप्रेक्ष्य में शुक्ल जी ने अंग्रेजी स्वच्छन्दतावाद को

परखते हुए तर्क दिया है कि "हमारे साहित्य में रीतिकाल की जो रूढ़ियाँ हैं वे किसी और देश की नहीं, उनका विकास इसी देश के साहित्य के भीतर संस्कृत में हुआ है।"[304] उनके तर्क के अनुसार यदि 'हमारे वर्तमान काव्यक्षेत्र में अनुभूति की स्वच्छन्दता की धारा प्रकृत पद्धति पर अर्थात् परम्परा से चले आते हुए मौखिक गीतों के मर्मस्थल से शक्ति लेकर चलती' तो वह अपनी काव्यपरम्परा होती–अधिक सजीव और स्वच्छन्द।'[305] शुक्ल जी ने इस तर्कपद्ध ति को आगे बढ़ाते हुए कहा है कि 'रीतिकाल में रसों और अलंकारों के उदाहरणों के रूप में रचना होने से और कुछ छन्दों की परिपाटी बँध जाने से हिन्दी कविता जकड़ सी उठी थी। हरिश्चन्द्र के सहयोगियों में काव्यधारा को नये नये विषयों की ओर मोड़ने की प्रवृत्ति दिखायी पड़ी, पर उनकी भाषा परम्परा से चली आती ब्रजी ही रही और पद्य के ढाँचों, अभिव्यंजना के ढंग तथा प्रकृति के स्वरूपनिरीक्षण आदि में स्वच्छन्दता के दर्शन न हुए।'[306] उन्होंने इसका श्रेय श्रीधर पाठक को दिया, जिन्होंने 'गुनवन्त हेमन्त' (1900) में अपने को प्रकृति के रूढ़िबद्ध रूपों तक सीमित न रखकर गाँव में उपजने वाली मूली, मटर जैसी वस्तुओं का भी वर्णन किया जो परम्परागत ऋतुवर्णनों में नहीं दिखायी पड़ती थी।[307] शुक्ल जी के अनुसार 'उन्होंने खड़ीबोली पद्य के लिए सुन्दर लय और चढ़ाव उतार के कई नये ढाँचे भी निकाले। ख्याल या लावनी की लय पर जैसे 'एकान्तवासी' लिखा गया वैसे ही सुथरे साइयों के सधुक्कड़ी ढंग पर 'जगत–सचाई सार' जिसमें कहा गया कि 'जगत है सच्चा, तनिक न कच्चा, समझो बच्चा! इसका भेद।' स्वर्गीय वीणा में उन्होंने उस परोक्ष दिव्य संगीत की ओर रहस्यपूर्ण संकेत किया जिसके ताल सुर पर यह सारा विश्व नाच रहा है।'[308] इस आधार पर शुक्ल जी ने निष्कर्ष प्रस्तुत किया कि 'पं. श्रीधर पाठक ही सच्चे स्वच्छन्दतावाद (रोमांटिसिज्म) के प्रवर्तक ठहरते हैं।'[309] पर यदि हम नज़ीर अकबराबादी (1735–1830) को खड़ीबोली का कवि मानते हैं, जिसे न मानने का कोई आधार नहीं है, तो शुक्ल जी का यह निष्कर्ष गलत ठहरता है। वस्तुतः जिन तर्कों के आधार पर शुक्ल जी ने श्रीधर पाठक को 'स्वच्छन्दतावाद का प्रवर्तक' माना है, वे नज़ीर की कविता पर और भी ज्यादा सटीक बैठते हैं। जहाँ तक 'परोक्ष दिव्य संकेत' की बात है, वह नज़ीर में नहीं है, पर वह रचना, जिसमें इसका उल्लेख हुआ है, बाद की (1916) की है, जब 'छायावाद' हिन्दी कविता में दस्तक दे रहा था। प्रकृति–वर्णन में अनेकरूपता, नवीनता, कवि के निजी उल्लास और मस्ती की अभिव्यक्ति तथा जीवन के सम्बन्ध में मुक्त दर्शन नज़ीर की कविता में जितना दिखाई देता है, वह उन्हें हिन्दी के प्रथम स्वच्छन्दतावादी मानने को बाध्य करता है।

शुक्ल जी के अनुसार छन्द, पदविन्यास, वाक्यविन्यास आदि में भी श्रीधर पाठक ने मौलिकता दिखायी। 'अपनी रुचि के अनुसार उन्होंने कई नये ढाँचे के छन्द निकाले जो पढ़ने में बहुत ही मधुर लय पर चलते थे।'[310] इसके उदाहरण के रूप में शुक्ल जी ने निम्नोद्धृत छन्द प्रस्तुत किया है :

नाना कृपान निज पानि लिए, वपु नील वसन परिधान किए,
गंभीर घोर अभिमान हिए, छकि पारिजात मधुपान किए,
छिन छिन पर जोर मरोर दिखावत, पलपल आकृति कोर झुकावत।
यह मोर नचावत, सोर मचावत, स्वेत स्वेत बगपाँति उड़ावत।।
नंदन प्रसून–मकरंद–बिंदु–मिश्रित समीर बिनु धीर चलावत।

अन्त्यानुप्रास रहित बेठिकाने समाप्त होने वाले गद्य के से लम्बे वाक्यों के छन्द भी (जैसे अंग्रेजी में होते हैं) इन्होंने लिखे हैं। जैसे 'सान्ध्य अटन' का यह छन्द:

बिजन बनप्रांत था; प्रकृतिमुख शान्त था ;
अटन का समय था, रजनि का उदय था।
प्रसव के काल की लालिमा में लसा।
बाल–शशि व्योम की ओर था आ रहा।।
सद्य–उत्फुल्ल–अरविन्द–नभ नील सुवि–
शाल नभवक्ष पर जा रहा था चढ़ा।।

पाठक जी ने खड़ीबोली में सवैया छन्द के प्रयोग का रास्ता भी खोल दिया। इसके उदाहरण के रूप में शुक्ल जी ने यह उद्धरण दिया है :

इस भारत में बन पावन तू ही तपस्वियों का तप–आश्रय था।
जगतत्त्व की खोज में लग्न जहाँ ऋषियों ने अभग्न किया श्रम था।
तब प्राकृत विश्व का विभ्रम और था, सात्विक जीवन का क्रम था।
महिमा वनवास की थी तब और, प्रभाव पवित्र अनूपम था।।

शुक्ल जी के अनुसार श्रीधर पाठक समाजसुधार के आकांक्षी थे, अतः उनकी रचनाओं में विधवाओं की वेदना, शिक्षाप्रसार जैसे विषय भी आया करते थे। इससे यह कहा जा सकता है कि उन्नीसवीं शताब्दी में चले नवजागरण के दूसरे दौर के वे सजग कवि थे।

उन्नीसवीं शताब्दी के अन्तिम दशक में अयोध्यासिंह उपाध्याय (1865–1947) ने भी ब्रजभाषा में काव्यरचना आरम्भ की थी। 1899 में इन्होंने 'रसिक रहस्य' की और 1900 में 'प्रेमाम्बुवारिधि', तथा 'प्रेमप्रपंच' की रचना की। इन रचनाओं में प्रेम और शृंगार की प्रधानता है। उनके रसकलश में

भी उनकी आरम्भिक स्फुट रचनाएँ संकलित हैं। ये सारी रचनाएँ ब्रजभाषा में हैं। पर 1900 ई. के पहले ही इन्होंने खड़ीबोली में काव्यरचना आरम्भ कर दी थी। शुक्ल जी के अनुसार उन्होंने खड़ीबोली के लिए उर्दू के छन्दों और ठेठ बोली को ही उपयुक्त समझा, क्योंकि उर्दू के छन्दों में खड़ीबोली अच्छी तरह मँज चुकी थी। नागरीप्रचारिणी सभा के गृह प्रवेशोत्सव के समय 1900 में उन्होंने इसी प्रकार की खड़ीबोली में एक कविता पढ़ी थी, जिसे शुक्ल जी ने अपनी स्मृति से उद्धृत किया है :

चार डग हमने भरे तो क्या किया।
है पड़ा मैदान कोसों का अभी।।
मौलवी ऐसा न होगा एक भी।
खूब उर्दू जो न होवे जानता।।

शुक्ल जी के सूचनानुसार इसके बाद वे इसी ढंग की कविता करते रहे, पर बाद में पं. महावीरप्रसाद द्विवेदी के प्रभाव से संस्कृत छन्दों और संस्कृत की समस्त पदावली में रचना करने लगे, जिसे अपने 'प्रियप्रवास' में उन्होंने चरम पर पहुँचा दिया। काश, खड़ीबोली कविता इसी मार्ग पर चलती हुई अपना विकास करती, जिसमें कथ्य के अनुसार परम्परागत छन्द और अरबी–फारसी के बोलचाल के शब्दों के साथ संस्कृत के तत्सम शब्द भी प्रयुक्त होते। पर उर्दू–विरोध ने हिन्दी को इस सहज मार्ग पर न चलने दिया। यद्यपि महावीर प्रसाद द्विवेदी और उनके समकालीन लेखकों ने हिन्दी में 'मतरूकात' जैसा कोई आन्दोलन नहीं चलाया, पर उर्दू में प्रयुक्त होने वाले अरबी–फारसी शब्दों से परहेज करके उन्होंने हिन्दी उर्दू को एक दूसरे से दूर करने में योग जरूर दिया।

उन्नीसवीं शताब्दी के अन्त में ब्रजभाषा की पुरानी परिपाटी के कवियों में जगन्नाथ दास 'रत्नाकर'(1866–1932) का नाम प्रथम पंक्ति में आता है। शुक्ल जी के अनुसार ये 1889 में ब्रजभाषा में कविता करने लगे थे।[311] 1894 में इनका रोला छन्दों में रचित 'हिंडोला' नामक अध्यात्मपरक श्रृंगारिक काव्य प्रकाशित हुआ था। 1887–97 की अवधि में इन्होंने प्राचीन ब्रजभाषा काव्यसंग्रहों का सम्पादन भी किया। बाद में इन्होंने हरिश्चन्द्र, गंगावतरण, उद्धवशतक आदि प्रबन्धकाव्य ब्रजभाषा में ही रचे। कुछ खड़ीबोली छन्दों की रचना भी इन्होंने की थी जो नागरी प्रचारिणी सभा से प्रकाशित 'रत्नाकर' संग्रह में संकलित हैं।[312]

1871–1900 : काव्यधारा : ब्रजभाषा

शुक्ल जी ने 1860 के बाद के ब्रजभाषा कवियों में सेवक (1815–1881), बाबा रघुनाथदास रामसनेही (र. का. 1854), महाराज रघुराज सिंह रीवाँनरेश (1823–1879), सरदार (र. का. 1845–1883), ललित किशोरी (र. का. 1856–1873) आदि का उल्लेख किया है।[313] ये कवि भी भक्ति और शृंगार की कविता लिखने के कारण ब्रिटिश राज के लिए कोई खतरा नहीं बन सकते थे, इसलिए इनकी कविता भी बची रह गयी।

1870 में द्विजदेव के साथ ब्रजभाषा कवियों का एक दौर समाप्त हो गया। रामचन्द्र शुक्ल ने 1871–2000 अवधि के ब्रजभाषा कवियों में राजा लक्ष्मण सिंह (1826–1896), लछिराम (ज. 1841), गोविन्द गिल्लाभाई (ज. 1848) नवनीत चौबे (1858–1932), आदि का उल्लेख किया है। राजा लक्ष्मण सिंह का नाम यों तो खड़ीबोली गद्य के प्रसंग में लिया जाता है, पर आचार्य शुक्ल के अनुसार इनकी 'ब्रजभाषा कविता भी बड़ी ही सरस और मधुर होती थी। ब्रजभाषा की सहज मिठास इनकी वाणी से टपकी पड़ती है। इनके शकुन्तला के अनुवाद के परवर्ती संस्करणों में मूल श्लोकों के स्थान पर पद्य रखे गये हैं। ये पद्य बड़े ही सरस हुए। 1881 और 1883 के बीच रचित इनके 'मेघदूत' के अनुवाद के सवैये बहुत ही ललित और मनोहर हैं।[314] लछिराम ने अयोध्यानरेश महाराज मानसिंह (द्विजदेव) तथा बस्ती, दरभंगा, पूर्णिया आदि अनेक तालुकेदारों और जमीन्दारों से सम्मान प्राप्त किया और उनके नाम पर कोई न कोई रचना भी की। इससे इनके स्तुतिकाव्य रचयिता होने का प्रमाण मिलता है जो उस काल की खड़ीबोली और ब्रजभाषा कविता के लिए आम बात थी। शुक्ल जी के अनुसार इन्होंने अनेक रसों पर कविता की है। समस्यापूर्तियाँ बहुत जल्दी करते थे। ब्रजभाषा की पुरानी परिपाटी पर रचना करने वाले कवियों के बीच इन्हें बहुत प्रसिद्धि मिली। गोविन्द गिल्लाभाई गुजरात के रहने वाले थे और शुक्ल जी के अनुसार इनकी ब्रजभाषा कविता बहुत ही सुन्दर और पुराने कवियों के टक्कर की होती थी। नीतिविनोद, शृंगारसरोजिनी, षट्ऋतु, पावसपयोनिधि, समस्यापूर्ति प्रदीप आदि इनके कुछ काव्यग्रन्थ हैं। नवनीत चौबे, शुक्ल जी के अनुसार, पुरानी परिपाटी के आधुनिक कवियों में ख्यात रहे हैं।

इन पुरानी परिपाटी के कवियों के बीच शुक्ल जी ने भारतेन्दु हरिश्चन्द्र (र. का. 1868–1885), उपाध्याय पं. बदरीनारायण चौधरी 'प्रेमघन' (1855–1922), प्रतापनारायण मिश्र (1856–1894), ठाकुर जगमोहन सिंह (1857–1899), पं अम्बिकादत्त व्यास (1848–1900), बाबू रामकृष्ण वर्मा (1859–1906) आदि का उल्लेख वैसे कवियों के रूप में किया है जिन्होंने 'एक ओर तो हिन्दी साहित्य की नवीन गति के प्रवर्तन में योग दिया, दूसरी ओर पुरानी परिपाटी

की रचना के साथ भी अपना पूरा सम्बन्ध बनाये रखा।'[315]

1850 में हरिश्चन्द्र (भारतेन्दु) का जन्म हुआ, जो अद्‌भुत काव्यप्रेमी निकले और हिन्दी कविता में युगान्तर उपस्थित कर दिया। उन्होंने अपनी काव्ययात्रा का आरम्भ 1868 में बँगला नाटक विद्यासुन्दर के अनुवाद से किया और उसी वर्ष कविवचनसुधा नामक पत्रिका भी निकालनी शुरू की। कविवचनसुधा में शुरू में पुराने कवियों की कविताएँ छपा करती थीं, पर बाद में गद्यलेख भी शामिल किये जाने लगे। 1873 में उन्होंने हरिश्चन्द्र मैगजीन नाम की एक मासिक पत्रिका निकाली जिसका नाम आठ संख्याओं के बाद हरिश्चन्द्र चन्द्रिका हो गया।[316]

भारतेन्दु हरिश्चन्द्र यद्यपि अपनी गद्यरचनाएँ खड़ीबोली में करते थे, पर उनकी काव्यभाषा ब्रजभाषा ही थी। इनकी कविता के बारे में रामचन्द्र शुक्ल का मत है कि 'वे सिद्ध वाणी के अत्यन्त सरसहृदय कवि थे। इससे एक ओर तो उनकी लेखनी से श्रृंगाररस के ऐसे मार्मिक और रसपूर्ण कवित्त सवैये निकले कि उनके जीवनकाल में ही चारों ओर लोगों के मुँह से सुनाई पड़ने लगे और दूसरी ओर स्वदेशप्रेम से भरी हुई उनकी कविताएँ चारों ओर देश के मंगल का मंत्र सा फूँकने लगीं।....एक ओर तो वे पद्‌माकर, द्विजदेव की परम्परा में दिखाई पड़ते हैं, दूसरी ओर बंगदेश के माइकेल और हेमचन्द्र की श्रेणी में। एक ओर तो राधाकृष्ण की भक्ति में झूमते हुए नई भक्तमाल गूँथते दिखाई देते थे, दूसरी ओर मन्दिरों के अधिकारियों और टीकाधारी भक्तों के चरित्र की हँसी उड़ाते और मन्दिरों, स्त्रीशिक्षा, समाजसुधार आदि पर व्याख्यान देते पाए जाते थे। प्राचीन और नवीन का सुन्दर सामंजस्य भारतेन्दु की कला का विशेष माधुर्य है।'[317]

शुक्ल जी के अनुसार ''भारतेन्दु की अधिकांश कविता कृष्णभक्त कवियों के अनुकरण पर गेय पदों के रूप में है जिनमें राधाकृष्ण की प्रेमलीला और विहार का वर्णन है।''[318] भारतेन्दु वल्लभ सम्प्रदाय में दीक्षित थे, लेकिन अन्य सम्प्रदायों के प्रति भी उनमें उदार भाव था। इसका उदाहरण उनकी उत्तरार्ध भक्तमाल, जैन कुतूहल, फूलों का गुच्छा आदि कविता पुस्तकें हैं।[319] जैन कुतूहल के एक पद में उन्होंने कहा है :

> अहो तुम बहु बिधि रूप धरो।
> जब जब जैसो काम परै तब तैसो भेख करो।।
> कहुँ ईश्वर कहुँ बनत अनीश्वर नाम अनेक परो।
> सत पंथहि प्रगटावन कारन लै सरूप बिचरो।।

कुछ आलोचक उनकी कविताओं में 'सूफी रंगत' तक देखते हैं। इससे यह

सिद्ध होता है कि भारतेन्दु वल्लभ सम्प्रदाय के भक्त होने पर भी 'साम्प्रदायिक', नहीं थे, जैसा कुछ आलोचक उन पर आरोप लगाते हैं। पर इसमें भी कोई सन्देह नहीं कि उनके आराध्य राधाकृष्ण थे, जिनकी प्रेमलीलाओं का गान उन्होंने तन्मय होकर किया है। इसके उदाहरण के रूप में निम्न पद उद्धृत किया जा सकता है :

सखी मोहिं लै चलि जमुना तीर।
जहाँ मिले नटवर मनमोहन सुंदर श्याम शरीर।।
नंद–द्वार सब खड़े गोप मैं हौं कैसे धँसि जाऊँ।
भौन माहिं जसुदा जू के भय नीके लखन न पाऊँ।।
गुरुजन की भय अटा झरोखाहू नहिं बैठन पावैं।
राह बाट मैं लाज निगोड़ी कैसे नैन मिलावैं।।
तू सब जिय की जाननिहारी तो सौं कहा दुराऊँ।
हरीचंद जीवन–धन दै मोहिं नैना निरखि सिराऊँ।।

प्रेम माधुरी का यह पद भी अपनी व्यंजना में अनूठा है :

आई गुरु लोग संग न्यौते ब्रज गाँव नई
दुलही सुहाई शोभा अंगन सनी रही।
पूछे मनमोहन बतायो सखियन यह
सोई राधा प्यारी बृजभानु की जनी रही।
हरीचंद पास जाय प्यारो ललचायो दीठ
लाज की धँसी सो मानो हीर की अनी रही।
देखो अन–देखो देख्यो आधो मुख हाय तऊ
आधो मुख देखिबो की हौस बनी ही रही।।

भारतेन्दु ने 'भ्रमरगीत' के आधार पर भी कुछ सरस पदों की रचना की है। एक पद में राधा या कोई गोपी कहती है :

वह धुज की फहरानि न भूलति।
उलटि उलटि कै मो दिस चितवनि रथ हाँकनि हरि की जिय सूलति।।
लै गये सब सुख साथहि मोहन अब तो सदन सदा हिय हूलति।
सो सुख सुमिरि सुमिरि कै सजनी अजहूँ जिय रस–बेली फूलति।।
लै आवो कोउ मो ढिग हरि को बिरह–आगि अब तन उनमूलति।
हरीचन्द पिय–रंग बावरी ग्वालिनि प्रेम–डोर गहि झूलति।।

श्रृंगार रस के कवित्त सवैयों की रचना भी उन्होंने भरपूर मात्रा में की जो

उत्कृष्ट भाव–व्यंजना की दृष्टि से रीतिकाल के श्रेष्ठ कवियों से होड़ लेते हैं। उनके शृंगार रस के कवित्त सवैयों का संग्रह प्रेम माधुरी में उपलब्ध है।

यह संग में लागिये डोलैं सदा बिन देखे न धीरज आनती हैं।
छिनहू जो बियोग परै 'हरिचन्द' तो चाल प्रलै की सु ठानती हैं।।
बसनी में थिरैं न झपैं उझपैं, पल में न समाइबौ जानती हैं।
'प्रिय प्यारे तिहारे निहारे बिना दुखिया अँखियाँ नहिं मानती हैं।।'[320]

'मरेहू पै आँखें ये खुली ही रहि जाएँगीं' आदि उक्तियाँ शृंगार रस की व्यंजना में अनूठी हैं।[321] कवित्त सवैयों से बहुत अधिक भक्ति और शृंगार के पद और गाने उन्होंने बनाये जो प्रेमफुलवारी, प्रेममालिका, प्रेमप्रलाप आदि पुस्तकों में संगृहीत हैं।[322]

भारतेन्दु जब सात वर्ष के बालक थे तभी 1857 का विद्रोह घटित हुआ था। वह विद्रोह कम्पनी शासन द्वारा क्रूरतापूर्वक दबा दिया गया था। उसके बाद भारत का प्रशासन ब्रिटिश साम्राज्य के अन्तर्गत, जिसकी साम्राज्ञी महारानी विक्टोरिया थी, आ गया था। इस विद्रोह के बाद महारानी का एक घोषणापत्र प्रकाशित हुआ था जिसमें भारतवासियों को सुशासन देने का वादा किया गया था। पर यह एक छलावा मात्र था। यह जरूर है कि कम्पनी शासन की अव्यवस्था से देश को मुक्ति मिली, पर सामान्य जनता के शोषण और दमन में कोई कमी नहीं हुई। बल्कि विद्रोह के शमन के बाद दमन की प्रक्रिया और भी तेज हो गयी। केवल उन्हीं लोगों को राहत मिली जिन्होंने विद्रोह के दमन में अंग्रेजों का साथ दिया था। भारत का उच्चमध्य वर्ग, समृद्ध व्यवसायी समाज और अंग्रेजों का समर्थक सामन्तवर्ग ऐसे ही लोगों में था। भारतेन्दु स्वयं एक समृद्ध व्यवसायी परिवार के वारिस थे, जिसने 1857 के विद्रोह में अंग्रेजों की सहायता की थी।[323] इसी कारण आरम्भ में भारतेन्दु को शासन का समर्थन भी प्राप्त हुआ था। पर उनकी वैचारिक सोच और उसकी अभिव्यक्ति ने उन्हें शासन की दृष्टि में सन्देहास्पद बना दिया था। ब्रिटिश शासन की अभिव्यक्ति के साधनों पर वक्र दृष्टि रहती थी। भारतेन्दु ने इसका अनुभव किया था और लिखा था :

कठिन सिपाही द्रोह–अनल जा जल (या जन?) बल नासी
जिन भय सिर न हिलाइ सकत कहुँ भारतवासी।।

'जिन भय सिर न हिलाइ सकत' का मतलब अभिव्यक्ति की विवशता से ही है। 1878 में, लॉर्ड लिटन के वायसराय काल में, भारतीय भाषाओं के प्रेसों की स्वतन्त्रता को समाप्त करने के लिए 'वर्नाक्यूलर प्रेस ऐक्ट' पास

किया गया था। लिटन की धारणा बन गयी थी कि 'वर्नाक्यूलर प्रेस' ब्रिटिश साम्राज्य के खिलाफ बगावत की प्रेरणा दे रहे हैं। इसके दो वर्ष पूर्व, 1876 में, 'ड्रामेटिक परफॉर्मेंसेज ऐक्ट' पास किया गया था जिसका उद्देश्य कथित 'सबर्सिव रूपकों (प्लेज)' के लेखन और प्रदर्शन पर रोक लगाना था। अंग्रेज इन रूपकों को सभी कोणों से प्रशासन–विरोधी मान रहे थे। नन्दकिशोर नवल ने इन पंक्तियों से यह आशय निकाला है कि भारतेन्दु 'विद्रोह के विरोधी थे।'[324] पर वास्तविकता यह है कि ये पंक्तियाँ समय की सच्चाई को व्यक्त करती हैं। इनसे यह निष्कर्ष कत्तई नहीं निकाला जाना चाहिए कि भारतेन्दु ग़ालिब की तरह विद्रोह के विरोधी थे।[325] यह स्वाभाविक ही है कि वे होश में आने पर विद्रोह का समर्थन नहीं करते, पर जल्द ही उन्हें इस बात का बोध हो गया था कि 'अंग्रेज राज' भारत का हितकारी नहीं है। नन्दकिशोर नवल ने लिखा है कि 'अंग्रेजी राज का भारतीय जनता ने स्वागत किया था।'[326] 'भारतीय जनता' से उनका क्या तात्पर्य है, यह समझ में नहीं आता। यह भी अस्पष्ट है कि डॉ. नवल ने 'अंग्रेजी राज' की शुरुआत कब से मानी है ; 1757 से या 1857 से? 'भारतीय जनता' ने 'अंग्रेजी राज' का 'स्वागत' किस रूप में किया था, यह भी पूछने की बात है। पर सम्प्रति इस सवाल को छोड़ें। प्रासंगिक जिज्ञासा यह है कि भारतेन्दु को कब यह बोध हुआ कि 'अंग्रेज राज सुखसाज सजै सब भारी' और कब उन्हें यह पता चला कि 'पै धन बिदेस चलि जात यहै अति ख्वारी।' मेरा मानना है कि समृद्ध व्यवसायी वर्ग और उच्चमध्यवर्गीय समाज को, भारतेन्दु जिसके प्रतिनिधि माने जा सकते हैं, 'अंग्रेज राज', विशेषकर ब्रिटिश साम्राज्ञी विक्टोरिया की घोषणा के बाद, सुखद प्रतीत हुआ होगा। पर वह भी तभी तक जब तक वह 'राजभक्त' बनी रहे और सरकार की किसी भी नीति की आलोचना न करे। भारतेन्दु के साथ भी यही हुआ। 1880 तक तो वे 'राजभक्त' बने रहे यद्यपि उन्हें यह भी लगता रहा कि भारतीय समाज में बदलाव आना चाहिए ; इसका प्रमाण उनका 'वैदिकी हिंसा हिंसा न भवति'(1873) नाटक है। पर भारत दुर्दशा (1880) तक आते आते उन्हें यह बोध होने लगा कि भारत की दुर्दशा का कारण ब्रिटिश शासन ही है और वे शासन के खिलाफ, आत्मरक्षा करते हुए, अपने बोध को व्यक्त भी करने लगे। 1879 में महारानी विक्टोरिया की उम्र 60 वर्ष होने पर भारत में भी 'हीरक जयन्ती' मनायी गयी, जो सम्भवतः 1980 तक चलती रही थी। इस उपलक्ष्य में एक समस्यापूर्ति का आयोजन हुआ जिसकी समस्या रखी गयी, 'पूरी अमी की कटोरिया सी चिर जीओ सदा बिकटोरिया रानी।' भारतेन्दु ने इसकी पूर्ति दो पदों में अलग अलग प्रकार से की। पहले सवैये में उन्होंने लिखा :

राज मैं जाके सबै सुखसाज सुकीरति जासु न जात बखानी।
जो सुन्यो श्री रघुनन्दन के समै नैनन सों सोई रीति लखानी।।
तार औ रेल की चाल करी हरिचन्द जो लोगन को सुखदानी।
यातें कहैं सबरे मिलिकैं चिरजीवौ सदा बिकटोरिया रानी।।

यह मेरे मत से राजभक्ति नहीं, सीधी खुशामद है, क्योंकि लगभग बीस वर्षों से भारतेन्दु भारतीयों पर अंग्रेजी राज का दमन तो देख ही रहे थे। हिन्दी में स्तुति और कसीदा की यह परम्परा ब्रजभाषा और खड़ीबोली दोनों में चली आ रही थी, जिसका भारतेन्दु ने पालन मात्र किया है। इसका कारण ब्रिटिश सरकार का आतंक भी हो सकता है और उसके कोप से बचने का एक उपाय भी। जहाँ तक रेल और तार की बात है, उच्चमध्य वर्ग के लिए वह एक सपने जैसी बात थी और भारतेन्दु गहराई में जाकर उसके वास्तविक रूप को पहचान नहीं सके थे। पर इसकी आड़ में भारतेन्दु ने ब्रिटिश शासन की जो आलोचना की है वह उनकी दूसरी समस्यापूर्ति में दिखाई पड़ती है :

दीन भए बलहीन भए धन छीन भए सब बुद्धि हिरानी।
ऐसी न चाहिए आपुके राज प्रजागन ज्यों मछरी बिनु पानी।।
या रुज की तुम ही अहौ बैद कहै तेहिं तें हरिचन्द बखानी।
टिक्कस देहु छुड़ाइ कहैं सब जीवौ सदा बिकटोरिया रानी।।

इसमें स्पष्ट रूप से भारत के 'दीन', 'बलहीन', धनहीन, बुद्धिहीन होने और टैक्स–भार से दुखी होने की बात कही गयी है और प्रकारान्तर से इसका कारण अंग्रेजी राज को बताया गया है। यही बात भारतेन्दु ने 'अंग्रेज राज सुख साज सजे सब भारी। पै धन बिदेस चलि जात इहै अति ख्वारी।' में भी कही। भारत दुर्दशा नाटक (1980) की इन पंक्तियों में उन्होंने आगे कहा :

ताहू पै मँहगी काल रोग बिस्तारी।
दिन दिन दूने दुख ईस देत हा हा री।।
सबके ऊपर टिक्कस आफत आई।
हा हा भारत दुर्दशा न देखी जाई।।

'भारत में मची है होरी' और 'नये जमाने की मुकरी' में भी भारतेन्दु ने अंग्रेजी राज की आलोचना की है। नीचे दी गयी मुकरी में वे लिखते हैं :

भीतर भीतर सब रस चूसै, हँसि हँसि कै तन मन धन मूसै।
जाहिर बातन में अति तेज, क्यों सखि साजन, नहिं अंग्रेज।।

'अँधेर नगरी' (1881) प्रहसन में तो उन्होंने 'चूरन हाकिम लोग जो खाते, सब पर दूना टिकस लगाते।' के साथ साथ 'चूरन हाकिम लोग जो खाता, सारा हिन्द हजम कर जाता।' तक लिख दिया। 'सारा हिन्द हजम कर जाता' में जो प्रच्छन्न आक्रोश है, वह 1881 के दशक में बिल्कुल नयी चीज है। 1905 के बंगभंग अन्दोलन में विदेशी वस्तुओं के बहिष्कार का आन्दोलन छिड़ा। भारतेन्दु ने 1885 के पहले ही इसका संकेत दे दिया था : 'जीवन बिदेस की वस्तु लै ता बिन कछु नहिं करि सकत।' 'प्रबोधिनी' शीर्षक कविता में भी उन्होंने विदेशी वस्तुओं के बहिष्कार की प्रेरणा दी है।[327] अंग्रेजी शासन ने इसे न समझा हो, ऐसी बात नहीं, पर शायद इसे तूल देना उन्होंने आवश्यक न समझा और दंड के रूप में केवल शासन द्वारा दी जाने वाली कतिपय सुविधाओं में कटौती कर देना ही पर्याप्त समझा। जो हो, इस पंक्ति में भविष्य में स्वतन्त्रता आन्दोलन का बीज छिपा हुआ देखा जा सकता है। 1885 में भारतीय राष्ट्रीय काँग्रेस की स्थापना हुई थी, जिसका घोषित लक्ष्य स्वतन्त्रता प्राप्ति नहीं, बल्कि भारतीयों को प्रशासन में बराबरी का अधिकार देने की माँग थी ; वह भी अनुनय विनय के रूप में। भारतेन्दु की रचनाओं में 'राजभक्ति' की चर्चा करते समय हमारा ध्यान इस तथ्य की ओर भी जाना चाहिए।

भारतेन्दु की तथाकथित 'राजभक्ति' को एक और कोण से देखा जाना चाहिए। 1880–84 में लॉर्ड रिपन भारत का वायसराय था, जो एक घोर 'लिबरल डेमोक्रेट' और सेल्फ गवर्नमेंट में विश्वास रखने वाला था। उसने लिटन द्वारा लागू किए गये बदनाम 'वर्नाक्यूलर प्रेस ऐक्ट' को समाप्त कर दिया, जिसके फलस्वरूप उसे भारत में अतीव लोकप्रियता प्राप्त हुई। उसने भारतीय प्रशासन में उदारीकरण का भी प्रयास किया। उसने शहरों में म्युनिसिपल व कमीटियों और तालुकों तथा गाँवों में स्थानीय परिषदों की स्थापना में सहायता की। 1882 में उसके द्वारा 'लोकल सेल्फ गवर्नमेंट' की स्थापना का प्रयास किया गया। रिपन ने सरकार को जनता के निकट लाने का भी प्रयास किया; न्यायालय में अंग्रेज और भारतीय पदाधिकारियों को समान स्तर पर लाने का प्रयास किया, जिसका ब्रिटेन में इतना विरोध हुआ कि उसे अन्ततः त्यागपत्र देकर भारत से जाना पड़ा। भारतेन्दु इस काल में साहित्य–रचना में रत थे। यदि वे लॉर्ड रिपन की नीतियों के कारण ब्रिटिश शासन के प्रति 'नरम' भी हुए हों तो इसमें कोई आश्चर्य नहीं। उन्होंने लॉर्ड रिपन की प्रशंसा में रिपनाश्टक नामक रचना भी की थी। इसके बावजूद वे यदि अंग्रेजी राज के आर्थिक शोषण की आलोचना करते हैं तो यह उनकी सजगता का ही परिचायक है, जो उस काल के किसी दूसरे कवि में नहीं दिखाई पड़ती। खड़ीबोली के कवि हाली भारतेन्दु के समकालीन थे, बल्कि

वे उनके बाद भी लगभग 30 वर्षों तक जीवित रहे, पर उनकी कविता में ब्रिटिश शासन की आलोचना नहीं है।

भारतेन्दु के समय में भारतीय नवजागरण का दूसरा दौर शुरू हो गया था जिसके अग्रणी स्वामी दयानन्द सरस्वती थे। यद्यपि भारतेन्दु सनातनी हिन्दू थे, पर स्वामी दयानन्द सरस्वती के हिन्दू समाजसुधार सम्बन्धी भाषणों से प्रभावित नहीं हुए होंगे, ऐसा नहीं कहा सकता। अपने पहले ही नाटक वैदिकी हिंसा हिंसा न भवति (1973) में उन्होंने हिन्दू धर्म के पाखंड पर प्रहार किया है। प्रेम जोगिनी (1875) में काशी के धार्मिक पाखंड को लक्ष्य करते हुए उन्होंने लिखा :

देखी तुमरी कासी लोगो, देखी तुमरी कासी।
जहाँ बिराजैं विश्वनाथ विश्वेश्वरजी अविनासी।।
आधी कासी भाँड़ भँड़ेरिया बाम्हन ओ सन्यासी।
आधी कासी रंडी मुंडी राँड़ खानगी खासी।।

'भारत दुर्दशा' में उन्होंने वर्णाश्रम धर्म की संकीर्णता की ओर संकेत किया : 'बहुत हमने फैलाए धर्म, बढ़ाया छुआछूत का कर्म।'

भारतेन्दु के तुरन्त बाद अपने विचारों से सारे विश्व को चकित करने वाले मनीषी स्वामी विवेकानन्द ने भी अनुभव किया था कि स्वतंत्रता–प्राप्ति के लिए दृढ़ आत्मबल और चरित्र जरूरी है। महात्मा गाँधी ने भी स्वतन्त्रता आन्दोलन के साथ साथ समाज–सुधार और हिन्दी को राष्ट्रभाषा के रूप में विकसित करना जरूरी समझा था। भारतेन्दु ने भी समाज–सुधार की बात तो सोची ही उन्होंने 'निज भाषा' की उन्नति की बात भी की। उन्होंने अपने बलिया व्याख्यान में 'हिन्दी भाषा की उन्नति पर व्याख्यान' शीर्षक लम्बी कविता में लिखा :

निज भाषा उन्नति अहै सब उन्नति को मूल।
बिन निज भाषा ज्ञान के मिटत न हिय को सूल।।

पर इससे यह पता नहीं चलता कि भारतेन्दु का 'निज भाषा' से क्या तात्पर्य था : ब्रजभाषा या खड़ीबोली? कविता वे ब्रजभाषा में ही लिखते थे, पर लगता है, वे खड़ीबोली को देश की व्यवहार–भाषा स्वीकार कर चुके थे। भारतेन्दु का बलिया वाला व्याख्यान 1885 में हुआ था। 28 दिसम्बर, 1885 को ही भारतीय राष्ट्रीय काँग्रेस की स्थापना हुई थी, पर उसकी कामकाज और विचारविमर्श की भाषा अंग्रेजी थी। भारतेन्दु को कदाचित् इसका आभास हो गया हो और उनके चित्त में यह विचार आया हो कि भारत के भविष्य पर 'निज भाषा' में ही

विचारविमर्श होना चाहिए। इसलिए उन्होंने 'निज भाषा' को सभी प्रकार की उन्नति का 'मूल' और उसके अज्ञान को 'हिय को सूल' बताया।

शुक्ल जी ने भारतेन्दु की एक विशेष देन यह बतायी है कि "उन्होंने कविता की भाषा (ब्रजभाषा) का भी परिष्कार किया। उस काल की ब्रजभाषा कविता में वैसे शब्दों का भी प्रयोग हो रहा था जो सदियों से बोलचाल की भाषा से उठ गये थे। बहुत से शब्द तो प्राकृत और अपभ्रंश काल की परम्परा के स्मारक के रूप में ही बने हुए थे। 'चक्कव', 'भुवाल', 'ठायो', 'दीह', 'ऊनो', 'लोय' आदि के कारण बहुत से लोग ब्रजभाषा की कविता से किनारा खींचने लगे थे। दूसरा दोष जो बढ़ते बढ़ते बहुत बुरी हद को पहुँच गया था, वह शब्दों के तोड़मरोड़ और गढ़ंत के शब्दों का प्रयोग था। उन्होंने ऐसे शब्दों को भरसक अपनी कविता से दूर रखा और अपने रसीले सवैयों में जहाँ तक हो सका, बोलचाल की ब्रजभाषा का व्यवहार किया।"[328]

यहाँ यह सवाल उठ सकता है कि ब्रजभाषा भारतेन्दु की मातृभाषा या प्रथम भाषा नहीं थी, फिर उन्होंने 'बोलचाल की ब्रजभाषा' का प्रयोग कविता में किस प्रकार किया। उनका ब्रजभाषा–ज्ञान ब्रजभाषा काव्य के द्वारा ही सम्भव हुआ था। आरम्भ की ब्रजभाषा कविता में, जैसे सूरदास आदि अष्टछाप के कवियों, या ब्रजक्षेत्र में रहने वाले अन्य कवियो की भाषा में बोलचाल की ब्रजभाषा का प्रयोग होता था, पर बाद के कवियों की भाषा में, ब्रजक्षेत्र से सम्बन्ध न होने के कारण, कृत्रिमता का समावेश हो गया था। सम्भवतः भारतेन्दु ने आरम्भिक ब्रजभाषा काव्य से ही ब्रजभाषा का संस्कार प्राप्त किया था और उसी को आदर्श मानकर उन्होंने कविता लिखी थी।

शुक्ल जी ने 'मुक्तक' और 'प्रबन्ध काव्य' के अतिरिक्त नये प्रकार की काव्यविधा 'पद्यात्मक निबन्ध' का उल्लेख किया है। 'पद्यात्मक निबन्ध' वस्तुतः फारसी की 'नज्म' है, जिसे 'हिन्दी/हिन्दवी' कवियों ने अपनाया था, पर गज़ल के सामने वह दबी रह गयी थी। उसे पहली बार नज़ीर अकबराबादी ने महत्त्व दिया था। वस्तुतः नज़ीर अकबराबादी इस काव्यविधा के सबसे बड़े हिन्दी कवि हैं, पर शुक्ल जी ने यह श्रेय उन्हें नहीं दिया है। शुक्ल जी के अनुसार प्रतापनारायण मिश्र ने अपने लिए इस विधा का चयन किया। पर उन्होंने यह नहीं बताया है कि मिश्र जी ने यह विधा कहाँ से प्राप्त की और इसकी पहचान क्या है। इसे उन्होंने 'इतिवृत्तात्मक पद' भी कहा है और भारतेन्दु के 'अंग्रेज राज सुख साज सजे सब भारी/पै धन विदेश चलि जात यहै अति ख्वारी।' को इसका उदाहरण बताया है। पर यह कविता 'भारत दुर्दशा' नाटक में प्रसंगवश आयी है। भारतेन्दु ने इस विषय पर कोई स्वतन्त्र कविता नहीं लिखी है।

भारतेन्दु के बारे में उन्होंने लिखा है कि "भारतेन्दु ने कविता की धारा को नये नये विषयों की ओर मोड़ा। इस नये रंग में सबसे ऊँचा स्वर देशभक्ति का था। उसी से लगे हुए विषय लोकहित, समाजसुधार, मातृभाषा का उद्धार आदि थे। हास्य और विनोद के नये विषय भी इस काल में कविता को प्राप्त हुए। रीतिकाल के कवियों की रूढ़ि में हास्यरस के आलम्बन कंजूस ही चले आते थे। पर साहित्य के इस नये युग में आरम्भ से ही कई प्रकार के नये आलम्बन सामने आने लगे–जैसे, पुरानी लकीर के फकीर, नये फैशन के गुलाम, नोच खसोट करने वाले अदालती अमले, मूर्ख और खुशामदी रईस, नाम या दाम के भूखे देशभक्त आदि। इसी प्रकार वीरता के आश्रय भी जन्मभूमि के उद्धार के लिए रक्त बहाने वाले अन्याय और अत्याचार का दमन करने वाले इतिहास प्रसिद्ध वीर होने लगे।"[329]

शुक्ल जी के अनुसार विषयों की अनेकरूपता के साथ साथ उनके विधान का रंग भी बदल चला। प्राचीन घारा में 'मुक्तक' और 'प्रबन्ध' की प्रणाली चली आ रही थी। पुरानी कविता में 'प्रबन्ध' का कथात्मक और वस्तुवर्णनात्मक रूप ही प्रचलित था।[330] या तो पौराणिक कथाओं और ऐतिहासिक वृत्तों को लेकर छोटे बड़े आख्यान रचे जाते थे, जैसे पद्मावत, रामचरितमानस, सुदामाचरित, चीरहरन लीला आदि अथवा विवाह, मृगया, झूला, हिंडोला, ऋतुविहार आदि को लेकर वस्तुवर्णनात्मक प्रबन्ध। अनेक प्रकार के सामान्य विषयों, जैसे बुढ़ापा, विधि–विडंबना, जगतसचाईसार, गोरक्षा, माता का स्नेह, सपूत, कपूत–कुछ देर तक चलती हुई विचारों और भावों की मिश्रित धारा के रूप में छोटे छोटे प्रबन्धों या निबन्धों की चाल न थी। इस प्रकार के विषय कुछ उक्तिवैचित्र्य के साथ एक ही पद्य में कहे जाते थे अर्थात् वे मुक्तक की सूक्तियों के रूप में ही होते थे। पर नवीन धारा के आरम्भ में छोटे छोटे पद्यात्मक निबन्धों की परम्परा भी चली।[331] पर इसी शताब्दी के आरम्भ में, या उसके कुछ पहले से चली आती नज़ीर अकबराबादी की कविताओं को देखें तो इस कथन की त्रुटि उजागर हो जाती है। नज़ीर की 'आदमीनामा', बंजारानामा', 'बुढ़ापा', 'बल्देव जी का मेला', 'कंस का मेला', 'जगधर का मेला', 'बरसात की बहारें', 'होली' आदि कविताओं को देखें तो यह भ्रम दूर हो जाता है। पर शुक्ल जी ने या तो इस पर ध्यान नहीं दिया या उन्होंने नज़ीर को उर्दू का कवि मानकर इसकी उपेक्षा कर दी।

शुक्ल जी के अनुसार "भारतेन्दु के नीलदेवी, भारतदुर्दशा आदि नाटकों के भीतर आयी हुई कविताओं में देश दशा की जो मार्मिक व्यंजना है, वह तो है ही ; बहुत सी स्वतन्त्र कविताएँ भी उन्होंने लिखीं जिनमें कहीं देश की अतीत गौरवगाथा का गर्व, कहीं वर्तमान अधोगति की क्षोभभरी वेदना,

कहीं भविष्य की भावना से जगी हुई चिन्ता इत्यादि अनेक पुनीत भावों का संचार पाया जाता है। 'विजयिनी विजय वैजयन्ती' में, जो मिश्र में भारतीय सेना की विजयप्राप्ति पर लिखी गयी थी, देशभक्ति व्यंजक कैसे भिन्न भिन्न संचारी भावों का उद्‌गार है! कहीं गर्व, कहीं क्षोभ, कहीं विशाद। 'सहसन बरसन सों सुन्यो जो सपने नहिं कान, सो जय आरज शब्द' को सुन और 'फरकि उठीं सबकी भुजा, खरकि उठी तरवार। क्यों आपुहि ऊँचे भए आर्य मोछ के बार' का कारण जान, प्राचीन आर्यगौरव का कुछ गर्व आ ही रहा था कि वर्तमान अधोगति का दृश्य ध्यान में आया और फिर वही 'हाय भारत' की धुन !''[332]

हाय! वहै भारत—भुव भारी। सब ही विधि सों भई दुखारी।।
हाय! पंचनद, हा पानीपत। अजहुँ रहे तुम धरनि बिराजत।।
हाय चित्तौर! निलज तू भारी। अजहुँ खरो भारतहि मँझारी।।
तुममें जल नहिं जमुना गंगा। बढ़हु बेगि किन प्रबल तरंगा।।
बोरहु किन झट मथुरा कासी ? धोवहु यह कलंक की रासी।।

आज का प्रबुद्ध पाठक और आलोचक इस बात को लेकर हैरान हो सकता है कि मिश्र में अंग्रेजों की साम्राज्यवादी विजय को लेकर गर्व किस बात का? पर समकालीन परिस्थिति को ध्यान में रखते हुए वह भारतेन्दु को अपनी सहानुभूति ही दे सकता है, अवज्ञा नहीं। और बाद की पंक्तियों में जो निराशा और अवसाद का भाव है, वह तो भारतेन्दु की देशभक्ति का परिचायक है ही। 'नीलदेवी' की यह करुण पुकार भी मार्मिक है :

कहाँ करुणानिधि केशव सोए?
जागत नाहिं अनेक जतन करि भारतवासी रोए।।

शुक्ल जी की सूचना के अनुसार भारतेन्दु ने दो एक होली व वसन्त आदि गाने भी लिखे थे।

समकालीन समूचे खड़ीबोली काव्य में यह राजनीतिक चेतना नहीं दिखाई देती। इस दृष्टि से भारतेन्दु अभूतपूर्व हैं। हम शुक्ल जी के इस कथन से असहमत है कि 'उनकी कविताओं के विस्तृत संग्रह के भीतर आधुनिकता कम ही मिलेगी।'[333] आज के (2014) बहुत से आलोचक भी शुक्ल जी के इस मत से सहमत होंगे, पर हमें यह नहीं भूलना चाहिए कि यह शुक्ल जी के समय की सीमाएँ थीं। कुछ आलोचक जो अपनी मौलिकता और 'वीरता' के घमंड में भारतेन्दु से ऐसी अपेक्षा करते हैं, उन्हें पुनर्विचार करना चाहिए।

शुक्ल जी ने यह भी लिखा है कि ''भारतेन्दु जी ने हिन्दी काव्य को केवल

नये नये विषयों की ओर ही उन्मुख किया, उसके भीतर किसी नवीन विधान या प्रणाली का सूत्रपात नहीं किया। दूसरी बात उनके सम्बन्ध में ध्यान देने की यह है कि वे केवल 'नर प्रकृति' के कवि थे, बाह्य प्रकृति की अनेकरूपता के साथ उनके हृदय का सामंजस्य नहीं पाया जाता। अपने नाटकों में दो एक जगह उन्होंने प्राकृतिक वर्णन रखे हैं, वे केवल परम्परापालन के लिए लिखे जान पड़ते हैं। उनके भीतर उनका हृदय नहीं पाया जाता। वे केवल उपमा और उत्प्रेक्षा के चमत्कार के लिए लिखे जान पड़ते हैं।''[334]

शुक्ल जी स्वीकार करते हैं कि भारतेन्दु ने कविता के लिए खड़ीबोली के व्यवहार में अधिक उत्साह नहीं दिखाया। उनके अनुसार 'गाने की चीजों में उन्होंने कुछ लावनियाँ और ख्याल भी लिखे जिनकी भाषा खड़ीबोली होती थी।'[335] भारतेन्दु ने 'दशरथ विलाप' नाम की एक कविता खड़ीबोली में (फारसी छन्द में) लिखी थी, जिसकी कुछ पंक्तियाँ देखी जा सकती हैं।[336]

कहाँ हो ऐ हमारे राम प्यारे। किधर तुम छोड़कर हमको सिधारे।।
बुढ़ापे में यह दुःख भी देखना बदा था। इसी को देखने को मैं बचा था।।

यह कविता नज़ीर अकबराबादी की कृष्ण सम्बन्धी कविताओं की याद दिलाती है। डॉ. नन्दकिशोर नवल ने भारतेन्दु की ये पंक्तियाँ भी उनकी खड़ीबोली कविता के उदाहरण के रूप में उद्धृत की हैं–

डंका कूच का बज रहा मुसाफिर जागो रे भाई।
देखा लाद चले सब पंथी तुम क्यों रहे भुलाई।।

एक दूसरा उद्धरण उन्होंने अयोध्याप्रसाद खत्री द्वारा संकलित 'खड़ीबोली का पद्य' से दिया है–

किधर वह बन है जिसमें राम प्यारा,
अयुध्या छाड़कर सूनी सिधारा?
गयी संग में जनक की जो लली है,
इससे और मुझको बेकली है....[337]

भारतेन्दु ने 'रसा' उपनाम से खड़ीबोली में भी कुछ रचनाएँ की थीं। उदाहरण के रूप में उनकी यह कविता–

फिर आयी फ़स्ले गुल फिर ज़ख्मदह रह रह के पकते हैं।
मेरे दाग़े जिगर पर सूरते लाला लहकते हैं।।

अयोध्या प्रसाद खत्री द्वारा संकलित 'खड़ीबोली का पद्य' से भी डॉ. नवल ने

भारतेन्दु का 'मौलवी स्टाइल' (उर्दू) का यह पद्य उद्धृत किया है–

तेरी सूरत मुझे भाई मेरा जी जानता है।
जो झलक तूने दिखाई मेरा जी जानता है।।
अरे जालिम तेरे इस तीरे निगाह से हम ने
चोट जैसी कि है खाई मेरा जी जानता है।।

डॉ. नवल ने प्रथम उदाहरणों को 'खड़ीबोली' का, और बाद वाले उद्धरणों को 'उर्दू' का, बताया है और यह भी कह डाला है कि 'भाषा की जो सफाई भारतेन्दु की उर्दू शायरी में है, वह उनकी खड़ीबोली की कविताओं में नहीं। पर मैं इससे सहमत नहीं। पहले तो 'खड़ीबोली' और 'उर्दू' दो भाषाएँ नहीं, बल्कि एक ही भाषा की दो शैलियाँ हैं। वस्तुतः मीर के समय तक तो उर्दू 'हिन्दी' नाम से ही जानी जाती थी, बाद में नासिख के 'मतरूकात' आन्दोलन के बाद हिन्दी की शैली बदल गयी और उसका 'उर्दू' नाम भी रूढ़ हो गया। बहरहाल अभी उस विवाद में जाने की गुंजायश नहीं है। पर डॉ. नवल का यह कहना कि खड़ीबोली कविता को हिन्दी क्षेत्र की बोलियों की जमीन पर विकसित करने के प्रयास के कारण भारतेन्दु की खड़ीबोली की कविता में 'सफाई' नहीं आ पायी,[338] पुनर्विचार की अपेक्षा रखती है। यदि भारतेन्दु अपनी खड़ीबोली कविता पर उतनी ही मेहनत करते, जितनी ब्रजभाषा की कविताओं पर करते थे, तो निश्चय ही खड़ीबोली कविता का नया समृद्ध रूप पहले ही निखरकर सामने आ गया होता। हमें उनकी खड़ीबोली कविताओं में इसकी सम्भावनाएँ दिखाई पड़ती हैं।

भारतेन्दु के समकालीन कवियों में बुन्देली कवि ईसुरी, चौधरी बदरीनारायण उपाध्याय 'प्रेमघन', प्रतापनारायण मिश्र, पं अम्बिका दत्त व्यास, ठाकुर जगमोहन सिंह, बाबू रामकृष्ण वर्मा आदि उल्लेखनीय हैं।

ईसुरी बुन्देली के कवि थे। बुन्देली को कुछ आलोचकों ने ब्रजभाषा का आरम्भिक रूप माना है। पर शुक्ल जी का ध्यान इस तरफ नहीं गया। इसका कारण ईसुरी की कविताओं का कोई संकलन नहीं निकलना था। सर्वप्रथम बीसवीं सदी के पूर्वार्ध में ही कवि, संगीतज्ञ और रंगकर्मी मुंशी अजमेरी ने ईसुरी की काव्यप्रतिभा से प्रभावित होकर उनकी रचनाओं को शास्त्रीय संगीत में स्वरबद्ध कर काव्यपाठ के रूप में सुना सुनाकर उनकी ओर लोगों का ध्यान आकृष्ट किया और अपने आश्रयदाता श्री वीरसिंह जू देव की सहायता से उनकी रचनाओं का संग्रह कराया। पर इस संग्रह की रक्षा न हो सकी और ईसुरी की रचनाएँ तितरबितर को गयीं। सर्वप्रथम बाबू कृष्णानन्द गुप्त ने ईसुरी की फागें शीर्षक से ईसुरी की रचनाओं का एक संकलन प्रकाशित किया।[339] 2004 में लोकेन्द्र सिंह नागर के सम्पादन

में ईसुरी का फाग साहित्य शीर्षक संकलन प्रकाशित हुआ है जो ईसुरी की रचनाओं का प्रामाणिक संग्रह माना जा सकता है।[340]

ईसुरी का रचनाकाल उन्नीसवीं सदी के उत्तरार्ध से बीसवीं सदी के प्रथम दशक के बीच माना जाता है। उनका जन्म 1843 ई. में और निधन 1909 में हुआ था।[341] इस प्रकार वे भारतेन्दु के लगभग समकालीन माने जा सकते हैं। ईसुरी मूलतः प्रेम और सौन्दर्य के कवि हैं। उनकी रचनाओं को 'विरह खंड', 'शृंगार खंड' और 'भक्ति खंड' में बाँटा गया है। इस दृष्टि से वे रीतिकाव्य और भक्तिकाव्य की परम्परा के कवि माने जा सकते हैं। उनकी रचनााएँ भी इस तथ्य को प्रमाणित करने वाली हैं। इस दृष्टि से यह छन्द देखा जा सकता है:

मारग आदी रात लौं हेरी। छैल बिदरदी तेरी।
बेकल रई पपीहा जैसी, कहाँ लगाई देरी।
भीतर से बाहर लौं आई, दै दै आयी फेरी।
उठ उठ भागी सेज सूनी सैं, आँख न लागी मोरी।
तड़फ तड़फ सो गयी 'ईसुरी', तीतुर बिना बटेरी।[342]

शृंगार सम्बन्धी निम्न पद भी देखने लायक है :

बेला आदी रात मैं फूला, नईं धरें दिल दूला।
जौ गजरा पैराउँ कौने, उठत करेजैं सूला।
घर की कली मनै ना भाबै, भौंरा बाग में भूला।
'ईसुर' श्याम साँझ के कड़तीं, बजा नगर रमतूला।[343]

भक्ति सम्बन्धी निम्न छन्द उल्लेखनीय है :

ये मन जपै काय ना रामै, आय आखिरी कामैं।
सुआ पढ़ावत गणिका तर गइ, लेत हरी कै नामैं।
अपने जन खाँ पठा देत हैं, बैकुंठन कै धामैं।
जो ना भजे राम खो 'ईसुर', परै नरक कै गामैं।[344]

ईसुरी राधा के उपासक थे और उनकी 'चौकड़ियों' में राधा की केन्द्रीयता दिखाई देती है। राधा को एक अनोखे अन्दाज में प्रस्तुत करके ईसुरी ने उन्हें रहस्य भावना का आधार बनाया है :

दिन के मिलने हेत पधारी श्रीबृखभान कुमारी।

कुबले फूल कमल दल सम्पुट तिथा चकोरन डारी।
आओ भऔ जात रई भीतर मकरंदन अंदयारी।
श्रीबृखभान भुवन में ईसुरी दीपक देह दीवारी।[345]

वे राधा के रूप में एक तेजस्वी बुन्देली नारी का रूप भी खड़ा करते हैं। उनकी राधा नायक कृष्ण को छेड़खानी करने पर डाँट देने से भी परहेज नहीं करतीं:

अपनी अदब से रऔं गिरधारी, गऔं जिन बाँह हमारी।
करौ पुकार जाओगे पकरे, न छेड़ो पर नारी।
हप्पा नोईं कौर करबे खो, हम हैं कठिन कटारी।[346]

यह एक उलेखनीय तथ्य है कि इस काल के कवियों में ईसुरी अपने समय के दर्द को पहचानने वाले प्रथम कवि हैं। ईसुरी की कविताओं में अकाल का आँखों देखा वर्णन मिलता है :

भारत बिना अन्न हर सालै, परमेसुर का पालैं। [347]

इतिहासकारों के अनुसार ब्रिटिश भारत में 70 अकाल पड़े थे, जिनमें करोड़ों लोग भूख से मर गये थे, पर जिस अकाल ने ईसुरी को सबसे अधिक झकझोरा होगा, वह 1860–61 में पश्चिमी युक्त प्रान्त में पड़ा अकाल रहा होगा जिसमें दो लाख व्यक्तियों की मृत्यु हो गयी थी। 1865–66 में उड़ीसा, बंगाल, बिहार और मद्रास में अकाल पड़ा जिसमें 20 लाख लोगों की जानें चली गयीं। 1868–70 में पश्चिमी युक्त प्रान्त, बंबई और पंजाब में पड़े अकाल ने 14 लाख लोगों को मौत के घाट उतार दिया। राजपूताना के अनेक राज्यों की एक तिहाई से एक चौथाई आबादी भी अकाल से प्रभावित हुई।

एक पद में ईसुरी बताते हैं :

घर में नई अन्न को पउवा, अब भए मोल बिसउआ।
मरे जात भूंकन के मारै, नन्ने–नन्ने छउआ।
भाजी पालौ एक बचौ ना, लौंच खाव कनकउआ।
सवा डेढ़ कौ नाज बिका रव, दो के हो गये मउआ।
घांटी अटके प्रान 'ईसुरी', कब घर आय लठउआ।[348]

जनपद में फैले दुर्भिक्ष से पीड़ित होकर कवि कहता है :

मारत बिना अन्न हर सालैं, परमेसुर का पालैं।
काय खाँ दुख दयै रात है, काटइ करौ हलालै।

सबै समैट इखट्टौ लैजा, कात काय ना कालैं।
नौनौ लगै अकेलौ 'ईसुर', जब सब भक्ष बड़ालै।

ब्रिटिश न्याय–व्यवस्था से ऊबकर कवि कहता है :

आऔ जौ कलजुग कौ पारौ, सतजुग दै गव टारो।
मौ देखी पंच्याट होत है, देखि चीकनो द्वारो।
कर पंच्याट पर पंच चले गये, कौनौ भवन निबारौ।
'ईसुर' कात चलो भग चलिए, इतै न होत गुजारौ।[349]

इस प्रकार ईसुरी इस काल के पहले कवि ठहरते हैं, जिन्होंने कविता को प्रेम और शृंगार की सीमाओं से बाहर निकालकर समकालीन जीवन के चित्रण की ओर मोड़ा था। भारतेन्दु ने इस काम को और भी आगे बढ़ाया था।

रामचन्द्र शुक्ल के अनुसार उपाध्याय बदरीनारायण चौधरी 'प्रेमघन'[350] ब्रजभाषा में पुराने ढंग की कविता करते थे, जिसका नमूना निम्नोद्धृत छन्द में देखा जा सकता है :

बगियान बसंत बसेरो कियो, बसियो, तेहि त्यागि तपाइए ना।
दिन काम–कुतूहल के जो बने, तिन बीच बियोग बुलाइए ना।।
'घन प्रेम' बढ़ाय कै प्रेम, अहो! बिथा–बारि बृथा बरसाइए ना।
चित चैत की चाँदनी चाह भरी, चरचा चलिबे की चलाइए ना।।

यह छन्द 'चरचा चलिबे की चलाइए ना' की समस्यापूर्ति के रूप में लिखा गया था और बहुत चर्चित हुआ था। प्रकृति–वर्णन के दो अन्य उदाहरण भी दृष्टव्य हैं :

भईं दिशा सब स्वच्छ अरु अतिहि अमल आकास।
काम विकासन निसि मनहुँ, करत मेदिनी हास।।

पुरवाई पवन प्रभाय छहराय छवि,
देखो तो दिखात और दुरत चन्द बार बार।
बदन बिलोकन कों रजनी रमनि,
बस प्रेमघन घूँघटैं रही हैं जनु टार टार।।

कहना न होगा कि ये सारे प्रकृति–वर्णन रीतिकालीन परम्परा के मेल में हैं और उसी प्रकार मनोहारी भी।

प्रेमघन ने राधाकृष्ण के प्रेम के व्याज से भक्ति–शृंगार परक कविताएँ भी लिखी थीं। कतिपय उदाहरण दृष्टव्य हैं :

1. दोउन के मुखचन्द चितै, अँखियाँ दुनहून को होत चकोरी।
दोऊ दुहूँ के दया के उपासी, दुहून की दोऊ करैं चितचोरी।।
यों घनप्रेम दोऊ घन प्रेम, भरैं बरसैं रस प्रीति अथोरी।
मों मन मंदिर मैं बिहरैं, घनश्याम लिए बृषभान किशोरी।।

2. हेरत दोऊन को दोऊ औचकहीं, मिले आनि के कुंज मँझारी।
हेरतहीं हरिगे हरि राधिका, के हिय दोउन ओर निहारी।।
दौरि मिले हिय मेलि दोऊ, मुख चूमत है घनप्रेम सुखारी।
पूरन दोउन की अभिलाख, भई पुरवैं अभिलाख हमारी।।

3. रानी रमा को बिसारि पतिव्रत, दै मन गोपी सनेह बिसाहो।
रीझि लखौ रतनाकर त्यागि कै, बास करील के कुंज को चाहो।।
त्यों सुर सेवा न भाई गुपालन, मीत बनै घनप्रेम निबारो।
जो रखबारो रहा जग को, सो बनो ब्रज गैयन को चरवाहो।।

प्रेमघन का एक कवित्त भी इस प्रसंग में देखा जा सकता है :

जाके आय सुधि बुधि बिकल बनाय देत,
कुंजनि की कोऊ पतिया जो कहूँ खरकति।
रोम उलहत मन बूड़ै बिथा बारिद मैं
प्रेमघन बरसि बहावै उर घर की।
जकरी हूँ लाज की जंजीरन सों ऐंची लेय,
मानो मीन वारी बंसी धीमर के कर की।
धरकी हमारी फेरि छतिया कहूँ धौं बीर,
बजी हाय बंसी फेरि वाही बाजीगर की।[351]

यद्यपि ये कवित्त–सवैये रीतिकाल की उद्धरणी मात्र हैं, पर प्रेमघन की काव्य–रसिकता का उदाहरण तो प्रस्तुत करते ही हैं।

प्रेमघन भारतेन्दु के समान ही, शुक्ल जी के शब्दों में, 'एक अच्छे हिन्दोस्तानी रईस' थे। रईसों का यह वर्ग अंग्रेजी राज में अपने को सुरक्षित समझता था और आम जनता से प्रायः अलग–थलग था। सरकार को खुश रखने में भी उसका वर्गहित था। इसलिए जहाँ भी अवसर मिलता था सरकार को अपना समर्थन देने से नहीं चूकता था। महारानी विक्टोरिया की हीरक जयन्ती के अवसर पर (1979–80) 'आनंद बधाई' शीर्षक कविता में प्रेमघन ने महारानी विक्टोरिया की बेहद प्रशंसा की। यहाँ तक कि उन्होंने उसे सत्तावन के विद्रोह को दबाने के लिए बधाई तक दे डाली :

नहिं अट्ठारह सौ सत्तावन सन् ईसा मैं।

तुम तजि और कोऊ जौ सासक हो तौ यामैं।।
तो नहिं पच्छिम उत्तर देस रहत यह ऐसो।
नहिं जानत कब को है गयो होत यह कैसो।।
तबहीं सों दैवी नर हम सब तुम कहँ माने।
परजन दुखभंजन मनरंजन साँचहु जाने।।
अरु नहिं केवल हमहीं सब तुम कहँ अस जानत।
जहाँ विराजे तुम तहँ सब ऐसहिं अनुमानत।।

यह 'राजभक्ति' नही, इतिहास बोध का अभाव और 'राजभय' था, जिससे भारतेन्दु–काल के सभी लेखक ग्रस्त थे। वैसे, प्रेमघन की कविता 'आनन्द बधाई' में दुख का वह भाव भी व्यंजित होता है, जो देशप्रेम का परिचायक है, पर देशप्रेम की वह तीव्र चेतना उसमें नहीं है जो भारतेन्दु की 1880–85 की कविताओं में है। भारतेन्दु बहुत जल्द अंग्रेजी राज के औपनिवेशिक चरित्र को समझ गये थे, जिसका एक मात्र उद्देश्य शासित देश का चौतरफा शोषण होता है। दादा भाई नौरोजी ने मई, 1867 में ही अपनी प्रसिद्ध 'ड्रेन थियोरी' में यह प्रतिपादित किया था कि भारत का धन अनेक नालियों से बहता हुआ ब्रिटेन में चला जाता है। आरम्भ में भारतेन्दु को भी इस बात का बोध नहीं था, पर जैसे जैसे समय बीतता गया, उन्हें इस सिद्धान्त की सचाई का बोध होने लगा और उन्होंने लिखा भी 'पै धन बिदेश चलि जात इहै अति ख्वारी।' यद्यपि प्रेमघन भारतेन्दु से अत्यधिक प्रभावित थे और उन्होंने भी अपनी 'आनन्द बधाई' कविता में देश के दुर्भाग्य पर दुख व्यक्त किया था, पर उनका ब्रिटिश शासन के प्रति मोह काफी समय तक बना रहा। शुक्ल जी ने लिखा है कि 'देश की राजनीतिक परिस्थिति पर इनकी दृष्टि बराबर रहती थी। देश की दशा सुधारने के लिए जो राजनीतिक या धर्म सम्बन्धी आन्दोलन चलते रहे, उन्हें ये बड़ी उत्कंठा से परखा करते थे। जब कहीं कुछ सफलता दिखाई पड़ती, तब लेखों और कविताओं द्वारा हर्ष प्रकट करते, और जब बुरे लक्षण दिखाई देते तब क्षोभ और खिन्नता।''[352]

1892 में दादा भाई नौरोजी ब्रिटेन की लिबरल पार्टी के संसद् सदस्य चुने गये थे। वे प्रथम भारतीय ब्रिटिश संसद् सदस्य थे। यह भारतीयों के लिए गर्व की बात थी। किसी ने वहाँ उन्हें 'काला' कह दिया था, जिसकी प्रतिक्रिया में प्रेमघन ने 'कारे' शब्द को लेकर बड़ी सरल और क्षोभपूर्ण कविता लिखी थी, जिसकी कुछ पंक्तियाँ निम्नलिखित हैं :

अचरज होत तुमहुँ सम गोरे बाजत कारे।
तासों कारे 'कारे' शब्दहु पर हैं वारे।।

कारे श्याम, राम, जलधर जल बरसनवारे।
कारे लागत ताही सों कारन कों प्यारे।।
यातें नीकों हैं तुम 'कारे' जाहु पुकारे।।
यहै असीस देत तुमको मिलि हम सब कारे।
सफल होहिं मन के सबही संकल्प तुम्हारे।।

इस कविता में क्षोभ की अभिव्यक्ति तो देखी जा सकती है, पर अंग्रेजों के प्रति वह सात्विक क्रोध नहीं है, जिसकी अपेक्षा आज का पाठक करता है। 1901 में महारानी विक्टोरिया के निधन के बाद सप्तम एडवर्ड के सिंहासनारूढ़ होने पर प्रेमघन ने 'भारत बधाई' शीर्षक कविता लिखी थी जिसमें उन्होंने अंग्रेजों के भारत आगमन पर अपनी प्रसन्नता व्यक्त करते हुए लिखा था :

मंगल दिवस वह धन्य अति सुभ जब दया दृग फेरि कै।
जगदीश करुना सिन्धु भारत दसा आरत हेरि कै।
अन्याय मय दुस्सह दुखद अति निंद्य राज निवेरि कै।
सुभ सुखद सासन पार सात समुद्र हूँ तैं टेरि कै।
आन्यो एतै व्यापार के मिसि बनिक बनक बनाइ कै।
अंग्रेज मनुजन को सहजहीं लाभ लोभ लगाइ कै।[353]

यह 'अन्यायमय दुस्सह दुखद अति निन्द्य राज' कौन सा था? अठारहवीं सदी का व्यवस्था–जर्जर भारत ही न? पर इसमें व्यापारी के वेश में ईस्ट इंडिया कम्पनी का भारत आना और 'सुभ सुखद सासन' प्रदान करना कहाँ तक किसी भारतीय द्वारा प्रशंसा का विषय है, यह विचारणीय है। प्रेमघन उन्नीसवीं शताब्दी के उस भारतीय वर्ग का प्रतिनिधित्व करते हैं जो मुस्लिम शासन को समाप्त कर अंग्रेजी राज की प्रतिष्ठा को 'जगदीश करुना सिंधु' की कृपा मानता था। प्रेमघन ने पंचम जार्ज के भारत आगमन (1911) पर भी 'सौभाग्य समागम' नामक कविता लिखी थी जिसमें उन्होंने भारत से ही छलपूर्वक ले जाए गये कोहेनूर के आधे हिस्से को पंचम जॉर्ज के मुकुट पर जगमगाते हुए देखकर विह्वलता व्यक्त की थी और लिखा था : 'कोहनूर लखि आपके राजमुकुट पर आज। समुझत निज सौभाग्य को फेरि मिलन महाराज।' उस समय तक लोकमान्य बाल गंगाधर तिलक 'स्वतन्त्रता हमारा जन्मसिद्ध अधिकार है' की घोषणा कर चुके थे और इस 'अपराध' में मांडले (बर्मा) में कैद की सजा भुगत रहे थे, पर प्रेमघन कुछ समकालीन राजनेताओं की तरह ब्रिटिश शासन की 'न्यायप्रियता' के मोहभंग से ग्रस्त थे। इसका प्रमाण ये पंक्तियाँ हैं : 'सुखी करहु निज भारती प्रजा सकल दुख टारि। बरन भेद मतभेद अरु

न्याय विभेद निवारि।'

पर इसका यह अर्थ नहीं लगाया जाना चाहिए कि प्रेमघन में देशप्रेम का अभाव था। उन्होंने महारानी विक्टोरिया की हीरक जयन्ती (1879–80) के अवसर पर लिखित अपनी 'हार्दिक हर्षादर्ष' कविता में देश की दशा का वर्णन किया था, जो उनके देशप्रेम का ही परिचायक है। :

भयो भूमि भारत में महा भयंकर भारत।
भए बीरवर सकल सुभट एकहि सँग गारत।।
मरे बिबुध नरनाह सकल चातुर गुनमंडित।
बिगरो जनसमुदाय बिना पथदर्शक पंडित।।
नये नये मत चले, नये झगरे नित बाढ़े।
नये नये दुख परे सीस भारत पर गाढ़े।।

अपनी एक बाद की कविता में उन्होंने लिखा था, 'बस्तु बिदेशी की भरमार।/ से भारत की दशा बिचार।/सका स्वदेशी व्रत नहिं धार।/बार बार उसको धिक्कार।' ब्रिटिश शासन द्वारा करवृद्धि पर उन्होंने लिखा–

प्रजा मेमना सी चिल्लाय। बनै रोय नहिं आवै गाय।।
अक्की बक्की गयी भुलाय। इनकी ईश्वर करो सहाय।।
महरानी उर दया बसाय। इन्हैं न सूझै और उपाय।।
कहि रोवैं मुँह बाय बाय। हय हय टिक्कस हाय हाय।।[354]

पर इन पंक्तियों में व्यक्त होने वाला दयनीयता का भाव प्रेमघन का वर्ग–चरित्र ही है जो अपने निजी स्वार्थ पर आँच नहीं आने देना चाहता था। प्रेमघन ने सारे देश में हाहाकार मचाती महामारियों, जो एक ऐतिहासिक सचाई है, पर भी अपनी व्यथा व्यक्त की–

याहूँ सो अति भारी बिपति महामारी की।
जिन दच्छिन पच्छिम भारत मैं अति ख्वारी की।।
हर्‌यो हजारन मनुज आज यह उत उतरत हीं।
हाहाकार मचाय दियो निज पायँ धरत हीं।।[355]

इसी कविता में वे आगे कहते हैं :

यदपि तिहारे राज भयो भारत अति उन्नत।
आगे सों अब सब कोऊ सब बिधि सुख पावत।।
पै दुख अति भारी इक यह जो बढ़त दीनता।

भारत में संपति की दिन दिन होत छीनता।।
महँगी बढ़तहि जात, घटत है अन्न भाव नित।
जातैं कोउ सुख सामग्री नहिं सुहात चित।।
बढ़त प्रजा नित यहाँ, घटत पै उद्यम सारे।
बिन उद्यम धन मिलै न, बिन धन मनुज बेचारे।।

इन पंक्तियों में कवि की यह चिन्ता कि महँगाई लगातार बढ़ती जा रही है, यद्यपि अन्न का भाव घटता ही जाता है, तत्कालीन किसानों की आर्थिक स्थिति की परिचायक है। उद्योग–धन्धों की स्थिति पर भी कवि की चिन्ता ध्यान देने योग्य है।

इसके साथ ही, शुक्ल जी के अनुसार, उनके नाटकों में देशदुर्दशा की व्यंजना करने वाली कविताएँ हमारा ध्यान आकृष्ट करती हैं। भारत सौभाग्य में 'सरस्वती', 'लक्ष्मी' और 'दुर्गा' के मुख से, विदा होते समय, जो पंक्तियाँ कहलायी गयी हैं, वे 'बड़ी मार्मिक' हैं। 'हंसारूढ़ा सरस्वती' के चले जाने पर दुर्गा कहती है :

आजु लौं रही अनेक भाँति धीर धारि कै।
पै न भाव मोंहि बैठनो सु मौन मारि कै।। [356]

प्रेमघन ने खड़ीबोली की अरबी–फारसी धारा के मर्सिया काव्यरूप के अनुकरण पर भारतेन्दु के निधन पर, ब्रजभाषा में, अनेक मार्मिक छन्दों की रचना की थी। ब्रजभाषा में इस काव्यरूप की परम्परा नहीं मिलती'। 'शोकाश्रु बिन्दु' से लिया गया एक उद्धरण दृष्टव्य है :

अथयो हरिचन्द अमन्द सो भारत चन्द चहूँ तम छाय गयो।
तरु हिन्दुन के हित उन्नति को बढ़तै अबही मुरझाय गयौ।।
गुनराशि जवाहिर की गठरी अनमोल सौ कौन उठाय गयो।
नित जाके गरूर से चूर रह्यो वह हिन्द से हाय हेराय गयो।। [357]

प्रेमघन का निधन 1922 में हुआ था, अतः 1920 तक तो उनका कविता–काल माना ही जा सकता है। अब तक खड़ीबोली कविता बहुत आगे बढ़ चुकी थी, जिसका प्रभाव प्रेमघन पर पड़ा ही होगा। पर वह हमारे विषय–क्षेत्र से बाहर है। प्रेमघन अधिकतर ब्रजभाषा में ही कविता लिखते थे, पर भारतेन्दु की तरह उन्हें भी ब्रजभाषा और खड़ीबोली में कविता–लेखन का द्वन्द्व खटकता था। उन्होंने किस समय कविता के लिए खड़ीबोली को अपनाया, इसकी निश्चित सूचना मुझे नहीं है, पर 1900 में संयुक्त प्रांत की अदालतों में खड़ीबोली के प्रवेश के आदेश की खुशी में प्रेमघन ने 'आनंद बधाई' शीर्षक कविता लिखकर

मैकडोनल को जो बधाई दी थी, उससे यह अनुमान तो किया ही जा सकता है कि इसके पूर्व उन्होंने खड़ीबोली में काव्यरचना आरम्भ कर दी होगी।[358] उनके सामने अरबी–फारसी बहुल खड़ीबोली की काव्य–परम्परा भी थी, पर द्वन्द्व यह था कि वे उसे अपनाएँ अथवा खड़ीबोली में एक नयी काव्य–परम्परा का आरम्भ करें। उन्होंने 'अब्र' उपनाम से कतिपय ग़ज़लें लिखीं थीं, जिनके दो शेर निम्नलिखित हैं :

कूचए दिलदार से बादे सबा आने लगी।
जुल्फ मुश्की रुख प बल खा खा के लहराने लगी।
... ...
फिर तो इस पेच में पड़ता न कभी मैं ऐ अब्र,
जुल्फ पुरपेच से अबकी जो रिहाई होती।।[359]

उल्लेखनीय है कि उन्नीसवीं शताब्दी के छठे दशक में अरबी–फारसी प्रधान खड़ीबोली के दिल्ली और लखनऊ के और नवें दशक में रामपुर के केन्द्र समाप्त हो गये और उसके साथ ही ग़ज़ल की अहमीयत भी कम हो गयी। 19वीं सदी के अन्त में हैदराबाद केन्द्र में ग़ज़ल की पुनःप्रतिष्ठा हुई। इसके पहले इस सदी के प्रथम दशक में ही, बल्कि तीन दशक पहले से ही, नज़ीर अकबराबादी फारसी बह्रों में खड़ीबोली में कविता लिखने में सफलता प्राप्त की थी। प्रेमघन ने खड़ीबोली में ग़ज़लें तो लिखीं ही फ़ारसी छन्द (बह्र) में भी काव्य–रचना का प्रयास किया, जिसका उदाहरण निम्नलिखित है :

बन में वो नंद नंदन बंसी बजा रहा है।
मन में व्यथा मदन की मेरे जगा रहा है।
जब से मनोज मोहन मन में समा रहा है।
जिस ओर देखती हूँ वह मुस्कुरा रहा है।।

ध्यान देने की बात है कि प्रेमघन की ग़ज़लों की तुलना में दूसरा छन्द अधिक स्वाभाविक और मार्मिक है। यदि बीसवीं शताब्दी के आरम्भ में कवियों ने इसी पद्धति को अपनाया होता तो वह हिन्दी के लिए अधिक स्वाभाविक मार्ग होता। वस्तुतः रामनरेश त्रिपाठी ने 'मैं ढूँढ़ता तुझे था जब कुंज और वन में' जैसी कविताओं में यही पद्धति अपनायी भी थी। डॉ. नवल ने इस ओर संकेत भी किया है।[360] शुक्ल जी के अनुसार प्रेमघन ने सर्वसाधारण में प्रचलित कजली, होली आदि गाने की बहुत बनाई हैं। कजलियों की भाषा ब्रजी नहीं, खड़ीबोली की ओर झुकी हुई लोकभाषा है। 'कजली कादम्बिनी' उनकी बनाई

कजलियों का संग्रह है।[361] डॉ. नवल के अनुसार उनका 'कजली कलाप' नाम से कजलियों का एक संग्रह प्रकाशित हुआ था, जो 'प्रेमघन सर्वस्व' के प्रथम भाग में 'वर्षा विंदु' नाम से दिया गया है।[362]

डॉ. नवल के अनुसार प्रेमघन ने 'जीर्ण जनपद' और 'अलौकिक लीला' नाम के दो प्रबन्धकाव्य भी लिखे थे। 'जीर्ण जनपद' में समकालीन गाँवों के पतन का चित्रण किया गया है। वैसे तो इतिहासकारों के अनुसार सामन्ती समाज में गाँव के किसान हमेशा से शोषण और दमन की जिन्दगी ही जीते थे, पर ब्रिटिश शासन में उनकी तबाही अपने चरम पर पहुँच गयी थी। नौकरियाँ तो विरल थीं ही, खेती करना भी दिनोदिन मुश्किल होता जा रहा था। ईस्ट इंडिया कम्पनी की आर्थिक नीतियों ने गाँव के जुलाहों और अन्य कारीगरों को उनके परम्परागत धन्धों से विरत कर दिया था और वे कृषि पर निर्भर करने लगे थे। प्रेमघन जी ने लिखा : 'ढूँढ़त फिरत नौकरी जो नहिं कोउ बिधि पावत।/खेती हू करि सकत न, दुख सों जनम बितावत।।' प्रेमघन जी विगत दिनों की याद करते हुए कहते हैं :

आवत जब बरसात झरी निस दिन की लागत।
तब तो आठो पहर अधिकतर ढोलहि बाजत।।
गावत करखा आल्हा के योद्धा अलबेले।
देत बीरता बारिधि की लहरैं जनु रेले।।

पर अब सबकुछ बदल गया है। जिन गाँवों में पहले सुखचैन की वर्षा होती थी वहाँ, 'हाय दिनन को फेर आज रोवत शृगाल तहँ।'

अलौकिक लीला विविध छन्दों में लिखित प्रेमघन का दूसरा प्रबन्धकाव्य है, जो अधूरा ही रह गया। इसे डॉ. नवल प्रेमघन की पूर्ण काव्यप्रौढि का परिचय देने वाला काव्य मानते हैं। इसमें कृष्ण–लीलाओं के चित्रण में कवि की प्रौढ़ता दिखाई पड़ती है। अघासुर के विराट् और भयावने रूप का यह वर्णन दृष्टव्य है :

धरि अजगर को रूप अनूप भयंकर कारी।
बायो मुँह आकास अवनि छेंके छिति सारी।।
दंतावली शृंग श्रेणी पर्वत सी जाकी।
अति प्रशस्त पथ सरिस लखि परत जिह्वा जाकी।।

भारतेन्दु युग की प्रसिद्ध कवित्रयी के तीसरे कवि प्रतापनारायण मिश्र (1856–1894) माने जा सकते हैं। शुक्ल जी के अनुसार ''प्रतापनारायण मिश्र समस्यापूर्ति और पुराने ढंग शृंगारी कविता में निपुण थे। कानपुर के रसिक

समाज में वे बड़े उत्साह से अपनी पूर्तियाँ सुनाया करते थे।[363] उदाहरण के लिए 'पपिहा जब पूछिहैं 'पीव कहाँ' की समस्यापूर्ति के रूप में उनका यह सवैया देखा जा सकता है :

बनि बैठि है मान की मूरति सी, मुख खोलत बोलै न 'नाहीं' न 'हाँ' ।
तुमही मनुहारि कै हारि परे, सखियानि की कौन चलाई तहाँ।
बरखा है 'प्रतापजू' धीर धरौ, अबलौं मन को समुझायो जहाँ।
यह ब्यारि तबै बदलैगी कछू पपिहा जब पूछिहैं 'पीव कहाँ' ।।

रीतिकालीन कविता में प्रेमदशाओं की अभिव्यक्ति नायक–नायिका या कृष्ण–राधा–गोपियों को आश्रय–आलम्बन बनाकर करने की प्रणाली थी। भारतेन्दु और प्रेमघन भी इस प्रणाली का उपयोग करते थे। प्रतापनारायण मिश्र के एक कवित्त में कोई गोपी सखी से अपनी विरहदशा निवेदित करती है :

जानौ जनि जिय मैं हमारी ही दशा है ऐसी,
मेरी गति मेरी प्यारी याहू ते सिवाय है।
सूरज उदै में कुमुदिन कुम्हिलाही जाति,
चंद्रमा बिचारे को तो रूप ही हिराय है।।
ताप ही करति अनुराग की अगिन तुम्हें,
मेरे तौ करेजे रही होरी सी लगाय है।
कैसी करौं हाय जी की व्यथा है बलाय जो,
न सही सहि जाय है, न कही कहि जाय है।[364]

कृष्ण के प्रति गोपियों के प्रेम का मनोहर वर्णन मिश्र जी के इस सवैये में हुआ है :

कल पावै न प्रान तुम्हैं बिन देखे इन्हैं अधिकौ कलपाइए ना।
परतापनरायन जू के निहोरे पिरीति प्रथा बिसराइए ना।।
अहो प्यारे बिचारे दुखारिन पै इतनी निठुराई जताइए ना।
करि एक ही गाँव में बास हहा मुख देखिबे को तरसाइए ना।।

यदि इस कविता से कृष्ण–गोपी का सन्दर्भ हटा दिया जाए तो यह कवि के निजी प्रेम की भी अच्छी अभिव्यक्ति माना जा सकता है। मिश्र जी का एक दूसरा सवैया है :

योहू हँसै हँसिहैं सब वोहू दुहूँ बिधि सों उपहास तौ हइऐ।
तों परताप वियोग की ताप में क्यों फिर आपनो जीव जरैऐ।।

होनी जु होय सु होय भले खुलि खेलिए और उपाय न पैऐ।
यों मनु होत रहै सजनी मन मोहनै ले कै कहूँ कढ़ि जैऐ।।[365]

प्रकृति–वर्णन में भी मिश्र जी अपनी सहृदयता का अच्छा परिचय देते हैं। उदाहरण के लिए यह पद देखा जा सकता है :

मेघ जल बरसन आये आज।
कारे कारे बादर आवत पावस के सब साज।।
कोयल मोर चकोर पपीहा चहकत सकल समाज।
चमकत बिज्जु छटा जुगनू गत दादुर देत अवाज।।
परत बूँद महि झरत अमृत ज्यों हर्शित है द्विजराज।
प्रेमदास कुंजन बन बिहरत श्रीराधा ब्रजराज।।[366]

पर प्रतापनारायण मिश्र अपनी शृंगार रस और प्रकृति–वर्णन की कविताओं के लिए उतने नहीं जाने जाते, जितना देशदशा सम्बन्धी कविताओं के लिए। उन्होंने भी भारतेन्दु और प्रेमघन की तरह ब्रजभाषा काव्य को नये विषयों की ओर मोड़ने का प्रयास किया था। उन्होंने भी कबीर की तरह धार्मिक भेदभाव के खिलाफ आवाज उठायी थी :

मसजिद मंदिर औ गिरजे में दौरत पाँव थकावै।
घट के भीतर साहब बैठा तेहि ते लौ न लगावै।।

अपनी 'हे नाथ !' नामक प्रार्थना में वे भारत की चतुर्दिक् उन्नति के लिए प्रभु से प्रार्थना करते हैं :

हे नाथ! अए हितकारी! मनसा कर पूर्ण हमारी।
होवैं सब आर्यावर्ती निज पूर्व पुरुष अनुवर्ती।।
कवि कला कुशलता सीखैं कोई कहुँ मूर्ख न दीखै।
उद्योग निरत सब होवैं आलस में जन्म न खोवैं।।

इसी प्रार्थना में मिश्र जी भारत–दुर्दशा के अन्य कारणों का भी परिगणन करते हैं :

निज हाथन सर्वसु खोय चुके कहँ लौं दुख पै दुख ही भरिए।
हम आरत भारतवासिन पै अब दीनदयाल दया करिए।।
लरि भाइन भाइन आपस में बल बीरज वैभव नास कियो।
सबके उर आलस अप्रियता अघ आदिक बैरिन बास कियो।।
हमरे धन सों हमरे तन सों परदेसिन भाग बिलास कियो।

करता धरता सब आप बने अति तुच्छ हमैं निज दास कियौ।।
इन स्वारथ मीत बिधरमिन के पद पूजत हा! कब लौं मरिए।
हम आरत भारतवासिन पै अब दीनदयाल दया करिए।।

इस पद में 'लरि भाइन भाइन आपस में का संकेत हिन्दू–मुसलमान की एकता की ओर भी हो सकता है। अपनी 'सब मिलि चलहु प्रयाग' शीर्षक कविता में वे इसका संकेत भी करते हैं : 'सब मिलि हिंदू पारसी, मुसलमान, क्रिस्तान। यहि अवसर चूकहु न अब चलहु प्रयाग नहान।'

उन्होंने अपनी एक और कविता में भारत में बसने वाले विभिन्न धर्मों के लोगों से एक दूसरे की धार्मिक भावनाओं की कद्र करने की भावना व्यक्त की थी :

अहैं इहाँ पर तीन मत हिन्दु, यवन क्रिस्तान।
भारत की शुभ देह में तीनिहुँ अस्थि समान।।
एक दूसरे से इहाँ पावै जो न सहाय।
तो अतिशै निरवाह में कठिनाई पर जाय।।

जो आलोचक इनके 'हिन्दू, हिन्दी, हिन्दुस्तान' नारे के आधार पर इन पर साम्प्रदायिकता फैलाने का दोष मढ़ते हैं उन्हें ये पंक्तियाँ भी याद रखनी चाहिएँ।

भारतेन्दु, प्रेमघन आदि कवियों की तरह मिश्र जी ने भी महारानी विक्टोरिया की हीरक जयन्ती (1879–80) के अवसर पर अपना भक्तिभाव प्रदर्शित किया था। उन्होंने उनसे याचना की थी :

गाय गरीबन की गति देखि कै आँखिन को नहिं सूखत पानी।
होत कछू न किए अपनें तेहिते तुव सामुहे जाचना ठानी।।
दीजै अभै बरदान इन्हें नित याद करैं जुबली की निशानी।
रोमहि रोम असीसहिंगे कि जिओ जुग श्री विक्टोरिया रानी।।

1889 में इंग्लैंड के प्रसिद्ध राजनीतिक ऐक्टिविस्ट और ब्रिटिश पार्लियामेंट के सदस्य चार्ल्स ब्रैडलॉ (BRADLOUGH) भारतीय राष्ट्रीय काँग्रेस के निमंत्रण पर बंबई आये तो प्रताप नारायण मिश्र ने उनके स्वागत में 'ब्रैडला स्वागत' नाम की कविता लिखी। ब्रैडलॉ ब्रिटिश राजघराने से सम्बद्ध नहीं थे, जैसा डॉ. नवल ने लिखा है, वे एक सॉलिसिटर के क्लर्क के पुत्र थे और 26 सितम्बर, 1833 में पैदा हुए थे। उन्होंने एक योद्धा राजनीतिक ऐक्टिविस्ट के रूप में सारी जिन्दगी व्यतीत की। मिश्र जी ने अपनी कविता में लिखा :

सन सत्तावन माहिं जबहि कछु सेना बिगरी।
तब राजा दिशि रही सुदृढ़ ह्वै परजा सिगरी॥
दुष्ट समुझि अपने भाइन कहँ साथ न दीन्हों।
भोजन बिन विद्रोहिन को दल निरबल कीन्हों।।
ठौर ठौर निज घर लुटवाए अरु फुँकवाए।
पान (प्रान) खोय बहु ब्रिटिश वर्ग के प्रान बचाए॥

इसी कविता में उन्होंने यह भी लिखा–

जब सब विधि सों सुचित होय कबहूँ फिर अइहौ।
कछुक काल यह देश देखिबे के हित रैहो।।
तब लखि हौ जहँ रह्यो एक दिन कंचन बरसत।
तहँ चौथाई जन रूखी रोटी कहँ तरसत।।
जहाँ कृषी वाणिज्य शिल्पसेवा सब माहीं।
देसिन के हित कछू तत्व कहुँ कैसहु नाहीं।।
कहिय कहाँ लगि नृपति दबे हैं जहँ ऋन–भारन।
तहँ तिनकी धनकथा कौन जे गृही सधारन।।'[367]

डॉ. नवल ने इस कविता की व्याख्या इस रूप में की है कि 'कवि को आशा थी कि ब्रैडला ब्रिटेन पहुँचकर महारानी को भारतीय जनता का दुख–दर्द सुनाएँगे तो, तो वे उन्हें फौरन दूर कर देंगी।' यह व्याख्या इस कारण पटरी से उतर गयी है कि डॉ. नवल ब्रैडला को महारानी को राजघराने से सम्बद्ध समझते हैं। डॉ. नवल ने यह सूचना भी दी है कि मिश्र जी ने पंचम जॉर्ज के भारत आगमन पर 'युवराज कुमार स्वागतंते' शीर्षक से एक कविता लिखी थी। पंचम जार्ज महारानी विक्टोरिया का पोता था, जिसका जन्म तो 1865 में ही हो गया था, पर वह पहली बार भारत 1911 के दिल्ली दरबार के अवसर पर आया था। प्रताप नारायण मिश्र का निधन 1894 में ही हो गया था, अतः उनके द्वारा पंचम जार्ज के स्वागत में कविता लिखने की बात समझ में नहीं आती।

डॉ. नवल के अनुसार मिश्र जी ने 'लोकोक्ति शतक' नामक पुस्तक लिखी थी जिसके रचना–काल के समय के बारे में उन्होंने अनुमान किया है कि यह उनकी 'परवर्ती रचना' है। यहाँ तक तो ठीक ; पर जब वे यह कहते हैं कि यह तब की रचना है जब 'आजादी की लड़ाई कुछ आगे बढ़ चुकी थी' तो समस्या खड़ी हो जाती है। 1894 में मिश्र जी का निधन हुआ, पर तबतक 'आजादी की लड़ाई' अपने शुरुआती दौर में ही थी। मुझे लगता है कि यदि

'लोकोक्ति शतक' मिश्र जी की रचना है तो उसका रचनाकाल 1890–1894 के बीच कभी होना चाहिए। डॉ. नवल ने इससे दो छन्द उद्धृत किये हैं :

अपनो काम आपने ही हाथन भल होई।
परदेशिन परधर्मिन से आशा नहिं कोई।।
धन धरती जिन हरी सु करिहैं कौन भलाई।
'जोगी काके मीत कलंदर केहि के भाई।।
... ...
सब तजि गहौ स्वतंत्रता नहिं चुप लातैं खाव।
राजा करै सो न्याव है पासाँ परै सो दाँव।।

पहले छन्द में तो केवल कवि की निराशा व्यक्त हुई है, जो कोई आश्चर्य की बात नहीं है, पर दूसरे छन्द में 'सब तजि गहौ स्वतंत्रता नहिं चुप लातैं खाव' समय की दृष्टि से कुछ आगे की बात लगती है।

मिश्र जी ने अपनी 'तृप्यंताम' शीर्षक कविता में लिखा था :

उत्तम गुन द्विजऋषि नृप ऋषिगन, लेइ गये निज सँग सुरधाम।
आज तो आरज जाति दशा पर, हाँसी होति सदा सब ठाम।।
जो इनही के पितर होहु तुम, तौ जग आय न सहौ कुनाम।
सुख सों पितर लोक में बैठे अहो अर्यमां तृप्यंताम।।
... ...
लैसन इनकम चुंगी चंदा, पुलिस अदालत बरसा घाम।
सबके हाथन असन बसन, जीवन संयम मय रहत मुदाम।।
जो इनहू ते प्रान बचै तो, गोली बोलति आय धड़ाम।
मृत्यु देवता नमस्कार तुम, सब प्रकार सब तृप्यंताम।।

'सब मिलि चलहु प्रयाग' शीर्षक कविता में भी भारत–दुर्दशा का वर्णन किया गया है :

भारत की आरत दशा, सबहिं बिदित सब भाँति।
सुधि आवे छाती फटै, कही न कैसहु जात।।
हाय जहाँ के धनहिं सों, धनी भए सब देश।
तहँ दरिद्र छायो रहत, सहत न बनत कलेश।।
चौथाई से अधिक जन, भरि न सकैं निज पेट।
तेहि पर पुत्र कलत्र की, चिन्ता देत चपेट।।
निज पर धन एकत्र करि, करहें जो कछु रुजगार।

दुसह राज कर को परत, तिन पर अतुलित भार॥

मिश्र जी ने इसी समय के आसपास भारत की स्तुति में यह पद रचा था :

जय जय जगत शिरोमणि भारत।
निज गौरव हित जासु बदन बिधु, सब संसार निहारत॥
बुधि बिद्या वीरता लड़ाई, जासों रहहि सदा रत।
जासु दिव्य उपदेश पाय सब, निज आचरन सुधारत॥

इन पंक्तियों में अतीत के गौरव–गान के पीछे कवि का भारत प्रेम ही है।

मिश्र जी अपने समय को बहुत सजगता से देख रहे थे। 'ब्रैडला स्वागत' कविता उनकी इसी सजगता का परिचायक है। उन्होंने सुरेन्द्रनाथ बनर्जी की प्रशंसा में भी, जो ब्रिटिश राज के आरम्भिक भारतीय राजनेताओं से एक थे और 1876 में इंडियन नेशनल एसोसिएशन की स्थापना की थी, जो 1885 में भारतीय राष्ट्रीय काँग्रेस में विलीन हो गयी थी, एक कविता लिखी थी, जिसमें कहा था : 'धनि धनि भारत आरत के तुम एकमात्र हितकारी। धन्य सुरेन्द्र सकल गौरव के अद्वितीय अधिकारी।' 1885 में भारतीय राष्ट्रीय काँग्रेस की स्थापना हुई थी और मिश्र जी ने काँग्रेस के मद्रास(1887) और इलाहाबाद (1888) अधिवेशनों में भाग भी लिया था। उन्होंने काँग्रेस पर एक कविता भी लिखी थी, जिसमें उसे 'विपत्ति–विनासिनी दुर्गा' कहा था :

नव कोटि मूरति आछतहु जब देखिए तब एक हैं।
जिन महँ सबै सुरवृन्द तेज नितै इकत्र अनेक हैं॥
इमि देवि दुर्गा रूप सों, जग की विपत्ति निवारिनी।
जय जयति भगवति काँगरेस असेस मंगल कारिनी॥

इससे मिश्र जी की राजनीतिक जागरूकता का पता चलता है। मिश्र जी नज़ीर अकबराबादी के समान जनकवि थे। वे लावनीबाजों के बीच बैठकर लावनियाँ बनाकर भी गाया करते थे।[368] उन्होंने बहुत से होली के गीत भी लिखे हैं। नंदकिशोर नवल के अनुसार उनके होली गीत आज भी उनके जनपद बैसवाड़ा में गाये जाते हैं।[369] उनकी होलियों में भी देश–चिन्ता की अभिव्यक्ति हुई है। निम्न पंक्तियाँ दृष्टव्य हैं :

सब धन ढोयो जात बिलायत रह्यो दलिद्दर छाई।
अन्न वस्त्र कहँ सब जन तरसैं होरी कहाँ सुहाई॥
... ...
देश दुरदशा हरन समरथी कोउ न पुरुष दिखाई।

बसैं मेहरियाँ हिंद भरे में सोउ जग रहीं हँसाई।।

उन्होंने पद्यात्मक प्रबन्धों की रचना की। देशदशा पर आँसू बहाने के अतिरिक्त 'बुढ़ापा', 'गोरक्षा' ऐसे विषय भी कविता के लिए चुने। 'बुढ़ापा' की कुछ पंक्तियाँ उद्धृत हैं :

हाय बुढ़ापा तोरे मारे अब तौ हम नकियान गयन।
करत धरत कछु बन्तै नाहीं, कहाँ जान और कैस करन।।
छिन भरि चटक छिनै माँ मद्धिम, जस बुझात खन होय दिया।
तैसे निखवख देखि परत हैं हमरी अक्किल के लच्छन।।
अस कछु उतरि जाति है जी ते बाजी बिरियाँ बाजी बात।
कैस्यो सुधि हो नाहीं आवति, मूंडुइ काहे न दे मारन।।
कहा चहौ कछु निकरत कुछ है, जीभ राँड़ का है यहु हाल।
कोऊ याकी बात न समझै चाहै बीसन दायँ कहन।।

मृत्यु के समय मिश्र जी की उम्र मात्र 38 साल थी, अतः यह कविता स्वानुभव की अभिव्यक्ति नहीं कही जा सकती, पर 82 वर्ष की उम्र में प्रस्तुत पंक्तियों का लेखक इस बात की पुष्टि करने की अर्हता रखता है कि इस कविता में बुढ़ापे का वर्णन बहुत सटीक है। नज़ीर अकबराबादी ने भी 'बुढ़ापा' पर कविता लिखी थी, पर वह उनका स्वानुभव था। नज़ीर ने भी प्रबन्धात्मक पद्य के लिए 'बचपन', 'जवानी', 'बल्देव जी का मेला', 'शहर आगरा' ऐसे विषय चुने थे। अन्तर यही है कि उनका समय भिन्न था और देशदुर्दशा के कारक तत्त्व भी भिन्न थे। छन्द–पद्धति पर ध्यान दें तो नज़ीर और मिश्र जी में अद्भुत साम्य दिखाई देता है।

शुक्ल जी के अनुसार मिश्र जी की विशेषता वास्तव में उनकी हास्यविनोदपूर्ण रचनाओं में ही दिखाई पड़ती है। 'हरगंगा', 'तृप्यंताम्', 'बुढ़ापा' इत्यादि कविताएँ बड़ी ही विनोदपूर्ण और मनोरंजक हैं। नज़ीर की भी 'रोटियां', 'खुशामद', 'आदमीनामा, 'जवानी', 'बुढ़ापा', 'समधिन', 'आगरे की ककड़ी', 'चूहों का अचार' आदि ऐसी ही कविताएँ हैं।

शुक्ल जी के अनुसार 'प्रतापनारायण मिश्र की प्रकृति विनोदशील थी अतः उनकी भाषा बहुत ही स्वच्छन्द गति से बोलचाल की चपलता और भावभंगी लिए चलती है। हास्यविनोद की उमंग में वह कभी कभी मर्यादा का अतिर्कमण करती, पूरबी कहावतों और मुहावरों की बौछार भी छोड़ती चलती है।'[370] वस्तुतः मिश्र जी ने भी भारतेन्दु और प्रेमघन की तरह कविता के लिए ब्रजभाषा का ही प्रयोग किया और डॉ. नवल के अनुसार उनकी भाषा

ब्रजभाषा के श्रेष्ठ कवियों से टक्कर लेती है।[371] पर जैसा शुक्ल जी ने संकेत किया है, उनकी ब्रजभाषा में अवधी का मिश्रण हुआ है। डॉ. रामविलास शर्मा ने भी इसकी पुष्टि की है। उनका यह कहना सही है कि उनकी कविता पर 'अवधी की गहरी छाप है', भले ही यह न कहा जा सके कि 'उनकी कविता की भाषा अवधी ही है।' मिश्र जी की 'तृप्यंताम', 'कानपुर माहात्म्य', 'बुढ़ापा' आदि कविताओं पर अवधी का प्रभाव स्पष्ट रूप में दिखाई देता है। मिश्र जी ने भी खड़ीबोली में 'बरहमन' नाम से काव्यरचना का प्रयास किया था और उन्होंने समकालीन उर्दू शैली का अनुकरण किया था। उदाहरण के लिए उनकी यह ग़ज़ल द्रष्टव्य है :

चर्ख़ ने कर दी है क्या हालत हमारी हाय हाय।
हो न दुश्मन की भी यारब! ऐसी ख़्वारी हाय हाय॥
इल्मो दौलत तावो ताक़त इज़्ज़ते हुरमत सभी।
छोड़कर हमको सुए दीग़र सिधारी हाय हाय॥
हिंद में कोई किसी का हो तो बतला हमनशीं।
उठ गयी दुनिया से राहो रस्मे यारी हाय हाय॥

इससे यह सिद्ध होता है कि हिन्दी के कवि इस शैली में भी अच्छी रचना कर सकते थे और परम्परागत उर्दू शैली की रचनाओं को समृद्ध कर सकते थे, पर ऐसा हुआ नहीं और हिन्दी संस्कृत की ओर जरूरत से ज्यादा झुक गयी।

मिश्र जी का 'संगीत शाकुंतल' लावनी के ढंग पर गाने योग्य खड़ीबोली में पद्यबद्ध शकुंतला नाटक है।[372]

भारतेन्दु युग की कवित्रयी, भारतेन्दु, प्रेमघन और प्रतापनारायण मिश्र, के साथ साथ ठाकुर जगमोहन सिंह, पं अम्बिका दत्त व्यास आदि भी काव्यरचना में सक्रिय थे। ठाकुर जगमोहन सिंह (1857–1899) श्रृंगार रस के कवित्त और सवैयों की रचना में अत्यन्त निपुण थे। शुक्ल जी के अनुसार ये कवित्त–सवैये 'प्रेमसंपत्तिलता' (1885), 'श्यामालता' (1885) और 'श्यामा सरोजिनी' (1886) में संगृहीत हैं। कवित्त–सवैयों में ही उन्होंने मेघदूत का अनुवाद किया है। उनकी श्रृंगारी कविताएँ 'श्यामा' से सम्बन्धित हैं, जो कदाचित् उनकी वास्तविक जीवन की प्रेमिका रही हों। 'प्रेमसंपत्तिलता' का एक सवैया निम्नलिखित है :

अब यों उर आवत है सजनी, मिलि जाउँ गरे लगि कै छतियाँ।
मन की करि भाँति अनेकन औ मिलि कीजिय री रस की बतियाँ॥
हम हारी अरी करि कोटि उपाय, लिखी बहु नेहभरी पतियाँ।
जगमोहन मोहनि मूरति के बिना कैसे कटे दुख की रतियाँ॥

इनके बारे में शुक्ल जी का मत है कि "यद्यपि जगमोहन सिंह जी अपनी कविता को नये विषयों की ओर नहीं ले गये, पर प्राचीन संस्कृत काव्यों के प्राकृतिक वर्णनों का संस्कार मन में लिए हुए अपनी प्रेमचर्या की मधुस्मृति से समन्वित विन्ध्यप्रदेश के ग्रामीण स्थलों को जिस सच्चे अनुराग की दृष्टि से उन्होंने देखा है वह ध्यान देने योग्य है।... हिन्दी कविता में षट्ऋतु वर्णन में प्राकृतिक वस्तुओं और व्यापारों का जो उल्लेख होता था वह केवल उद्दीपन की दृष्टि से—अर्थात् नायक या नायिका के प्रति पहले से प्रतिष्ठित भाव को और जगाने या उद्दीप्त करने के लिए।" ठाकुर जगमोहन ने प्रकृति के स्वाभाविक और मनोरम रूप के वर्णन में मौलिकता दिखायी है।[373] शुक्ल जी का यह मत ब्रजभाषा काव्य के बारे में तो सही माना जा सकता है, पर नज़ीर का काव्य (1770—1830) इसे पूरी तरह से नकारता दिखाई देता है। नज़ीर के काव्य में प्रकृति के अनेक रूपों का आलम्बन रूप में वर्णन इतना विस्तृत, अनुभवजन्य और मनोरम है कि उसकी उपेक्षा करके हिन्दी साहित्य का इतिहास नहीं लिखा जा सकता।

शुक्ल जी ने पं अम्बिका दत्त व्यास (1858—1900) को ब्रजभाषा का अच्छा कवि माना है। इन्होंने बिहारी के दोहों के भाव को विस्तृत करने के लिए कुंडलिया छन्द में 'बिहारी बिहार' नाम का एक बड़ा काव्यग्रन्थ लिखा। इन्होंने 'पावसपचासा' नाम की कविता और कृष्णलीला को लेकर ब्रजभाषा में एक 'ललिता नाटिका' भी लिखी थी।

रामचन्द्र शुक्ल ने स्वीकार किया है कि भारतेन्दु के सहयोगी लेखक यद्यपि देशकाल के अनुरूप नये नये विषयों की ओर प्रवृत्त हुए, पर भाषा उन्होंने परम्परा से चली आती हुई ब्रजभाषा ही रखी और छन्द भी वे ही लिये जो ब्रजभाषा में प्रचलित थे। यहाँ पहुँच कर हिन्दी साहित्य का इतिहास एक निर्णायक बिन्दु पर पहुँचता प्रतीत होता है। अब तक हिन्दी कविता मुख्यतः दो धाराओं में प्रवाहित होती आ रही थी। एक धारा खड़ीबोली पर आधारित हिन्दी/हिन्दवी साहित्य की थी, जो उन्नीसवीं सदी में 'उर्दू' के नाम से जानी जाने लगी थी। दूसरी धारा ब्रजभाषा काव्य की थी, जो हिन्दी कविता की मुख्य धारा थी, पर जिसके दिन लद रहे थे। यद्यपि ब्रजभाषा में काव्यरचना बीसवीं शताब्दी के प्रथम चरण तक चलती रही पर तब तक खड़ीबोली कविता में भी उसे अपदस्त कर चुकी थी, गद्य में तो वह उसे उन्नीसवीं सदी के आरम्भ में ही अप्रासंगिक बना चुकी थी। इसका कारण समकालीन परिस्थितियाँ थीं, जिसके सामने ब्रजभाषा को झुकना ही था।

इसमें तो कोई सन्देह नहीं कि 'हिन्दवी/हिन्दी' में (तब इसे अमीर खुसरो ने 'देहलवी और उसके इतराफ़ की ज़बान' नाम दिया था ; 'खड़ीबोली' नाम

तो उन्नीसवीं शताब्दी के आरम्भ में पड़ा) काव्यरचना का आरम्भ पन्द्रहवीं शताब्दी में ही हो चुका था, जो अठारहवीं सदी के मध्य तक तो हिन्दी/हिन्दवी के नाम से ही जानी जाती रही, पर उसके बाद एक वर्ग ने उसका 'उर्दू' नामकरण किया और उन्नीसवीं सदी के पूर्वार्द्ध मे ही 'मतरूकात' आन्दोलन के द्वारा उसे 'हिन्दी/हिन्दवी' से अलग रूप भी देने का सफल प्रयत्न किया गया। इससे यह सिद्ध है कि 'हिन्दवी/हिन्दी' को 'उर्दू' रूप धारण किए हुए लगभग पचास वर्ष ही बीते थे कि उसे फिर से काव्यभाषा के पद पर प्रतिष्ठित करने की आवश्यकता अनुभव की जाने लगी। पर दुर्भाग्य की बात यह हुई कि उसे परम्परागत भाषा के रूप में न स्वीकार कर नयी भाषा के रूप में विकसित करने का प्रयास किया गया। इसका कारण हिन्दुओं और मुसलमानों के बीच का वह भेदभाव था, जिसे अंग्रेजी सरकार ने हवा देकर अपना मकसद पूरा किया था। 1800 ई. के आसपास ही फोर्टविलियम की भाषानीति ने 'हिन्दी'–'हिन्दुस्तानी' के समानान्तर विकास की जो नीति अपनायी थी, वह चौथे दशक तक पहुँचते पहुँचते हिन्दी–उर्दू संघर्ष के रूप में परिणत हो गयी। ध्यान देने की बात है कि 'मतरूकात' आन्दोलन का भी यही काल है। जिस समय हिन्दी क्षेत्र में खड़ीबोली को कविता की भाषा बनाने का प्रयास शुरू हुआ उस समय हिन्दी–उर्दू संघर्ष कटुता के दौर से गुजर रहा था। सम्भवतः हिन्दी–हिन्दवी की सदियोंपूर्व काव्य–परम्परा को न अपनाकर 'खड़ीबोली' को नयी काव्यभाषा के रूप में विकसित करने का एक कारण यह भी था।

शुक्ल जी ने हिन्दी–हिन्दवी की काव्य–परम्परा को नजरअन्दाज कर 'खड़ीबोली' में 'पद्यरचना' की तलाश करने का प्रयास किया था। उन्होंने नामदेव और कबीर की रचना में खड़ीबोली का स्वरूप दिखाया था, पर उसे अधिकतर 'सधुक्कड़ी' भाषा का अंग बताया था। उनके अनुसार शिष्ट भाषा में परम्परागत काव्यभाषा का ही चलन रहा।[374] शुक्ल जी के इस कथन में अन्तर्विरोध यह है कि 'सधुक्कड़ी भाषा' और 'परम्परागत काव्यभाषा' का कोई भाषा–वैज्ञानिक आधार नहीं है। जिसे शुक्ल जी ने 'सधुक्कड़ी भाषा' कहा है, वह मिश्रित भाषा कही जा सकती है, जिसका प्रयोग घूमन्तू साधुसन्त किया करते होंगे। उदाहरण के लिए कबीर की मूल भाषा तो भोजपुरी थी, पर अवधी, ब्रजी, दिल्ली और उसके आसपास के क्षेत्रों में बोली जाने वाली भाषाओं, पंजाबी, राजस्थानी आदि का मिश्रण उनके घूमन्तू स्वभाव की देन है, जिसे शुक्ल जी ने 'सधुक्कड़ी' कह दिया। कबीर के समय में 'परम्परागत काव्यभाषा' का निर्धारण भी बहुत विश्वास के साथ नहीं किया जा सकता। कबीर की कविता में दिल्ली–मेरठ आदि क्षेत्रों में बोले जाने वाले शब्दों और

क्रियारूपों के प्रयोग मिलते हैं (यह ध्यान रखना होगा कि उस समय किसी भाषा के लिए 'खड़ीबोली' संज्ञा का प्रयोग आरम्भ नहीं हुआ था) पर उसे 'खड़ीबोली' का उदाहरण नहीं माना जा सकता। ब्रजी भी कबीर के समय तक काव्यभाषा के रूप में स्वीकृत नहीं हुई थी।

शुक्ल जी ने इंशा की 'रानी केतकी की कहानी' में आये उर्दू छन्दों में लिखे गये 'ठेठ खड़ीबोली' के पद्यों का उल्लेख किया है, पर उसे कोई महत्त्व नहीं दिया है। नज़ीर की कविता का उल्लेख भी उन्होंने चलते रूप में ही किया है। नज़ीर को उन्होंने 'मनमौजी सूफी भक्त' कहा है,[375] जिसका कोई आधार नहीं है। नागरीदास तथा उनके पीछे होने वाले कुछ कृष्णभक्त कवियों द्वारा प्रयुक्त खड़ीबोली की चर्चा भी शुक्ल जी ने की है, पर उसमें उनका अवज्ञा–भाव छिपा नहीं रहता। वे उसे 'इश्क की फारसी पदावली और गजलबाजी का शौक' कहते हैं। अपने कथन के समर्थन में वे नागरीदास (र. का. 1723–62) के 'इश्क चमन' का यह दोहा प्रस्तुत करते हैं :

कोई न पहुँचा वहाँ तक आसिक नाम अनेक।
इश्क चमन के बीच में आया मजनूँ एक।।

कोई दूसरा आलोचक इसके लिए नागरीदास की प्रशंसा भी कर सकता है!

शुक्ल जी ने लखनऊ के शाह कुन्दनलाल ('ललित किशोरी') और फुन्दनलाल (ललित माधुरी') नामक कृष्णभक्त कवियों का उल्लेख किया है, जिनका रचना–काल 1856 और 1873 के बीच था, जिन्होंने ब्रजभाषा के साथ साथ खड़ीबोली में भी 'झूलना' छन्द में पद लिखे।[376] उदाहरणार्थ :

जंगल अब रमते हैं, दिल बस्ती से घबराता है।
मानुष गन्ध न भाती है, सँग मरकट मोर सुहाता है।।
चाक गरेबाँ करके दम दम आहें भरना आता है।
'ललितकिशोरी' इश्क रैन दिन ये सब खेल खिलाता है।।

शुक्ल जी के अनुसार इसके बाद लावनीबाजों[377] का समय आता है। यह हिन्दी साहित्य में 'भारतेन्दु काल' था, जबकि मिरजापुर से कानपुर तक लावनीबाजों के दंगल होते थे। कानपुर में होने वाले लावनीबाजों के दंगल में, शुक्ल जी के अनुसार, प्रतापनारायण मिश्र भी शामिल हो जाते थे। उन्होंने भी लावनियाँ लिखी हैं। प्रसिद्ध है कि मिरजापुर के तुकनगिरि गोसाईं ने ज्ञानोपदेश के लिए लावनी की लय चलाई थी। तुकनगिरि के दो शिष्य रिसालगिरि और देवीसिंह प्रसिद्ध लावनीबाज हुए, जिनके आगे चलकर दो परस्पर

प्रतिद्वन्द्वी अखाड़े हो गये। इनके विषय में भी थोड़ा अन्तर हो गया। लावनीबाजों में काशीगिरि उपनाम बनारसी का बड़ा नाम हुआ। लावनी की बोली खड़ीबोली होती थी, जिसमें अन्य बोलियों के शब्द भी मिलेजुले रहते थे। लावनियों में पीछे उर्दू के छन्द अधिकतर लिये जाने लगे। 'ख्याल' भी 'लावनी' के ही अन्तर्गत आता है।[378]

भारतेन्दु ने भी लावनी की रचनाएँ की थीं, जिनका संग्रह फूलों का गुच्छा नामक संकलन में हुआ है। कुछ लावनियाँ प्रेमतरंग, प्रेम–प्रलाप आदि पुस्तकों में भी संकलित हैं। कुछ लावनियाँ रेखता के ढंग की हैं–'तुझे कोई काबे में हाजिर कोई दौर में बतलाता, भूले हैं सब अक्ल में बेशक इनके फर्क पड़ा।[379] प्रतापनारायण मिश्र ने भी लावनियों की रचना की थी।

लगभग इसी समय, भारतेन्दु के निधन के एक वर्ष बाद, 1886 में, श्रीधर पाठक ने एकान्तवासी योगी के साथ खड़ीबोली कविता के क्षेत्र में पदार्पण किया। इसकी भाषा बोलचाल की और सरल खड़ीबोली थी :

आज रात इससे परदेशी चल कीजे विश्राम यहीं।
जो कुछ वस्तु कुटी में मेरे करो ग्रहण, संकोच नहीं।।
तृण शय्या औ अल्प रसोई पाओ स्वल्प प्रसाद।
पैर पसार चलो निद्रा लो मेरा आसिर्वाद।।
... ...
प्रानपियारे की गुनगाथा, साधु! कहाँ तक गाऊँ।
गाते गाते चुके नहीं वह चाहे मैं ही चुक जाऊँ।।

यद्यपि यह एक सपाट वर्णन मात्र है और अब तक खड़ीबोली की कविता बहुत आगे निकल चुकी थी, पर ब्रजभाषा के कवियों के लिए यह एक शुरुआत थी। ध्यान देने की बात है कि इसकी नवीनता अरबी–फारसी के अप्रचलित ही नहीं, बोलचाल के शब्दों के भी बहिष्कार में है। यह स्वाभाविक खड़ीबोली नहीं थी, जिसे मीर, नज़ीर अकबराबादी, ग़ालिब आदि ने कविता में सँवारा था। इसमें खड़ीबोली का वह रूप भी नहीं है, जिसे भारतेन्दु ने गद्य में विकसित किया था। यह खड़ीबोली को पद्यरूप प्रदान करने का आरम्भिक प्रयास था। इसमें प्रमुखता तद्भव शब्दों की है और दैनंदिन प्रयोग में आने वाले संस्कृत के तत्सम शब्द भी प्रयोग में लाए गये हैं। 'कीजे', 'औ', 'पियारे' आदि ब्रजभाषा के कुछ शब्द भी आ गये हैं। 'विश्राम', 'ग्रहण', 'संकोच', 'तृणशय्या', 'अल्प', 'स्वल्प', 'प्रसाद' आदि उस समय भी साधारण बोलचाल के शब्द नहीं थे।

पर यह प्रयास खड़ीबोली कविता के आन्दोलन का आगाज था। लगभग इसी समय बिहार के मुजफ्फरपुर के बाबू अयोध्याप्रसाद खत्री खड़ीबोली का

झंडा लेकर उठे। उन्होंने 1888 में खड़ीबोली आन्दोलन नाम की एक पुस्तिका प्रकाशित की जिसमें उन्होंने बड़े जोर शोर से यह राय जाहिर की कि अब तक जो कविता हुई, वह तो ब्रजभाषा की थी, हिन्दी की नहीं। शुक्ल जी ने ठीक ही लिखा है कि 'वे भाषातत्त्व के जानकार न थे। उनकी समझ में खड़ीबोली ही हिन्दी थी।'[380] पर शुक्ल जी को यह ख्याल न रहा कि 'खड़ीबोली' को हिन्दी न मानकर वे स्वयं भी भाषावैज्ञानिक भूल ही करते आ रहे थे। पूरे मध्यकाल में 'हिन्दवी/हिन्दी' कविता को मान्यता न देकर उन्होंने वही भूल की थी, जो अयोध्याप्रसाद खत्री उन्नीसवीं शताब्दी के आठवें दशक में कर रहे थे। वास्तविकता यह है कि जिस प्रकार ब्रजी, अवधी, राजस्थानी, मैथिली आदि हिन्दी थीं, उसी प्रकार हिन्दी/हिन्दवी या खड़ीबोली भी। शुक्ल जी ने इसे स्वीकार न करके हिन्दी साहित्य के इतिहास में ऐसी समस्या खड़ी कर दी, जो दिनोदिन असमाधेय होती जा रही है।

जहाँ तक अयोध्या प्रसाद खत्री की बात है, बिहार के मिथिला क्षेत्र, मुजफ्फरपुर के निवासी होकर भी उन्हें खड़ीबोली को कविता की भाषा बनाने की प्रेरणा कहाँ से मिली, यह खोज का विषय है। शुक्ल जी ने ही एक स्थान पर लिखा है, "जिस प्रकार उजड़ती हुई दिल्ली को छोड़कर मीर, इंशा आदि अनेक उर्दू शायर पूरब की ओर आने लगे उसी प्रकार दिल्ली के आसपास के प्रदेशों की हिन्दू व्यापारी जातियाँ (अगरवाले, खत्री आदि) जीविका के लिए लखनऊ, फैजाबाद, प्रयाग, काशी, पटना आदि पूर्वी शहरों में फैलने लगीं। उनके साथ साथ उनकी बोलचाल की भाषा खड़ीबोली भी लगी चलती थी।"[381] अयोध्या प्रसाद खत्री के पूर्वजों का मुजफ्फरपुर में आना भी इसी क्रम में हुआ था। हमें यह भी नहीं भूलना चाहिए कि 'चन्द्रकान्ता' के प्रसिद्ध लेखक देवकीनन्दन खत्री का जन्म और पालनपोषण मुजफ्फरपुर में ही हुआ था। अतः यदि अयोध्या प्रसाद खत्री का भाषाप्रेम खड़ीबोली कविता के आन्दोलन के मूल में रहा हो, तो वह आश्चर्य का विषय नहीं है। जो हो, अयोध्या प्रसाद खत्री ने खड़ीबोली कविता का आन्दोलन आरम्भ किया और एक 'पोथी' तैयार की, जिसमें अनेक पद्यों के साथ श्रीधर पाठक का 'एकान्त योगी' भी भी दर्ज हुआ। उन्होंने और कई लोगों से अनुरोध करके भी खड़ीबोली की कविताएँ लिखाईं। शुक्ल जी की दी हुई सूचना के अनुसार उन्होंने चम्पारन के प्रसिद्ध विद्वान् और वैद्य पं. चन्द्रशेखर मिश्र से, जो संस्कृत के अतिरिक्त हिन्दी में भी बड़ी सुन्दर और आशु कविता करते थे, खड़ीबोली में कविता लिखाकर अपनी 'पोथी' में शामिल किया था। इसी प्रकार खड़ीबोली के पक्ष में जो राय मिलती, वह भी उसी पोथी में दर्ज होती जा रही थी।[382] 'सरस्वती', मार्च, 1905 में प्रकाशित 'अयोध्या प्रसाद खत्री'

शीर्षक लेख में पुरुषोत्तम प्रसाद शर्मा ने लिखा था कि खड़ीबोली का प्रचार करने के लिए उन्होंने इतना द्रव्य खर्च किया कि राजा–महाराजा भी कम करते हैं।[383] उन्होंने अपनी पोथी में खड़ीबोली पद्य की चार स्टाइलें कायम की थीं–'मौलवी स्टाइल', 'मुंशी स्टाइल', पंडित स्टाइल', 'मास्टर स्टाइल'। 'मौलवी स्टाइल' से सम्भवतः उनका तात्पर्य 'उर्दू' से था। 1887–89 में उन्होंने 'खड़ीबोली का पद्य' नामक संग्रह दो भागों में प्रस्तुत किया जिसमें विभिन्न 'स्टाइलों' की रचनाएँ संकलित की गयीं। 1888 में उन्होंने 'खड़ीबोली का आन्दोलन' नामक पुस्तिका प्रकाशित करायी।

उन्नीसवीं सदी के अन्तिम दशक में महावीर प्रसाद द्विवेदी भी ब्रजभाषा में काव्य–रचना करने लगे थे। पर वे भारतेन्दु की उन कविताओं की परम्परा के कवि थे जिनमें समकालीन जीवन की अभिव्यक्ति हुई थी। उन्होंने अकालपीड़ित भारतीय जनता का चित्रण करते हुए 'भारत दुर्भिक्ष' नामक कविता लिखी थी, जो 11 मार्च, 1897 के हिन्दोस्तान नामक समाचारपत्र में प्रकाशित हुई थी।[384] इसकी कुछ पंक्तियाँ दर्शनीय हैं :

गली–गली कंगाल पेट पर हाथ दोउ धरि घावैं।
अन्न–अन्न पानी–पानी कहि शोर प्रचंड मचावैं।।
बालक, युवा, जरठ, नारी, नर भूख–भूख कहि गावैं।
अविरल अश्रुधार आँखिन ते बारंबार बहावैं।।
अस्थिमात्र जिनके शरीर हैं ऐसे बालक नाना।
गोद माहिं माता की लिपटे रोवत कंठ सुखाना।।
वह पेट उनका पीठ से मिलकर हुआ क्या एक है?
मानो निकलने को परस्पर हड्डियों में टेक है।।

यह अकाल का महातांडव अंग्रेजी राज में लगातार चल रहा था। द्विवेदी जी ने इस कविता के बाद 'त्राहि नाथ! त्राहि!' शीर्षक एक और कविता लिखी जो कलकत्ता के साप्ताहिक हिन्दी बंगवासी के 29 नवम्बर, 1897 अंक में प्रकाशित हुई थी। इसमें वे बताते हैं कि भारत में अकाल का कोप भारत झेल रहा था और लोग भूख से लगातार मरते जा रहे थे, दूसरी ओर हैजा, प्लेग आदि महामारियाँ भी लोगों को ग्रस रही थीं।[385] नागपुर से माधवराव सप्रे हिन्दी निबन्धमाला नामक पत्रिका निकालते थे, जिसके मई, 1908 अंक में उन्होंने लिखा था कि 1713 ई. से 1900 ई. तक दुनिया भर की तमाम लड़ाइयों में सिर्फ पचास लाख लोग मारे गये हैं, किन्तु हमारे हिन्दुस्तान में केवल 1891 से 1901 ई. यानी इन दस वर्षों में अकाल और भूख के मारे एक करोड़ नव्वे लाख मनुष्यों ने प्राण त्याग किए।[386]

इस विवरण से यह निष्कर्ष निकलता है कि भारतेन्दु से लेकर 1900 ई. तक हिन्दी कविता में ब्रजभाषा की ही प्रधानता रही। भारतेन्दु काल में ही ब्रजभाषा के साथ खड़ीबोली में काव्यरचना आरम्भ हुई, पर वह प्रस्तावना के रूप में ही रही। उल्लेखनीय कवि के रूप में एक ही कवि का, श्रीधर पाठक का नाम उभरा। उधर इस अवधि में अरबी–फारसी प्रधान खड़ीबोली शैली में भी काव्यरचना का नया दौर आरम्भ हुआ, जिसमें मुख्य कवि आज़ाद और हाली थे।

1871–1900 : खड़ीबोली गद्य का विकास

यह एक अद्‌भुत सच है, जो अपने अन्तर्विरोधों के बावजूद आज भी एक बहुत बड़े समाज का सच बना हुआ है, कि खड़ीबोली (जिसे अमीर खुसरो ने 'देहलवी और उसके इतराफ़ की ज़बान' कहा था और जो लगभग तीन सौ वर्षों तक हिन्दी/हिन्दवी नाम के साथ कविता की भाषा बनी रही) उसी प्रकार हिन्दी की समांग भाषा या बोली है, जिस प्रकार ब्रजभाषा या अवधी। पर दुर्भाग्य तथा अज्ञान वश ब्रजभाषा और अवधी तो 'हिन्दी' (हिन्दुओं की भाषा भी) मान ली गयी और हिन्दी/हिन्दवी 'उर्दू' में परिणत हो गयी। हमें यह तो याद रखना ही चाहिए कि तुलसीदास के अतिरिक्त अवधी के सभी बड़े कवि मुसलमान थे और ब्रजभाषा में भी अमीर खुसरो, रसखान, रहीम, रसलीन आदि कम महत्त्व के कवि न थे। यह हिन्दुओं की, विशेषकर हिन्दू आलोचकों की, संकीर्ण मानसिकता का परिचायक है कि उन्होंने हिन्दी/हिन्दवी को मुसलमानों की भाषा मान लिया। उधर मुसलमान लेखकों ने भी हिन्दी/हिन्दवी को 'उर्दू' का रूप और नाम देकर संकीर्णता का ही परिचय दिया। 'देहलवी और उसके इतराफ़ की ज़बान' में अरबी–फारसी शब्दों की मिलावट एक ऐतिहासिक जरूरत थी, पर उन्नीसवीं शताब्दी के पूर्वार्ध में उसे 'हिन्दी' से अलगाने का प्रयास ब्रिटिश शासन की साम्प्रदायिक दृष्टि और साजिश का परिणाम था। पर जिस प्रकार इतिहास के बहुत सारे प्रसंग नियति द्वारा निर्धारित होते हैं और अन्ततः उन्हें स्वीकार कर लेना ही हमारी मजबूरी होती है, उसी तरह उर्दू और हिन्दी के अलगाव के सच को भी स्वीकार कर लेना हमारी आज की मजबूरी है। अहम सवाल यह है कि इस अलगाव को दूर कैसे किया जाए। मेरी समझ से इसका एक उपाय है दोनों को एक मानकर या उनके फर्क को अधिक से अधिक मिटाकर साहित्य के इतिहास का पुनर्निर्माण।

1871–1900 में खड़ीबोली गद्य का विकास नाटक, उपन्यास, निबन्ध और आलोचना के रूप में हुआ। अतः आगे, इन शीर्षकों के अन्तर्गत ही यह

विकास दिखाया जा रहा है।

नाटक

आचार्य रामचन्द्र शुक्ल ने कुछ आश्चर्य के साथ लिखा है कि 'विलक्षण बात यह है कि आधुनिक गद्य साहित्य की परम्परा का प्रवर्तन नाटकों से हुआ।[387] पर इसमें 'विलक्षण' होने की कोई बात नहीं है। एक तरफ तो शुक्ल जी ने खड़ीबोली के अरबी–फारसी वाले रूप (उर्दू) को हिन्दी से भिन्न माना है, दूसरे, उन्होंने उर्दू नाटकों को शायद साहित्यिक दृष्टि से विवेचन के योग्य नहीं समझा है। उर्दू साहित्य के प्रसिद्ध इतिहासकार सैयद एहतेशाम हुसैन ने 1852 के आसपास अमानत द्वारा लिखित इन्दर सभा को उर्दू का पहला नाटक माना है।[388] वस्तुतः इसे ही हिन्दी का पहला नाटक मानना चाहिए। एहतेशाम हुसैन के अनुसार "इन्दर सभा लखनऊ के उस विलासयुक्त वातावरण में ही जन्म पा सकती थी, जो चारों ओर राग–रंग से घिरा हुआ था। हिन्दू–मुसलमानों के मेल से यहाँ जो संस्कृति बन रही थी, उसका परिणाम भी यही होना चाहिए था। इन्दर सभा में हिन्दुओं के देवता इन्द्र को इस प्रकार प्रदर्शित किया गया है, जैसे वह कोई ईरानी या मुगल बादशाह हो। ईरान के देव राक्षसों का रूप धारण कर लेते हैं और अपसराएँ परियाँ बन जाती हैं, जो मुसलमान महिलाओं का वस्त्र पहनकर मंच पर आती हैं। इन्दर–सभा में ग़ज़लों के साथ साथ गीत और ठुमरियाँ भी हैं और उस नाटक का नायक गुलफ़ाम अपने आहार–व्यवहार और बातचीत में अवध का कोई शाहज़ादा जान पड़ता है। यथार्थवादी दृष्टि से देखा जाए तो यह एक प्रकार की त्रुटि है, लेकिन जो कोई भी इस कल्पनात्मक नाटक का अध्ययन करेगा तो उसे यह स्वीकार करना पड़ेगा कि इसकी सांस्कृतिक पृष्ठभूमि वही है, जो अवध में मिल सकती थी। इसकी भाषा इतनी सरल, गीत इतने मधुर और कथा इतनी रोचक है कि उस समय की जनता इसे देखकर सबकुछ भूल जाती थी। संगीत और नृत्य पर आधारित यह काव्यरचना एक विशेष ऐतिहासिक और साहित्यिक महत्त्व रखती है।..इस नाटक में उसी परम्परा का दृश्य दृष्टिगोचर होता है जो 'नज़ीर' की कविताओं, मीर हसन की मसनवी और इंशा की रचनाओं में मिलती है।"[389]

इन्दर सभा को हिन्दी नाट्य परम्परा की रचना न मानने का कारण हिन्दी आलोचकों का परम्परावादी दृष्टिकोण भी है, जिसमें हिन्दुओं के देवता इन्द्र को किसी मुगल शाहज़ादे के रूप में प्रस्तुत किया गया है और उसका सारा वातावरण नवाबी रागरंग का है। इसकी भाषा भी शुद्ध संस्कृतमय नहीं है। पर इन कारणों से इन्दर सभा को हिन्दी नाटक न मानना संकीर्ण दृष्टि का

परिचायक है। इसके थोड़े ही दिनों बाद लिखित नाटकों में गोपालचन्द्र गिरिधर दास लिखित नहुष (1857) और गणेश कवि कृत प्रद्युम्न विजय भी केवल उल्लेख्यमात्र हैं। इनकी तुलना में शीतला प्रसाद त्रिपाठी का जानकी मंगल (1868) रंगमंच की दृष्टि से लिखे जाने के कारण हिन्दी नाट्य परम्परा की एक महत्त्वपूर्ण रचना है। रामचन्द्र तिवारी के अनुसार यह गोस्वामी तुलसीदास प्रवर्तित रामलीला की परम्परा का अनुसरण करता है। यह नाट्यगुणों से सम्पन्न है और इसकी भाषा परिमार्जित खड़ीबोली है। कहा जाता है कि इसके अभिनय में हरिश्चन्द्र (भारतेन्दु) ने भी भाग लिया था।

पर हिन्दी नाट्य परम्परा को समृद्ध बनाने वाले प्रथम नाटककार हरिश्चन्द्र ही थे। 1868 में ही उन्होंने बँगला से विद्या सुन्दर का हिन्दी अनुवाद करके नाट्य लेखन का आरम्भ किया था। फिर तो उन्होंने पाखंडविडंबन (1872), कर्पूरमंजरी (1875), सत्यहरिश्चन्द्र (1875),[390] भारतजननी (1877), मुद्राराक्षस (1878), आदि के भी अनुवाद किये और हिन्दी में नाट्यलेखन का मार्ग प्रशस्त किया।[391] पर भारतेन्दु हरिश्चन्द्र हिन्दी साहित्य के इतिहास में अमर हैं अपने मौलिक नाटकों के कारण। उन्होंने वैदिकी हिंसा हिंसा न भवति (1873), प्रेमयोगिनी (1875), श्रीचन्द्रावली (1876), विषस्य विषमौषधम् (1876), भारतदुर्दशा (1880), नीलदेवी (1881), अँधेरनगरी (1881), सती प्रताप (1883, अधूरा) आदि नाटकों की रचना कर हिन्दी साहित्य में आधुनिक युग का प्रवर्तन कर दिया।

वैदिकी हिंसा हिंसा न भवति भारतेन्दु का पहला मौलिक नाटक है, जिसमें मांस और मदिरा–भक्षण पर व्यंग्य किया गया है। हरिश्चन्द्र वैष्णव थे, जो मांस और मदिरा–भक्षण को एक सामाजिक बुराई के रूप में देखते थे। उस समय अनेक लोग वेद–शास्त्र का हवाला देकर मांस–मदिरा का सेवन करते थे, जो स्वयं में एक पाखंड ही था। भारतेन्दु इस पाखंड को इस नाटक में उजागर करते हैं। अंग्रेजों के प्रभाव से अनेक लोग मांस का ही नहीं, गोमांस का भी सेवन करने लगे थे। इसका उल्लेख भी इस नाटक में किया गया है।[392] इसमें धार्मिक वितंडावाद तथा मिथ्याचार का पर्दाफाश हास्य–व्यंग्य शैली में हुआ है।

इस नाटक में प्रच्छन्न रूप से बाबू शिवप्रसाद पर अंग्रेजों का खुशामदी होने पर व्यंग्य किया गया है, जिन्हें सरकार ने 'स्टार ऑफ इंडिया' की उपाधि दी थी।[393]

प्रेमयोगिनी भारतेन्दु का दूसरा मौलिक नाटक है, जो 1874 में प्रकाशित हुआ था। इसके प्रथम दृश्य में 'काशी के बदमाशों' और 'बुरे चाल के लोगों' का वर्णन किया गया है। नाटक का एक 'परदेशी' पात्र लगभग 36 पंक्तियों

एक गीत गाता है, जिसकी कुछ पंक्तियाँ हैं :

देखी तुमरी कासी लोगो देखी तुमरी कासी।
जहाँ बिराजैं विश्वनाथ विश्वेश्वरजी अविनासी।।
आधी कासी भाट भंडेरिया बाम्हन औ संन्यासी।
आधी कासी रंडी मुंडी राँड़ खानगी खासी।।
लोग निकम्मे भंगी गंजड़ लुच्चे बे–बिसवासी।
महा आलसी झूठे शुहदे बेफिकरे बदमासी।।
आप काम कुछ कभी करैं नहिं कोरे रहैं उपासी।
और करे तो हँसैं बनावैं उसको सत्यानासी।।...आदि

यह भारतेन्दु का निजी अनुभव था, इसलिए इसमें यथार्थ की तल्खी तो है ही तत्कालीन काशी की सचाई भी सामने आती है। दूसरे दृश्य में काशी की प्रशंसा करते हुए यहाँ के दर्शनीय स्थानों और योग्य महात्माओं का वर्णन है। इसमें 'भारतखंड के लोगों के कापुरुष और दीन' होने की व्यथा भी व्यक्त हुई है, जिससे भारतेन्दु की राजनीतिक जागरूकता की झलक मिलती है।

श्रीचन्द्रावली (1876) में राजा चन्द्रभानु की पुत्री चन्द्रावली के कृष्ण के प्रति पूर्वानुरागजनित दिव्य प्रेम, विरह और मिलन का चित्रण किया गया है। इसमें भारतेन्दु का भक्त हृदय पूरी मार्मिकता के साथ प्रकट हुआ है। लक्ष्मी सागर वार्ष्णेय के अनुसार 'चन्द्रावली' का उल्लेख भागवत और सूरसागर में भी मिलता है, किन्तु जिस रूप में भारतेन्दु हरिश्चन्द्र ने किया है, वह अन्यत्र नहीं मिलता। इस दृष्टि से कथा मौलिक ही मानी जाय तो अनुचित न होगा। मुख्य कथा का विकास करते समय उन्होंने अपनी पुष्टिमार्गीय भक्ति का प्रतिपादन किया है। इसमें प्रसंगवश भारतेन्दु हरिश्चन्द्र ने वर्षा, झूला आदि का भी मनोहारी वर्णन किया है। श्रीचन्द्रावली भक्ति, काव्य और प्रकृति का सुन्दर समन्वय है। पर इसमें प्रकृति–वर्णन रीतिकालीन कविता के उद्दीपन के रूप में ही हुआ है, आलम्बन के रूप में नहीं। यह प्राचीन नाट्यशास्त्र के लगभग सभी सिद्धान्तों से समन्वित रचना है।[394] सत्येन्द्र कुमार तनेजा के अनुसार चन्द्रावली के नाट्यतंत्र का आधार रासलीला है। इस नाटिका में भारतेन्दु ने एक सीमा तक रास की विशेषताओं का निर्वाह किया है। गद्य–पद्य में ब्रजभाषा का प्रयोग, छोटे संवाद के साथ लम्बे लम्बे संलाप, संगीत और नृत्य का विधान इस नाटिका के प्रस्तुतीकरण को रासशैली की भंगिमा प्रदान करते हैं।[395]

भारतदुर्दशा (1875) भारतेन्दु का पहला नाटक है, जिसमें उनकी राजनीतिक चेतना की अभिव्यक्ति हुई है। इस नाटक के पात्र 'भारत', 'निर्लज्जता',

'भारतदुर्दैव', 'सत्याश फौज', 'रोग', 'आलस्य', 'मदिरा', 'अन्धकार', 'सभापति', 'बंगाली', 'पश्चिम देशी', 'एडिटर', 'कवि' 'डिसलायलटी', 'भारतभाग्य' आदि हैं, जिनका मानवीकरण किया गया है। इसके प्रथम छह अंकों में भारत के प्राचीन गौरव और समकालीन दुरावस्था का वर्णन हुआ है। पहले अंक में भारत के प्राचीन गौरव और विदेशी आक्रमणों के फलस्वरूप देश की दीनहीन दशा का वर्णन किया गया है। एक योगी निम्नलिखित गीत गाता हुआ मंच पर आता है :

रोवहु सब मिलिकै आवहु भारत भाई
हा हा! भारतदुर्दशा न देखी जाई।
सबके पहिले जेहि ईश्वर धनबल दीनो।
सबके पहिले जेहि सभ्य विधाता कीनो।।
सबके पहिले जो रूपरंग रस भीनो।
सबके पहिले विद्याफल जिन गहि लीनो।
अब सबके पीछे सोई परत लखाई।
हा हा! भारतदुर्दशा न देखी जाई।।....

इसी गीत में योगी आगे कहता है :

अंग्रेजराज सुख साज सजे सब भारी।
पै धन विदेश चलि जात यहै अति ख्वारी।।
ताहू पै महँगी काल रोग बिस्तारी।
दिन दिन दूने दुख ईस देत हा हा री।।
सबके ऊपर टिक्कस की आफत आई।
हा हा! भारतदुर्दशा न देखी जाई।।

यह पीड़ा वस्तुतः भारतेन्दु की पीड़ा है जो योगी पात्र के माध्यम से व्यक्त हुई है। प्रथम आठ पंक्तियों में भारत के अतीतगौरव के नष्ट होने का दुख और वर्तमान दुर्दशा की व्यथा व्यक्त हुई है। भारत की इस दुर्दशा के पीछे ब्रिटिश शासन ही है, यद्यपि इसका उल्लेख नहीं किया गया है और उलटे ब्रिटिश शासन की प्रशंसा की गयी है। पर तत्कालीन परिस्थितियों में कदाचित इससे अधिक कुछ सम्भव नहीं था। लगभग इसी समय हाली ने भी काव्यरचना आरम्भ की थी और उनकी प्रसिद्ध रचना मुसद्दसे हाली 1879 में प्रकाशित हुई थी। उल्लेखनीय है कि भारतेन्दु की भारतदुर्दशा मुसद्दसे हाली से चार वर्ष पहले प्रकाशित हुई थी, पर इतिहास में चार वर्ष का समय बहुत अधिक महत्त्व नहीं रखता। ब्रिटिश शासन हिन्दुओं–मुसलमानों में फूट डालकर उन्हें एक–दूसरे

से अलगाने की भरपूर कोशिश कर रहा था और हाली के पथप्रदर्शक सर सैयद अहमद इस फाँक को बढ़ाने में योग ही दे रहे थे, पर हाली मुसलमानों के प्रति घोर संवेदनशील होने के बावजूद उदार थे। उनकी 'उर्दू' 'हिन्दी' से बहुत भिन्न नहीं है, जिसका नमूना उनकी ये पंक्तियाँ हैं :

है सामने खुला हुआ मैदाँ चले चलो।
बाग़े मुराद है समर–अफशाँ चले चलो।
दरया हो बीच में कि बयाबाँ चले चलो।
हिम्मत ये कह रही खड़ी, हाँ चले चलो।
हिम्मत के शहसवार जो घोड़े उठाएँगे।
दुश्मन फ़लक भी होंगे तो सर को झुकाएँगे।
तूफ़ान बुलबुलों की तरह बैठ जाएँगे।
नेकी के दौर उठ के बदी को दबाएँगे।
बैठो न तुम मगर किसी उनवाँ चले चलो।[396]

इस उद्धरण में 'सफ़र अफशाँ', 'बयाबाँ', 'मसहलत', 'उनवाँ' जैसे कुछ ही शब्द हैं जिनके लिए शब्दकोश उलटना पड़े। पर ऐसा तो हिन्दी कविता में भी होता है, जहाँ संस्कृत से लिए गये शब्दों के लिए शब्दकोश देखना पड़ता है।

भारतेन्दु और हाली का एक फर्क यह भी है कि भारतेन्दु एक पंक्ति में ब्रिटिश शासन की प्रशंसा करने के बाद उसकी आलोचना पर उतर आते हैं, पर हाली ऐसा नहीं करते। वे ब्रिटिश शासन की थोड़ी भी आलोचना नहीं करते। वे मुस्लिम समुदाय के पतन पर भारतेन्दु की तरह ही आँसू तो बहाते हैं, पर इसके कारण के रूप में अंग्रेजों का नाम नहीं लेते। भारतेन्दु सम्पूर्ण भारत की, जिसमें मुस्लिम समुदाय भी शामिल था, दुर्दशा का कारण ब्रिटिश शासन को मानते हैं, हाली की कविता में यह बात नहीं है।

भारतेन्दु यह कहने के बाद कि 'ब्रिटिश शासन 'सारे सुख साज' उपलब्ध कराने के बावजूद भारत का सारा धन 'विदेश' यानी ब्रिटेन में ले जाता है। दादा भाई नौरोजी ने मई, 1867 में ही अपनी प्रसिद्ध 'ड्रेन थियोरी' में यह प्रतिपादित किया था कि भारत का धन अनेक नालियों से बहता हुआ ब्रिटेन में चला जाता है। ये नालियाँ अत्यधिक भू–लगान, सरकार की व्यापार–नीति, अंग्रेज पदाधिकारियों के वेतन और पेंशन आदि रूपों में थीं। 1881 में ही दादाभाई नौरोजी ने घोषित किया था कि 'ब्रिटिश शासन एवरलास्टिंग, निरन्तर वर्द्धमान और प्रतिदिन बढ़ने वाला विदेशी आक्रमण है' जो पूरी तरह से, लगातार देश को बर्बाद कर रहा है। आरम्भ में भारतेन्दु को भी इस बात का बोध नहीं था, पर जैसे जैसे समय बीतता गया, उन्हें इस सिद्धान्त

की सचाई का बोध होने लगा।' भारतीय धन के विदेश चले जाने के बाद भारतेन्दु 'महँगी', 'काल', रोग' और 'टैक्स' का उल्लेख करते हैं। भारत में अत्यधिक महँगाई का कारण मध्यवर्ग द्वारा विदेश से आयातित वस्तुओं की खरीद थी। कदाचित् इसी कारण देशी वस्तुएँ भी महँगी हो गयी थीं। भारत–दुर्दशा के तीसरे कारण के रूप में भारतेन्दु ने 'काल' यानी अकाल का उल्लेख किया है। यों तो भारत के सारे किसान, कारीगर और अन्य प्रकार के मजदूर कुपोषण के शिकार थे और अधिकतर गरीबों को दोनों शाम की रोटी उपलब्ध नहीं थी, पर ब्रिटिश शासन में पड़ने वाले अकालों ने तो आम जनता की कमर ही तोड़ दी थी। यों तो अकाल पड़ना भारतीय जीवन के लिए कोई नयी बात नहीं थी, पर कम्पनी शासन में इन अकालों की संख्या में असाधारण वृद्धि हो गयी थी। इतिहासकारों के अनुसार ब्रिटिश भारत में 70 अकाल पड़े थे, जिनमें करोड़ों लोग भूख से मर गये थे, पर जिस अकाल ने भारतेन्दु को सबसे अधिक झकझोरा होगा, वह 1876–78 में पड़ा अकाल था, जिसे 'ग्रेट फेमीन ऑफ 1876–78' कहा गया था और जिसमें लगभग एक करोड़ तीस लाख लोगों की मौत हो गयी थी। 1860–61 में पश्चिमी युक्त प्रान्त में अकाल पड़ा जिसमें दो लाख व्यक्तियों की मृत्यु हो गयी। 1865–66 में उड़ीसा, बंगाल, बिहार और मद्रास में अकाल पड़ा जिसमें 20 लाख लोगों की जानें चली गयीं। 1868–70 में पश्चिमी युक्त प्रान्त, बम्बई और पंजाब में पड़े अकाल ने 14 लाख लोगों को मौत के घाट उतार दिया। राजपूताना के अनेक राज्यों की एक तिहाई से एक चौथाई आबादी भी अकाल से प्रभावित हुई। सम्भवतः भारतीय इतिहास का सबसे भारी अकाल 1876–78 मद्रास, मैसूर, हैदराबाद, महाराष्ट्र और पश्चिमी युक्त प्रान्त में पड़ा। इसमें महाराष्ट्र में 8 लाख, मद्रास में लगभग 35 लाख, मैसूर में वहाँ की आबादी का लगभग 20 प्रतिशत भाग और युक्त प्रान्त में 12 लाख लोग भूख से हुई मौत के शिकार हो गये। भारतेन्दु को इसकी जानकारी थी और उन्होंने अपनी जागरूकता का परिचय देते हुए 1875 में ही भारत दुर्दशा में इस स्थिति पर अपना दुख प्रकट किया। अकाल के साथ भारतेन्दु ने 'रोग' का भी उल्लेख किया है। यों तो कुपोषण और चिकित्सा–व्यवस्था की कमी के कारण रोग भारतीयों का जीवन–साथी ही था, पर बीच बीच में फैलने वाली महामारियाँ तो कहर ही बरपा देती थीं। 1860–80 की अवधि में भारत में प्लेग की महामारी जोरों से फैली थी।[397] ब्रिटिश शासन में टैक्स का आधिक्य मध्यवर्ग को परेशान किए रहता था। नमक पर लगाया गया कर तो साधारण जनता के लिए भी परेशानी का कारण था। इसके अतिरिक्त प्रशासन के बढ़ते व्यय, महारानी विक्टोरिया की विभिन्न उपलब्धियों के प्रसंग में आयोजित समारोहों और

भारत की दृष्टि से अनावश्यक युद्धों का खर्च जुटाने के लिए भी जनता पर तरह तरह के कर लाद दिए जाते थे। भारतेन्दु ने 'भारत दुर्दशा में इसे ही 'टिक्कस की आफत' कहा है।

एक उल्लेखनीय बात यह है कि भारतेन्दु योगी पात्र के माध्यम से भारतवासियों को मिलकर रोने का ही आह्वान करते हैं, विरोध करने का नहीं। रोना भी एक प्रकार का विरोध ही है, पर उसमें दीनता ही झलकती है। यदि भारतेन्दु 'रोवहु सब मिलिकै आवहु भारत भाई' में 'रोवहु' के स्थान पर 'जागहु' शब्द लिखते, तो प्रतिरोध का भाव कुछ अधिक होता। पर 1857 के विद्रोह के दमन में ब्रिटिश शासन ने जिस अमानवीय क्रूरता का परिचय दिया था, उसे भारतेन्दु भूले न थे। इसलिए वे विरोध का बहुत नरम रुख अपनाते हैं। पर शेष पंक्तियों में वे 'अंग्रेजराज सुख साज सजे सब भारी' लिखने के बावजूद ब्रिटिश शासन की बुराइयों का उल्लेख करते हैं। इस रूप में ब्रिटिश शासन का विरोध उनके समकालीनों में न तो सैयद अहमद ने किया था, न अल्ताफ हुसेन हाली ने और न ही राजा शिवप्रसाद सितारेहिन्द ने। इस परिप्रेक्ष्य में भारतेन्दु हश्चिन्द्र का महत्त्व समझा जा सकता है।

दूसरे अंक में पात्र भारत महाभारत के खल पात्र दुर्योधन का उल्लेख करते हुए उसकी प्रसिद्ध पंक्ति 'सूच्यग्रं नैव दास्यामि बिना युद्धेन केशव' का उद्धरण देता है, पर वह अपने पराभव का कारण अंग्रेजों को न बताकर जयचन्द को बताता है जिसने पृथ्वीराज का साथ न देकर भारत को कुतुबुद्दीन ऐबक के हाथों जाने दिया था। कुछ आलोचक इसे भारतेन्दु को मुसलमान विरोधी होने का आधार मानते हैं। पर इसे इस दृष्टि से भी देखा जा सकता है कि भारतेन्दु के सामने कोई दूसरा चारा न था। वे अंग्रेजों का नाम नहीं ले सकते थे, क्योंकि तब उन्हें 'राजद्रोही' सिद्धकर दंडित किया जा सकता था। प्रसिद्ध इतिहासकार विपन चन्द्रा ने इसे 'विकेरियन राष्ट्रवाद' की संज्ञा देकर बंकिमचन्द्र को इस असुविधाजनक स्थिति से बचाया है। यही बात भारतेन्दु पर भी लागू की जा सकती है।

जो हो, भारतेन्दु ने बहुत स्पष्ट रूप से पात्र भारत से अंग्रेज राज और राजराजेश्वरी विक्टोरिया की प्रशंसा करायी है, जो बहुतों को अखर सकती है। तीसरे अंक में भारत का शत्रु 'भारत दुर्दशा' नामक पात्र 'सत्यानाश फौजदार' को बुलाकर आदेश देता है कि वह भारत को हर प्रकार से दीनहीन बना दे। सत्यानाश इसका आश्वासन देता है। वह बताता है कि किस प्रकार 'धर्म' के नाम पर सामाजिक बुराइयाँ फैला दी गयी हैं।

रचि बहु बिधि के वाक्य पुरातन माँहिं घुसाए !

शैव शाक्त वैष्णव अनेक मत प्रगटि चलाए।।
जाति अनेकन करी नीच अरु ऊँच बनायो।
खान पान सम्बन्ध सबन सों बरजि छुड़ायो।।
जन्मपत्र बिधि मिले ब्याह नहिं होन देत अब।
बालकपन में ब्याहि प्रीतिबल नास कियो सब।।
करि कुलान के बहुत ब्याह बल बीरज मार्‍यो।
बिधवा ब्याह निषेध कियो बिभिचार प्रचार्‍यो।।
रोकि बिलायतगमन कूपमंडूक बनायो।
औरन को संसर्ग छुड़ाइ प्रचार घटायो।।
बहु देवी देवता भूत प्रेतादि पुजाई।
ईश्वर सो सब बिमुख किए हिन्दू घबराई।।

इस उद्धरण में हिन्दू धर्म की उन सारी बुराइयों की निन्दा की गयी है, जिनकी निन्दा राममोहन राय, ईश्वरचन्द विद्यासागर और दयानन्द सरस्वती ने भी की थी। इसी प्रसंग में अपव्यय, अदालत, फैशन और सिफारिश, फूट, डाह, लोभ, भय, उपेक्षा, स्वार्थपरता, पक्षपात, हठ, आदि को भी दोषों के रूप में गिनाया गया है। इस दृष्टि से भारतेन्दु सामाजिक नवजागरण के भी अग्रदूत माने जा सकते हैं।

पाँचवे अंक में सात सदस्यों की एक 'कमेटी' देश को बचाने के उपाय–जिनमें कपड़ा बुनने की मशीन मँगाने, हिन्दुस्तानी कपड़ा पहनने, विद्या की उन्नति करने, कला सीखने आदि शामिल हैं, पर बताती है किन्तु डिसलॉयल्टी उन्हें इंगलिश पॉलिसी ऐक्ट के हाकिमेच्छा नामक दफा में पकड़ ले जाती है। अन्तिम अंक में 'भारत–भाग्य' अचेत पड़े हुए भारत को जगाने की चेष्टा करता है किन्तु उसके उठने की आशा न देख अपनी छाती में कटार भोंक लेता है। यद्यपि रचना में आशा की ध्वनि भी विद्यमान है, पर ऐसा प्रतीत होता है कि भारतेन्दु ने निराशा की मनःस्थिति में इस नाटक की रचना की थी।

नाटयकला की दृष्टि से 'भारत दुर्दशा' बहुत उल्लेखनीय नहीं है। यद्यपि इसका अन्त मुख्य पात्र की मृत्यु से होता है, पर इससे किसी त्रासद प्रभाव की सृष्टि नहीं होती जो त्रासदी का गुण है। करुण रस के परिपाक की दृष्टि से भी नाटक प्रभावित नहीं करता। इस नाटक का महत्त्व ऐतिहासिक है। यह अपने समय का दस्तावेज कहा जा सकता है। भारतेन्दु की राजनीतिक चेतना और सामाजिक जागरूकता को समझने की दृष्टि से भी इसका बहुत महत्त्व है।

समय और समाज में हो रहे परिवर्तन को भारतेन्दु ने तत्काल ग्रहण किया। बड़ोदा नरेश मल्हारराव के कुशासन तथा उससे भी बढ़कर निरन्तर अनैतिक व्यवहार तथा अनाचार की मनोवृत्ति ने ब्रिटिश सरकार ने उन्हें 1875 में गद्दी से उतार दिया। इस ऐतिहासिक घटना से प्रभावित होकर भारतेन्दु ने विषस्य विषमौषधम (1876) की रचना की। इसे भारतेन्दु ने 'भाण' की संज्ञा दी। संस्कृत में 'भाण' एकअंकीय रूपक होता है और नट स्वयं सब कथा कहता है। इसका उद्देश्य हास्यसृजन और संगीत के द्वारा रूपक को प्रभावी बनाना होता है। भारतेन्दु ने संगीत का उपयोग तो नहीं किया है, पर दोहा, छप्पय आदि कुछ छन्द लिये हैं और खेल, कौतुक, दिल्लगी, तमाशा, वाक्चातुर्य को भरपूर अवसर दिये हैं जिससे अभिनेता और दर्शक दोनों के लिए यह आकर्षक और व्यंजक बन गया है। गिरीश रस्तोगी के अनुसार 'भारतेन्दु की मस्त सैलानी प्रवृत्ति, चुटीलापन, हाजिरजवाबी, जिन्दादिली इसमें गजब की है।' भारतेन्दु संस्कृत परम्परा से नाट्यरूप ग्रहण करने के बावजूद पुरानी रूढ़ियों को तोड़ने में संकोच नहीं करते। यद्यपि इतिहास का अनावश्यक वर्णन इसे अपठनीय बनाता है, पर अभिनय में इसकी यह त्रुटि समाप्त हो जाती है। यह एक लम्बी कथा है और इसे एक ही पाात्र से कराना, साथ ही रोचकता को कायम रखना बहुत मुश्किल काम है, पर भारतेन्दु ने आकाशभाषित, श्लोकों, चुटकुलों, कहावतों हास्य–व्यंग्य और मनोरंजक प्रयोगों से इसे रोचक बना दिया है। अपने देश की सामन्तवादी प्रवृत्ति, अशक्तता, आलस्य, उदासीनता के साथ यह नाटक ब्रिटिश शासन की स्वार्थपरता, कुचक्रों की बेहद खरी और सार्थक आलोचना है।

पाश्चात्य पद्धति पर लिखा गया नील देवी गीतिरूपक (वियोगान्त) है। इसमें दस अंक हैं, जिनमें कोरस द्वारा भारत की क्षत्राणियों का यशोगान, अब्दुश्शरीफ खाँ काजी से सूरजदेव की वीरता का वर्णन और किसी न किसी प्रकार उस पर विजय प्राप्त करने का उल्लेख, सूरजदेव द्वारा शत्रु का सामना करने का निश्चय, भटियारी के यहाँ चपरगट्ट खाँ और पीकदान अली का हास्यपूर्ण वार्तालाप, यवनों के विजय का संकेत, सूरजदेव के एक लोहे के पिंजरे में बन्द होने और भारत की स्वाधीनता के सम्बन्ध में विलाप करने के क्रम में बेहोश हो जाने, मिर्जा और पागल नामक गुप्तचरों द्वारा सूरजदेव के प्राणान्त की सूचना, नीलदेवी द्वारा कौशल से शत्रु पर विजय प्राप्त करने का दृढ़ निश्चय, नशे में चूर अमीर की मजलिस में नीलदेवी द्वारा उसका वध और उससे संकेत पाकर कुमार सोमदेव के अपने सैनिको के साथ मुसलमानों पर टूट पड़ने और विजय प्राप्त करने आदि का वर्णन किया गया है। लक्ष्मी सागर वार्ष्णेय के अनुसार इस नाटक में भारतेन्दु की देशभक्ति के साथ साथ

उनके नवोत्थानकालीन नारी सम्बन्धी दृष्टिकोण का परिचय भी प्राप्त होता है।[398] सत्येन्द्र कुमार तनेजा के अनुसार "कथ्य के स्तर पर जहाँ नाटककार दो जातियों के विरोध के मूल में दो जीवन दृष्टियों के संघर्ष और अन्त में सत्य और न्याय की विजय दिखाना चाहता है वहाँ नाटक की बुनावट के स्तर पर भी दो तरह की रंगविधियों, दो तरह की भाषाशैली कर अनुसरण करता है। सूर्यदेव, नीलदेवी और अन्य हिन्दू पात्रों के चारित्रिक बल तथा विचार और तर्कपुष्ट संवाद गम्भीर कलात्मक प्रभाव उत्पन्न करते हैं। दूसरी ओर अब्दुश्शरीफ और समस्त मुस्लिम पात्रों में विलास एवं प्रमाद के कारण नैतिक शक्ति का अभाव, संवाद और भाषा प्रस्तुति में चुलबुलापन और रसिकता है। इन सब पर इन्दर सभा और पारसी थिएटर का प्रभाव है।[399]

नीलदेवी का कथ्य हिन्दुओं की वीरता और स्वाभिमान का प्रतिपादन है। यद्यपि इसमें कल्पित ऐतिहासिक पात्रों के माध्यम से मुसलमानों से हिन्दुओं की पराजय और राजा सूर्यदेव के पतन के बाद उनकी पत्नी नीलदेवी की वीरता और चतुराई से मुसलमान सेनापति से प्रतिशोध लेने का चित्रण किया गया है, पर अप्रत्यक्ष रूप में यह विदेशी शासन के प्रति भारतेन्दु की घृणा ही है जो पात्रों के माध्यम से प्रकट हुई है। इस नाटक में भी भारतेन्दु भारत के अतीत की गौरवगाथा प्रस्तुत करते हैं। भारत की क्षत्राणियों का गुणगान करते हुए एक अप्सरा गाती है :

धन धन भारत की छत्रानी।
वीरकन्यका वीरप्रसविनी वीरवधू जग जानी।।
सती सिरोमनि धरमधुरन्धर बुधि बल धीरज खानी।
इनके जस की तिहूँ लोक में अमल धुजा फहरानी।।[400]

महाराज सूर्यदेव की पराजय के बाद एक 'देवता' गाता है :

सब भाँति दैव प्रतिकूल होइ एहि नासा।
अब तजहु बीर बर भारत की सब आसा।।
अब सुख सूरज को उदय नहीं इत ह्वैहे।
सो दिन फिर इत सपनेहूं नहिं ऐहै।।....आदि

अँधेर नगरी[401] (1881) एक प्रहसन है, जिसे भारतेन्दु ने बनारस की एक नाट्य संस्था 'द इंडियन नेशनल थिएटर' के लिए लिखा था और जो लिखे जाने के दिन ही दशाश्वमेघ घाट पर खेला गया था। यह भारतेन्दु का सर्वश्रेष्ठ नाटक है, जो अपने समय का व्यंग्यपूर्ण चित्र ही नहीं, अपनी व्यंग्यधर्मिता के कारण सर्वकालिक भी बन गया है। यह नाटक अब तक सैकड़ों बार भिन्न

भिन्न स्थानों पर खेला जा चुका है। आज भी शायद ही हिन्दी का कोई दूसरा नाटक इतना लोकप्रिय हो। गिरीश रस्तोगी के अनुसार यह नाट्य विधा की सामाजिकता और सामूहिकता का, राजनीतिक चेतना का बहुत सघन, बहुत तेज प्रयोग है।[402] इसमें अप्रत्यक्ष रूप में ब्रिटिश शासन की न्याय प्रणाली को लक्ष्य करके व्यंग्य किया गया है। इस प्रहसन के माध्यम से भारतेन्दु ने समकालीन शासन–व्यवस्था पर कटु प्रहार किया है। अंग्रेजों की न्याय प्रणाली में शोषक और शोषित में कोई फर्क नहीं था। इसका शीर्षक बहुत मारक है। इसमें ब्रिटिश शासन को 'अँधेर नगरी' और शासक को 'चौपट्ट' यानी हर तरह से अयोग्य और मूर्ख कहा गया है। भारतेन्दु ने इतने तीखे शब्दों में ब्रिटिश शासन और महारानी विक्टोरिया का कहीं भी उल्लेख नहीं किया है। इस प्रहसन की समसामयिक महत्ता आज भी इसलिए कम नहीं हुई है कि इसके मूल में व्यवस्था, शासनतंत्र और सत्ता प्रणाली पर कटु प्रहार है। पाँचवे दृश्य में महात्मा गोवर्धनदास साफ साफ कहते हैं–'हिन्दू चूरन इसका नाम/बिलायत पूरन इसका काम/चूरन अमले लोग जो खावैं/दूनी रिश्वत तुरत पचावैं/चूरन साहब लोग जो खाता/सारा हिन्द हजम कर जाता/धर्म अधर्म एक दरसाई/राजा केर सो न्याय सदाई।/ भीतर स्वाहा बाहर सादे/ राज करहिं अमले अरु प्यादे।/अन्धाधुन्ध मच्यो सब देसा/मानहु राजा रहत बिदेसा।' इस प्रहसन का मूल कथ्य ब्रिटिश न्यायपद्धति पर व्यंग्य करना है। ब्रिटिश न्यायव्यवस्था में भारतीय जूरी अंग्रेज अपराधियों को दंड नहीं दे सकते थे। बड़े से बड़ा अंग्रेज अपराधी भी कानून द्वारा दंड पाने से मुक्त हो जाता था या उसे भारी अपराध के लिए भी हल्का सा दंड देकर छोड़ दिया जाता था। जिस समय अँधेर नगरी लिखा गया था, उस समय लॉर्ड रिपन वाइसरॉय था, जिसके शासन में इलबर्ट बिल पेश हुआ था। इसके अन्तर्गत भारतीय जजों या मजिस्ट्रेटों को अंग्रेज अपराधियों का मुकदमा देखने का अधिकार दिया गया था। पर अंग्रेजों ने इसका इतना जबरदस्त विरोध किया कि रिपन के कानून मंत्री इलबर्ट को यह बिल वापस लेना पड़ा। अंग्रेजों का दावा था कि कोई भारतीय, चाहे वह कितना भी योग्य हो, किसी अंग्रेज का मुकदमा देखने योग्य नहीं हो सकता। यहाँ तक आते आते भारतेन्दु का ब्रिटिश शासन से पूरी तरह मोहभंग हो चुका था। जिस भारतेन्दु ने 'अंग्रेज राज सुखसाज सजै सब भारी' और 'पूरी अमी की कटोरिया सी चिर जीऔ सदा विकटोरिया रानी' लिखने में संकोच नहीं किया वही भारतेन्दु इस नाटक के एक पात्र 'हलवाई' से अंग्रेज राज को 'अंधेर नगरी' और राजा (महारानी विक्टोरिया) को 'चौपट्ट राजा' कहलाते हैं ; अपने एक पात्र, 'चनाजोर गरम' बेचने वाले घासीराम से कहलाते हैं, 'चना हाकिम सब जो खाते/सब पर

दूना टिकस लगाते' और पाचक वाले से कहलाते हैं, 'चूरन अमले सब जो खावैं / दूनी रुशवत तुरत पचावैं, 'चूरन साहेब लोग जो खाता सारा हिन्द हजम कर जाता।' पाचक वाला यह भी कहता है कि 'हिन्दू चूरन इसका नाम / विलायत पूरन इसका काम' और 'चूरन सभी महाजन खाते / जिससे जमा हजम कर जाते'। कुंजड़िन आम, अमरूद, बैगन के साथ साथ 'हिन्दुस्तान का मेवा फूट और बैर भी बेचती है। जातवाला (ब्राह्मण) कहता है, ''एक टका दो, हम अपनी जात बेचते हैं। टके के वास्ते ब्राह्मण से धोबी हो जायं और धोबी को ब्राह्मण कर दें, टके के वास्ते जैसी कहो वैसी व्यवस्था दें। टके के वास्ते झूठ को सच करैं। टके के वास्ते ब्राह्मण से मुसलमान, टके के वास्ते हिन्दू से क्रिस्तान। टके के वास्ते धर्म और प्रतिष्ठा दोनों बेचैं। ....''[403]

इस तरह से अँधेर नगरी भारतेन्दु का एक ऐसा नाटक (प्रहसन) है जो समकालीन जीवन के सत्य पर तो प्रकाश डालता ही है, साथ ही कलात्मक दृष्टि से भी प्रभावी है। गिरीश रस्तोगी के अनुसार भारतेन्दु के नाटक शैलीबद्ध नहीं हैं, पर उनमें गजब का लचीलापन है, जनाक्रोश है, जन–चेतना है। अँधेर नगरी में न नायकत्व है न वैयक्तिकता, बल्कि वहाँ जनसमूह है, सामान्यजन वर्ग है और उसकी चिन्ता है; राजनीति और मानवविरोधी ताकतों से मुक्ति का मंच वहीं मिल जाता है।''[404] यह भारतेन्दु के नवजागरण–संदेश के दोनों रूपों, राजनीतिक और सामाजिक, पर प्रकाश डालता है और रामविलास शर्मा की इस मान्यता को पुष्ट करता है कि भारतेन्दु हिन्दी पट्टी में, स्वामी दयानन्द सरस्वती के बाद, नवजागरण के सन्देश के सबसे बड़े प्रवक्ता हैं।

सती प्रताप भारतेन्दु का अन्तिम और अधूरा नाटक (गीतिरूपक) है, जिसका लेखन तो 1884 में ही आरम्भ हुआ था पर जो 1885 तक (भारतेन्दु के निधन से कुछ पहले तक) लिखा जाता रहा। इसके अन्तिम तीन दृश्य बाबू राधाकृष्ण दास ने लिखकर पूरे किये थे।

इसका विषय पति–माहात्म्य का चित्रण है, जो नवजागरण की अवधारणा का विरोधी है। पर इसमें सावित्री–सत्यवान के विवाह तक की ही कथा आयी है। इसका महत्त्व, मेरी दृष्टि में, इसमें आया प्रकृति–चित्रण है। भारतेन्दु ने इसमें प्रकृति का आलम्बन रूप में बहुत अच्छा अंकन किया है, उदाहरणार्थः

> नवल बन फूलीं द्रुम बेली।
> लहलह लहकहिं महमह महकहिं मधुर सुगंधहिं रेली।
> प्रकृति नवेढ़ा सजे खरी मनु भूशन बसन बनाई।
> अंचर उड़त बात बस फहरत प्रेम धुजा लहराई।।
> गूंजहिं भंवर बिहंगम डोलहिं बोलहिं प्रकृति बधाई।

पुतली सी जित तित तितलीगन फिरहिं सुगंध लुभाई।
लहरहिं जल लहकहिं सरोज मन हिलहिं पात तरु डारी।
लखि ऋतुपति आगम सगरे जग मनहुं कुलाहल भारी॥

भारतेन्दु के नाटकों की भाषा यद्यपि प्रधानतः खड़ीबोली है, पर बीच बीच में ब्रजभाषा और भोजपुरी (बनारसी) का मिश्रण उसे जनभाषा के नजदीक लाता है। खड़ीबोली की दूसरी धारा से, जिसका उर्दू रूप अब तक मान्यता प्राप्त कर चुका, इसका यही अन्तर है। इसके साथ ही भारतेन्दु के नाटकों की भाषा की एक पहचान यह है कि इसमें आये पद्यों के लिए अधिकतर ब्रजभाषा का, और कहीं कहीं, खासकर 'लावनी' के रूप में आये छन्दों में, मिश्रित खड़ीबोली का भी प्रयोग हुआ है।

भारतेन्दु के समकालीन हिन्दी नाटककारों में लाला श्रीनिवास दास, बाबू तोताराम, केशोराम भट्ट, देवकीनन्दन तिवारी, बालकृष्ण भट्ट, गणेशदत्त, राधाचरण गोस्वामी, बदरीनारायण चौधरी, जानी बिहार लाल, अम्बिकादत्त, शीतला प्रसाद त्रिपाठी, खंग बहादुर लाल, दामोदर शास्त्री आदि हैं जिनका उल्लेख भारतेन्दु ने अपनी नाटक पुस्तिका में किया है। केशोराम भट्ट ने सज्जाद सुम्बुल और शमशाद सौसन, लाला श्रीनिवास दास ने तप्ता संवरण और रणधीर प्रेममोहिनी, बाबू तोताराम ने केटो कृतान्त, देवकीनन्दन तिवारी ने जय नरसिंह की, होली खगेश और चक्षुदान, बालकृष्ण भट्ट ने पद्मावती और शर्मिष्ठा, गणेशदत्त ने सरोजिनी, बदरीनारायन चौधरी ने वारांगना रहस्य, जानी बिहार लाल ने विज्ञान विहार, अम्बिकादत्त ने ललिता नाटिका, शीतला प्रसाद त्रिपाठी ने जानकी मंगल, राधाकृष्ण दास ने दुःखिनी बाला और पद्मावती नामक नाटक लिखे थे।

15 अप्रैल, 1874 की हरिश्चन्द्र मैगजिन में, कार्तिक प्रसाद खत्री का (ज. 1851, नि. 1904) 'रेल का विकट खेल' नाम का एक नाटक छपने लगा था, पर पूरा न हुआ।[405] बालकृष्ण भट्ट का 'रेल का विकट खेल' नामक नाटक हिन्दी प्रदीप में छपा था।[406]

भारतेन्दु हरिचन्द्र के बाद प्रतापनारायण मिश्र, बालकृष्ण भट्ट, प्रेमघन आदि ने नाटक लिखे। प्रतापनारायण मिश्र (ज. 1856 ; नि. 1894) ने अपने कलिकौतुक रूपक में पाखंडियों और दुराचारियों का चित्र खींचकर उनसे सावधान रहने का संकेत किया। संगीत शाकुंतल उनका लावनी के ढंग पर खड़ीबोली में पद्यबद्ध शकुंतला नाटक है। भारतेन्दु के अनुकरण पर मिश्र जी ने भारतदुर्दशा नाम का नाटक भी लिखा था। हठी हमीर, रणथम्भौर पर अलाउद्दीन की चढ़ाई का वृत्त लेकर लिखा गया है। गोसंकट नाटक और

कलि प्रभाव नाटक के अतिरिक्त जुआरी खुआरी नामक उनका एक प्रहसन भी है।[407]

बालकृष्ण भट्ट (ज. 1844 ; नि. 1914) के कई नाटक, जैसे कलिराज की सभा, रेल का विकट खेल, बालविवाह नाटक, चन्द्रसेन नाटक आदि हिन्दी प्रदीप में छपे । उन्होंने माइकेल मधुसूदन दत्त के पद्मावती और शर्मिष्ठा नामक नाटकों के अनुवाद भी किये थे।

बदरी नारायण चौधरी प्रेमघन ने (ज. 1855 ; नि. 1922) कांग्रेस अधिवेशन के अवसर पर खेले जाने के लिए सन् 1888 में भारत सौभाग्य लिखा था। आचार्य शुक्ल के अनुसार यह नाटक 'विलक्षण' है। पात्र इतने अधिक और इतने प्रकार के हैं कि अभिनय दुःसाध्य ही समझिए। भाषा भी रंगबिरंगी है–पात्रों के अनुरूप उर्दू, बैसवाड़ी, भोजपुरी, पंजाबी, मराठी, बंगाली, सबकुछ मिलेगी। नाटक की कथावस्तु है 1857 का गदर, अंग्रेजों के अधिकार की पुनःप्रतिष्ठा और नेशनल कांग्रेस की स्थापना। नाटक के आरम्भ के दृश्यों में लक्ष्मी, सरस्वती और दुर्गा का भारत से प्रस्थान भारतेन्दु के 'पै धन विदेश चलि जाय यहै अति ख्वारी' से अधिक काव्योचित और मार्मिक है। प्रयाग रामागमन नाटक में राम के भारद्वाज आश्रम में पहुँचने पर उनके आतिथ्य ग्रहण का चित्रण किया गया है। वीरांगना रहस्य महानाटक (अथवा वेश्याविनोद महानाटक) में दुर्व्यसनग्रस्त समाज का चित्र खींचा गया है। इसका आरम्भ आनन्दकादम्बिनी में धारावाहिक रूप में हुआ, पर पूरा न हो सका। इसमें जगह जगह श्रृंगार रस के श्लोक, कवित्त, सवैये, गजल, शेर इत्यादि रखे गये हैं।[408]

लाला श्रीनिवासदास (ज. 1851, नि. 1887) का 'प्रह्लादचरित' 11 दृश्यों का एक बड़ा नाटक है, पर उसके संवाद आदि, शुक्ल जी के अनुसार, रोचक नहीं, भाषा भी अच्छी नहीं है। 'तप्तासंवरण नाटक' सन् 1874 के हरिश्चन्द्र मैगजिन में छपा था, पीछे 1883 ई. में पुस्तकाकार प्रकाशित हुआ। इसमें तप्ता और संवरण की पौराणिक प्रेमकथा है। संवरण ने तप्ता के ध्यान में लीन रहने के कारण गौतम मुनि को प्रणाम नहीं किया। इस पर उन्होंने शाप दिया कि जिसके ध्यान में तुम मग्न हो वह तुम्हें भूल जाए। फिर सदय होकर शाप शाप का यह परिहार उन्होंने बताया कि अंगस्पर्श होते ही उसे तुम्हारा स्मरण हो जाएगा।

लालाजी के 'रणधीर' और 'प्रेममोहिनी' नाटक की चर्चा उस समय अधिक हुई थी। पहले पहल यह नाटक सं. 1877 में प्रकाशित हुआ था और इसके साथ ही एक भूमिका थी जिसमें नाटकों के सम्बन्ध में कई बातें अँग्रेजी नाटकों पर दृष्टि रखकर लिखी गयी थीं। यह स्पष्ट जान पड़ता है कि यह नाटक उन्होंने अंग्रेजी नाटकों के ढंग पर लिखा था। 'रणधीर और प्रेममोहिनी' नाम

ही 'रोमियो एण्ड जूलियट' की ओर ध्यान ले जाता है। कथावस्तु भी इसकी सामान्य प्रथानुसार पौराणिक या ऐतिहासिक न होकर कल्पित है। पर यह वस्तुकल्पना मध्ययुग के राजकुमार–राजकुमारियों के क्षेत्र के भीतर ही हुई है–इसका नायक पाटन का राजकुमार है और नायिका सूरत की राजकुमारी। पर दृश्यों में देशकालानुसार सामाजिक परिस्थिति का ध्यान नहीं रखा गया है। कुछ दृश्य तो आजकल का दृश्य सामने लाते हैं, कुछ मध्ययुग का और कुछ उस प्राचीन काल का जब स्वयंवर की प्रथा प्रचलित थी। पात्रों के अनुरूप भाषा रखने के प्रयत्न में भाषा इतनी घोर उर्दू कर दी गयी है कि केवल हिन्दी पढ़ा व्यक्ति एक पंक्ति भी नहीं समझ सकता।[409]

शुक्ल जी के अनुसार यह नाटक अंग्रेजी नाटकों के ढंग पर लिखा गया है। इसमें प्रस्तावना नहीं रखी गयी है। दूसरी बात यह कि यह दुखांत है। भारतीय रूपक क्षेत्र में दुखान्त नाटकों का चलन न था। इसकी चर्चा का एक कारण यह भी था। संयोगिता स्वयंवर नाटक पृथ्वीराज द्वारा संयोगिता हरण का प्रचलित प्रवाद लेकर लिखा गया है।[410]

बाबू तोताराम (ज. 1847, नि. 1902) का 'कीर्तिकेतु' नाम का नाटक हरिश्चन्द्र चन्द्रिका में निकला था। इन्होंने केटोकृतांत नाटक (अंग्रेजी का अनुवाद) और स्त्री सुबोधिनी आदि नाटक भी लिखे थे।[411]

केशवराम भट्ट ने (ज. 1854 नि. 1904) 'सज्जाद संबुल' और 'शमशाद सौसन' नामक लिखे थे। इनमें से 'शमशाद सौसन' अब उपलब्ध नहीं है। ये दोनों नाटक वर्तमान जीवन को लेकर लिखे गये थे। हिन्दू–मुसलमान, अंग्रेज, लुटेरे, लफंगे, मुकदमेबाज, मारपीट करने वाले, रुपया हजम करने वाले इत्यादि अनेक ढंग के पात्र आये हैं।[412]

राधाचरण गोस्वामी (ज. 1858, नि. 1925). ने सुदामा नाटक, सती चन्द्रावली, अमरसिंह राठौर, तन मन धन श्री गोसाईं जी को अर्पण' आदि नाटक लिखे थे। इनमें से सती चन्द्रावली और अमरसिंह राठौर बड़े नाटक हैं। सती चन्द्रावली की कथावस्तु औरंगजेब के समय हिन्दुओं पर होने वाले अत्याचारों का चित्र खींचने के लिए बड़ी निपुणता के साथ कल्पित की गयी है। अमरसिंह राठौर ऐतिहासिक है।[413]

अंबिकादत्त व्यास (ज. 1858, नि. 1900) ने कृष्णलीला को लेकर ब्रजभाषा में एक 'ललिता नाटिका' लिखी थी। भारतेन्दु के कहने से इन्होंने 'गोसंकट नाटक' लिखा जिसमें हिन्दुओं के बीच असन्तोष फैलने पर अकबर द्वारा गोबध बन्द किए जाने की कथावस्तु रखी गयी है।[414]

काशीनाथ खत्री (ज. 1849, नि. 1891) ने ग्राम पाठशाला और निकृष्ण नौकरी नाटक, तीन ऐतिहासिक रूपक और बालविधवा संताप नाटक

'नामक तीन नाटक लिखे थे। ऐतिहासिक रूपकों में पहला है सिंध देश की राजकुमारिया', जो सिंध में अरबों की चढ़ाई वाली घटना को लेकर लिखा गया है; दूसरा है गुन्नौर की रानी जिसमें भोपाल के मुसलमानी राज के संस्थापक द्वारा पराजित गुन्नौर के हिन्दू राजा की विधवा रानी का वृत्त है तीसरा है लव जी का स्वप्न जो रघुवंश की एक कथा के आधार पर है।[415]

राधाकृष्णदास (ज. 1865, नि. 1907) ने भारतेन्दु के द्वारा अधूरा छोड़ा हुआ नाटक 'सती प्रताप' पूरा किया था। इन्होंने पहले 'दुःखिनी बाला' नामक एक छोटा सा रूपक लिखा था जो हरिश्चन्द्र चन्द्रिका और 'मोहन चन्द्रिका' में प्रकाशित हुआ था। इसमें जन्मपत्री–मिलान, बाल विवाह, अपव्यय आदि कुरीतियों का दुष्परिणाम दिखाया गया है। इनका दूसरा नाटक है महारानी पद्मावती अथवा मेवाड़ कमलिनी जिसकी रचना चित्तौड़ पर अल्लाउद्दीन की चढ़ाई के समय की पद्मिनी वाली घटना को लेकर हुई है। इनका सबसे उत्कृष्ट और बड़ा नाटक महाराणा प्रताप' (या राजस्थान केसरी) है, जो 1897 में समाप्त हुआ था। यह नाटक बहुत ही लोकप्रिय हुआ और इसका अभिनय कई बार कई जगह हुआ।

भारतीय प्रथा के अनुसार इसके सब पात्र भी आदर्श के साँचे में ढले हुए हैं। कथोपकथन यद्यपि चमत्कारपूर्ण नहीं पर पात्र और अवसर के सर्वथा उपयुक्त हैं; उनमें कहीं कहीं ओज भी पूरा है। वस्तुयोजना बहुत ही व्यवस्थित है। इस नाटक में अकबर का हिन्दुओं के प्रति सद्भाव उसकी कूटनीति के रूप में प्रदर्शित है।[416]

शुक्ल जी ने 'द्वितीय उत्थान' (1893–1918) के अन्तर्गत बताया है कि इस अवधि में 'नाटक के क्षेत्र में वैसी उन्नति नहीं दिखाई पड़ी।'[417] उनके अनुसार राय देवीप्रसाद जी पूर्ण ने चन्द्रकला भानुकुमार नामक 'एक बहुत बड़े डीलडौल का नाटक' लिखा था पर वह साहित्य के विभिन्न अंगों से पूर्ण होने पर भी वस्तुवैचित्र्य के अभाव तथा भाषाओं की कृत्रिमता आदि के कारण उतना प्रसिद्ध न हो सका।'[418] शुक्ल जी के अनुसार हिन्दीप्रेमियों के उत्साह से स्थापित प्रयाग और काशी की मंडलियों के लिए रंगशाला के अनुरूप ही दो एक छोटे मोटे नाटक अवश्य लिखे गये पर वे साहित्यिक प्रसिद्धि न पा सके। प्रयाग मे पं. माधव शुक्ल जी और काशी में पं. दुगधेकर जी अपनी रचनाओं और अनूठे अभिनयों द्वारा बहुत दिनों तक दृश्यकाव्य की रुचि जगाए रहे। इसके उपरान्त बँगला में श्री द्विजेन्द्र लाल राय के नाटकों की धूम हुई और उनके अनुवाद हिन्दी में धड़ाधड़ हुए। इसी प्रकार रवीन्द्र बाबू के कुछ नाटक भी हिन्दी रूप में लाये गये।[419]

आचार्य शुक्ल के अनुसार 1893–1918 में बँगला, अंग्रेजी, संस्कृत आदि के

नाटकों के अनुवाद तो हुए ही मौलिक नाटक भी पर्याप्त मात्रा में लिखे गये। आरम्भ में ही किशोरीलाल गोस्वामी ने चौपट चपेट और मयंकमंजरी नामक दो नाटक लिखे थे। इनमें से पहला तो एक प्रहसन था जिसमें चरित्रहीन और छलकपट से भरी स्त्रियों तथा लुच्चों लफंगों आदि के वीभत्स और अश्लील चित्र अंकित किये थे। दूसरा पाँच अंकों का नाटक था जो श्रृंगाररस की दृष्टि से 1891 में लिखा गया था। यह भी साहित्य में कोई विशेष स्थान प्राप्त न कर सका और लोक विस्मृत हो गया। अयोध्यासिंह उपाध्याय ने आरम्भ में 'हाथ आजमाने के लिए' रुक्मिणी परिणय और प्रद्युम्नविजय व्यायोग नामक नाटक लिखे थे। पं. ज्वाला प्रसाद मिश्र ने संस्कृत नाटकों के अनुवाद के अतिरिक्त 'सीता वनवास' नाम का एक नाटक भी लिखा था जिसमें भवभूति के उत्तररामचरित की कुछ झलक थी। बलदेव प्रसाद मिश्र ने तीन अच्छे रूपक लिखे थे। प्रभासमिलन ब्रज के नंद, यशोदा, गोपियों का प्रभासक्षेत्र में वासुदेव, कृष्ण, बलराम आदि से भेंट होने का मार्मिक प्रसंग लेकर बड़ी सहृदयता के साथ रचा गया था। मीराबाई नाटक भक्तिभाव जगाने वाला उत्तम नाटक है। लल्ला बाबू समाज का एक छोटा सा खंडचित्र दिखाने वाला अच्छा प्रहसन है। शिवनन्दन सहाय का सुदामा नाटक भी उल्लेख योग्य है। शुक्ल जी ने इस क्रम में राय देवीप्रसाद पूर्ण के चन्द्रकलाभानुकुमार का उल्लेख किया है, पर वह भी इतिहास के मध्ययुग के राजकुमारों और राजकुमारियों का जीवन सामने लाता है। शुक्ल जी के अनुसार यह नाटक 'शुद्ध साहित्यिक उद्देश्य से लिखा गया था, अभिनय के उद्देश्य से नहीं।[420]

इन नाटकों के आधार पर शुक्ल जी ने निष्कर्ष प्रस्तुत किया कि ''नाटक की कथावस्तु के लिए लोगों का ध्यान अधिकतर ऐतिहासिक और पौराणिक प्रसंगों की ओर ही गया है। वर्तमान सामाजिक और पारिवारिक जीवन के विविध उलझे हुए पक्षों का सूक्ष्मता के साथ निरीक्षण करके उनके मार्मिक या अनूठे चित्र खड़ा करने वाली उद्‌भावना उनमें नहीं पायी जाती।''[421]

यद्यपि उर्दू साहित्य के इतिहासकारों ने अमानत लिखित इन्दर सभा (1852) को उर्दू का पहला नाटक माना है, पर हम उसे फारसी लिपि में लिखित और प्रकाशित हिन्दी का पहला नाटक भी मान सकते हैं। तत्पश्चात् उर्दू के लेखकों ने नाट्य लेखन में बहुत रुचि नहीं ली। सत्येन्द्र तनेजा के अनुसार 1870–75 तक छोटी बड़ी पारसी कंपनियाँ हिन्दी प्रदेश के प्रमुख नगरों में अनेक नाटक खेल चुकी थीं।[422] पर उन्होंने 1875 के पूर्व पारसी नाटक कम्पनियों के हिन्दी क्षेत्र में सक्रिय होने का कोई ठोस प्रमाण नहीं दिया है। डॉ बच्चन सिंह के अनुसार 1853 में पहली नाटक मंडली की स्थापना हुई। इस मंडली के प्रधान थे फराम जी गुस्ताद जी दलाल। सन् 61 तक लगभग

बीस नाटक मंडलियाँ जनमीं और मरीं।[423] पर बच्चन सिंह ने अपने कथन के समर्थन में कोई ठोस प्रमाण नहीं दिया है। रामचन्द्र शुक्ल के अनुसार 1875 के आसपास सेठ पिस्टन जी फ्राम जी ने 'ऑरिजिनल थिएट्रिकल कम्पनी' की स्थापना की। इसने रौनक बनारसी द्वारा रचित नाटक अभिनीत किये। रौनक का एक नाटक इन्साफे–महमूदशाह 1882 में बम्बई में छपा था।[424] बच्चन सिंह ने इसकी स्थापना '1870 के लगभग' बतायी है। उनके अनुसार पिस्टन जी स्वयं अच्छे अभिनेता थे। खुरशेद जी बल्लीवाला, सोहराब जी और जहाँगीर जी इस थिएटर के कुशल अभिनेताओं में से थे। इनके मंच पर खुदा दोस्त, चाँद बीबी, लैला मजनू आदि नाटक खेले गये।[425] सेठ पिस्टन जी के देहान्त के बाद खुर्शीद जी बालीवाला ने 'विक्टोरिया नाटक कम्पनी' तथा काउस जी ने 'एल्फ्रेड थिएट्रिकल कम्पनी' की स्थापना की। बच्चन सिंह के अनुसार बालीवाला अच्छे हास्य अभिनेता के रूप में प्रसिद्ध थे। इनके प्रमुख नाटककार थे मुंशी विनायक प्रसाद तालिब। 'विक्टोरिया नाटक कम्पनी' ने 1877 के दिल्ली दरबार में अभिनय किये थे। इस कम्पनी के प्रमुख नाटककार विनायक प्रसाद 'तालिब' बनारसी थे। उनका एक प्रसिद्ध नाटक लैलो–नहार है, जो लॉर्ड लिटन की एक पुस्तक का रूपान्तर है। तालिब के अन्य नाटक विक्रम विलास, दिलेर दिलशेर, नाजाँ, निग़ाहे–ग़फ़लत, गोपीचन्द आदि हैं। 'विक्टोरिया नाटक कम्पनी' के एक नाटककार सैयद मेंहदी हसन लखनवी थे, जिनके नाटक फ़ीरोज़ गुलज़ार, चन्द्रावली, दिलफ़रोश, भूलभुलैयाँ, बकावली और चलता पुर्जा हैं। इनमें चलता पुर्जा बहुत प्रसिद्ध हुआ। 'अल्फ्रेड थिएट्रिकल कम्पनी' के ही नाटककार नारायण प्रसाद 'बेताब' का नाटक क़त्ले–नज़ीर 1900 के पूर्व मंचित हुआ था।[426]

नाटक और रंगमंच का अन्योन्याश्रित सम्बन्ध है। हिन्दी के प्रथम नाटक इन्दर सभा के बारे में बहुत दिनों तक यह धारणा प्रचलित रही कि लखनऊ के नवाब वाजिद अली शाह के आदेश पर 'अमानत' ने यह नाटक लिखा था जो कैसरबाग में खेला जाता था और स्वयं वाजिद अली शाह भी इसमें अभिनय करते थे। पर उर्दू साहित्य के प्रसिद्ध इतिहासकार एहतेशाम हुसैन ने इसका खंडन किया है। उनके अनुसार 'अमानत' ने अपने एक मित्र के अनुरोध पर यह नाटक लिखा था और बाद में इस नाटक के बारे में एक लेख भी लिखा था, जिससे सिद्ध होता है कि यह धारणा किसी भ्रम की उपज थी। एहतेशाम हुसैन ने इस नाटक के मंच पर खेले जाने का तो कोई निश्चित प्रमाण नहीं दिया है, पर अनुश्रुतियों, और उन्हीं की बातों से प्रमाणित होता है कि यह नाटक लोकप्रिय था। एहतेशाम हुसैन के अनुसार "इसकी भाषा इतनी सरल, गीत इतने मधुर और कथा इतनी रोचक है कि उस समय की जनता इसे देखकर

सबकुछ भूल जाती थी।....इसको देखकर और बहुत सी 'सभाएँ' लिखी गयीं, लेकिन कोई 'सभा' इसकी लोकप्रियता को नहीं पहुँच पायी।''[427]

1878 के आसपास विकसित रंगमंच परम्परा नहीं थी। यद्यपि पारसी नाटक कंपनियों ने नाटकों का मंचन शुरू कर दिया था, पर उनका उद्देश्य शुद्ध मनोरंजन होता था और उनके नाटक कथ्य और भाषा की दृष्टि से समय से कटे हुए, संवेदना की कसौटी पर खरे न उतरने वाले और असर्जनात्मक भाषा के उदाहरण होते थे। अव्यावसायिक मंडलियाँ भी उच्च कोटि के अभिनय और उनके अनुरूप मंचन की व्यवस्था करने में असमर्थ रहती थीं। काशी के नाटककार अंबिकादत्त व्यास ने अपनी ललिता नाटिका (1878) की भूमिका में लिखा है कि ''यदि कुछ लोगों ने नाटक करने को परिकर बाँधा भी तो हा–हू करके हाथ दिखलाकर कूद–फाँद करके रह जाते हैं।'' उन्होंने मथुरा प्रदेश की रासधारी मंडलियों का उल्लेख किया है, जो नाच–कूद के अलावा कुछ अधिक नहीं करते।[428] भारतेन्दु ने इसी प्रकार के नाटकों को 'भ्रष्ट' कहा था। इसीलिए भारतेन्दु ने रासधारियों के लिए चन्द्रावली नाटिका और श्रीरामलीला की रचना की और पं. अंबिकादत्त व्यास ने काशी की 'ब्रह्मामृतवर्षिणी सभा' के लिए ललिता नाटिका लिखी, ताकि रासधारी आसानीपूर्वक अभिनय कर सकें।[429]

भारतेन्दु युग में 'नाटक' और 'रंगमंच' एक दूसरे से जुड़े हुए थे। प्रायः नाटककार अपने नाटकों के अभिनय में तो महत्त्वपूर्ण भूमिका अपनाता ही था, अन्य समकालीन नाटककारों के अभिनय में भी हिस्सा लेता था। शीतला प्रसाद त्रिपाठी का जानकी मंगल (1868) रंगमंच की दृष्टि से लिखे जाने के कारण हिन्दी नाट्य परम्परा की एक महत्त्वपूर्ण रचना है। इसमें भारतेन्दु ने लक्ष्मण का अभिनय किया था। भारतेन्दु ने अपने प्रायः सभी मौलिक और अनूदित नाटकों में केन्द्रीय भूमिका निभायी थी। .....अन्य इस युग के अन्य नाटककार भी दूसरे नाटककारों की रचनाओं के मंचन में भाग लेते थे। कहा जाता है कि ....के अभिनय में प्रतापनारायण मिश्र को अपने पिता से मूँछ मुड़ाने की अनुमति लेनी पड़ी थी। पर आज की तरह समकालीन नाटक से रंगमंच का अलग अस्त्वि निर्मित नहीं हुआ था। 1870 के दशक में पारसी नाटक कम्पनियों की स्थापना उत्तर भारत में हो चुकी थी, पर उनमें सात्विकता के गुण न थे और वे सामान्य मनोरंजन के साधन मात्र थे।

भारतेन्दु हिन्दी में रंगमंच के विकास के लिए कितने चिन्तित थे, इसका पता उनके समकालीन नाटक–विरोधियों को संबोधित करने से पता चलता है। उन्होंने उनसे निवेदन किया था : ''अहा! हे नाटकविरोधि मानवगण! आपलोग इस चमत्कार–कार्य में क्यों उत्साह नहीं बढ़ाते....जहाँ तक हो सकै इसकी

उन्नति में प्रयत्न करैं जिससे देशवासियों का उपकार हो, क्योंकि नाटकों का अभिनय करना सहृदयजनों के समाज को, देश की कुचालों को सुधारने वाला और कुशल करने वाला है।[430] उन्होंने यह सब केवल लिखा ही नहीं, बल्कि स्वयं करके भी दिखाया। 3 अप्रैल, 1868 को काशी के 'बनारस थिएटर' में शीतला प्रसाद त्रिपाठी के नाटक जानकी मंगल का मंचन हुआ था, जिसमें, कहा जाता है, काशीनरेश भी नाटक देखने आये थे और किशोर हरिश्चन्द्र ने लक्ष्मण का अभिनय किया था। नाटक की 'भूमिका' से यह भी पता चलता है कि यह मंचन के लिए ही लिखा गया था। इसी वर्ष हरिश्चन्द्र ने बँगला से विद्यासुन्दर का अनुवाद प्रस्तुत किया था। हरिश्चन्द यहीं रुक नहीं गये। 1870 में उन्होंने अपने निवासस्थान रामकटोरा बाग में 'कविता वर्द्धिनी सभा' की स्थापना की, जहाँ अनेक नाटक खेले गये, जिनमें काशीनाथ खत्री का बाल विधवा संताप और अम्बिकादत्त व्यास का गो संकट प्रमुख हैं। 1873 में उन्होंने 'सिटी रीडिंग सभा' को 'पेनी रीडिंग क्लब' में परिवर्तित करके वहाँ गायन, वादन और अभिनय का कार्य शुरू करा दिया। इसी क्लब में स्वयं भारतेन्दु ने श्रान्त पथिक और चूसा पैगम्बर के स्वांग दिखाये।[431] इन नाट्य प्रस्तुतियों में प्रधानता तो वाचिक और सात्विक अभिनय की ही होती थी, पर यथासम्भव आंगिक, आहार्य पक्ष पर भी ध्यान दिया जाता था।

इसके साथ ही हरिश्चन्द्र ने मौलिक नाटकों की भी रचना शुरू कर दी और वैदिकी हिंसा हिंसा न भवति से आरम्भ कर अँधेर नगरी तक उन्होंने अनेक मंचोपयोगी नाटकों की रचना की। इनमें वैदिकी हिंसा हिंसा न भवति और अँधेर नगरी 'प्रहसन' थे, विषस्य विषमौषधम् 'भाण', सती प्रताप 'नाटक', चन्द्रावली और प्रेमजोगिनी 'नाटिका', नीलदेवी 'गीतिरूपक'तथा भारतदुर्दशा 'लास्यरूपक'।[432] उल्लेखनीय है कि भारतेन्दु ने संस्कृत रूपकों से प्रेरणा लेकर भी उनका अन्धानुगमन नहीं किया। उन्होंने अभिनय के सौकर्य को ध्यान में रखते हुए उनमें यथास्थान परिवर्तन भी किये। भारतेन्दु ने अनेक नाट्य प्रयोग किये। वे स्वयं रंगकर्मी थे, नाटक में अभिनय करते थे। उनके समय में एक तरफ तो संस्कृत नाटक और रंगमंच की रूढ़ियाँ थीं, दूसरी तरफ अंग्रेजी रंगमंच, विशेषकर शेक्सपीयरीय रंगमंच, का प्रभाव पड़ रहा था। पर उन्होंने न तो भारतीय रंगमंच की परम्परा का अनुकरण किया न ही शेक्सपीयरीय रंगमंच की नकल की। उन्होंने दोनों से प्रभाव ग्रहण किये ; पर विशेष रूप से लोकनाट्य से प्रेरणा ली। बच्चन सिंह के अनुसार उनके नाटकों पर नौटंकी का अधिक प्रभाव है।[433] इस कारण उनके नाटकों में एक ऐसी मौलिकता आ गयी, जो उनके पूर्व नहीं थी। अतः यदि भारतेन्दु को हिन्दी रंगमंच का प्रतिष्ठापक कहा जाय तो असंगत न होगा।

भारतेन्दु से प्रेरणा लेकर काशी, कानपुर, आगरा, दिल्ली, प्रयाग, मिर्जापुर, मुरादाबाद, पटना, मझोली गोरखपुर, वृन्दावन आदि शहरों में भी नाटकों का लेखन और अभिनय आरम्भ हो गया।[434] महेश आनन्द के अनुसार भारतेन्दु की प्रेरणा से ही 1884 में नेशनल थिएटर बना। अँधेर नगरी की रचना भारतेन्दु ने इसी संस्था के लिए की थी। इनके अतिरिक्त भारतेन्दु के नाटक उनके निवासस्थान और काशीनरेश की सभा में खेले गये।[435] महेश आनन्द के अनुसार भारतेन्दु ने केवल 17 वर्षों में नाट्यलेखन, निर्देशन और अभिनय–रंगमंच के तीनों क्षेत्रों में जो कार्य किया वह अविस्मरणीय है। उन्हीं की प्रेरणा से उनके काल में, और उनके बाद भी, प्रयाग में 'आर्य नाट्य समाज'(1870–71) और 'श्री रामलीला नाटक मंडली'(1898–1907), कानपुर में पं. रामनारायण त्रिपाठी की मंडली (1876), 'भारत एंटरटेनमेंट क्लब' (1885), 'भारत मनोरंजनी सभा', 'एम.ए. क्लब' (1886), 'ए. बी. क्लब' (1887) तथा 'रसिक मंडल' (1897), पटना में 'पटना नाटक मंडली' (1876), बलिया में 'बलिया नाट्य समाज'(1884), मुजफ्फरपुर में 'धर्म संरक्षिणी सभा' (1886), आरा में 'जैन नाटक मंडली (1897) आदि रंग–मंडलियों की स्थापना हुई जिनमें अनेक नाटक प्रदर्शित किये गये।[436]

महेश आनन्द के अनुसार काशी के बाहर स्थापित नाट्यमंडलियों में सर्वप्रथम प्रयाग की 'आर्य नाट्य सभा' ने (1870–71) हिन्दी नाटक प्रस्तुत किये। इस मंडली ने श्रीनिवासदास के नाटक रणधीर प्रेम मोहिनी (6 दिसम्बर, 1871), शीतला प्रसाद त्रिपाठी के जानकीमंगल और देवकीनन्दन त्रिपाठी के जयनार सिंह (26 अगस्त 1876) प्रदर्शित किये। पटना में केशवराम भट्ट ने 'पटना नाटक मंडली' की स्थापना करके शमशाद सौसन और सज्जाद संबुल का प्रदर्शन किया (दिसंबर, 1876) और आरा के नाटककार जैनेन्द्र किशोर ने 'जैन नाटक मंडली' की स्थापना करके जैन धर्म सम्बन्धी नाटक प्रस्तुत किये। बलिया में पं. रविदत्त शुक्ल के प्रयत्नों से 'बलिया नाटक समाज' ने सत्य हरिश्चन्द्र और नीलदेवी का मंचन किया (1884) तथा मुजफ्फरपुर में 'धर्म संरक्षिणी सभा' के द्वारा अम्बिकादत्त व्यास का धर्म सभा रूपक अभिनीत हुआ।[437]

काशी के बाहर हिन्दी रंगमंच को मान्यता कानपुर के रामनारायण त्रिपाठी 'प्रभाकर' और पं. प्रतापनारायण मिश्र के प्रयासों द्वारा मिली। त्रिपाठी जी ने 1876 में भारतेन्दु के सत्य हरिश्चन्द्र और वैदिकी हिंसा हिंसा न भवति प्रस्तुत करके हिन्दी नाटकों के प्रदर्शन की परम्परा को आगे बढ़ाया। मिश्र जी ने 1882 में भारतेन्दु के ही नीलदेवी और अँधेर नगरी का प्रदर्शन किया। कानपुर के ही बंगाली समाज द्वारा प्रस्तुत भारत दुर्दशा (1885) नाटक के

प्रदर्शन की दुर्दशा देखकर उन्होंने 'भारत मनोरंजनी सभा' की स्थापना की और हठी हमीर तथा जयनार सिंह (26 नवंबर, 1887), कलिकौतुक, गोसंकट (28 नवंबर, 1887) की प्रस्तुति द्वारा नाट्यप्रदर्शन के वास्तविक रूप को सामने रखा।[438] 1892 में भारतेन्दु की अँधेर नगरी के अनुकरण पर विजयानन्द ने महा अन्धेर नगरी और और 1895 में देवदत्त शर्मा ने अति अन्धेर नगरी की रचना की, पर ये रचनाएँ अपना विशेष प्रभाव न छोड़ सकीं।

बच्चन सिंह ने भारतेन्दु युग के नाटकों को 'रोमांटिक', 'सामाजिक', 'ऐतिहासिक', 'पौराणिक', 'राष्ट्रीय' और 'प्रहसन' कोटियों में विभाजित किया है। उनके अनुसार इन नाटकों के सृजन के पीछे तत्कालीन सामाजिक परिस्थितियों का विशेष योग था। उनका मानना है कि रोमांटिक नाटकों पर रीतिकालीन परिवेश और परवर्ती प्रेमाख्यानकों का प्रभाव दिखायी पड़ता है।[439] सामाजिक प्रहसनों का मुख्य उद्देश्य था समाज सुधार। पौराणिक नाटकों द्वारा अपनी विस्मृत संस्कृति की याद ताजा की गयी और सत्य, दान परोपकार, पतिव्रत्य आदि मूल्यों का प्रतिपादन किया गया। देशदुर्दशा सम्बन्धी नाटकों द्वारा राष्ट्रीय भावना को जगाने का प्रयत्न हुआ और प्रहसनों द्वारा समाज की असंगतियों पर प्रहार किया गया। डॉ सिंह ने लाला श्रीनिवासदास कृत 'रणधीर प्रेममोहिनी' और 'मयंकमंजरी' को 'रोमांटिक', बालकृष्ण भट्ट कृत 'जैसा काम वैसा परिणाम' और राधाकृष्णदास के 'दु:खिनी बाला', 'लाला जवाहरलाल' वैद्य आदि को 'सामाजिक', जिनमें नारी समस्या, पतिव्रत्य के महत्त्व आदि पर जोर दिया गया है, भारतेन्दु रचित नीलदेवी, राधाकृष्णदास कृत महाराणा प्रताप सिंह, संयोगिता स्वयंवर, श्रीनिवासदास के संयोगिता स्वयंवर, काशीनाथ खत्री के सिन्धुदेश की राजकुमारियाँ और गुन्नौर की रानी, शालिग्राम के पुरुविक्रम, राधाकृष्णदास के महारानी पद्मावती आदि को 'ऐतिहासिक रोमांस', श्रीनिवासदास कृत प्रह्लाद चरित, बालकृष्ण भट्ट कृत वृहन्नला, वेणु संहार आदि को 'पौराणिक', देवकीनन्दन सिंह के जयनार सिंह, राधाचरण गोस्वामी के तनमन धन श्री गोसाईं जी के अर्पण, राधाकृष्णदास के 'बूढ़े मुँह मुँहासे', 'देशी कुतिया विलायती बोल', कमलमोहिनी भँवरसिंह नाटक, खड्गबहादुर मल्लकृत भारत आरत, गोपालराम गहमरी के 'देश दशा', अंबिकादत्त व्यास के 'देशी घी और चर्वी', विजयानन्द कृत अति अन्धेर नगरी आदि को 'प्रहसन' कहा है।[440]

19 वीं शताब्दी के अन्तिम वर्षों में प्रयाग में माधव शुक्ल, महादेव भट्ट और गोपालदत्त त्रिपाठी ने 'श्री रामलीला नाटकमंडली' की स्थापना करके हिन्दी के अव्यावसायिक रंगमंच को एक नया मोड़ दिया। माधव शुक्ल ने सीता स्वयंवर (1898) की रचना और प्रस्तुति में भाषा, वेशभूषा, भाव आदि में सामयिकता

एवं नवीनता का समावेश करके दर्शकों को आकृष्ट करने में सफलता प्राप्त की। इस संस्था के संचालकों में माधव शुक्ल अच्छे नाटककार, निर्देशक और अभिनेता थे। यही कारण था कि वे बहुत कम समय में ही हिन्दी रंगजगत् में प्रसिद्ध हो गये। इस युग के रंगमंच की सबसे प्रमुख विशेषता यह रही कि नाटकमंडलियों ने केवल मौलिक हिन्दी नाटकों का ही प्रदर्शन किया। केवल कानपुर के 'भारत एंटरटेनमेंट क्लब' और 'ए. बी. क्लब' ने क्रमशः अंजाम ए बदी और सदम ए इश्क नामक पारसी शैली के नाटक खेले। इस युग में संस्कृत, बँगला और अंग्रेजी के कई नाटकों के अनुवाद हुए पर दो–तीन नाटकों के अतिरिक्त कोई भी अनूदित नाटक नहीं खेला गया। पटना में केशवराम भट्ट द्वारा प्रस्तुत शमशाद सौसन और सज्जाद संबुल उपेन्द्रनाथ दास के बँगला नाटक सुरेन्द्र विनोदिनी और शरत् सरोजिनी के अनुवाद थे और लखनऊ की 'विद्यांत नाट्यशाला' में रामगोपाल विद्यांत ने रामाभिषेक नामक बँगला नाटक का अनुवाद प्रदर्शित किया।[441]

इस युग में पारसी मंडलियों के अतिरिक्त हिन्दी रंगमंच की व्यावसायिक स्तर पर कोई मंडली नहीं थी। केवल काशी में पं. दामोदर शास्त्री ने एक मंडली की स्थापना करके श्रीनिवासदास के प्रह्लाद चरित और भारतेन्दु के वैदिकी हिंसा हिंसा न भवति का प्रदर्शन किया। पर यह कम्पनी चली नहीं। भारतेन्दु के बाद तो कोई भी सफल रंगमंडली नहीं बनी। 1898–1907 में प्रयाग की 'श्री रामलीला मंडली' ने ही हिन्दी रंगमंच के क्षेत्र में मौलिकता का परिचय दिया और प्रसाद युग के रंगमंच के लिए प्रेरणा भी बनी।[442]

महेश आनन्द के अनुसार इस युग में नाटककार, रंगमंडली, अभिनेता और दर्शक, चारों का परस्पर गहरा सम्बन्ध था। इस युग के प्रायः सभी नाटककार अव्यावसायिक रंगमंडलियों से जुड़े हुए थे। इन नाटककारों ने रंगमंच की प्रत्येक समस्या का सामना करते हुए दर्शकों के लिए सभी तरह के नाटकों की रचना की। भारतेन्दु युग के अधिकतर नाटककारों ने दर्शक के महत्त्व को पहचाना और मंचन की सफलता की ओर ध्यान दिया। भारतेन्दु ने नाटक लिखते समय अभिनेता का भी ध्यान रखा।[443]

परदों को अपनाने के बावजूद भारतेन्दु द्वारा परिकल्पित रंगमंच जनसमूह का रंगमंच था, जिसमें किसी प्रकार की बनावट और आडंबर के लिए कोई स्थान न था। इसके लिए उन्होंने परम्परागत मंच के व्यवहारों और रूढ़ियों को ही अधिक अपनाकर रंगमंच को नया रूप दिया। उन्होंने जिन कथानकों का चयन किया और जिस दृष्टिकोण से उनमें लीलानाटकों की तरह झाँकियों, वैष्णव नाटकों की तरह गीत और पद्यबद्ध संवादों का समावेश किया, वह उनकी लोकचेतना को जाहिर करता है।[444] प्रायः नाटककार ही प्रदर्शन सम्बन्धी

सभी कार्यों में रुचि लेते थे। प्रस्तुति में संवादों पर ही अधिक बल दिया जाता था। इससे अभिनेता महत्त्वपूर्ण हो जाता था। अभिनेता को प्रमुखता मिलने के कारण नाटकों में चित्रित भावदशाओं को अधिकाधिक उभारने का प्रयास किया जाता था। इसकी पुष्टि गोपालराम गहमरी की 'कुंभ की यात्रा' शीर्षक संस्मरण से होती है, जो 28 अप्रैल, 1927 के दैनिक आज में प्रकाशित हुई थी।[445] गहमरी जी ने लिखा था :

"जब काशी के भारतेन्दु बाबू हरिश्चन्द्र ने बलिया में 'सत्य हरिश्चन्द्र' नाटक स्वयं हरिश्चन्द्र बनकर खेला था, जिसमें हिन्दी के सुलेखक 'दुःखिनी बाला' के लेखक बाबू राधाकृष्ण दास सरीखे हिन्दी सेवक और रविदत्त शुक्ल जैसे कवियों ने पार्ट लिया था, उस समय परदा और सीनों का सुन्दर जमाव नहीं था ; लेकिन जो कुछ स्टेज उस समय बना था—बजाज के कपड़े तानकर जो काम भारतेन्दु जी ने कर दिखाया था उसकी महिमा यूरोपियन लेडियों तक ने गायी थी। उस समय के कलक्टर साहब की मेम ने आँसुओं से भरा रूमाल निचोड़कर जब साहब की मार्फत भारतेन्दु जी से आग्रह किया था कि रानी शैव्या का श्मशान में विलाप अब धीरज छुड़ा रहा है—सीन बदला जाय ; तो इस पर सत्य हरिश्चन्द्र बने भारतेन्दु ने स्वयं 'ओवर ऐक्ट' किया था और दर्शकमंडली में करुणा के मारे त्राहि—त्राहि मच गयी। पात्रों का शुद्ध उच्चारण हमने उसी समय हिन्दी के नाटक—स्टेज पर सुना था। जहाँ हिन्दी के बड़े बड़े जर्रार लेखक रहते हैं, वहाँ भी हिन्दी के नाटक हमने देखे हैं, लेकिन उनके पात्रों का उच्चारण और चरित्रचित्रण देखकर यही कहना पड़ता है कि अच्छे नाटक लिखे रहने पर भी हिन्दी का प्रसार नाटकों के स्टेज पर होने को अभी बहुत दिन बाकी हैं।[446]

गहमरी जी के इस संस्मरण से उस समय के नाटकों की प्रदर्शन शैली की झलक मिलती है। इसी प्रकार 'आर्य नाट्य समाज' द्वारा प्रस्तुत रणधीर प्रेम मोहिनी के सन्दर्भ में शालिग्राम वैश्य की टिप्पणी भी उस समय की अभिनय पद्धति और दर्शकवर्ग की रुचि का संकेत देती है।[447] इससे स्पष्ट है कि किसी भावविशेष को उभारकर नाटकीय वातावरण को प्रभावी बनाना उस समय की अभिनय पद्धति की एक विशेषता थी।

उन्नीसवीं सदी के लगभग अन्त तक झाँसी में भी अव्यावसायिक रंगमंच की स्थापना हो चुकी थी, जिसका परिचय वृन्दावनलाल वर्मा ने अपने पृथ्वीराज कपूर अभिनन्दन ग्रंथ में प्रकाशित संस्मरण में दिया है।[448]

भारतेन्दु के समय में ही पारसी रंगमंच का आगमन हो चुका था, जिसका प्रभाव हिन्दी रंगमंच पर दिखाई पड़ने लगा था। इसका प्रमाण कानपुर के किसी बंगाली समाज द्वारा भारत दुर्दशा के अभिनय पर दुःखी होकर प्रतापनारायण

मिश्र की प्रतिक्रिया 'भारत दुर्दशा की दुर्दशा' से मिलता है।[449] भारत दुर्दशा के इस अभिनय से खीजकर मिश्र जी ने 'भारत मनोरंजिनी सभा' की स्थापना की थी, जहाँ अनेक नाटकों के अभिनय हुए थे।

भारतेन्दुयुगीन नाटकों की रचनापद्धतियों के सम्बन्ध में सुरेश अवस्थी का कहना है कि "एक ओर तो यह संस्कृत नाटक साहित्य तथा लोकनाट्य परम्परा से प्रेरणा ले रहा था, और उसके अनेक कलात्मक तत्त्वों को ग्रहण कर रहा था, और दूसरी ओर पश्चिमी नाट्य व्यवहारों का भी प्रभाव उस पर पड़ रहा था। उस युग के नाटककार बराबर दृश्यों के बदलने और परदों के प्रयोग की बात करते हैं। इसके साथ ही भारतेन्दुयुगीन नाटक साहित्य में मध्ययुगीन लोकनाट्यरूपों, झांकियों और लीलानाटकों के रचनानियम और व्यवहार भी देखे जा सकते हैं। इन नाटकों में अनेक ऐसे दृश्य हैं जिनमें रंगमंच पर उसी प्रकार की चित्रोपम झाँकियाँ सजायी जा सकती हैं जैसी कि लीलानाटकों में तथा अन्य धार्मिक प्रसंगों से सम्बन्धित शोभायात्राओं में होती हैं। भारतेन्दु और उनके युग का नाटक साहित्य अपने समय के व्यावसायिक पारसी रंगमंच से अलग है, और उसने अपने लिए एक अव्यावसायिक रंगमंच की सृष्टि की, फिर भी इन नाटकों की संरचना में पारसी रंगमंच के प्रभाव भी स्पष्ट हैं। पारसी रंगमंच का प्रभाव हम 'सत्य हरिश्चन्द्र' आदि मौलिक तथा अनूदित नाटकों में देख सकते हैं। इसी प्रकार भारतेन्दुयुगीन प्रहसन भी लोकपरम्परा से सम्बद्ध हैं, और उनका रूपविधान 'रंगमंचविहीन' नकल, स्वांग आदि के रूपशिल्प से प्रभावित है।"

भारतेन्दु के बाद किसी भी महत्त्वपूर्ण रंगमंचीय संस्था के सक्रिय होने का विवरण प्राप्त नहीं होता। प्रयाग की 'श्री रामलीला नाटक मंडली' की स्थापना 1896 में हुई जो कुछ दिनों तक सक्रिय रही। इसका कारण भारतेन्दु जैसे घरफूँक तमाशा देखने वाले साहित्यसेवियों की कमी, समकालीन समाज में नाटक के प्रति उत्साह का अभाव और सरकारी उपेक्षा कही जा सकती है। साधनहीनता के कारण उन्नीसवीं शताब्दी का अव्यावसायिक रंगमंच समाप्त होता गया और पारसी नाट्यमंडलियों का वर्चस्व स्थापित हो गया।

उपन्यास

रामचन्द्र शुक्ल ने विवेच्य काल में हिन्दी नाटक के विकास का जितनी गहराई और विस्तार के साथ विवेचन किया है, उतना उपन्यास का नहीं। नाट्यलेखन की भारतीय साहित्य में लम्बी और समृद्ध परम्परा रही है, जबकि 'उपन्यास' यूरोप से आयी हुई नयी विधा के रूप में देखा जाता रहा है। शुक्ल जी के सामने भी उपन्यास का उन्नीसवीं सदी का यूरोपीय यथार्थवादी

उपन्यास का ढाँचा ही था जो उन्हें बँगला से प्राप्त हुआ था और जिसे उन्होंने बिना गहराई से विचार किए ही अपना लिया था। यूरोप से, वह भी विशेषकर अंग्रेजी से, 'नॉवेल' नाम की गद्यविधा पहले मराठी और बँगला में ही आयी, जिसका संस्कृत में कोई पर्याय भी नहीं था। बँगला में इस प्रकार की रचनाओं के लिए 'उपाख्यान' पद का प्रयोग हो रहा था, जो 'नॉवेल' के उपयुक्त नहीं माना जा सकता। मराठी में बाबा पदमन जी कृत यमुना पर्यटन (1854) और बँगला में प्यारीचाँद मित्र कृत आलालेर घरेर दुलाल, जिनकी पहचान आलोचकों ने 'उपन्यास' के रूप में की है, इस संज्ञा (उपन्यास) से संबोधित नहीं किया गया था। वस्तुतः 'उपन्यास' पद का 'नॉवेल' के अर्थ में प्रथम प्रयोग बँगला के लगभग अपरिचत कथाकार भूदेव मुखोपाध्याय ने, जो बिहार में शिक्षा विभाग में स्कूल इन्सपेक्टर थे और अदालतों में नागरी और हिन्दी के प्रवेश के आन्दोलन में बहुत सक्रिय भूमिका निभा रहे थे, अपने कथा–संकलन ऐतिहासिक उपन्यास के शीर्षक के लिए किया था। इसमें लगभग 60 पृष्ठों का अंगुरीय विनिमय नामक उपन्यास और लगभग 12 पृष्ठों की 'सफल स्वप्न' नामक लघुकथा संकलित थी। भूदेव बाबू ने कहीं भी यह स्पष्ट नहीं किया है कि उन्होंने बिल्कुल नये अर्थ में (क्योंकि संस्कृत नाट्यशास्त्र में यह पद सन्धियों के एक भेद के लिए प्रयुक्त होता था) इस संज्ञा का प्रयोग क्यों किया था। पर उन्होंने इसका 'नॉवेल' के लिए प्रयोग कर दिया और बंकिम बाबू को यह संज्ञा इतनी उपयुक्त प्रतीत हुई कि उन्होंने अपने प्रथम बँगला उपन्यास 'दुर्गेशनन्दिनी' के लिए इसे अपना लिया और उसके बाद तो 'नॉवेल' के लिए यह पद स्वीकार ही कर लिया गया। पर हमें यह भी नहीं भूलना चाहिए कि मराठी, गुजराती, उर्दू, तमिल, तेलुगू आदि भाषाओं में यह पद स्वीकार्य नहीं हुआ। हिन्दी में इस पद का प्रथम प्रयोग भारतेन्दु हरिश्चन्द्र ने अपनी एक अधूरी प्रकाशित कथा मालती के शीर्षक (मालती उपन्यास) में किया, पर उन्होंने भी अपनी प्रथम उल्लेखनीय (पर अधूरी) कृति एक कहानी कुछ आपबीती कुछ जगबीती (1876) के लिए इसका प्रयोग नहीं किया। वस्तुतः 'उपन्यास' पद को हिन्दी में प्रचलित और प्रतिष्ठित करने का श्रेय क्रमशः बालकृष्ण भट्ट और देवकीनन्दन खत्री को दिया जा सकता है।

1869 में खड़ीबोली की अरबी–फारसी शैली में, जिसका 'उर्दू' नाम तबतक प्रचलित हो चुका था, नज़ीर अहमद ने, जो 1857 के विद्रोह के बाद 'डिपुटी इन्सपेक्टर ऑफ स्कूल्स' नियुक्त हो चुके थे, मिरात उल उरूस (वधू दर्पण) नामक गद्यकथा लिखी जिसे उर्दू आलोचकों ने उर्दू का पहला उपन्यास कहा है। मिरात उल उरूस के बाद नज़ीर साहब ने बनात उन नाश (1872),

'तौबत उन नशूह' (1877), मोहशिनात या फसाना ए मुब्तला (1885), इब्ल उल वक्त (1888), अय्याम (1891), रूपा ए सादिक (1892) आदि उपन्यास लिखे, जिनमें से कई पर उन्हें पुरस्कार भी मिले।[450] मिरातुल उरूस और बेनातुन नहूश दोनों में लड़कियों को सुघड़ बनाने, शिक्षा प्राप्त करने और ससुराल में जीवन बिताने के सिद्धान्त बताये गये हैं। इन कथापुस्तकों में इस्लाम का महत्त्व–प्रतिपादन, बहुविवाह की निन्दा, अंग्रेजों की वेशभूषा और रहनसहन की आलोचना, आधुनिक समस्याओं को इस्लाम की सहायता से हल करने की वकालत, विधवा–विवाह का समर्थन आदि प्रमुख विषय हैं।[451] एहतेशाम हुसैन के अनुसार नज़ीर अहमद के उपन्यासों का दोष यह है कि उनके पात्र बीच बीच में धर्म और नीति पर भाषण देने लगते हैं। नज़ीर साहब के तीसरे उपन्यास तौबत उन नशूह (1877) में दिल्ली के मिटते हुए घरानों के चित्र सामने आते हैं और नज़ीर साहब का यह विचार भी कि सच्ची धार्मिकता के बिना जीवन सफल नहीं हो सकता।

नज़ीर अहमद के मिरातुल उरूस के प्रकाशन के एक वर्ष बाद, 1870 में पं गौरीदत्त की देवरानी जेठानी की कहानी प्रकाशित हुई, जो 1966 तक गुमनामी झेलने के बाद प्रस्तुत पंक्तियों के लेखक द्वारा ही सम्पादित प्रकाशित होकर हिन्दी के प्रथम उपन्यास के रूप में प्रतिष्ठित हुई। एहतेशाम हुसैन के अनुसार नज़ीर अहमद के प्रत्येक उपन्यास के असंख्य संस्करण निकल चुके हैं और बहुत सी भाषाओं में अनुवाद भी हो चुके हैं। इनकी तुलना में देवरानी जेठानी की कहानी की गुमनामी हिन्दी आलोचना की स्थिति को ही अधिक दर्शाती है। 1929 तक रामचन्द्र शुक्ल तक को इस उपन्यास के बारे में कोई जानकारी नहीं थी जिसके फलस्वरूप यह हिन्दी के प्रथम उपन्यास के रूप में नामांकित होने से रह गया।

यद्यपि नज़ीर अहमद उर्दू के प्रथम उपन्यासकार माने जाते हैं, पर वस्तुतः यह श्रेय रतननाथ 'सरशार' (1846–1902) को मिलना चाहिए जिनके उपन्यास फ़सानए–आजाद के कुछ अंश उन्नीसवीं सदी के आठवें दशक में ही उर्दू की प्रसिद्ध पत्रिका अवध अखबार में प्रकाशित हुए थे। पुस्तक रूप में इसका प्रकाशन 1880 में हुआ। यह बड़े आकार के लगभग तीन हजार पृष्ठों की, चार खंडों में प्रकाशित बृहदाकार कथा है। सरसार ने फ़सानए–आजाद के 'नये ढंग की कथा' होने का दावा किया था और उनका यह दावा निराधार नहीं है। डॉ. सत्यकाम के अनुसार आजाद कथा दास्तान परम्परा की ही रचना है। इसका विशाल आकार तो इसकी गवाही देता ही है, दास्तान की अन्य विशेषताएँ भी इसमें विद्यमान हैं। इस कथा का नायक, आजाद, एक दास्तानी नायक है, जो सुन्दर, बहादुर, बुद्धिमान, प्रतिभाशाली और आदर्श प्रेमी है।

दास्तानों की तरह आजाद कथा में भी सुसम्बद्ध कथानक का अभाव है, ढीले रूप में जुड़ी कथाओं की अन्तहीन शृंखला इसमें भी विद्यमान है। नायक बड़ी आसानी से विकट से विकट परिस्थितियों और कठिनाइयों पर विजय प्राप्त कर लेता है। इसके पात्र दास्तानों की तरह ही या तो काले हैं या सफेद। दास्तानगोओं की तरह सरशार भी तुकप्रधान गद्य के प्रेमी हैं।

फिर भी आजाद कथा दास्तानों की पुनरावृत्ति नहीं है। इसमें एक नयापन है। आजाद 'नयी रोशनी' के हिमायती, आधुनिकता के समर्थक और मध्यकालीन मूल्यों के विरोधी हैं। साथ ही वे इस्लाम के भी प्रबल समर्थक हैं, जो दास्तानों में प्रमुख है। आजाद कथा की दूसरी विशेषता, जो उसे दास्तानों से अलग करती है, अतिलौकिक घटनाओं से मुक्ति है। साथ ही इनकी योजना समकालीन संसार में की गयी है। प्रारम्भिक हिस्से में उन्नीसवीं सदी का लखनऊ पृष्ठभूमि में है जिसका यथार्थ और जीवन्त वर्णन किया गया है।

सरशार उर्दू के पहले यथार्थवादी उपन्यासकार माने जाते हैं। फसानए–आजाद में उन्होंने लखनऊ का तो सजीव चित्रण किया ही है, फ़िराक़ गोरखपुरी के अनुसार, उन्नीसवीं शताब्दी की उत्तर भारत की पूरी सभ्यता का ऐसा पूर्ण चित्र उपस्थित कर दिया है जिसे देखकर आश्चर्य होता है।[452] पुराने बिगड़े रईसों की हास्यास्पद दशा, अभिजात वर्ग के घरानों के रीतिरिवाज और महिलाओं का जीवन, बाजार, मेलेठेले, फक्कड़, चोर–उचक्के, डाकू, जमीन्दार, मौलवी, पंडित, नकली साधु, सभी की जीती जागती तस्वीरें देखने को मिल जाती हैं, और तत्कालीन भारतीय जीवन के अच्छे–बुरे सभी पहलू सामने आ जाते हैं।[453] एहतेशाम हुसैन के अनुसार उन्होंने लखनऊ के उस जीवन का चित्रण किया है, जो वहाँ की नवाबी के मिटने के बाद परम्परा के रूप में जीवित था। वह इस जीवन को आदि से अन्त तक जानते थे इसलिए उन्होंने बड़ी कलाकारी से ऐसे चित्र खींच दिए हैं, जो उस सभ्यता के मूल्यांकन में बहुत सहायक हैं। हुसैन साहब के अनुसार सरशार पर प्रसिद्ध स्पेनी उपन्यासकार सर्वान्तीस का गहरा प्रभाव था और फसानए–आजाद इसका अपवाद नहीं है। इसके पात्र उसी प्रकार जीवन के बिगड़े हुए चित्र हैं, जैसे कार्टून में मिलते हैं, लेकिन उनका विवरण पाठक को यथार्थ तक ले जाता है।[454]

फ़िराक़ साहब के अनुसार फ़सानए–आज़ाद की तत्कालीन ख्याति का आधार 'सरशार' की लेखन–शैली है। इसमें सन्देह नहीं कि वे कहीं कहीं बहुत कठिन फारसी–अरबी बहुल भाषा लिखते हैं और कभी कभी फारसी और अरबी के पैरे के पैरे लिख डालते है, फिर भी साधारणतः वे बड़ी ही चलताऊ और चुलबुली और मुहावरों से युक्त भाषा लिखते हैं। 'सरशार' ने

दिखा दिया है कि वे हर तरह की भाषा, यहाँ तक कि अशिक्षितों की गलत उर्दू, बंगालियों की टूटी–फूटी उर्दू और ग्रामीणों की अवधी भी अधिकारपूर्वक लिख सकते हैं। उनकी अरबी, फारसी, अवधी सब अपनी अपनी जगह जमी हुई है और उनके चरित्रचित्रण को उभारकर रख देती है।[455] एहतेशाम हुसैन के अनुसार सरशार के समान 'भाषा पर अधिकार रखने वाले उर्दू में बहुत कम लेखक हैं।[456] सरशार के अन्य उपन्यास हैं : जामे सरशार, सैरे कोहसार, कामिनी, बिछड़ी दुल्हन, पी कहाँ, कुड़मधुम आदि।

यद्यपि नज़ीर अहमद पूरे आठवें दशक तक उपन्यास लिखते रहे, पर किसी प्रोत्साहन के अभाव में गौरीदत्त का देवरानी जेठानी की कहानी के बाद कोई अन्य उपन्यास प्रकाशित नहीं हुआ। पर इसी दशक में दो अन्य कथाकारों ने इस परम्परा को आगे बढ़ाया। 1872 में ईश्वरी प्रसाद और कल्याण राय ने वामाशिक्षक नामक गद्यकथा की रचना की, जो 11 वर्ष बाद 1883 ई. में प्रकाशित हुई। ईश्वरीप्रसाद–कल्याण राय भी मेरठ के निवासी थे और आश्चर्य नहीं कि उन्हें गौरीदत्त से अपनी पुस्तक लिखने की प्रेरणा मिली हो। पर अपनी पुस्तक की 'भूमिका' में उन्होंने अपने प्रेरणास्रोत के रूप में नज़ीर अहमद के मिरातुल उरूस (वधू दर्पण) का नाम लिया है। अपनी 'भूमिका' में उन्होंने आशा व्यक्त की है कि "इस पुस्तक से हिन्दुओं की लड़कियों को हिन्दुओं की रीतिभाँति के अनुसार लाभ पहुँचेगा" इससे स्पष्ट है कि लेखकद्वय ने हिन्दुओं की कन्याओं के चरित्रनिर्माण तथा उन्हें सामाजिक कुरीतियों और पाखंडों से विमुख करने और बचाने के उद्देश्य से इस कथा की रचना की थी। इसकी भाषा भी मिरातुल उरूस की तरह टकसाली खड़ीबोली, पर अरबी–फारसी शब्दों के स्थान पर बोलचाल के संस्कृत शब्दों से युक्त है। इसका कथ्य भी देवरानी जेठानी की कहानी के समान ही है, पर आकार में यह उससे लगभग पाँचगुनी बड़ी है ; फलस्वरूप इसमें कथ्य के विस्तार, चरित्रचित्रण और संवाद–योजना के लिए अधिक स्थान मिल गया है। कथ्यविषयक एक अन्तर यह भी है कि जहाँ प्रथम का केन्द्रीय विषय एक बनिया–परिवार से सम्बद्ध है, वहाँ दूसरी में 'ढाई गाँव के जमीन्दार' लाला भगवानदास के परिवार की कथा प्रस्तुत की गयी है, जिसकी केवल जमीन्दारी से ही दो–ढाई सौ रुपये की प्रतिमाह आमदनी है। यह कहानी उस समय के अपेक्षाकृत उच्चमध्यवर्गीय कायस्थ परिवार का प्रतिनिधित्व करती है। मध्यवर्गीय बनिया परिवार जहाँ व्यापार और दूकानदारी से जीविकोपार्जन करता था वहाँ कायस्थ समाज अधिकतर अदालतों और सरकारी दफ्तरों से जुड़ा हुआ था। कायस्थ समाज में जमीन्दार भी पर्याप्त संख्या में थे, यद्यपि वे खेती प्रायः नहीं करते थे। कायस्थ समाज में शिक्षा का काफी प्रचार था

और उर्दू–फारसी तो उनकी सांस्कृतिक भाषा ही थी। ब्रिटिश शासन की स्थापना के बाद उनमें अंग्रेजी शिक्षा का विशेष प्रचार हुआ। अंग्रेजों के प्रति उनकी राजभक्ति भी स्वाभाविक थी। इससे उनके बालबच्चों को सरकारी नौकरियाँ भी आसानी से मिल जाती थीं। अब बच्चों को उर्दू–फारसी के स्थान पर अंग्रेजी शिक्षा दिलाने की तत्परता बढ़ गयी थी। पर स्त्रियों की शिक्षा के प्रति कायस्थ समाज भी उदासीन ही था। जहाँ तक परम्परागत सामाजिक मूल्यों और मान्यताओं का प्रश्न है, कायस्थ समाज भी उनसे मुक्त नहीं था। भूतप्रेतों और पीरों की पूजा कायस्थ परिवारों में भी प्रचलित थी। कोई रोग होने पर झाड़फूँक में ज्यादा विश्वास किया जाता था। लोग चेचक का टीका लगवाने से डरते थे। शादी–ब्याह में अपव्यय तो आम बात थी, जिससे अनेक परिवार बर्बाद हो जाते थे। मिथ्या आडम्बर और प्रदर्शन का रोग भी अपनी चरम सीमा पर था। बालविवाह का प्रचलन भी कायस्थ समाज में कम नहीं था, जिसके फलस्वरूप अनेक लड़कियाँ असमय ही विधवा हो जाती थीं और उनका पुनर्विवाह नहीं होता था। जन्म, विवाह, मृत्यु आदि के समय परम्परागत हिन्दू संस्कार कायस्थ समाज में भी उसी प्रकार प्रचलित थे, जैसे बनिया समाज में। वामा शिक्षक में इस जीवन–यथार्थ का वैसा ही वर्णन, तनिक विस्तार से, किया गया है, जैसा देवरानी जेठानी की कहानी में। लेखकद्वय का दृष्टिकोण भी गौरीदत्त की तरह, सुधारवादी और नवजागरण की चेतना के अनुरूप है। इसमें अंग्रेजी शिक्षा के महत्त्व को तो स्वीकार किया गया है, पर साथ ही, विशेषकर स्त्रियों के लिए नागरी और हिन्दी शिक्षा पर भी जोर दिया गया है। लेखकद्वय का विशेष जोर उन सामाजिक कुरीतियों और पाखंडों को छोड़ने पर है जो हिन्दू समाज को खोखला और कमजोर बना रहे थे। स्त्रियों की शिक्षा पर वामा शिक्षक में विशेष जोर दिया गया है, क्योंकि समकालीन प्रबुद्ध समाज अब अनुभव करने लगा था कि समाज का सुधार स्त्रियों की शिक्षा से ही सम्भव है। उसमें पात्रों के वार्तालाप द्वारा स्त्रीशिक्षा के विरोध में दिए जाने वाले सभी तर्कों का खंडन किया गया है और स्त्रीशिक्षा को समाज की प्रगति के लिए आवश्यक सिद्ध किया गया है। लेखकद्वय ने बालविवाह, शादी–ब्याह के समय होने वाले अपव्यय, बच्चों को गहने पहनाने, बीमारी होने पर ओझाओं से झाड़फूँक कराने आदि का विरोध किया है। कथा का प्रमुख पात्र, मथुरादास, अपनी पुत्रियों को स्कूल भेजना तो अपनी 'प्रतिष्ठा' के अनुरूप नहीं मानता, पर उन्हें 'नागरी' और संस्कृत पढ़ाने के लिए शिक्षिका अवश्य नियुक्त कर देता है। लड़कियों के पाठ्यक्रम में पढ़ना–लिखना, गिनती–पहाड़ा सीखना, सब्जी पकाना, गुड़िया बनाना, सीना–पिरोना, जाली काटना, बेलबूटे काढ़ना आदि शामिल हैं। इससे उस

काल की लड़कियों के जीवनादर्श, कुशल गृहिणी बनने–बनाने की आकांक्षा, का पता चलता है।

वामा शिक्षक में भी, प्रच्छन्न रूप में 'देशोन्नति' का भाव है। देशोन्नति के लिए सरकारी नौकरी से अधिक उपयोगी वाणिज्य–व्यवसाय है, इसका बोध वामा शिक्षक के लेखकों को था। कथा की एक पात्र, गंगा, नौकरी करने वाले को 'कूकर' के समान मानती है। उससे प्रेरणा पाकर उसके पति सीताराम को अपने परिश्रम, निष्ठा और ईमानदारी से व्यवसाय में सफलता भी मिलती है और वह 'आढ़तिया' बन जाता है। गंगा अपने एक पुत्र को भी 'सौदागरी' में ही लगाती है। प्रायः कायस्थ समाज में नौकरी ही जीविकोपार्जन का माध्यम मानी जाती थी, पर वामा शिक्षक के लेखकों ने व्यवसाय को नौकरी से श्रेष्ठ बताकर अपने 'देशोन्नति' के भाव को ही व्यक्त किया है।

देवरानी जेठानी की कहानी की तरह वामा शिक्षक में भी स्त्रियों के झगड़ालूपन, अन्धविश्वास, बच्चों के पालनपोशण में अरुचि, उन्हें चेचक का टीका न लगवाने तथा गहने पहनाने आदि की आलोचना की गयी है। कथा में स्त्रियों के स्वावलम्बी बनने पर भी बहुत जोर दिया गया है। एक स्त्री पात्र विपत्ति पड़ने पर टोपियाँ बनाकर और कलाबत्तू का काम करके परिवार का खर्च चलाने में सफल होती है। अपने बेटे को भी वह गोटा–किनारी करना सिखा देती है और दो हजार रुपये लगाकर उसकी दूकान खुलवा देती है, जिसके फलस्वरूप थोड़े ही दिनों में उसकी गिनती रईसों में होने लगती है। इससे भी नौकरी की तुलना में वाणिज्य व्यवसाय के प्रति लेखकद्वय का आग्रह दिखाई पड़ता है। वस्तुतः वाणिज्य–व्यवसाय से ही देशोन्नति की सम्भावना का भाव उस काल के प्रबुद्ध वर्ग में जन्म ले रहा था, जिसकी अभिव्यक्ति वामा शिक्षक में हुई है।

नये विचारों का मथुरादास बालविवाह का विरोधी है। वह अपनी लड़की का विवाह चौदह वर्ष की अवस्था में और लड़के का विवाह सत्रह वर्ष की उम्र में करता है। (यह उस काल के लिए एक क्रान्तिकारी कदम था।) वह विवाह में किये जाने वाले अपव्यय का भी विरोधी है और इस धन से अस्पताल बनवाने, कुआँ–तालाब आदि निर्मित कराने का भी पक्षधर है।

पर कुल मिलाकर वामा शिक्षक देवरानी जेठानी की कहानी की अनुकृति ही है या अधिक से अधिक उसका पल्लवन। शिल्प की दृष्टि से भी वामा शिक्षक उपन्यास की शर्तों को पूरा नहीं करता। इसमें भी कथा ऐतिहासिक काल में अग्रसर होती है और समयानुक्रम में हेरफेर, काल–स्थगन आदि नाटकीय विशेषताएँ इसमें नहीं हैं। पर देवरानी जेठानी की कहानी की तरह वामा शिक्षक की कथा इकहरी नहीं है। इसमें कई कथाएँ एक दूसरे से गुँथी

हुई हैं, पात्र भी लगभग दो दर्जन हैं, जो कथा संसार को थोड़ा वैविध्य प्रदान करते हैं। चरित्रांकन का प्रयास भी, वामा शिक्षक में जेवरानी जेठानी की कहानी की तुलना में कुछ अधिक दिखायी पड़ता है यद्यपि इस चरित्र चित्रण में मनोवैज्ञानिक जटिलता, संवेदनशीलता, चिन्तनशीलता आदि का अभाव है। पूरी कथा एक परिवार से जुड़ी होने के कारण सुगठित है ; पर कथा को परिच्छेदों या अध्यायों में विभक्त करने का गुर कथाकारद्वय को ज्ञात नहीं है। पुराने किस्सों की तरह कथा एक बार आरम्भ होकर अन्त में ही समाप्त होती है। जब एक कथा समाप्त हो जाती है तो कथाकार 'अब हम गंगा का हाल लिखते हैं' वाक्य के साथ पाठक से सम्बन्ध स्थापित कर दूसरी कथा आरम्भ करता है और उसे अन्त तक पहुँचाता है। गंगा की कथा पूरी होने पर कथाकार बारी बारी से राधा, किशोरी तथा पार्वती की कथाएँ कहता है और उनके लिए 'राधा का हाल', 'किशोरी का हाल', पार्वती का हाल' आदि शीर्षक भी देता है। इस प्रकार कथाशिल्प की दृष्टि से वाामा शिक्षक में थोड़ी नवीनता दिखाई पड़ती है।

भाषा की दृष्टि से भी वामा शिक्षक देवरानी जेठानी की कहानी के समकक्ष ही है। इसमें भी विरामचिह्नों का प्रयोग नहीं किया गया है। वामा शिक्षक की भाषा भी 'प्रतिदिन की बोलचाल' की भाषा है, पर इसमें बोलचाल में शामिल हो गये तत्सम शब्दों का प्रयोग कुछ अधिक और व्याकरण तथा शब्दरूप अधिक परिनिष्ठित हैं। इसमें उर्दू गद्य की रवानी भी कुछ अधिक मात्रा में देखने को मिलती है। मुहावरों, कहावतों और सुभाषितों का प्रयोग भी कुछ अधिक मात्रा में किया गया है। इस दृष्टि से वामा शिक्षक की भाषा देवरानी जेठानी की कहानी की भाषा की तुलना में विकसित मानी जा सकती है, यद्यपि सर्जनात्मकता की दृष्टि से इसमें भी कोई वैशिष्ट्य नहीं है।

वामा शिक्षक की रचना के पाँच वर्ष बाद, 1877 में श्रद्धाराम फिल्लौरी ने (ज. 1863 ; नि. 1891) भाग्यवती की रचना की। फिल्लौरी जी ने भाग्यवती की 'भूमिका' में 'हिन्दी भाषा' में एक ऐसी 'पोथी' लिखने की अपनी 'बहुत दिनों की इच्छा' की बात कही है "जिसके पढ़ने से भारतखंड की स्त्रियों को गृहस्थ धर्म की शिक्षा प्राप्त हो।"फिल्लौरी जी हिन्दू स्त्रियों की पिछड़ी दशा से बहुत चिन्तित थे।[457] स्त्री–शिक्षा ही भाग्यवती का केन्द्रीय कथ्य है, यद्यपि आनुसंगिक रूप में मध्यवर्गीय, विशेषकर उच्चमध्यवर्गीय ब्राह्मण समाज की तत्कालीन जीवनदशा का अंकन भी इसमें मिलता है। इससे यह निष्कर्ष निकालना असंगत न होगा कि गौरीदत्त, ईश्वरीप्रसाद– कल्याण राय आदि की तरह श्रद्धाराम फिल्लौरी भी नवजागरण या नयी रोशनी की विचारधारा से प्रभावित थे। फिल्लौरी जी गौरीदत्त और ईश्वरी प्रसाद–कल्याण राय आदि की तुलना

में अधिक पढ़े–लिखे और रामचन्द्र शुक्ल के शब्दों में 'सिद्धहस्त लेखक' थे। वे संस्कृत के प्रकांड पंडित, वेदशास्त्रादि के ज्ञाता और अरबी–फारसी तथा अंग्रेजी के अच्छे जानकार थे। पंजाबी उनकी मातृभाषा थी और काशी तथा ऋषिकेश में वर्षों तक अध्ययन के सिलसिले में उन्हें हिन्दी में दक्षता प्राप्त हो चुकी थी। भाग्यवती पर उनकी इस विद्वत्ता और ब्राह्मण समाज के जीवन के प्रामाणिक अनुभव की स्पष्ट छाप दिखाई पड़ती है।

'भाग्यवती' के कथ्य में भी कोई नयापन नहीं है। इसमें भी हिन्दू समाज की बुराइयों, जैसे बाल–विवाह, भूतप्रेत और ओझा–सयानों में विश्वास, बच्चों को टीका न लगवाने, उन्हें जेवर पहनाने, लड़कियों को शिक्षा न देने, शादी–विवाह के अवसर पर अपव्यय करने, एलोपैथी डाक्टरों से इलाज न कराने आदि की आलोचना की गयी है। भाग्यवती में अन्धविश्वासों की सूची में थोड़ी वृद्धि हो गयी है ; जैसे विवाह के समय चील का पूजन, कीकर वृक्ष की मनौती, बकरे का कान चीरकर विवाह की वेदी पर बैठना, पुराने जूते को सिर झुकाना, सूप पर पाँव रखकर घर में प्रवेश करना, कल्लू पीर के आगे माथा नवाना, ललाट पर बेसन का टीका लगाना आदि। कथा में इन अन्धविश्वासों के उल्लेख से एक तरफ तो उस काल के हिन्दू समाज, विशेषकर ब्राह्मण समाज के बौद्धिक पिछड़ेपन का बोध होता है और दूसरी तरफ इनके विरोध से पैदा हो रही बौद्धिक जागरूकता भी सामने आती है। यह नवजागरण की चेतना का यथार्थ था। भाग्यवती की उल्लेखनीय विशेषता यह है कि इसमें पहली बार स्पष्ट रूप से विधवा–विवाह का समर्थन किया गया था जिसे उस समय का रूढ़िवादी हिन्दू समाज मानने को तैयार नहीं था। कथा के बीच में ही सूचना दी गयी है कि ''ग्रन्थकार ने विधवा–विवाह को प्रबल युक्ति प्रमाणों से सिद्ध किया था और विधवा विवाह न होने के दुख आर्तहृदय से वह वर्णन किये थे कि पढ़नेहार के आँसू धारा चलती थी विधवा विवाह करने की उत्तम रीति भी बताई थी। परन्तु पाठशालाओं में विधवा विवाह की शिक्षा देना सरकार ने अनुचित मान के सरकार ने उस प्रसंग को निकाल दिया था। वह प्रसंग कलमी कापी के बीच रचयिता पंडित जी के मंदिर फुल्लौर में रक्षापूर्वक धरा है।''[458] इससे तत्कालीन उच्च जाति के हिन्दू समाज में विधवा विवाह के घोर विरोध का पता चलता है। इससे इतिहासकारों की इस धारणा की भी पुष्टि होती है कि उन्नीसवीं सदी के नवजागरण में सरकार की सहायता को परवर्ती शासकों ने 1857 के विद्रोह का एक कारण माना था और भविष्य में ऐसे कार्य न करने की नीति पर बल दिया था। फिल्लौरी जी ने भाग्यवती में बाल विवाह का भी जोरदार विरोध किया है और यह तर्क दिया है कि मुसलमानी शासन में मुस्लिम शासक कुँवारी हिन्दू लड़कियों का अपहरण कर

लिया करते थे और चूँकि इस्लाम में विवाहित लड़कियों का अपहरण वर्जित था इसलिए सात आठ वर्ष की उम्र में ही लड़कियों का विवाह कर दिया जाता था। लेखक ने 'महाराज अंग्रेज' के 'न्यायपूर्ण शासन' के प्रति कृतज्ञता प्रकट करते हुए प्रश्न किया है कि "अब छोटी अवस्था में लड़की लड़कों के विवाह करने में क्या प्रयोजन है?"[459]

भाग्यवती में एकाधिक स्थानों पर ब्रिटिश शासन की प्रशंसा की गयी है। यद्यपि पुलिस विभाग की, उसमें फैली रिश्वतखोरी, धाँधली और बेईमानी की आलोचना भी की गयी है, पर कथाकार इसका दोष 'अंग्रेजी राज' को न देकर अपने देशी भाइयों को देता है जो 'पुलिस में नौकर हैं।' 'अंग्रेजी राज' के सम्बन्ध में लेखक की धारणा है कि इसमें 'प्रजा को किसी भाँति की रोकटोक नहीं' तथा 'इनके (अंग्रेजों के) समान चतुर और प्रजा का भला चाहने वाला कोई नहीं।' कथा में एक स्थान पर यह भी संकेत मिलता है कि 'अंग्रेजी राज के आने से' हिन्दुस्तानियों के भोजनवस्त्र, बोलचाल और आचार–व्यवहार पर भी उनका प्रभाव पड़ने लगा है, पर लेखक उसके प्रति चिन्ता व्यक्त नहीं करता। इस प्रकार उन्नीसवीं शताब्दी के उत्तरार्ध में शासन परिवर्तन होने से भारतीय मध्यवर्ग में जो एक झूठी आशा का संचार हुआ था, उसकी झलक भी भाग्यवती में मिलती है।

भाग्यवती में उन्नीसवीं सदी के काशी के समाज तथा हरिद्वार के कुम्भ मेले की सच्ची तस्वीर देखने को मिलती है। कथा की मुख्य पृष्ठभूमि काशी है, जहाँ के उच्चमध्यवर्गीय ब्राह्मण समाज के प्रतिनिधि के रूप में पं. उमादत्त, पं वासुदेव शास्त्री, पं. जगदीश शास्त्री आदि के परिवारों की कथा कही गयी है। इस कथा के रूप में इस समाज की आर्थिक स्थिति, आचार–व्यवहार, रस्म–रिवाज, मूल्य–मान्यताओं आदि का विश्वसनीय चित्रण किया गया है। उच्चवर्गीय ब्राह्मण समाज में विवाह के अवसर पर दिए जाने वाले दान–दहेज का ब्योरेवार वर्णन कथा में आया है और लेखक ने इसका रस लेकर वर्णन किया है। इस समाज के मृत्यु संस्कारों का भी विस्तार से वर्णन किया गया है पर लेखक का दृष्टिकोण सुधारवादी है। वह चाहता है कि किसी की मृत्यु के 'दाह–संस्कार' के बाद रोना और छाती पीटना न हो, मृतक के घर की स्त्रियाँ पूरे वर्ष तक 'मैले वस्त्र और मलीन आचार' धारण करना और पूरे वर्ष भर शोक मनाना छोड़ें और किसी वृद्ध की मृत्यु के बाद उसके सम्बन्धी उसके 'विमान' के सामने 'नाचते–कूदते ठट्ठे करते' न देखे जाएँ। इससे स्पष्ट है कि ये रिवाज उन्नीसवीं सदी के उत्तरार्ध में व्यापक तौर पर प्रचलित थे और भाग्यवती का लेखक इनका विरोधी था। कथा में आये गौण पात्रों द्वारा तत्कालीन निम्नवर्गीय समाज की भी झलक मिलती है। काशी अपनी

ठगी के लिए तो प्रसिद्ध था ही ; दो उपकथाओं के द्वारा इस ठगी का भी रोचक वर्णन किया गया है। भारतेन्दु हरिश्चन्द्र ने भी 'देखी तुम्हरी कासी लोगो देखी तुम्हरी कासी' नामक गीत में काशी की इस विशेषता का वर्णन किया है। इसी प्रकार हरिद्वार के कुंभ मेले का भी यथार्थ वर्णन किया गया है। यद्यपि आठवें दशक तक देश में रेलयात्रा सुलभ हो गयी थी, पर अधिकतर श्रद्धालु हिन्दू पैदल या बैलगाड़ी, बहली, पालकी, घोड़े आदि द्वारा तीर्थयात्रा करना पसन्द करते थे। इस प्रकार की तीर्थयात्राओं में होने वाली कठिनाइयों, परेशानियों आदि का चित्रण भी कथाकार ने किया है। यात्रा में किस प्रकार की सावधानियाँ बरतनी चाहिए, इसका निर्देश भाग्यवती के चरित्र द्वारा किया गया है। कुंभ में आनेवाले साधुओं का वर्णन तो ऐतिहासिक महत्त्व का है : "कई साधु वहाँ खडेसरी और ऊँचे भुजा वाले आते हैं और बहुत वहाँ ऐसे आते हैं कि जो झूले पर लटकते रहते हैं और कभी अन्न नहीं खाते, एक पाव भर दूध पी के निर्वाह करते हैं। कई वहाँ वैसे भी सुने जाते हैं कि जो सदा नंगे रहते और शीतकाल में जलधारा में बैठते और ग्रीष्म में पंचाग्नि तापते हैं। और कोई कोई वैसे भी भगवान के प्यारे वहाँ आते सुने हैं जिन्होंने जन्म भर राख में लेट के दिन पूरे किये हैं।" लेखक ने भाग्यवती द्वारा इसकी आलोचना कराकर बुद्धिवादी और प्रगतिशील दृष्टि का परिचय दिया है।

यों तो भाग्यवती में नवजागरण के अनेक पक्ष प्रस्तुत किये गये हैं, पर स्त्रियों के लिए स्वावलम्बन की जरूरत पर विशेष बल देकर कथाकार ने अपनी विशेष जागरूकता का परिचय दिया है। भाग्यवती का चरित्र 'असाधारण' होने पर भी स्वावलंबन का अनोखा उदाहरण प्रस्तुत करता है। इसी प्रकार जन्म से बालकों और बालिकाओं को समान महत्त्व देकर कथाकार ने असाधारण सजगता का उदाहरण प्रस्तुत किया है। यहाँ तक कि स्त्रियों के लिए व्यायाम तक की अनुशंसा कथाकार ने की है जो उस जमाने के लिए अनहोनी सी बात है।

भाषा की दृष्टि से 'भाग्यवती', 'देवरानी जेठानी की कहानी' और 'वामा शिक्षक' दोनों की तुलना में 'उपन्यास' के कुछ और निकट पहुँच गयी है। यद्यपि फिल्लौरी जी की मातृभाषा पंजाबी थी, पर उनकी शिक्षादीक्षा काशी और ऋषिकेश में हुई थी और वे उस काल की टकसाली हिन्दी में भाषण देते और किताबें लिखते थे। भाग्यवती की भाषा के सम्बन्ध में उन्होंने लिखा है कि "इस ग्रन्थ में वह हिन्दी भाषा लिखी है जो दिल्ली और आगरा, सहारनपुर, अंबाला के इरद गिरद के हिन्दू लोगों में बोली जाती है और पंजाब के स्त्री पुरुषों को भी समझनी कठिन नहीं है। इस ग्रंथ में जिस देश और जिस भाँति के स्त्री–पुरुषों की बातचीत हुई है वह उसी की बोली और

ढब से लिखी है अर्थात् पूरबी पंजाबी का अनपढ़ा, स्त्री और पुरुष गौण और मुख्य जहाँ पर जो कोई जैसे बोला उसी की बोली भरी हुई है।[460] भाग्यवती की भाषा देवरानी जेठानी की कहानी की तरह ठेठ मेरठ की भाषा नहीं है; यह कुछ कुछ वामा शिक्षक की भाषा के निकट है। इसमें संस्कृत के तत्सम शब्दों का अधिक प्रयोग हुआ है। इसके बावजूद भाग्यवती की भाषा बोलचाल की तद्भवबहुल भाषा ही है। इसकी एक नवीनता यह है कि पात्रों से उनकी मातृभाषा, शिक्षादीक्षा और चरित्र के अनुरूप पंजाबी, बाँगड़ू, बनारसी, पंडिताऊ और सरकारी अमलों की भाषा का प्रयोग कराया गया है। पुलिस कर्मचारियों से बातचीत करते समय भाग्यवती भी उनकी जैसी भाषा का प्रयोग करती है, जो उर्दू के अधिक निकट है। लेखक ने हिन्दी पाठकों के लिए अपरिचित शब्दों के अर्थ भी तलटिप्पणियों में दे दिये हैं। इससे कथाकार की भाषासम्बन्धी सजगता का पता चलता है। पात्रानुरूप भाषा का प्रयोग 'उपन्यास' की विशेषता है जो प्रथम बार भाग्यवती में दिखाई पड़ती है।

भाग्यवती के कथासंसार के केन्द्र में भाग्यवती का चरित्र है, जो इसे 'उपन्यास' के और भी निकट ले जाता है। कथा में लगभग दो दर्जन पात्र हैं जिनके चरित्र का वर्णन करने में कथाकार पर्याप्त रुचि लेता है। इसकी एक विशेषता यह भी है कि पात्रों के वार्तालापों और कार्यकलापों से भी उनके चरित्र पर प्रकाश पड़ता है। यह विशेषता देवरानी जेठानी की कहानी और वामा शिक्षक में न के बराबर है। भाग्यवती में वार्तालापों की योजना पर्याप्त मात्रा में की गयी है जो न केवल विभिन्न विषयों पर कथाकार के विचार व्यक्त करते हैं, वरन् उनसे पात्रों का चरित्र भी सामने आता है। इनमें सबसे आकर्षक वार्तालाप भाग्यवती और 'लड़ाकी' नामक स्त्री का है जो एक 'हवा से लड़ने वाली' झगड़ालू स्त्री का चित्र साकार कर देता है।

शिल्प की दृष्टि से भाग्यवती में कोई वैशिष्ट्य नहीं है। देवरानी जेठानी की कहानी और वामा शिक्षक की तरह इसमें भी कथा ऐतिहासिक कालक्रम में प्रस्तुत की गयी है। समयानुक्रम में उलटफेर, समय का निलंबन, नाटकीयता आदि इसमें भी नहीं है। कथाकार किस्सागो के रूप में पाठकों से 'आत्मीयता' स्थापित कर उन्हें सम्बोधित करता हुआ एक कथाप्रसंग से दूसरे कथाप्रसंग पर ले जाता है। प्रसंग–निर्माण की क्षमता श्रद्धाराम फिल्लौरी में पूर्ववर्ती दोनों कथाकारों से अधिक है। भाग्यवती के कथासंसार की सबसे बड़ी कमजोरी इसकी आदर्शोन्मुख अविश्वसनीयता है; इसकी केन्द्रीय पात्र भाग्यवती ही नहीं, अन्य पात्र भी जीते जागते मनुष्य न होकर विचारों और आदर्शों के उदाहरण हैं। कथाकार अपने विचारों को उधृत करने के लिए कथा को मनमानी दिशा में मोड़ देने में कोई संकोच नहीं करता। संवेदनशीलता और मनोवैज्ञानिक

गहराई की दृष्टि से भी कथा में कोई वैशिष्ट्य नहीं है। संवाद सपाट और अनाटकीय हैं। इस प्रकार भाग्यवती उपन्यास–कला की दृष्टि से सफल रचना नहीं मानी जा सकती, पर निश्चय ही यह 'उपन्यास' की ओर कुछ और बढ़ी हुई रचना मानी जाएगी।

ब्रजरत्नदास के अनुसार भारतेन्दु हरिश्चन्द्र ने एक कहानी कुछ आपबीती कुछ जगबीती नाम से एक 'उपन्यास' लिखना आरम्भ किया था, जिसका केवल 'प्रथम खेल' कविवचनसुधा, भाग 8, सं. 22, वै. कृ. 4 संवत् 1933 (1876) में प्रकाशित हुआ था।[461] भारतेन्दु ने 'परिच्छेद' के लिए 'खेल' शब्द का प्रयोग किया था, जिससे उनके नाटकीय रुझान का पता चलता है। यद्यपि इस कहानी के दो ही पृष्ठ प्रकाशित हुए थे और 'प्रथम खेल' भी पूरा नहीं हो सका था, पर इस कथांश के विश्लेषण से भारतेन्दु की औपन्यासिक प्रतिभा का अनुमान किया जा सकता है। कथा का आरम्भ उन्होंने 'आत्मचरित' की पद्धति पर किया है जो हिन्दी के लिए बिल्कुल नयी बात थी। उपन्यास का कथानायक रईस खानदान का है, युवक है, रसिक है, जवानी की उमंगों से भरा और अनुभवहीन है। इस प्रकार के युवा रसिक रईसों को उल्लू बनाकर ठगने के लिए उनके दीवानखानों में चापलूसों और खुशामदियों का जमघट लगा रहना उस काल के अभिजात परिवारों की सच्चाई थी। भारतेन्दु स्वयं एक अभिजात कुल के युवक थे, अतः उनका इस वास्तविकता का अनुभव स्वानुभूत और प्रामाणिक था। भारतेन्दु ने इस अनुभव को 'आपबीती जगबीती' के 'प्रथम खेल' में मूर्त कर दिया है। इसकी भाषा ऐसी जीवन्त, सटीक पर्यायवाची शब्दों, उपमानों मुहावरों, बोलचाल के फड़कते हुए जुमलों और उर्दू की सजीव बयानबाजी से युक्त है कि कथानायक रईस का दीवानखाना जीवित सचाई बन जाता है। दीवानखाने के बाहर का वर्णन भी उतना ही रोचक और यथार्थ है।

भारतेन्दु की भाषा भी बोलचाल की भाषा है, पर वह न तो गौरीदत्त, ईश्वरी प्रसाद, श्रद्धाराम फिल्लौरी आदि की तरह सपाट है न हरिश्चन्द्र चन्द्रिका में प्रकाशित 'कादम्बरी', 'गुणसिन्धु' आदि की तरह अतिशय काव्यात्मक। भारतेन्दु कदाचित् इस बात को समझते थे कि उपन्यास की भाषा साहित्यिक होने के साथ ही यथार्थ के निकट होनी चाहिए। आपबीती जगबीती की भाषा में अरबी–फारसी के बोलचाल में प्रचलित शब्द इस स्वाभाविकता के साथ प्रयुक्त हुए है कि पात्रों के चरित्र और परिवेश दोनों ही सजीव हो गये हैं। यह उस काल के अभिजात वर्ग की स्वाभाविक बोलचाल की भाषा है। सटीक पर्यायवाची शब्दों, उपमा, रूपक आदि अलंकारों, ताजा उपमानों और जिन्दा मुहावरों की सहायता से लेखक ने इसे अद्भुत रूप से सर्जनात्मक बना

दिया है। इस प्रकार भारतेन्दु ने एक कहानी कुछ आपबीती कुछ जगबीती के द्वारा उपन्यास–लेखन की जबरदस्त शुरुआत की थी, पर 'कहानी' की तरह यह 'शुरुआत' भी दो पग चलकर ही समाप्त हो गयी थी।

उल्लेखनीय है कि गौरीदत्त, ईश्वरी प्रसाद–कल्याण राय और श्रद्धाराम फिल्लौरी में से किसी ने भी अपनी रचना को 'उपन्यास' या 'नॉवेल' की संज्ञा नहीं दी है। 1877 तक हिन्दी में 'उपन्यास' पद प्रचलित नहीं हुआ था यद्यपि 1875 में भारतेन्दु हरिश्चन्द्र इसे बँगला से हिन्दी में ला चुके थे। पर तीनों ही कथाकारों को अपनी कथाओं के 'नयेपन' और 'वास्तविक जीवन से सम्बद्ध होने' का बोध था। इस प्रकार यह कहा जा सकता है कि ये तीनों कथाकार, जाने अनजाने, उपन्यास–रचना की ओर अग्रसर हो रहे थे, जिसकी ठोस परिणति दिल्ली–निवासी लाला श्रीनिवासदास की रचना परीक्षा गुरु (1882) में हुई। इससे यह निष्कर्ष निकाला जा सकता है कि हिन्दी उपन्यास अंग्रेजी की नकल या 'बँगला की कलम' न होकर समकालीन भारतीय परिस्थितियों में स्वतः पैदा और विकसित हुआ था।

भारतेन्दु के बाद 'उपन्यास' शब्द का प्रयोग करने वाले दूसरे लेखक राधाकृष्णदास (ज. 1865) थे, जिन्होंने 1878 में नाटकोपन्यास नामक पाक्षिक पत्र निकालने का असफल प्रयास किया था। नवंबर, 1879 में हिन्दी प्रदीप में धारावाहिक रूप में रहस्यकथा उपन्यास का प्रकाशन आरम्भ कर बालकृष्ण भट्ट ने 'उपन्यास' पद के प्रयोग को ही नहीं, बल्कि उपन्यास–लेखन की परम्परा को भी आगे बढ़ाया। यह उपन्यास थोड़े थोड़े अन्तराल पर मई 1882 तक प्रकाशित होता रहा, पर पूरा नहीं हो पाया और पुस्तकाकार तो प्रकाशित हुआ ही नहीं।

रहस्य कथा में उन्नीसवीं शताब्दी के सामन्त वर्ग के पतनोन्मुख चरित्र, पारिवारिक षड्यन्त्र तथा प्रेम और विवाह की समस्या का चित्रण किया गया है। उपन्यास में विषय की नवीनता और कथाकार की प्रगतिशील दृष्टि लक्षित होती है। लेखक ने कथावर्णन में सरल बोलचाल की भाषा को तरजीह दी है, जिस पर जहाँ तहाँ अवधी की भी छाप है। बोलचाल के अंग्रेजी और अरबी–फारसी शब्दों से भी परहेज नहीं किया गया है। पर जहाँ प्रेम और प्रकृति–वर्णन का प्रसंग उपस्थित होता है, वहाँ कथाकार का पुराना काव्य संस्कार प्रबल हो उठता है। प्रेमजन्य मनोभावों के वर्णन में उपन्यासकार की संवेदना तीव्र, किन्तु संयत रूप में व्यक्त होती है, पर प्रकृति–वर्णन में वह बाणभट्ट की शैली का अनुकरण करता दिखाई देता है। इसके बावजूद उपन्यासकार का प्रकृति–निरीक्षण सूक्ष्म और यथार्थ है और भाषा भी सजावटी न होकर सर्जनात्मक है। बालकृष्ण भट्ट ने सम्भवतः बंकिमचन्द्र के उपन्यासों

से प्रभाव ग्रहण करने पर भी अपने उपन्यासों का विन्यास संस्कृत 'कथा' के आधार पर किया था। हिन्दी क्षेत्र में फैल रहे नवजागरण के प्रभाव ने भी उनके कथ्य को नवीनता की ओर उन्मुख किया था।

जिस समय हिन्दी प्रदीप में रहस्यकथा उपन्यास प्रकाशित हो रहा था लगभग उसी समय बिहारबन्धु में (सितम्बर–दिसम्बर, 1880) सुन्दर नाम का उपन्यास धारावाहिक रूप में प्रकाशित हुआ था। यद्यपि इसके लेखक का नाम नहीं दिया हुआ है, पर उस काल की रीति को देखते हुए बिहारबन्धु के सम्पादक केशवराम भट्ट (ज. 1854) को इसका लेखक मानना असंगत नहीं होगा। यह एक चरित्रप्रधान उपन्यास है, पर इसका कथ्य भाग्यवती अथवा रहस्यकथा उपन्यास से, जो लगभग इसी समय हिन्दी प्रदीप में प्रकाशित हो रहा था, भिन्न है। भाग्यवती में एक आदर्श गृहिणी का उदाहरण प्रस्तुत किया गया है, जबकि 'सुन्दर' में सुन्दर के रूप में समकालीन युवावर्ग का एक यथार्थ किन्तु अनुकरणीय चरित्र निर्मित किया गया है। वह अपने समय के सामान्य शिक्षित युवकों से कुछ भिन्न है। उस समय कॉलेज में पढ़ने का एकमात्र लक्ष्य सरकारी नौकरी प्राप्त करना या वकालत करना होता था। पर सरकारी नौकर और वकील दोनों ही अंग्रेज सरकार के प्रति वफादार होते थे और जनता को लूटते थे। इस कारण सुन्दर न तो सरकारी नौकर बनना चाहता है न वकील। वह 'आईन' से नफरत करता है और 'तालिब–उल–इल्म' की जिन्दगी बिताना चाहता है। सुन्दर सरकारी नौकरी को अपने या अन्य युवकों के लिए सही नहीं समझता। वह मानता है कि देश में उद्योगधन्धों का विकास होना चाहिए ताकि युवक सम्मानपूर्ण जीविकोपार्जन में समर्थ हो सकें। वह एक हस्तशिल्प विद्यालय खोलने की योजना तैयार करता है। सुन्दर के चरित्र के अवलोकन से स्पष्ट है कि उपन्यासकार ने उसके माध्यम से अपने 'राष्ट्रप्रेम' को व्यक्त किया है। यद्यपि उपन्यास में कहीं भी स्पष्ट रूप से ब्रिटिश शासन की आलोचना नहीं की गयी है, पर 'सरकारी नौकरी' और 'वकालत' के प्रति विरोध प्रदर्शित करके उपन्यासकार ने परोक्ष रूप से ब्रिटिश शासन के प्रति विरोध भाव ही व्यक्त किया है। यह उपन्यास उस समय के छात्रों में अस्पष्ट रूप से पैदा हो रहे राष्ट्रवादी और 'देशहित' सम्बन्धी विचारों का संकेत देता है। यद्यपि सामाजिक सुधार के प्रति आग्रह देवरानी जेठानी की कहानी, वामा शिक्षक, भाग्यवती आदि में भी है, पर या तो उनमें सरकार का कोई उल्लेख ही नहीं है या उसके प्रति खुलकर वफादारी व्यक्त की गयी है। सुन्दर में भी सरकार का उल्लेख नहीं आता, पर उसके प्रति 'विरोध' की व्यंजना पर्याप्त स्पष्ट है। इस प्रकार कथ्य की दृष्टि से सुन्दर में एक ऐसी नवीनता है जो नये युग के आगमन का संकेत देती है। इससे

इस विचार की भी पुष्टि होती है कि हिन्दी उपन्यास के विकास में राष्ट्रीय चेतना का भी महत्त्वपूर्ण योगदान है।[462]

1881 में राधाकृष्णदास ने निस्सहाय हिन्दू नामक उपन्यास की रचना की, जो नौ वर्ष बाद, 1890 ई. में प्रकाशित हुआ।[463] कथ्य की दृष्टि से निस्सहाय हिन्दू में अदभुत नवीनता है। इसका केन्द्रीय विषय गो–वध निवारण है, पर इसके व्याज से कथाकार ने साम्प्रदायिक सद्‌भाव का ऐसा मार्मिक चित्रण किया है जो इस काल के लिए एक दुर्लभ बात थी। 1857 के विद्रोह में हिन्दू–मुसलमानों की एकता देखकर ब्रिटिश शासन ने उनमें फूट डालकर शासन करने की नीति अपनायी थी। 1870 के बाद सरकार मुसलमानों का हर बात में पक्ष लेने लगी थी ; गोवध का समर्थन भी इनमें से एक था। बकरीद के अवसर पर गो–वध मुसलमानों की धार्मिक भावना से जुड़ जाती थी, जिसे लेकर हिन्दुओं–मुसलमानों के बीच तनाव बढ़ जाता था और उनके बीच दंगे होने लगते थे। अंग्रेज न केवल मुसलमानों का पक्ष लेते थे वरन् उन्हें हिन्दुओं के विरुद्ध भड़काते भी थे। कट्टरपन्थी मुसलमान अंग्रेजों की शह पर न केवल हिन्दुओं की धार्मिक भावना पर आघात पहुँचाने के लिए खुलेआम, बल्कि घोषणा करके गो–कुशी करते थे। इस सच्चाई का उपन्यासकार ने बहुत विश्वसनीय अंकन निस्सहाय हिन्दू में किया है। उपन्यास में मुसलमानों का कट्टरपन्थी वर्ग बकरीद के अवसर पर गो–कुशी के लिए मुसलमानों को उत्तेजित करता है। उपन्यास की एक आश्चर्यजनक नवीनता यह है कि इसमें एक मुसलमान पात्र, मौलवी अब्दुल अज़ीज़, गो–वध रोकने के लिए प्रयत्न करता है और इस प्रयत्न में अपनी जान तक दे देता है। गोरक्षा के उद्देश्य से एक 'गोहितकारिणी सभा' की स्थापना होती है जिसका अध्यक्ष अब्दुल अज़ीज़ चुना जाता है। वह खुली सभा में घोषणा करता है कि कुरान शरीफ़ में गोकुशी वर्जित है। वह अपने सभापतित्व में गोरक्षा के लिए सरकार के पास अर्जी भेजने का हस्ताक्षर अभियान चलाता है, जिसके कारण कट्टरपन्थियों का नेता हाजी अतातुल्ला उसका जानी दुश्मन बन जाता है और धर्मान्ध मुसलमानों की एक भीड़ के साथ उसके घर पर हमला बोल देता है, जिसमें अब्दुल अज़ीज़, उसकी पत्नी और उपन्यास का केन्द्रीय पात्र, मदनमोहन, मारे जाते हैं। इस दंगे में हाजी अतातुल्ला और कतिपय आक्रमणकारी भी जान से हाथ धो बैठते हैं। इस प्रसंग के द्वारा उपन्यासकार ने अपनी उदार मानवीय धर्मदृष्टि का परिचय दिया है, जिसमें एक मुसलमान पात्र हिन्दुओं की धार्मिक भावना का सम्मान करते हुए गोहत्या का विरोध करता है। अब्दुल अज़ीज़ और मदनमोहन तथा उनकी पत्नियों की मित्रता भी हिन्दू–मुस्लिम एकता का अद्‌भुत उदाहरण है। उन्नीसवीं शताब्दी के

अन्तिम चरण में इस तरह की असाम्प्रदायिक सोच नवजागरण की बहुत ही सकारात्मक शुरुआत थी, जो पुनः लगभग चार दशक बाद प्रेमचन्द के उपन्यासों में ही दिखाई देती है।

इस मुख्य विषय के साथ साथ 'निस्सहाय हिन्दू' में राष्ट्रीय भावना और नवजागरण की चेतना भी अभिव्यक्त हुई है। यद्यपि उपन्यासकार ने इस काल की सामान्य प्रवृत्ति का अनुगमन करते हुए ही ब्रिटिश शासन की आलोचना नहीं की है, पर देश की दुर्दशा, अंग्रेज सरकार के पिट्ठुओं की करतूतों, अंग्रेजों से भयभीत हिन्दुस्तानियों की हास्यास्पद हरकतों, टैक्स में निरन्तर होती वृद्धि, उसकी वसूली में की जाने वाली धाँधली, पुलिस मकहमे में फैले भ्रष्टाचार और साम्प्रदायिकता, अंग्रेजों के आवासस्थान, सिविल लाइन्स आदि की आलोचना के द्वारा उपन्यासकार का देशानुराग स्पष्टता के साथ व्यंजित हुआ है। उपन्यासकार ने एक स्थान पर काशी की आम सड़कों की दयनीय स्थिति, गन्दगी आदि की तुलना सिविल लाइन्स की, जिसे वह 'अंग्रेजी प्रान्त' कहता है, साफसुथरी सड़कों से करके भी शासन के प्रति अपना असन्तोष व्यक्त किया है।

उपन्यास के आरम्भ में ही कथानायक मदनमोहन 'भारत हितैषिणी सभा' में व्याख्यान देते हुए हिन्दू समाज की अधोदशा का वर्णन एक छन्द में करता है। इसमें हिन्दू समाज के शैव, शाक्त, वैष्णव आदि सम्प्रदायों तथा जातियों में विभाजन, खानपान में भेदभाव, जन्मपत्री मिलाकर शादी–ब्याह के निर्णय, बाल–विवाह, बहुविवाह, विधवा–विवाह निषेध, विदेशयात्रा की मनाही, अनेक प्रकार के देवी–देवताओं और भूतप्रेतों की पूजा, छुआछूत की भावना आदि की आलोचना की गयी है, जो समकालीन नवजागरण आन्दोलन से प्रेरित है। कथा में आगे चलकर सामाजिक, आर्थिक और राजनीतिक पिछड़ेपन को समाप्त करने के लिए अन्य परम्परागत विधानों का विरोध तथा आधुनिक सोच को अपनाने का–जैसे अंग्रेजी शिक्षा और पश्चिमी ज्ञानविज्ञान तथा पुरानी विपणन प्रणाली और रहनसहन के गन्दे तरीके को छोड़कर अंग्रेजों की विपणन–प्रणाली और साफसुथरे रहनसहन को ग्रहण करना आदि–आह्वान भी किया गया है। इनमें से अनेक विचारों की अभिव्यक्ति अन्य कथा–रचनाओं में भी हो चुकी थी, पर उनकी पुनरावृत्ति और विदेश--यात्रा निषेध, छुआछूत की भावना, साम्प्रदायिक भेदभाव, सरकार द्वारा टैक्सवृद्धि, म्युनिसिपैलिटी तथा हिन्दुस्तानियों के आवासक्षेत्र की उपेक्षा आदि को अपनी आलोचना की सीमा में लाकर कथाकार ने सामाजिक–राजनीतिक जागरूकता का परिचय दिया है।

निस्सहाय हिन्दू हिन्दी का पहला उपन्यास है जिसमें मुस्लिम समाज का

अंकन किया गया है। जो आलोचक हिन्दी उपन्यासों में मुस्लिम पात्रों के न होने का रोना रोते हैं उन्हें निस्सहाय हिन्दू पढ़कर देखना चाहिए। सबसे बड़ी बात यह है कि मुस्लिम समाज के कट्टरपन्थी और उदारवादी धड़ों का निष्पक्ष चित्रण करके निस्सहाय हिन्दू ने अपना महत्त्व सिद्ध कर दिया है।

चरित्र–निर्माण, नाटकीय पद्धति के उपयोग तथा भाषा की दृष्टि से भी निस्सहाय हिन्दू एक उल्लेखनीय उपन्यास है।[464]

1882 में, जबकि बालकृष्ण भट्ट का रहस्यकथा उपन्यास हिन्दी में अभी प्रकाशित ही हो रहा था, लाला श्रीनिवासदास (ज. 1851; नि 1887) का परीक्षागुरु नामक उपन्यास प्रकाशित हुआ। स्वयं लेखक ने इसे 'उपन्यास' न कहकर 'अनुभव द्वारा उपदेश मिलने की एक संसारी वार्ता' और 'अपनी भाषा में एक नयी चाल की पुस्तक' कहा था यद्यपि इसके 'डेडिकेशन' में इसे 'नॉवेल की संज्ञा भी दी थी। 1882 में ही हिन्दी प्रदीप में परीक्षा गुरु की समीक्षा करते हुए बालकृष्ण भट्ट ने उसे 'उपन्यास' कहा था। इससे यह सिद्ध होता है कि यद्यपि 'उपन्यास' पद प्रचलन में आ चुका था, पर अभी सर्वस्वीकृत नहीं हुआ था।

लाला श्रीनिवासदास ने परीक्षागुरु के 'निवेदन' में समकालीन 'बुद्धिमानों' और 'रसिकजनों', अर्थात् अपने सम्भावित पाठकों को अपनी कथा–प्रविधि के प्रति विशेष रूप से सचेत किया। यह कथा–प्रस्तुति की 'नाटकीय प्रविधि' है, जिसमें समयानुक्रम को उलटकर या उसे स्थगितकर दृश्यनिर्माण और पात्रों के वार्तालाप द्वारा कथा अग्रसर की जाती है और इससे जिस रहस्य का सृजन होता है उसका समाधान अन्त में कथाकार के सीधे हस्तक्षेप से होता है। समकालीन हिन्दी पाठक ऐसी कथाएँ पढ़ने के अभ्यस्त थे, जिनका समयक्रम ऐतिहासिक और अविच्छिन्न होता था। इस प्रकार की अविच्छिन्न कालक्रम से युक्त कथाओं के समक्ष लाला श्रीनिवासदास ने एक नया कथाशिल्प सामने रखा जिसमें समयानुक्रम विपर्यस्त है ; पहले नाटकीय पद्धति पर पात्रों के कार्यों का वर्णन और कथा के बीच में उनका परिचय दिया गया है। उपन्यास के आठवें 'प्रकरण' तक कथाकार ने पात्रों का परिचय देना स्थगित रखा है ; नवें 'प्रकरण' में सभी पात्रों का एक साथ परिचय दिया गया है। यदि हिन्दी के तत्कालीन पाठक नाटकीय प्रविधि के उपन्यास पढ़ने के अभ्यस्त होते तो कदाचित् पात्रों का एक साथ परिचय देने की आवश्यकता नहीं पड़ती।

शिल्प की दृष्टि से परीक्षागुरु का नयापन पहली बार इतने मुखर रूप में सामने आता है, यद्यपि वास्तविकता यह है कि भारतेन्दु मंडल के उपन्यासकारों ने इन प्रयोगों का आरम्भ पहले ही कर दिया था। कथ्य की दृष्टि से परीक्षागुरु देवरानी जेठानी की कहानी आदि की परम्परा में होते हुए भी राष्ट्रीय परिवेश

से अधिक जुड़ा हुआ उपन्यास है। लाला श्रीनिवासदास ने 1875 में हरिश्चन्द्र चन्द्रिका में प्रकाशित अपने 'भारतखंड की समृद्धि' शीर्षक लेख में इस बात पर खेद प्रकट किया है कि बहुत से भारतीय सिविल सर्विस, बैरिस्टरी आदि की परीक्षा देने के लिए विलायत जाते हैं, पर कोई वहाँ यन्त्रविद्या सीखने नहीं जाता। उन्होंने शिक्षित देशवासियों को इसके लिए प्रेरित करने की कोशिश की थी। इस विचार की सम्पुष्टि, कुछ दूर तक, केशवराम भट्ट के सुन्दर नामक उपन्यास में हुई है। परीक्षागुरु में भी भारतखंड की समृद्धि की चिन्ता लेखक के मन में है, यद्यपि देश की पराधीनता का प्रश्न उसकी चिन्ता का विषय नहीं है। परीक्षागुरु में दिल्ली के एक कल्पित रईस मदनमोहन द्वारा अंग्रेजी रहनसहन की नकल, अपव्यय, व्यावसायिक अधकचरेपन, खुशामदी दोस्तों की कपटपूर्ण बातों आदि के कारण उसके बिगड़ने तथा दिवालिया होने के कगार पर पहुँचने और अपनी पतिव्रता पत्नी और एक सच्चे मित्र की सहायता से सुधरने और अपनी पूर्व स्थिति में आने का चित्रण किया गया है। यह कहानी प्रतीक रूप में ब्रिटिश राज द्वारा भारत के आर्थिक शोषण और लूट का यथार्थ प्रस्तुत करती है, साथ ही इसमें प्रच्छन्न रूप में विरोध का स्वर भी सुनाई पड़ता है। तत्कालीन वणिक् समाज की यह एक ज्वलन्त समस्या थी, जिसका लाला जी को अच्छा अनुभव था। परीक्षागुरु में उन्होंने अपने समस्त अनुभव, ज्ञान और चिन्तन को स्वानुभूत किन्तु कल्पित कथा के माध्यम से प्रस्तुत कर दिया है। उन्होंने उन समस्त कारणों और परिस्थितियों का विश्लेषण किया है जो उस समय के अनुभवहीन धनी वैश्य युवकों को पथभ्रष्ट और दिवालिया बना देते थे। हिन्दी कथासाहित्य में इस तरह का यह पहला चरित्र था।

अंग्रेजी राज और बाजार में अंग्रेज सौदागरों की उपस्थिति से भारतीय व्यवसायियों की युवा पीढ़ी, उनसे प्रभावित होकर, नये प्रकार के आचार विचार अपना रही थी और उनकी नकल कर रही थी। फलस्वरूप भारतीय उद्योगधन्धों और व्यवसाय की सही दिशा में प्रगति नहीं हो रही थी और देश का आर्थिक विकास बाधित हो रहा था। अंग्रेज व्यापारी अपने देश से शीशे के बर्तन और सजावटी सामान, टार्च, सोने की चेन वाली जेबी घड़ियाँ, विलायती बग्घियाँ आदि भारत में आयातित करते थे और यहाँ के धनाढ्य जमीन्दारों और व्यवसायियों को उनके प्रति आकृष्ट कर, भारतीय बाजार में विदेशी वस्तुओं की माँग पैदा करके, मनमाना लाभ कमाते थे। परीक्षागुरु में इसकी ओर ध्यान आकृष्ट किया गया है। उपन्यास का प्रमुख पात्र मदनमोहन अंग्रेज हाकिमों को खुश करने के लिए भी अनावश्यक खर्च करता है। ये सब बातें अन्ततः उसके सर्वनाश का कारण बनती हैं। लाला ब्रजकिशोर के रूप

में उपन्यासकार ने अपने विचारों, आदर्शों और मूल्यों का प्रतीक पात्र निर्मित किया है। वह मानता है कि ''जब से हिन्दुस्थान का एका टूटा, और देशों की उन्नति हुई, बाफ और बिजली आदि कलों के द्वारा हिन्दुस्थान की अपेक्षा थोड़े खर्च, थोड़ी मेहनत और थोड़े समय में सब काम होने लगा, हिन्दुस्थान की घटती के दिन आ गये।'' इससे उपन्यासकार की 'देशोन्नति' की चिन्ता बहुत स्पष्ट रूप में सामने आती है, भले ही अंग्रेजी शासन से मुक्ति की बात वह न कर रहा हो। लाला ब्रजकिशोर वकालत करता है, पर आम वकीलों की तरह झूठे मुकदमे नहीं लेता और अन्यायपीड़ित गरीबों से वह फीस भी नहीं लेता। वह महात्मा गाँधी की तरह देशहित में काम करने वाला वकील है।

परीक्षागुरु में कार्यव्यापार का, और इसीलिए मार्मिक प्रसंगों का भी नितान्त अभाव है। इसके पात्र कार्यरत कम, संवादरत अधिक दिखाई पड़ते हैं। इसके संवादों में नीति, विज्ञान, व्यापार–नीति आदि का वर्णन अधिक है, पात्रों के सुखदुख, आशा–निराशा आदि की अभिव्यक्ति कम हुई है। इस कारण यह 'उपन्यास' की अपेक्षा 'उपदेशाख्यान' बन गया है।

परीक्षागुरु की एक विशेषता यह लक्षित होती है कि यह हिन्दी का पहला उपन्यास है जिसमें अंग्रेज बनियों के चरित्र की पोल खोली गयी है। यद्यपि लेखक स्पष्ट रूप से कहीं भी ब्रिटिश शासन की आलोचना नहीं करता, पर अन्य समकालीन उपन्यासकारों की तरह ब्रिटिश शासन की न्यायप्रियता, उदारता आदि की प्रशंसा भी नहीं करता। यह प्रबुद्ध भारतीय मानस में ब्रिटिश शासन के प्रति बढ़ते मोहभंग का परिचायक है। उपन्यास के एक पात्र बाबू बैजनाथ के चरित्र के व्याज से उपन्यासकार ने अंग्रेजी शिक्षापद्धति की भी आलोचना की है।

यद्यपि रामचन्द्र शुक्ल ने परीक्षागुरु को ही हिन्दी का पहला 'अंग्रेजी ढंग का उपन्यास' माना, पर कलात्मक दृष्टि से इसमें बहुतेरी खामियाँ हैं : जैसे संवाद–योजना में अनावश्यक विचारों और उद्धरणों का समावेश, पात्रों का सजीव मनुष्य के रूप में चित्रण न होकर आदर्श के प्रतिनिधि के रूप में सामने आना, 'समतल' पात्रों का बाहुल्य आदि।

देवरानी जेठानी की कहानी से परीक्षागुरु तक उपन्यासों में प्रयुक्त भाषा की दो परम्पराएँ विकसित होती दिखाई देती हैं। देवरानी जेठानी की कहानी, वामा शिक्षक, भाग्यवती, परीक्षागुरु आदि में दिल्ली के आसपास की भाषा का रूप दिखाई देता है। यद्यपि लाला श्रीनिवासदास ने कहीं कहीं वर्णनों में साहित्यिक पुट देने का प्रयास किया है, पर उनकी भाषा सरल सपाट ही है। पात्रों के अनुरूप भाषा में बदलाव का कोई उल्लेखनीय प्रयत्न भी परीक्षागुरु में नहीं दिखाई पड़ता। दूसरी भाषिक परम्परा के प्रवर्तक भारतेन्दु

हरिश्चन्द्र और, विशेष रूप से बालकृष्ण भट्ट, माने जा सकते हैं। भारतेन्दु हरिश्चन्द्र ने औपन्यासिक गद्य की पूर्वी परम्परा का सूत्रपात किया जिसमें तद्भव शब्दों के साथ साथ प्रचलित तत्सम शब्दों, ललित पदों से युक्त वाक्यों और सर्जनात्मक गद्य की प्रधानता है। इस भाषा परम्परा का विकास बालकृष्ण भट्ट और राधाकृष्णदास ने अपने उपन्यासों में किया। बालकृष्ण भट्ट ने प्रकृति और प्रेम–वियोग आदि के वर्णनों में संस्कृत गद्यकाव्य परम्परा का अनुसरण किया। औपन्यासिक गद्य की ये दोनों परम्पराएँ उन्नीसवीं शताब्दी के अन्तिम दो दशकों में, और कुछ बाद में भी, साथ साथ अग्रसर होती दिखाई देती हैं।

पूरे नवें दशक में बालकृष्ण भट्ट (ज. 1844 ; नि. 1914) उपन्यास–लेखन में सर्वाधिक सक्रिय रहे। उन्होंने न केवल उपन्यास लिखे बल्कि हिन्दी प्रदीप में दूसरे लेखकों के उपन्यास भी धारावाहिक रूप में प्रकाशित किये और उपन्यासों की समीक्षाएँ प्रकाशित कीं। स्वयं भट्ट जी के चार अधूरे और एक पूर्ण उपन्यास इस दशक में हिन्दी प्रदीप में प्रकाशित हुए। इनमें से केवल नूतन ब्रह्मचारी ही पूर्ण रूप में, पुस्तकाकार, 1886 में प्रकाशित हुआ। बालकृष्ण भट्ट ने पहली बार अपने अधूरे उपन्यास गुप्त वैरी के माध्यम से धार्मिक पाखंडों का चित्रण किया है। उचित दक्षिणा में, जिसके केवल दस पृष्ठ ही छप पाये थे, उस काल की कचहरियों, वकीलों तथा मुख्तारों का चित्रण किया गया है।

नूतन ब्रह्मचारी लगभग 12000 शब्दों की 'उपन्यासिका' है, जिसमें उसके रचना–काल के पचास वर्ष पहले की स्थिति का चित्रण किया गया है, जब पिंडारियों की लूटपाट से अराजकता फैली हुई थी। इस प्रकार भट्ट जी एक दृष्टि से हिन्दी के प्रथम ऐतिहासिक उपन्यासकार माने जा सकते हैं।

इस उपन्यास के माध्यम से उपन्यासकार का लक्ष्य देश में ऐसे युवकों को तैयार करना है जो 'देशोन्नति' के कार्य में योग दे सकें। इस उपन्यास में कथाकार पात्रों के चरित्र और मनोभावों पर टिप्पणी करता हुआ वनप्रदेश के काव्यात्मक वर्णन के साथ कथा को आगे बढ़ाता है। यद्यपि उपन्यास में घटनाएँ बहुत कम हैं, पर जो हैं उनकी योजना नाटकीय ढंग से की गयी है। उपन्यास का पूरा शिल्प नाटकीय है, पर बीच में आने वाले प्रकृति–वर्णनों और नीति–कथनों से यह नाटकीयता बाधित हुई है। एक स्थान पर पर्दा प्रथा की बुराइयों का विस्तार से वर्णन किया गया है, जो कथाकार की आधुनिक दृष्टि का परिचय तो अवश्य देता है, पर वह कथाशिल्प में पैबन्द की तरह लगता है। नूतन ब्रह्मचारी की भाषा भी उपन्यास की अपेक्षा संस्कृत गद्यकाव्यों की भाषा का अनुसरण करती है। यह अलंकृत, कृत्रिम और सजावटी भाषा है,

जो उपन्यास की प्रकृति के अनुकूल नहीं मानी जा सकती।

1885 में ठाकुर जगन्मोहन सिंह ने (ज. 1857 ; नि. 1899) 'श्यामास्वप्न' नामक उपन्यास की रचना की जो 1888 में प्रकाशित हुआ। छपी हुई पुस्तक के मुखपृष्ठ पर उन्होंने इसे 'गद्यप्रधान चार खंडों में एक कल्पना' और अंग्रेजी में 'ऐन ओरिजिनल नॉवेल इन हिन्दी प्रोज' कहा। इस उपन्यास का विशेष महत्त्व इसके शिल्प को लेकर है। इसका कथानायक रात्रि के चार प्रहरों में चार स्वप्न देखता है, जो मिलकर एक प्रेमकथा का रूप ग्रहण करते हैं। स्वप्न की अनेक असंगत बातों के बीच से कथानायक श्यामसुन्दर और नायिका श्यामा की प्रेमकथा कुछ स्पष्ट होकर सामने आती है, जो प्रेमाख्यानों के अधिक निकट है। इसे 'फन्तासी' की संज्ञा भी दी जा सकती है। इसके पहले के उपन्यासों में यथार्थ के प्रति जो आग्रह दिखाई पड़ता है, उसका श्यामास्वप्न में नितान्त अभाव है। श्यामास्वप्न में उपन्यास का जो उदाहरण प्रस्तुत किया गया है, वह अपने समय के लिए सर्वथा अपरिचित था। यदि कथानायक के प्रेम की अभिव्यक्ति स्वप्न के असम्बद्ध बिम्बों के रूप में हुई होती तो श्यामास्वप्न एक क्रान्तिकारी उपन्यास होता। फिर भी श्यामास्वप्न की शिल्पगत नवीनता को, समकालीन कथालेखकों द्वारा किए जा रहे प्रयोगों में 'विशिष्ट' तो माना ही जा सकता है।

नवें दशक के उत्तरार्ध में खड़ीबोली की उर्दू शैली में लिखने वाले दूसरे उपन्यासकार अब्दुल हलीम 'शरर' (1860–1926) हैं, जिन्होंने 42 उपन्यास लिखे। 1887 में उन्होंने अपनी प्रसिद्ध पत्रिका दिलगुदाज़ का प्रकाशन आरम्भ किया जिसमें उनके उपन्यास क्रमशः प्रकाशित होने लगे। शरर को मुसलमानों के इतिहास से गहरा लगाव था। वे उर्दू के पहले ऐतिहासिक उपन्यासकार हैं जिन्होंने इस्लामी इतिहास को कथाओं के रूप में प्रस्तुत कर उसे सर्वसुलभ बना दिया है।

शरर के अधिकतर उपन्यास मुसलमानों के अतीत जीवन से सम्बन्ध रखते हैं, जिनमें मुसलमानों की वीरता, उदारता और धार्मिक दृढ़ता के चित्रों को प्रचार की दृष्टि से प्रस्तुत किया गया है। इस विषय पर आधारित उनकी रचनाएँ 1887 और 1907 के बीच प्रकाशित हुईं। शरर की रचनाओं में सर्वाधिक प्रसिद्ध और उनकी प्रतिनिधि रचना फ्लोरा फ्लोरिंडा है, जो धारावाहिक रूप में 1893–1899 में प्रकाशित हुई। इस उपन्यास की पृष्ठभूमि नवीं सदी का स्पेन है जब वहाँ मुस्लिम शासन अपने उत्कर्ष पर था। इसमें फ्लोरा और फ्लोरिंडा नामक युवतियों की साहस और आश्चर्यभरी कहानी प्रस्तुत की गयी है। डॉ. सत्यकाम के अनुसार यद्यपि शरर ने इसे 'नॉवेल' कहा है, पर इसका कथा–संसार 'दास्तान' का है। दास्तान की तरह ही इसमें इस्लाम के

वीरगाथा काल का आह्वान, सत् और असत् का संघर्ष पाठकों का कुतूहल बनाए रखने के उद्देश्य से एक के बाद एक उत्तेजक घटनाओं का वर्णन तथा कामोत्तेजक वर्णनों के द्वारा कहानी को चटक बनाने की कोशिश की गयी है। शरर ने ईसाई पात्रों की लम्पटता और धार्मिक कट्टरता का अतिरंजित वर्णन किया है। उन्होंने गिरजाघरों को व्यभिचार, प्रपंच और षड्यन्त्र के अड्डों के रूप में प्रस्तुत किया है। इस प्रकार ईसाई सम्प्रदाय की आलोचना करके उसके ऊपर इस्लाम की श्रेष्ठता प्रतिपादित करना ही इस 'नावेल' का लक्ष्य है। उपन्यास में एकमात्र ईसाई पात्र राजकुमारी हेलेन का सहानुभूति के साथ चित्रण किया गया है, पर इसका कारण यह है कि वह अन्ततः इस्लाम कबूल कर लेती है। शरर ने हेलेन का उपयोग इस्लाम के प्रबल प्रचारक के तौर पर किया है। इस्लाम के प्रति शरर की कट्टरता भी इस कहानी में स्थान स्थान पर व्यक्त हुई, जो कहीं कहीं बेतुकी हो गयी है, पर शरर जिस प्रकार के पाठकों के लिए अपनी कहानी लिख रहे थे, उनमें ऐसी भावनाओं और विचारों के प्रति सहज आकर्षण था।[465]

कुल मिलाकर शरर के उपन्यास कलात्मक दृष्टि से उच्च कोटि के नहीं हैं। उनमें उनकी धार्मिक संकीर्णता झलकती है। शरर के अधिकतर उपन्यास एक ही शैली में लिखे हुए हैं। युवक और अनुभवरहित रोमानी स्वभाव के पाठकों की उनमें विशेष रुचि का यही कारण है। उनमें जीवन के संघर्ष और मूल आदर्श का चित्रण न के बराबर है। एहतेशाम हुसैन के अनुसार उनके प्लॉट ढीले, पात्र सपाट और उद्देश्य मनोरंजन है। उनकी तुलना उनके समकालीन हिन्दी उपन्यासकार किशोरीलाल गोस्वामी से की जा सकती है। उन्होंने ऐतिहासिक घटनाओं की प्रस्तुति तो अपने ढंग से की, किन्तु चरित्र चित्रण तथा ऐतिहासिक यथार्थ की प्रस्तुति में सफल न हो सके। उनके यहाँ इतिहास का ज्ञान तो है, किन्तु कथाकार की कल्पना कम है।[466]

यद्यपि शरर ने सामाजिक विषयों पर भी कुछ उपन्यास लिखे पर ऐतिहासिक रोमांस लेखक के रूप में ही वे विशेष ख्यात हैं। शरर सर सैयद अहमद खाँ के विचारों के प्रबल समर्थक थे और उनकी सभी रचनाओं में 'नयी रोशनी' की वकालत की गयी है। 'शरर' एक अर्थ में सर सैयद से अधिक प्रगतिशील हैं। वे पर्दा के कट्टर विरोधी हैं। उन्होंने अपने बद्रुन्निसा की मुसीबत (1897) में पर्दा की बुराइयों का चित्रण किया है। 'शरर' के अन्य उपन्यासों में हसन अंजीलना, मलिकुल अज़ीज़, वर्जीनिया, मंसूर मोहना आदि प्रसिद्ध हैं।

नवें दशक के अन्तिम तीन वर्षों में किशोरीलाल गोस्वामी ने (ज.1865; नि. 1932) तीन मौलिक उपन्यास लिखे : प्रणयिनी परिणय, त्रिवेणी वा सौभाग्यश्रेणी

और स्वर्गीय कुसुम वा कुसुम कुमारी। ये तीनों उपन्यास 1890 से पहले लिखे गये थे, पर प्रकाशित 1890 और उसके बाद हुए। प्रणयिनी परिणय और त्रिवेणी गोस्वामी जी के प्रारम्भिक लघु उपन्यास हैं। ये दोनों ही प्रेमकथाएँ हैं, जो संस्कृत गद्यकथाओं की अलंकृत शैली में लिखी गयी हैं। इन पर कादम्बरी का प्रभाव स्पष्ट है, जो 1879 में ही हिन्दी में अनूदित–प्रकाशित हो चुकी थी। नायक–नायिका के प्रेम, विरह और मिलन का शृंगार रस की कसौटी पर खरा उतरने वाला वर्णन इन उपन्यासों में मिलता है। इन उपन्यासों के उद्दिष्ट पाठक मुख्यतः प्राचीन और रीतिकालीन परम्परा के काव्यरसिक थे। ऐसे पाठकों की रुचि नखशिख सौन्दर्य, प्रकृति और विरह–मिलन के अलंकृत वर्णनों में अधिक होती थी। समकालीन जीवन की कोई झलक इन उपन्यासों में नहीं दिखाई देती।

गोस्वामी जी ने 1890 में प्रतापनारायण मिश्र की प्रेरणा से हृदयहारिणी वा आदर्श रमणी नामक ऐतिहासिक रोमांस की रचना की जो मिश्र जी द्वारा सम्पादित हिन्दुस्तान के कई अंकों में उसी वर्ष प्रकाशित हुआ। पर पुस्तक के रूप में इसका प्रकाशन 1904 में हुआ। 1890 में ही उन्होंने लवंगलता वा आदर्शबाला नामक ऐतिहासिक रोमांस लिखा, जो 1904 में पुस्तकाकार प्रकाशित हुआ। इन रचनाओं द्वारा गोस्वामी जी ने हिन्दी में ऐतिहासिक रोमांस की नींव डाली जो हिन्दी कथा साहित्य में एक नयी प्रवृत्ति थी। गोस्वामी जी को ऐतिहासिक रोमांस लिखने की प्रेरणा कहाँ से मिली यह बता पाना कठिन है। ज्ञानचन्द्र जैन के अनुसार लगभग 1882 में भारतेन्दु हरिश्चन्द्र ने राधाकृष्णदास से कहा था, "भारतवर्ष में अब ऐसे नाटकों की आवश्यकता है जो आर्यसन्तानों को अपने पूर्वपुरुषों का गौरव स्मरण करावें। ...अब आर्यों को इस बात की याद दिलानी चाहिए कि उनके पूर्वपुरुष कैसे उदार, कैसे वीर, कैसे धीर, दृढ़, अध्यवसायी थे और उनकी वीर पत्नी पतिव्रत धर्म और कुलमर्यादा की रक्षाहेतु अपने अमूल्य जीवन को कैसा तृण समान त्याग देती थीं।"[467] यह बहुत कुछ उसी प्रकार की नवजागरण की प्रेरणा थी, जैसी कि सैयद अहमद खान ने हाली आदि मुस्लिम लेखकों को मुस्लिम गौरव को सामने रखने की प्रेरणा दी थी। किशोरीलाल गोस्वामी ने इससे प्रेरित होकर हृदयहारिणी और लवंगलता लिखकर की। इनके अतिरिक्त गोस्वामी जी के तारा वा क्षत्रकुलकमलिनी, गुलबहार वा आदर्श भ्रातृस्नेह आदि ऐतिहासिक रोमांस प्रकाशित हुए। यह ध्यान देने की बात है कि गोस्वामी जी के ऐतिहासिक रोमांस 1900 ई. तक पुस्तकाकार में प्रकाशित नहीं हो सके। 1901 में उन्होंने उपन्यास मासिक पुस्तक पत्रिका का प्रकाशन आरम्भ किया, जिसमें उनके ऐतिहासिक रोमांस भी प्रकाशित हुए।

सन् 1891 के दशक में ऐतिहासिक उपन्यास का 'रोमांस' के रूप में जन्म हो जाने पर भी उसका विकास 1901 के बाद ही हुआ। इस दशक में महाराज विक्रमादित्य का जीवन चरित्र, महाराजा क्षत्रपति शिवाजी का जीवन चरित्र, वीर नारायण, जया, अनारकली, बारहवीं सदी का वीर जगदेव परमार आदि इतिहासाश्रित कथापुस्तकें प्रकाशित हुईं, जिनमें से कुछ को उनके मुखपृष्ठ पर 'ऐतिहासिक उपन्यास' की संज्ञा दी गयी थी। इनके अतिरिक्त पर्याप्त संख्या में बँगला के ऐतिहासिक उपन्यासों के अनुवाद भी हो चुके थे।[468]

काशी प्रसाद जायसवाल ने अपने एक लेख में ('हिन्दी उपन्यास लेखकों को उलाहना', हिन्दी प्रदीप के जनवरी, 1899 अंक में प्रकाशित), जिसका उल्लेख ज्ञानचन्द्र जैन ने अपनी किताब प्रेमचन्दपूर्व के हिन्दी उपन्यास में किया है, 1891 के दशक में हिन्दी उपन्यासों में मुसलमानों के एकांगी चित्रण का आरोप लगाया है। यह आरोप सही है। इसके ऐतिहासिक कारण भी थे। किशोरीलाल गोस्वामी का उद्देश्य अपने ऐतिहासिक उपन्यासों में हिन्दू गौरव को प्रतिष्ठापित करना था। तत्कालीन परिस्थितियों में इसे अस्वाभाविक भी नहीं माना जा सकता।[469]

1887 में ही देवकीनन्दन खत्री ने (ज. 1861 ; नि. 1913) प्रयोग के तौर पर चन्द्रकान्ता का पहला हिस्सा लिखा। 1888 में यह प्रकाशित भी हुआ, पर आज यह संस्करण उपलब्ध नहीं है। 1891 में चन्द्रकान्ता के दूसरे, तीसरे और चौथे हिस्से त्वरित अनुक्रम में प्रकाशित हुए थे। हिन्दी प्रदीप नवम्बर–दिसम्बर, 1891 अंक में बालकृष्ण भट्ट ने चन्द्रकान्ता के पहले हिस्से की प्रशंसात्मक समीक्षा प्रकाशित की थी। उपलब्ध पुरानी प्रतियों के आधार पर चन्द्रकान्ता के चारों हिस्सों का अलग अलग प्रकाशन 1891 ई. में सिद्ध होता है। सम्पूर्ण चन्द्रकान्ता के 1892 में प्रकाशित संस्करण की एक प्रति इंडिया ऑफिस लाइब्रेरी, लन्दन में उपलब्ध है।

1887 से 1892 तक चन्द्रकान्ता के प्रकाशन का दौर यह सिद्ध करता है कि शायद शुरू में इसे वह लोकप्रियता प्राप्त नहीं हुई, जो 1892 के बाद हुई। प्रकाशित होते ही चन्द्रकान्ता की लोकप्रियता की धूम की पुष्टि अनेक स्रोतों से हो चुकी है। चन्द्रकान्ता के प्रकाशन और उसकी व्यावसायिक सफलता से प्रेरित होकर खत्री जी ने उसकी कथा को आगे बढ़ाने का निश्चय किया और अगले दस–ग्यारह वर्षों में चद्रकाता सन्तति शीर्षक से उसके चौबीस 'हिस्से' लिखे। इसके प्रकाशन के लिए उन्होंने मई 1894 में उपन्यास लहरी नामक पत्रिका निकाली, जिसकी पहली ही 'संख्या' में चन्द्रकान्ता सन्तति का पहला हिस्सा प्रकाशित हुआ। इसका चौबीसवाँ और अन्तिम हिस्सा 1905 में प्रकाशित हुआ। इस बीच पुस्तक के रूप में, चार चार हिस्सों के गुच्छों (भागों)

के रूप में 'सन्तति' के संस्करण पर संस्करण भी साथ साथ प्रकाशित होते रहे। चन्द्रकान्ता और चन्द्रकान्ता सन्तति की लोकप्रियता दिनोदिन बढ़ती ही गयी जिससे उत्साहित होकर खत्री जी ने 1907 में भूतनाथ की रचना आरम्भ की जो वस्तुतः चन्द्रकान्ता सन्तति का ही विस्तार है।

चन्द्रकान्ता और सन्तति का प्रकाशन हिन्दी उपन्यास के इतिहास में एक ऐसी घटना है जिसने उपन्यास के 'रूप' में अभूतपूर्व परिवर्तन ला दिया। इसके पूर्व लगभग बीस वर्षों में केवल एक दर्जन कमोवेश 'उपन्यास' कहलाने योग्य मौलिक कथापुस्तकें प्रकाशित हुईं। इसका प्रमुख कारण था हिन्दी क्षेत्र में पाठकों की कमी और भारतेन्दु प्रभावित लेखकों का केवल 'रसिक' और 'सहृदय' पाठकों की रुचि को ध्यान में रखकर उपन्यास लिखना। पर इसका यह अर्थ नहीं कि हिन्दी में पाठकवर्ग की सम्भावनाएँ ही नहीं थीं। हिन्दी उत्तर भारत के एक बड़े भूभाग की भाषा थी और सभी प्रकार की सरकारी–गैरसरकारी उपेक्षाओं के बावजूद हिन्दी बोलने–समझने वालों की संख्या काफी बड़ी थी। यह सही है कि शिक्षा में हिन्दी का स्थान गौण था, अधिकांश लोग उर्दू पढ़ते थे, पर धार्मिक कारणों से अधिकतर शिक्षित हिन्दू परिवारों में बच्चों को नागरी वर्णमाला का ज्ञान करा दिया जाता था। सातवें दशक में 'नागरी' का आन्दोलन भी जारी था। 1890 के आसपास वैसे पाठकों की संख्या बहुत बड़ी थी जो उर्दू–फारसी की शिक्षा पाए हुए थे, पर अपने घरों में हिन्दी या उसके स्थानीय रूपों का प्रयोग करते थे। यह विशाल जनसमूह हिन्दी का सम्भावित पाठक था। खत्री जी के पूर्ववर्ती कथाकारों का ध्यान इस पाठकवर्ग की ओर नहीं था। उपन्यास और पाठकों के इस अन्तराल को देवकीनन्दन खत्री ने अपनी व्यावसायिक बुद्धि से सहज ही देख लिया। खत्री जी हिन्दी के पहले कथाकार हैं जिन्होंने तत्कालीन साक्षरमात्र, बोलचाल के अरबी–फारसी शब्दों से खूब परिचित, पर संस्कृत की जानकारी से रहित, सम्भावित हिन्दी पाठकों की पठन–योग्यता और रुचि को ध्यान में रखते हुए चन्द्रकान्ता और सन्तति की रचना की। परिणाम अप्रत्याशित हुआ। स्वयं खत्री जी ने बताया है कि "चन्द्रकान्ता पढ़ने के लिए बहुत पुरुष नागरी की वर्णमाला सीखते हैं और जिनको कभी हिन्दी सीखना न था उन लोगों ने भी इसके लिए हिन्दी सीखी।"[470] रामचन्द्र शुक्ल ने भी अपने 'इतिहास' में इस कथन पर अपनी मुहर लगाई है।[471]

पर शुक्ल जी ने कथ्य की दृष्टि से चन्द्रकान्ता–चन्द्रकान्ता सन्तति को अधिक महत्त्व नहीं दिया है। उनके अनुसार "इन उपन्यासों का लक्ष्य केवल घटना–वैचित्र्य रहा; रससंचार, भावविभूति या चरित्रचित्रण नहीं। ये वास्तव में घटनाप्रधान कथानक या किस्से हैं जिनमें जीवन के विविध पक्षों

के चित्रण का कोई प्रयत्न नहीं, इससे ये साहित्यकोटि में नहीं आते।''[472] आश्चर्य की बात है कि अधिकतर आलोचकों ने शुक्ल जी के इस कथन पर आलोचनात्मक दृष्टि से विचार नहीं किया है। राजेन्द्र यादव ने अपने एक लेख में चन्द्रकान्ता की अलग ढंग से व्याख्या करने की कोशिश की है, पर वे भटक गये हैं।[473] वस्तुतः चन्द्रकान्ता–चन्द्रकान्ता सन्तति सामन्ती संस्कृति का महाख्यान है, जिसमें सामन्ती समाज और जीवनमूल्यों की गाथा प्रस्तुत की गयी है। जिस काल में यह उपन्यास लिखा गया था, भारत में सामन्ती युग ही चल रहा था ; अंग्रेज साम्राज्यवादी होने पर भी भारत में सामन्तवाद के ही समर्थक थे। भारतीय जनता अभी सामन्ती प्रभाव से मुक्त नहीं हुई थी और अंग्रेज इसके लिए उत्सुक भी नहीं थे। स्वयं देवकीनन्दन खत्री सामन्ती वातावरण में ही पले–बढ़े थे। लगभग 25 वर्ष की उम्र तक वे बिहार के टेकारी राजदरबार से जुड़े थे और उसके बाद काशीनरेश के निकट सम्पर्क में आ गये। चन्द्रकान्ता और सन्तति में उन्होंने काशी, नौगढ़, विजयगढ़, चुनार और जमानिया के सामन्तों की कथा के माध्यम से इस वर्ग की जीवन पद्धति, चरित्र और जीवन मूल्यों का गहरी समझ और संवेदना के साथ अंकन किया है। इन उपन्यासों को पढ़ते वक्त इस बात का भान भी नहीं होता कि उस समय भारत में अंग्रेजी राज चल रहा था और भारत की जनता उनके शोषण और दमन से त्रस्त थी। अंग्रेजों के विरुद्ध उभरते मध्य वर्ग का असन्तोष तो कहीं सामने आता ही नहीं।

चन्द्रकान्ता और सन्तति की दूसरी विशेषता उसका औपन्यासिक शिल्प है, जिसका विकास उपन्यास के जन्म से ही हो रहा था। 'कथा' से 'कथानक' का विकास औपन्यासिक शिल्प का दूसरा चरण है, जिसकी चरम परिणति चन्द्रकान्ता और सन्तति में दिखाई पड़ती है। देवकीनन्दन खत्री को इस बात का श्रेय दिया जा सकता है कि उन्होंने 'कथा' को 'कथानक' में बदलने का ऐतिहासिक प्रयास किया। कथा में 'काल' और 'स्थान' की योजना को नये ढंग से सुनियोजित करने में उन्होंने अद्भुत सावधानी और कौशल का परिचय दिया है। चन्द्रकान्ता के कथासंसार में एकाध स्थान को छोड़कर कहीं भी स्थान, काल और पात्रों की भूमिका में कोई चूक नहीं दिखाई देती। इतना कसा हुआ और सम्बद्ध कथानक हिन्दी उपन्यास में और कहीं नहीं दिखाई पड़ता।

यद्यपि कथाओं के यौगपदिक संक्रमण प्रविधि का प्रयोग राधाकृष्णदास और रत्नचन्द्र प्लीडर आदि कुछ अन्य उपन्यासकार पहले ही कर चुके थे, पर इतने बड़े पैमाने पर इसका सफल प्रयोग पहली बार चन्द्रकान्ता, सन्तति आदि में ही हुआ। मुख्य कथा के साथ सैकड़ों प्रासंगिक कथाओं का, 'बयानों'

के रूप में युगपत् संक्रमण कथाशिल्प की एक अद्‌भुत उपलब्धि है। प्रत्येक 'बयान' की समाप्ति किसी ऐसी चमत्कारपूर्ण नाटकीय घटना से होती है जो अगले 'बयान' के लिए उत्सुकता जागृत कर दे। सभी प्रासंगिक कथाएँ बड़ी कुशलता से मुख्य कथा से संग्रहित हैं। रहस्य पैदा करने के लिए लेखक घटनाओं के सम्बन्ध में आवश्यक सूचनाएँ रोक लेता है और बाद में कहीं उनका रहस्योद्‌घाटन करता है।

भाषा की दृष्टि से भी चन्द्रकान्ता उल्लेखनीय है। 'उपन्यास' को ऐसी भाषा की जरूरत होती है, जो अनावश्यक अलंकरण से दूर हो ; वह सामान्य जीवन की भाषा हो। शब्दचयन और वाक्ययोजना की दृष्टि से बाबू शिवप्रसाद ने जिस आमफहम की भाषा का प्रस्ताव किया था, उसका पालन न तो उन्होंने अपनी परवर्ती रचनाओं में किया और न ही भारतेन्दु आदि हिन्दी लेखकों ने उसे अपनाया। देवकीनन्दन खत्री ने इसी सामान्य जीवन की भाषा के ढाँचे को ग्रहण किया और हिन्दी उपन्यास को उसकी भाषा प्रदान कर दी। प्रेमचन्द ने इसी भाषा को सर्जनात्मक क्षमता प्रदान कर 'उपन्यास' को जीवन का महाकाव्य बना दिया।

चन्द्रकान्ता और सन्तति कथा में ऐयारी और तिलिस्मी करिश्मों के लिए प्रसिद्ध हैं। पर खत्री जी की लोकप्रियता का कारण ऐयारी और तिलिस्म के करिश्मों में उतना नहीं, जितना उनके विश्वसनीय वर्णनों में है। खत्री जी ने अपने पाठकों में यह सुखद भ्रम पैदा किया कि वे बैताल पचीसी या तोता मैना के ढंग की कपोलकल्पित कथाएँ नहीं, वरन् सत्य कथाएँ पढ़ रहे हैं। इन तिलिस्मी कथाओं के पात्र, जिनके साथ पाठक तदाकार हो जाता है, पग–पग पर दहला देने वाले संकटों में पड़ते हैं, बार–बार मृत्यु के मुख में प्रवेश करते हैं, प्राणों की बाजी लगाकर शत्रुओं के दुर्ग में घुस जाते हैं; कभी हम उन्हें बीहड़ जंगलों में देखते हैं, कभी भयंकर नालों में, कभी पहाड़ की चोटी पर, कभी जानलेवा सुरंगों में। पाठक इन पात्रों के साथ तादात्म्य स्थापित कर स्वयं भी इन रोमांचकारी संकट की मनःस्थितियों से गुजरता है और अपने एकरस साधारण जीवन में जिन अनुभवों को प्राप्त करने में असमर्थ होता है, उनकी पूर्ति कथा में करके एक प्रकार के पुलक या सुख का अनुभव करता है। चन्द्रकान्ता की यह सबसे बड़ी उपलब्धि है।

हिन्दी कथा साहित्य में उन्नीसवीं शताब्दी का अन्तिम दशक देवकीनन्दन खत्री का दशक माना जा सकता है। इस दशक में उनकी कथाकृतियों को छोड़कर अन्य किसी कथाकार को समकालीन पाठकों ने कोई महत्त्व नहीं दिया। किशोरीलाल गोस्वामी के कुछ ऐतिहासिक और सामान्य उपन्यास लिखे तो इसी दशक में गये, पर उनका प्रकाशन 1901 के पहले न हो सका।

दरभंगा (बिहार) के भुवनेश्वर मिश्र ने भी इस दशक में घराऊ घटना (1893) और बलवन्त भूमिहार (1896) नामक उपन्यासों की रचना की थी जिनमें पहला तो 1893 में ही प्रकाशित हो गया था, पर बलवन्त भूमिहार 1901 में प्रकाशित हुआ। 19वीं शताब्दी के लगभग अन्त में ब्रजनन्दन सहाय कृत राजेन्द्र मालती (1897) अयोध्या सिंह उपाध्याय कृत ठेठ हिन्दी का ठाट, मेहता लज्जाराम शर्मा लिखित धूर्त रसिकलाल (1899) और स्वतन्त्र रमा परतन्त्र लक्ष्मी (1899) आदि उपन्यास प्रकाशित हुए।

खत्री जी ने 'उपन्यास' पद को लोकप्रिय बनाया। पर यह पद इतना 'लोकप्रिय' बन गया कि इसकी अपनी विशेषता ही नष्ट हो गयी और यह सभी प्रकार की कथापुस्तकों के लिए प्रयुक्त होने लगा। 19वीं सदी के अन्तिम दशक में जैनेन्द्र किशोर, देवी प्रसाद शर्मा, अनिरुद्ध चौबे, चतुर्भुज सहाय आदि ने अपनी रोमानी कथाओं के लिए भी 'उपन्यास' पद का ही प्रयोग किया। यहाँ तक कि गोपालराम गहमरी ने अपनी जासूसी कथाओं को भी 'उपन्यास' ही कहा।

उन्नीसवीं शताब्दी के अन्तिम दशक में तीन प्रकार की रूमानी कथाएँ लिखी गयीं। इनमें से कुछ तो संस्कृत काव्यों के अनुकरण पर लिखी गयी थीं, कुछ उर्दू–फारसी दास्तानों के आधार पर और कुछ काल्पनिक घटनाओं के रूप में। प्रेम इन रोमांसों का मुख्य विषय है जो अधिकांश 'सरस' और अश्लील हो गया है। इस काल में लिखित 'घटनाप्रधान रोमांसों' में देवकीनन्दन खत्री कृत नरेन्द्रमोहिनी, कुसुमकुमारी और अनूठी बेगम तथा सरस्वती गुप्ता और जयरामदास लिखित क्रमशः राजकुमार और चम्पा आदि के नाम लिये जा सकते हैं। इनमें से देवकीनन्दन खत्री के रोमांसों की विशेषता यह है कि उनमें घटनाओं को यथासम्भव विश्वसनीय बनाने का प्रयत्न किया गया है। देवकीनन्दन खत्री ने वीरेन्द्र वीर अथवा कटोरा भर खून, नौलखा हार और काजर की कोठरी आदि कतिपय अपराधप्रधान कथाएँ भी लिखी थीं। इनका उद्देश्य अल्पशिक्षित पाठकों के मनोरंजन के साथ साथ उन्हें शिक्षा भी देना है।

कदाचित् खत्री जी से प्रभावित होकर ही गोपालराम गहमरी ने (ज. 1866) अजीब लाश, जासूस और जोड़ा जासूस आदि अपराधप्रधान कथाएँ लिखीं जो वेंकटेश्वर समाचार में प्रकाशित हुईं। कथाकार के रूप में गहमरी जी 1900 ई. के बाद प्रसिद्ध हुए।

उन्नीसवीं शताब्दी के अन्तिम दशक में, जबकि खत्री जी के ऐयारी–तिलिस्म प्रधान उपन्यासों का नगाड़ा बज रहा था, हिन्दी की यथार्थवादी उपन्यास–धारा की तूती भी मौन नहीं थी। बालकृष्ण भट्ट और भुवनेश्वर मिश्र इस दशक के

सबसे सक्रिय और उल्लेखनीय उपन्यासकार थे। भट्ट जी ने नवें दशक में ही उपन्यास–रचना आरम्भ कर दी थी। उनका सर्वाधिक उल्लेखनीय उपन्यास सौ अजान और एक सुजान धारावाहिक रूप में हिन्दी प्रदीप के जून–अगस्त 1880 से जनवरी–मार्च, 1895 तक के अंकों में प्रकाशित हुआ। पुस्तक रूप में इसका प्रकाशन स्वयं भट्ट जी ने 1906 में किया।

सौ अजान और एक सुजान अपने समय का एक विशिष्ट उपन्यास है। यह हिन्दी का पहला उपन्यास है जिसमें चरित्रचित्रण को कथा या उद्देश्य की अपेक्षा प्राथमिकता दी गयी है। यह वास्तविक अर्थों में चरित्रप्रधान उपन्यास है। इसमें लगभग दो दर्जन पात्रों के चरित्र प्रस्तुत किये गये हैं जो विविध प्रकार के प्रारूपों के प्रतिनिधि हैं और अपने समय की वास्तविकता की सही पहचान कराते हैं। नाम मात्र के ब्राह्मण और और सभी प्रकार के कुकर्मों के प्रतीक बसन्ता और रघु; विलायती रहनसहन की नकल करने वाले, रिश्वतखोर और निर्लज्ज 'मुंसिफ साहब'; अफीम की पिनक में ऊँघते रहने वाले बेईमान, रिश्वतखोर, घमंडी और क्रूर 'कोतवाल साहब'; सुझबूझ वाले, संगठन–कुशल, सच्चरित्र, बुद्धिमान सेठ हीराचन्द; कृपण, धनार्जन को ही सबसे बड़ा उद्देश्य मानने वाला धनदास और बेईमान, तिकड़मी, मदान्ध सेठ नन्दू बाबू ; पाखंडी, बेईमान, कृपण और जालसाज बुद्धदास; बिगड़े रईस ऋद्धिनाथ और निधिनाथ; सद्वृत्तिसम्पन्न, सदाचारी और अच्छे अध्यापक पं शिरोमणि मिश्र और उनके योग्य शिष्य 'सौ अजान में एक सुजान' चन्द्रशेखर आदि पात्रों के रूप में उस समय का पूरा समाज सजीव हो गया है। तत्कालीन वणिक् समाज का तो यह जीवन्त दस्तावेज है ही। इसके साथ ही अंग्रेजी राज में पुलिस और अदालती व्यवस्था की आलोचना, धूर्तों, पाखंडियों, लम्पटों, ढोंगी साधुओं, पंडों–पुजारियों आदि के वास्तविक रूप का पर्दाफाश तथा धार्मिक मठों की पोल खोलना भट्ट जी का उद्देश्य जान पड़ता है।

भुवनेश्वर मिश्र कृत घराऊ घटना अपने समय की एक विशिष्ट कृति है। यह हिन्दी का पहला उपन्यास है जिसमें मध्यवर्ग के एक सामान्य गृहस्थ के दैनन्दिन जीवन का विश्वसनीय और रोचक चित्रण किया गया है। यह पहला हिन्दी उपन्यास है जिसमें आंचलिकता का इतना गाढ़ा रंग है। तत्कालीन समाज के रीति–रिवाजों और विचारों–मान्यताओं का जैसा विश्वासोत्पादक चित्रण इस उपन्यास में मिलता है, वह पूर्ववर्ती और समकालीन उपन्यासों में दुर्लभ है। इस दृष्टि से यह हिन्दी का पहला 'रीतिरिवाजों का उपन्यास' (नॉवेल ऑफ मैनर्स) कहा जा सकता है। इसमें समकालीन जीवन की साधारण बातों का–मध्यवर्गीय दाम्पत्य जीवन की समस्याओं, सामाजिक रीतिरिवाजों और समकालीन सोच का–अत्यन्त यथार्थ चित्रण किया गया है। परिच्छेदों

के 'गोटदार चूँदरी', 'तीजव्रत' आदि शीर्षकों और उनमें वर्णित प्रसंगों से उस समय के उत्तर बिहार के सामाजिक जीवन का सजीव चित्र उपस्थित हो गया है। नववधू के गौने के बाद की पहली 'बरसाइत', साल भर बाद नैहर के लिए विदाई, सहेलियों के एक ही नाम से एक दूसरे को सम्बोधित करने की रीति, शिशु जन्मोत्सव, तीज व्रत आदि के वर्णन तत्कालीन जीवन का जीता जागता चित्र प्रस्तुत करते हैं। पात्रों के नाम भी–झगडूलाल, खखनलाल, भिखारी राय, कुनकुन राय, भज्जू कुरमी आदि–तत्कालीन ग्रामीण समाज की झलक प्रस्तुत करते हैं। इस दृष्टि से घराऊ घटना आंचलिक जीवन का चित्रण करने वाला पहला यथार्थवादी उपन्यास कहा जा सकता है।

शिल्प की दृष्टि से घराऊ घटना की विशेषता यह है कि इसमें 'आत्मकथात्मक' प्रविधि का उपयोग किया गया है जिसमें झगडूलाल नामक पात्र अपने दाम्पत्य जीवन के प्रसंगों का वर्णन करता है। समस्त उपन्यास में केवल एक ही कथा है; प्रासंगिक कथाएँ नहीं हैं तथा जटिल वस्तुविधान का अभाव है। घराऊ घटना की भाषा सरल और दैनिक बोलचाल की है जिसमें आंचलिकता का गाढ़ा रंग है। मैथिली की लोकप्रचलित कहावतों, मुहावरों और लहजों से घराऊ घटना भाषा आंचलिकता के माधुर्य से भर गयी है। तीज–त्योहारों पर स्त्रियों द्वारा गाए जाने वाले गीत आंचलिकता के रंग को गाढ़ा करते हैं।

भुवनेश्वर मिश्र का दूसरा उपन्यास बलवन्त भूमिहार जीवन के यथार्थ अंकन, विश्वसनीय चरित्रचित्रण, अपेक्षाकृत जटिल वस्तुविन्यास और यथार्थ को वहन करने वाली सक्षम भाषा के कारण उन्नीसवीं शताब्दी का श्रेष्ठ उपन्यास है। वस्तुतः इस उपन्यास की रचना अपने समय का एक चमत्कार है। यह वह समय था जब हिन्दी पाठक मुख्यतः अल्पशिक्षितों और नवसाक्षरों का था, जो कौतूहलप्रद घटनाओं और श्रृंगारिक प्रसंगों में अधिक रुचि लेते थे। भुवनेश्वर मिश्र ने घराऊ घटना में चटकीले श्रृंगारवर्णनों के तहत समकालीन रुचिधारा का, एक सीमा तक ध्यान रखा था, पर बलवन्त भूमिहार में उन्होंने इसका सर्वथा परित्याग कर दिया है। इस उपन्यास में दो जमीन्दार परिवारों के संघर्ष की कहानी अत्यन्त विश्वसनीय और मार्मिक रूप में प्रस्तुत की गयी है। इस कथा के माध्यम से उपन्यासकार ने उत्तरी बिहार के जमीन्दार वर्ग की पारिवारिक, सामाजिक तथा जमीन्दारी प्रथा सम्बन्धी परिस्थितियों का विश्वसनीय चित्र प्रस्तुत किया है। इस उपन्यास के केन्द्र में कोई समस्या नहीं है। इसका नायक कथा के अन्त में, अपने विवाह के अवसर पर, तिलक–दहेज की माँग न करके तत्कालीन जमीन्दार वर्ग की एक बुराई को दूर करने का एक उदाहरण प्रस्तुत करता है, पर तिलक–दहेज की समस्या पर कोई

टिप्पणी न करने का संयम बरतता है। इस उपन्यास का मुख्य उद्देश्य, जैसा 'भूमिका' में कहा गया है, तत्कालीन भूमिहार जमीन्दार समाज का चित्र प्रस्तुत करना है, और जो चित्र प्रस्तुत किया गया है, वह सच्चा और मार्मिक है। इस उपन्यास में जमीन्दारों के दीवान कैसे होते थे, किसानों से लगान कितनी कठोरता से वसूल की जाती थी, पुलिस विभाग के कर्मचारी निर्धन ग्रामीणों से कितनी निर्दयता से पेश आते थे, केवल नागरी जानने वालों के लिए सरकारी नौकरी पाना कितना मुश्किल था, युवकों में बेकारी की समस्या कितनी विकट थी तथा तत्कालीन समाज में विवाहपूर्व प्रेम कितना जोखिम का काम था, आदि समकालीन सच्चाइयों का अंकन विश्वसनीय और मार्मिक रूप में किया गया है।

हिन्दी उपन्यासों में प्रेम का चित्रण आम बात थी, पर वह प्रेम अधिकतर संस्कृत कथाओं या प्रेमकथाओं की परम्परा का अनुकरण था। प्रेम के भावनात्मक पक्ष का अंकन उसमें बहुत कम होता था। बलवन्त भूमिहार में भी एक प्रेमकथा है, जिसका आरम्भ एक आकस्मिक घटना से ही होता है ; पर उपन्यासकार ने इस परम्परागत पद्धति पर आरम्भ हुए प्रेम का ऐसा भव्य रूप खड़ा किया है कि जो इसके पहले किसी हिन्दी उपन्यास में नहीं मिलता। इस प्रेम का आरम्भ मन्दिर में युवक–युवती के आकस्मिक साक्षात्कार से होता है। जमीन्दार की बेटी हवेली से बाहर मन्दिर के अतिरिक्त अन्यत्र जा ही कहाँ सकती थी। उपन्यासकार ने प्रेमोदय के इस एकमात्र उपाय का उपयोग इतनी दक्षता से किया है कि उसकी प्रशंसा किये बिना नहीं रहा जा सकता। इस प्रेमोत्पत्ति के मूल में कामभाव की उत्तेजना नहीं, वरन् दो दुखी आत्माओं का करुणाजनित आकर्षण है। दोनों के परस्पर प्रेमभाव में एक विश्वसनीय पवित्रता है। प्रथम दृष्टि में ही बलवन्त और यमुना एक दूसरे की ओर आकृष्ट हो जाते हैं, पर दोनों में से कोई भी प्रेमसूचक अनुभावों को प्रकट नहीं करता। यह प्रेम पीड़ा के बीच पनपता है। जिस युग में हिन्दी के पाठक और लेखक उपन्यास में श्रृंगार–वर्णन को अमर्यादित महत्त्व दे रहे थे, किसी उपन्यासकार का ऐसा असामान्य संयम आश्चर्यजनक है।

बलवन्त भूमिहार का लेखक उपन्यास में प्रत्येक पात्र को स्वतन्त्र व्यक्तित्व प्रदान करने में सफल हुआ है, जो इसकी बहुत बड़ी उपलब्धि है। यमुना के रूप में उपन्यासकार ने एक अत्यन्त मोहक पात्र की सृष्टि की है। वह प्रेम करती है पर कभी धैर्य नहीं खोती। अपने प्रिय के लिए वह दुखी है, पर उच्छश्रृंखलता का प्रदर्शन नहीं करती; सुन्दर है, पर चंचल नहीं; प्रेमिका है पर कुलमर्यादा का उल्लंघन नहीं करती; अपना दिल दे देती है पर लज्जा का त्याग नहीं करती। वह प्रेम और करुणा की भावना से लबालब भरी हुई, कुलमर्यादा की

प्रतिमूर्ति, धैर्यशील, संयमी और शीलवती कन्या है। हिन्दी उपन्यास में इस कोटि की एकमात्र पात्र बाणभट्ट की आत्मकथा की भट्टिनी है।

शिल्प की दृष्टि से भी बलवन्त भूमिहार एक उल्लेखनीय उपन्यास है। नाटकीय पद्धति पर प्रसंगों की योजना, समयानुक्रम का विपर्यसन, कथाओं का युगपत संक्रमण तथा कार्यों और भावों की अभिव्यक्ति द्वारा शनैःशनैः पात्रों का चरित्रोद्घाटन आदि प्रविधियों का बहुत कुशल प्रयोग उपन्यास में देखने को मिलता है। बलवन्त भूमिहार की भाषा न तो देवकीनन्दन खत्री के उपन्यासों की तरह सपाट है न बालकृष्ण भट्ट और किशोरीलाल गोस्वामी की तरह अतिशय काव्यात्मक और कृत्रिम। उपन्यास के मध्यमवर्ग के पात्र जहाँ सरल, पर प्रचलित तत्सम शब्दों से युक्त भाषा का प्रयोग करते हैं, वहाँ निम्नवर्ग के पात्र 'गँवारी भाषा' बोलते हैं। भाषाविषयक इस यथार्थवादी आग्रह के कारण उपन्यास में चित्रित संसार और भी विश्वसनीय हो गया है।

उन्नीसवीं शताब्दी के अन्तिम दशक में प्रकाशित उपन्यासों में राधाचरण गोस्वामी कृत 'सौदामिनी', कुँवर हनुमन्त सिंह रघुवंशी कृत 'चन्द्रकला', ल. ना. शर्मा कृत 'समुद्र में गिरीन्द्र', रामदास वर्मा कृत 'राजकुमारी चन्द्रमुखी', जगन्नाथ प्रसाद चतुर्वेदी कृत 'वसन्त मालती' आदि उल्लेखनीय हैं। इनमें से चन्द्रकला इस दृष्टि से उल्लेखनीय है कि इसमें प्रथम बार कच्ची उम्र की बालिकाओं के विधवा होने, उनके बलात्कार का शिकार होने और प्रतिकूल परिस्थितियों में वेश्यावृत्ति अपनाने का चित्रण किया गया है। बलात्कार की शिकार बाल विधवा से किसी युवक के प्रेम और उससे उत्पन्न संकटों के अंकन की दृष्टि से भी चन्द्रमुखी उल्लेखनीय है। पतनशील सामन्ती समाज का चित्रण इस उपन्यास की एक ध्यानाकर्षक विशेषता है। सामाजिक अत्याचार से आहत लड़की द्वारा अत्याचारियों से हिंसक प्रतिशोध लेने का चित्रण भी इस उपन्यास में किया गया है। किशोरीलाल गोस्वामी ने स्वर्गीय कुसुम में देवदासी प्रथा को वेश्यावृत्ति के एक कारण के रूप में चित्रित किया था। 1899 में मेहता लज्जाराम शर्मा ने धूर्त रसिकलाल और स्वतन्त्र रमा और परतन्त्र लक्ष्मी नामक उपन्यासों की रचना की थी।

इस सिलसिले में खड़ीबोली की उर्दू शैली में लिखित मुंशी सज्जाद हुसैन (ज. 1856 ; नि. 1915) का नाम भी लिया जा सकता है, जिन्होंने 1890 के बाद 'हाजी बग़लोल', 'कायापलट' और 'अहमकुललजीन' आदि उपन्यास लिखे थे। उनकी ख्याति उनके हास्य उपन्यास 'हाजी बग़लोल' के कारण हुई है, जो सरशार के 'फसानए आजाद' से मिलता जुलता है। इसका नायक नितान्त काल्पनिक होते हुए भी अपने समय का प्रामाणिक और रोचक चित्र प्रस्तुत करता है। सज्जाद हुसैन के सभी उपन्यास हास्यरस से भरे हुए हैं। उन्होंने

भी लखनऊ की सभ्यता के विदूषक अंगों को बड़ी निपुणता से प्रस्तुत किया है। 'उनकी भाषा लखनऊ की बोलचाल की भाषा है और साधारण कहावतें, कथन और मुहावरे ऐसे उचित ढंग से उनके वाक्यों में प्रयुक्त होते हैं कि सीधीसादी बातों में भी मज़ा पैदा हो जाता है।[474]

सज्जाद हुसैन को उर्दू का प्रथम हास्य लेखक कहा जा सकता है। उनकी भाषा में कभी कभी बाज़ारूपन और कहीं कहीं मौलवियाना नीरसता भी दिखाई देती है किन्तु कुल मिलाकर उनकी भाषा प्रवाहमय, चटपटी और हास्यरस के लिए अत्यन्त उपयुक्त है। उदाहरण के लिए हाजी बग़लोल से एक उद्धरण देखा जा सकता है :

"नाज़रीन, ज़रा इस वक़्त तन्हाई में हाजी साहब कराह रहे हैं। कान लगाकर सुनिये तो क्या कह रहे हैं, मगर देखिए, दूर ही रहिए। नज़दीक गये और सारा खेल बिगड़ गया। आप कह रहे हैं–'ऐ नेकबख़्त! अफसोस, तुमको खबर नहीं कि कोई हाजी जान देता है, यू ं दम तोड़ता है। आप तो खेतीबारी में दिल बहलाती होंगी, या घर के चक्की–चूल्हे में पड़ी होंगी (ऐ तौबा, मसरूफ होंगी), या उपलियाँ प्यारी प्यारी बनाती होंगी। मगर यहाँ सूख–सूखकर इश्क की धूप में हम कंडा हुए जाते हैं। तुमको क्या नाम कि जानना चाहिए कि हम बिनवा कंडे हैं जिसकी आँच इतनी तेज होती है कि पताल–यंत्र में अरक़ और तेल उसीसे निकलता है।"[475]

फ़िराक़ गोरखपुरी के अनुसार मिर्जा मुहम्मद हादी 'रुसवा' (1858–1931) के उपन्यासों से उर्दू में आधुनिक कथा साहित्य का युग आरम्भ होता है।[476] इस समय तक खड़ीबोली की स्वाभाविक शैली में काफी उपन्यास लिखे जा चुके थे। रुसवा का उपन्यास 'उमराव जान अदा' अपनी नवीनता के साथ उर्दू शैली में लिखा गया और 1899 में प्रकाशित हुआ। वे अपने एक उपन्यास की भूमिका में लिखते हैं कि वे जो कुछ जानते हैं, उसी के बारे में लिखते हैं। वे काफी विस्तार पूर्वक अपनी उपन्यास विषयक धारणा का स्पष्टीकरण करते हैं। उनके अनुसार उपन्यासकार सामान्यतः उसी का चित्र प्रस्तुत करता है, जिसे उसने अपने जीवन में देखा है। वे यह भी स्वीकार करते हैं कि उनके अधिकांश उपन्यासों का घटनास्थल उनका जन्मस्थान लखनऊ है, क्योंकि इसी जगह को वे खूब अच्छी तरह जानते हैं। अन्यत्र वे कहते हैं कि उनके उपन्यास उनके 'समय के इतिहास' हैं।[477] उनके चरित्र समाज के प्रत्येक वर्ग के होते हैं और मानव स्वभाव के अच्छे–बुरे सारे पहलू वे सम्पूर्ण समन्वय के साथ प्रस्तुत करते हैं। फ़िराक़ साहब के अनुसार मानव स्वभाव के अन्दर उनकी गहरी पैठ थी और मनोवैज्ञानिक क्षेत्र में उनके उपन्यासों का दर्जा बहुत ऊँचा है।[478] एहतेशाम हुसैन के अनुसार 'उमराव जान अदा' रुसवा की

सर्वश्रेष्ठ रचना है, जिसमें एक वेश्या की आत्मकथा उसी के मुख से बयान की गयी है। उस समय तक लोग इस विषय को अपनाने से डरते थे और साहित्य के विशाल और पवित्र भवन में उसे लाते हुए संकोच होता था ; हालाँ कि वह सामन्ती युग में जीवन के बनाने और बिगाड़ने में प्रेरणास्रोत का रूप धारण कर चुकी थी। 'रुसवा' ने एक वेश्या के मुख से वे सब बातें कहलायी हैं, जो उसके जीवन के एक विशेष संकट में फँसा देती है। ऐसा जान पड़ता है कि 'रुसवा' की दृष्टि में समाजसुधार का कोई स्पष्ट उद्देश्य न था, परन्तु जिस लखनऊ को वह जानते थे उसके जीवन के सभी अंगों को एक सच्चे कलाकार की तरह हमारे सामने ला खड़ा किया है और यह सब कुछ ऐसे सहज ढंग से हो जाता है कि हम न सिर्फ उन चित्रों में खो जाते हैं, बल्कि हमें यह पता ही नहीं चलता कि इस चित्रण से 'रुसवा' क्या काम लेना चाहते हैं? इस बात पर सभी आलोचक एकमत हैं कि यह उर्दू के महत्त्वपूर्ण उपन्यासों में है। एक वेश्या के चित्र के पीछे प्रत्येक वर्ग के लोग खड़े दिख पड़ते हैं और वह लखनऊ हमारे सामने आ जाता है, जो उन्नीसवीं शताब्दी के अन्त में दम तोड़ रहा था। उस समय की सभ्यता, साहित्यिक जीवन, सामाजिक और धार्मिक स्थिति, देहातों की आर्थिक दुर्दशा और लूटमार के अतिरिक्त प्रेम–भावना के अनुपम चित्र भी इस उपन्यास में मिलते हैं। मनोवैज्ञानिक दृष्टि से यह एक नारी के अन्दर वेश्या और घरेलू औरत का वह संघर्ष है, जो कलाकार को प्रेरणा देता है।

इस उपन्यास की प्रस्तुति बहुत रोचक है। उमराव जान से प्रथम परिचय के बाद लेखक उसकी जीवन–कथा सुनने का आग्रह करता है। काफी हीले हवाले के बाद उमराव जान अपनी जीवन–कथा सुनाने का अनुरोध मान लेती है। उपन्यास का शेष अंश उमराव जान और रुसवा की मुलाकातों के वर्णन के रूप में है, जिनमें वह अपनी कहानी सुनाती है। प्रत्येक मुलाकात के बाद रुसवा उसे लिख डालते हैं। बीच बीच में वे अपने और उमराव जान के बीच होने वाली बातचीत के टुकड़े भी जोड़ देते हैं। इस युक्ति से रुसवा को यथार्थ का भ्रम पैदा करने में अपूर्व सफलता मिली है। अपनी रामकहानी में उमराव जान अपने बचपन की स्मृतियों से आरम्भ करके अपने साहसिक तथा जोखिम भरे अनुभवों और घटनाओं का विवरण प्रस्तुत करती है।

एहतेशाम हुसैन के अनुसार अन्त में 'रुसवा' एक उपदेशक और प्रचारक का रूप धारण कर लेते हैं जो इस उपन्यास का दुर्बल भाग है। वैसे यह पूरा उपन्यास किसी विशेषज्ञ चित्रकार की रचित कलाकृति का चमत्कार रखता है, जिसमें जीवन अपनी व्याकुलता और उद्विग्नता के साथ देखा जा सकता है।[479]

उमराव जान अदा के अतिरिक्त 'खूनी भेद', 'खूनी जोरू', 'शरीफ ज़ादा', 'बहराम की रिहाई', 'ज़ाते शरीफ़', 'अफ़शाए–राज़' आदि 'रुसवा' के अन्य उपन्यास गिनाये जाते हैं,[480] जिनमें एहतेशाम हुसैन के अनुसार, 'शरीफ़ ज़ादा' और 'ज़ाते–शरीफ़' सर्वश्रेष्ठ हैं।[481] हुसैन साहब के अनुसार शरीफ़ज़ादा में उन्होंने एक ऐसे व्यक्ति की जीवनकथा लिखी है जो बिल्कुल उन्हीं जैसा स्वभाव रखता है। बहुत से लोगों का विचार है कि यह स्वयं उनकी आत्मकथा है। यह कहानी ऐसे सरल और रोचक ढंग से लिखी गयी है कि इसमें कहीं किसी प्रकार की कृत्रिमता नहीं दीख पड़ती है। 'ज़ाते–शरीफ़' में उच्च श्रेणी के लोगों की जीवनकथा इस प्रकार लिखी गयी है ग़दर के बाद अवध की दुर्दशा का चित्र सामने आ जाता है।[482] इस दृष्टि से यह उपन्यास हिन्दी साहित्य में अकेला स्थान रखता है।

इस विवेचन से स्पष्ट है कि उपन्यास 1870–1900 काल की सबसे प्रमुख गद्यविधा थी, यद्यपि हिन्दी साहित्य के इतिहासकारों ने इस तथ्य की प्रायः उपेक्षा की है।

निबन्ध

'निबन्ध' इस काल की एक प्रमुख और 'उपन्यास' की ही तरह हिन्दी में एक नयी विधा थी। इस बात का अनुभव रामचन्द्र शुक्ल ने भी किया था, अतः अपने 'इतिहास' में उन्होंने बड़ी स्पष्टता, और तनिक विस्तार के साथ भी 'निबन्ध' के स्वरूप विश्लेषण पर जोर दिया है। उन्होंने संस्कृत उक्ति 'गद्यं कवीनां निकषं बदन्ति' की ओर संकेत करते हुए लिखा है कि ''यदि गद्य कवियों या लेखकों की कसौटी है तो निबन्ध गद्य की कसौटी है। भाषा की पूर्ण शक्ति का विकास निबन्धों में ही सबसे अधिक संभव होता है। इसीलिए गद्यशैली के विवेचक उदाहरणों के लिए अधिकतर निबन्ध ही चुना करते हैं। निबन्ध या गद्यविधान के कई प्रकार हो सकते हैंविचारात्मक, भावात्मक, वर्णनात्मक। प्रवीण लेखक प्रसंग के अनुसार इन विधानों का बड़ा सुंदर मेल भी करते हैं। लक्ष्यभेद से कई प्रकार की शैलियों का व्यवहार देखा जाता है। जैसे, विचारात्मक निबन्धों में व्यास और समास की रीति, भावात्मक निबन्धों में धारा, तरंग और विक्षेप की रीति। इसी विक्षेप के भीतर वह 'प्रलाप शैली' आयगी जिसका बँगला की देखादेखी कुछ दिनों से हिन्दी में भी चलन बढ़ रहा है। शैलियों के अनुसार गुणदोष भी भिन्न भिन्न प्रकार के हो सकते हैं।''[483]

आधुनिक पाश्चात्य लेखकों के अनुसार निबन्ध उसी को कहना चाहिए जिसमें व्यक्तित्व अर्थात् व्यक्तिगत विशेषता हो। इसमें लेखकीय चेतना को स्वतन्त्र रूप से भटकने की पूरी छूट होती है। पर जैसा शुक्ल जी ने स्पष्ट

किया है, ''व्यक्तिगत विशेषता का यह मतलब नहीं कि उसके प्रदर्शन के लिए विचारों की शृंखला रखी ही न जाए या जानबूझकर जगह जगह से तोड़ दी जाय, भावों की विचित्रता दिखाने के लिए ऐसी अर्थयोजना की जाय जो उनकी अनुभूति के प्रकृत या लोकसामान्य स्वरूप से कोई सम्बन्ध ही न रखे अथवा भाषा से सरकसवालों की सी कसरतें या हठयोगियों के से आसन कराए जाएँ जिनका लक्ष्य तमाशा दिखाने के सिवा और कुछ न हो।''[484] शुक्ल जी के अनुसार ''तत्त्वचिन्तक या दार्शनिक केवल अपने व्यापक सिद्ध ांतों के प्रतिपादन के लिए उपयोगी कुछ सम्बन्ध सूत्रों को पकड़कर किसी ओर सीधा चलता है और बीच के ब्योरे में कहीं नहीं फँसता। निबन्ध–लेखक अपने मन की प्रवृत्ति के अनुसार स्वच्छंद गति से इधर या उधर फूटी हुई सूत्रशाखाओं पर विचरता चलता है। यही उसकी अर्थसबंधी व्यक्तिगत विशेषता है। अर्थसम्बन्धसूत्र की टेढ़ीमेढ़ी रेखाएँ ही भिन्न भिन्न लेखकों का दृष्टिपथ निर्दिष्ट करती हैं। एक ही बात को लेकर किसी का मन किसी सम्बन्धसूत्र पर दौड़ता है, किसी का किसी पर। इसी का नाम है एक ही बात को भिन्न भिन्न दृष्टियों से देखना। व्यक्तिगत विशेषता का मूल आधार यही है।''[485]

शुक्ल जी के अनुसार ''तत्त्वचिन्तक या वैज्ञानिक से निबन्ध लेखक की भिन्नता इस बात से भी है कि निबन्ध लेखक जिधर चलता है उधर अपनी सम्पूर्ण मानसिक सत्ता के साथ अर्थात् बुद्धि और भावात्मक हृदय दोनों लिये हुए। जो करुणप्रकृति हैं उनका मन किसी बात को लेकर, अर्थ सम्बन्धसूत्र पकड़े हुए, करुण स्थलों की ओर झुकता है और गंभीर वेदना का अनुभव करता चलता है। जो विनोदशील हैं, उनकी दृष्टि उसी बात को लेकर उसके ऐसे पक्षों की ओर दौड़ती है जिन्हें सामने पाकर कोई हँसे बिना नहीं रह सकता है। इसी प्रकार कुछ बातों के सम्बन्ध में लोगों की बँधी हुई धारणाओं के विपरीत चलने में जिस लेखक को आनन्द मिलेगा वह उन बातों के ऐसे पक्षों पर वैचित्र्य के साथ बिचरेगा जो उन धारणाओं को व्यर्थ या अपूर्ण सिद्ध करते दिखाई देंगे। उदाहरण के लिए आलसियों और लोभियों को लीजिए, जिन्हें दुनिया बुरा कहती चली आ रही है। कोई लेखक अपने निबन्ध में उनके अनेक गुणों को विनोदपूर्वक सामने रखता हुआ उनकी प्रशंसा का आनंद ले या दे सकता है। इसी प्रकार वस्तु के नाना सूक्ष्म ब्योरों पर दृष्टि गड़ाने वाला लेखक किसी छोटी से छोटी तुच्छ से तुच्छ बात को गंभीर विषय का सा रूप देकर, पांडित्यपूर्ण भाषा की पूरी नकल करता हुआ सामने रख सकता है। पर सब अवस्थाओं में कोई बात अवश्य चाहिए।''[486] शुक्ल जी इस बात पर जोर देते हैं कि ''जहाँ नाना अर्थसम्बन्धों का वैचित्र्य नहीं, जहाँ गतिशील अर्थ की परम्परा नहीं, वहाँ एक ही स्थान पर खड़ी तरह तरह

की मुद्रा और उछलकूद दिखाती हुई भाषा केवल तमाशा करती हुई जान पड़ेगी।"[487] इस तरह की भाषा का उदाहरण विनोदकुमार शुक्ल और कुछ अन्य उपन्यासकारों–कहानीकारों की भाषा में दिखाई देता है।

भारतेन्दु आधुनिक हिन्दी गद्य के निर्माता माने जाते हैं। बच्चन सिंह के अनुसार भारतेन्दु के पूर्व हिन्दी निबन्ध के नाम पर कुछ धार्मिक उपदेश, प्रवचन, सिद्धान्त परिचय तो मिल जाता है पर साहित्यिक निबन्ध नहीं मिलता।[488] भारतेन्दु के निबन्धों मे उनकी प्रगतिशील मान्यताओं, व्यंग्य–विनोद, उदारता, सजीवता आदि के दर्शन होते हैं। निबन्ध चाहे ऐतिहासिक हों या गवेषणात्मक, सामाजिक हों या यात्रापरक, सर्वत्र उनके व्यक्तित्व की झाँकी देखी जा सकती है जो अपनी व्यापकता में सम्पूर्ण युग चेतना को समेटे हुए हैं। अकबर और औरंगजेब का तुलनात्मक अध्ययन अकबर की ओर उनके झुकाव का द्योतक है। 'स्वर्ग में विचारसभा का अधिवेशन' में स्वामी दयानन्द और केशवचन्द्र सेन के सम्बन्ध में जो रिपोर्ट प्रस्तुत की गयी है उसमें केशवचन्द्र सेन को अधिक उदाराशय और निरपेक्ष बताया गया है। यह भी उनके उदारवादी और प्रगतिशील होने का परिचायक है। उन्होंने सर्वत्र मरणोन्मुख रूढ़ियों पर प्रहार किया है। 'तदीय सर्वस्व' अस्पृश्यता और बाह्याडम्बर का उद्घाटन करने में संकोच नहीं करता। यात्रा–वर्णन में जहाँ कहीं उन्हें अवकाश मिलता है रूढ़ियों पर चोट करने में बाज नहीं आते हैं।[489] अपने देशवासियों के अज्ञान, संकीर्णता आदि की भर्त्सना करते हुए वे उन्हें जगाने का प्रयास भी करते हैं। 'जातीय संगीत' नामक निबन्ध में पुस्तक लिखने के लिए वे जिन विषयों का निर्देश करते हैं उनमें 'बाल्यनिकेतन', 'जन्मपत्री की विधि', 'बालकों की शिक्षा', 'अंग्रेजी फैशन', 'स्वधर्म चिन्ता', भ्रूणहत्या और शिशु–चिन्ता, 'फूट', 'बैर', 'मैत्री और ऐक्य', 'बहुजातित्व और बहुभक्तित्व', 'योग्य पूर्वज आर्यों की स्तुति', 'जन्मभूमि', 'आलस्य' और सन्तोष', 'व्यापार की उन्नति', 'नशा' 'अदालत' आदि हैं, जिनमें उनका प्रगतिशील दृष्टिकोण भी व्यक्त हुआ है।

भारतेन्दु ने ऐतिहासिक, पुरावृत्तात्मक, धार्मिक, आख्यानात्मक, साहित्यिक, भाषापरक, यात्रात्मक, जीवनी, विचारात्मक आदि कई प्रकार के निबन्ध लिखे हैं। साहित्यिक निबन्धों को छोड़कर उनके शेष निबन्धों को विचारात्मक कहा जा सकता है। बच्चन सिंह के अनुसार उनके निबन्धों में अन्तर्विरोध देखा जा सकता है। पर इस अन्तर्विरोध में धर्म के प्रति उनकी मूल अवधारणा प्रगतिशील थी। वे धर्म के ठेकेदार स्मृतिकारों का विरोध करते हैं। वे वैष्णवता को भारत का प्रकृत धर्म मानते हैं।

उनके वैचारिक निबन्धों में 'स्वर्ग में विचारसभा का अधिवेशन', 'भारतवर्ष की उन्नति कैसे हो सकती है', संगीत सार', 'जातीय संगीत', 'हिन्दी भाषा',

'लेखक और नागरी लेखक', 'हिन्दी कविता', 'हिन्दी भाषा' आदि उल्लेखनीय हैं। आत्मपरक निबन्धों में 'स्त्री सेवा पद्धति', 'कंकर स्तोत्र', 'ईश्वर बड़ा विलक्षण है', 'खुशी', 'ग्रीष्म ऋतु' आदि के नाम लिये जा सकते हैं।

शुक्ल जी के साक्ष्य पर भारतेन्दु जी के समय से ही निबन्धों की परंपरा हिन्दी में चल पड़ी थी जो उनके सहयोगी लेखकों में कुछ दिनों तक जारी रही। शुक्ल जी के अनुसार प्रतापनारायण मिश्र यद्यपि लेखनकला में भारतेन्दु को ही आदर्श मानते थे, पर उनकी शैली में भारतेन्दु की शैली से कुछ भिन्नता भी लक्षित होती है। प्रतापनारायण जी में विनोदप्रियता विशेष थी इससे उनकी वाणी में व्यंग्यपूर्ण वक्रता की मात्रा प्रायः रहती है। इसके लिए वे पूरबीपन की परवाह न करके अपने बैसवारे की ग्राम्य कहावतें और शब्द भी बेधड़क रख दिया करते थे। कैसा ही विषय हो, वे उसमें विनोद और मनोरंजन की सामग्री ढूँढ़ लेते थे। उनके ब्राह्मण पत्र में हर तरह के लेख निकलते थे। देशदशा, समाजसुधार, नागरी हिन्दी प्रचार, साधारण मनोरंजन आदि सब विषयों पर मिश्र जी की लेखनी चलती थी। शीर्षकों के नाम से ही विषयों की अनेकरूपता का पता चलेगा ; जैसे 'घूरे क लत्ता बीनै कनातन क डौल बाँधै', 'समझदार की मौत है', 'बात', 'मनोयोग', 'वृद्ध', 'भौं' आदि। यद्यपि उनकी प्रवृत्ति हास्यविनोद की ओर ही अधिक रमती थी, पर जब कभी कुछ गंभीर विषयों पर वे लिखते थे तब संयत और साधु भाषा का व्यवहार करते थे। उदाहरण के लिए 'समझदार की मौत है' वे लिखते हैं :

सच है, 'सबतें भले हैं मूढ़ जिन्हें न व्यापै जगतगति'। मजे से पराई जमा गपक बैठना, खुशामदियों से गप मारा करना, जो कोई तिथ–त्योहार आ पड़ा तो गंगा में बदन धो आना, गंगापुत्र को चार पैसे देकर सेंतमेत में धरममूरत, धरमऔतार का खिताब पाना ; संसार परमार्थ दोनों तो बन गये, अब काहे की है है और काहे की खै खै ? आफत तो बेचारे जिदादिलियों की है जिन्हें न यों कल न वो कल ; जब स्वदेशी भाषा का पूर्ण प्रचार था तब के विद्वान् कहते गीर्वाण वाणीशु विशालबुद्धिस्तथान्य भाषा–रसोलोलुपोहम्। अब आज अन्य भाषा वरंच अन्य भाषाओं का करकट(उर्दू) छाती का पीपल हो रही है, अब यह चिंता खाए लेती है कि कैसे इस चुड़ैल से पीछा छूटै।''[490] दूसरा उदाहरण 'मनोयोग' शीर्षक निबन्ध से दिया जा रहा है :

''शरीर के द्वारा जितने काम किए जाते हैं, उन सब में मन का लगाव अवश्य रहता है। जिनमें मन प्रसन्न रहता है वही उत्तमता के साथ होते हैं और जो उसकी इच्छा के अनुकूल नहीं होते वह वास्तव में चाहे अच्छे कार्य भी हों किन्तु भले प्रकार पूर्ण रूप से प्रतिपादित नहीं होते, न उनका कर्ता ही यथोचित आनंद लाभ करता है। इसी से लोगों ने कहा है कि मन शरीर रूपी

नगर का राजा है, और स्वभाव उसका चंचल है। यदि स्वच्छन्द रहे तो बहुधा कुत्सित ही मार्ग में धावमान रहता है। यदि रोका न जाय तो आलस्य और अकृत्य का व्यसन करके जीवन को व्यर्थ एवं अनर्थपूर्ण कर देता है।''[491] शुक्ल जी ने प्रतापनारायण मिश्र की तुलना अंग्रेजी निबन्धकार एडीसन से की है।[492] निबन्ध विधा को विषयगत वैविध्य और शैलीगत समृद्धि प्रदान करने में मिश्र जी का योगदान प्रशंसनीय है। मिश्र जी किसी भी विषय को लेकर अपनी बात कहने में सक्षम थे। कभी वे 'मुच्छ', 'भौं', 'दाँत', 'पेट' आदि शीर्षकों के माध्यम से, कभी 'द', 'ट', 'त' जैसे अक्षरों को आधार बनाकर, कभी वे 'फूटी सहैं, आँजी न सहैं, 'घूरे के लत्ता बिनै कनातन क डौल बाँधे', 'मरै का मारैं साहमदार', 'अश्टकपारी दरिद्री जहाँ जायँ तहँ सिद्धि', 'लडते हैं और हाथ में तलवार भी नहीं' जैसी कहावतों और लोकोक्तियों की सहायता से अपने विचार व्यक्त करते हैं, कभी 'टेढ़ जानि शंका सब काहू', 'उँच निवास नीच करतूती', 'कलिमहँ केवल नाम प्रभाऊ' आदि साहित्यिक सूक्तियों और 'मुनीनां च मतिभ्रमः', 'अहह कश्टमपंडिताविधेः', मूलन्नास्ति कुतः शाखा', 'सर्वसंग्रह कर्त्तव्यं कः काले फलदायकः' आदि संस्कृत सूक्तियों को आधार बनाकर अपने विचार व्यक्त करने का प्रयास करते हैं। 'बेगार', 'रिश्वत', 'देशोन्नति', 'देशी कपड़ा', 'बालशिक्षा', धर्म और मत', हमारी आवश्यकता', 'ग्रामों के साथ हमारा कर्तव्य', देवमन्दिरों के प्रति हमारा कर्तव्य', 'गंगा जी की स्थिति', 'दशावतार', 'उन्नति की घूम', 'बाल्य विवाह', 'अपव्यय', 'विलायत यात्रा', 'गोरक्षा', 'नवपंथी और सनातनाचारी', शैव सर्वस्व' आदि शीर्षकों के अन्तर्गत वे आर्थिक, राजनीतिक, धार्मिक विषयों पर भी वे विचार करते है, पर यहाँ भी उनकी शैली स्वच्छन्द है।[493]

सामान्यतः यह समझा जाता है कि मिश्र जी ने हास्य–व्यंग्य प्रधान शैली के लिए चलते फिरते विषयों को ही लिया है, पर ऐसा नहीं है। उन्होंने 'न्याय', 'सत्य', 'ममता', 'स्वतंत्रता', 'आत्मीयता', निर्लिप्तता' जैसे विषयों पर अपेक्षाकृत गम्भीर शैली में विचार किया है। मिश्र जी के निबन्ध आकारतः लघु हैं। निबन्धकार के रूप में उनकी सबसे बड़ी विशेषता पाठक के साथ उनका तादात्म्य–स्थापन है। वे निबन्ध के आरम्भ में ही पाठक को सम्बोधित करते हैं और बीच बीच में कहीं उससे प्रश्न करते हुए, कहीं विश्वास में लेते हुए अन्त तक उसके साथ बने रहते हैं। 'मतवाले भाई और प्रेमी', 'ज्ञानचन्द्र और प्रेमचन्द्र' तथा 'फक्कड़ और भंगड़' प्रश्नोत्तर शैली के निबन्ध हैं, जिनमें नाटकीयता का समावेश बहुत स्वाभाविक रूप में हुआ है।

भारतेन्दु की तरह प्रतापनारायण मिश्र की प्रकृति भी स्वच्छन्तावादी थी। बच्चन सिंह के अनुसार भारतेन्दु अपने अभिजात संस्कारों के कारण बहुत

कुछ संयमित थे, पर मिश्र जी पर ऐसा कोई संस्कार नहीं था। वे अपने ही रंग में मस्त रहने वाले व्यक्ति थे। निबन्धों के लिए उन्होंने जो विषय चुने वे उनकी मनमौजी प्रकृति के सर्वथा अनुकूल हैं। 'बेगार', 'रिश्वत', 'देशोन्नति', 'वर्षारम्भ', 'टेढ़ जानि शंका सब काहू', 'मुच्छ', 'इनकम टैक्स', 'देशी कपड़ा', 'पतिव्रता', 'दबी हुई आग', 'धरती माता', 'गोरक्षा', 'वज्रमूर्ख', 'पुलिस की निन्दा क्यों की जाती है', 'भेड़ियाधसान', 'छल', 'विलायतयात्रा', 'सुचाल शिक्षा' आदि को उदाहरणों के रूप में देखा जा सकता है। यद्यपि उनके बहुत से निबन्ध शैक्षणिक हैं, पर इस युग के ये ही ऐसे निबन्धकार हैं जिनके प्रत्येक निबन्ध में इनका व्यक्तित्व सहज ढंग से अभिव्यक्त हुआ है। युगचेतना की अभिव्यक्ति इन्होंने अधिक स्वच्छन्द ढंग से ,की है। उनके व्यंग्य की तल्खी जी को तिलमिला देने वाली होती है। बच्चन सिंह के अनुसार भारतेन्दु के सहयोगियों में किसी के निबन्ध में व्यक्तित्व की इतनी गहरी अभिव्यक्ति नहीं पायी जाती। भाषा और गद्यशैली में जो लोग उनकी निर्बन्धता को अकृत्रिम ढंग से देखना चाहेंगे। हिन्दी की गद्यशैली को मिश्र जी की यह बहुत बड़ी देन है। इसके साथ ही उनमें समकालीन समाज की आलोचना भी भरपूर मात्रा में है। एक जगह वे लिखते हैं : "उचित वक्ता भाई पूछते हैं, क्या प्रयागराज में राज मे अंग्रेजी राज्य नहीं है? क्यों क्या वहाँ चुंगी नहीं है? क्या वहाँ उरदू नहीं है? क्या वहाँ दरिद्र नहीं हैं? क्या वहाँ शराब नही है? क्या वहाँ गोरे रंग का अयोग्य पक्षपात नहीं है?–कान्यकुब्ज प्रकाश से कहो रँडरोना बन्द करें। जल्दी समाज का रंग बदल डालिए जल्दी कीजिए नहीं निश्चय कुशल नहीं हैं।"[494]

बालकृष्ण भट्ट भारतेन्दु युग के प्रमुख निबन्धकार हैं जिनका पहला निबन्ध 'कलिराज सभा' 1872 में कविवचन सुधा में छपा।[495] भारतेन्दु और प्रतापनारायण मिश्र राजनीतिक मान्यताओं मे उदारवादी या 'लिबरल' कहे जा सकते हैं, पर बच्चन सिंह के अनुसार भट्ट जी को यह खिचड़ी पसन्द नहीं थी। हिन्दी लेखकों में वे पहले व्यक्ति हैं, जिन्होंने इस नीति का तीखा विरोध किया। उन्होंने लिखा है, "हमारा कथन है कि राजभक्ति और प्रजा का हित दोनों का साथ कैसे निभ सकता है? जैसे हँसना और गाल फुलाना, बहुरी चबाना और शहनाई बजाना एक संग नहीं हो सकता ऐसा यह भी असम्भव और दुर्घट है।" अंग्रेजों को इतनी खरीखोटी न तो भारतेन्दु सुना सके थे और न प्रतापनारायण मिश्र। 'साँप बनके काटना और ओझा बन झारना यह हिकमत अंग्रेजों को ही मालूम है। अंग्रेज बाहर से भले लगें, हैं कुटिलता की खान। अंग्रेजी शासन की कटु आलोचना करने के साथ ही भट्ट जी ने विदेशी शासन की विकृतियों को अपेक्षाकृत गहराई में बैठकर देखा। वे अपने युग

के साहित्यकारों में सर्वाधिक व्यापक और गहन दृष्टि रखने वाले व्यक्ति थे। सरकारी पिट्ठुओं के कट्टर शत्रु होने के कारण राजा शिवप्रसाद और सर सैयद अहमद खाँ को उन्होंने आड़े हाथों लिया।[496] जहाँ तक साहित्यिक निबन्धों का प्रश्न है उनमें विविधता अधिक है। एक ओर वे मिश्र जी के टक्कर का व्यंग्य विनोद प्रधान निबन्ध लिख सकते हैं तो दूसरी ओर गम्भीर विश्लेषणात्मक निबन्ध। 'चलता है' शीर्षक निबन्ध में वे लिखते हैं : ''चलता है राँड़ का चरखा, वो भटियारिन का मुँह बस जो चला जो काहे को रुकता है, कर्कशा लड़ाकिन मेहरियों की जुबान, एक मुँह में सौ सौ गाली, जबान क्या कतरनी हो गयी, आँधी हो गयी, रेल का इंजन हो गयी–किसी का मुँह चला तो किसी का हाथ चल निकला। दे तमाचा गालों में, चट दोनों झोंटि झोंटि करके गटपट लड़ते लड़ते लस्त हो गयीं, पर पर जबान न रुकी वाह रे चलने का जोश।' फिर भी इसमें एक तरह की सुसम्बद्धता और विश्लेषणात्मकता आ गयी है। 'भय और समुचितादर', 'दृढ़ता', 'आत्मनिर्भरता', 'प्रेम और भक्ति', 'ज्ञान', 'भक्ति', 'सपर्धा', 'प्रीति' आदि उनके विश्लेषणात्मक निबन्ध हैं जो आगे चलकर महावीर प्रसाद द्विवेदी, श्यामसुन्दरदास द्वारा विकसित हुए और आचार्य रामचन्द्र शुक्ल में पूर्णता की उपलब्धि की। गद्यकाव्य के आद्याचार्य भी वे ही हैं। 'चन्द्रोदय' निबन्ध गद्यकाव्य का पहला नमूना है।[497]

भट्ट जी ने 1976 में हिन्दी प्रदीप का प्रकाशन आरम्भ किया था। शुक्ल जी के अनुसार ''सामाजिक, साहित्यिक, राजनीतिक, सब प्रकार के छोटे छोटे गद्यप्रबन्ध वे अपने पत्र में तीस वर्ष तक निकालते रहे। मिश्र जी के समान भट्ट जी भी स्थान स्थान पर कहावतों का प्रयोग करते थे, पर उनका झुकाव मुहावरों की ओर कुछ अधिक रहा है। व्यंग्य और वक्रता उनके लेखों में भी भरी रहती है, और वाक्य भी कुछ बड़े बड़े होते हैं। ठीक खड़ीबोली के आदर्श का निर्वाह भट्ट जी ने कभी नहीं किया है। पूरवी प्रयोग बराबर मिलते हैं 'समझा बुझाकर के स्थान पर 'समझाय बुझाय' वे प्रायः लिख जाते थे। उनके लिखने के ढंग से यह जान पड़ता है कि वे अंग्रेजी पढ़ेलिखे नवशिक्षित लोगों को हिन्दी की ओर आकर्षित करने के लिए लिख रहे हैं। स्थान–स्थान पर ब्रैकेट में घिरे (education) इत्यादि अंग्रेजी शब्द पाये जाते हैं। इसी प्रकार फारसी अरबी के लफ़्ज ही नहीं, बड़े बड़े फिकरे तक भट्ट जी अपनी मौज में आकर रखा करते थे। इस प्रकार उनकी शैली में एक निरालापन झलकता है। प्रतापनारायण के हास्यविनोद से भट्ट जी के हास्यविनोद में यह विशेषता है कि वह कुछ चिड़चिड़ाहट लिए रहता था। पदविन्यास भी कभी उसका बहुत चोखा और अनूठा होता था।''[498] कभी कभी दोनों ने एक ही विषय पर

लिखा है, पर दोनों की वचन–भंगिमा अलग अलग है। उदाहरण के लिए दोनों के 'बात' शीर्षक निबन्धों को देखा जा सकता है।[499]

भाषा पर भट्ट जी का पूरा अधिकार था। विषय के अनुरूप भाषा का प्रयोग उनके सामर्थ्य का द्योतक है। उनके निबन्धों के प्रतिपादन का ढंग भी इतना सरस है कि पढ़ने में कथा के समान आनन्द आता है। विनोद और व्यंग्य तो उनकी लेखनशैली के अभिन्न अंग हैं। उनके व्यंग्य प्रतापनारायण मिश्र की अपेक्षा अधिक चुटीले और तीखे होते हैं। उर्दू के शब्दों का प्रयोग करने में उन्हें किसी प्रकार का संकोच नहीं होता। 'नसूहत', 'बदजायका', 'हिर्स' ,आदि सैकड़ों शब्दों के प्रयोग के उनके यहाँ मिलेंगे। कहीं कहीं तो अनुच्छेद के अनुच्छेद उर्दू शब्दावली से गुँथे रहते हैं। अर्थबोध की सुगमता के लिए वे कोष्ठ में अंग्रेजी के 'फीलिंग', 'परसेप्शन' आदि शब्द रख देते हैं। शुक्ल जी की तरह बच्चन सिंह के अनुसार भी वे खड़ीबोली के आदर्श स्वरूप का निर्माण न कर सके। उठाकर के स्थान पर 'उठाय', 'बैठा कर' के स्थान पर बैठाय आदि का प्रयोग वे अक्सर करते हैं। पर मुहावरों के प्रयोग में भट्टजी बड़े निपुण हैं। उनके लेखों में मुहावरों के प्रयोग से सजीवता आ गयी है।[500]

शुक्ल जी के अनुसार अनेक प्रकार के गद्यप्रबन्ध भट्ट जी ने लिखे हैं, पर सब छोटे छोटे। मुहावरों की सूझ उनकी बहुत अच्छी थी। 'आँख', 'नाक', 'कान' आदि शीर्षक देकर उन्होंने कई लेखों में बड़े ढंग के साथ मुहावरों की झड़ी बाँध दी है। हिन्दी प्रदीप द्वारा भट्ट जी संस्कृत साहित्य और संस्कृत के कवियों का परिचय भी अपने पाठकों को समय समय पर कराते रहे। शुक्ल जी ने बालकृष्ण भट्ट को अंग्रेजी निबन्धकार स्टील के समान बताया है। 'कल्पना'' शीर्षक निबन्ध में भट्ट जी ने लिखा है :

''यावत् मिथ्या और दरोग की किबलेगाह इस कल्पनापिशाचिनी का कहीं ओर छोर किसी ने पाया है? अनुमान करते करते हैरान गौतम मुनि से 'गोतम' हो गये। कणाद तिनका खा खाकर किनका बीनने लगे पर मन की मनभावनी कन्या कल्पना का पार न पाया। कपिल बेचारे पचीस तत्वों की कल्पना करते करते 'कपिल' अर्थात् पीले पड़ गये। व्यास ने इन तीनों दार्शनिकों की दुर्गति देखकर मन में सोचा, कौन इस भूतनी के पीछे दौड़ता फिरे, यह सम्पूर्ण विश्व जिसे हम प्रत्यक्ष देखसुन सकते हैं, सब कल्पना, मिथ्या, नाशवान और क्षणभंगुर है। अतएव हेय है।''[501]

भट्ट जी की लेखनशैली का दूसरा उदाहरण, जो 'आत्मनिर्भरता' शीर्षक लेख से लिया गया है, निम्नलिखित है :

''इधर पचास साठ वर्षों से अंग्रेजी राज्य के अमन चैन का फायदा पाय

हमारे देश वाले किसी की भलाई की ओर न झुके वरन् दस वर्ष की गुड़ियों का ब्याह कर पहिले से ड्योढ़ी दूनी सृष्टि अलबत्ता बढ़ाने लगे। हमारे देश की जनसंख्या अवश्य घटनी चाहिए।.......आत्मनिर्भरता में दृढ़, अपने कूबते बाजू पर भरोसा रखने वाला, पुष्टवीर्य, पुष्टबल, भाग्यवान, एक संतान अच्छा। 'कूकर सूकर से' निकम्मे, रग रग में दासभाव से पूर्ण, परभाग्योपजीवी दस किस काम के?''[502]

निबन्धकार के रूप में प्रतापनारायण मिश्र और बालकृष्ण में बहुत समानता है। दोनों देशभक्त हैं। दोनों को अपनी भाषा, साहित्य और संस्कृति से अगाध प्रेम है। दोनों स्वदेशी वस्तुओं के प्रयोग पर बल देते हैं। दोनों अंग्रेजों की शोषण–नीति का विरोध करते हैं, देश की आर्थिक दुर्दशा का चित्र खींचते हैं और टैक्स का विरोध करते हैं। दोनों ही समाज–सुधार पर बल देते हैं, दोनों ही बालविवाह का विरोध और विधवाविवाह का समर्थन करते हैं। दोनों का प्रमुख अन्तर यह है कि जहाँ दोनों ही राजभक्ति और देशभक्ति एक साथ निभाने की कोशिश करते हैं वहाँ भट्ट जी को दोनों में स्पष्ट विरोध दिखाई देता है। वे भारतीय राष्ट्रीय कांग्रेस को एक ऐसी संस्था के रूप में देखते थे, जो भारत में ब्रिटिश शासन को सहारा देने के लिए संगठित की गयी थी, इस कारण वे उसका समर्थन करने में अपने को असमर्थ पाते हैं। कुल मिलाकर भट्ट जी की राजनीतिक दृष्टि अधिक पैनी है। डॉ रामविलास शर्मा को वे अपनी गम्भीर आलोचनात्मक प्रतिभा, संयत शैली आदि के कारण 'भारतेन्दु युग से भिन्न बहुत कुछ आज के से' प्रतीत होते हैं।[503]

इस काल के दूसरे उल्लेखनीय निबन्धलेखक उपाध्याय पं. बद्रीनारायण चौधरी (प्रेमघन) हैं। 'प्रेमघन' जी की शैली, शुक्ल जी के शब्दों में सबसे 'विलक्षण' थी। वे गद्यरचना को एक कला के रूप में ग्रहण करने वाले–कलम की कारीगरी समझने वाले–लेखक थे और कभी कभी ऐसे पेचीदे मजमून बाँधते थे कि पाठक एक एक डेढ़ डेढ़ कालम के लंबे वाक्य में उलझा रह जाता था। अनुप्रास और अनूठे पदविन्यास की ओर भी उनका ध्यान रहता था। किसी बात को साधारण ढंग से कहे जाने को वे लिखना नहीं कहते थे।[504] भाषा अनुप्रासमयी और चुहचुहाती हुई होने पर भी उनका पदविन्यास व्यर्थ के आडंबर के रूप में नहीं होता था।''[505]

उनके लेख 'परिपूर्ण पावस' से लिया गया यह उद्धरण देखा जा सकता है:

''जैसे किसी देशाधीश के प्राप्त होने से देश का रंगढंग बदल जाता है तद्रूप पावस के आगमन से सारे संसार ने भी दूसरा रंग पकड़ा : भूमि हरीभरी होकर नाना प्रकार की घासों से सुशोभित भई, मानो सारे मोद के रोमांच

की व्यवस्था को प्राप्त भई। सुंदर हरित पत्रावलियों से भरित तरुगनों की सुहावनी लताएँ लिपट लिपट मानो मुग्धमयंकमुखियों को अपने प्रियतमों के अनुरागालिंगन की विधि बतलातीं; इससे युक्त पर्वतों के शृंगों के नीचे सुंदरी दरीसमूह के स्वच्छ श्वेत जलप्रवाह ने मानो पारा की धारा और बिल्लौर की ढार को तुच्छ कर युगल पार्श्व की हरी भरी भूमि के, कि जो मारे हरेपन के श्यामता की झलक दे अलक की शोभा लाई है; बीचोबीच माँग सी काढ़ मन माँग लिया और पत्थर की चट्टानों सुंबुल अर्थात् हंसराज की जटाओं का फैलना बिथरी हुई लटों के लावण्य का लाना है।''[506]

इस उद्धरण से शुक्ल जी के इस मत की पुष्टि नहीं होती कि 'उनका पदविन्यास व्यर्थ के आडंबर के रूप में नहीं होता था।'

बच्चन सिंह के अनुसार प्रेमघन भारतेन्दु के विचारों के पूर्ण समर्थक थे। उन्होंने अपने कई लेखों में अंग्रेजी नीति का भंडाफोड़ किया है। उन्होंने साफ कहा है कि अंग्रेजी राज में कर के कारण जो क्लेश किसानों को अब सहना पड़ा है वह पहले मुसलमानों के राज्य में न था। आनन्द कादम्बिनी का 'नवीन संवत्सर' तो मानो उनकी कूटनीति के पर्दाफाश के निमित्त ही लिखा गया था। अंग्रेजों की कथनी और करनी का भेद उनमें अच्छी तरह उद्घाटित किया गया है।[507]

भारतेन्दु जी के समय से ही निबन्धों की परंपरा हमारी भाषा में चल पड़ी थी जो उनके सहयोगी लेखकों में कुछ दिनों तक जारी रही।...पर स्थायी विषयों पर निबन्ध लिखने की परंपरा बहुत जल्दी बन्द हो गयी। उसके साथ ही वर्णनात्मक निबन्ध पद्धति पर समसामयिक घटनाओं, देश और समाज की जीवनचर्या, ऋतुचर्या आदि का चित्रण भी कम हो गया।...द्वितीय उत्थान के भीतर उत्तरोत्तर उच्च कोटि के स्थायी गद्यसाहित्य का निर्माण जैसा होना चाहिए था, न हुआ।

भारतेन्दु के सहयोगी लेखक स्थायी विषयों के साथ साथ समाज की जीवनचर्या, ऋतुचर्या, पर्व त्योहार आदि पर भी साहित्यिक निबन्ध लिखते आ रहे थे। उनके लेखों में देश की परंपरागत भावनाओं और उमंगों का प्रतिबिंब रहा करता था। होली, विजयादशमी, दीपावली, रामलीला इत्यादि पर उनके लिखे प्रबन्धों में जनता के जीवन का रंग पूरा पूरा रहता है। इसके लिए वे वर्णनात्मक और भावात्मक दोनों विधानों का बड़ा सुंदर मेल करते थे।[508] यह सामाजिक सजीवता भी द्वितीय उत्थान के लेखकों में वैसी न रही।

पर रामचन्द्र शुक्ल के अनुसार स्थायी विषयों पर निबन्ध लिखने की परंपरा बहुत जल्दी बन्द हो गयी। उसके साथ ही वर्णनात्मक निबन्ध पद्धति पर समसामयिक घटनाओं, देश और समाज की जीवनचर्या, ऋतुचर्या

आदि का चित्रण भी कम हो गया।[509] 1900 के पहले उच्च कोटि के स्थायी गद्यसाहित्य का निर्माण जैसा होना चाहिए था, न हुआ।

द्वितीय उत्थानकाल के आरम्भ में ही निबन्ध का रास्ता दिखाने वाले दो अनुवादग्रंथ प्रकाशित हुए–बेकन निबन्ध ग्रंथावली और निबन्धमालादर्श । पहली पुस्तक पं महावीरप्रसाद द्विवेदी जी की है और दूसरी पं गंगाप्रसाद अग्निहोत्री की। शुक्ल जी के अनुसार उस समय आशा हुई थी कि इन दोनों अनुवादों के पीछे वे दोनों महाशय शायद उसी प्रकार के मौलिक निबन्ध लिखने में हाथ लगाएँ पर ऐसा न हुआ। मासिक पत्रिकाएँ इस द्वितीय उत्थान के भीतर बहुत सी निकलीं पर उनमें से अधिकतर लेख 'बातों का संग्रह' के रूप में ही रहते थे, लेखकों के अंतःप्रयास से निकली विचारधारा के रूप में नहीं।[510] शुक्ल जी द्वारा उपलब्ध करायी गयी सूचनाओं के आधार पर यह कहा जा सकता है कि 1900 से पहले इस प्रकार के निबन्ध नहीं लिखे गये।[511]

शुक्ल जी के अनुसार "राजनीति, समाजदशा, देशदशा, ऋतुछटा, पर्वत्योहार, जीवनचरित, ऐतिहासिक प्रसंग, जगत् और जीवन से सम्बन्ध रखने वाले सामान्य विषय (जैसे आत्मनिर्भरता, मनोयोग, कल्पना) लेखों और निबन्धों की अनेकरूपता को देखते हुए उनका वर्गीकरण किया जा सकता है। समाज दशा और देश दशा सम्बन्धी लेख कुछ विचारात्मक पर अधिकतर भावात्मक मिलेंगे। जीवन चरितों और ऐतिहासिक प्रसंगों में इतिवृत्ति के साथ भावव्यंजना भी गुंफित पाई जायगी। ऋतुछटा और पर्वत्योहारों पर अलंकृत भाषा में वर्णनात्मक प्रबंध सामने आते हैं। जगत् और जीवन से सम्बन्ध रखने वाले सामान्य विषयों के निरूपण में विरल विचारखंड कुछ उक्तिवैचित्र्य के साथ बिखरे मिलेंगे। पर शैली की व्यक्तिगत विशेषताएँ थोड़ी बहुत लेखकों में पायी जाएँगी।"[512]

शुक्ल जी सूचित करते हैं कि "हास्यविनोद की प्रवृत्ति इस काल के प्रायः सब लेखकों में थी। प्राचीन और नवीन के संघर्ष के कारण उनमें हास्य के आलंबन दोनों पक्षों में मिलते थे। जिस प्रकार बात बात में बाप दादों की दुहाई देने वाले, धर्म के आडंबर की आड़ में दुराचार छिपाने वाले पुराने खूसट उनके विनोद के लक्ष्य थे, उसी प्रकार पश्चिमी चालढाल की ओर मुँह के बल गिरने वाले फैशन के गुलाम भी।"[513]

डॉ. बच्चन सिंह ने अपने हिन्दी साहित्य का दूसरा इतिहास में भारतेन्दु युग के निबन्धकारों में भारतेन्दु, बालकृष्ण भट्ट, प्रतापनारायण मिश्र, प्रेमघन आदि की चर्चा तो की है पर उनका विस्तार से विवेचन नहीं किया है। उन्होंने भारतेन्दु से ही निबन्ध–लेखन की परम्परा का आरम्भ माना है, पर उन्होंने उनके व्यक्तिपरक निबन्धों पर अधिक विचार नहीं किया है। उन्होंने भारतेन्दु के विचार

और चिन्तन प्रधान लेखों की ही थोड़े विस्तार से चर्चा की है। उनके अनुसार उनमें एक ओर आभिजात्य का संस्कार था तो दूसरी और उन्हें फेंककर जनता के साथ एकीकृत होने की क्षमता भी थी। अन्तर्विरोधों के तो वे पुंज थे। उन्होंने कई प्रकार के निबन्ध लिखे हैं–ऐतिहासिक, पुरावृत्तात्मक, धार्मिक, आख्यानात्मक, साहित्यिक, भाषापरक, यात्रात्मक, जीवनी, विचारात्मक आदि इनको समग्रतः देखने पर तो उनके अन्तर्विरोध और उपनिवेशवाद विरोधी विचारधारा को देखा जा सकता है। साहित्यिक निबन्धों को छोड़कर शेष निबन्धों को विवरणात्मक कहा जाएगा।[514] पर बीच बीच में उनके निजी विचार भी व्यक्त हुए हैं। उन्होंने 'वैष्णवता' को भारतवर्ष का प्रकृत धर्म माना है।[515] वे मुसलमानी साम्राज्यवाद के वैसे ही विरोधी थे जैसे अंग्रेजी साम्राज्यवाद के। बलिया के व्याख्यान में उन्होंने मुसलमानों को सलाह दी थी कि "अब आलस हठधर्मी सब छोड़ो। चलो हिन्दुओं के साथ तुम भी दौड़ो। अब एक–एक दो होंगे।" उन्हें ज्ञात था कि इस एका के अभाव में अंग्रेजी उपनिवेशवाद समाप्त नहीं होगा। मुसलमानों के नेता और उर्दू के लेखक सर सैयद में यह चेतना नहीं थी। बालकृष्ण भट्ट के सम्बन्ध में बच्चन सिंह के विचार है कि उनके व्यक्तित्व में एक प्रकार का परिष्कार और परिपक्वता थी जबकि प्रताप नारायण मिश्र के व्यक्तित्व में सरलता, मनमौजीपन और गँवईपन का रंग था। वे रूढ़ियों के परम शत्रु थे। उनके निबन्धों का स्वर भारतेन्दु के स्वर में मिला हुआ था, पर व्यंग्य की पैनी धार उनकी अपनी थी।[516] प्रेमघन के सम्बन्ध में बच्चन सिंह का मत है कि उनकी भाषाशैली में रईसी का अलंकार और रीतितत्त्व की प्रधानता है।[517] बच्चन सिंह के अनुसार भारतेन्दु मंडल के अन्य निबन्धकारों में हरिश्चन्द्र उपाध्याय, विनायक शास्त्री, बेताल, राधाचरण गोस्वामी, मोहनलाल विष्णुलाल पंड्या, भीमसेन शर्मा आदि उल्लेख्य हैं।

इस प्रकार यह कहा जा सकता है कि उन्नीसवीं सदी के अन्तिम चरण में हिन्दी गद्य का सूत्रपात हो गया जिसका सम्यक् विकास बीसवीं सदी में हुआ।

इस क्रम में खड़ी बोली की उर्दू शैली में लिखित निबन्ध पर भी विचार कर लेना संगत प्रतीत होता है। सर सैयद अहमद मुस्लिम नवजागरण के पुरोधा माने जाते हैं। उन्होंने 1860 के आसपास मुसलमानों के बीच 'नयी रोशनी' के प्रसार का प्रयास आरम्भ किया। एतदर्थ उन्होंने पत्र निकाले और निबन्ध–लेखन किया। बाबू शिवप्रसाद ने यह कार्य 1850 के आसपास ही आरम्भ कर दिया था। उनका लक्ष्य भी विशेषकर हिन्दू समाज में शिक्षा का प्रसार कर समाज को बदलना था, पर उन्होंने मुसलमानों को इससे अलग नहीं किया था। इससे अलग सैयद अहमद ने केवल मुस्लिम वर्ग के सुधार के

लिए लेख आदि लिखे। 1867 के लगभग बाबू शिवप्रसाद और सैयद अहमद का वैचाारिक अलगाव हिन्दी–उर्दू विवाद (विशेषकर फारसी लिपि को लेकर) के रूप में सामने आ गया जो कभी समाप्त नहीं हुआ।[518] सैयद अहमद ने जो किताबें लिखीं, उनमें अधिकतर इस्लाम की बुद्धिवादी व्याख्या से सम्बन्धित हैं और कुछ इतिहास विषयक। उनकी सबसे प्रसिद्ध पुस्तक 'खुतबाते–अहमदीया' मानी जाती है जिसमें उन्होंने मुसलमानों के रसूल पर लगाये गये उन आरोपों का तर्कपूर्ण उत्तर दिया जो ईसाई लेखक उन पर लगाया करते थे।[519] इन्हें ललित निबन्ध तो नहीं कहा जा सकता, पर विचारप्रधान निबन्ध की, जिनमें लेखक के निजी विचार भी समाहित होते हैं, संज्ञा दी जा सकती है। एहतेशाम हुसैन के अनुसार सैयद अहमद को 'एक प्रकार से उर्दू निबन्ध का जन्मदाता कहा जा सकता है, जिन्होंने 'तहजीबुल–एख़लाक़' लिखकर इस साहित्य रूप को 'बड़ा सहारा दिया था।'[520] उनके लेखों में उस समय की सभी समस्याओं पर विचार प्रकट किये गये हैं। कहीं वाद–विवाद हैं, कहीं व्यंग्य, कहीं आध्यात्मिक प्रश्नों को नये वैज्ञानिक सिद्धान्तों के आधार पर समझाने का यत्न किया गया है। फ़िराक़ गोरखपुरी के अनुसार सर सैयद की लेखनशैली साफ और सादी है किन्तु उसमें ओज और प्रवाह की कमी नहीं है। उनके गद्य का रूप उनके तहज़बुल इखलाक़ में शामिल लेख 'रस्मो रिवाज' से लिये गये निम्न उद्धरण में देखा जा सकता है :

"जो रुसूमो–आदात कि ब–मुक़्तज़ाए–आबोहवा किसी मुल्क में रायज हुई है उनके सही और दुरुस्त होने में कुछ शुबहा नहीं क्योंकि वह आदतें कुदरत और फ़ितरत ने उनको सिखायी हैं, जिनके सच होने में कुछ शुबहा नहीं ; मगर सिर्फ़ उनके बरताव का तरीक़ा ग़ौरतलब बाकी रहता है, मसलन हम यह बात देखते हैं कि कश्मीर में और लन्दन में सर्दी के सबब इंसान को आग से गर्म होने की जरूरत है ; पस आग का इस्तेमाल एक निहायत सच्ची और सही आदत दोनों मुल्कों की क़ौमों में है। मगर हमको अब यह देखना है कि आग के इस्तेमाल के लिए यह बात बेहतर है कि मक़ानात में हिन्दी क़वायद से आतिशखाना बनाकर आग की गर्मी से फ़ायदा उठावें या मिट्टी की काँगड़ियों में आग जलाकर गर्दन में लटकाए फिरें जिससे गोरा गोरा पेट और सीना काला और भोंड़ा हो जाये।"[521]

स्पष्ट है कि फारसी लिपि में लिखी हुई यह भाषा केवल संभ्रांत मुस्लिम वर्ग को संबोधित थी।

फ़िराक़ गोरखपुरी के अनुसार मौलाना गुलाम इमाम 'शहीद' और मुंशी गुलाम गौस 'बेखबर' ने भी इस काल में मजमूअ–ए–मीलादे–शरीफ और बहारे बेखिजाँ तथा खूनाब–ए–जिगर और फुगाने–बेखबर आदि पुस्तकें लिखी

थीं। मौलवी ज़काउल्ला ने इसी काल में अनेक पुस्तकें और लेख लिखे। वे नये ढंग की सरल किन्तु आकर्षक उर्दू लिखते थे, जिसका एक नमूना निम्नलिखित है :

"हवा में क्या अनोखी शिफ़ात है कि जब ऊपर जाए तो आसमान बन जाए और जब नीचे रहे तो जब तक ख़ाक उड़ाकर हमारे चेहरों पर न मले तो मालूम ही न हो कि वह मौजूद है। जब दरख्तों के पत्तों की खड़खड़ और चिड़ियों की चूँ चूँ की आवाज कान में आये तो मालूम हो कि हवा छुपी हुई अपने रूप में बहरूप भर रही है।"[522]

नवाब मेंहदी अली खाँ 'मुहसिनुलमुल्क' की अधिकतर रचनाएँ लेखों के रूप में हैं जो अधिकतर धर्म और इतिहास से सम्बद्ध हैं। फ़िराक़ गोरखपुरी के अनुसार इनके लेखों में सरलता और प्रवाह के साथ ही साहित्यिकता भी प्रचुर मात्रा में पायी जाती है। इनकी भाषा का नमूना निम्नलिखित है :

"जब मैं इस तिलिस्मखाने की मग़रिबी जानिब पहुँचा तो एक चारदीवारी देखी जो मेरे ख़्याल से भी ज़्यादा मज़बूत थी। कुदरत ने ऐसा सुनहरा रंग दिया कि जब सूरज की किरन उस पर पड़ती तो वह दीवारे–ज़र निगार कुन्दन की तरह चमकती जिससे आँखें को चकाचौंध हो जाती"[523]

आठवें दशक में उर्दू में अनेक समाचारपत्र और पत्रिकाएँ निकल रही थीं, जिनमें व्यक्तिपरक और हास्यव्यंग्य प्रधान लेख प्रकाशित हो रहे थे। इनमें अवध पंच बहुत प्रसिद्ध था, जो 1877 में निकला था। इसके सम्पादक मुंशी सज्जाद हुसैन (ज. उन्नीसवीं सदी का तीसरा दशक; नि. 1910) थे। हास्यप्रधान फिकरे और टिप्पणियाँ लिखने में सज्जाद साहब को महारत हासिल था। एहतेशाम हुसैन के अनुसार यद्यपि सज्जाद साहब का कोई विशेष सामाजिक दृष्टिकोण नहीं था, परन्तु किसी न किसी रूप में व्यक्ति की त्रुटियों को दिखाकर सुधार की ओर संकेत अवश्य करते थे। वह बहुत स्पष्ट रूप से किसी नयी चेतना का परिचय तो नहीं देते, फिर भी उनके यहाँ उस संघर्ष के चित्र मिलते हैं, जो नये और पुराने के बीच जारी था।[524] वे गद्य और पद्य दोनों में लिखते थे, पर उनका अधिकतर रुझान गद्य की ओर था। फ़िराक़ गोरखपुरी के अनुसार सज्जाद का गद्य अत्यन्त आकर्षक है। उन्होंने रूपकों का प्रयोग उर्दू में सर्वप्रथम किया। उनकी भाषा का उदाहरण है :

"देखो यह दोनों बाग़ आमने–सामने लगे हैं। तुमने मुक़ाबला किया? दोनों के रंगढंग में क्या फ़र्क है? भाषा का फ़सीह इस्तेआरे की तरफ़ भूलकर भी क़दम नहीं रखता। जो जो लुत्फ़ आँखों से देखता है और जिन जिन खुश आवाजियों को सुनता है या जिन खुशबूओं को सूँघता है, उन्हीं को अपनी मीठी जबान से बेतकल्लुफ़, बेमुबालिग़ा साफ़ साफ़ कह देता है।"[525]

सज्जाद की भाषा की एक खास विशेषता यह है कि वह 'हिन्दी' के बहुत निकट है। सज्जाद के समकालीन हाली की गद्यशैली भी उनसे बहुत मिलती जुलती है, यद्यपि उनकी रचनाएँ विचार प्रधान हैं। भाषा का नमूना निम्नलिखित है :

''क़ौम की हालत तबाह है। अज़ीज़ ज़लील हो गये हैं, शरीफ़ ख़ाक़ में मिल गये हैं, इल्म का खात्मा हो चुका है, दीन का सिर्फ़ नाम बाक़ी है, इफ़लास की घर घर पुकार है, पेट की चारों तरफ दुहाई है। इख़्लाक़ बिल्कुल बिगड़ गये हैं और बिगड़ते जाते हैं। तअस्सुब की घनघोर घटा तमाम क़ौम पर छायी हुई है, रस्मोरिवाज की बेड़ी एक पाँव में पड़ी है, जहालत और तक़लीद सबकी गर्दन पर सवार है।''[526]

आलोचना

'निबन्ध' की तरह 'आलोचना' भी हिन्दी में नयी साहित्य–विधा थी। शुक्ल जी ने इसके लिए 'समालोचना' पद का चुनाव किया था। इसका कारण कदाचित् यह था कि 'आलोचना' में केवल दोष–दर्शन की प्रवृत्ति ध्वनित होती है। शुक्ल जी के अनुसार समालोचना का उद्देश्य हमारे यहाँ गुण–दोष विवेचन ही समझा जाता रहा है। 'हमारे यहाँ' से शुक्ल जी का तात्पर्य संस्कृत साहित्य से था : ''संस्कृत साहित्य में समालोचना का पुराना ढंग यह है कि जब कोई आचार्य या साहित्य मीमांसक कोई नया लक्षणग्रंथ लिखता था तब जिन काव्यरचनाओं को वह उत्कृष्ट समझता था उन्हें रस, अलंकार आदि के उदाहरणों के रूप में उद्धृत करता था और जिन्हें पुष्ट(!) समझता था उन्हें दोषों के उदाहरणों में देता था। फिर जिसे उसकी राय नापसंद होती थी वह उन्हीं उदाहरणों में से अच्छे ठहराये हुए पद्यों में दोष दिखाता था और बुरे ठहराये हुए पद्यों के दोष का परिहार करता था। इसके अतिरिक्त जो दूसरा उद्देश्य समालोचना का होता है–अर्थात् कवियों की अलग अलग विशेषताओं का दिग्दर्शन–उसकी पूर्ति किसी कवि की स्तुति में दो एक श्लोकबद्ध उक्तियाँ कहकर ही लोग सन्तोष मान लिया करते थे।''[527]

जैसा शुक्ल जी बताते हैं, ''किसी कवि या पुस्तक के गुणदोष या सूक्ष्म विशेषताएँ दिखाने के लिए एक दूसरी पुस्तक तैयार करने की चाल हमारे यहाँ न थी। योरप में इसकी खूब चाल चली। वहाँ समालोचना काव्यसिद्धान्त निरूपण से स्वतंत्र एक विषय ही हो गया। केवल गुण–दोष दिखाने वाले लेखों या पुस्तकों की धूम तो थोड़े ही दिनों रहती थी, पर किसी कवि की विशेषताओं का दिग्दर्शन कराने वाली, उसकी विचारधारा में डूबकर उसकी अन्तःवृत्तियों की छानबीन करने वाली पुस्तक, जिसमें गुणदोष का

कथन भी आ जाता था, स्थायी साहित्य में स्थान पाती थी।" शुक्ल जी के अनुसार, जो हिन्दी में स्वीकृत भी है, समालोचना के दो प्रधान मार्ग होते हैं–निर्णयात्मक (जुडिशियल मेथड) और व्याख्यात्मक (इंडक्टिव क्रिटिसिज्म)। निर्णयात्मक आलोचना किसी पुस्तक के गुणदोष का निरूपण करके उसका मूल्य निर्धारित करती है। उसमें लेखक या कवि की कहीं प्रशंसा होती है, कहीं निंदा। व्याख्यात्मक आलोचना किसी ग्रंथ में आयी हुई बातों को एक व्यवस्थित रूप में सामने रखकर उनका अनेक प्रकार से स्पष्टीकरण करती है। वह मूल्य–निर्धारित नहीं करने जाती। ऐसी आलोचना अपने शुद्ध रूप में काव्यवस्तु ही तक परिमित होती है अर्थात् उसी के अंगप्रत्यंग की विशेषताओं को ढूँढ़ निकालने और भावों की व्यवच्छेदात्मक व्याख्या करने में तत्पर रहती है। पर इस व्याख्यात्मक आलोचना के अन्तर्गत बहुत सी बाहरी बातों का भी विचार होता है–जैसे : सामाजिक, राजनीतिक, सांप्रदायिक परिस्थिति आदि का प्रभाव। ऐसी समीक्षा को 'ऐतिहासिक समीक्षा' (हिस्टॉरिकल क्रिटिसिज्म) कहते हैं। इसका उद्देश्य यह निर्दिश्ट करना होता है कि किसी रचना का उसी प्रकार की और रचनाओं से क्या सम्बन्ध है और उसका साहित्य की चली आती हुई परंपरा में क्या स्थान है। बाह्य पद्धति के अंतर्गत ही कवि के जीवनक्रम और स्वभाव आदि के अध्ययन द्वारा उसकी अन्तर्वृत्तियों का सूक्ष्म अनुसन्धान भी है जिसे मनोवैज्ञानिक आलोचना (साइकोलॉजिकल क्रिटिसिज्म) कहते हैं। इनके अतिरिक्त दर्शन, विज्ञान आदि की दृष्टि से समालोचना की और भी कई पद्धतियाँ हैं और हो सकती हैं। इस प्रकार समालोचना के स्वरूप का विकास योरप में हुआ।"[528]

भारतेन्दु युग के आते आते हिन्दी का रीतियुग समाप्त हो गया और कवियों ने काव्य के लक्षण लिखना बन्द कर दिया। पर कुछ गद्यलेखकों ने रीतिकालीन लक्षणग्रन्थों की परम्परा में सैद्धान्तिक आलोचना लिखी। पिंगल, अलंकार, रस तथा नाटक आदि पर लेख लिखे गये। ज्वाला स्वरूप कृत 'रुद्र पिंगल' (1869), उमराव सिंह कृत 'छन्द महोदधि' (1878), जगन्नाथ प्रसाद भानु रचित 'छन्द प्रभाकर' (1894), जगन्नाथदास रत्नाकर कृत 'घनाक्षरी नियम रत्नाकर' आदि इस काल में लिखित उल्लेखनीय पिंगल ग्रन्थ हैं। लछिराम कृत 'रावणेश्वर कल्पतरु' (1892), बिहारीलाल कृत 'अलंकारादर्श' (1897) तथा मुरारिदान कविराज रचित 'जसवन्त जसो भूषण' इस युग में रचित महत्त्वपूर्ण अलंकारग्रन्थ हैं। रस–विवेचन के ग्रन्थों में कृष्णलाल कृत 'रस सिन्धु विलास' (1883), साहब प्रसाद सिंह कृत 'रसरहस्य' और प्रतापनारायण सिंह कृत 'रसकुसुमाकर' के नाम लिये जा सकते हैं। 'रसकुसुमाकर' में लक्षण साधु खड़ीबोली गद्य में दिये गये हैं। ब्रजभाषा गद्य में सरदार कवि ने कविप्रिया,

रसिकप्रिया और बिहारी सतसई की टीकाएँ लिखीं जो बहुत लोकप्रिय हुईं। दुर्गादत्त कवि ने बिहारी सतसई पर लल्लूलाल जी की टीका लालचन्द्रिका का संशोधन करके 1864 में उसे प्रकाशित कराया। प्रभुदयाल पांडेय ने भी 1866 में खड़ीबोली गद्य में बिहारी सतसई की एक अच्छी टीका लिखी।[529]

इस दृष्टि से 1883 में भारतेन्दु लिखित और प्रकाशित नाटक अथवा दृश्यकाव्य विवेचन शीर्षक सैद्धान्तिक आलोचना पुस्तक विशेष रूप से उल्लेखनीय है लिखी जिसमें प्राचीन नाट्यशास्त्र की जानकारी उपलब्ध कराने के साथ जटिल प्राचीन नियमों से छूट लेने की आवश्यकता पर भी बल दिया गया।[530] नाटक भारतेन्दु काल की विशिष्ट गद्यविधा थी, जिसके पुनरुत्थान का श्रेय भारतेन्दु को दिया जा सकता है। अतः यदि उन्होंने उसके नये रूप के लिए प्राचीन नाट्य नियमों का आकलन और पश्चिमी नाट्य नियमों को अपनाने की आवश्यकता का अनुभव किया तो इसे संगत ही माना जाएगा। भारतेन्दु ने इस निबन्ध की सामग्री भारतीय और पाश्चात्य दोनों स्रोतों से ग्रहण की है। भारतेन्दु का नाटक सम्बन्धी दृष्टिकोण भारतीय और पश्चिमी दोनों प्रकार के नाट्य तत्त्वों के योग से निर्मित हुआ था, जिसका उद्देश्य एक आधुनिक नाट्यशास्त्र का निर्माण था। इसमें यथार्थवादी विषयवस्तु के आग्रह पर उनका विशेष बल था, जिसके अन्तर्गत समाज संस्कार और देशप्रेम को विशेष स्थान दिया गया था। प्रेमघन ने भी 1881 में आनन्द कादम्बिनी में 'दृश्य, रूपक वा नाटक' शीर्षक लेखमाला लिखी थी जिसमें उन्होंने प्राचीन नाट्य नियमों का आश्रय लेकर और आधुनिक काल में लिखित अंग्रेजी, बँगला और हिन्दी, गुजराती आदि में रचित नाटकों के आधार पर नये तरह के नाट्य शास्त्र की रचना की आवश्यकता पर जोर दिया था।

हिन्दी में समालोचना या आलोचना पहले पहल केवल गुण–दोष दर्शन के रूप में सामने आयी। शुक्ल जी के साक्ष्य पर लेखों के रूप में इसका सूत्रपात बाबू हरिश्चन्द्र के समय में ही हुआ। लाला श्रीनिवासदास का रणधीर और प्रेममोहिनी नाटक 1877 में प्रकाशित हुआ था और इसके साथ ही एक 'भूमिका' थी जिसमें नाटकों के सम्बन्ध में कई बातें अंग्रेजी नाटकों पर दृष्टि रखकर लिखी गयी थीं।[531] 1886 में बालकृष्ण भट्ट ने लाला श्रीनिवासदास के संयोगिता स्वयंवर नाटक की 'सच्ची समालोचना'(सम्भवतः यह रणधीर और प्रेममोहिनी की 'भूमिका' की ओर संकेत है।) अन्य पत्रों में उसकी प्रशंसा ही देखकर की थी। भट्ट जी की 'नीलदेवी', 'परीक्षा गुरु', 'संयोगिता स्वयंवर' और 'एकान्तवासी योगी' की समीक्षाएँ तत्कालीन समीक्षा साहित्य में बहुत महत्त्वपूर्ण स्थान रखती हैं। उसी वर्ष उपाध्याय पं. बदरीनारायण चौधरी 'प्रेमघन' ने इसकी बहुत ही विस्तृत समीक्षा अपनी पत्रिका आनन्दकादम्बिनी

में निकाली थी। उन्होंने मुख्यतः रस और सन्धियों की दृष्टि इसकी आलोचना की थी। इस पुस्तक में उन्होंने अनेक दोष दिखाये थे। उनके अनुसार इसमें कालिदास और शेक्सपीयर की चोरी की गयी है। भट्ट जी में जो मौलिकता और क्षमता दिखायी देती है वह प्रेमघन में नहीं है।[534]

आनन्द कादंबिनी के 21 पृष्ठों में मुद्रित 'समालोचना' या समीक्षा के कुछ अंश शुक्ल जी ने अपने 'इतिहास' में उद्धृत किये हैं :

"यद्यपि इस पुस्तक की समालोचना करने के पूर्व इसके समालोचकों की समालोचनाओं की समालोचना करने की आवश्यकता जान पड़ती है, क्योंकि जब हम इस नाटक की समालोचना अपने बहुतेरे सहयोगी और मित्रों को करते देखते हैं, तो अपनी ओर से जहाँ तक खुशामद और चापलूसी का कोई दरजा पाते हैं, शेष छोड़ते नहीं दिखाते।"[535] नाट्य रचना के बहुतेरे दोष हिन्दी प्रदीप ने अपनी 'सच्ची समालोचना' में दिखलाये हैं। चौधरी साहब ने अपनी 'समालोचना' में संयोगिता स्वयंवर में 'स्वयंवर' पर कोई दृश्य न रखना विषय–दोष मानते हैं और यह सही भी प्रतीत होता है। 'गर्भांक'–व्यवस्था सम्बन्धी दोष पर भी चौधरी साहब ने बहुत आक्रोश व्यक्त किया है[536] जो एक परम्पराप्रेमी लेखक के लिए अस्वाभाविक नहीं प्रतीत होता।

शुक्ल जी के अनुसार इस दृष्टि से सम्यक् समालोचना का सूत्रपात करने वाले इन्हीं दो लेखकों को समझना चाहिए।[537]

उल्लेखनीय बात यह है कि आलोचना के प्रति सजगता भारतेन्दु ने ही अपनी नाटक पुस्तिका के द्वारा पैदा की थी। बालकृष्ण भट्ट भी आलोचना के प्रति बहुत सजग थे और उन्होंने अपनी पत्रिका हिन्दी प्रदीप में इसके विकास में बहुत योग दिया था। जुलाई, 1881 में उन्होंने 'साहित्य जनसमूह के हृदय का विकास है' शीर्षक अपना लेख प्रकाशित किया था, जिसे शुक्ल जी ने अपना प्रस्थान वाक्य बनाकर हिन्दी साहित्य का इतिहास लिखा था। प्रेमघन ने 1881 में आनन्दकादम्बिनी में 'दृश्य, 'रूपक वा नाटक' शीर्षक लेखमाला लिखकर नाट्य विधा पर मौलिक पुस्तक लिखने की आवश्यकता पर बल दिया था, जिसकी पूर्ति सम्भवतः भारतेन्दु ने नाटक पुस्तिका द्वारा की थी। प्रेमघन जी ने नाटक और उसके अभिनय के सम्बन्ध में बहुत उपयोगी सुझाव दिये थे जिनका अनुपालन भी भारतेन्दु काल के नाटककारों ने किया था। कविता के सम्बन्ध में भारतेन्दु के विचारों की झलक उनके निबन्ध 'जातीय संगीत' में मिलती है। इस निबन्ध में उन्होंने साहित्य को लोक साहित्य के निकट ले जाने की सलाह दी थी। उन्होंने समाज–सुधार और देशभक्ति से जुड़े कतिपय विषयों पर भी कविता लिखने का आग्रह किया था। बालकृष्ण भट्ट ने हिन्दी प्रदीप (अक्टूबर, 1886) में प्रकाशित अपने 'सच्ची कविता' शीर्षक

निबन्ध मे, नन्दकिशोर नवल के अनुसार, कविता का स्वच्छन्दतावादी दर्शन प्रस्तुत किया था।[538] उन्होंने इस निबन्ध में हिन्दी कविता पर विस्तार से अपने विचार प्रस्तुत किये हैं जो इस बात का परिचायक है कि वे आलोचना के प्रति कितने जागरूक थे।

भट्ट जी ने कविता पुस्तकों की आलोचना में भी रुचि ली थी। उन्होंने जून, 1888 के हिन्दी प्रदीप में किशोरीलाल गोस्वामी की कविता–पुस्तक समस्यापूर्ति मंजरी की समीक्षा करते हुए उसमें सामयिक देश–भलाई की बात होने की वकालत की थी। इसी प्रकार उन्होंने शंकर दीक्षित नामक कवि की कविता–पुस्तक 'माधुरी विलास' में (हिन्दी प्रदीप, अक्तूबर–नवम्बर, 1887) देशोपकारी बातों की कमी की ओर ध्यान दिलाया था। इसी अंक में उन्होंने खड़ीबोली का पद्य नामक पुस्तक की समीक्षा लिखी थी, जिसमें उन्होंने कविता की भाषा पर विचार किया था। कविता में खड़ीबोली के प्रयोग का विरोधी होते हुए भी भट्ट जी ने श्रीधर पाठक की खड़ीबोली की प्रशंसा की। उन्होंने हिन्दी कविता के लिए मात्रिक छन्दों को ही उपयुक्त बताया।

भारतेन्दु युग में आलोचना का आरम्भ पुस्तक–समीक्षा के रूप में हुआ। हिन्दी प्रदीप, आनन्दकादम्बिनी और ब्राह्मण में, जिनके सम्पादक क्रमशः बालकृष्ण भट्ट, प्रेमघन और प्रतापनारायण मिश्र थे, पुस्तक–समीक्षाएँ निकला करती थीं। प्रेमघन ने अपने निबन्ध 'नागरी के समाचारपत्र और उनकी आलोचना' शीर्षक निबन्ध में (प्रेमघन सर्वस्व, भाग–दो) 'साहित्य सम्बन्धी समालोचना' को 'विशेष आवश्यक वस्तु' बताया। इस निबन्ध में उन्होंने 'रिव्यू' अर्थात् समालोचना' का अर्थ पक्षपात रहित होकर न्यायपूर्वक किसी पुस्तक के यथार्थ गुण–दोष की विवेचना करना' बताया। उन्होंने पुस्तक–प्राप्ति की सूचना मात्र और औपचारिक समीक्षा को 'बहुत ही निकृष्ट परिपाटी' बताया और 'मतभेद आग्रह, पक्षपात, ईर्ष्याद्वेष, शुश्रुषा, संकोच और दबाव' से रहित लिखी गयी समीक्षा' को 'यथार्थ समालोचना' की संज्ञा दी। ये समीक्षाएँ प्रायः संक्षिप्त होती थीं और इनमें समीक्ष्य कृति का परिचय मात्र दिया जाता था। भारतेन्दु कृत नीलदेवी (आनन्द कादम्बिनी में प्रकाशित), पं. श्रीधर पाठक लिखित एकान्तवासी योगी (हिन्दी प्रदीप, मई, 1886 में प्रकाशित) और मुंशी उदितनारायण वकील लिखित सती नाटक (ब्राह्मण, मार्च, श्री हरिश्चन्द्र, सं. 5 में प्रकाशित) की समीक्षाएँ इसका उदाहरण मानी जा सकती हैं।[539] इन समीक्षाओं में न केवल विषयवस्तु का परिचय दिया गया है, वरन् यथासाध्य उन पर आलोचनात्मक टिप्पणी भी की गयी है। इनके अतिरिक्त कतिपय विस्तृत समीक्षाएँ भी पत्रिकाओं में छपीं। इनमें से लाला श्रीनिवास दास कृत संयोगिता स्वयंवर की समीक्षा हिन्दी प्रदीप (अप्रैल, 1886) में और दूसरी

आनन्दकादम्बिनी (1886) में प्रकाशित हुई थीं। दोनों समीक्षाओं में से किसी में भी लेखक का नाम मुद्रित नहीं है। इससे यह अनुमान किया जाता है कि इनके लेखक इन पत्रिकाओं के सम्पादक ही थे।

हिन्दी प्रदीप में संयोगिता स्वयंवर की समीक्षा 'सच्ची समालोचना' शीर्षक से की गयी है। इसमें भट्ट जी ने इसके 'ऐतिहासिक' कहे जाने पर आपत्ति की है, क्योंकि इसकी कथावस्तु में उन्हें वस्तुनिष्ठा का अभाव प्रतीत होता है।[540] उनकी दृष्टि में 'संयोगिता स्वयंवर' ऐतिहासिक नाम वाले पात्रों को लेकर लिखा गया एक किस्सा है, क्योंकि इसमें लेखक ने अपने ऐतिहासिक बोध का परिचय नहीं दिया है। कथावस्तु की समीक्षा करने के साथ साथ भट्ट जी ने नाटक के पात्रों की भी समीक्षा की है और उन्हें चारित्रिक वैशिष्ट्य से रहित बतलाया है।[541] दरअसल भट्ट जी ने सम्पूर्ण नाटक को दृष्टि में रखकर उस पर टिप्पणियाँ की हैं, जो उनकी आलोचनात्मक सजगता का परिचायक है।

आनन्दकादम्बिनी में प्रकाशित समीक्षा के आरम्भ में नाटक की कथावस्तु और रस के सम्बन्ध में टिप्पणी की गयी है, फिर विस्तार से उसके विभिन्न पृष्ठों, अंकों और गर्भांकों में मिलने वाली भूलें दिखायी गयी हैं। प्रेमघन की समीक्षा में अधिकतर 'संयोगिता स्वयंवर' की भूलें ही दिखायी गयी हैं। इस समीक्षा की एक विशेषता यह है कि इसमें नाटक के संवादों और छन्दों पर कालिदास, शेक्सपीयर और भारतेन्दु के प्रभाव का सप्रमाण विवेचन किया गया है। डॉ. नन्दकिशोर नवल के अनुसार हिन्दी प्रदीप और आनन्दकादम्बिनी दोनों की समीक्षाएँ उस व्यावहारिक और नवीन दृष्टि से लिखी गयी हैं जिसके विकास का प्रयत्न भारतेन्दु ने अपने 'नाटक अथवा दृश्यकाव्य' शीर्षक निबन्ध में किया गया है।[542] हिन्दी प्रदीप में संयोगिता स्वयंवर के अलावा रणधीर प्रेममोहिनी, नीलदेवी, भारत दुर्दशा आदि नाटकों पर भी भट्ट जी ने समीक्षात्मक टिप्पणियाँ लिखी थीं। भट्ट जी ने नाटकों के साथ साथ भारतेन्दु काल के मौलिक और अनूदित उपन्यासों की भी समीक्षा की थी। हिन्दी प्रदीप (जनवरी, 1882) में उनका 'उपन्यास' शीर्षक एक लेख भी प्रकाशित हुआ था। इस निबन्ध में उन्होंने लिखा है, उपन्यास का लिखना हम अंग्रेजों के 'दृष्टान्त पर सीख रहे हैं'। उपदेशात्मकता को उन्होंने उपन्यासों के लिए दोष माना है। इसी कसौटी पर उन्होंने लाला श्रीनिवासदास के उपन्यास परीक्षागुरु की हिन्दी प्रदीप (फरवरी, 1882) में समीक्षा की थी। परीक्षागुरु के बाद भट्ट जी ने रमेशचन्द्र दत्त के बँगला उपन्यास के गदाधर सिंह कृत अनुवाद बंगविजेता की समीक्षा भी लिखीं, जिसकी उन्होंने भूरि भूरि प्रशंसा की।[543]

आनन्दकादम्बिनी में प्रेमघन ने भी गदाधर सिंह द्वारा अनूदित बंगविजेता

और बालकृष्ण भट्ट के 'नूतन ब्रह्मचारी' की समीक्षाएँ कीं। बंगविजेता को उन्होंने कहानी की प्रस्तुति, पात्रों के चरित्र–निर्माण और वर्णन–क्षमता सभी दृष्टियों से 'उत्तम श्रेणी' की रचना बताया। पर नूतन ब्रह्मचारी को उन्होंने श्रेष्ठ उपन्यास नहीं माना।

इस प्रकार भारतेन्दु युग की आलोचना पुस्तक–समीक्षा के रूप में ही सामने आती है, पर नन्दकिशोर नवल के अनुसार यह 'आलोचनात्मक सम्भावनाओं से भरी हुई है।'[544] "इसमें गुण–दोष विवेचन प्रधान है, पर साथ ही इसका भी संकेत है कि कृति सम्पूर्ण रूप में कैसी है। इसी तरह इसमें कृति को सामाजिक और राष्ट्रीय सन्दर्भ से जोड़कर देखने की प्रवृत्ति है तो साहित्यिक कसौटी पर उसकी परीक्षा का भी प्रयत्न है। समीक्षक यदि कृति के सम्बन्ध में कोई निर्णय देता है तो वह भरसक उसका कारण भी बतलाता है। इस प्रकार इस आलोचना में व्याख्या के भी तत्त्व हैं।"[545]

पर किसी ग्रन्थकार के गुण अथवा दोष ही दिखलाने के लिए कोई पुस्तक भारतेन्दु के समय में न निकली थी। इस प्रकार की पहली पुस्तक पं. महावीर प्रसाद द्विवेदी की हिंदी कालिदास की आलोचना थी जो 'द्वितीय उत्थान'(1893–1918) के आरम्भ में ही निकली।[546] इसमें लाला सीताराम बी.ए. का अनुवाद किये हुए नाटकों के भाषा तथा भाव सम्बन्धी दोष बड़े विस्तार से दिखाए गये हैं। यह अनुवादों की समालोचना थी, अतः भाषा की त्रुटियों और मूल भाव के विपर्यय के आगे जा ही नहीं सकती थी। प्रेमघन की आलोचना पुराने किस्म की है। उन्होंने मुख्यतः रस और सन्धियों की दृष्टि से इसकी आलोचना की है। दूसरी बात है कि इसमें दोषों का ही उल्लेख हो सका, गुण नहीं ढूँढ़े गये।

उन्नीसवीं शताब्दी के अन्तिम दशक में ही कविराज श्यामलदान ने अपने पृथ्वीराज चरित्र ग्रन्थ में पृथ्वीराज रासो को जाली ग्रन्थ ठहराया था। पं. मोहनलाल विष्णुलाल पंड्या ने 'रासो संरक्षा' लिखकर उसको असल सिद्ध करने का प्रयत्न किया।[547] बाद में इस विवाद ने बहुत तूल पकड़ा था जिसकी समाप्ति 1950 में हजारीप्रसाद के हिन्दी साहित्य का आदिकाल के प्रकाशन के बाद हुई थी। यह भी 'आलोचना' का ही एक रूप था।

हिन्दी साहित्येतिहास–लेखन की परम्परा का सूत्रपात भी उन्नीसवीं सदी में ही हो गया था। साहित्येतिहास–लेखन के लिए रचनाओं की प्रकाशन–काल सहित सूची और उनका प्रामाणिक पाठ जरूरी होता है। यह काम भी उन्नीसवीं शताब्दी में ही शुरू हुआ। हिन्दी के कुछ पुराने कवियों का इतिवृत्त संग्रह पहले पहल 1839 में गार्सां द तासी ने अपने 'हिन्दुस्तानी साहित्य का इतिहास' में किया था, फिर 1883 में ठाकुर शिवसिंह सेंगर ने अपने 'शिवसिंह सरोज' में

किया। उसके बाद 1889 में ग्रियर्सन का 'माडर्न वर्नाक्यूलर लिटरेचर आव नादर्न हिन्दुस्तान' प्रकाशित हुआ।

आगे चलकर नागरी प्रचारिणी सभा ने हिन्दी पुस्तकों की खोज का काम अपने हाथों में लिया जिससे बहुत से गुप्त और अप्रकाशित रचनाओं के मिलने की पूरी आशा के साथ कवियों का बहुत कुछ वृत्तान्त प्रकट होने की भी पूरी सम्भावना थी। 1899 में सभा को सरकार से 400/– आर्थिक सहायता इस काम के लिए प्राप्त हुई और खोज घूमधाम से आरम्भ हुई। शुक्ल जी द्वारा प्रदत्त सूचना के आधार पर इसी खोज का फल है कि आज (1929 के लगभग) कई सौ कवियों की कृतियों का परिचय हमें प्राप्त है जिनका पहले पता न था। कुछ कवियों के सम्बन्ध में बहुत सी नयी जानकारी भी हुई है। सभा की ग्रंथभाषा में कई पुराने कवियों के अच्छे अच्छे प्रकाशित ग्रंथ छपे। इस खोज के द्वारा हिन्दी साहित्य का इतिहास लिखने की खासी सामग्री उपस्थित हुई जिसकी सहायता से दो एक अच्छे कविवृत्तसंग्रह भी हिंदी में निकले।[548] रामचन्द्र शुक्ल ने भी अपने 'इतिहास' में इस सामग्री का भरपूर उपयोग किया।

इस प्रकार आलोचना का आरम्भ भारतेन्दु के जीवनकाल में ही कुछ न कुछ हो गया था पर उसका कुछ अधिक वैभव बीसवीं शताब्दी में ही प्रकट हुआ। महावीर प्रसाद द्विवेदी ने पहले पहल विस्तृत आलोचना का मार्ग प्रशस्त किया।

अब हम यह देखें कि उन्नीसवीं शताब्दी में खड़ीबोली के दूसरे रूप, उर्दू में आलोचना की क्या स्थिति थी। फोर्ट विलियम कॉलेज के मुंशी सैयद हैदरबख्श 'हैदरी' ने 'गुलशने हिन्दी' शीर्षक से उर्दू कवियों का इतिहास लिखा था जो अब तक अप्रकाशित है। इसी नाम का एक कवि–वृत्तान्त मिर्जा अली 'लुत्फ़' ने भी लिखा जो प्रकाशित भी हो चुका है।[549] बेनीनारायन जहाँ ने भी 'दीवाने जहाँ' शीर्षक से उर्दू कवियों का वृत्तान्त लिखा।[550] अहमद 'अमीर' मीनाई (1829–1900) ने 1873 में 'इन्तखाबे यादगार' शीर्षक से रामपुर के कवियों का वृत्तान्त (1873) लिखा।

मौलाना मुहम्मद हुसैन आजाद (नि. 1910) ने 'आबे–हयात' के रूप में सबसे पहला उर्दू काव्य का इतिहास लिखा। ख़्वाजा अलताफ हुसैन 'हाली' ने 1882 में 'हयाते–सादी' नाम की किताब लिखी जिसमें फारसी के सर्वश्रेष्ठ लेखक और कवि 'सादी' के जीवन और रचनाओं पर गहरी दृष्टि डाली गयी थी।[551] एहतेशाम हुसैन के अनुसार 'हाली' की 'मुक़द्दमए–शेरोशायरी' (1882) उर्दू आलोचना की एक 'महान् आलोचनात्मक रचना' है, जिसे उर्दू साहित्य में वही स्थान प्राप्त है, जो यूरोप में कॉलरिज और वर्ड्सवर्थ के लेखों को

प्राप्त है। वैज्ञानिक ढंग से लिखी गयी यह पहली पुस्तक है, जिसमें उर्दू कविता के गुणों और अवगुणों का विश्लेषण किया गया है।[552] अपनी तीसरी आलोचना पुस्तक 'यादगारे–ग़ालिब' में उन्होंने ग़ालिब की जीवन–कथा के साथ–साथ उनकी कविताओं और लेखों का आलोचनात्मक अध्ययन प्रस्तुत किया है। एहतेशाम हुसैन 'हाली' को 'उर्दू के पहले बड़े आलोचक और प्रथम श्रेणी के जीवनीकार' मानते हैं।[553] फ़िराक़ गोरखपुरी के अनुसार "आलोचक की हैसियत से मौलाना शिब्ली नोमानी (1857–1914) ने पहली बार वैज्ञानिक ढंग से साहित्यालोचन का आरम्भ किया। उन्होंने उर्दू आलोचना में नया रास्ता खोला। उनकी इतिहास की रचनाओं में खोज और आकर्षण दोनों हैं।"[554] उन्होंने 'शेरुल अजम' नाम से उर्दू में पाँच भागों में फारसी साहित्य का इतिहास और 'मवाज़नए–अनीसो–दबीर' नाम से मरसियों पर आलोचना–ग्रंथ लिखा। यों फ़िराक़ साहब के अनुसार बेनीनारायन 'जहाँ' ने फोर्टविलियम कॉलेज के तत्त्वावधान में 'दीवाने जहाँ' नाम से उर्दू कवियों का वृत्तांत लिखा था, पर वह अप्रकाशित ही रह गया।[555] इसके बाद मौलाना मुहम्मद हुसैन 'आज़ाद' ने (ज. 19वीं सदी का तीसरा दशक; नि. 1910) 'आबे हयात' के रूप में पहला उर्दू काव्य का इतिहास लिखा जिसमें भाषाशास्त्र सम्बन्धी बहस भी की गयी थी।

अन्य विधाएँ

आधुनिक युग की अनेक विधाओं के समान जीवनी–लेखन का आरम्भ भी भारतेन्दु युग में हो गया था। स्वयं भारतेन्दु ने कालिदास, रामानुज, जयदेव, सूरदास, शंकराचार्य, वल्लभाचार्य आदि की जीवनियाँ लिखी थीं। इस काल के अन्य जीवनी–लेखकों में कार्तिक प्रसाद खत्री का अहिल्याबाई का जीवनचरित (1887), छत्रपति शिवाजी का जीवनचरित (1890), मीराबाई का जीवनचरित्र (1893) आदि उल्लेखनीय हैं। काशीनाथ खत्री ने हिन्दुस्तान की अनेक रानियों का जीवनचरित्र (1879) और भारतवर्ष की विख्यात स्त्रियों के जीवनचरित्र (1883), रमाशंकर व्यास ने नेपोलियन बोनापार्ट का जीवनचरित्र (1883), देवी प्रसाद मुंसिफ ने महाराज मानसिंह कच्छवाल वाले अमीर का जीवनचरित्र (1889), राजा मालदेव का जीवनचरित्र (1889), उदय सिंह महाराजा (1893), अकबरनामा (1893), राणा भीम (1893), जसवन्त सिंह (1896), राधाकृष्णदास ने आर्यचरितामृत बप्पा रावल(1884), श्री नागरीदास जी का जीवनचरित्र (1894), कविवर बिहारीलाल (1895), सूरदास (1900) आदि की रचना की थी। गोपाल शर्मा शास्त्री, प्रतापनारायण मिश्र, बालमुकुन्द गुप्त, गोकुलनाथ शर्मा, बलभद्र मिश्र, अम्बिकादत्त व्यास आदि इस काल के अन्य जीवनीलेखक थे।

पर इस युग के जीवनी–साहित्य में वह आकर्षण नहीं है, जो उससे अपेक्षित है। रामचन्द्र तिवारी के अनुसार इस युग को जीवनी साहित्य का बीज–वपन काल मानना ही संगत है।[556]

यात्रावृत्त

यात्रावृत्त–लेखन के क्षेत्र में भी भारतेन्दु युग के अनेक लेखकों ने योग दिया। भारतेन्दु के 'सरयू–पार की यात्रा', 'लखनऊ की यात्रा', 'हरिद्वार की यात्रा' आदि निबन्ध कविवचनसुधा के 1871 से 1879 के अंकों में प्रकाशित हुए थे। बालकृष्ण भट्ट तथा प्रताप नायण मिश्र ने भी क्रमशः 'गया यात्रा' और 'विलायत यात्रा' शीर्षक निबन्ध लिखे थे। इस काल की यात्रावृत्त की पुस्तकों के प्रकाशन की जो सूचनाएँ उपलब्ध हैं, उनमें श्रीमती हरदेवी, भगवानदास वर्मा, दामोदर शास्त्री, तोताराम वर्मा, कल्याणचन्द आदि के नाम उल्लेखनीय हैं।[557]

पत्र–पत्रिकाएँ

वस्तुतः हिन्दी में हिन्दी पत्रपत्रिकाओं का प्रकाशन उन्नीसवीं सदी के तीसरे दशक में ही आरम्भ हो चुका था। 1826 में कलकत्ता से जुगल किशोर शुक्ल के सम्पादकत्व में 'उदन्त मार्तण्ड' का प्रकाशन शुरू हुआ जो हिन्दी का पहला समाचारपत्र था। उसके बाद प्रजाहितैशी, धर्मप्रकाश, तत्त्वबोधिनी पत्रिका, सत्यदीपक, जगद्दीपक भास्कर, सामदण्ड मार्तण्ड, प्रजाहितैशी, धर्मप्रकाश, तत्त्वबोधिनी पत्रिका, सत्यदीपक आदि समाचारपत्र प्रकाशित हुए। रामचन्द्र शुक्ल ने इस काल में (1861–1884) प्रकाशित अल्मोड़ा अखबार (1861), हिन्दी दीप्तिप्रकाश (1872), बिहार बन्धु (1872), सदादर्श (1874), काशी पत्रिका (1876), भारत बंधु (1876), भारतमित्र (1877), मित्रविलास (1877), हिन्दी प्रदीप (1877), आर्यदर्पण (1877), सार सुधानिधि (1878), उचित वक्ता (1878), सज्जन कीर्ति सुधाकर (1879), भारत सुदशाप्रवर्तक (1879), आनंदकादम्बिनी (1881), दिनकर प्रकाश (1883), धर्मदिवाकर (1883), प्रयाग समाचार (1883), ब्राह्मण (1883), शुभचिन्तक (1843), सदाचार मार्तंड (1883), हिन्दोस्थान (1883), पीयूश प्रवाह (1884), भारत जीवन (1884), भारतेन्दु (1884) आदि पत्र–पत्रिकाओं का उल्लेख किया है। पर साहित्यिक पत्रिका के रूप में पहली पत्रिका बाबू हरिश्चन्द्र की 'कविवचनसुधा' थी जो 1868 में प्रकाशित हुई थी। इसमें पहले पुराने कवियों की कविताएँ छपा करती थीं, पर बाद में गद्यलेख भी शामिल किये जाने लगे। 1873 में बाबू हरिश्चन्द्र ने 'हरिश्चन्द्र मैगजिन' नाम की मासिक पत्रिका निकाली, जिसका आठ संख्याओं के बाद 'हरिश्चन्द्रचन्द्रिका' नाम हो गया। 1872 में केशवराम भट्ट के सम्पादन में पटना

से 'बिहार बन्धु' प्रकाशित होना शुरू हुआ था जिसमें 'शमशाद सौसन' और 'सज्जाद संबुल' जैसे नाटक तथा 'सुन्दर' जैसा उपन्यास प्रकाशित हुआ था। बालकृष्ण भट्ट ने 1876 में 'हिन्दी प्रदीप' नामक मासिक पत्र निकाला जिसमें सामाजिक, साहित्यिक, राजनीतिक, नैतिक अनेक प्रकार के निबन्ध लगभग तीस वर्षों तक निकलते रहे। निबन्धों के अतिरिक्त बालकृष्ण भट्ट के कई छोटे बड़े नाटक भी हिन्दी प्रदीप में प्रकाशित हुए थे, जैसे 'कलिराज की सभा', 'रेल का विकट खेल', 'बालविवाह नाटक', 'चन्द्रसेन नाटक' आदि। उन्होंने माइकेल मधुसूदन दत्त के दो नाटकों के अनुवाद भी निकाले थे। 1846 में उन्होंने लाला श्रीनिवासदास के 'संयोगिता स्वयंवर' की समीक्षा भी 'सच्ची समालोचना' शीर्षक से निकाली थी। 1883 में प्रतापनारायण मिश्र ने 'ब्राह्मण' नामक पत्र निकाला। रामचन्द्र शुक्ल के अनुसार इसमें विविध विषयों पर 'गद्य प्रबन्ध' निकला करते थे। ...लेख हर तरह के निकलते थे। देशदशा, समाज सुधार, नागरी हिन्दी प्रचार, साधारण मनोरंजन आदि सब विषयों पर मिश्र जी की लेखनी चलती थी। ....यद्यपि उनकी प्रवृत्ति हास्य–विनोद की ओर ही अधिक चलती थी, पर जब कभी वे कुछ गम्भीर विषयों पर लिखते थे तब संयत और साधु भाषा का व्यवहार करते थे।''[558] उपाध्याय पं. बदरीनारायण चौधरी 'प्रेमघन' ने 1881 में 'आनन्दकादम्बिनी' नामक मासिक पत्र निकाला था जिसमें वे सजावटी रंगीन भाषा में अपने लेख आदि लिखा करते थे। शुक्ल जी के अनुसार वे, 'अपने ही उमड़ते हुए विचारों और भावों को अंकित करते थे। अन्य लेखकों के निबन्ध उसमें नहीं के बराबर रहते थे। आनन्दकादम्बिनी में ही उनका वीरांगनारहस्य महानाटक थोड़ा थोड़ा करके निकलता था। बाद में उन्होंने एक साप्ताहिक पत्र नागरी नीरद भी निकाला था।

भारतेन्दु हरिश्चन्द्र के निधन के बाद कुछ दिनों तक पत्र–पत्रिकाओं का विकास रुका रहा। यद्यपि भारतेन्दु निधन के बाद भी उनके समय निकलने वाली पत्रिकाओं का प्रकाशनक्रम जारी रहा।

संदर्भ

1. आलोचक के मुख से (नामवर सिंह), संपादक–खगेन्द्र ठाकुर, राजकमल प्रकाशन नई दिल्ली, पृ. सं.–78
2. बच्चन सिंह, हिन्दी साहित्य का दूसरा इतिहास, राधाकृष्ण प्रकाशन, नयी दिल्ली, सं. 2013, 'भूमिका'
3. रामचन्द्र शुक्ल, हिन्दी साहित्य का इतिहास, नागरी प्रचारिणी सभा, वाराणसी,

सं. 2047 (ई. सन् 1990), पृ. 222

4. देखें, नज़ीर मुहम्मद, नज़ीर ग्रन्थावली, उत्तर प्रदेश हिन्दी संस्थान, लखनऊ, 1992, पृ. vvviii

नज़ीर (मूल नाम वली मुहम्मद) का जन्म 1735 ई. में, दिल्ली में, हुआ था। उनके पिता पटना के किसी रईस के यहाँ काम करते थे। दिल्ली, पहले नादिर शाह (1739), और बाद में अहमद शाह अब्दाली के आक्रमणों और लूटपाट से (1748, 1764, 1967) आर्थिक बदहाली और राजनीतिक अव्यवस्था से गुजर रही थी। नज़ीर 22–23 वर्ष की उम्र में अपनी माँ और नानी के साथ आगरा चले आये थे। उनके जीवन का बड़ा भाग खेल–कूद में व्यतीत हुआ था। आगरा में ही उन्होंने अरबी–फारसी की शिक्षा प्राप्त की थी और उर्दू तो उनकी प्रथम भाषा या मातृभाषा थी ही। जीवन–यापन के लिए नज़ीर ने कुछ दिन मथुरा में बच्चों को पढ़ाने की नौकरी की। बाद में वे आगरा चले आये और राजा विलास राय के बच्चों को सत्रह रुपये माहवार पर पढ़ाने लगे। प्रो. शहवाज ने अपनी 'जिन्दगानी बेनज़ीर' नामक पुस्तक में बताया है कि जब नज़ीर दिल्ली से आगरा आये, उस समय वहाँ उर्दू के प्रसिद्ध शायर, मीर तकी मीर, की धाक थी। उस समय तक नज़ीर ग़ज़ल कहने लगे थे। नज़ीर ने मीर की तर्ज़ पर एक ग़ज़ल कही, जिसे सुनकर मीर ने उनको अपने पास बुलाकर शाबाशी दी। इसके बाद नज़ीर आगरे में शायर के रूप में प्रसिद्ध हो गये। पर इस विवरण के सम्बन्ध में विद्वान् एकमत नहीं हैं। इंतजाम उल्लाह शहाबी अपने 'नज़ीरनामा' में इसको मीर साहब के दुबारा आगरा आने के समय की घटना बताते हैं। उस समय नज़ीर की उम्र 35 वर्ष के लगभग थी। यदि शहाबी साहब के मत को सही माना जाए तो 1770 के लगभग नज़ीर के शायर के रूप में प्रसिद्ध हो जाने के तथ्य को मान्यता दी जा सकती है।

नज़ीर सही माने में जनकवि थे। उन्होंने अपनी रचनाओं का कोई संग्रह तैयार नहीं किया। यही कारण है कि उनका सारा काव्य स्फुट रूप में उपलब्ध है। उनकी रचनाओं को जनता ने कंठ और कागज पर सँजोकर रखा। नज़ीर की रचनाओं के लगभग 25 संग्रह फारसी और देवनागरी लिपि में उपलब्ध हैं। डॉ. नज़ीर मुहम्मद ने समस्त उपलब्ध सामग्री के आधार पर नज़ीर ग्रन्थावली का सम्पादन किया है जो उत्तर प्रदेश हिन्दी संस्थान, लखनऊ द्वारा 1992 में प्रकाशित हो चुकी है।

5. इन्तजाम उल्लाह शहाबी अपने नज़ीरनामा में सूचित करते हैं कि लगभग 1970 में जबकि नज़ीर साहब की उम्र 35 वर्ष थी उर्दू के प्रसिद्ध शायर मीर तकी मीर आगरा आये थे और उन्होंने नज़ीर की एक ग़ज़ल पर अपनी शाबाशी दी थी, जिसके बाद नज़ीर आगरा में शायर के रूप में प्रसिद्ध हो गये। (देखें, नज़ीर मुहम्मद, नज़ीर ग्रन्थावली, उत्तर प्रदेश हिन्दी संस्थान, लखनऊ, 1992, पृ. गगप

6. उपरिवत्, पृ. vvvi
7. एजाज़ हुसेन, उर्दू साहित्य का इतिहास, राजकमल प्रकाशन, दिल्ली, 1957, पृ. 23
8. रामचन्द्र शुक्ल, हिन्दी साहित्य का इतिहास, पृ. 230
9. उपरिवत्, पृ. 231
10. उदाहरण के लिए देखें : गोपाल राय, हिन्दी कथा साहित्य और उसके विकास पर पाठकों की रुचि का प्रभाव, ग्रन्थ निकेतन, पटना, 1965, पृ. 145 (बैताल पचीसी, हिन्दुस्तानी प्रेस, 1803)
11. आचार्य रामचन्द्र शुक्ल ने खड़ीबोली गद्य के विवेचन–क्रम में बैताल पचीसी और सिंहासन बतीसी को महत्त्व नहीं दिया है।
12. गोपाल राय, हिन्दी कथा साहित्य और उसके विकास पर पाठकों की रुचि का प्रभाव, ग्रन्थ निकेतन, पटना, 1965, पृ. 145–46 पर उद्धृत।
13. रामविलास शर्मा, भारतेन्दु युग और हिन्दी भाषा की विकास परम्परा, पृ. 192
14. उपरिवत्, पृ. 192
15. उपरिवत्
16. रामचन्द्र शुक्ल, हिन्दी साहित्य का इतिहास, पृ. 228
17. उपरिवत्
18. शारदा वेदालंकार, हिन्दी गद्य का स्वरूप, पृ. 49
19. फ़िराक़ गोरखपुरी, उर्दू भाषा और साहित्य, उत्तर प्रदेश हिन्दी संस्थान, लखनऊ, (सं.) 2008, पृ. 50
20. फ़िराक़ गोरखपुरी, उर्दू भाषा और साहित्य, उत्तर प्रदेश हिन्दी संस्थान, लखनऊ, (सं.) 2008
21. मुहम्मद मुजीब, ग़ालिब, साहित्य अकादेमी, नयी दिल्ली, सं. 1991, पृ. 7
22. नज़ीर मुहम्मद, नज़ीर ग्रन्थावली, उत्तर प्रदेश हिन्दी संस्थान, लखनऊ, 1992, पृ. x
23. उपरिवत्, पृ. xi
24. नज़ीर मुहम्मद, नज़ीर ग्रन्थावली, उत्तर प्रदेश हिन्दी संस्थान, लखनऊ, 1992, पृ. xvi
25. तुलसीदास कृत कवितावली, उत्तरकांड, पद सं. 97
26. नज़ीर मुहम्मद, नज़ीर ग्रन्थावली, उत्तर प्रदेश हिन्दी संस्थान, लखनऊ, 1992, पृ. xxxii
27. नज़ीर मुहम्मद, नज़ीर ग्रन्थावली, उत्तर प्रदेश हिन्दी संस्थान, लखनऊ, 1992, पृ. xxxii
28. नज़ीर मुहम्मद, सं., नज़ीर ग्रन्थावली, भूमिका, पृ. xxxii
29. उपरिवत्, 'बरसात की बहारें', पृ. 448
30. नज़ीर मुहम्मद, सं., नज़ीर ग्रन्थावली, 'बरसात और फिसलन', पृ. 441–42

31. नज़ीर मुहम्मद, सं., नज़ीर ग्रन्थावली, 'बरसात की बहारें', पृ. 457
32. नज़ीर मुहम्मद, सं., नज़ीर ग्रन्थावली, 'बरसात की बहारें', पृ. 454
33. नज़ीर मुहम्मद, सं., नज़ीर ग्रन्थावली, 'बरसात की ऊमस', पृ. 459
34. उपरिवत, पृ. 448
35. उपरिवत, पृ. 449
36. उपरिवत, पृ. 453
37. उपरिवत, पृ. 455
38. नज़ीर मुहम्मद, सं., नज़ीर ग्रन्थावली, 'वसन्त–2', पृ. 467
39. उपरिवत्, 'वसन्त–2', पृ. 468
40. उपरिवत्, 'वसन्त–6', पृ. 471
41. नज़ीर मुहम्मद, सं., नज़ीर ग्रन्थावली, वसन्त 6, पृ. 471
42. उपरिवत्, 'वसन्त–10', पृ. 477
43. उपरिवत्, 'होली (1)', पृ. 331
44. उपरिवत्, 'होली (1)', पृ. 332
45. उपरिवत्, 'होली (1)', पृ. 335
46. नज़ीर मुहम्मद, सं., नज़ीर ग्रन्थावली, 'होली (1)', पृ. 337
47. रामचन्द्र शुक्ल, हिन्दी साहित्य का इतिहास, नागरी प्रचारिणी सभा, वाराणसी, छब्बीसवाँ संस्करण, 1992, पृ.171
48. नज़ीर मुहम्मद, सं. नज़ीर ग्रन्थावली, 'आंधी', पृ. 438
49. उपरिवत्, 'चाँदनी'', पृ. 431
50. उपरिवत्, 'शब्बरात–1' पृ. 315
51. उपरिवत्, 'शब्बरात–1', पृ. 316
52. नज़ीर मुहम्मद, सं., नज़ीर ग्रन्थावली, 'शब्बरात–1', पृ. 316
53. उपरिवत्, 'शब बरात–3', पृ. 322
54. उपरिवत्, 'ईद', पृ. 323
55. उपरिवत्, 'ईदुलफ़ित्र–3, पृ. 326
56. नज़ीर मुहम्मद, सं., नज़ीर ग्रन्थावली, 'होली–14', पृ. 358
57. उपरिवत्, 'होली–16', पृ. 359, 361
58. उपरिवत्, 'होली–17', पृ. 361, 363
59. उपरिवत्, 'होली–18', पृ. 365
60. नज़ीर मुहम्मद, सं., नज़ीर ग्रन्थावली, 'होली–19', पृ. 366
61. उपरिवत्, 'सामान दिवाली का–2', पृ. 371
62. उपरिवत्, 'दिवाली–3', पृ. 377
63. उपरिवत्, 'हज़रत सलीम चिश्ती का उर्स', पृ. 381
64. नज़ीर मुहम्मद के अनुसार मथुरा के समीप बलदेव (दाऊ जी) नामक स्थान है। यहाँ श्री बल्देव जी और रेवती जी का पुराना मन्दिर है। वहाँ प्रति वर्ष

अगहन मास की पूर्णमासी से बलदेव जी का मेला लगता है। यह लगभग दस दिन रहता है और बहुत बड़ी संख्या में लोग जमा होते हैं। बलदेव के कुंड या क्षीरसागर में स्नान करते और मन्दिर में दर्शन करते हैं। नज़ीर अकबराबादी ने उसी बलदेव जी के मेले का वर्णन किया है।

65. नज़ीर मुहम्मद के अनुसार कंस का मेला आगरा में गोकुल (राजामंडी) मुहल्ले में दो स्थानों पर दो तिथियों में लगता है। एक होली की पड़वा के दिन और दूसरा होली के बाद तेरस के दिन। पड़वा के दिन शाम को गोकुलपुरा की गली में गणेश मन्दिर से बलराम और कृष्ण की सवारी तांगे में निकलती है जो उसी गोकुलपुरा की गली के दूसरे किनारे पर, जो कंस गेट कहलाता है, तक जाती है। यहाँ कृष्ण द्वारा कंस का वध किया जाता है। कृकृतेरस के कंस के मेले में गोकुलपुरा के हाटकेश्वर मन्दिर से कृष्ण–बलराम की सवारी निकलती है, जो राजामंडी, वल्काबस्ती होती हुई अशोक नगर के समीपवर्ती मन्दिर पर आती है और वहीं कंस का वध होता है।

66. नज़ीर मुहम्मद के अनुसार अल्लाउद्दीन खिलजी के दरबार में उधारमल खत्री नाम के एक वजीर थे। एक बार जब लड़ाई में ज्यादा खत्री काम आये तो उनकी विधवाओं में से अनेक सती हो गयीं। शेष की बुरी हालत देखकर बादशाह ने उधारमल से उनका पुनर्विवाह करा देने का प्रस्ताव किया। उधारमल ने खत्रियों के चौधरियों को यह सन्देश भेजा। आगरा के खत्रियों के चौधरी जगधरमल ताजगंज में रहते थे। आगरे के खत्रियों की पंचायत बुलाई गयी। पर इसका उलटा ही असर पड़ा। सारे खत्री चौधरी साहब के खिलाफ हो गये। खत्रियों के जत्थे के जत्थे उनके घर के सामने प्रदर्शन करने और उन्हें गालियाँ देने लगे। साल की कुछ निश्चित तिथियों पर चौधरी साहब की जिन्दगी भर और उसके बाद भी यह क्रम जारी रहा। यहाँ तक कि इसने एक मेले का रूप ले लिया। केवल खत्री ही नहीं, हर कौम के लोग इसमें शामिल होने लगे। तरह तरह के गात और कवित्त बन गये। मेले में लल्लू जगधर को हर शख्स गालियाँ देता था।

67. नज़ीर मुहम्मद, सं., नज़ीर ग्रन्थावली, उत्तर प्रदेश हिन्दी संस्थान, लखनऊ, 1992, 'बल्देव जी का मेला', पृ. 385

68. उपरिवत्, पृ. 387

69. नज़ीर मुहम्मद, सं., नज़ीर ग्रन्थावली, उत्तर प्रदेश हिन्दी संस्थान, लखनऊ, 'कंस का मेला', पृ. 395

70. उपरिवत्, 'लल्लू जगधर का मेला'. पृ. 403

71. उपरिवत्, 'आगरे की तैराकी', पृ. 407

72. उपरिवत्, 'कनकौए और पतंग', पृ. 411

73. नज़ीर मुहम्मद, सं., नज़ीर ग्रन्थावली, उत्तर प्रदेश हिन्दी संस्थान, लखनऊ, 'हम्द', पृ.1

74. उपरिवत्, 'परमात्मा की याद', पृ. 9
75. उपरिवत्
76. उपरिवत्, 'गणेश जी की स्तुति, पृ. 73
77. उपरिवत्, कृष्ण कन्हैया की तारीफ़', पृ. 79 ,80
78. उपरिवत्, 'दुनियाँ के मरातिब क़ाबिले ऐतबार नहीं', पृ. 159
79. उपरिवत्, 'ख़ुशी से दान देने की प्रेरणा', पृ. 164
80. उपरिवत्, 'फ़कीरों की सदा', पृ. 175
81. उपरिवत्, 'बंजारा नामा', पृ. 176
82. उपरिवत्, 'रोटियां', पृ. 215–17
83. उपरिवत्, आदमी नामा, पृ. 240
84. उपरिवत्, 'कौड़ी', पृ. 244
85. उपरिवत्, 'इफ्लास का नक्शा', पृ. 267
86. उपरिवत्, पृ. 274
87. उपरिवत्, 'बुढ़ापा', पृ. 287
88. उपरिवत्, बुढ़ापे की 'तअल्लियां', पृ. 299
89. उपरिवत्, 'बुढ़ापे की आशिकी', पृ. 301
90. उपरिवत्, पृ. 302
91. उपरिवत्, पृ. 483–84
92. उपरिवत्, 'शहरे आसोब', पृ.485
93. उपरिवत्, पृ. 486
94. उपरिवत्, पृ. 536
95. उपरिवत्, पृ. 556
96. फ़िराक़ गोरखपुरी, उर्दू भाषा और साहित्य, उत्तर प्रदेश हिन्दी संस्थान, लखनऊ, चतुर्थ सं. 2008, पृ. 46
97. उपरिवत्
98. उपरिवत्
99. फ़िराक़ गोरखपुरी, उर्दू भाषा और साहित्य, उत्तर प्रदेश हिन्दी संस्थान, लखनऊ, चतुर्थ सं. 2008, पृ. 49
100. उपरिवत्, पृ. 50
101. उपरिवत्, पृ. 50
102. उपरिवत्, पृ. 99
103. उपरिवत्
104. उपरिवत्
105. उपरिवत्
106. उपरिवत
107. उपरिवत्, पृ. 100

108. उपरिवत्, पृ. 104
109. उपरिवत्, पृ. 104–05
110. उपरिवत्, पृ. 105
111. उपरिवत्, पृ. 107–08
112. उपरिवत्, पृ. 114
113. उपरिवत्, पृ. 109
114. उपरिवत्,
115. उपरिवत्
116. उपरिवत्, पृ. 110
117. उपरिवत्, पृ. 115
118. उपरिवत्, पृ. 110
119. उपरिवत्, पृ. 116
120. फ़िराक़ गोरखपुरी, उर्दू भाषा और साहित्य, उत्तर प्रदेश हिन्दी संस्थान, लखनऊ, चतुर्थ सं. 2008, पृ. 121
121. उपरिवत्
122. उपरिवत्, पृ. 122
123. उपरिवत्
124. उपरिवत्, पृ. 123
125. उपरिवत्, पृ. 124
126. उपरिवत्, पृ. 124–25
127. उपरिवत्, पृ. 125–28
128. उपरिवत्, पृ. 129
129. उपरिवत्, पृ. 131
130. उपरिवत्, पृ. 130
131. उपरिवत्, पृ. 131
132. उपरिवत्, पृ. 137
133. उपरिवत्, पृ. 138
134. उपरिवत्, पृ. 52
135. उपरिवत्
136. उपरिवत्, पृ. 62
137. उपरिवत्, पृ. 63
138. उपरिवत्, पृ. 64
139. उपरिवत्, पृ. 77
140. उपरिवत्, पृ. 82
141. रामचन्द्र शुक्ल, हिन्दी साहित्य का इतिहास, नागरी प्रचारिणी सभा, वाराणसी, छब्बीसवाँ संस्करण, 1992,

142. रामचन्द्र शुक्ल, हिन्दी साहित्य का इतिहास, नागरी प्रचारिणी सभा, वाराणसी, छब्बीसवाँ संस्करण, 1992
143. उपरिवत्
144. रामचन्द्र शुक्ल, हिन्दी साहित्य का इतिहास, नागरी प्रचारिणी सभा, वाराणसी, छब्बीसवाँ संस्करण, 1992
145. आनन्द प्रकाश दीक्षित, 'पद्माकर भट्ट', हिन्दी साहित्य कोश, भाग–2, पृ. 321
146. आनन्द प्रकाश दीक्षित, 'पद्माकर भट्ट', हिन्दी साहित्य कोश, भाग–2, पृ. 321
147. आनन्द प्रकाश दीक्षित, 'पद्माकर भट्ट', हिन्दी साहित्य कोश, भाग–2, पृ. 321
148. रामचन्द्र शुक्ल, हिन्दी साहित्य का इतिहास, नागरी प्रचारिणी सभा, वाराणसी, छब्बीसवाँ संस्करण, 1992
149. रामचन्द्र शुक्ल, हिन्दी साहित्य का इतिहास, नागरी प्रचारिणी सभा, वाराणसी, छब्बीसवाँ संस्करण, 1992, पृ. 171
150. डॉ. नन्दकिशोर नवल, रीतिकाव्य, राजकमल प्रकाशन, नयी दिल्ली, पृ. 67
151. डॉ. नन्दकिशोर नवल, रीतिकाव्य, राजकमल प्रकाशन, नयी दिल्ली, पृ. 70–74
152. रामचन्द्र शुक्ल, हिन्दी साहित्य का इतिहास, नागरी प्रचारिणी सभा, वाराणसी, छब्बीसवाँ संस्करण, 1992, पृ. 171
153. डॉ. नन्दकिशोर नवल, रीतिकाव्य, राजकमल प्रकाशन, नयी दिल्ली, पृ. 74
154. नन्दकिशोर नवल, रीतिकाव्य, राजकमल प्रकाशन, नयी दिल्ली, पृ. 79
155. रामचन्द्र शुक्ल, हिन्दी साहित्य का इतिहास, नागरी प्रचारिणी सभा, वाराणसी, छब्बीसवाँ संस्करण, 1992, पृ. 171
156. रामचन्द्र शुक्ल, हिन्दी साहित्य का इतिहास, नागरी प्रचारिणी सभा, वाराणसी, छब्बीसवाँ संस्करण, 1992, पृ. 171
157. नन्दकिशोर नवल, रीतिकाव्य, राजकमल प्रकाशन, नयी दिल्ली, पृ. 83
158. रामचन्द्र शुक्ल, हिन्दी साहित्य का इतिहास, नागरी प्रचारिणी सभा, वाराणसी, छब्बीसवाँ संस्करण, 1992, पृ. 209
159. नन्दकिशोर नवल, रीतिकाव्य, राजकमल प्रकाशन, नयी दिल्ली, पृ. 83–85
160. नंदकिशोर नवल, रीतिकाव्य, राजकमल प्रकाशन प्रा. लि., नयी दिल्ली, 2013, पृ. 110
161. रामचन्द्र शुक्ल, हिन्दी साहित्य का इतिहास, नागरी प्रचारिणी सभा, वाराणसी, छब्बीसवाँ संस्करण, 1992, पृ. 209
162. रामचन्द्र शुक्ल, हिन्दी साहित्य का इतिहास, नागरी प्रचारिणी सभा, वाराणसी, छब्बीसवाँ संस्करण, 1992, पृ. 210
163. नंदकिशोर नवल, रीतिकाव्य, राजकमल प्रकाशन प्रा. लि., नयी दिल्ली, 2013,

पृ. 110
164. नंदकिशोर नवल, रीतिकाव्य, राजकमल प्रकाशन प्रा. लि., नयी दिल्ली, 2013, पृ. 110
165. नंदकिशोर नवल, रीतिकाव्य, राजकमल प्रकाशन प्रा. लि., नयी दिल्ली, 2013, पृ. 110
166. रामचन्द्र शुक्ल, हिन्दी साहित्य का इतिहास, नागरी प्रचारिणी सभा, वाराणसी, छब्बीसवाँ संस्करण, 1992, पृ. 210
167. उपरिवत, पृ. 211
168. नंदकिशोर नवल, रीतिकाव्य, राजकमल प्रकाशन प्रा. लि., नयी दिल्ली, 2013, पृ. 110
169. नंदकिशोर नवल, रीतिकाव्य, राजकमल प्रकाशन प्रा. लि., नयी दिल्ली, 2013, पृ. 113
170. नंदकिशोर नवल, रीतिकाव्य, राजकमल प्रकाशन प्रा. लि., नयी दिल्ली, 2013, पृ. 115
171. रामचन्द्र शुक्ल, हिन्दी साहित्य का इतिहास, नागरी प्रचारिणी सभा, वाराणसी, छब्बीसवाँ संस्करण, 1992, पृ. 210
172. रामचन्द्र शुक्ल, हिन्दी साहित्य का इतिहास, नागरी प्रचारिणी सभा, वाराणसी, छब्बीसवाँ संस्करण, 1992, पृ. 210
173. उपरिवत, पृ. 215
174. उपरिवत, पृ. 214
175. उपरिवत, पृ. 216
176. रामचन्द्र शुक्ल, हिन्दी साहित्य का इतिहास, नागरी प्रचारिणी सभा, वाराणसी, तेईसवाँ संस्करण, 1990, पृ. 172
177. उपरिवत्, पृ. 173
178. उपरिवत्
179. 'वस्तुव्यंजना को बहुत दूर तक घसीटने पर बड़े चक्करदार ऊहापोह का सहारा लेना पड़ता है और व्यंग्यार्थ तक पहुँच केवल साहित्यिक रूढ़ि के अभ्यास पर अवलम्बित रहती है। नायिकाओं के भेदों, रसादि के सब अंग तथा भिन्न भिन्न बँधे उपमान का अभ्यास न रखने वाले के लिए ऐसे पद्य पहेली बन जाते हैं।'–रामचन्द्र शुक्ल, हिन्दी साहित्य का इतिहास, सं. 26, 1992, पृ. 174
180. रामचन्द्र शुक्ल, हिन्दी साहित्य का इतिहास, नागरी प्रचारिणी सभा, वाराणसी, छब्बीसवाँ संस्करण, 1992, पृ. 174
181. मैं इसमें खड़ीबोली के प्रसिद्ध कवि ग़ालिब का नाम भी जोड़ना चाहूँगा
182. उपरिवत्, पृ. 175
183. इन सवैयों में कवि की शृंगारिक अनुभूति आलम्बन नायक–नायिका के व्याज से उत्तम रूप में व्यक्त हुई है। इनमें कल्पना की उड़ान तारीफ करने लायक

है।

184. उपरिवत

185. उपरिवत्, पृ. 219

186. उपरिवत्, पृ. 219–20

187. फ़िराक़ गोरखपुरी, उर्दू भाषा और साहित्य, 2008, पृ. 94

188. उपरिवत्, पृ. 87

189. उपरिवत्, पृ. 89

190. उपरिवत्, पृ. 92

191. फ़िराक़ गोरखपुरी, उर्दू भाषा और साहित्य, पृ. 94

192. उपरिवत्, पृ. 97

193. फ़िराक़ गोरखपुरी, उर्दू भाषा और साहित्य, पृ. 97

194. ये तथा अन्य उदाहरण आचार्य रामचन्द्र शुक्ल के हिन्दी साहित्य का इतिहास से दिये गये हैं। (देखें सं. 1990, पृ. 230)

195. उपरिवत्, पृ. 230

196. इससे यह पता चलता है कि आचार्य शुक्ल 'उर्दू' और 'खड़ीबोली' को अलग अलग भाषाएँ मानते थे, जिसका कोई तुक नहीं है।

197. लक्ष्मी सागर वार्ष्णेय, फोर्ट विलियम कॉलेज, यूनिवर्सिटी, इलाहाबाद, 1947, पृ. 48

198. सन् 1805 में हिन्दुस्तानी प्रेस, कलकत्ता से छपी बैताल पचीसी में इसे 'ट्रान्सलेटेड इन टू हिन्दुस्तानी' कहा गया था।

199. रामचन्द्र शुक्ल, हिन्दी साहित्य का इतिहास, सं. 1990, पृ. 231

200. शारदा वेदालंकार, हिन्दी गद्य का स्वरूप, पृ. 49

201. रामचन्द्र शुक्ल, हिन्दी साहित्य का इतिहास, नागरी प्रचारिणी सभा, वाराणसी, संस्करण, 1990, पृ. 228

202. लक्ष्मी सागर वार्ष्णेय, आधुनिक गद्य साहित्य की भूमिका, पृ. 463

203. शारदा वेदालंकार, आरम्भिक हिन्दी गद्य का स्वरूप, पृ. 134–35

204. उपरिवत्, पृ. 136

205. शारदा वेदालंकार, आरम्भिक हिन्दी गद्य का स्वरूप, पृ. 151

206. उपरिवत्, पृ. 143

207. उपरिवत्, पृ. 144

208. उपरिवत्, पृ. 146

209. लक्ष्मीसागर वार्ष्णेय, फोर्ट विलियम काँलेज, इलाहाबाद यूनिवर्सिटी, 1947, पृ. 115–16

210. डॉ. भगवान दयाल, दि डेवलपमेंट ऑफ मॉडर्न एजुकेशन, ओरिएंटल लौंगमैंस लि. बंबे, पृ. 12

211. सैयद नुरुल्ला ऐंड जे.पी. नायक, हिस्टरी ऑफ एजुकेशन इन इंडिया ड्यूरिग

द ब्रिटिश पीरियड, मैकमिलन ऐंड कं. बंबे, 1943, पृ. 33

212. उपरिवत्, पृ. 91

213. सैयद नुरुल्ला ऐंड जे.पी. नायक, हिस्टरी ऑफ एजुकेशन इन इंडिया ड्यूरिंग द ब्रिटिश पीरियड, मैकमिलन ऐंड कं. बंबे, 1943, पृ. 92

214. उपरिवत्, पृ. 109–10

215. भगवान दयाल, दि डेवलपमेंट ऑफ मॉडर्न एजुकेशन, ओरिएंटल लौंगमैंस लि. बंबे, पृ. 215

216. रामचन्द्र शुक्ल, हिन्दी साहित्य का इतिहास, नागरी प्रचारिणी सभा, काशी, आठवाँ सं. सं. 2009, पृ. 190

217. सैयद नुरुल्ला ऐंड जे.पी. नायक, हिस्टरी ऑफ एजुकेशन इन इंडिया ड्यूरिंग द ब्रिटिश पीरियड, मैकमिलन ऐंड कं. बंबे, 1943, पृ. 119–20

218. भगवान दयाल, दि डेवलपमेंट ऑफ मॉडर्न एजुकेशन, ओरिएंटल लौंगमैंस लि. बंबे, पृ. 216

219. सैयद नुरुल्ला ऐंड जे.पी. नायक, हिस्टरी ऑफ एजुकेशन इन इंडिया ड्यूरिंग द ब्रिटिश पीरियड, मैकमिलन ऐंड कं. बंबे, 1943, पृ. 128

220. वीरभारत तलवार (सं.), राजा शिवप्रसाद 'सितारेहिन्द' प्रतिनिधि संकलन, नेशनल बुकट्रस्ट, इंडिया, नयी दिल्ली, 2004

221. उपरिवत्, पृ. 21

222. उपरिवत्

223. उपरिवत्, पृ. 9

224. वीरभारत तलवार (सं.), राजा शिवप्रसाद 'सितारेहिन्द' प्रतिनिधि संकलन, नेशनल बुकट्रस्ट, इंडिया, नयी दिल्ली, 2004, पृ. 10–11

225. वीरभारत तलवार (सं.), राजा शिवप्रसाद 'सितारेहिन्द' प्रतिनिधि संकलन, नेशनल बुकट्रस्ट, इंडिया, नयी दिल्ली, 2004, पृ. 21

226. उपरिवत्, पृ. 22

227. रामचन्द्र शुक्ल, हिन्दी साहित्य का इतिहास, नागरी प्रचारिणी सभा, वाराणसी, छब्बीसवाँ सं. 1992, पृ. 240

228. वीरभारत तलवार (सं.), राजा शिवप्रसाद 'सितारेहिन्द' प्रतिनिधि संकलन, नेशनल बुकट्रस्ट, इंडिया, नयी दिल्ली, 2004, पृ. 23

229. रामचन्द्र शुक्ल, हिन्दी साहित्य का इतिहास, नागरी प्रचारिणी सभा, वाराणसी, छब्बीसवाँ सं. 1992, पृ. 239

230. 1870 में सरकार ने शिव प्रसाद को 'सितारेहिन्द' और 1874 में 'राजा' का खिताब दिया था। 1870 के बाद सरकार ने अपनी 'बाँटो और राज करो' की नीति के तहत मुसलमानों को अधिक तवज्जो देना शुरू कर दिया था, सम्भव है, राजा शिव प्रसाद का उर्दू की ओर झुकाव इसका भी परिणाम हो।

231. उपरिवत्, पृ. 241

232. उपरिवत्, पृ. 172
233. उपरिवत्, पृ. 181
234. रामचन्द्र शुक्ल, हिन्दी साहित्य का इतिहास, सं. 1990, पृ. 235
235. 'पश्चिमोत्तर प्रदेश तथा अवध में अदालती अक्षर और प्राइमरी शिक्षा', नागरी प्रचारिणी पत्रिका, भाग–2, 1898 ई.
236. रामचन्द्र शुक्ल, हिन्दी साहित्य का इतिहास, नागरी प्रचारिणी सभा, वाराणसी, संस्करण, 1990, पृ. 235
237. लक्ष्मीसागर वार्ष्णेय, आधुनिक हिन्दी साहित्य की भूमिका, पृ. 307
238. शितिकंठ मिश्र, खड़ीबोली का आन्दोलन, नागरी प्रचारिणी सभा, काशी, सं 2013, पृ. 335
239. रामचन्द्र शुक्ल, हिन्दी साहित्य का इतिहास, नागरी प्रचारिणी सभा, वाराणसी, संस्करण, 1990, पृ. 236
240. उपरिवत्
241. रामचन्द्र शुक्ल, हिन्दी साहित्य का इतिहास, नागरी प्रचारिणी सभा, वाराणसी, संस्करण, 1990, पृ. 241
242. शारदा वेदालंकार, प्रारम्भिक हिन्दी गद्य का स्वरूप, पृ. 201
243. उपरिवत्
244. उपरिवत्, पृ. 207
245. अम्बिका प्रसाद वाजपेयी, समाचार पत्रों का इतिहास, ज्ञानमंडल लि., बनारस, पृ. 93
246. गोपाल राय, हिन्दी कथा साहित्य और उसके विकास पर पाठकों की रुचि का प्रभाव, ग्रन्थ निकेतन, पटना, 1965, पृ. 134
247. उपरिवत्, पृ. 136
248. उपरिवत्
249. रामचन्द्र शुक्ल, हिन्दी साहित्य का इतिहास
250. गोपाल राय, हिन्दी कथा साहित्य और उसके विकास पर पाठकों की रुचि का प्रभाव, ग्रन्थ निकेतन, पटना, 1965, पृ. 136
251. रामरतन भटनागर, द राइज एण्ड ग्रोथ ऑफ हिन्दी जर्नलिज्म, किताब महल, इलाहाबाद, पृ. 77
252. गोपाल राय, हिन्दी कथा साहित्य और उसके विकास पर पाठकों की रुचि का प्रभाव, ग्रन्थ निकेतन, पटना, 1965
253. प्रो. सैयद एहतेशाम हुसैन, उर्दू साहित्य का आलोचनात्मक इतिहास, लोकभारती प्रकाशन, इलाहाबाद, सं. 2008, पृ. 198
254. उपरिवत्, पृ. 199
255. 'नवजागरण' के लिए हिन्दी में दूसरा प्रचलित पद 'पुनर्जागरण' है। अंग्रेजी में इन दोनों पदों के लिए 'रेनॉसाँ' (renaissance) पद का प्रयोग होता है।

मैंने अपने प्रयोग के लिए 'नवजागरण' पद को चुना है।

256. .बिपन चन्द्रा, मॉडर्न इंडिया, एन.सी.ई.आर.टी., नयी दिल्ली, 1971, पृ. 127

257. बिपन चन्द्रा, मॉडर्न इंडिया, एन.सी.ई.आर.टी., नयी दिल्ली, 1971, पृ. 132

258. उपरिवत्

259. उस समय बिहार बंगाल प्रेसिडेंसी का एक हिस्सा था

260. आज का उत्तर प्रदेश और उत्तराखंड

261. सेन्ट्रल प्रॉविन्सेज की स्थापना 1861 में हुई थी। उसके पहले यह भोपाल, रीवा, छोटानागपुर और कालाहांडी आदि देशी राज्यों और हैदराबाद स्टेट के कुछ हिस्सो से घिरा हुआ था।

262. देखें, बिपन चन्द्रा, मॉडर्न इंडिया, एन.सी.ई.आर.टी., नयी दिल्ली, 1971, पृ. 136–38

263. उपरिवत्, पृ. 138

264. उपरिवत्,

265. देखें, बिपन चन्द्रा, मॉडर्न इंडिया, एन.सी.ई.आर.टी., नयी दिल्ली, 1971, पृ. 142

266. उपरिवत,

267. उपरिवत्

268. उपरिवत्

269. 1870 में शिववप्रसाद को सरकार की तरफ से 'सितारेहिन्द' (सी.एस.आई.) और 1874 में 'राजा' की उपाधि प्रदान की गयी। 1877 में उन्हें खानदानी राजा होने की मान्यता प्राप्त हुई।

270. उपरिवत्

271. उपरिवत्

272. रामचन्द्र शुक्ल, हिन्दी साहित्य का इतिहास, नागरी प्रचारिणी सभा, वाराणसी, संस्करण, 1990, पृ. 237

273. इनका प्रथम लेखन कब हुआ था, यह ज्ञात नहीं है। एक सूचना के अनुसार 'वीर सिंह का वष्तान्त' 1855 में, 'वामा मनरंजन' 1856 में और 'लड़कों की कहानी'लगभग 1860 में प्रकाशित हुई थी।

274. रामचन्द्र शुक्ल, हिन्दी साहित्य का इतिहास, नागरी प्रचारिणी सभा, वाराणसी, संस्करण, 1990, पृ. 239

275. श्रीलाल लिखित 'धर्मसिंह का वृत्तान्त' (प्र. का. लगभग 1850) और 'सूरजपुर की कहानी' (प्र. का. 1853) के भी उल्लेख मिलते हैं। पं कृष्णदत्त लिखित 'बुद्धि फलोदय' (प्र. का. लगभग 1860) का भी पता चलता है।

276. रामचन्द्र तिवारी, राजा शिवप्रसाद सितारेहिन्द, हिन्दी साहित्यकोश, भाग–2, पृ. 542

277. रामचन्द्र शुक्ल, हिन्दी साहित्य का इतिहास, नागरी प्रचारिणी सभा, वाराणसी,

संस्करण, 1990, पृ. 240

278. रामचन्द्र शुक्ल, हिन्दी साहित्य का इतिहास, नागरी प्रचारिणी सभा, वाराणसी, संस्करण, 1990, पृ. 240

279. रामविलास शर्मा, भारतेन्दु युग और हिन्दी भाषा की विकास परम्परा, पृ. 176

280. वीरभारत तलवार (सं.), राजा शिवप्रसाद 'सितारेहिन्द', नेशनल बुकट्रस्ट, इंडिया, नयी दिल्ली, पहली आवृत्ति, 2009, पृ. 4

281. रामविलास शर्मा, भारतेन्दु युग और हिन्दी भाषा की विकास परम्परा, पृ. 201

282. इसका रचनाकाल वीरभारत तालवार ने 1868 बताया है, पर उसकी भाषा का उदाहरण नहीं दिया है। (राजा शिवप्रसाद 'सितारेहिन्द', पृ. 174

283. बिहार तो बंगाल प्रेसिडेंसी का अंग ही था।

284. 1 मई, 1876 से विक्टोरिया 'भारत की महारानी' घोषित की गयी। यह नयी उपाधि ('कैसरे हिन्द') उसे 1 जनवरी, 1877 को दिल्ली दरबार के आयोजन में प्रदान की गयी।

285. बिपन चन्द्रा, मॉडर्न इंडिया, नेशनल कौंसिल ऑफ एजुकेशनल रिसर्च एण्ड ट्रेनिंग, नयी दिल्ली, 1971, पृ. 207

286. बिपन चन्द्रा, मॉडर्न इंडिया, 1971, पृ. 213

287. उपरिवत्, पृ. 213

288. फिराक गोरखपुरी, उर्दू भाषा और साहित्य, पृ. 204

289. फ़िराक़ गोरखपुरी, उर्दू भाषा और साहित्य, उत्तर प्रदेश हिन्दी संस्थान, लखनऊ, चतुर्थ सं. 2008, पृ. 200

290. फ़िराक़ गोरखपुरी, उर्दू भाषा और साहित्य, चतुर्थ सं. 2008, पृ. 176

291. फ़िराक़ साहब के अनुसार उनकी रचनाओं की सूची निम्नलिखित है : 1. मसनवियाँ : मनाज़िरा तअस्सुबो–इन्साफ़, रहमो–इन्साफ, बरखा : नैशाते–उम्मीद और 'हुब्बे वतन'; 2. 'मुसद्दसे हाली'; 3. 'शिकवए–हिन्द'; 4. कुल्लियाते–हाली, जिसमें उनकी ग़ज़लों आदि के साथ उनका प्रसिद्ध आलोचना निबन्ध मुक़दमए–शेरो–शायरी भी है; 5. मुनाजाते बेवा और चुप की दाद; 'यादगारे–ग़लिब' 7. ग़ालिब और हक़ीम महमूद खाँ के मरसिये; 8. फ़ारसी कविता–संग्रह

292. उपरिवत्, पृ. 195

293. उपरिवत्, पृ. 196

294. उपरिवत्, पृ. 196

295. फ़िराक़ गोरखपुरी, उर्दू भाषा और साहित्य, उत्तर प्रदेश हिन्दी संस्थान, लखनऊ, चतुर्थ सं. 2008, पृ. 181

296. उपरिवत्, पृ. 196

297. उपरिवत्, पृ .275

298. रामचन्द्र शुक्ल, हिन्दी साहित्य का इतिहास, नागरी प्रचारिणी सभा, वाराणसी,

संस्करण, 1990, पृ. 324

299. उपरिवत्, पृ. 224

300. उपरिवत्, पृ. 325

301. हिन्दी साहित्य कोश, खंड–1, ज्ञानमंडल लि., वाराणसी, तृ. सं. 1985, पृ. 21

302. उपरिवत्, पृ. 606

303. रामचन्द्र शुक्ल, हिन्दी साहित्य का इतिहास, नागरी प्रचारिणी सभा, वाराणसी, संस्करण, 1990, पृ. 326

304. उपरिवत्, पृ. 327

305. उपरिवत्

306. उपरिवत्

307. उपरिवत्

308. उपरिवत्

309. उपरिवत्, पृ. 328

310. उपरिवत्, पृ. 328

311. उपरिवत्, पृ. 316

312. हिन्दी साहित्य कोश, भाग–2, सम्पादक : धीरेन्द्र वर्मा आदि, ज्ञानमंडल लि, वाराणसी, पृ. 200

313. रामचन्द्र शुक्ल, हिन्दी साहित्य का इतिहास, नागरी प्रचारिणी सभा, वाराणसी, संस्करण, 1990, पृ. 313

314. उपरिवत्, पृ. 314

315. उपरिवत्, पृ. 254

316. उपरिवत्, पृ. 251

317. उपरिवत्, पृ. 252

318. उपरिवत्

319. नन्दकिशोर नवल, आधुनिक कविता का इतिहास, भारतीय ज्ञानपीठ, नयी दिल्ली, 2012, पृ. 17

320. नन्दकिशोर नवल, आधुनिक कविता का इतिहास, भारतीय ज्ञानपीठ, नयी दिल्ली, 2012, पृ. 447

321. रामचन्द्र शुक्ल, हिन्दी साहित्य का इतिहास, नागरी प्रचारिणी सभा, वाराणसी, संस्करण, 1990, पृ. 315

322. नन्दकिशोर नवल के अनुसार 'भारतेन्दु का तीन हिस्से से भी अधिक काव्य भक्ति–श्रृंगारमूलक है और एक हिस्से से भी कम काव्य सामाजिक और राष्ट्रीय।' (आधुनिक हिन्दी कविता का इतिहास, भारतीय ज्ञानपीठ, नयी दिल्ली, 2012, पृ. 16)

323. नंदकिशोर नवल ने भारतेन्दु के जीवनीकार शिवनंदन सहाय के हवाले से

सूचना दी है कि 1857 के विद्रोह में बनारस रेजिडेंसी के चाँदी–सोने के सब बल्लमादि उन्हीं की कोठी में रखे गये थे। (आधुनिक हिन्दी कविता का इतिहास, भारतीय ज्ञानपीठ, नयी दिल्ली, 2012, पृ. 34)

324. नंदकिशोर नवल, आधुनिक हिन्दी कविता का इतिहास, भारतीय ज्ञानपीठ, नयी दिल्ली, 2012, पृ. 25
325. उपरिवत्
326. उपरिवत्, पृ. 26
327. डॉ. नगेन्द्र : डॉ. हरदयाल (सं.) हिन्दी साहित्य का इतिहास, नेशनल पब्लिशिंग हाउस, नयी दिल्ली, सं. 2009, पृ. 441
328. रामचन्द्र शुक्ल, हिन्दी साहित्य का इतिहास, नागरी प्रचारिणी सभा, वाराणसी, संस्करण, 1990, पृ. 314–15
329. उपरिवत्, 320
330. उपरिवत्, 319
331. उपरिवत्, 319
332. उपरिवत्, पृ. 319–20
333. उपरिवत्, पृ. 320
334. उपरिवत्, पृ. 320
335. उपरिवत्
336. रामचन्द्र शुक्ल, हिन्दी साहित्य का इतिहास, नागरी प्रचारिणी सभा, वाराणसी, संस्करण, 1990, पृ. 315
337. ये पंक्तियाँ भी सम्भवतः 'दशरथ विलाप की ही हैं।
338. नंदकिशोर नवल, आधुनिक हिन्दी कविता का इतिहास, भारतीय ज्ञानपीठ, नयी दिल्ली, 2012, पृ. 29
339. लोकेन्द्र सिंह नागर (सं.), ईसुरी का फाग साहित्य, प्र. मध्य प्रदेश आदिवासी लोककला परिषद, भोपाल, 1996, भूमिका
340. लोकेन्द्र सिंह नागर (सं.), ईसुरी का फाग साहित्य, प्र. मध्य प्रदेश आदिवासी लोककला परिषद, भोपाल, 2004
341. लोकेन्द्र सिंह नागर (सं.), ईसुरी का फाग साहित्य, प्र. मध्य प्रदेश आदिवासी लोककला परिषद, भोपाल, 1996, भूमिका
342. लोकेन्द्र सिंह नागर (सं.), ईसुरी का फाग साहित्य, प्र. मध्य प्रदेश आदिवासी लोककला परिषद, भोपाल, 1996, पृ. 15
343. लोकेन्द्र सिंह नागर (सं.), ईसुरी का फाग साहित्य, प्र. मध्य प्रदेश आदिवासी लोककला परिषद, भोपाल, 1996, पृ. 169
344. लोकेन्द्र सिंह नागर (सं.), ईसुरी का फाग साहित्य, प्र. मध्य प्रदेश आदिवासी लोककला परिषद, भोपाल, 1996, पृ. 331
345. लोकेन्द्र सिंह नागर (सं.), ईसुरी का फाग साहित्य, प्र. मध्य प्रदेश आदिवासी

लोककला परिषद, भोपाल, 2004, पृ. 331

346. श्यामसुन्दर दूबे, 'लोककवि ईसुरी का काव्य : लोकशक्ति की झलक', समसामयिक सृजन, सं. महेन्द्र प्रजापति, पृ. 31

347. लोकेन्द्र सिंह नागर (सं.), ईसुरी का फाग साहित्य, प्र. मध्य प्रदेश आदिवासी लोककला परिषद, भोपाल, 2004, पृ. 262

348. लोकेन्द्र सिंह नागर (सं.), ईसुरी का फाग साहित्य, प्र. मध्य प्रदेश आदिवासी लोककला परिषद, भोपाल, 2004, पृ. 258–59

349. लोकेन्द्र सिंह नागर, (सं.), ईसुरी का फाग साहित्य, प्र. मध्य प्रदेश आदिवासी लोककला परिषद, भोपाल, 2004, पृ. 267

350. नंदकिशोर नवल ने प्रेमघन का निधन 1921 में लिखा है। (आधुनिक हिन्दी कविता का इतिहास), पृ. 29

351. उद्धरण सौजन्य नंदकिशोर नवल, आधुनिक हिन्दी कविता का इतिहास, पृ. 33

352. रामचन्द्र शुक्ल, हिन्दी साहित्य का इतिहास, नागरी प्रचारिणी सभा, वाराणसी, संस्करण, 1990, पृ. 321

353. उद्धरण सौजन्य नंदकिशोर नवल, आधुनिक हिन्दी कविता का इतिहास, पृ. 36

354. उद्धरण सौजन्य नंदकिशोर नवल, आधुनिक हिन्दी कविता का इतिहास, पृ. 37

355. उद्धरण सौजन्य नंदकिशोर नवल, आधुनिक हिन्दी कविता का इतिहास, पृ. 38

356. रामचन्द्र शुक्ल, हिन्दी साहित्य का इतिहास, नागरी प्रचारिणी सभा, वाराणसी, संस्करण, 1990, पृ. 321

357. उद्धरण सौजन्य नंदकिशोर नवल, आधुनिक हिन्दी कविता का इतिहास, पृ. 34

358. इस प्रसंग में डॉ नवल ने 'उर्दू' पर जो टिप्पणी की है वह दिलचस्प होने के साथ ही इतिहास–विरुद्ध भी है। उन्होंने लिखा है कि ''यह ऐतिहासिक तथ्य है कि मुगल सामाज्य में उर्दू की कोई पूछ न थी और उसकी राजकाज की भाषा फारसी थी, लेकिन अंग्रेज जब इस देश में आए तो उन्होंने फारसी का दर्जा उर्दू को दे दिया।'' (आधुनिक हिन्दी कविता का इतिहास, पृ. 39) तथ्य यह है कि 1700 के पूर्व 'उर्दू' का भाषा के तौर पर अस्तित्व ही नहीं था, अतः मुगल साम्राज्य में उर्दू की पूछ होने न होने का प्रश्न ही नहीं पैदा होता। फारसी मुगल साम्राज्य के अन्तिम समय तक ही नहीं, ईस्ट इंडिया कम्पनी के शासन में आने तक 'राजभाषा' बनी रही। 1803 में मुगल साम्राज्य का, वास्तव में, अन्त हो गया और उत्तर भारत का अधिकांश कम्पनी शासन के अन्तर्गत आ गया। कम्पनी शासन की राजभाषा भी व्यवहारतः अँगरेजी हो

गयी, पर कानूनन फारसी राजभाषा के पद पर बनी रही। 1933 में फारसी के स्थान पर अंग्रेजी राजभाषा घोषित की गयी। पर 'उर्दू' को फारसी का दर्जा दिये जाने की बात तथ्य विरुद्ध है। अपने शासनकाल के आरम्भ में कम्पनी सरकार ने यद्यपि फारसी को सरकारी भाषा के रूप में स्वीकार कर लिया, पर 1803 में ही प्रत्येक जिले के कलक्टर तथा न्यायाधीश को आदेश दिया कि वे नये कानूनों को फारसी और देवनागरी दोनों लिपियों में विज्ञापित करें। 1830 में कोर्ट ऑफ डाइरेक्टर्स ने यह आदेश दिया न्यायालयों की समस्त कार्रवाई उस स्थान की भाषा में ही हो। 1837 के अदालती भाषा से सम्बद्ध अधिनियम के अनुसार हिन्दी हिन्दी क्षेत्र की अदालती भाषा स्वीकार की गयी। यद्यपि यह भी सच है कि मुस्लिम उच्च वर्ग तथा हिन्दू वकीलों और मुंशियों के षड्यन्त्र और सरकार की उदासीनता के फलस्वरूप ऊपरी प्रान्तों (अपर प्रॉविन्सेज) की अदालतों में उर्दू का प्रवेश हो गया, पर यह कहना कि उर्दू को फारसी का दर्जा मिल गया, तथ्य नहीं है।

359. उद्धरण सौजन्य नंदकिशोर नवल, आधुनिक हिन्दी कविता का इतिहास, पृ. 39
360. नंदकिशोर नवल, आधुनिक हिन्दी कविता का इतिहास, पृ. 40
361. रामचन्द्र शुक्ल, हिन्दी साहित्य का इतिहास, नागरी प्रचारिणी सभा, वाराणसी, संस्करण, 1990, पृ. 315
362. नंदकिशोर नवल, आधुनिक हिन्दी कविता का इतिहास, पृ. 40
363. रामचन्द्र शुक्ल, हिन्दी साहित्य का इतिहास, नागरी प्रचारिणी सभा, वाराणसी, संस्करण, 1992, पृ. 315
364. सौजन्य नंदकिशोर नवल, आधुनिक हिन्दी कविता का इतिहास, पृ. 43
365. सौजन्य नंदकिशोर नवल, आधुनिक हिन्दी कविता का इतिहास, पृ. 43
366. मिश्र जी की सारी कविताओं के उद्धरण सौजन्य नंदकिशोर नवल, आधुनिक हिन्दी कविता का इतिहास, पृ. 43–49
367. इस उद्धरण की प्रथम चार पंक्तियाँ डॉ. नवल द्वारा और अन्तिम चार आचार्य शुक्ल द्वारा उद्धृत की गयी हैं। रामचन्द्र शुक्ल, हिन्दी साहित्य का इतिहास, नागरी प्रचारिणी सभा, वाराणसी, संस्करण, 1990, पृ. 320
368. उपरिवत्
369. नंदकिशोर नवल, आधुनिक हिन्दी कविता का इतिहास, पृ. 48
370. रामचन्द्र शुक्ल, हिन्दी साहित्य का इतिहास, नागरी प्रचारिणी सभा, वाराणसी, संस्करण, 1990, पृ. 254
371. नंदकिशोर नवल, आधुनिक हिन्दी कविता का इतिहास, पृ. 50
372. रामचन्द्र शुक्ल, हिन्दी साहित्य का इतिहास, नागरी प्रचारिणी सभा, वाराणसी, संस्करण, 1990, पृ. 254
373. उपरिवत्, पृ. 322

374. उपरिवत्, पृ. 323
375. उपरिवत्
376. उपरिवत्, पृ. 323
377. संगीत राग कल्पद्रुम के अनुसार लावनी (सं. लावणी) उपराग है और देशी राग के अन्तर्गत आता है। इसका विकास लोकगीतों से हुआ है, जिसका संस्कृतानुकरण लावणी में हुआ है। इसका सम्बन्ध लावनी देश (लावाणक) से था जो मगध के समीप था। कुछ लोगों की धारणा है कि इसका सम्बन्ध निर्गुण भक्तिधारा के साथ था। पर डॉ. रामखेलावन पांडेय के अनुसार सगुण–निर्गुण का इसमें विभेद उपयुक्त नहीं है। डॉ. पांडेय के अनुसार लावनी के कई भेद होते हैं–'लावनी भूपाली', 'लावनी देशी', 'लावनी जंगला', 'लावनी कलागंडा', 'लावनी रेखता' आदि। कबीर के कुछ गीतों की परिगणना लावनी के अन्तर्गत हुई है। प्राचीन कवियों में हस्तिराम, हरिदास, रसरंग, कृष्णानन्द आदि लावनी के प्रसिद्ध कवि हुए हैं। लावनी रेख्ता का उदाहरण है–'गोरी एक बनी है हद वेश, सिर पर लटके लम्बे केश। अदा से चली है मुख मोर, अँचरा दिया है' उर से छोर।।' वल्लभचन्द लिखित लावनी कलागंडा है–'हनूमान बीर बंका, जिनका मुलकों में डंका। हुक्म पाय कूदि गये लंका, उठी जब रावण के शंका।' (रामखेलावन पाण्डेय, हिन्दी साहित्य कोश, खंड–1, ज्ञानमंडल लि., वाराणसी, तृ. सं. 1985, पृ. 743)
378. रामचन्द्र शुक्ल, हिन्दी साहित्य का इतिहास, नागरी प्रचारिणी सभा, वाराणसी, संस्करण, 1990, पृ. 324
379. रामखेलावन पाण्डेय, हिन्दी साहित्य कोश, खंड–1, ज्ञानमंडल लि., वाराणसी, तृ. सं. 1985, पृ. 743
380. रामचन्द्र शुक्ल, हिन्दी साहित्य का इतिहास, नागरी प्रचारिणी सभा, वाराणसी, संस्करण, 1990, पृ. 324
381. उपरिवत्, पृ. 224
382. उपरिवत्, पृ. 325
383. हिन्दी साहित्य कोश, खंड–1, ज्ञानमंडल लि., वाराणसी, तृ. सं. 1985, पृ. 21
384. भारत यायावर, 'निराला का 'भिक्षुक' कौन है?', दस्तावेज, सं. विश्वनाथ प्रसाद तिवारी, बेतिया हाता, गोरखपुर, पृ. 16–19
385. उपरिवत्, पृ. 18
386. उपरिवत्, पृ. 18
387. रामचन्द्र शुक्ल, हिन्दी साहित्य का इतिहास, नागरी प्रचारिणी सभा, वाराणसी, सं. 1990, पृ. 248
388. सय्यद एहतेशाम हुसैन, उर्दू साहित्य का आलोचनात्मक इतिहास, लोकभारती प्रकाशन, इलाहाबाद, सं. 2008, पृ. 145

389. उपरिवत्, पृ. 146

390. सत्य हरिश्चन्द्र को कुछ लोग भारतेन्दु का मौलिक नाटक कहते हैं, पर रामचन्द्र शुक्ल ने इसका दृढ़तापूर्वक खंडन किया है। पर शुक्ल जी ने इस मान्यता का जो आधार दिया है, वह इसके अनुवाद होने के तथ्य की पूरी तरह से पुष्टि नहीं करता। (हिन्दी साहित्य का इतिहास, पृ. 252) अन्य आलोचकों ने भी इसे 'अनुवाद' मानने की पुष्टि नहीं की है। (बच्चन सिंह, हिन्दी नाटक, राधाकृष्ण, नयी दिल्ली, 1989, पृ. 28) आचार्य क्षेमीश्वर के संस्कृत नाटक चंडकौशिक का नायक विश्वामित्र है और भारतेन्दु के सत्य हरिश्चन्द्र का भी। पर केवल इतने भर से सत्य हरिश्चन्द्र के अनुवाद होने की पुष्टि नहीं होती। शुक्ल जी ने बताया है कि उन्होंने बँगला में इसका कोई अनुवाद देखा था। पर इसके लिए उन्होने पूरी दृढ़ता के साथ कुछ नहीं कहा है। उन्होंने मूल नाटक की सूचना भी नहीं दी है। दूसरी तरफ सोमनाथ गुप्त का तर्क है कि 'बीच के कुछ कथोपकथनों और श्लोकों के अनुवादों को निकाल दिया जाए तो नाटक बहुत कुछ मौलिक हो जाता है।' हरिश्चन्द्र के अभिनय में (बलिया) भारतेन्दु ने पात्र के साथ जो तादात्म्य प्रस्तुत किया था, वह भी इसके मौलिक होने की ओर ही इंगित करता है। नाटक में अनेक ऐसे दृश्य हैं जो दर्शक को अभिभूत कर देते हैं। मूल कथा में इतनी मार्मिकता सम्भव नहीं है। सत्येन्द्र तनेजा ने सत्य हरिश्चन्द्र को रंगमंच की दृष्टि से 'युग का सर्वाधिक लोकप्रिय' और 'नाटककार की रंगप्रतिभा की अद्वितीय अभिव्यक्ति' माना है। (आधुनिक हिन्दी नाटक और रंगमंच, पृ. 83)

391. रामचन्द्र तिवारी ने भारतेन्दु द्वारा अनूदित नाटकों में रत्नावली (1968), घनंजय विजय (1873), दुर्लभ बन्धु (1880) का नाम भी दिया है। हिन्दी साहित्य का इतिहास (सं. नगेन्द्र, हरदयाल), मयूर पेपर बैक्स, नोएडा, 2009, पृ. 458

392. हेमन्त शर्मा (सं.), भारतेन्दु समग्र, हिन्दी प्रचारक पब्लिकेशन्स, वाराणसी, पंचम सं. 2002, पृ. 317

393. उपरिवत्, पृ. 316

394. लक्ष्मी सागर वार्ष्णेय, हिन्दी साहित्यकोश, भाग–2 (सं. धीरेन्द्र वर्मा आदि), 2002, पृ. 179

395. सत्येन्द्र कुमार तनेजा, नाटककार भारतेन्दु की रंग परिकल्पना, भारती भाषा प्रकाशन, शाहदरा, दिल्ली, 1976, पृ. 25

396. एहतेशाम हुसैन कृत, उर्दू साहित्य का आलोचनात्मक इतिहास, लोकभारती प्रकाशन, इलाहाबाद, सं. 2008, से उद्धृत, पृ. 160

397. 1855 में चीन के यूनान प्रान्त में प्लेग फैला जो भारत तक पहुँच गया और उपलब्ध सूचना के अनुसार अकेले चीन और भारत में लगभग एक करोड़ बीस लाख लोग मृत्यु के शिकार हो गये। (विकीपीडिया, गूगल)

398. लक्ष्मी सागर वार्ष्णेय, 'नीलदेवी', हिन्दी साहित्यकोश, भाग–2 (सं. धीरेन्द्र वर्मा

आदि), 2002, पृ. 307
399. सत्येन्द्र कुमार तनेजा, नाटककार भारतेन्दु की रंग परिकल्पना, पृ. 27
400. हेमन्त शर्मा (सं.), भारतेन्दु समग्र, हिन्दी प्रचारक पब्लिकेशन्स, वाराणसी, पंचम सं. 2002, पृ. 317
401. ल. सा. वार्ष्णेय ने इसका रचनाकाल 1882 लिखा है।
402. गिरीश रस्तोगी, बीसवीं शताब्दी का हिन्दी नाटक और रंगमंच, भारतीय ज्ञानपीठ, नयी दिल्ली, 2004, पृ. 38
403. भारतेन्दु समग्र, हिन्दी प्रचारक पब्लिकेशन्स, वाराणसी, पंचम सं. 2002, पृ. 317
404. गिरीश रस्तोगी, बीसवीं शताब्दी का हिन्दी नाटक, भारतीय ज्ञानपीठ, नयी दिल्ली, 2004, पृ. 143
405. रामचन्द्र शुक्ल, हिन्दी साहित्य का इतिहास, नागरी प्रचारिणी सभा, काशी, 1990, पृ. 262
406. रामचन्द्र शुक्ल, हिन्दी साहित्य का इतिहास, नागरी प्रचारिणी सभा, काशी, 1990, पृ. 262
407. रामचन्द्र शुक्ल, हिन्दी साहित्य का इतिहास, नागरी प्रचारिणी सभा, काशी, 1990, पृ. 262
408. उपरिवत, पृ. 256
409. रामचन्द्र शुक्ल, हिन्दी साहित्य का इतिहास, नागरी प्रचारिणी सभा, काशी, 1990, पृ. 258
410. उपरिवत, पृ. 258
411. उपरिवत, पृ. 260
412. उपरिवत, पृ. 260
413. उपरिवत, पृ. 261
414. उपरिवत, पृ. 260
415. उपरिवत, पृ. 261
416. रामचन्द्र शुक्ल, हिन्दी साहित्य का इतिहास, नागरी प्रचारिणी सभा, काशी, 1990, पृ. 262
417. उपरिवत, पृ. 268
418. उपरिवत, पृ. 268
419. उपरिवत, पृ. 268
420. उपरिवत, पृ. 271
421. रामचन्द्र शुक्ल, हिन्दी साहित्य का इतिहास, नागरी प्रचारिणी सभा, काशी, 1990, पृ. 271
422. सयेन्द्र तनेजा, 'भारतेन्दु की रंगसृष्टि', नेमिचन्द्र जैन, आधुनिक हिन्दी नाटक और रंगमंच, पृ. 79–80

423. डॉ. बच्चन सिंह, हिन्दी नाटक, राधाकृष्ण, नयी दिल्ली, 1989, पृ. 20
424. रामचन्द्र शुक्ल, हिन्दी साहित्य का इतिहास, नागरी प्रचारिणी सभा, काशी, 1990, पृ. 340
425. डॉ. बच्चन सिंह, हिन्दी नाटक, राधाकृष्ण, नयी दिल्ली, 1989, पृ. 20
426. रामचन्द्र शुक्ल, हिन्दी साहित्य का इतिहास, नागरी प्रचारिणी सभा, काशी, 1990,, पृ. 340
427. एहतेशाम हुसैन, उर्दू साहित्य का आलोचनात्मक इतिहास, लोकभारती प्रकाशन, इलाहाबाद, 2008, पृ.145
428. महेश आनन्द, भारतेन्दुयुगीन नाटक, नेमिचन्द्र जैन (सं.) आधुनिक हिन्दी नाटक और रंगमंच, मैकमिलन, इंडिया, नयी दिल्ली, 1978, पृ. 51
429. महेश आनन्द, भारतेन्दुयुगीन नाटक, उपरिवत्।
430. उपरिवत, पृ. 52
431. महेश आनन्द, भारतेन्दुयुगीन नाटक, नेमिचन्द्र जैन (सं.) आधुनिक हिन्दी नाटक और रंगमंच, मैकमिलन, इंडिया, नयी दिल्ली, 1978, पृ. 54
432. उपरिवत्, पृ. 52
433. बच्चन सिंह, हिन्दी नाटक, राधाकृष्ण प्रकाशन, नयी दिल्ली, 1989, पृ. 35
434. महेश आनन्द, भारतेन्दुयुगीन नाटक, नेमिचन्द्र जैन (सं.) आधुनिक हिन्दी नाटक और रंगमंच, मैकमिलन, इंडिया, नयी दिल्ली, 1978, पृ. 54
435. उपरिवत्, पृ. 54
436. उपरिवत् पृ. 55
437. महेश आनन्द, भारतेन्दुयुगीन नाटक, नेमिचन्द्र जैन (सं.) आधुनिक हिन्दी नाटक और रंगमंच, मैकमिलन, इंडिया, नयी दिल्ली, 1978, पृ. 56
438. उपरिवत्
439. बच्चन सिंह, हिन्दी नाटक, राधाकृष्ण प्रकाशन, नयी दिल्ली, 1989, पृ. 38
440. बच्चन सिंह, हिन्दी नाटक, राधाकृष्ण प्रकाशन, नयी दिल्ली, 1989, पृ. 38
441. महेश आनन्द, 'भारतेन्दुयुगीन नाटक', नेमिचन्द्र जैन (सं.) आधुनिक हिन्दी नाटक और रंगमंच, मैकमिलन, इंडिया, नयी दिल्ली, 1978, पृ. 56
उपरिवत्, पृ. 56
442. उपरिवत्, पृ. 56
443. उपरिवत्, पृ. 57
444. उपरिवत्, पृ. 58
445. महेश आनन्द द्वारा उद्धृत, भारतेन्दुयुगीन नाटक, नेमिचन्द्र जैन (सं.) आधुनिक हिन्दी नाटक और रंगमंच, मैकमिलन, इंडिया, नयी दिल्ली, 1978, पृ. 60
446. उपरिवत्
447. उपरिवत्
448. महेश आनन्द द्वारा उद्धृत, उपरिवत्

449. उपरिवत, पृ. 61
450. प्रो. सैयद एहतेशाम हुसैन, उर्दू साहित्य का आलोचनात्मक इतिहास, लोकभारती प्रकाशन, इलाहाबाद, सं. 2008, पृ. 198
451. सत्यकाम, उपन्यास : पहचान और प्रगति, ग्रन्थ निकेतन, पटना, 1985 (अनुपलब्ध), पृ. 74–75
452. फ़िराक़ गोरखपुरी, उर्दू भाषा और साहित्य, उत्तर प्रदेश हिन्दी संस्थान, लखनऊ, सं. 2008, पृ. 188
453. उपरिवत्
454. एहतेशाम हुसैन, उर्दू साहित्य का आलोचनात्मक इतिहास, लोक भारती प्रकाशन, इलाहाबाद, पृ. 203
455. फ़िराक़ गोरखपुरी, उर्दू भाषा और साहित्य, उत्तर प्रदेश हिन्दी संस्थान, लखनऊ, सं. 2008, पृ. 192
456. सैयद एहतेशाम हुसैन, उर्दू साहित्य का आलोचनात्मक इतिहास, लोकभारती प्रकाशन, इलाहाबाद, सं. 2008, पृ. 198, पृ. 203
457. श्रद्धाराम फिल्लौरी, भाग्यवती, पृ. सं. की भूमिका
458. श्रद्धाराम फिल्लौरी, भाग्यवती, पृ. 14 की पादटिप्पणी
459. उपरिवत्, पृ. 11
460. श्रद्धाराम फिल्लौरी, भाग्यवती, 'भूमिका'
461. ज्ञानचन्द्र जैन, प्रेमचन्दपूर्व के हिन्दी उपन्यास, किताबघर प्रकाशन, नयी दिल्ली, 1988, पृ. 8
462. विशेष के लिए देखें, सत्यकेतु सांकृत, हिन्दी उपन्यास और परिसर जीवन, अभिरूचि प्रकाशन, दिल्ली, 2000, पृ. 12–13
463. रचनाकाल की दृष्टि से निस्सहाय हिन्दू परीक्षागुरु का पूर्ववर्ती 'उपन्यास' है, पर प्रकाशन में पिछड़ जाने के और शुक्ल जी द्वारा उसकी भूमिका न पढ़ी जाने के कारण वह परीक्षागुरु का परवर्ती उपन्यास मान लिया गया है। इतिहास की इस भूल को निरन्तर दुहराया भी जा रहा है।
464. देखे गोपाल राय, हिन्दी उपन्यास का इतिहास, राजकमल प्रकाशन, नयी दिल्ली, 2002, पृ. 47–48
465. सत्यकाम, उपन्यास : पहचान और प्रगति, पृ. 78
466. उपरिवत्
467. ज्ञानचन्द्र जैन, प्रेमचन्द पूर्व हिन्दी के उपन्यास, पृ. 75
468. विशेष के लिए देखे, गोपाल राय, हिन्दी उपन्यास का इतिहास, राजकमल प्रकाशन, नयी दिल्ली, 2002, पृ. 79
469. उपरिवत्, पृ. 81
470. देवकीनन्दन खत्री, चन्द्रकान्ता सन्तति, भाग 24, आठवाँ बयान
471. रामचन्द्र शुक्ल, हिन्दी साहित्य का इतिहास, 1990, पृ. 273

472. उपरिवत्
473. राजेन्द्र यादव, चन्द्रकान्ता की भूमिका, राजकमल प्रकाशन, नयी दिल्ली
474. एहतेशाम हुसैन, उर्दू साहित्य का आलोचनात्मक इतिहास, लोकभारती प्रकाशन, इलाहाबाद, पृ. 205
475. उपरिवत्, पृ. 191
476. फ़िराक़ गोरखपुरी, उर्दू भाषा और साहित्य, उत्तर प्रदेश हिन्दी संस्थान, लखनऊ, सं. 2008, पृ. 194
477. सत्यकाम, उपन्यास : पहचान और प्रगति, ग्रंथ निकेतन, पटना, 1985, पृ. 79
478. फ़िराक़ गोरखपुरी, उर्दू भाषा और साहित्य, उत्तर प्रदेश हिन्दी संस्थान, लखनऊ, सं. 2008, पृ. 194
479. एहतेशाम हुसैन, उर्दू साहित्य का आलोचनात्मक इतिहास, पृ. 207
480. उपरिवत्, पृ. 194
481. एहतेशाम हुसैन, उर्दू साहित्य का आलोचनात्मक इतिहास, पृ. 206
482. एहतेशाम हुसैन, उर्दू साहित्य का आलोचनात्मक इतिहास, पृ. 206
483. रामचन्द्र शुक्ल, हिन्दी साहित्य का इतिहास, नागरी प्रचारिणी सभा, वाराणसी, सं. 1990, पृ. 276
484. रामचन्द्र शुक्ल, हिन्दी साहित्य का इतिहास, नागरी प्रचारिणी सभा, वाराणसी, सं. 1990, पृ. 276
485. रामचन्द्र शुक्ल, हिन्दी साहित्य का इतिहास, नागरी प्रचारिणी सभा, वाराणसी, सं. 1990, पृ. 276
486. रामचन्द्र शुक्ल, हिन्दी साहित्य का इतिहास, नागरी प्रचारिणी सभा, वाराणसी, सं. 1990, पृ. 276
487. उपरिवत्, पृ. 277
488. बच्चन सिंह, आधुनिक हिन्दी साहित्य का इतिहास, लोकभारती प्रकाशन, इलाहाबाद, सं. 2013, पृ. 56
489. बच्चन सिंह, आधुनिक हिन्दी साहित्य का इतिहास, लोकभारती प्रकाशन, इलाहाबाद, सं. 2013, पृ. 66
490. रामचन्द्र शुक्ल, हिन्दी साहित्य का इतिहास, नागरी प्रचारिणी सभा, वाराणसी, सं. 1990, पृ. 254
491. रामचन्द्र शुक्ल, हिन्दी साहित्य का इतिहास, नागरी प्रचारिणी सभा, वाराणसी, सं. 1990, पृ. 254
492. रामचन्द्र शुक्ल, हिन्दी साहित्य का इतिहास, नागरी प्रचारिणी सभा, वाराणसी, सं. 1990, पृ. 255
493. रामचन्द्र तिवारी, हिन्दी का गद्य साहित्य, विश्वविद्यालय प्रकाशन, वाराणसी, सं. 2004, पृ. 454

494. बच्चन सिंह, आधुनिक हिन्दी साहित्य का इतिहास, लोकभारती प्रकाशन, इलाहाबाद, 2013, पृ. 70
495. बच्चन सिंह, आधुनिक हिन्दी साहित्य का इतिहास, लोकभारती प्रकाशन, इलाहाबाद, 2013, पृ. 68
496. बच्चन सिंह, आधुनिक हिन्दी साहित्य का इतिहास, लोकभारती प्रकाशन, इलाहाबाद, 2013, पृ. 68
497. बच्चन सिंह, आधुनिक हिन्दी साहित्य का इतिहास, लोकभारती प्रकाशन, इलाहाबाद, 2013, पृ. 68–69
498. रामचन्द्र शुक्ल, हिन्दी साहित्य का इतिहास, नागरी प्रचारिणी सभा, वाराणसी, सं. 1990, पृ. 256
499. रामचन्द्र तिवारी, हिन्दी का गद्य साहित्य, विश्वविद्यालय प्रकाशन, वाराणसी, सं. 2004, पृ. 456
500. बच्चन सिंह, आधुनिक हिन्दी साहित्य का इतिहास, लोकभारती प्रकाशन, इलाहाबाद, 2013, पृ. 69
501. रामचन्द्र शुक्ल, हिन्दी साहित्य का इतिहास, नागरी प्रचारिणी सभा, वाराणसी, सं. 1990, पृ. 255
502. रामचन्द्र शुक्ल, हिन्दी साहित्य का इतिहास, नागरी प्रचारिणी सभा, वाराणसी, सं. 1990, पृ. 255
503. रामचन्द्र तिवारी, हिन्दी का गद्य साहित्य, विश्वविद्यालय प्रकाशन, वाराणसी, सं. 2004, पृ. 457
504. रामचन्द्र शुक्ल, हिन्दी साहित्य का इतिहास, नागरी प्रचारिणी सभा, वाराणसी, सं. 1990, पृ. 255
505. रामचन्द्र शुक्ल, हिन्दी साहित्य का इतिहास, नागरी प्रचारिणी सभा, वाराणसी, सं. 1990, पृ. 256
506. रामचन्द्र शुक्ल, हिन्दी साहित्य का इतिहास, नागरी प्रचारिणी सभा, वाराणसी, सं. 1990, पृ. 257
507. बच्चन सिंह, आधुनिक हिन्दी साहित्य का इतिहास, लोकभारती प्रकाशन, इलाहाबाद, 2013, पृ. 71
508. रामचन्द्र शुक्ल, हिन्दी साहित्य का इतिहास, नागरी प्रचारिणी सभा, वाराणसी, सं 1990, पृ. 276
509. उपरिवत्
510. उपरिवत्
511. द्रष्टव्य रामचन्द्र शुक्ल, हिन्दी साहित्य का इतिहास, नागरी प्रचारिणी सभा, वाराणसी, सं 1990, पृ. 277–87
512. रामचन्द्र शुक्ल, हिन्दी साहित्य का इतिहास, नागरी प्रचारिणी सभा, वाराणसी, सं. 1990, पृ. 248–249

513. रामचन्द्र शुक्ल, हिन्दी साहित्य का इतिहास, नागरी प्रचारिणी सभा, वाराणसी, सं. 1990, पृ. 248–249
514. बच्चन सिंह, आधुनिक हिन्दी साहित्य का इतिहास, लोकभारती प्रकाशन, इलाहाबाद, 2013, पृ. 295
515. बच्चन सिंह, आधुनिक हिन्दी साहित्य का इतिहास, लोकभारती प्रकाशन, इलाहाबाद, 2013, पृ. 295
516. बच्चन सिंह, आधुनिक हिन्दी साहित्य का इतिहास, लोकभारती प्रकाशन, इलाहाबाद, 2013, पृ. 297
517. बच्चन सिंह, आधुनिक हिन्दी साहित्य का इतिहास, लोकभारती प्रकाशन, इलाहाबाद, 2013, पृ. 297
518. एहतेशाम हुसैन के अनुसार वे आरम्भ में हिन्दू–मुसलमानों को एक ही राष्ट्र का समझते थे और कहते थे कि हिन्दुस्तान के सभी रहने वालों को केवल हिन्दू कहना चाहिए। उनका यह भी विचार था कि हिन्दुस्तानियों को ऊँचे से ऊँचा पद मिलना चाहिए और उनमें तथा अग्रेजों में हर प्रकार की समानता होनी चाहिए। पर बाद में उनका यह विचार बदल गया। (उर्दू साहित्य का आलोचनात्मक इतिहास, पृ.192)
519. एहतेशाम हुसैन, उर्दू साहित्य का आलोचनात्मक इतिहास, लोकभारती प्रकाशन, इलाहाबाद, सं. 2008, पृ. 193
520. उपरिवत्, पृ. 194
521. फ़िराक़ गोरखपुरी, उर्दू भाषा और साहित्य, उत्तर प्रदेश हिन्दी संस्थान, लखनऊ, सं. 2008, पृ. 170
522. उपरिवत्, पृ. 173
523. उपरिवत्, पृ. 174
524. एहतेशाम हुसैन, उर्दू साहित्य का आलोचनात्मक इतिहास, लोकभारती प्रकाशन, इलाहाबाद, सं. 2008, पृ. 205
525. उपरिवत्, पृ. 176
526. उपरिवत्, पृ. 178
527. रामचन्द्र शुक्ल, हिन्दी साहित्य का इतिहास, नागरी प्रचारिणी सभा, वाराणसी, सं. 1990, पृ. 287
528. रामचन्द्र शुक्ल, हिन्दी साहित्य का इतिहास, नागरी प्रचारिणी सभा, वाराणसी, सं. 1990, पृ. 288
529. रामचन्द्र तिवारी, हिन्दी साहित्य का इतिहास (सं. नगेन्द्र), पृ. 487
530. इसकी पृष्ठ संख्या मात्र 24 है जो भारतेन्दु समग्र में (सम्पादक : हेमन्त शर्मा, प्र. हिन्दी प्रचारक पब्लिकेशन्स प्रा. लि., वाराणसी, पृ. 555–579) संकलित है।
531. रामचन्द्र शुक्ल, हिन्दी साहित्य का इतिहास, सं. 1990, पृ. 258

532. रामचन्द्र तिवारी, हिन्दी साहित्य का इतिहास (सं. नगेन्द्र), पृ. 487
533. बच्चन सिंह, आधुनिक हिन्दी साहित्य का इतिहास, लोकभारती प्रकाशन, इलाहाबाद, 2013, पृ. 89
534. बच्चन सिंह, आधुनिक हिन्दी साहित्य का इतिहास, लोकभारती प्रकाशन, इलाहाबाद, 2013, पृ. 89
535. रामचन्द्र शुक्ल, हिन्दी साहित्य का इतिहास, सं. 1990, पृ. 257
536. रामचन्द्र शुक्ल, हिन्दी साहित्य का इतिहास, सं. 1990, पृ. 257
537. रामचन्द्र शुक्ल, हिन्दी साहित्य का इतिहास, सं. 1990, पृ. 288
538. नन्दकिशोर नवल, हिन्दी आलोचना का विकास, राजकमल प्रकाशन, दिल्ली, सं. 2007, पृ. 22
539. नन्दकिशोर नवल, हिन्दी आलोचना का विकास, राजकमल प्रकाशन, दिल्ली, सं. 2007, पृ. 28–29
540. नन्दकिशोर नवल, हिन्दी आलोचना का विकास, राजकमल प्रकाशन, दिल्ली, सं. 2007, पृ. 30
541. नन्दकिशोर नवल, हिन्दी आलोचना का विकास, राजकमल प्रकाशन, दिल्ली, सं. 2007, पृ. 30
542. नन्दकिशोर नवल, हिन्दी आलोचना का विकास, राजकमल प्रकाशन, दिल्ली, सं. 2007, पृ. 35
543. नन्दकिशोर नवल, हिन्दी आलोचना का विकास, राजकमल प्रकाशन, दिल्ली, सं. 2007, पृ. 36
544. नन्दकिशोर नवल, हिन्दी आलोचना का विकास, राजकमल प्रकाशन, दिल्ली, सं. 2007, पृ. 37
545. नन्दकिशोर नवल, हिन्दी आलोचना का विकास, राजकमल प्रकाशन, दिल्ली, सं. 2007, पृ. 37
546. रविभूषण ने इसका प्रकाशनकाल 1898 बताया है। ('महावीर प्रसाद द्विवेदी : सच्चा युग–प्रवर्तक' शीर्षक लेख, भाषा विमर्श, 15 नवंबर, 2013)
547. रामचन्द्र शुक्ल, हिन्दी साहित्य का इतिहास, सं. 1990, पृ. 261
548. रामचन्द्र शुक्ल, हिन्दी साहित्य का इतिहास, सं. 1990, पृ. 265
549. फ़िराक़ गोरखपुरी, उर्दू भाषा और साहित्य, उत्तर प्रदेश हिन्दी संस्थान, लखनऊ, सं. 2008, पृ. 90
550. फ़िराक़ गोरखपुरी, उर्दू भाषा और साहित्य, उत्तर प्रदेश हिन्दी संस्थान, लखनऊ, सं. 2008, पृ. 94
551. एहतेशाम हुसैन, उर्दू साहित्य का आलोचनात्मक इतिहास, पृ. 196
552. एहतेशाम हुसैन, उर्दू साहित्य का आलोचनात्मक इतिहास, पृ. 196
553. एहतेशाम हुसैन, उर्दू साहित्य का आलोचनात्मक इतिहास, पृ. 197
554. फ़िराक़ गोरखपुरी, उर्दू भाषा और साहित्य, उत्तर प्रदेश हिन्दी संस्थान, लखनऊ,

सं. 2008, पृ. 94

555. उपरिवत्, पृ. 176

556. रामचन्द्र तिवारी, हिन्दी साहित्य का इतिहास (सं. नगेन्द्र), पृ. 488–89

557. रामचन्द्र तिवारी, हिन्दी साहित्य का इतिहास (सं. नगेन्द्र), पृ. 489

558. रामचन्द्र शुक्ल, हिन्दी साहित्य का इतिहास, 1992, पृ. 254